SCHÄFFER
POESCHEL

Gerhard Picot (Hrsg.)

Handbuch Mergers & Acquisitions

Planung, Durchführung, Integration

Verfasst von Eric Bartels, Helmut Bergmann
Alexander Dibelius, Stephan Eilers, Stephan A. Jansen
Tomas Koch, Heinrich Pack, Gerhard Picot, Frank Richter
und Rainer Zimmermann

3., grundlegend überarbeitete und aktualisierte Auflage

2005
Schäffer-Poeschel Verlag Stuttgart

Herausgeber:
Prof. Dr. Gerhard Picot, PICOT Rechtsanwälte, Köln, München

Verfasser:
Dr. *Eric Bartels,* McKinsey & Company, Inc., Köln
Dr. *Helmut Bergmann,* Freshfields Bruckhaus Deringer, Berlin
Dr. *Alexander Dibelius,* Goldman Sachs & Co. OHG, Frankfurt a.M.
Dr. *Stephan Eilers,* LL.M. (Tax), Freshfields Bruckhaus Deringer, Köln
Professor Dr. *Stephan A. Jansen,* Zeppelin University gGmbH, Friedrichshafen
Dr. *Tomas Koch,* McKinsey & Company, Inc., Seoul, Korea
Professor *Heinrich Pack,* Demag Cranes & Components GmbH, Wetter/Ruhr
Professor Dr. *Gerhard Picot,* PICOT Rechtsanwälte, Köln, München
Professor Dr. *Frank Richter,* Universität Ulm
Dr. *Rainer Zimmermann,* Pleon Europe und BBDO Europe, Düsseldorf

Bibliografische Information Der Deutschen Bibliothek
Die Deutsche Bibliothek verzeichnet diese Publikation in der Deutschen Nationalbibliografie;
detaillierte bibliografische Daten sind im Internet über <http://dnb.ddb.de> abrufbar

Gedruckt auf chlorfrei gebleichtem, säurefreiem und alterungsbeständigem Papier

ISBN-10: 3-7910-2363-2
ISBN-13: 978-3-7910-2363-2

Dieses Werk einschließlich aller seiner Teile ist urheberrechtlich geschützt. Jede Verwertung außerhalb der engen Grenzen des Urheberrechtsgesetzes ist ohne Zustimmung des Verlages unzulässig und strafbar. Das gilt insbesondere für Vervielfältigungen, Übersetzungen, Mikroverfilmungen und die Einspeicherung und Verarbeitung in elektronischen Systemen.

© 2005 Schäffer-Poeschel Verlag für Wirtschaft · Steuern · Recht GmbH
www.schaeffer-poeschel.de
info@schaeffer-poeschel.de
Einbandgestaltung: Willy Löffelhardt
Satz: Johanna Boy, Brennberg
Druck und Bindung: Ebner & Spiegel GmbH, Ulm
Printed in Germany
Juli/2005

Schäffer-Poeschel Verlag Stuttgart
Ein Tochterunternehmen der Verlagsgruppe Handelsblatt

Vorwort

Mergers & Acquisitions führen in der soeben beginnenden 6. M&A-Welle zu weiteren tiefgreifenden Veränderungen der Unternehmenslandschaft. Manager und M&A-Berater reagieren auf die weiterhin zunehmende pan-europäische Entwicklung und Globalisierung, die technischen Herausforderungen der Information und Kommunikation sowie auf die Öffnung und Deregulierung vieler Märkte. Getrieben von der Shareholder-Value-Philosophie prägen sie ein neues wirtschaftliches, soziales und kulturelles Umfeld. Nur mit einem vertieften Verständnis der Erfolgsfaktoren können sie das Transaktionsmanagement verbessern und neue ökonomische Werte schaffen.

Entsprechend der komplexen Natur der betroffenen Unternehmen stellen die Mergers & Acquisitions vielschichtige und eng miteinander verzahnte branchen- und fachübergreifende ökonomische, rechtliche, technische und soziale Aufgaben und Anforderungen an die Manager und M&A-Berater. Zugleich beinhalten die Mergers & Acquisitions erhebliche verfahrensmäßige Besonderheiten aufgrund ihrer vielfältigen nationalen und internationalen Erscheinungsformen, insbesondere der

- Unternehmenskäufe und -verkäufe
- Unternehmenszusammenschlüsse
- Kooperationen, Allianzen und Joint Ventures
- Unternehmenssicherungen und -nachfolgen
- Management Buy-out und Buy-in
- Börsengänge/IPO
- Umwandlungsmaßnahmen
- Restrukturierungen.

Mergers & Acquisitions bedürfen daher einer ganzheitlichen und fachübergreifenden Betrachtung ihrer drei Phasen: der Planung, der Durchführung sowie der Integration bzw. Implementierung.

Dieses Handbuch bietet erstmalig auf der Grundlage eines immer wichtigeren interdisziplinären Wissenschaftskonzeptes eine solch ganzheitliche und interdisziplinäre Darstellung der Thematik.

Besondere Übersichtlichkeit erhalten die Ausführungen dadurch, dass sie in Aufbau und Problemdarstellung dem üblichen Verlauf der Transaktionen folgen, von der Planung und Durchführung der Transaktionen bis hin zur Integration in der Postmergerphase. Sie streben danach, vor allem den Unternehmern, Managern, Investmentbankern, Wirtschaftsjuristen, Wirtschaftsprüfern, sonstigen M&A-Beratern sowie den Studierenden ein praxisorientiertes und fundiertes »Handbuch« für den Bereich der Mergers & Acquisitions zu bieten.

Die große Nachfrage nach diesem Handbuch und die raschen gesellschaftlichen, wirtschaftlichen und rechtlichen Veränderungsprozesse haben dazu geführt, dass schon so bald nach seinem Erscheinen diese grundlegend aktualisierte und erweiterte 3. Auflage erforderlich geworden ist.

Besondere Aktualität gewinnt diese 3. Auflage vor dem Hintergrund der Maßnahmen des Gesetzgebers zur Verbesserung der Unternehmens- und Arbeitsstrukturen. Dazu gehören insbesondere das Gesetz zur Modernisierung des Schuldrechtes und das Übernahmegesetz sowie die Änderungen im Wertpapierhandelsgesetz und die im Zusammenhang mit der Unternehmenssteuerreform erlassenen Gesetze, die grundsätzlich seit dem 01.01.2002 gelten; ferner das Namensaktiengesetz, das neue Betriebsverfassungsgesetz und die hiermit im Zusammenhang stehenden Änderungen insbesondere des Umwandlungsgesetzes, des Kündigungsschutzgesetzes und des Mitbestimmungsgesetzes.

Mein besonderer Dank gilt meinen Mitautoren, den Herren Dr. Eric Bartels, Dr. Helmut Bergmann, Dr. Alexander Dibelius, Dr. Stephan Eilers, Dr. Tomas Koch, Prof. Heinrich Pack, Prof. Dr. Frank Richter, Dr. Rainer Zimmermann und Prof. Dr. Stephan A. Jansen, dafür, dass sie trotz ihrer starken beruflichen Beanspruchung das Erscheinen dieser neuen Auflage des Handbuches so zeitnah möglich gemacht haben. Ebenso verbindlich danke ich Herrn Volker Dabelstein und Frau Claudia Dreiseitel vom Schäffer-Poeschel Verlag für die gute und effiziente Zusammenarbeit bei der Herausgabe dieser weiteren Auflage des Handbuches. Mein herzliches Gedenken gilt unserem bisherigen Mitautor Herrn Prof. Peter H. Pribilla, seinerzeitiges Mitglied des Zentralvorstandes der Siemens AG mit dem Zuständigkeitsbereich »Personal«, der im Jahre 2003 verstorben ist.

Köln – München, im März 2005   Prof. Dr. Gerhard Picot

Inhaltsübersicht

Vorwort V
Prof. Dr. Gerhard Picot

Abkürzungsverzeichnis XXV

A. Planung der Mergers & Acquisitions

I.   Wirtschaftliche und wirtschaftsrechtliche Aspekte bei der Planung
der Mergers & Acquisitions
Prof. Dr. Gerhard Picot 3

II.   Mergers & Acquisitions: Schnittstelle zwischen Unternehmen
und Kapitalmärkten
Dr. Alexander Dibelius 41

III.   Steuerliche Strukturierung der Transaktionen
Dr. Stephan Eilers, L.L.M. (Tax) 69

B. Durchführung der Mergers & Acquisitions

IV.   Wirtschaftsrechtliche Aspekte der Durchführung von
Mergers & Acquisitions, insbesondere der Gestaltung des
Transaktionsvertrages
Prof. Dr. Gerhard Picot 121

V.   Due Diligence
Prof. Heinrich Pack 287

VI.   Unternehmensbewertung
Prof. Dr. Frank Richter 321

VII. Zusammenschlusskontrolle
Dr. Helmut Bergmann 353

C. Integration bzw. Implementierung der Mergers & Acquisitions

VIII.	Post-Merger-Management *Dr. Eric Bartels und Dr. Thomas Koch*	409
IX.	Rechtliche Parameter der Integrations- bzw. Implementierungsmaßnahmen, insbesondere der Restrukturierungsmaßnahmen *Prof. Dr. Gerhard Picot*	427
X.	Personelle und kulturelle Integration *Prof. Dr. Gerhard Picot*	449
XI.	Interne und externe Kommunikation *Dr. Rainer Zimmermann*	491
XII.	Trends, Tools, Thesen und empirische Tests zum Integrationsmanagement bei Unternehmenszusammenschlüssen *Prof. Dr. Stephan A. Jansen*	525

Sachverzeichnis 561

Herausgeber und Autoren 581

Hinweise auf weiterführende Literatur befinden sich am Ende der einzelnen Abschnitte dieses Handbuches.

Inhaltsverzeichnis

Vorwort V

Abkürzungsverzeichnis XXV

A. **Planung der Mergers & Acquisitions** 1

I. **Wirtschaftliche und wirtschaftsrechtliche Parameter bei der Planung der Mergers & Acquisitions** 3
   1. Einführung 3
      a) M&A-Weltmarkt für Unternehmen 3
      b) Die Entwicklung des weltweiten Unternehmensmarktes 4
      c) M&A-Aktivitäten als zyklisches Phänomen 6
      d) Tendenzen für die Zukunft des M&A-Marktes 8
   2. Mergers & Acquisitions als eigenständiges, auf internationalem Know-how basierendes Fachgebiet. 13
   3. Fusionitis oder neue Managementstrategie. 17
      a) Drei Phasen bei Fusionen und Übernahmen 18
      b) Grundlegende Gesichtspunkte zum M&A-Management 18
      c) Erfolgsfaktoren während der Integrationsphase 19
   4. Begriff der Mergers & Acquisitions, insbesondere der Unternehmenszusammenschluss sowie der Unternehmenskauf und -verkauf. 20
   5. Die Planung der Mergers & Acquisitions. 21
      a) Vorarbeiten, Studien und Analysen 21
      b) Die Planung der Mergers & Acquisitions 22
          aa) Die Frage nach dem »Ob« 22
          bb) Die Frage nach dem »Wann« 22
          cc) Die Frage nach dem »Wie« 23
      c) Die Ablaufplanung 24
      d) Die Ablaufplanung für Transaktionen im Wege des (beschränkten) Bietungs- bzw. Auktionsverfahrens 26
   6. Wirtschaftsrechtliche Parameter der M&A-Planung. 32
      a) Nationale wirtschaftsrechtliche Parameter 32
      b) Überwindung nationaler Rechtsordnungen 33
          aa) Transnationale Gesellschaftsformen, insbesondere grenzüberschreitende Verschmelzung von Unternehmen ... 33

| | | | bb) Globale Bewertungs- und Bilanzierungsstandards | 36 |
| | | | cc) Die »Welt-AG« | 36 |

- c) M&A-Usancen als eigenständiges »Transaktionsrecht« 36
- d) Der Einfluss der anglo-amerikanischen M&A-Praxis 37
- e) Der Trend zur »One-Stop-Shop«-M&A-Beratung 37

Literatur 38

II. Mergers & Acquisitions: Schnittstelle zwischen Unternehmen und Kapitalmärkten 41

1. Überblick 41
2. Marktkapitalisierung als strategische Waffe 42
   - a) Macht durch Marktkapitalisierung 43
   - b) Wachstum der Marktkapitalisierung 43
     - aa) Keine Kontrolle 44
     - bb) Kontrolle durch Leistung 45
     - cc) Kontrolle durch Größe 45
     - dd) Volle Kontrolle 45
3. Demokratisierung der Wertfindung 46
   - a) Substanzwertorientierte Bewertungsverfahren 47
     - aa) Methodik 47
     - bb) Beurteilung 47
   - b) Marktorientierte Verfahren 48
     - aa) Methode vergleichbarer börsennotierter Unternehmen..... 48
     - bb) Methode vergleichbarer Transaktionen 48
     - cc) Beurteilung 49
   - c) Fundamentale Verfahren 49
     - aa) Discounted-Cashflow-Methode 50
     - bb) Ertragswertverfahren 50
     - cc) Beurteilung 50
4. Acid-Test für Transaktionen 51
   - a) Beurteilung durch den Markt vs. Kriterium der Kapitalkosten 51
   - b) Weitere Erfolgskriterien 52
5. Investment Banker als Market-Agents 53
   - a) Spezifische Kenntnisse über ökonomisch sinnvolle und realisierbare Transaktionen 55
   - b) Organisation und Management fairer Transaktionsprozesse 55
   - c) Sicherstellung der effizienten Prozessdurchführung 56
     - aa) Informations- und Entscheidungsphase 57
     - bb) Ausführungsphase 57
   - d) Beitrag zur effizienten Kapitalallokation 58
6. Das regulatorische Umfeld im deutschen Markt für Corporate Control 59

		a)	Wettbewerbsrecht	59
		b)	Gesellschaftsrecht	60
		c)	Wertpapierhandelsgesetz	61
		d)	Übernahmegesetz, WpÜG	61
			aa) Ursprünge	61
			bb) Übernahmegesetz [review]	62
			cc) Kritik am WpÜG	64
		e)	Corporate Governance Kodex	65
	7.	Thesen		66
	Literatur			67
III.	**Steuerliche Strukturierung der Transaktion**			**69**
	1.	Einleitung/Gang der Darstellung		69
	2.	Allgemeine Grundsätze		70
		a)	Frühzeitige Strukturierung	70
		b)	Keine einseitige Strukturierung	70
		c)	Keine rein nationale Strukturierung	71
		d)	Neue Formen des Unternehmenskaufes	71
	3.	Steuerliche Ausgangssituation von Veräußerer und Erwerber		72
		a)	Veräußerer	72
			aa) Steuerfreiheit	72
			bb) Steuerbegünstigung von außerordentlichen Einkünften	75
			cc) Ungeminderte Einkommensteuer	78
		b)	Erwerber	79
	4.	Steuerliche Auswirkungen des »Asset Deal« und des »Share Deal«		84
		a)	Veräußerung von Einzelwirtschaftsgütern (Asset Deal)	84
			aa) Ertragsteuern	84
			bb) Kaufpreisaufteilung	86
			cc) Grunderwerbsteuer	87
			dd) Umsatzsteuer	88
		b)	Veräußerung von Anteilen an einer Personengesellschaft	89
			aa) Ertragsteuern	89
			bb) Grunderwerbsteuer	90
			cc) Umsatzsteuer	91
		c)	Veräußerung von Anteilen an einer Kapitalgesellschaft (Share Deal)	92
			aa) Ertragsteuern	92
			bb) Grunderwerbsteuer	93
			cc) Umsatzsteuer	93
	5.	Die steuerfreie Veräußerung von Anteilen an Kapitalgesellschaften gemäß § 8 b KStG		95
		a)	Bedeutung und Funktion von § 8 b Abs. 2 KStG a.F. und n.F.	95

			b)	Tatbestandsmerkmale von § 8 b Abs. 2 KStG	96
				aa) Persönlicher Anwendungsbereich	96
				bb) Sachlicher Anwendungsbereich	96
				(1) Allgemeines	96
				(2) Einschränkungen der Veräußerungsgewinnbefreiung	97
				(3) Wiedergewährung der Steuerfreiheit (Rückausnahmen gem. § 8 b Abs. 4 S. 2 KStG)	101
			c)	Gewinne im Sinne des § 8 b Abs. 2 KStG	104
				aa) Veräußerungsgewinn	104
				bb) Konzerninterne Transaktionen (verdeckte Einlagen/ verdeckte Gewinnausschüttungen)	104
				bb) Gewinn aus Auflösung	105
				cc) Gewinn aus der Herabsetzung des Nennkapitals	106
				dd) Wertaufholungsgewinne	106
				ee) Veräußerungsgewinnbesteuerung seit dem 1.1.2004	106
			d)	Gewerbesteuer	108
			e)	Pauschaliertes Betriebsausgabenabzugsverbot bei Dividenden	108
			f)	Verluste bei der Veräußerung von Beteiligungen (§ 3 c Abs. 2 EStG; § 8 b Abs. 3 KStG)	109
		6.	Veräußerung von Organbeteiligungen		110
			a)	Einleitung/Gestaltungsziele	110
			b)	Organschaft und unterjährige Anteilsveräußerung	111
				aa) Gesellschaftrecht	111
				bb) Steuerrechtliche Beurteilung	112
		7.	»Tax due diligence«		113
			a)	Ziele und Inhalt der Tax Due Diligence	113
			b)	Vertragliche Begleitmaßnahmen aus der Sicht des Erwerbers	115
			c)	Typische Problemfelder für die Tax Due Diligence	115
	Literatur				116

B. Durchführung der Mergers & Acquisitions 119

IV. Wirtschaftsrechtliche Aspekte der Durchführung von Mergers & Acquisitions, insbesondere der Gestaltung des Transaktionsvertrages .. 121

	1.	Einführung in die wirtschaftsrechtlichen Aspekte der Durchführung von Mergers & Acquisitions	121
	2.	Vorvertragliches Verhandlungsstadium	124
		a) Aufnahme von Vertragsverhandlungen als Schuldverhältnis gemäß § 311 Abs. 2 BGB mit Pflichten nach § 241 Abs. 2 BGB, insbesondere der Letter of Intent	124
		aa) Pflichtverletzung bei unrichtigen Angaben des Unternehmensverkäufers (positives Tun)	128

		bb)	Pflichtverletzung durch Verschweigen von Tatsachen (Unterlassen)	129
		cc)	Due Diligence und vorvertragliche Pflichtverletzung	134
		dd)	Das Vertretenmüssen der Pflichtverletzung	136
	b)		Geheimhaltungsvereinbarungen	136
	c)		Option	136
	d)		Vorvertrag	137
	e)		Due Diligence und Pre-Acquisition Audit	137
3.			Der Unternehmenskaufvertrag – Abschluss und Durchführung	138
	a)		Arten des Unternehmenskaufs: Kauf einzelner Wirtschaftsgüter (Asset Deal) und Kauf einer Gesellschaft bzw. einer Beteiligung an einer Gesellschaft (Share Deal)	139
	b)		Allgemeines zur Vertragsgestaltung	140
	c)		Vertragsgegenstand	144
	d)		Übernahme von Rechten und Pflichten aus Vertragsverhältnissen, insbesondere aus Arbeitsverhältnissen (Betriebsübergang gemäß § 613a BGB) beim Asset Deal, bei der Umwandlung nach Umwandlungsgesetz und beim Share Deal	148
		aa)	Die Tatbestandsvoraussetzungen des § 613a Abs. 1 BGB	149
			(1) Der Begriff des Betriebes oder Betriebsteils	150
			(2) Die Übertragung durch Rechtsgeschäft	151
			(3) Der Zeitpunkt des Übergangs	152
		bb)	Übergang der individuellen arbeitsvertraglichen und kollektivrechtlichen Rechte und Pflichten	153
		cc)	Gesamtschuldnerische Haftung	156
		dd)	Der besondere Kündigungsschutz	157
		ee)	Die Betriebs-Stillegung	157
		ff)	Die Betriebs-Änderung	158
		gg)	Informationspflichten nach dem Umwandlungsgesetz	158
	e)		Das Gewährleistungs- und Haftungssystem	159
		aa)	Allgemeines zum Mängel- und Haftungsrecht	159
		bb)	Darstellung der bis zum 31.12.2001 geltenden Rechtslage	161
		cc)	Darstellung der ab dem 01.01.2002 geltenden Rechtslage	162
			(1) Mangelbegriff	162
			(2) Pflicht zur Lieferung einer mangelfreien Sache	163
			(3) Rechte des Käufers bei Vorliegen eines Mangels	163
		dd)	Die Vereinbarung von Garantien	165
			(1) Unselbständige Garantie gemäß § 443 BGB	166
			(2) Selbständige Garantie gemäß § 311 Abs. 1 BGB	167
		ee)	Die Haftung der Berater	173
	f)		Die Auswirkungen der Due Diligence auf das Haftungssystem	173
		aa)	Due Diligence und vorvertragliche Pflichtverletzung	173
		bb)	Due Diligence und Gewährleistungsvorschriften	173

		(1)	Kenntnis des Käufers	174
		(2)	Grob fahrlässige Unkenntnis des Käufers	174
		cc)	Due Diligence und vertragliche Haftungsregelungen	175
	g)		Störung der Geschäftsgrundlage gemäß § 313 BGB und sog. Material-Adverse-Change-Klauseln	176
	h)		Haftung für Altverbindlichkeiten	177
	i)		Wettbewerbsvereinbarungen	178
	j)		Verfügungsbeschränkungen, Zustimmungs- und Genehmigungserfordernisse	179
	k)		Deutsches und europäisches Kartellrecht	183
	l)		Form des Vertrages	183
	m)		Closing	185
	n)		Anmeldung des Erwerbs einer Kapitalgesellschaft oder Beteiligung (§ 16 GmbHG)	185
4.			Die Übernahme von Gesellschaften, insbesondere die feindliche Übernahme (Hostile Takeover)	186
	a)		Entwicklung der internationalen Regelungen zur Unternehmensübernahme	186
	b)		Die EU-Übernahmerichtlinie	188
	c)		Das deutsche Wertpapiererwerbs- und Übernahmegesetz (WpÜG)	190
		aa)	Gliederung, Anwendungsbereich, Begriffsbestimmungen und allgemeine Grundsätze des WpÜG	192
		bb)	Pflichten des Bieters	194
		(1)	Angebote zum Erwerb von Wertpapieren (§§ 10 ff. WpÜG)	194
		(2)	Übernahmeangebote (§§ 29 ff. WpÜG)	195
		(3)	Pflichtangebote (§§ 35 ff. WpÜG)	197
		cc)	Pflichten der Zielgesellschaft und ihrer Organe	198
		dd)	Die Aufsicht bei Angeboten nach dem WpÜG durch das Bundesaufsichtsamt für den Wertpapierhandel	199
	d)		Squeeze-out von Minderheitsaktionären	199
		aa)	Übersicht über den Ablauf des Squeeze-out	200
		bb)	Zeitrahmen für die Durchführung eines Squeeze-out	201
	e)		Techniken und Abwehr der feindlichen Übernahme	202
		aa)	Techniken der feindlichen Übernahme	202
		bb)	Abwehr von feindlichen Übernahmen	203
		(1)	Das duale System von Vorstand und Aufsichtsrat / Two tier board	203
		(2)	Poison pill	203
		(3)	White Knight	204
		(4)	Ausgabe von Namensaktien	204
		(5)	Rückkauf eigener Aktien	204
		(6)	Zukauf von Unternehmen	204

		(7) Crown Jewels	205
		(8) Pac Man	206
		(9) Golden Shares and Golden Parachutes	206
		(10) Werbekampagnen	208
5.	Unternehmenszusammenschlüsse		208
	a)	Umwandlungsarten und umwandlungsfähige Unternehmen ...	209
		aa) Die Verschmelzung	209
		bb) Die Spaltung	211
		cc) Die Vermögensübertragung	214
		dd) Der Formwechsel	215
	b)	Das Verfahren bei den Umwandlungen	215
6.	Joint Ventures und Kooperationen		216
	a)	Einführung und begriffliche Abgrenzung	217
	b)	Zentrale Regelungsbereiche eines Joint Ventures	218
		aa) Haftung	218
		bb) Steuerliche Belastungen	218
		cc) Bilanztechnische Behandlung	218
		dd) Gründungsformalitäten	219
		ee) Leitung und Entscheidungskompetenzen	219
		ff) Finanzierung	219
		gg) Ausscheiden von Mitgliedern oder Beendigung des Joint Venture	219
		hh) Streitbeilegung	219
	c)	Contractual Joint Ventures	220
		aa) Haftungsregelungen	220
		bb) Ausscheiden von Mitgliedern	220
		cc) Die Strategische Allianz als Sonderform des Contractual Joint Venture	221
	d)	Equity Joint Ventures	221
		aa) Die Rechtsform der Gesellschaft beim Equity Joint Venture	221
		(1) Übliche Rechtsformen	221
		(2) Die Europäische Wirtschaftliche Interessenvereinigung	222
		(3) Die Europäische Aktiengesellschaft	222
		bb) Der Sitz der Gesellschaft beim Equity Joint Venture	227
	e)	Die Verhandlung des Joint Ventures	227
		aa) Die Grundsatzvereinbarung	227
		bb) Genehmigungen Dritter	228
		(1) Kartellrecht	228
		(2) Genehmigung der Gesellschafter	228
		(3) Rechte der Arbeitnehmer	229
		cc) Der Joint Venture Vertrag	229
		dd) Gesellschaftsverträge	232

f) Gewährleistung und Due Diligence 232
7. Unternehmenssicherungen und -nachfolgen.................. 233
8. Management Buy-out (MBO) und Management Buy-in (MBI) 237
   a) Wirtschaftliche Voraussetzungen des Leveraged Buy-Out (LBO) bzw. des Leveraged Buy-in (LBI) 239
   b) Finanzierungsformen des MBO bzw. MBI 239
   c) Rechtliche Gestaltung des MBO bzw. MBI 239
   d) Kapitalerhaltung bei einem Zielunternehmen in der Rechtsform einer GmbH oder AG 241
9. Going Public/Börsengänge (IPO) 242
   a) Die Bedeutung der Börsengänge 242
   b) Die Motive für den Börsengang...................... 243
   c) Die Maßnahmen beim Börsengang im Einzelnen........... 244
   d) Gesamt-Ablaufplan des Börsenganges 271
   e) Nachgründungsvorschriften 281
10. Internationale (crossborder) Mergers & Acquisitions 282
Literatur 284

V. Due Diligence 287
1. Einleitung.. 287
2. Die vorvertragliche Phase beim Unternehmenserwerb 287
3. Philosophie, Herkunft und Inhalt der Due Diligence............. 288
   a) Herkunft des Begriffs Due Diligence..................... 289
   b) Heutige Due Diligence-Definition 290
4. Planung und Ablauf der Due Diligence........................ 291
   a) Informationsquellen 291
   b) Due Diligence-Team.................................. 291
   c) Ablauforganisation der Due Diligence 294
   d) Teilbereiche der Due Diligence 295
5. Funktionen der Due Diligence............................... 295
   a) Basic und External Due Diligence 295
   b) Financial Due Diligence............................... 298
   c) Marketing Due Diligence.............................. 301
      aa) Interne Unternehmensanalyse...................... 301
      bb) Externe Unternehmensanalyse..................... 303
   d) Human Resources 304
      aa) Checkliste zur HR-Due Diligence................... 306
      bb) HR in der Due Diligence-Phase 307
   e) Legal und Tax Due Diligence........................... 310
      aa) Legal Due Diligence 310
      bb) Tax Due Diligence 311
   f) Environmental Due Diligence 312
   g) Organizational und IT Due Diligence 314
6. Due Diligence und Unternehmensbewertung................... 315

7.	Fazit	317
	Literatur	319
VI.	**Unternehmensbewertung**	**321**
	Einleitung	321
1.	Wirtschaftliche Zielsetzung von M&A: Realisierung von Wert- und Aktienkurssteigerung	322
	a) Einleitendes Beispiel	322
	b) Erfolgs- und Misserfolgsquoten von M&A-Transaktionen	323
	c) Grundprinzipien der Wirtschaftlichkeitsanalyse von M&A-Transaktionen aus Kapitalmarktperspektive	323
	aa) Perspektive des Verkäufers	323
	bb) Perspektive des Käufers	325
	cc) Vorgehen bei Fusionen oder Joint Ventures	326
	d) Ursachen für Unterschiede zwischen Wert und Preis	327
	aa) Asymmetrische Information	327
	bb) Unvorhergesehene Strategieänderungen und operative Verbesserungen	329
	cc) Marktunvollkommenheiten	329
	e) Wertsteigerung versus Gewinn pro Aktie: Herausforderung für die Investoren-Kommunikation	330
2.	Unternehmensbewertung	332
	a) Definition und Planung der bewertungsrelevanten Cash-flows	333
	aa) Definition des Cash-flows	333
	bb) Entwicklung branchenspezifischer Planungsmodelle	334
	cc) Festlegung des expliziten Planungszeitraums	335
	b) Definition und Planung der Kapitalkosten	336
	aa) Kosten des Eigenkapitals	337
	bb) Kosten des Fremdkapitals	339
	cc) Sonstige Finanzierungen: Beispiel Pensionsrückstellungen	340
	dd) Festlegung der Zielkapitalstruktur	340
	ee) »Zirkularitätsproblem« und periodenspezifische Kapitalkosten	341
	c) Schätzung des Fortführungswertes	342
	aa) Lange Detailplanungsperiode	342
	bb) Ewig konstant wachsende Cash-flows	343
	cc) Ewig konstant wachsende Cash-flows unter expliziter Berücksichtigung der Reinvestitionsrenditen	344
	d) Zusammenfassung des Bewertungsergebnisses	345
	e) Exkurs: Ertragswertmethode	347
3.	Schätzung potenzieller Transaktionspreise mit Multiples	348
	Literatur	351

VII. Zusammenschlusskontrolle 353
   1. Vorbemerkungen 353
   2. Europäische Fusionskontrolle 355
      a) Anwendungsbereich 355
         aa) Zusammenschlusstatbestände 355
            (1) Allgemeines 355
            (2) Fusion 356
            (3) Erwerb der Kontrolle 356
            (4) Ausnahmen vom Zusammenschlusstatbestand 358
         bb) Umsatzschwellen 359
      b) Materielle Beurteilung von Zusammenschlüssen 362
         aa) Marktabgrenzung 363
            (1) Allgemeines 363
            (2) Sachlich relevanter Markt 363
            (3) Räumlich relevanter Markt 364
         bb) Marktbeherrschung 365
         cc) Begründung oder Verstärkung von Marktbeherrschung ... 367
         dd) Oligopolmarktbeherrschung 370
         ee) Nebenabreden 371
      c) Verfahren 373
         aa) Vorherige Anmeldung 373
         bb) Vollzugsverbot 374
         cc) Verfahrensablauf 375
         dd) Zusagen, Auflagen und Bedingungen 377
         ee) Rücknahme der Anmeldung 378
         ff) Rechtsmittel und Rechte Dritter 379
         gg) Entflechtung vollzogener Zusammenschlüsse 379
         hh) Verhältnis zu Art. 81 und 82 EG-Vertrag
             und zur nationalen Fusionskontrolle 380
   3. Deutsche Fusionskontrolle 381
      a) Anwendungsbereich 381
         aa) Zusammenschlusstatbestände 382
            (1) Allgemeines 382
            (2) Vermögenserwerb 383
            (3) Erwerb der Kontrolle 383
            (4) Kapitalanteils- oder Stimmrechtserwerb 384
            (5) Erwerb eines wettbewerblich erheblichen Einflusses 385
            (6) Ausnahmen vom Zusammenschlusstatbestand 385
         bb) Umsatzschwellen 386
      b) Materielle Bewertung von Zusammenschlüssen 389
         aa) Marktabgrenzung 389
            (1) Allgemeines 389
            (2) Sachlich relevanter Markt 389
            (3) Räumlich relevanter Markt 391

		bb) Marktbeherrschung	392
		cc) Begründung oder Verstärkung von Marktbeherrschung	394
		dd) Abwägungsklausel	395
		ee) Ausnahme für Pressefusionen	396
	c)	Verfahren	396
		aa) Vorherige Anmeldung	396
		bb) Verfahrensablauf	398
		cc) Zusagen, Auflagen und Bedingungen	400
	d)	Rechtsmittel und Rechte Dritter	401
	e)	Ministererlaubnis	402
	f)	Entflechtung vollzogener Zusammenschlüsse	403
	g)	Verhältnis zu § 1 GWB	404
		aa) Gemeinschaftsunternehmen	404
		bb) Wettbewerbsverbote	405
Literatur			405

C. Integration bzw. Implementierung der Mergers & Acquisitions ... 407

VIII. Post-Merger-Management ... 409

Einleitung ... 409

1. Anspruchsniveau ableiten und kommunizieren ... 411
2. Wertschaffungspotenziale vollständig identifizieren ... 412
   a) Bestimmung der direkt geschäftsbezogenen Synergiepotenziale ... 413
   b) Absicherung des laufenden Geschäfts und Freilegung zusätzlicher Potenziale in den Einzelgeschäften ... 415
   c) Bestimmung des Potenzials aus Nutzung neuer strategischer Möglichkeiten ... 416
3. Eckpfeiler einer effektiven Organisation festlegen ... 417
   a) Das Führungsteam auf eine Linie einschwören ... 417
   b) Neue Organisationsstrukturen rasch festlegen ... 418
   c) Eine einheitliche Leistungskultur etablieren ... 419
   d) Toptalente managen ... 420
4. Integrationsvorgehen massschneidern ... 421
   a) Schlagkräftige Projektorganisation aufsetzen ... 421
   b) Projektmanagementtools auswählen ... 423
   c) Permanent kommunizieren ... 423

IX. Rechtliche Parameter der Integrations- bzw. Implementierungsmaßnahmen, insbesondere der Restrukturierungsmaßnahmen ... 427

1. Rechtliche Grundlagen ... 427
2. Unternehmenszusammenschlüsse ... 428

3. Betriebsänderungen gemäß §§ 111 ff. BetrVG 428
   a) Die von §§ 111 ff. BetrVG erfassten Unternehmen 429
   b) Die Arten der Betriebsänderungen...................... 430
      aa) Einschränkung und Stillegung des ganzen Betriebs
          oder von wesentlichen Betriebsteilen 431
      bb) Verlegung des ganzen Betriebs oder von wesentlichen
          Betriebsteilen...................................... 432
      cc) Zusammenschluss mit anderen Betrieben oder
          die Spaltung von Betrieben......................... 432
      dd) Grundlegende Änderung der Betriebsorganisation,
          des Betriebszwecks oder der Betriebsanlagen sowie
          Einführung grundlegend neuer Arbeitsmethode
          und Fertigungsverfahren 433
   c) Die Rechtsfolgen der Betriebsänderung: Unterrichtung,
      Information und Beratung, insbesondere Interessenausgleich
      und Sozialplan 433
      aa) Rechtzeitige und umfassende Unterrichtung
          über die Planungen................................. 434
      bb) Recht des Betriebsrates zur Beratung
          mit dem Arbeitgeber................................ 434
4. Massenentlassungen 438
   a) Anzeigepflicht.. 438
   b) Die individualrechtliche Wirksamkeit der Kündigung 439
5. Unternehmenswertorientierte Vergütungsmodelle 440
   a) Einleitung.. 440
   b) Überblick.. 442
   c) Aktien-Optionsplan 442
      aa) Gesellschaftsrecht................................. 443
      bb) Arbeitsrecht 445
      cc) Insiderrecht...................................... 445
      dd) Steuerrecht 446
   d) Zusammenfassung 447
   Literatur 448

X. **Personelle und kulturelle Integration** 449
   1. Die Bedeutung der Human Resources bei Mergers & Acquisitions.. 449
   2. Die Rolle der Unternehmenskultur bei Mergers & Acquisitions 451
   3. Entwicklung der Personalstrategie bei einer Transaktion.......... 454
      a) Der Einfluss des Unternehmensmodells auf die Personal-
         strategie bei einer Transaktion 456
      b) Der Einfluss der Landeskulturen auf die Personalstrategie
         bei einer Transaktion 458
      c) Auswirkungen der kulturellen Integrationsstrategie
         auf die Personalstrategie 459

		d)	Der Einfluss der Integrationsgeschwindigkeit auf die Personalstrategie	461
	4.		Strategisches und operatives Personalmanagement	461
		a)	Strategisches Personalmanagement in der Transaktionsphase	463
			aa) Personal Due Dilligence	463
			bb) Cultural Due Diligence	464
			cc) Das Merger-Syndrom	466
			dd) Zusammenarbeit mit dem Betriebsrat	468
			ee) Planung der Integration	468
			ff) Kommunikation und Interaktion	469
			gg) Retention	471
		b)	Operatives Personalmanagement im Integrationsprozess	472
			aa) Leadership – Die Rolle der Führungskräfte	472
			bb) Integrationsmanagement	474
			cc) Optimale Stellenbesetzungen nach einer Transaktion	476
			dd) Entsendepolitik	478
	5.		Unternehmenskultur und Integrationsprozess	479
		a)	Maßnahmen zur kulturellen Integration	479
		b)	The Way of Integration am Beispiel von Siemens: Identität durch ein Unternehmens-Leitbild	485
	6.		Schlussbemerkungen	489
	Literatur			489
XI.	**Interne und externe Kommunikation**			**491**
	1.		Einführung	491
		a)	Kommunikation als stakeholder value	491
		b)	Kommunikation als Plausibilitätsprüfung	493
		c)	Kommunikation als Treiber	494
		d)	Kommunikation als Zentripetalkraft	495
		e)	Kommunikation als Themengenerator	496
		f)	Kommunikation als Mehrwert	498
		g)	Kommunikation als Differenzierung	498
	2.		Kommunikationsmanagement	499
		a)	Führung	499
		b)	task force	502
		c)	audit	502
		d)	Management-Informations-Systeme	503
		e)	Investitionsplanung	506
		f)	Top-down/Bottom-up-Dynamik	506
		g)	Insourcing/Outsourcing-Ratio	508
	3.		Namensbildung und Imagekonten	508
	4.		Positioning	510
		a)	Kernkompetenzen und Profilierungsthemen	510
		b)	Innovationskraft und Zukunftsinterpretation	511

c) Marktbegriff, Marktposition, Marktinterpretation ... 512
d) Leitbild und Vision ... 513
e) Corporate Story ... 515
5. Dramaturgie ... 516
    a) Immanente Milestones ... 516
    b) Emmanente Milestones ... 517
6. Externe und interne Kommunikation ... 517
    a) Wechselwirkungen ... 517
    b) Instrumente ... 519
7. Beherrschbarkeit von Prozessen ... 520
8. Evaluation ... 522
9. Ausblick ... 523
Literatur ... 524

XII. Trends, Tools, Thesen und empirische Tests zum Integrationsmanagement bei Unternehmenszusammenschlüssen ... 525

1. Ausgangssituation: Neues Integrationsparadigma ... 525
    a) Die fünf Wellen im M&A-Markt ... 525
    b) Sechs Trends der fünften Fusionswelle mit Integrationswirkungen ... 526
    c) Für Praxis und Forschung: Neues Integrationsparadigma ... 529
    d) Licence to kill: Erfolgsquoten von Fusionen ... 530
2. Grundmodell und Instrumente des Post-Merger-Managements ... 532
    a) 7 K-Modell der Integration ... 532
    b) Kosten der Integration: Kostensynergien kosten Synergien! ... 533
    c) Koordination: Integrationsplanung und -architektur ... 535
    d) Kultur: Due Diligence und Fusionskultur ... 537
    e) Kunden und Ko-Produzenten: Integriert die Externen! ... 540
    f) Kommunikation: Kommunikation zu Stakeholdern für Shareholder Value ... 541
    g) Kernbelegschaft: Identifikation und Incentivierung ... 542
    h) Kernkompetenz-Management: Transfer und Genese von Wissen ... 543
    i) Kontrolle: Integration Balanced Scorecard ... 544
3. Thesen und Tests von nationalen and internationalen Fusionen in der Old und New Economy ... 546
    a) Allgemeine Ergebnisse zum Erfolg, zu Zielen, Erfolgsfaktoren und Fehlern ... 547
    b) Thesen zur Koordination bei Mergern ... 548
    c) Thesen zur Kultur bei Zusammenschlüssen ... 550
    d) Thesen zu Kunden und Ko-Produzenten bei Zusammenschlüssen ... 551
    e) Thesen zur Kommunikation bei Zusammenschlüssen ... 552

	f)	Thesen zur Kernbelegschaft und zum Karrieremanagement bei Zusammenschlüssen	553
	g)	Thesen zum Kernkompetenz-Management bei Zusammenschlüssen	554
	h)	Thesen zur Kontrolle bei Zusammenschlüssen	555

Zusammenfassung 556
Literatur 557

Sachverzeichnis 561

Herausgeber und Autoren 581

Abkürzungsverzeichnis

a. A.	anderer Ansicht
a.F.	alte Fassung
AbfG	Abfallbeseitigungsgesetz
ABl	Amtsblatt
ABlEG	Amtsblatt der Europäischen Gemeinschaften
AFG	Arbeitsförderungsgesetz
AG	Aktiengesellschaft: Die Aktiengesellschaft (Zeitschrift)
AktG	Aktiengesetz
Amtl. Slg.	Amtliche Sammlung
AnfG	Anfechtungsgesetz
Anm.	Anmerkung
AO	Abgabenordnung
AöR	Archiv des öffentlichen Rechts (Band, Seite), (Zeitschrift)
ArbG	Arbeitsgericht
ArbPlSchG	Arbeitsplatzschutzgesetz
Art.	Artikel
Aufl.	Auflage
AÜG	Arbeitnehmerüberlassungsgesetz
AZO	Arbeitszeitordnung; Allgemeine Zollordnung
BABl.	Bundesarbeitsblatt
BAG	Bundesarbeitsgericht
BAGE	Entscheidungen des Bundesarbeitsgerichtes
BB	Betriebs-Berater (Zeitschrift)
BetrAVG	Betriebsrentengesetz
BetrVG	Betriebsverfassungsgesetz
BeurkG	Beurkundungsgesetz
BfAI	Bundesstelle für Außenhandelsinformation
BFH	Bundesfinanzhof
BFHE	Entscheidungen des Bundesfinanzhofs (Band, Seite): Amtliche Sammlung
BGB	Bürgerliches Gesetzbuch
BGBl.	Bundesgesetzblatt
BGH	Bundesgerichtshof
BiRiLiG	Bilanzrichtlinien-Gesetz
BKartA	Bundeskartellamt
BMWi	Bundeswirtschaftsministerium
BPO(St)	Betriebsprüfungsordnung (Steuer)
BR-Drucks.	Bundesrats-Drucksache
BT-Drucks.	Bundestags-Drucksache
BStBl.	Bundessteuerblatt
BVerfG	Bundesverfassungsgericht
BVerwG	Bundesverwaltungsgericht

CCA	Comparative Company Approach
c. i. c.	culpa in contrahendo
DB	Der Betrieb (Zeitschrift)
DCF	Discounted Cash Flow
DStR	Deutsches Steuerrecht (Zeitschrift)
DStRE	Deutsches Steuerrecht Entscheidungsdienst
DStZ	Deutsche Steuerzeitung (Zeitschrift)
DStZ/E	Deutsche Steuerzeitung, Ausgabe E (Eildienst)
DVBl.	Deutsches Verwaltungsblatt
DVO (oder: DV)	Durchführungsverordnung
E	Entscheidung
EBITDA	Earnings before interests, taxes, depreciation and amortisation
ECLR	European Competition Law Review
EFG	Entscheidung der Finanzgerichte
EG	Einführungsgesetz; Europäische Gemeinschaft
EGKS-Vertrag	Vertrag über die Europäische Gemeinschaft für Kohl und Stahl (Montanunion)
EinfGRealStG	Einführungsgesetz zu den Realsteuergesetzen
ErbSt	Erbschaftsteuer
ErbStDV	Erbschaftsteuer-Durchführungsverordnung
ErbStG	Erbschaftsteuergesetz
ESt	Einkommensteuer
EStDV	Einkommensteuer-Durchführungsverordnung
EStG	Einkommensteuergesetz
EStR	Einkommensteuer-Richtlinien
EStRG	Einkommensteuerreformgesetz
EU	Europäische Union
EuGH	Gerichtshof der Europäischen Gemeinschaften
EuGHE	Entscheidungen des Gerichtshofs der Eropäischen Gemeinschaften
EuR	Europa-Recht (Zeitschrift)
EuZW	Europäische Zeitschrift für Wirtschaftsrecht
EWGV	Vertrag zur Gründung der Europäischen Wirtschaftsgemeinschaft
EWS	Europäisches Wirtschafts- & Steuerrecht (Zeitschrift)
EzA	Enscheidungssammlung zum Arbeitsrecht
F & E	Forschung und Entwicklung
FG	Finanzgericht
FGG	Gesetz über die Angelegenheiten der freiwilligen Gerichtsbarkeit
FGO	Finanzgerichtsordnung
FKVO	Fusionskontrollverordnung
Fn.	Fußnote
FR	Finanz-Rundschau (Zeitschrift)
FS	Festschrift
GBl.	Gesetzblatt
GEI	Gericht Erster Instanz der Europäischen Gemeinschaften
GenG	Genossenschaftsgesetz

GeschmG	Geschmacksmustergesetz
GesO	Gesamtvollstreckungsordnung
GewSt.	Gewerbesteuer
GewStDV	Gewerbesteuer-Durchführungsverordnung
GewStG	Gewerbesteuergesetz
GG	Grundgesetz
GmbH	Gesellschaft mit beschränkter Haftung
GmbHG	GmbH-Gesetz
GoB	Grundsätze ordungsmäßiger Buchführung
GrESt.	Grunderwerbsteuer
GrEStG	Grunderwerbsteuergesetz
GrSt.	Grundsteuer
GrStDV	Grundsteuer-Durchführungsverordnung
GVBl.	Gesetz- und Verordnungsblatt
GVO	Gruppenfreistellungsverordnung
GWB	Gesetz gegen Wettbewerbsbeschränkungen
HdB	Handbuch der Bilanzierung
HdR	Handbuch der Rechnungslegung
HFR	Höchstrichterliche Finanzrechtsprechung, Entscheidungs-Sammlung
HGB	Handelsgesetzbuch
h.M.	herrschende Meinung
HURB	Handwörterbuch unbestimmter Rechtsbegriffe im Bilanzrecht
INF	Die Information über Steuer und Wirtschaft (Zeitschrift)
InsO	Insolvenzordnung
InvBeschFöG	Investitions- und Beschäftigungsförderungsgesetz
IStR	Internationales Steuerrecht (Zeitschrift)
JbFfSt.	Jahrbuch der Fachanwälte für Steuerrecht
JR	Juristische Rundschau (Zeitschrift)
KAGG	Gesetz über Kapitalanlagegesellschaften
KapErhG	Gesetz über die Kapitalerhöhung aus Gesellschaftsmitteln und Verschmelzung von GmbHs
KapErhStG	Gesetz über steuerrechtliche Maßnahmen bei Erhöhung des Nennkapitals aus Gesellschaftsmitteln
KapSt.	Kapitalertragsteuer
KG	Kommanditgesellschaft; Kammergericht
KGJ	Jahrbuch für Entscheidungen des Kammergerichts
KK	Kölner Kommentar zum Aktiengesetz
KÖSDI	Kölner Steuerdialog (Zeitschrift)
KSchG	Kündigungsschutzgesetz
KSt.	Körperschaftsteuer
KStDV	Körperschaftsteuer-Durchführungsverordnung
KStG	Körperschaftsteuergesetz
KStR	Körperschaftsteuer-Richtlinien
KTS	Konkurs-, Treuhand- und Schiedsgerichtswesen (Zeitschrift)
KVStDV	Kapitalverkehrsteuer-Durchführungsverordnung

KVStG	Kapitalverkehrsteuergesetz
LAG	Landesarbeitsgericht: mit Orts- oder Ländername
LBO	Leveraged Buy-Out
LFG	Lohnfortzahlungsgesetz
LG	Landgericht
LKartB	Landeskartellbehörde
LOI	Letter of Intent
MBO	Management Buy-Out
MBI	Management Buy-In
MDR	Monatsschrift für Deutsches Recht
MitbG	Mitbestimmungsgesetz
MTV	Manteltarifvertrag
MuSchG	Gesetz zum Schutze der erwerbstätigen Mutter (Mutterschutzgesetz)
MwSt.	Mehrwertsteuer
n.F.	neue Fassung
NJW	Neue Juristische Wochenschrift (Zeitschrift)
NSt.	Neues Steuerrecht (Zeitschrift)
NWB	Neue Wirtschafts-Briefe
NZA	Neue Zeitschrift für Arbeitsrecht
OFD	Oberfinanzdirektion
OFH	Oberster Finanzgerichtshof
OLGE	Sammlung der Rechtsprechung der Oberlandesgerichte
OVGE	Sammlung der Entscheidungen der Oberverwaltungsgerichte
PatG	Patentgesetz
PersVG	Personalvertretungsgesetz
PSVaG	Pensions-Sicherungs-Verein
RAP	Rechnungsabgrenzungsposten
RdA	Recht der Arbeit (Zeitschrift)
Rdnr. oder Rn.	Randnummer
RefE UmwG	Referentenentwurf eines Gesetzes zur Bereinigung des Umwandlungsrechts vom 15. 04. 1992
RegBl.	Regierungsblatt
RegE	Regierungsentwurf
RGZ	Reichsgericht, Entscheidungen in Zivilsachen
RIW	Recht der Internationalen Wirtschaft
RsprGH	Sammlung der Rechtsprechung des Gerichtshofes der Europäischen Gemeinschaften
SAE	Sammlung arbeitsrechtlicher Entscheidungen
SchwbG	Schwerbehindertengesetz
SozplKonKG	Gesetz über den Sozialplan im Konkurs- und Vergleichsverfahren
StEntlG	Steuerentlastungsgesetz 1999/2000/2002 v. 24.3.1999, BGBl. I 1999, 402

StSenkG	Steuersenkungsgesetz
StuW	Steuer und Wirtschaft (Zeitschrift)
StVergAbG	Steuervergünstigungsabbaugesetz
SubvG	Subventionsgesetz
S&PA	Sale & Purchase Agreement
TreuhG	Treuhandgesetz
TVG	Tarifvertragsgesetz
UFCF	Unlevered Free Cash Flow
UmwG	Umwandlungsgesetz
UmwStG	Umwandlungs-Steuergesetz
VAG	Versicherungsaufsichtsgesetz
VerlG	Gesetz über das Verlagsrecht
VermG	Vermögensgesetz
vGA	verdeckte Gewinnausschüttung
VO	Verordnung
VwGO	Verwaltungsgerichtsordnung
WuW	Wirtschaft und Wettbewerb
WuW/E	Wirtschaft und Wettbewerb, Entscheidungssammlung
WZG	Warenzeichengesetz
z. B.	zum Beispiel
ZfA	Zeitschrift für Arbeitsrecht
ZGR	Zeitschrift für Unternehmens- und Gesellschaftsrecht
ZHR	Zeitschrift für das gesamte Handelsrecht und Wirtschaftsrecht
ZIP	Zeitschrift für Wirtschaftsrecht
ZKW	Zeitschrift für das gesamte Kreditwesen
ZTR	Zeitschrift für Tarifpolitik

A. Planung der Mergers & Acquisitions

I. Wirtschaftliche und wirtschaftsrechtliche Parameter bei der Planung der Mergers & Acquisitions

1. Einführung

a) M&A-Weltmarkt für Unternehmen

Neben dem Markt für Produkte und Dienstleistungen hat sich ein Weltmarkt für Unternehmen entwickelt. Dies ist eine der Erklärungen für die derzeit weltweit festzustellende Änderung der Unternehmenslandschaft und die soeben beginnende 6. Welle nationaler und internationaler Mergers & Acquisitions.

In ihrem Streben nach einer nachhaltig wertorientierten Unternehmensführung und hohen Marktkapitalisierung richten die Manager sich nicht mehr nur nach dem reinen Shareholder Value, sondern nach dem Stakeholder Value, d.h. nach den Interessen der Anteilseigner, der Gesellschaft, der Mitarbeiter und der Kunden. Zugleich führt die Sorge, im globalen Wettbewerb nicht bestehen zu können, die Unternehmen zu einer weiteren Globalisierung auf weitgehend gleichen Produktmärkten. Gegenüber dieser Integration von Wertschöpfungsketten hat die Bedeutung vertikaler Unternehmensübernahmen sowie der Ausbau von Unternehmenskonglomeraten, die auf einer Vielzahl von Märkten tätig sind, in der Vergangenheit deutlich abgenommen.

Unterstützt wird diese Entwicklung nicht zuletzt durch die fortschreitende Digitalisierung sowie durch die Verbesserungen der Informations-Technologie und der Logistik in den überregionalen und weltweiten Strukturen und Operationen der Unternehmen. In besonderem Maße gilt dies im Hinblick auf die Effektivität des Netzwerk- und Wissensmanagements, der Informationssysteme, des E-Business, der E-Logistik und des schnellen Warentransportes.

Unsere Gesellschaft und Wirtschaft steht damit zu Beginn des 21. Jahrhunderts vor völlig neuen Herausforderungen. Die rasante technologische Entwicklung und die damit einhergehende weltweite digitale Vernetzung begründen zunehmend einen Wandel zu transkontinentalen, globalen und grenzenlosen Unternehmens-, Wettbewerbs-, Produkt- und Kommunikations-Systemen.

b) Die Entwicklung des weltweiten Unternehmensmarktes

Ebenso wie ihre zyklischen Vorgängerinnen endete auch die 5. M&A-Welle abrupt, nachdem der Wert aller weltweiten Unternehmenstransaktionen[1] nach einer Untersuchung des Finanzdienstleisters Thomson Financial[2] im Jahre 2000 mit 3.490 Milliarden US-$ die bislang magische Schallmauer von 1 Billionen (1999: 865 Mrd. US-$) überschritten hatten. Nach dem unendlich scheinenden Wachstum der Transaktionszahlen und -volumina zeigten die Jahre 2001 bis 2003 welt-, europa- und auch deutschlandweit einen drastischen Abschwung des Unternehmensmarktes, der nicht zuletzt von der international schwachen Konjunktur, niedrigen Börsenkursen und den Attentaten vom 11. September 2001 hervorgerufen bzw. begleitet war.

Die Dramatik dieses Abschwunges zeigte sich bereits im Jahr 2001, in dem sich der Rekordwert aller weltweiten Unternehmenstransaktionen auf ca. 1.700 Mrd. US-$ halbierte, um sich erst im Jahre 2003 bei dem Tiefstwert des Jahres 2002 von ca. 1.350 Mrd US-$ zu »stabilisieren«. Ebenso sanken die Käufe und Verkäufe mit deutscher Beteiligung von den 478 Mrd. € (inkl. Vodafone Mannesmann 198 Mrd. €) des Jahres 2000 im Folgejahr 2001 um mehr als 65 % auf 163 Mrd. €, im Jahr 2002 nochmals um mehr als 45 % auf ein kumuliertes Volumen von ca. 100 Mrd. € und reduzierte sich im Jahr 2003 wiederum um ca. 20 % auf 66,58 Mrd. €. Auch die Zahl der Transaktionen mit deutscher Beteiligung ging von 1.734 im Jahre 2002 auf 1.664 im Jahre 2003 leicht zurück.

Zwar war auch das Jahr 2004 von erheblichen Flautephasen geprägt. Allerdings stieg das weltweit angekündigte Transaktionsvolumen nicht zuletzt aufgrund eines starken Schluss-Spurtes um 41 % auf das seit dem Jahre 2000 beste Ergebnis in Höhe von 1.950 Mrd. US-$. Dabei wuchs das Volumen der Fusionen in den USA erstmals wieder um 50 % auf 875 Mrd. US-$ und in Europa um 28 %. Auch in Deutschland hat sich der Unternehmensmarkt im Jahre 2004 wieder deutlich belebt. Die Anzahl der Transaktionen stieg im ersten Halbjahr 2004 gegenüber dem entsprechenden Vorjahreszeitraum (548) um 24.1% auf 680 Transaktionen und wuchs im gesamten Jahr 2004 um mehr als 20 % auf 1.200 Transaktionen. Dabei verringerte sich der Gesamtwert der Transaktionen von 38,1 Mrd. € im ersten Halbjahr 2004 um 4,5% gegenüber dem Wert des Vorjahres (39,9 Mrd. €). Treiber des Marktes sind also nicht mehr die Mega-Deals, sondern kleinere Transaktionen aus dem Mid-Cap-Bereich und dem Mittelstand. Besonders interessant dürfte dabei die Entwicklung sein, dass es sich bereits bei mehr als 50 % der Transaktionen um cross-border d.h. grenzüberschreitende Mergers & Acquisitions handelt.

---

1 Siehe den Überblick bei HtmlResAnchor www.mergers-and-acquisitions.de.
2 Siehe Rolf Lebert, Financial Times Deutschland v. 10.01.2002, S. 19.

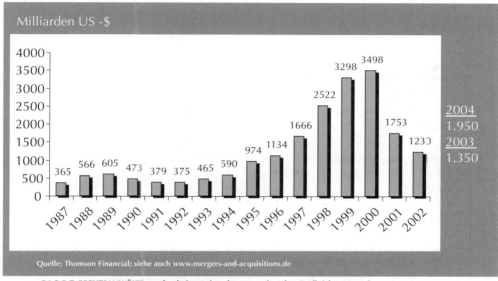

Abb. 1: Entwicklung der Transaktionen weltweit
Quelle: Thomson Financial; siehe auch www.mergers-and-acquisitions.de

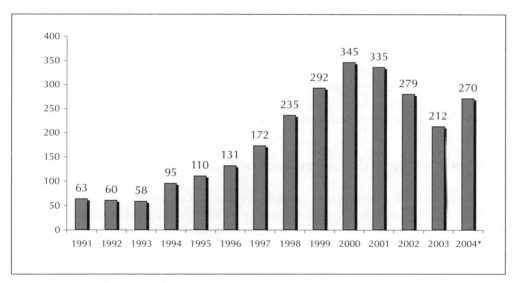

Abb. 2: Anzahl der bei European Merger Control angemeldeten Transaktionen
Quelle: European Merger Control
Siehe http://europa.eu.int/competition/mergers/cases/stats.html
* Eigene Schätzung – siehe http://www.mergers-and-acquisitions.de

Nr.	Objekt	Branche	Käufer	Preis in Mill. €
1.	Celanese	Chemie	BCP (Blackstone)	3.568
2.	Gagfah	Wohnungen	Fortress	3.500
3.	Messer Griesheim	Chemie	L'Air Liquide	2.680
4.	Roche UTC	Chemie	Bayer	2.380
5.	Dynamit Nobel (Teile)	Chemie	Rockwood (KKR)	2.250
6.	MoI (Ungarn)	Energie	Eon	2.100
7.	Thyssen Krupp	Wohnungen	div. Fonds	2.100
8.	Wohnungsbauges. Berlin	Wohnungen	Cerberus	1.970
9.	NET (Vereinigte Staaten)	Funknetze	Deutsche Telekom	1.900
10.	Grohe	Armaturen	Fonds	1.800

Abb. 3: Die zehn größten Übernahmen des Jahres 2004 mit deutscher Beteiligung
Quelle: M & A International (siehe FAZ, 24.12.2004, S. 14)

Bei globaler Betrachtung ist diese Entwicklung wirtschaftspolitisch und gesellschaftspolitisch vor allem deshalb bedenklich, weil die ausländischen Direktinvestitionen inzwischen die größte externe Finanzierungsquelle der Entwicklungsländer darstellen. Zudem machen auch in den Entwicklungsländern die Mergers & Acquisitions den größten Anteil an den Direktinvestitionen aus, wobei die Unternehmen in den Entwicklungsländern regelmäßig auf der Seite der Übernommenen und nicht der Übernehmenden stehen. Trotz der Direktinvestitionen entstehen daher in den Entwicklungsländern überwiegend keine neuen Fertigungskapazitäten bzw. Arbeitsplätze. Vielmehr führt die M&A-Dynamik und die Entstehung eines globalen Unternehmensmarktes für die Entwicklungsländer zu gravierenden entwicklungspolitischen Nachteilen. Dies wird bereits daran ersichtlich, dass sich die Investitionen in Lateinamerika, in der Karibik und in Afrika weiter verringerten.[3] Die Entwicklungsländer werden daher die eigentlichen Verlierer des M&A-Weltmarktes sein.

c) M&A-Aktivitäten als zyklisches Phänomen

Angesichts dieses drastischen Rückganges der M&A-Aktivitäten stellt sich die Frage, ob es sich hierbei um ein allgemeines oder branchenbezogenes Marktphänomen handelt und welche Tendenzen für die kommende Zeit erkennbar sind.

Sucht man nach einer Antwort auf diese Frage, so ist zunächst zu beachten, dass sich die Mergers & Acquisitions in der Vergangenheit als zyklisches Phänomen dar-

---

[3] Siehe den World-Investment-Report (WIR) 2001 der UNCTAD sowie Handelsblatt v. 19.09.2001, S. 6 und Handelsblatt vom 30.07.2001.

gestellt haben. Eine von Prof. Dr. Müller-Stewens, Universität St. Gallen, vorgenommene Analyse des US-amerikanischen Transaktionsmarktes im vergangenen Jahrhundert zeigt, dass wir uns momentan nach fünf abrupt beendeten M&A-Wellen nunmehr in der sechsten M&A-Welle befinden.[4]

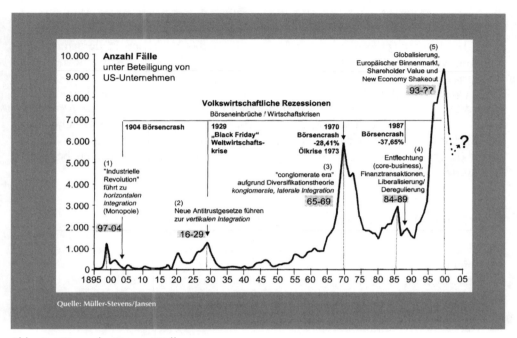

Abb. 4: Die sechs Merger-Wellen

Die *erste* Merger-Welle war im Zeitraum von 1897 bis 1904 im Zuge der industriellen Revolution zu verzeichnen. Sie endete mit dem Börsen-Crash des Jahres 1904.

Die *zweite* M&A-Welle folgte in der Zeit von 1916 bis 1929. Sie führte zu einer verstärkten vertikalen Integration der Wirtschaft und endete mit dem Börsenzusammenbruch am »Black Friday«.

In den Jahren 1965 bis 1969 führten verstärkte Akquisitionen aufgrund der in den sechziger Jahren populär gewordenen Diversifikationstheorie im Rahmen der *dritten* M&A-Welle zu riesigen Konglomeraten mit einem sehr unterschiedlichen Branchen-

---

4 Siehe Jansen, Teil C.XII. in diesem Handbuch sowie Müller-Stewens, Akquisitionen und der Markt für Unternehmenskontrolle: Entwicklungstendenzen und Erfolgsfaktoren, in: Management von Akquisitionen: Akquisitionsplanung und Integrationsmanagement, Kongressdokumentation zum 53. Deutschen Betriebswirtschafter-Tag 1999 von Arnold Picot/ Nordmeyer/ Pribilla, Schriftenreihe der Schmalenbach-Gesellschaft für Betriebswirtschaft e.V. 2000, S. 41 ff.

Spektrum. Auch diese Entwicklung endete abrupt mit der Einführung des Tax Reform Act von 1969 sowie mit dem Einbruch der Aktienmärkte Ende der sechziger Jahre.

Die *vierte* M&A-Welle begann 1984 und endete 1990. Als Reaktion auf eine Liberalisierung der Monopol- und Steuergesetzgebung sowie auf die Deregulierungspolitik der US-Regierung war zu jener Zeit ein wahrer Kaufrausch zu verzeichnen und eine wahre »Merger-Mania« ausgebrochen, wobei ein großer Teil der Akquisitionen mit Hilfe von Leveraged Buy-Outs erfolgte. Nachdem eine Reihe von Unternehmen in die Insolvenz gegangen waren und die Anleger das Vertrauen in derartige Engagements verloren hatten, endete auch diese Welle nach starken Kurseinbrüchen an der Börse.

Die *fünfte* M&A-Welle begann Mitte der neunziger Jahre und endete mit dem Rekord-Jahr 2000. Sie war vor allem durch zunehmende Cross-Border-Aktivitäten sowie durch eine Globalisierung der Unternehmensstrukturen gekennzeichnet, bei denen aufgrund der immensen Transaktionsvolumina die Finanzierung der Akquisitionen durch die Bezahlung bzw. den Tausch mit bzw. von Aktien eine besondere Bedeutung erlangt hat.

d) Tendenzen für die Zukunft des M&A-Marktes

Die Ursachen des Rückganges des M&A-Marktes nach der fünften M&A-Welle sind vielschichtig.

Zunächst sank mit den Aktienkursen der Unternehmen grundsätzlich auch der zu zahlende Kauf- oder Tauschpreis für das Target. Starke Kursverluste führten daher – unabhängig von sinkenden Transaktionszahlen – automatisch zu einer Verringerung der Transaktionsvolumina.

Ferner hatten die Kursrückgänge negative Auswirkungen auf die Verkaufsbereitschaft der potenziellen Verkäufer und damit auf die Anzahl der durchgeführten Transaktionen, da sie oftmals ihre Unternehmen für unterbewertet hielten. Andererseits fehlte es den potenziellen Kaufinteressenten vielfach an dem für die Finanzierung des Erwerbs notwendigen Kapital bzw. an werthaltigen Aktien, da ein niedriges Kursniveau sowohl Kapitalerhöhungen zur Beschaffung von Aktien wie auch Börsengänge unattraktiv machte. Bereits bei 40 % aller Transaktionen stellten nämlich Aktien die maßgebliche Transaktionswährung dar. Dies hat dazu geführt, dass in nur 10 Jahren die Marktkapitalisierung der 100 am schnellsten wachsenden globalen Unternehmen um mehr als 30 %, der gesamte Markt hingegen nur um ca. 18 % gewachsen ist.[5]

Darüber hinaus verlangten die abgeschlossenen Transaktionen gerade in Zeiten einer gewissen Konjunkturschwäche von den Unternehmen, sich zunächst in verstärktem Maße auf die Implementierung bzw. die Post-Merger-Integration der bereits getätigten Transaktionen zu konzentrieren. Dies hat oftmals Managementaktivitäten derart stark gebunden, dass für weitere Transaktionen zunächst keine weiteren Kapazitäten verfügbar waren.

---

5 Siehe dazu den nachfolgenden Teil A II 1.

Ein weiterer Grund für den Rückgang der M&A-Aktivitäten in Deutschland war der Abschwung der US-Konjunktur, die sich global und damit auch auf den deutschen Markt auswirkte. Die Erwartung sinkender Gewinne oder sogar Verluste verschob den Schwerpunkt der Unternehmenspolitik weg vom Wachstum hin zur Einsparung und Konsolidierung.

Ein wichtiger Aspekt der beschriebenen zyklischen Entwicklungen des M&A-Marktes ist die Erkenntnis, dass der zeitliche Abstand zwischen den einzelnen M&A-Wellen immer kürzer geworden ist. Da sich die Mergers & Acquisitions zu einem wichtigen Management-Instrument für das (un-organische) Unternehmenswachstum entwickelt haben[6], war bereits nach der fünften M&A-Welle nicht mehr mit einem völligen Einbruch zu rechnen, sondern lediglich mit einer starken Abflachung, die sich bei einer erneuten Belebung der Konjunktur und des Kapitalmarktes wieder in einen Anstieg wandeln konnte. Am ehesten ist es dabei der US-Wirtschaft zuzutrauen, den zündenden Funken für eine Wiederbelebung des Kapitalmarktes und damit des globalen M&A-Geschäftes auszulösen. Insbesondere war nach den in der Vergangenheit erfolgten Konzentrationen der Unternehmen auf ihre Kernbereiche wieder eine gewisse Diversifizierung zu beobachten, die den Unternehmen in Zeiten wirtschaftlicher Unsicherheit weitere »Sicherheitselemente« bieten konnte.

Der deutsche Markt weist zusätzlich die Besonderheit auf, dass er sich – wie z.B. bereits in den USA oder in Großbritannien geschehen – langsam von einer banken- in eine kapitalmarktgetriebene Wirtschaft wandelt. Ferner werden die weitere Deregulierung und die Veränderung bestehender Unternehmens- und Marktstrukturen zu weiteren Übernahmen und Fusionen führen. Dies wird unter anderem auch durch das Kapital ermöglicht, das infolge neuer Möglichkeiten der privaten Vermögensbildung und insbesondere der privaten Altersvorsorge auf den Markt kommen wird. Vor allem wird auch der Mittelstand nicht zuletzt aufgrund der anstehenden Nachfolgeproblematik sowie der Notwendigkeit, sich verstärkt in globaleren Märkten zu etablieren, neue M&A-Impulse erzeugen.[7] Schließlich werden durch die Möglichkeit der steuerfreien Veräußerung von Unternehmensbeteiligungen sowie durch das zum 1. Januar 2002 in Kraft getretene Wertpapierübernahmegesetz weitere positive Signale für die M&A-Tätigkeiten der Unternehmen erwartet.[8] Vielfach wird es sich um sog. defensive Transaktionen von Unternehmen handeln, die im Rahmen von Restruktu-

---

6 Eine Übersicht über den derzeitigen Stand der M&A-Diskussion findet sich in der Kongressdokumentation zum 53. Deutschen Betriebswirtschafter-Tag 1999 von Arnold Picot/Nordmeyer/Pribilla, Management von Akquisitionen: Akquisitionsplanung und Integrationsmanagement, Schriftenreihe der Schmalenbach-Gesellschaft für Betriebswirtschaft e.V. 2000. Siehe darin insbesondere Müller-Stewens, Akquisitionen und der Markt für Unternehmenskontrolle: Entwicklungstendenzen und Erfolgsfaktoren, S. 41 ff. sowie Gomez, Management des Unternehmens-Portfolios – Wertsteigerung durch Akquisition, S. 21 ff.
7 Siehe dazu Gerhard Picot/Russenschuck, Familienunternehmen im Sog von Mergers & Acquisitions, M&A Review, 11/2001, S. 500-504.
8 Siehe dazu eingehend den nachfolgenden Beitrag von Eilers, Teil A. III.

rierungen ihre Rationalisierung vorantreiben und ihre Kosten senken.[9] Hinzukommen diejenigen Transaktionen, die aufgrund der dargestellten wirtschaftlichen Gründe auf das Folgejahr verschoben worden sind.

Insbesondere in den Branchen Automobilindustrie, Investitionsgüterindustrie, Chemie- und Pharma-Industrie, Energieversorgung, Banken und Versicherungen sowie der Information, Kommunikation und High-Tech und nicht zuletzt auch im Transportwesen wird sich die Unternehmenslandschaft weiterhin durch Mergers & Acquisitions nachhaltig verändern. Da neben der Geschwindigkeit der Markterschließung vor allem auch die Größe für den wirtschaftlichen Erfolg der Unternehmen entscheidend ist, erwägt nach wie vor etwa jedes zweite Unternehmen dieser Branchen die Übernahme eines Wettbewerbers oder einen Unternehmenszusammenschluss. Zusätzliche Stimulanz erfährt der Markt durch die Venture-Capital-Gesellschaften, die auch Unternehmensgründern mit großen kreativen Ideen und kleinem Budget bei erheblicher Gewinnphantasie und Risikobereitschaft das notwendige Kapital zur Verfügung stellen, um ihnen den Durchbruch zu ermöglichen.

Insgesamt mehren sich die Indizien dafür, dass zukünftig mit einem weiteren Anstieg der nunmehr sechsten Fusionswelle und sogar mit einem neuen »M&A-Boom« zu rechnen ist, auch wenn die Rekordzahlen des Jahres 2000 wohl nicht wieder erreicht werden. Ohne an dieser Stelle eine Gewichtung dieser Indizien und der Besonderheiten des deutschen Marktes wegen der Beteiligung der mittelständischen Unternehmen und der Familienunternehmen vornehmen zu können, seien sie nachfolgend kurz zusammengefasst:

- Anzeichen globaler konjunktureller Erholung der Weltwirtschaft und positiver Impulse für die Aktienmärkte
- Schwierigkeiten der Unternehmen, bei global abnehmender wirtschaftlicher Dynamik aus eigener Kraft zu wachsen
- Abgeschlossene Implementierungen, Integrationen, Konsolidierungen aus der fünften M&A-Welle; zunehmende Transaktionsbereitschaft nach »Deal-Stau«
- Hohe Cash-Bestände der strategischen Investoren bei geringer Verzinsung am Geldmarkt
- Hohe Cash-Bestände der Finanzinvestoren und außerbörslichen Beteiligungs- bzw. Private-Equity-Gesellschaften bei geringer Verzinsung am Geldmarkt, und zwar
  (1) der Buy-Out-Investitionen (2004: in Europa Zunahme um mehr als 25 Mrd. € auf 107 Mrd. € bei Fünf-Jahres-Renditen von ca. 10 %) und
  (2) der Venture-Capital-Investitionen; allerdings nur geringe Investitionsbereitschaft der sog. Wagniskapitalgeber in die sog. Frühphasenfinanzierung bei Gründungsgesellschaften (Syndrom des Neuen Marktes) (2004: lediglich ca. 300 Mio. € bei Fünf-Jahres-Renditen von ca. 2 %)

---

9 Siehe hierzu das Beispiel des US-Konzerns Tyco International Ltd., der durch seine Zukauf-Strategie seinen Gewinn zuletzt um 30 Prozent hat steigern können; s. Handelsblatt vom 04./05.01.2002, S. 16.

- Steigende Preise bei Bieterangeboten (Bieterkämpfen) um die Targets und höherer Fremdkapitalanteil bei den sog. »Leveraged Buy-Outs«, d.h. kreditfinanzierter Übernahmen unter Beteiligung der Managements bei geringer werdenden Eigenkapitalquoten von ca. 36 %
- Verkauf von Beteiligungen durch Finanzinvestoren aufgrund durchschnittlicher Haltedauer von 3 bis 5 Jahren (Top-50-Finanzinvestoren mit derzeit 300 Beteiligungen)
- Begünstigung der Fremdfinanzierung durch niedriges Zinsniveau
- Zunehmende Suche nach börsennotierten Gesellschaften durch industrielle Käufer und Finanzinvestoren wegen Erleichterung des Going Private durch das neue Übernahmegesetz
- Erheblicher Konsolidierungsbedarf in fragmentierten Branchen, d.h. in nahezu allen Industriezweigen mit hoher Wettbewerbsintensität
- Überkapazitäten in vielen Branchen, die eine Marktbereinigung verlangen
- Zwang konkurrierender Unternehmen fusionierter Unternehmen – Druck zu weiterer Konzentration
- Möglichkeiten weiterer Synergien und Potenzial zur Senkung von Kosten (auch in Zeiten wirtschaftlicher Schwäche)
- Mangelnde Möglichkeiten für organisches Wachstum
- Schnelleres und erfolgreicheres Wachstum durch Expansion des Kerngeschäftes
- Zwang zur Abgabe von Non-Core-Aktivitäten
- Akzeptanz und Notwendigkeit von Mergers & Acquisitions im Mittelstand (Zwang zu pan-europäischer Wettbewerbsfähigkeit)
- Unternehmensnachfolge und zersplitterte Eigentümerstruktur mit heterogener Interessenlage (Erschwerung strategischer Investitionen und Eigenkapitalbeschaffung)
- Erkenntnis von Familienunternehmen: Erhaltung der Wettbewerbsfähigkeit und des Wertes u.U. nur durch Verkauf
- Realistischere Preisvorstellung des Mittelstandes
- Sieben von zehn Konzernen befinden sich nach einer Umfrage des Beratungsunternehmens Accenture in der Planung oder bereits in einem M&A-Prozess
- Belebung des M&A-Marktes durch Transaktionen im Small- und Mid-Cap-Bereich
- Anstieg der grenzüberschreitenden Transaktionen auf ca. 50 %.

Die genannten Indizien weisen vor allem auch aufgrund der folgenden zwei Theorien in die Richtung einer weiteren Zunahme des Unternehmensmarktes: Zum einen ist es die These, dass die Zusammenschlüsse den Markt bereinigen, Überkapazitäten eindämmen und den übrig gebliebenen Unternehmen mehr Preissetzungsmacht verleihen. Die zweite sog. »Next-Target-Theorie« besagt, dass einmal vollzogene Fusionen sowohl die Anleger als auch die Konkurrenten in der Branche unter Zugzwang setzen, permanent nach dem nächsten zu übernehmenden Target zu suchen. Die dadurch angetriebenen spekulativen Käufe treiben dann den Gesamtmarkt weiter nach oben.

Hinzukommt, dass nach Großbritannien, den Niederlanden und anderen EU-Mitgliedstaaten nun auch in Deutschland ein beachtlicher Markt für die Public Private Partnership (PPP) und zugleich ein spezifischer Standard für diesen besonderen Bereich der Mergers & Acquisitions entsteht.

Das bislang wohl größte derartige Projekt einer privat finanzierten öffentlichen Infrastruktur-Maßnahme ist der als Öffentlich Private Partnerschaft (ÖPP) vergebene Auftrag des Landkreises Offenbach an den Mannheimer Dienstleister SKE GmbH Facility Management Services und die Essener Hochtief AG zur Sanierung und zum Betrieb von 90 Schulen mit einem Gesamtvolumen von mehr als € 750 Millionen in 15 Jahren. An der zu diesem Zweck als Joint Venture gegründeten Projektgesellschaft Hochtief PPP Schulpartner GmbH ist auch der Landkreis Offenbach mit 5,1 % beteiligt.

Nach dem Vorbild von Großbritannien, wo bereits jede fünfte öffentliche Bauinvestition als PPP-Projekt vergeben wird, stellt eine derartige langfristige Zusammenarbeit zwischen der öffentlichen Hand und der Privatwirtschaft nicht zuletzt vor dem Hintergrund der angespannten Wirtschaftslage und dem Investitionsstau in der öffentlichen Infrastruktur eine – mit Effzienzgewinnen von 10–20 % – kostengünstige Alternative gegenüber dem Betrieb und dem Management der Einrichtungen durch die öffentliche Hand dar.

Das Augenmerk von Bund, Ländern und Kommunen gilt dabei nach dem anfänglichen Maut-Desaster vornehmlich dem Hochbau. Dabei sind nach einer Darstellung der FAZ vom 03.11.2004 (Nr. 257, S. 14) noch sieben weitere Bau-Allianzen in Hessen und Nordrhein-Westfalen vereinbart; dazu gehören das Bildungszentrum Ostend in Frankfurt am Main (€ 42 Mio.), die Sanierung der Schulen Monheim (€ 24 Mio.), das Kreishaus Unna (€ 20 Mio.), der Neubau der Schule und Sporthalle Frechen (€ 16 Mio.), der Neubau des Rathauses Gladbeck (€ 16 Mio.), die Sanierung und Erweiterung der Schulen in Witten (€ 10 Mio.) sowie die Sporthallen in Münster (€ 6,5 Mio.). Allerdings gelten die gleichen Überlegungen auch für das Verkehrswesen, d.h. insbesondere für den öffentlichen Wege-, Straßen-, Autobahn-, Brücken- und Tunnelbau, sowie für die Bereiche der öffentlichen Gesundheit (Krankenhäuser), der Bildung, der öffentlichen Sicherheit, der Abfallwirtschaft und der Wasserversorgung.

Ein kürzlich für das Bundesministerium für Verkehr, Bau- und Wohnwesen (BMVBW) erstelltes Gutachten »PPP im öffentlichen Hochbau« enthält konkrete Vorschläge, wie PPP-Projekte in Deutschland durch 1. Überprüfung der vergabe-, steuer-, zuwendungs-, haushalts- und kommunalrechtlichen Rahmenbedingungen auf PPP-Hemmnisse, 2. Etablierung eines standardisierten Wirtschaftlichkeitsvergleichs zwischen öffentlicher Lösung und privatwirtschaftlicher Alternative und 3. den Aufbau eines PPP-Kompetenznetzwerkes erfolgreich ausgebaut werden können.

Die EU-Kommission hat mit dem »Grünbuch zu öffentlich-privaten Partnerschaften und den gemeinschaftlichen Rechtsvorschriften für öffentliche Aufträge und Konzessionen« die Diskussion über Public Private Partnerships angestoßen, und zwar zum Zwecke der EU-einheitlichen Regelung und Anwendung der Grundsätze der Transparenz, der Gleichbehandlung und der Verhältnismäßigkeit vor dem Hintergrund der Niederlassungsfreiheit und der Dienstleistungsfreiheit.

Angesichts des Strebens nach modernem und effizientem Verwaltungshandeln der öffentlichen Hand sowie den beihilfe-, ausschreibungs- und vergaberechtlichen Fragestellungen ist es nicht verwunderlich, dass »PPP« bislang vornehmlich als öffentlich-rechtliche Thematik behandelt worden ist. Dies gilt auch für den im Auftrage der Bundesregierung, der Bundesländer und der kommunalen Spitzenverbände sowie der Spitzenverbände der Bau- und Bankwirtschaft erarbeiteten und von ihnen einstimmig als gemeinsamen Standard angenommenen Leitfaden für PPP-Maßnahmen im öffentlichen Hochbau.

Allerdings darf dies nicht den Blick dafür verstellen, dass insbesondere der als öffentlich private Partnerschaft (ÖPP) vergebene Projektauftrag, gelegentlich auch als »PPP-Gesellschaftsmodell« oder auch als »gemischtwirtschaftliches Modell« bezeichnet, letztlich eine privatrechtliche Konstruktion darstellt, bei der sich die öffentliche Hand unmittelbar an der Projektgesellschaft beteiligt. Insofern sind – und dies kann nicht deutlich genug betont werden – bei der Verhandlung und Gestaltung derartiger Projektverträge sämtliche Instrumente und Techniken zu berücksichtigen, die bereits aus dem Blickwinkel der Mergers & Acquisitions notwendigerweise zu beachten und zur Erreichung optimaler (Gesellschafts-) Strukturen zu berücksichtigen sind. Vor allem gilt dies auch im Hinblick auf die beim (contractual- und equity-) Joint Venture und bei der strategischen Allianz – als empirisch häufigste Formen der Unternehmenskooperationen – sowie bei Beteiligungen an und Übernahmen von Unternehmen zu beachtenden Besonderheiten.

2. Mergers & Acquisitions als eigenständiges, auf internationalem Know-how basierendes Fachgebiet

Angesichts der enormen wirtschaftlichen Bedeutung der zunehmenden Transaktionszahlen und -volumina ist zu beklagen, dass mehr als 50 % sämtlicher Mergers & Acquisitions nicht den gewünschten Wertzuwachs und Renditeerfolg mit sich bringen, obwohl sie gern als »Königsdisziplin« des Investmentbankings und des Corporate Finance bezeichnet werden. Dies belegen einhellig die Erfolgsstudien namhafter internationaler Experten.[10]

Stark gefährdet sind vor allem solche Transaktionen, die auf rein finanziellen Überlegungen oder vermeintlich einmaligen Gelegenheiten beruhen. Die Transaktionen von Unternehmen, bei denen vor der Akquisition eine hohe Leistungsfähigkeit in

---

10 Eingehend dazu Jansen in Teil C. XII. in diesem Handbuch. Eine Übersicht über die Erfolgsstudien findet sich bei Jansen, Mergers & Acquisitions – Unternehmensakquisitionen und -kooperationen, 4. Auflage, 2001, S. 223 ff. Siehe dazu auch Richter, »Planen und analysieren«, Wirtschaftswoche Nr. 6/03.02.2000.

demselben Kerngeschäft vorhanden war und die den Zusammenschluss branchenverwandter Unternehmen betreffen, weisen eine höhere Erfolgswahrscheinlichkeit auf.

Viele Unternehmen haben in den letzten Jahren ihre internen Optimierungsressourcen durch Umstrukturierungen, flexible Ablaufprozesse und moderne Informationssysteme weitgehend ausgeschöpft. Manager, die dem Wunsch der Unternehmenseigner und Aktionäre nach einer raschen Wertsteigerung des Unternehmens bzw. des Shareholder Value entsprechen möchten, stehen daher vor der Entscheidung: Wollen sie weitere Wachstums- und Restrukturierungspotenziale durch eigene zeit- und kräftezehrende Unternehmensmaßnahmen und Produktentwicklungen erreichen; oder wollen sie dem zeitsparenden Zukauf oder dem Zusammenschluss mit branchengleichen oder -verwandten Unternehmen den Vorzug geben, wie dies im Fall DaimlerChrysler geschehen ist.

Dabei sind die Manager und ihre Berater insgesamt nicht nur aufgefordert, die Erfolgsfaktoren der Transaktionen genauer zu erkennen. Vielmehr sind sie in besonderem Maße dazu aufgerufen, auf der Grundlage ihrer Branchenexpertise mit Hilfe kreativer Transaktionsstrategien und Finanzierungen die Schaffung neuer ökonomischer Werte zu optimieren und gleichzeitig ihrer ethischen und sozialen Verantwortung gerecht zu werden. Aufgrund des zunehmenden Umfanges sowie der wirtschaftlichen und gesellschaftlichen Konsequenzen der Transaktionen werden sie zukünftig verstärkt das Klischee zu widerlegen haben, das der ehemalige Bundeskanzler Helmut Schmidt wie folgt beschrieben hat: »Die wahren Motive für die Mega-Fusionen sind häufig nicht ökonomische Notwendigkeiten, sondern Großmannssucht und Habgier der Manager.«

Entsprechend der komplexen Natur der betroffenen Unternehmen als Sach- und Rechtsgesamtheiten stellen sich bei den Transaktionen regelmäßig vielschichtige fach- und branchenübergreifende Aufgaben. Dabei sind die relevanten betriebswirtschaftlichen Faktoren und die eng mit ihnen verzahnten wirtschaftsrechtlichen, technischen und sozialen Parameter zu definieren und in die Akquisitionsplanung einzubeziehen. Daneben sind auch die verfahrensmäßigen Besonderheiten zu beachten, die sich aus den vielfältigen Erscheinungsformen nationaler und internationaler Mergers & Acquisitions ergeben, von den Unternehmenszusammenschlüssen, Unternehmenskäufen und -verkäufen, Kooperationen, Allianzen und Joint Ventures bis hin zu den Integrations-, Umwandlungs- und Restrukturierungsmaßnahmen.

Die Transaktionserfolge werden sich nur dann nachhaltig optimieren lassen, wenn die Fusionspartner nach modernen Kapitalmarkterfordernissen ausgesucht und zusammengeführt werden und die Manager und ihre Berater das Transaktionsmanagement erheblich verbessern.

Sie müssen den Bereich der Mergers & Acquisitions als eigenständiges, auf internationalem Know-how basierendes Fachgebiet begreifen, das einer ganzheitlichen Betrachtung und Handhabung bedarf. In der Vergangenheit wurde nämlich nur unzureichend berücksichtigt, dass sämtliche drei M&A-Phasen, d.h. die Planung, die Durchführung und die Integration einen ganzheitlichen Vorgang darstellen.

Ferner müssen die Unternehmen darauf reagieren, dass komplexe Transaktionen erheblich darunter leiden, wenn die aus Investmentberatern, Anwaltskanzleien, Wirtschaftsprüfern, Kaufleuten, Technikern, Sicherheitsfachleuten, Umweltberatern und anderen Consultants zusammengesetzten M&A-Teams angesichts ihrer einseitigen Fachverständnisse keine gemeinsame Sprache sprechen.

Bei grenzüberschreitenden internationalen Deals ist es zudem erforderlich, dass die Projektteams aus Vertretern der jeweiligen Nationalitäten und Kulturen zusammengesetzt werden, um die unterschiedlichen Unternehmens- und Belegschaftsinteressen schneller erkennen und darauf reagieren zu können.

All dies macht es erforderlich, vor dem Hintergrund der langjährigen internationalen und insbesondere anglo-amerikanischen Transaktions-Erfahrungen und -Gepflogenheiten auch in Deutschland eine eigene M&A-Kultur zu entwickeln. Dies ist einer der Gründe dafür, dass Investmentbanken und Beratungsunternehmen dem deutschen M&A-Nachwuchs in diesem attraktiven Geschäftsbereich des Investmentbankings und des Corporate Finance hervorragende Chancen und Aussichten bieten.

Die Manager und ihre Berater müssen in die Lage versetzt werden, bereits im Vorfeld der Transaktionen so genau wie möglich zu prüfen und zu analysieren, ob und inwieweit die Unternehmen mit all ihren Rahmenbedingungen und Kulturen zueinander passen. Hierzu gehört auch die Frage, welche Schritte erforderlich sind, um das unternehmerische Gelingen der Transaktion in allen ihren Phasen unter möglichst weitgehender Berücksichtigung der Arbeitnehmerinteressen und Produktionsstandorte sicherzustellen. Dies reicht von der Planungs-Phase, d.h. den bloßen Vorüberlegungen für den Entscheidungsprozess der Transaktion, über die Durchführungs-Phase, d.h. die sorgfältige Unternehmensprüfung (Due Diligence), die Unternehmensbewertung sowie die Verhandlung und Gestaltung des Transaktionsvertrages, bis hin zur Integrations- bzw. Implementierungs-Phase.

Dies gilt zum Beispiel für die Kaufleute, Investmentbanker, Wirtschaftsprüfer, Techniker und anderen M&A-Berater, die in Kenntnis der grundlegenden wirtschaftsrechtlichen Zusammenhänge besser in der Lage sind, die wirtschaftlichen Chancen und Risiken z.B. in der Due Diligence, bei der Unternehmensbewertung und im Hinblick auf etwa notwendige Restrukturierungsmaßnahmen einzuschätzen. Gleiches gilt aber auch umgekehrt zum Beispiel für die Wirtschaftsjuristen, die nur mit einem soliden betriebswirtschaftlichen Basiswissen und einem gewissen technischen Verständnis in der Lage sind, die wirtschaftlichen Zielvorstellungen und Konzepte der Vertragspartner in schlüssige Vertragswerke zu gießen.

Bislang vertrat in Deutschland nur das »Institute for Mergers & Acquisitions – IMA« der Privaten Universität Witten/Herdecke (UWH) entsprechend diesem gedanklichen Ansatz ein ganzheitliches und interdisziplinären Wissenschaftskonzept.[11] Das Konzept basierte auf der bisher fast ausschließlich im anglo-amerikanischen Raum vertretenen Erkenntnis, dass sich die Optimierungspotenziale für die Transaktionen und das bei M&A-Fachleuten gebündelte Know-how angesichts der immer schneller werdenden Entwicklungsprozesse nur mit einem vertieften wissenschaftlichen Ansatz

---

11 Siehe Leendertse, Wirtschaftswoche Nr. 4/20.01.2000, S. 122 f.

und Fundament werden erkennen und realisieren lassen. Die in der Praxis gewonnenen Erfahrungswerte müssen dabei systematisiert, strukturiert und erforscht werden, um anhand der empirischen Grundlagen kreative Wissenschaftsmodelle zur Verbesserung der Transaktionserfolge entwickeln zu können.

Neben der wissenschaftlichen Forschung ist aber in besonderem Maße auch die Lehre gefordert. In der Praxis werden nämlich hoch qualifizierte M&A-Fachleute für vielfältige Management- und Beratungsaufgaben benötigt. Sie alle müssen fachübergreifend theoretisch und praktisch an die transaktionsspezifischen Aufgaben und Fragestellungen herangeführt werden. Einschlägige Fachkenntnisse benötigen ferner die mittelständischen Unternehmer, wenn sie die von ihnen aufgebauten Unternehmen mit all ihrer persönlichen Befindlichkeit und Betroffenheit verkaufen oder an die Börse bringen wollen. Zur Erlangung der Fachkenntnisse muss ein möglichst interdisziplinäres und transaktionsbezogenes Lehr- und Weiterbildungsprogramm unter Einbeziehung der praktischen Erfahrungen angeboten werden. Zugleich muss den Studierenden die notwendige soziale Verantwortlichkeit und Kompetenz vermittelt werden. Insbesondere müssen sie lernen, auch schwierige Transaktionen mit Kreativität und diplomatischem Geschick unter Einsatz ihrer Persönlichkeit und ihrer persönlichen Vertrauenswürdigkeit zum Erfolg zu führen.

Die an den Transaktionsprozessen Beteiligten müssen daher ein vertieftes interdisziplinäres Grundverständnis für die Aspekte, Inhalte und Probleme der jeweils anderen Fachbereiche aufbringen, um sich gegenseitig besser verständigen und die Effizienz der Transaktionen steigern zu können. Bei internationalen Transaktionen kommt die Notwendigkeit hinzu, die fachspezifischen Inhalte und Besonderheiten in allen Facetten in der jeweiligen, meistens englischen, Verhandlungssprache kommunizieren zu können. Nur auf der Basis einer gemeinsamen Fachsprache – sozusagen einer gemeinsamen »Transaktionssprache« – ist eine enge und optimale Zusammenarbeit der verschiedenen Fachleute möglich.

Denn aufgrund der großen wirtschaftlichen Bedeutung der Transaktionen ergibt sich auch hierzulande entsprechend dem Prinzip:»Combining local strength with international skills« die dringende Notwendigkeit, eine eigenständige nationale Transaktionskultur unter Berücksichtigung der internationalen Standards herauszubilden.[12]

Die Unternehmen sowie ihre internen und externen M&A-Fachleute müssen ihr Fachwissen und ihre Beratungsinstrumente verbessern, ihre Erfahrungen bündeln und ihr Know-how fortentwickeln. Nur so können sie zukünftig die wirtschaftlichen Risiken, die mit jeder Transaktion als unternehmerischem Handeln verbunden sind, möglichst präzise einschätzen und beherrschen.

---

12 Siehe dazu Gerhard Picot, Wirtschaftsrechtliche Parameter des Akquisitionsmanagements, in: Arnold Picot/Nordmeyer/Pribilla, Management von Akquisitionen, S. 121 ff.

Zu diesem Zwecke können sie sich einerseits bei der Suche nach geeigneten Transaktions-Partnern und der Entwicklung kreativer Finanzierungsmodelle des Know-hows namhafter Investment-Berater bedienen.

Rang	Bank	Volumen in Mrd. $	Marktanteil	Anzahl
1	Goldman Sachs	45,17	40,9	26
2	JP Morgan	35,29	31,9	17
3	Deutsche Bank	34,38	31,1	29
4	Dresdner Kleinwort Wasserstein	32,61	29,5	11
5	Morgan Stanley	28,18	25,5	20

Abb. 7: Die größten Investment-Berater 2001
(Abgeschlossene Fusionen und Übernahmen im Jahr 2001)
Quelle: Thomson Financial
Siehe auch Handelsblatt vom 28./29.12.2001, S. 25.

Des Weiteren können sie mit der Planung, Durchführung und Integration auch nationale und internationale Anwaltskanzleien beauftragen.

Rang		Law Firm	Volumen (Millionen Euro)	Anzahl der Transaktionen
2001	2000			
1	1	Freshfields Bruckhaus Deringer	214,658	166
2	2	Linklaters & Alliance	211,976	210
3	10	Clifford Chance	192,232	179
4	3	Slaughter and May	159,425	92
5	4	Sullivan & Cromwell	155,404	44
6	5	Shearman & Sterling	122,291	60
7	7	Cleary Gottlieb Steen & Hamilton	118,016	47
8	12	Herbert Smith/Gleiss Lutz	112,422	76
9	28	Skadden Arps Slate Meagher & Flom	107,529	46
10	8	Allen & Overy	89,597	146

Abb. 8: Die 10 größten M&A-Law Firms in Europa 2001
(Transaktionen in Europa über 10 Millionen engl.Pfund bis 31.12.2001)
Quelle: Mergermarket

3. Fusionitis oder neue Managementstrategie

Entscheiden sich die Manager für einen Unternehmenszukauf oder einen Zusammenschluss, ist es verfehlt, ihnen pauschal »Fusionitis« bzw. krankhafte Fusionseuphorie vorzuwerfen. Die Herausforderung der Zukunft liegt vielmehr darin zu verstehen, dass die Erfolgsfaktoren der Mergers & Acquisitions erst allmählich praktisch und wissenschaftlich erkannt und durchdrungen werden.

a) Drei Phasen bei Fusionen und Übernahmen

Die Manager und ihre M&A-Berater sind nicht nur aufgerufen, die bestimmenden Faktoren genauer zu identifizieren, sondern auch den Erfolg der Transaktion in allen drei Phasen[13] einer Fusion oder einer Übernahme zu optimieren[14], nämlich in:

- der Planungsphase, d.h. reine Überlegungen im Vorfeld bezüglich des Entscheidungsprozesses für die Transaktion
- der Durchführungsphase, d.h. Due Diligence, Bewertung der Gesellschaften sowie Verhandlung und Entwurf des Transaktionsvertrages
- der Integrations-/Implementierungsphase.

b) Grundlegende Gesichtspunkte zum M&A-Management

Während jeder dieser drei Phasen müssen die folgenden grundlegenden Aspekte des M&A-Managements beachtet werden:

- ganzheitliche Betrachtung der Planung, Durchführung und Implementierung/ Integration in jeder Phase der Transaktion
- klar definierte Formulierung der strategischen Ziele und interne Kommunikation der Transaktion
- Entscheidungsfindung und Vision, ob und inwiefern die Gesellschaften hinsichtlich sämtlicher Parameter und Kulturen zusammen passen
- grundlegendes interdisziplinäres Verständnis für die Aspekte, Inhalte und Probleme der anderen Bereiche (»eine gemeinsame Sprache für die Transaktion«)
- Analyse, welche Schritte erforderlich sind, um den wirtschaftlichen Erfolg der Transaktion in jeder ihrer Phasen sicherzustellen, wobei im größtmöglichen Umfange die Interessen der Mitarbeiter und die verschiedenen Produktionen zu berücksichtigen sind
- Minimierung von Risiken sowie realistische Einschätzung des Synergiepotenzials und der Kosten für die Integration
- Entwicklung systematischer und konsistenter Transaktionsstrategien
- klare Definition und Strukturierung/Organisation der Transaktion.

---

13 Siehe dazu auch die weitergehende 5-phasige Unterteilung des (beschränkten) Bietungsverfahrens/Auktionsverfahrens von Gerhard Picot, Unternehmenskauf und Restrukturierung, Teil I (Vertragsrecht), RN. 9 ff.
14 Zum derzeitigen Stand der M&A-Diskussion siehe Jansen/Picot/Schiereck, Internationales Fusionsmanagement – Erfolgsfaktoren grenzüberschreitender Unternehmenskäufe, Stuttgart, 2001.

c) Erfolgsfaktoren während der Integrationsphase[15]

Prinzipiell ist festzustellen, dass die Integrationsphase einen sehr starken Einfluss auf den Erfolg von Fusionen und Unternehmenskäufen hat. Ihre wichtigsten so genannten »harten« und »weichen« Erfolgsfaktoren sind:

- sorgfältige Vorbereitung, Koordinierung und Kontrolle des Integrationsprozesses an sich
- Kultur, interne Organisation und Logistik
- Kommunikation
- Schlüssel-Mitarbeiter und Management
- Kunden und Co-Produzenten
- Wissensmanagement.

Aufgrund dieser Erfolgsfaktoren hat das nationale und internationale Integrationsmanagement die folgenden Probleme und Aufgabenstellungen zu berücksichtigen:

- klare Definition und interne Kommunikation der Transaktion sowie Darlegung einer klaren Perspektive gegenüber allen Mitarbeitern
- möglichst frühe Benennung und Bildung von Managementstrukturen im mittleren und Spitzen-Management
- präzise Umsetzung von Visionen und der Grundlage für die Entscheidungsfindung
- Berücksichtigung der üblichen Transaktionsrisiken, die sich aus den allgemeinen wirtschaftlichen Anforderungen ergeben, d.h. so präzise Entscheidung wie möglich innerhalb kürzester Zeit bei geringstem Aufwand
- Integration der Unternehmen und ihrer Kulturen: Zusammenführung internationaler Kenntnisse mit lokaler Stärke und unter angemessener Berücksichtigung unabhängiger nationaler Kulturen
- Schaffung, Formulierung und Interpretation einer neuen Corporate Identity im Geiste des »Alle für einen und einer für alle«
- Vermeidung nationalen »Bestandsbewusstseins« bei grenzüberschreitenden Transaktionen
- transparente Kommunikation der Vision und Strategie für die Transaktion nach außen.

Unter Berücksichtigung aller vorgenannten Aspekte kann festgestellt werden, dass diejenigen Transaktionen, bei denen vor der Übernahme zwei Gesellschaften, insbesondere »Gleiche«, gute Leistungen in derselben Branche und in demselben Kerngeschäft erzielten oder in miteinander verbundenen Geschäftsbranchen tätig waren, mit höherer Wahrscheinlichkeit erfolgreich sein werden.

---

15 Eingehend dazu Jansen in dem Beitrag Teil C. XII. in diesem Handbuch. Eine Übersicht über die Erfolgsstudien findet sich bei Jansen, Mergers & Acquisitions – Unternehmensakquisitionen und -kooperationen, 4. Auflage, 2001, S. 223 ff.

4. Begriff der Mergers & Acquisitions, insbesondere der Unternehmenszusammenschluss sowie der Unternehmenskauf und -verkauf

Für das inzwischen zum deutschen Sprachgebrauch gehörende Begriffspaar der »Mergers & Acquisitions«, gibt es kein deutschsprachiges Pendant. Am besten lässt es sich mit den deutschen Begriffen »Unternehmenszusammenschlüsse und Unternehmensübernahmen« übersetzen.

Ebenso wenig konkret ist freilich der deutsche Begriff »Unternehmenskauf«. Angesichts einer fehlenden Definition des Begriffes »Unternehmen« im deutschen Recht sind die Versuche einer treffenden Begriffbestimmung zahlreich. Während der Bundesgerichtshof[16] das Unternehmen als ein Gebilde bezeichnet, das sich institutionell und funktionell als Unternehmen im hergebrachten Sinne darstellt, versteht die Betriebswirtschaftslehre das Unternehmen als ökonomische Einheit der Gesamtwirtschaft, die von einem Unternehmen auf eigene Rechnung und Gefahr zum Zwecke des Erwerbs betrieben wird.

Ein »Unternehmen« ist jedenfalls weder eine Sache noch ein Recht im Sinne des deutschen Zivilrechts. Es ist vielmehr eine Gesamtheit von Sachen und Rechten, tatsächlichen Beziehungen und Erfahrungen sowie unternehmerischen Handlungen.

Dabei ist nicht zu übersehen, dass auch diese Definition Begriffe enthält, die ihrerseits einer näheren Bestimmung bedürfen. Merkmale, wie zum Beispiel Marktanteile, Ressourcen, Geschäftschancen, Vertragsbeziehungen und Arbeitsverträge geben zwar Hinweise zur Ausfüllung dieser Begriffe. Allerdings können auch diese nicht darüber hinwegtäuschen, dass eine umfassende Definition des Unternehmens und damit auch des Unternehmenskaufs nicht möglich ist.

Wie bereits in der Einführung zu diesem Handbuch dargestellt wird der Begriff »Mergers & Acquisitions« hier in dem weitgefassten anglo-amerikanischen Sinn der vielfältigen Erscheinungsformen verstanden, von den

- Unternehmenskäufen und -verkäufen
- Unternehmenszusammenschlüssen
- Kooperationen, Allianzen und Joint Ventures
- Unternehmenssicherungen und -nachfolgen
- Management Buy-out und Buy-in
- Börsengängen/IPO
- bis hin zu den erforderlichen Umwandlungsmaßnahmen
- und Restrukturierungen.

---

16 *BGHZ* 74, 359, 364

Abb. 9: Erscheinungsformen der Mergers & Acquisitions

5. Die Planung der Mergers & Acquisitions

a) Vorarbeiten, Studien und Analysen

Jede komplexere Transaktion beginnt mit den internen Vorarbeiten, Studien und Analysen des Unternehmens, seines Wettbewerbsumfeldes, des Marktes und der angedachten und denkbaren Entwicklungsmöglichkeiten.

Regelmäßig geschieht dies zunächst durch die Unternehmer, Manager und ihre Aufsichtsorgane unter Einbeziehung interner Fachleute insbesondere in den Abteilungen für Unternehmensentwicklung und Unternehmensplanung sowie in den Rechts- und Steuerabteilungen.

Schon bald ist in diese vorbereitenden Überlegungen die Frage einzubeziehen, welche externen M&A-Berater hinzugezogen werden sollen, um gemeinsam kreative Strategien und Finanzierungen zu entwickeln und geeignete Transaktions-Partner zu suchen.[17] Insbesondere gilt dies für Berater aus den Bereichen des Investments, des

---

17 Vgl. Beck/Vera: Make-or-Buy-Entscheidung beim Verkauf von Konzernunternehmen, Finanz Betrieb 2002, S. 6 ff.

Corporate Finance, des Wirtschaftsrechts und der allgemeinen Unternehmensberatung. Dabei müssen die Berater regelmäßig neben nachhaltiger M&A-Erfahrung eine besondere Branchen- und Fachexpertise aufweisen und – im Falle grenzüberschreitender Transaktionen – auch die internationale Kompetenz und ein schlagkräftiges Netzwerk mitbringen. Sodann erfolgt – gegebenenfalls nach einem sog. »Beauty Contest« oder »Pitching« – die Beauftragung der Berater.

b) Die Planung der Mergers & Acquisitions

In der Phase der Planung der Mergers & Acquisitions wird zunächst die gesamte Transaktion möglichst interdisziplinär und ganzheitlich geplant, insbesondere die betriebswirtschaftliche und (steuer-) rechtliche Technik und Optimierung, unter besonderer Berücksichtigung ihrer Durchführung sowie der Integration bzw. Implementierung.

Die Planungstätigkeit erstreckt sich dabei vor allem auf die Aspekte,

- Ob
- Wann
- Wie

ein Merger oder eine Akquisition vorgenommen werden soll.

aa) Die Frage nach dem »Ob«

Bei der Frage nach dem »Ob« geht es vornehmlich um die Festlegung der Unternehmensziele und die Frage, welche dieser Ziele durch organisches Wachstum oder Restrukturierung und welche dieser Ziele durch Merger- bzw. Akquisitionsaktivitäten verfolgt werden sollen. Dabei sind zugleich die Konsequenzen der Strategie und ihre wirtschaftlichen bzw. finanziellen Auswirkungen vor dem Hintergrund der Wettbewerbssituation und der Steigerung der Wertschöpfungskette kritisch zu berücksichtigen.

Empirisch betrachtet wird bei etwa 85 % aller Unternehmenszusammenschlüsse und Akquisitionen die Frage des »Ob« nach der Zielvorstellung eines Wachstums des Stammgeschäftes beantwortet.

bb) Die Frage nach dem »Wann«

Die Beantwortung des »Wann« erfolgt in enger Abhängigkeit einerseits von den Notwendigkeiten einer Stärkung des Stammgeschäftes und unternehmensspezifischen strategischen Überlegungen oder Sach- bzw. Markt-Zwängen sowie andererseits von den finanziellen Möglichkeiten des Unternehmens betreffend die angedachte M&A-Aktivität. Zugleich stellt sich damit die Frage der Priorisierung, die nur in der Weise beantwortet werden kann, dass verschiedene M&A-Optionen und -Gelegenheiten in die Klassen »Top«, »High«, »Medium« und »Low« eingeteilt werden. Aus dieser Klassifizierung lässt sich dann unter Berücksichtigung der (personellen) Machbarkeit die Reihenfolge der zu ergreifenden Aktivitäten herleiten.

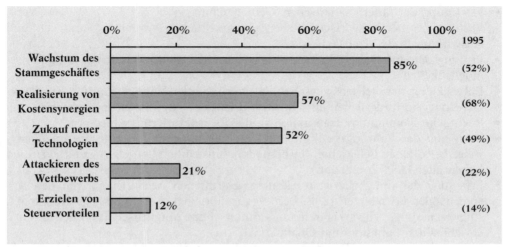

Abb. 10: Ziele von Unternehmenszusammenschlüssen und Akquisitionen
Quelle: Umfrage bei 260 M&A-Transaktionen von Fortune 500 Firmen, A.T. Kearney Global PMI Survey 1998

Dabei kann die Entscheidung auch davon beeinflusst sein, dass sich gezielte M&A-Aktivitäten nach einem erfolgreichen Börsengang als wichtige Maßnahme zur Kurspflege beim Werben um die Investorengunst darstellen können.

cc) Die Frage nach dem »Wie«

Bei der Frage nach dem »Wie« sind zunächst insbesondere die sich bietenden Formen der Mergers & Acquisitions zu prüfen, d.h. der Unternehmenszusammenschlüsse, der Unternehmenskäufe bzw. -verkäufe, der Restrukturierungen und Unternehmenssicherungen, der Kooperationen, Allianzen und Joint Ventures sowie der Börsengänge bzw. IPOs.

Dabei ist die zuvor vorgenommene Klassifizierung nochmals dahingehend zu überprüfen, ob das strategische Unternehmensziel mit einer bloßen Kooperation oder einer strategischen Allianz erreicht werden kann, oder ob eine Mehrheitsbeteiligung $\geq 50\,\%$ oder eine Akquisition $75\,\% \leq x \leq 100\,\%$ angestrebt werden soll.

Auf dieser Grundlage sind die geeigneten Zielunternehmen zu identifizieren, deren Ressourcen oder Fähigkeiten zu der Realisierung der M&A-Strategie passen. Die sich danach bietenden Möglichkeiten sind sodann mit den Fragen der Unternehmensbewertung, Bestimmung der Gegenleistung bzw. des Kauf- oder Tauschpreises etc. abzustimmen und mit der Integrationsplanung in Einklang zu bringen.

Die Planungstätigkeit erstreckt sich demgemäß insbesondere auf folgende Punkte:

- Analyse der gegenwärtigen und der zu erwartenden betriebswirtschaftlichen Situation des Unternehmens und des Targets, insbesondere etwaiger Synergien während und nach der Transaktion

- Festlegung der unternehmerischen Zielvorstellung
- Prüfung der betriebswirtschaftlichen und rechtlichen Vorgaben, Parameter und Auswirkungen der Transaktion
- Prüfung der unternehmerischen, insbesondere der steuerrechtlichen Gestaltungsmöglichkeiten
- Entwicklung der betriebswirtschaftlich gewünschten bzw. günstigsten Transaktions- sowie (erforderlichenfalls) Restrukturierungs- bzw. Sanierungsstrategie
- Rechtliche Planung des Transaktions- oder Restrukturierungskonzeptes
- Erfassung der Führungsstruktur und der (allgemeinen) Struktur der möglicherweise betroffenen Belegschaft, insbesondere hinsichtlich Betriebszugehörigkeit und Lebensalter (sog. Population)
- Erfassung der (möglicherweise) konkret betroffenen Arbeitnehmer mit den entsprechenden Sozialdaten (z. B. Betriebszugehörigkeit, Lebensalter, Familienstand, Alterssicherung, Schwerbehinderung, Mutterschutz, Mitgliedschaft im Betriebsrat), einschließlich Funktion und Qualifikation
- Prüfung anderweitiger Beschäftigungsmöglichkeiten von Arbeitnehmern innerhalb des Unternehmens, des Konzerns oder in fremden Unternehmen
- Kalkulation der für die Übertragung, Integration und Restrukturierung aufzuwendenden internen und externen Kosten, einschließlich etwaiger Sozialplan-Kosten
- Aufstellung eines 3-phasigen detaillierten Zeit-, Ablauf- und gegebenenfalls Lay-Off-Planes für die Planung, Durchführung und Integration bzw. Implementierung der Transaktion und Restrukturierungsmaßnahmen, unter besonderer Berücksichtigung der wirtschaftsrechtlichen Bestimmungen, insbesondere der bedeutsamen nationalen und internationalen Rechtsfragen sowie etwaiger Risiko-Situationen (Risikomanagement und Vorsorge- bzw. Back-up-Management)
- Festlegung der im Planungszeitraum und nach der Transaktion bzw. Restrukturierung benötigten Fertigungs-, Verwaltungs- und Personalkapazitäten und -Abläufe
- Erarbeitung der für die interne und externe Kommunikation der Maßnahmen bedeutsamen plausiblen und verständlichen Begründungen, Verlautbarungen und PR-Maßnahmen.

Stets ist bei diesen Planungsarbeiten die schwierige Gegenprüfung erforderlich, wie sich die Zukunft des Unternehmens ohne die angedachte M&A-Maßnahme darstellen würde.

c) Die Ablaufplanung

Sind bei der Frage nach dem »Wie« die sich bietenden Formen der Mergers & Acquisitions bedacht, so stellt sich die weitere Frage nach dem Ablauf einer solchen Transaktion.

Dabei ist zunächst festzustellen, dass der Ablauf von Mergers & Acquisitions keinen festen Regeln unterliegt. Er ist ebenso vielfältig, wie die zu erwerbenden Unternehmen bzw. Unternehmensteile selbst, die sich bei ihnen ergebenden wirtschaftlichen und betrieblichen Fragestellungen und widerstreitenden Käufer- und Verkäufer-Interessen sowie die verschiedenartigen Erscheinungsformen der Mergers & Acquisitions.

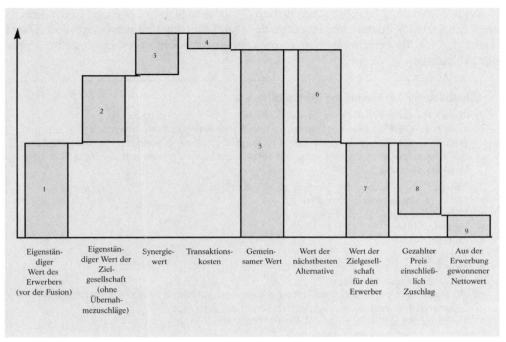

Abb. 11: Werte-Ermittlung von Mergers & Acquisitions
Quelle: Plinke, Mega-Mergers: Entwicklung, Motive und Herausforderungen, 06. November 1998

Allerdings kann man unterscheiden zwischen

- der herkömmlichen Transaktion und
- der Transaktion im Wege des so genannten (beschränkten) Bietungs- bzw. Auktionsverfahrens.

Bei der herkömmlichen Transaktion wird sozusagen ein normaler »Shake-Hands-Deal« zwischen den Vertragspartnern abgeschlossen. Die Vertragsanbahnung kommt regelmäßig durch Kontakte auf höherer oder höchster Management-Ebene oder durch die Vermittlung professioneller M&A-Berater zustande.

Das (beschränkte) Bietungs- bzw. Auktionsverfahren gelangt insbesondere bei größeren Transaktionen zur Anwendung und unterliegt grundsätzlich ähnlichen Spielregeln wie die Bietungs- und Auktionsverfahren des »täglichen Lebens«. Aufgrund langjähriger anglo-amerikanischer Transaktions-Erfahrungen haben sich dabei allerdings gewisse Besonderheiten, Verfahrensarten und Sprachgebräuche herausgebildet, die in Deutschland immer häufiger zur Anwendung gelangen. Wegen des Wettbewerbes zwischen den Kaufinteressenten, Bietern bzw. potenziellen Käufern können sie zu spannenden Abläufen der Transaktionen führen. Ein Beispiel hierfür ist der Bietungs-Wettbewerb von VW und BMW um Rolls Royce, bei dem der Kaufpreis erheblich in die Höhe getrieben wurde.

Beide Typen der Mergers & Acquisitions vollziehen sich in der Regel in den bereits oben genannten 3 Phasen, der Planung, der Durchführung und der Integration. Dabei ergibt sich für die herkömmlichen Transaktionen der nachfolgend dargestellte 3-phasige Ablaufplan.

Ablaufplan für herkömmliche Transaktionen

1. Phase: Planung der Mergers & Acquisitions
- Ganzheitliche Planung der Transaktion, insbesondere der betriebswirtschaftlichen und (steuer-) rechtlichen Technik und Optimierung, unter besonderer Berücksichtigung der folgenden zwei Phasen, nämlich ihrer Durchführung sowie der Integration bzw. Implementierung

2. Phase: Durchführung der Mergers & Acquisitions
- Geheimhaltungsvereinbarungen
- Verhandlungsprotokolle/Punktation
- Letter of Intent
- Option
- Vorvertrag
- Due Diligence
- Unternehmensbewertung
- Vorlage des in der Regel vom Unternehmensverkäufer und seinen Rechtsberatern vorbereiteten Entwurfes eines Unternehmens-Kaufvertrages
- Verhandlung des Unternehmenskaufes, insbesondere
  - des Vertragsgegenstandes
  - des Kaufpreises
  - des Übergangszeitpunktes
  - der zu übertragenden Forderungen und Rechtsverhältnisse, insbesondere Arbeitsverhältnisse
  - der Haftung, Gewährleistung und Garantien
- Vertragsabschluss
- Closing

3. Phase: Integration bzw. Implementierung

---

d) Die Ablaufplanung für Transaktionen im Wege des (beschränkten) Bietungs- bzw. Auktionsverfahrens

Im Vergleich zu der herkömmlichen Unternehmens-Transaktion weist die M&A-Transaktion im Wege des so genannten (beschränkten) Bietungs- bzw. Auktionsverfahrens die Besonderheit auf, dass ihr Ablauf meistens von den Investment- und Corporate Finance-Beratern oder anderen M&A-Beratern gestaltet wird. Interessenten bzw. Partner der Mergers & Acquisitions werden regelmäßig durch diese M&A-Experten nach modernen Kapitalmarkterfordernissen beraten, akquiriert bzw. ausgesucht und zusammengeführt.[18]

---

18 Siehe dazu die 5-phasige Unterteilung des (beschränkten) Bietungsverfahrens/Auktionsverfahrens von Gerhard Picot, Unternehmenskauf und Restrukturierung, Teil I (Vertragsrecht), Rn. 9 ff.

Für die M&A-Transaktionen im Wege des so genannten (beschränkten) Bietungs- bzw. Auktionsverfahrenverfahrens ist etwa der nachfolgend dargestellte, nach den Erfordernissen des jeweiligen Einzelfalles zu variierende Ablauf denkbar, bei dem die Vertragspartner in einem sich zunehmend konkretisierenden Informationsverfahren und einem zunächst loseren und zunehmend intensiveren Bietungs-Wettbewerb und Angebotsprozess an die eigentlichen Vertragsverhandlungen und den Vertragsabschluss herangeführt werden.

Zu diesem Zweck wird zunächst ein sog. Informations-Memorandum mit den grundlegenden Informationen und Daten über das zu veräußernde Unternehmen erstellt. Sodann werden potenzielle Transaktionspartner identifiziert und zunächst bezüglich ihres generellen Interesses an der Transaktion kontaktiert.

Dann folgt die erste Runde des Bietungsverfahrens, die durch ein Anschreiben an die potenziellen Interessenten eingeleitet wird. In diesem Schreiben werden das Bietungsverfahren und die beabsichtigte Struktur der Transaktion, z.B. als Share Deal (Übertragung der Gesellschaftsanteile) oder als Asset Deal (Übertragung der einzelnen Vermögensgegenstände) beschrieben und der Adressat aufgefordert, ein erstes unverbindliches Angebot abzugeben. Dem Anschreiben wird regelmäßig ein Informations-Memorandum sowie eine Vertraulichkeits- und Geheimhaltungserklärung beigefügt, die von dem Kaufinteressenten unterschrieben zurückzusenden ist. Vielfach wird dem Anschreiben an die potenziellen Interessenten auch bereits ein Entwurf des Transaktionsvertrages mit der Aufforderung beigefügt wird, die etwaigen (wesentlichen) Änderungswünsche schriftlich und abschließend zu vermerken.

Nun sind es die Bieter, die ihr erstes unverbindliches Angebot in der Regel als Absichtserklärung (Proposal) bzw. Letter of Intent (LoI) abgeben. Für sie empfiehlt es sich, die Unverbindlichkeit des Angebotes herauszustellen und sich das Recht vorzubehalten, den Ablauf des Verfahrens sowie die Struktur der Transaktion jederzeit ohne nachteilige Rechtsfolgen und Kosten (Break-up-Fees)[19] ändern oder beenden zu können. Ferner sollten sie die Grundlagen und Annahmen (Assumptions), auf denen ihre vorläufige Unternehmenseinschätzung und damit der gebotene Kaufpreis beruhen, möglichst genau fixieren. Erforderlich ist dies, um später eine Änderung des Angebotes rechtfertigen zu können, wenn sich herausstellen sollte, dass die Annahmen nicht zutreffen und das Unternehmen infolgedessen einen geringeren Wert hat. Des Weiteren sollte bereits das erste Gebot diejenigen Bedingungen enthalten, die aus der Sicht des Interessenten für den Vertragsabschluss unabdingbar sind; gleiches gilt gegebenenfalls auch für die wesentlichen Änderungswünsche betreffend den Entwurf des Transaktionsvertrages. Hierzu gehören zum Beispiel eine zufrieden stellende Prüfung des Unternehmens (Due Diligence – eingehend dazu Teil B, Abschnitt V.), Klauseln für Zusicherungen und Garantien sowie – soweit erforderlich – die Zustimmung der Gesellschaftsgremien (z.B. Hauptversammlung, Aufsichtsrat) und Behörden, insbesondere der Kartellbehörden.

---

19 Siehe dazu Sieger/Hasselbach, Break-Fee-Vereinbarungen bei Unternehmenskäufen, BB 2000, S. 625 ff.

Der Verkäufer sichtet sodann die eingegangenen Gebote und wählt aus dem Kreis der Bieter die ihm interessant erscheinenden Kandidaten aus. Entscheidend sollte dabei für ihn nicht nur

- die Höhe des Angebotes, insbesondere eines Kaufpreises sein, sondern auch
- die Ernsthaftigkeit und Seriosität des Angebotes,
- die Art der Finanzierung des Kaufpreises,
- das Konzept für die Zukunftsentwicklung und die Sicherung der Arbeitsplätze des Unternehmens sowie
- die begründete Erwartung eines möglichst professionellen, komplikationsfreien und zeitnahen Abschlusses der Vertragsverhandlungen.

Die zweite Runde des Bietungsverfahrens wird eingeleitet durch ein weiteres Anschreiben an die ausgewählten Bieter (Preferred Bidder). Hierin werden die Bieter aufgefordert, nunmehr ein verbindliches Gebot (Binding Offer) abzugeben. Ferner werden gegebenenfalls der Inhalt und die Regeln für die Benutzung eines Datenraumes (Data Room Index and Procedures) aufgestellt und erläutert, in dem (gewisse) Unterlagen über das Unternehmen zur Einsichtnahme zur Verfügung gestellt werden. Falls nicht bereits zuvor geschehen, sollte jedenfalls mit diesem zweiten Aufforderungsschreiben der erste Entwurf des Unternehmenskaufvertrages übersendet werden.

Den Bietern ist dann zumindest eine begrenzte Due Diligence zu ermöglichen. Dies bedeutet, dass zunächst noch keine besonders sensiblen Unternehmensdaten offengelegt werden. Denn trotz der Vertraulichkeits- und Geheimhaltungserklärungen des Bieters und seiner Berater kann die Gefahr nicht vollends ausgeschlossen werden, dass diejenigen Bieter, mit denen nicht weiterverhandelt wird, die erhaltenen Informationen anderweitig und zu Lasten des Verkäufers verwerten.

Die Bieter müssen nun ein rechtsverbindliches Angebot unterbreiten, wenn sie weiter am Bietungsverfahren teilnehmen wollen. Bei der Gestaltung des Angebots können sie die zur Verfügung gestellten Informationen auswerten und berücksichtigen. Insbesondere werden der Kauf- oder Tauschpreis aufgrund der Erkenntnisse der inzwischen erhaltenen weiteren Informationen und der Due Diligence gegenüber dem ersten unverbindlichen Gebot entsprechend angepasst und konkretisiert; gleiches gilt aber auch zum Beispiel für ein angestrebtes Beteiligungsverhältnis oder einen notwendigen Anpassungs- bzw. Ausgleich-Mechanismus bei dem Vorhaben eines Gemeinschafts- bzw. Joint-Venture-Unternehmens. Ferner enthält das Angebot, soweit erforderlich, die oben genannten Zustimmungsvorbehalte der Aufsichtsgremien und damit in gewissem Umfang immer noch eine Ausstiegsmöglichkeit. In den Entwurf des Transaktionsvertrages wird der Bieter nur diejenigen Änderungen einfügen, die er für unbedingt erforderlich hält, um nicht seine Chancen in dem Auswahlverfahren zu verschlechtern.

Im Falle einer Fremdfinanzierung der geplanten Akquisition wird in der Regel bereits mit Abgabe des verbindlichen Angebotes eine Vergütung für die Bereitstellung der Kredite durch die finanzierenden bzw. syndizierenden Kreditinstitute fällig. Dies ist für einen Bieter vor allem dann misslich, wenn nicht abzusehen ist, ob er überhaupt als bevorzugter Bieter (Preferred Bidder) ausgewählt wird. Nicht zuletzt aus diesem Grunde sollte er daher für den Fall der Auswahl zum bevorzugten Bieter Exklusivität (Exclusivity) für die weiteren Verhandlungen fordern. Als Gegenleistung hierfür wird der Verkäufer allerdings in der Regel eine gewisse Kaufpreisanzahlung oder sonstige Bonusleistungen (Break-up-Fees)[20] verlangen, die ihm im Falle eines vom Bieter verschuldeten Scheiterns der Verhandlungen zufallen. Umgekehrt sollte der Bieter für den Fall des Verstoßes gegen die Exklusivität eine Vertragsstrafe vereinbaren, damit das Exklusivitätsversprechen kein stumpfes Schwert bleibt.

Nach Erhalt der verbindlichen Angebote wählt der Verkäufer denjenigen Bieter aus, mit dem er die Transaktion bevorzugt verhandeln bzw. durchführen möchte, oder er versucht, die Bieter untereinander – wie im Fall Rolls Royce – zu jeweils höheren Angeboten zu treiben. Bei der Auswahlentscheidung bezüglich des bevorzugten Bieters werden neben den bereits oben dargestellten Kriterien vor allem der Inhalt und Umfang der Änderungsvorschläge der Bieter zum Transaktionsvertrag maßgebend sein. Für einen Verkäufer ist es natürlich ebenfalls von Vorteil, wenn ein Bieter für die abschließenden Verhandlungen keine Exklusivität fordert. Der Verkäufer wird nämlich bestrebt sein, sich nicht unter Druck setzen zu lassen und sich nach Möglichkeit weitere Bieter »warmzuhalten«. Je mehr Zeit nach der Auswahl des bevorzugten Bieters nämlich vergeht, desto schlechter wird die Verhandlungsposition des Verkäufers, da andere Bieter der »zweiten Wahl« möglicherweise ihr Interesse an der Transaktion verlieren, aus dem Bietungsverfahren abspringen und im Falle eines Scheiterns des Bietungsverfahrens allenfalls geraume Zeit später wieder auf ihr Interesse an der betreffenden Transaktion angesprochen werden können.

In den Vertragsverhandlungen sind nun von den Verhandlungsteams die Details des Transaktionsvertrages auszuhandeln.[21] Ein besonderes Augenmerk verdient hierbei vorab die Benennung eines erfahrenen und auch diplomatisch geschickten Verhandlungsleiters. Während der Verhandlungen geht es dann vor allem um die Regelungen der zu vereinbarenden Gegenleistungen (z.B. Kaufpreiszahlung oder Aktientausch), des vertraglichen Gewährleistungs- und Haftungssystems sowie der gesamten Vertragsdurchführung und Implementierung. Zur Absicherung einer ordnungsgemäßen Übergabe des Unternehmens kann sich auch eine Vereinbarung empfehlen, wonach der Kaufpreis oder jedenfalls ein Teil oder aber ein gewisser Mehrpreis (Earn-out) davon nur bei Erreichen bestimmter Kennzahlen in der Folgezeit nach dem Vertragsabschluss bzw. der Übergabe des Unternehmens (Closing) zu zahlen ist.

Soweit für die rechtliche Wirksamkeit des Vertragsabschlusses eine notarielle Beurkundung des Vertrages erforderlich ist, kann sich bei größeren Transaktionen aus Gründen der Kostenersparnis eine Beurkundung im Ausland, insbesondere in der Schweiz, empfehlen. In diesem Fall ist freilich zuvor sicherzustellen, dass die konkrete Auslandsbeurkundung von der deutschen Rechtsprechung als der deutschen Beurkundung gleichwertig anerkannt ist.

---

20 Siehe dazu Sieger/Hasselbach, Break-Fee-Vereinbarungen bei Unternehmenskäufen, BB 2000, S. 625 ff.
21 Siehe zu den Einhelheiten die ausführliche Darstellung nachfolgend unter Teil B.IV.

Nach Unterzeichnung des Vertrages wird in der Regel zeitnah eine Mitarbeiterversammlung und eine Pressekonferenz durchgeführt; bei börsennotierten Gesellschaften ist unverzüglich eine sog. Ad-hoc-Mitteilung vorzunehmen. Wirksam wird der Vertrag dann mit dem Eintritt der oben genannten aufschiebenden Bedingungen, wie z. B. der Zustimmung der zuständigen Aufsichtsgremien oder der Kartellbehörden. Mit dem Wirksamwerden des Transaktionsvertrages gehen je nach Gestaltung die Gesellschaftsanteile oder die einzelnen Vermögensgegenstände gegen Zahlung des Kaufpreises auf den Erwerber über.

Die M&A-Transaktion kann aber auch mit einem Closing, d.h. dem Vollzug des Vertrages abgeschlossen werden. Das Schicksal der betroffenen Unternehmen hängt nun von der erfolgreichen Integration bzw. Implementierung ab.

Insgesamt ergibt sich hiernach für größere M&A-Transaktionen im Wege des so genannten (beschränkten) Bietungs- bzw. Auktionsverfahrens der nachfolgend dargestellte summarische Ablaufplan. Für den Einzelfall sollte rechtzeitig eine konkret angepasste Ablauf- und Aktionsplanung festgelegt werden, und zwar unter Berücksichtigung der Erfordernisse der jeweiligen Transaktion, der konkret durchzuführenden Einzelmaßnahmen, Verantwortlichkeiten und Zeitvorgaben bzw. Aktionsdaten.

Ablaufplan für Transaktionen im Wege des (beschränkten) Bietungs- bzw. Auktionsverfahrens

Beginn der Transaktion (Kick-off)

1. Phase: Planung der Mergers & Acquisitions
1.1   Benennung und Beauftragung eines verantwortlichen Projektleiters mit einem fachkundigen Projektteam, eventuell zusätzlich eines Verhandlungsteams sowie externer M&A-Berater
1.2   Analyse und Definition des Transaktions-Zieles, z.B. Kooperation, Joint Venture, Kauf- oder Verkauf (einschließlich des Targets und eines zu veräußernden Unternehmensgegenstandes)
1.3   Ganzheitliche Planung der Transaktion, insbesondere der betriebswirtschaftlichen und (steuer-) rechtlichen Technik und Optimierung, unter besonderer Berücksichtigung der nachfolgenden zwei Phasen, nämlich der Durchführung sowie der Integration bzw. Implementierung
1.4   Erstellung eines Aktions- und Dokumentations-Planes (Action- and Documentation-Plan)
1.5   Vorentscheidung z.B. über Asset- oder Share-Deal
1.6   Strukturierung des Transaktionsobjektes, Gestaltung des Target-Unternehmens, des Unternehmensteils, des Betriebes, des Betriebsteils, des Geschäftsbereiches oder der Produktionslinie zum Beispiel hinsichtlich der Rechtsform, Organisation oder der Beziehungen zum übrigen Unternehmen in der Weise, dass – eventuell unter der Führung einer Holdinggesellschaft – eine eigenständige, überschaubare, in sich geschlossene, eventuell auch rechtlich selbstständige und transaktionsfähige Einheit entsteht
1.7   Vorläufige Bewertung (Valuation) des Transaktionsgegenstandes anhand einer Finanzvorschau (Financial Forecast) und eines Geschäftsplanes (Business Plan)

1.8 Vorläufige Festlegung der Konditionen für die Transaktion, insbesondere die Verkaufs- oder Tauschkonditionen
1.9 Vorbereitung der für die M&A-Verhandlungen notwendigen Dokumentation, gegebenenfalls mit einem Entwurf des Transaktions-Vertrages, z.B. des Kaufvertrages (Sale and Purchase Agreement – S&PA)
1.10 Vorbereitung eines Informations-Vermerkes (Information Memorandum)
1.11 Anfertigung der sog. Management-Präsentation (Management Presentation)
1.12 Entwurf der Vertraulichkeits- und Geheimhaltungserklärungen für das erste Bietungsverfahren (Confidentiality Declarations/Statements of Non-Disclosure)
1.13 Entwurf der Anweisungen für die erste Runde des Bietungsverfahrens (First Round Bidding Instructions)

2. Phase: Durchführung der Mergers & Acquisitions
2.1 Erste Kontaktaufnahme zu potenziellen Interessenten bzw. Investoren (Initial Marketing Approach)
2.2 Vorläufige (Bonitäts-)Prüfung der favorisierten Interessenten
2.3 Schriftliche Bekundung des Transaktionsinteresses durch potenzielle Partner
2.4 Unterzeichnung der vorbereiteten Vertraulichkeits- und Geheimhaltungsvereinbarungen (Confidentiality Agreements – CA/Statements of Non-Disclosure) für das Informations- und Bietungsverfahren
2.5 Übergabe des Informations-Vermerkes (Information-Memorandum)
2.6 Übersendung der Anweisungen für die erste Runde des Bietungsverfahrens (First Round Bidding Instructions) und Aufforderung der Interessenten zur Abgabe eines vorläufigen und unverbindlichen Angebotes, gegebenenfalls mit einem Entwurf des Unternehmens-Transaktions-Vertrages, z.B. des Kaufvertrages (Sale and Purchase Agreement – S & PA)
2.7 Abgabe der vorläufigen unverbindlichen Gebote (First unbinding Bids) durch die Interessenten
2.8 Vorbereitung des weiteren und abschließenden Bietungsverfahrens (Final Bidding)
2.9 Entwurf einer Absichts-Erklärung (Letter of Intent)
2.10 Vorbereitung des Daten-Raumes (Data Room) auf der Grundlage des Aktions- und Dokumentations-Planes (Action- and Documentation-Plan) und der (eigenen) Due-Diligence-Liste
2.11 Vorbereitung einer erneuten, personenbezogenen Vertraulichkeits- und Geheimhaltungserklärung (Confidentiality Commitment/Statement of Non-Disclosure) für die von den Kaufinteressenten mit der Due Diligence beauftragten Mitarbeiter sowie Rechts- und Finanzberater
2.12 Festlegung der Regeln für die Benutzung des Daten-Raumes (Data Room Procedure)
2.13 Entscheidung des Anbietenden, welche Interessenten er in das weitere und abschließende Bietungsverfahren (Final Round Bidding) einbeziehen möchte
2.14 Weitgehende Offenlegung detaillierter Unternehmens-Daten und -Interna im Wege einer Management-Präsentation (Management Presentation)
2.15 Abgabe eines verbindlichen Gebotes (Final binding Offer)
2.16 Abgabe einer erneuten, personenbezogenen Vertraulichkeits- und Geheimhaltungserklärung (Confidentiality Agreement/Statement of Non-Disclosure) durch die Kaufinteressenten bzw. die von ihnen beauftragten Mitarbeiter und Berater

> 2.17 Zutritt der ausgewählten Interessenten zu dem Daten-Raum (Data-Room) und Einsichtnahme sowie finanzielle und rechtliche Prüfung (Due Diligence) aller für die wirtschaftliche und rechtliche Bewertung des Kaufobjektes relevanten Unterlagen
> 2.18 Eventuell zusätzliche Befragungen der Geschäftsführung, des Projektteams oder der M&A-Berater
> 2.19 Besichtigung der Betriebsstätten
> 2.20 Entscheidung und Erklärung des Anbietenden, mit welchem der verbliebenen Kaufinteressenten er die konkreten Vertragsverhandlungen aufnehmen möchte
> 2.21 Aufnahme der ersten Vertragsverhandlungen, insbesondere betreffend
> - den Vertragsgegenstand
> - die Gegenleistung bzw. den Kaufpreis
> - den Übergangszeitpunkt
> - die zu übertragenden Forderungen und Rechtsverhältnisse, insbesondere Arbeitsverhältnisse
> - die Haftung, Gewährleistung und Garantien sowie
> - etwaige aufschiebende Bedingungen, wie z.B. Gremienvorbehalte, Genehmigung der Kartellbehörden
> 2.22 Zusammenfassung der in den ersten Gesprächen vertretenen Standpunkte der Verhandlungsteams in so genannten (noch unverbindlichen) Positions-Papieren (Position-Papers)
> 2.23 Abschluss der ersten Gesprächsrunde durch Bekräftigung der Absicht zum Vertragsabschluss unter Zusammenfassung der Kernpunkte der Verhandlungspositionen, der so genannten Meilensteine (Milestones), in einem Letter of Intent (LoI), einer Option, einem Memorandum of Understanding oder einem Vorvertrag
> 2.24 Abgabe einer entsprechenden Presse-Verlautbarung der Verhandlungspartner
> 2.25 (Spätestens) Übergabe des Entwurfes des Transaktionsvertrages (Sales and Purchase Agreement/S&PA)
> 2.26 Verhandlung über die Einzelheiten des Transaktionsvertrages und erforderlichenfalls über begleitende Vereinbarungen, wie z.B. Einbringungsvertrag, Term Sheets etc.
> 2.27 Abschluss des Transaktionsvertrages unter Beachtung der gesetzlich vorgeschriebenen Form
>
> *3. Phase: Integration bzw. Implementation*

6. Wirtschaftsrechtliche Parameter der M&A-Planung

a) Nationale wirtschaftsrechtliche Parameter

Planung, Durchführung und Integration der Mergers & Acquisitions, insbesondere des Unternehmenskaufes bzw. -verkaufes, der Restrukturierung, Kooperationen und Unternehmenssicherung (Unternehmensnachfolge, MBO, MBI) unterliegen in besonderem Maße wirtschaftsrechtlichen Parametern.

Angesichts der vielfältigen Erscheinungsformen der Mergers & Acquisitions ist es dem Gesetzgeber nicht möglich, für ihre Regelung und Umsetzung bereits im allgemeinen Vertragsrecht selbstständige Rechtskonzepte oder Rechtsinstitute als wirtschaftsrechtliche Parameter zur Verfügung zu stellen. Nur bestimmte Erscheinungsformen, wie z.B. der Kauf und Verkauf von Unternehmen, sind einer typisierenden Betrachtung und Ordnung zugänglich. So bietet vor allem das im Bürgerlichen Gesetzbuch geregelte (besondere) Kaufvertragsrecht für den Bereich des Unternehmenskaufs und -verkaufs konkrete Prinzipien und gesetzliche Bestimmungen, und zwar vom Beginn der ersten Kontaktaufnahme der Vertragspartner bis hin zur Abwicklung der Unternehmenstransaktion.

Ihre Ergänzung finden diese Regelungen vor allem in den nachfolgend genannten Rechtsgebieten[22], die zugleich die bei Mergers & Acquisitions bedeutsamen nationalen und internationalen Rechtsfragen beantworten:

- Vertragsrecht
- Gesellschaftsrecht
- Arbeitsrecht
- Betriebsrentenrecht
- Steuerrecht
- Kartellrecht
- Umweltrecht
- Insolvenzrecht
- Internationales Recht.

b) Überwindung nationaler Rechtsordnungen

Die Internationalisierung der Wirtschaft sowie nicht zuletzt der zunehmende Einfluss und das besondere M&A-Know-how der Investmentbanken, der internationalen Anwaltsfirmen sowie der Corporate-Finance-Abteilungen der Wirtschaftsprüfungsgesellschaften und Consultants führen dazu, dass Stil, Inhalt und Verfahren nationaler und internationaler Mergers & Acquisitions zunehmend vom anglo-amerikanischen Recht und von der anglo-amerikanischen M&A-Praxis geprägt werden. Dabei spielen auch die internationalen Transaktions-Usancen eine immer größere Rolle, wie an den nachfolgenden Beispielen illustriert werden soll.

aa) Transnationale Gesellschaftsformen, insbesondere grenzüberschreitende Verschmelzung von Unternehmen

Nach deutschem Recht (§ 1 Abs. 1 Umwandlungsgesetz) können Verschmelzungen nur zwischen Rechtsträgern mit Sitz im Inland erfolgen; direkte grenzüberschreitende Verschmelzungen von Unternehmen sind daher noch nicht möglich. Während der Europäische Gerichtshof[23] der Gründungstheorie zuneigt, können nach der in Deutsch-

---

22 Eingehend dazu: Gerhard Picot, Unternehmenskauf und Restrukturierung, 3. Auflage, 2004.
23 ZIP 1999, 438 – Centros

land herrschenden Sitztheorie nur die in Rechtsformen des deutschen Rechtes bestehenden Gesellschaften (mit Sitz in Deutschland) verschmolzen werden[24].

Um solche und andere Hemmnisse nationaler Rechtsordnungen zu überwinden, drängt das europäische Recht – ähnlich, wie dies in der zweiten Hälfte des 19. Jahrhunderts in Deutschland geschehen ist – nach einer Angleichung der nationalen Unternehmens- und Gesellschaftsrechte sowie der Schaffung supranationaler Gesellschaftsformen.[25]

Abgesehen von der rechtspraktisch wenig bedeutsamen »Europäischen Wirtschaftlichen Interessenvereinigung – EWIV« gibt es bislang als Gesellschaftsform, die den Unternehmen in Europa über die Grenzen hinweg zur Verfügung steht, allerdings lediglich die Europa AG.[26]

Für diese Gesellschaftsform ist am 08.10.2004 die EG-Verordnung Nr. 2157/2001 des Rates vom 08.10.2001 über das Statut der europäischen Gesellschaft (Societas Europae, kurz: SE) in Kraft getreten. Damit ist nach mehr als 30 Jahren Vorarbeit (!) der Rahmen für die einheitliche europäische Aktiengesellschaft unmittelbar geltendes Recht geworden.

Die sich aus einer solchen supranationalen Gesellschaftsform ergebenden Chancen liegen auf der Hand: Größere Mobilität durch grenzüberschreitende Sitzverlegung oder Verschmelzung, Verringerung des Verwaltungsaufwandes durch Einbringung diverser Tochtergesellschaften in eine europäische Aktiengesellschaft und einfachere Abwicklung paneuropäischer Transaktionen durch Vereinheitlichung des anwendbaren Rechts. Hinzu kommt, dass Unternehmen, die sich in der Rechtsform der europäischen Aktiengesellschaft organisieren, zwischen zwei verschiedenen Leitungssystemen wählen können, nämlich dem in Deutschland bestehenden dualistischen Modell mit einer Trennung von Vorstand und Aufsichtsrat einerseits und dem monistischen System, wie es etwa in England und Frankreich vorherrscht, andererseits. Das monistische System zeichnet sich dadurch aus, dass ein Verwaltungsrat die Gesellschaft leitet, indem er die Grundlinien der Unternehmenstätigkeit vorgibt und deren Umsetzung überwacht, während vom Verwaltungsrat bestellte und jederzeit abberufbare geschäftsführende Direktoren die laufenden Geschäfte der Gesellschaft führen.

Letztendlich ist der europäische Gesetzgeber im Hinblick auf die Vereinheitlichung aber hinter seinen Möglichkeiten zurückgeblieben, denn die Verordnung legt lediglich gewisse Grundstrukturen wie etwa die Gründungsformen und die Eckpunkte der Organverfassung fest. Alles weitere bedarf der Regelung durch nationale Einführungsgesetze bzw. unterliegt dem nationalen Aktienrecht der jeweiligen Sitzstaaten. Auf Kapitalmaßnahmen und Strukturentscheidungen einer europäischen Aktiengesellschaft mit Sitz in Deutschland beispielsweise wird deutsches Aktienrecht Anwendung finden.

---

24 Siehe dazu eingehend nachfolgend Teil B.IV. Siehe ferner Meyer EWiR, 1999, S. 259; Roth, ZIP 1999, S. 861 und Werlauff, ZIP 1999, S. 867.
25 Eingehend dazu nachfolgend Teil B.IV. Vgl. Hommelhoff/Helms, GmbHR 1999, S. 53 ff.; Helms, GmbHR 1999, S. 963 ff.
26 Vgl. Rasner, ZGR 1992, 315 ff. und Heinze, AG 1997, S. 289 ff.

Auch die unterschiedlichen Formen der Arbeitnehmermitbestimmung bestehen unter dem Regime der europäischen Aktiengesellschaft grundsätzlich fort. Dieser Punkt stellte eines der wesentlichen Hindernisse auf dem Weg zur Schaffung der Societas Europae dar, was sich auch in dem nach langen Verhandlungen gefundenen Kompromiss widerspiegelt. Die ebenfalls am 08.10.2004 in Kraft getretene EG-Richtlinie 2001/86 über die Beteiligung der Arbeitnehmer in der europäischen Gesellschaft sieht eine bis zu sechs Monate dauernde Verhandlungsperiode über die Mitbestimmungsrechte der Arbeitnehmer in der zu gründenden Gesellschaft vor (in Ausnahmefällen kann sich diese Periode sogar auf zwölf Monate verlängern). Kommt keine Einigung mit den Arbeitnehmern zustande, findet das strengste Mitbestimmungsrecht Anwendung, bei Sachverhalten mit deutscher Beteiligung also in der Regel die deutschen Vorschriften. Für ausländische Fusionspartner dürfte daher schon aus diesem Grunde eine Verschmelzung zur europäischen Aktiengesellschaft mit einem der Mitbestimmung unterliegenden deutschen Unternehmen ausscheiden.

Einen Teil ihrer Attraktivität hat die europäische Aktiengesellschaft aber auch durch die jüngere Rechtsprechung des Europäischen Gerichtshofes (EuGH) zur Sitzverlegung von Gesellschaften verloren. In den Entscheidungen »Überseering« und »Inspire Art« hat der EuGH klargestellt, dass es gegen die europarechtlich garantierte Niederlassungsfreiheit verstößt, wenn ein Mitgliedsstaat die Rechtsfähigkeit einer in einem anderen Mitgliedsstaat wirksam gegründeten juristische Person bei Sitzverlegung nicht anerkennt. Damit kann nun beispielsweise eine britische Gesellschaft mit beschränkter Haftung ihren Verwaltungssitz unter Wahrung der Rechtspersönlichkeit ins europäische Ausland verlagern. Zur Schaffung größerer Mobilität bedurfte es der europäischen Aktiengesellschaft daher nicht mehr.

In Deutschland haben das Bundesministerium der Justiz und das Bundesministerium für Wirtschaft und Arbeit am 05.04.2004 einen gemeinsamen Referentenentwurf für ein »Gesetz zur Einführung der Europäischen Gesellschaft« vorgelegt, den das Bundeskabinett am 26.05.2004 beschlossen hat. Im Anschluss daran wurde das formelle Gesetzgebungsverfahren eingeleitet. Mit einer Umsetzung der europarechtlichen Vorgaben ist daher in absehbarer Zeit zu rechnen.

Ob sich die europäische Aktiengesellschaft in der gesellschaftsrechtlichen Praxis großer Beliebtheit erfreuen wird, bleibt angesichts der fortbestehenden Fragmentierung des anwendbaren Rechts abzuwarten. Auf jeden Fall stellt ihre Einführung einen wichtigen Schritt auf dem Weg zur Schaffung eines europäischen Gesellschaftsrechts dar.[27]

Neben allgemeinen dogmatischen Fragen besteht die hauptsächliche Schwierigkeit für die Entwicklung weiterer europäischer und internationaler Gesellschaftsformen vor allem darin, dass die Beteiligungsrechte der Arbeitnehmer in den Mitgliedstaaten der Europäischen Gemeinschaft äußerst uneinheitlich sind; insbesondere lässt sich das deutsche Modell der Arbeitnehmer-Mitbestimmung in Europa zumeist nicht vermitteln. Es ist daher der Vorschlag gemacht worden, die europäische Privatgesell-

---

27 Siehe die Ausführungen unter Teil B. IV. 6. d.aa.(3).

schaft in Anlehnung an das Vorbild aus Art. 3 Abs. 2c EWiV-VO notfalls nur für Unternehmen mit weniger als 500 Arbeitnehmern zu öffnen, um auf diese Weise die Mitbestimmungsproblematik zu vermeiden. Dieser Ansatz macht durchaus Sinn, da mehr als 99 % der europäischen Unternehmen weniger als 500 Arbeitnehmer beschäftigen.[28]

Die Praxis sieht sich deshalb nach wie vor gezwungen, selbst Modelle zu erzeugen, um die Zusammenführung globaler Unternehmenseinheiten zu ermöglichen. Dabei bedient sie sich weitgehend derjenigen nationalen Rechtsordnung, die für komplexe Transaktionsstrukturen die größtmögliche Gestaltungsfreiheit bietet.

Ein Beispiel ist etwa das »Business Combination Agreement« bei DaimlerChrysler, das als Modell für weitere supranationale Unternehmenszusammenschlüsse dienen mag.[29] Obwohl dieser Kernvertrag des Unternehmenszusammenschlusses in weiten Teilen gesellschaftsrechtliche Maßnahmen nach deutschem Recht zum Gegenstand hat, unterstellten die Vertragspartner diesen Vertrag dem flexibleren Recht des US-Bundesstaates Delaware.

bb) Globale Bewertungs- und Bilanzierungsstandards

Neben diesen Bemühungen um transnationale Gesellschaftsformen gehören zum Instrumentarium internationaler Mergers & Acquisitions – nicht zuletzt unter dem Einfluss der internationalen Kapitalmärkte – zunehmend auch globale Bewertungs- und Bilanzierungsstandards, wie zum Beispiel die »International Accounting Standards – IAS« und die häufig verwendeten »US – Generally Accepted Accounting Principles – US-GAAP«.

cc) Die »Welt-AG«

Insgesamt weisen die schon heute existierenden multinationalen Gesellschaften immer stärker globale Unternehmensstrukturen und Wesenszüge einer »Welt-AG« auf. Dies kann aber nicht darüber hinweg täuschen, dass der Weg zu einer grenzüberschreitenden und globalen Gesellschaftsform noch sehr weit ist, obwohl es heutzutage in der Praxis für die global agierenden Unternehmen immer weniger darauf ankommt, nach welchem Recht sie inkorporiert sind.[30]

c) M&A-Usancen als eigenständiges »Transaktionsrecht«

Für die Praxis der Gestaltung von Transaktionsverträgen ist es zunehmend unerheblich, ob die Vertragspartner einen anglo-amerikanischen Vertrag dem deutschen Recht

---

28 Vgl. Hommelhoff/Helms, GmbHR 1999, S. 53, 58.
29 Vgl. Thoma/Reuter, M&A Review 1999, S. 314 ff.
30 Vgl. Maul, NZG 1999, S. 741 ff.

oder einen deutschen Vertrag einer anglo-amerikanischen Rechtsordnung unterstellen. Die M&A-Fachleute verlassen sich nämlich nicht mehr darauf, dass die von ihnen gewählte Rechtsordnung für die komplexen Interessenlagen angemessene Regelungen zur Verfügung stellt. Vielmehr schaffen sie sich zunehmend ihre eigenen, in sich geschlossenen, umfassenden vertraglichen Regelwerke, die dann ihrerseits Muster-Charakter für weitere Transaktionen erhalten.

Die Transaktionsverträge bekommen damit den Charakter eigenständiger Rechtssysteme. Zugleich hat dies zur Folge, dass sich das Know-how von Transaktionen immer stärker in den Köpfen der M&A-Spezialisten sowie in ihren von Erfahrungen geprägten detaillierten Mustersammlungen bündelt. Unterstützt wird diese Entwicklung durch die Praxis der internationalen Schiedsgerichte, die die von ihnen zu entscheidenden Rechtsstreitigkeiten vornehmlich mit wirtschaftlichen Argumenten aus der M&A-Praxis schlichten.

Insgesamt entsteht hierdurch ein international einheitliches »Transaktionsrecht«, das als Handelsbrauch längerfristig den Charakter einer eigenen verbindlichen Rechtsquelle erlangt. Den Wissenschaftlern und den Studierenden bleibt dieses Know-how weitgehend verborgen, sofern es ihnen nicht von den Praktikern aus den internationalen Law-Firms und Corporate-Finance-Abteilungen vermittelt wird.

d) Der Einfluss der anglo-amerikanischen M&A-Praxis

Mit dem Entstehen eines einheitlichen internationalen »Transaktionsrechtes« geht die zunehmende Verwendung anglo-amerikanischer Rechtsinstitute und Terminologien einher. Dies gilt immer mehr nicht nur bei den grenzüberschreitenden, sondern auch bei nationalen Transaktionen.

Wissenschaft und Praxis sind deshalb aufgerufen, das deutsche und europäische Wirtschafts- und Gesellschaftsrecht unter Einbeziehung der anglo-amerikanischen Institute fortzuentwickeln, wie dies auch durch diverse Regelungen des seit dem 01.01.2002 geltenden Gesetzes zur Modernisierung des Schuldrechts geschehen ist.

Insgesamt wird hierdurch freilich ein Verfahren ausgelöst, das nach traditioneller deutscher Sicht einen erheblich größeren Aufwand für die Planung, Gestaltung und Durchführung der Transaktionen erfordert.

e) Der Trend zur »One-Stop-Shop«-M&A-Beratung

Aufgrund der hohen Nachfrage an M&A-Beratung verfolgen die internationalen Investment- und Beratungsgesellschaften immer mehr das Ziel, die Unternehmen bei nationalen und grenzüberschreitenden Transaktionen in allen Phasen, also bei Planung, Durchführung und Implementierung der Transaktionen ganzheitlich und »aus einer Hand« zu beraten.

Zugleich bemühen sie sich, den Unternehmen Gesamtkonzepte für die entsprechend ihrer komplexen Natur vielschichtigen und eng miteinander verzahnten branchen- und fachübergreifenden ökonomischen, rechtlichen, technischen und sozialen Aufgaben von Großtransaktionen anzubieten. Zu dem »One Stop Shop«-Angebot gehört deshalb neben der juristischen M&A-Beratung zunehmend auch die wirtschaftlich-finanzielle Beratung.

Von den Wirtschaftsanwälten verlangt diese Entwicklung eine immer größere Bereitschaft, sich den strategischen und wirtschaftlichen Fragestellungen der Transaktionen zu öffnen. Die bloßen Kenntnisse und Fertigkeiten in dem erlernten juristischen Fachgebiet reichen für die M&A-Kanzleien nicht mehr aus, um den vielschichtigen Anforderungen der Praxis gewachsen zu sein. Die Anwaltschaft und vor allem die M&A-Anwälte müssen daher bestrebt sein, ihre betriebs- und finanzwirtschaftlichen Kenntnisse zu verbessern, um die Unternehmen bei Transaktionen optimal beraten zu können. Umgekehrt gilt dies aber auch für die betriebswirtschaftlichen Berater, die zunehmend ihr betriebswirtschaftliches Fachwissen insbesondere mit den wirtschaftsrechtlichen Aspekten verknüpfen müssen.

Verständlicherweise erregen vor allem die »Mega-Mergers« das öffentliche Interesse und sorgen für die Schlagzeilen der Wirtschaftspresse. Beispiele hierfür sind die Fusion von DaimlerChrysler, die Übernahmen von Mannesmann durch Vodafone und von Bankers Trust durch die Deutsche Bank, die Verschmelzung der Degussa mit Hüls, die Zusammenführung der Bayerischen Hypotheken- und Wechselbank mit der Bayerischen Vereinsbank, die Fusionen von Krupp mit Thyssen und der VEBA mit Viag sowie die Verschmelzung von Hoechst mit Rhone-Poulenc zur Aventis. Nicht nur diese großen, sondern auch die »kleineren« Mergers & Acquisitions werden aufgrund der zunehmenden Globalisierung und der zusammenrückenden Märkte immer stärker international und »crossborder« geprägt sein. Sie alle bedürfen deshalb zunehmend einer internationalen, d.h. länderübergreifenden und hoch qualifizierten Beratung.

Literatur

Achleitner, Ann-Kristin, Handbuch des Investment Banking, 1999, 135 ff.
Beisel/Klumpp, Der Unternehmenskauf, 3. Auflage, 1996
Günther, Unternehmenskauf, in: Münchener Vertragshandbuch Bd. 2, 4. Auflage, 1997, II. 1.
Hölters, Handbuch des Unternehmens- und Beteiligungskaufs, 5. Auflage, 2002
Holzapfel/Pöllath, Recht und Praxis des Unternehmenskaufs, 10. Auflage, 2001
Hommelhoff, Der Unternehmenskauf als Gegenstand der Rechtsgestaltung, ZHR 1986, 254 ff.
Horn, Internationale Unternehmenszusammenschlüsse, ZIP 2000, 473 ff.
Jansen, Mergers & Acquisitions – Unternehmensakquisitionen und -kooperationen, 4. Auflage, 2001
Jansen/Gerhard Picot/Schiereck, Internationales Fusionsmanagement – Erfolgsfaktoren grenzüberschreitender Unternehmenszusammenschlüsse, 2002
Merkt, Internationaler Unternehmenskauf, 1997
Oehlrich, Strategische Analyse von Unternehmensakquisitionen – Das Beispiel der pharmazeutischen Industrie, 1999

Picot, Arnold/Freudenberg/Gassner, Management von Reorganisationen – Maßschneidern als Konzept für den Wandel, 1999

Picot, Arnold/Reichwald/Wigand, Die grenzenlose Unternehmung – Information, Organisation und Management, 3. Auflage, 1998

Picot, Gerhard, Unternehmenskauf und Restrukturierung – Handbuch zum Wirtschaftsrecht, 3. Auflage, 2004

Picot, Gerhard, Handbook of international Mergers & Acquisitions, 2002

Picot, Gerhard, Mergers & Acquisitions in Germany – Handbook, Second Edition, New York, 2000

Picot, Gerhard, Mergers & Acquisitions in Telekommunikation & Internet, Der Finanzbetrieb 1999, 61 ff.

Picot, Gerhard/Schnitker, Arbeitsrecht bei Unternehmenskauf und Restrukturierung – Handbuch zum Arbeitsrecht, 2001

Picot, Gerhard/Aleth, Unternehmenskrise und Insolvenz – Vorbeugung, Turnaround, Sanierung – Handbuch zum Wirtschaftsrecht, 1999

Picot, Gerhard/Land, Der internationale Unternehmenskauf, Der Betrieb 1998, 1600 ff.

Picot, Gerhard/Land, Management Buy-Outs in Germany Booming, International Business Lawyer 1998, 278 ff.

Picot, Gerhard/Land, Going Public – Typische Rechtsprobleme des Ganges an die Börse, DB 1999, 570 ff.

von Rosen/Seifert, Die Übernahme börsennotierter Unternehmen, 1999

Zu weiteren Literatur- und Fachinformationen
siehe www.mergers-and-acquisitions.de.

II. Mergers & Acquisitions: Schnittstelle zwischen Unternehmen und Kapitalmärkten

1. Überblick

Die meisten wichtigen Mergers & Acquisitions sind Transaktionen, die in engem Zusammenspiel mit Kapitalmärkten durchgeführt werden. Insofern sind Kauf und Verkauf von Unternehmen, wie auch Fusionen zwischen Unternehmen, zunächst ähnlich zu betrachten wie Investitions- oder Desinvestitionsentscheidungen in Eigen- und Fremdkapitalinstrumente, die an einer Börse gehandelt werden. Neben einigen interessanten Wechselwirkungen lassen sich wichtige Unterschiede zwischen den Kapitalmärkten und M&A-Transaktionen feststellen.

Hauptunterschiede liegen zum Beispiel in der Tatsache begründet, dass Gegenstand von M&A-Transaktionen in der Regel der Erwerb von Kontrolle an einem Unternehmen als gesamtem, in sich geschlossenem Vermögenswert ist. Darüber hinaus nimmt das Unternehmen als »gehandeltes« Objekt durch sein Management selbst Einfluss auf die Transaktionen im Kapitalmarkt. Das Beispiel Vodafone/Mannesmann liegt zwar schon einige Zeit zurück, veranschaulicht diese These jedoch in hervorragender Art und Weise: Das Unternehmen Mannesmann als Objekt einer Transaktion zwischen Vodafone (Käufer) und den Aktionären von Mannesmann (mögliche Verkäufer), wird zum wesentlichen Einflussfaktor auf den Ausgang einer M&A-Transaktion. Dass es nicht um eine simple Kauf- oder Verkaufsentscheidung ging, verdeutlichten der ausgelöste Presserummel und die enorme öffentliche Aufmerksamkeit, die dieser ersten großen und oftmals recht emotional geführten feindlichen Übernahme in Deutschland beigemessen wurde. Eine weiteres Beispiel für die aktive Mitwirkung des Vorstands bei der Gestaltung der Eigentümerstruktur ist der Erwerb von Celanese durch den Finanzinvestor Blackstone. Finanzinvestoren verfügen regelmäßig nicht über eigene Management Ressourcen, die das operative Geschäft des Zielunternehmens führen könnten. Sie sind auf die Kooperation mit dem Management angewiesen. Hierbei handelte es sich um eine Public-to-Private-Transaktion, die sich ebenso wie die Mannesmann-Übernahme vor dem Hintergrund der Kapitalmärkte mit ihren kodifizierten und ungeschriebenen Gesetzmäßigkeiten erfolgte.

Im Folgenden werden die wesentlichen Wechselwirkungen zwischen Kapitalmärkten und M&A-Transaktionen in fünf Abschnitten beschrieben und diskutiert. Unternehmensbewertung und -wertfindung sowie die Beurteilung von Transaktionen finden an Kapitalmärkten statt (»Demokratisierung der Wertfindung«) und die Akteure in M&A-Prozessen müssen sich daran orientieren. Shareholder-Value, ein Schlagwort moderner Unternehmensführung, leitet sich unmittelbar vom Wert eines Unternehmens an den Kapitalmärkten ab. Ebenso wird der Erfolg von M&A-Strategien durch den Kapitalmarkt beurteilt. Unmittelbare, aber auch langfristige Reaktionen der Märkte prägen das Urteil über die Erfolgsaussichten einer Transaktion (»Acid Test für Transaktionen«). Untersuchungen haben ergeben, dass die unmittelbare Reaktion des Marktes auf die Ankündigung einer M&A-Transaktion ein i.d.R. brauchbarer Indikator für den langfristigen Erfolg, gemessen als längerfristiger »Return to Shareholder«, ist. Vor dem Hintergrund der zunehmenden Bedeutung von Kapitalmärkten für moderne Unternehmensführung wird die Größe der Marktkapitalisierung eines Unternehmens zunehmend zur strategischen Waffe. Größe per se, sei es im Bezug auf Umsatz, Betriebsvermögen oder Mitarbeiterzahl eines Unternehmens, kann sicherlich nicht als effektives Messkriterium für unternehmerischen Erfolg dienen. Größe am Kapitalmarkt hingegen, also die Höhe der Marktkapitalisierung, ist und bleibt ein wichtiger, wenn nicht sogar ein bestimmender Faktor bei M&A-Transaktionen, in denen Unternehmenskontrolle zur Disposition steht (»Marktkapitalisierung als strategische Waffe«).

M&A-Transaktionen erhöhen den Freiheitsgrad unternehmerischer Führung. Käufe oder Verkäufe von Unternehmen und Unternehmensanteilen, die in der Vergangenheit unmöglich oder undenkbar gewesen wären, sind plötzlich machbar und ermöglichen flexibles Reagieren auf sich zunehmend schneller verändernde Wettbewerbsbedingungen. Investment Banker, Rechtsanwälte, Wirtschaftsprüfer, Spezialisten für Investor Relations sowie andere Professionals übernehmen dabei zunehmend die Rolle von »Market-Makers« im Markt für Kontrolle an Unternehmen (Market for Corporate Control). Sie stellen durch ihre Arbeit sicher, dass unternehmerische Zielsetzungen mithilfe des M&A-Marktes umgesetzt werden können (»Investment Banker als Market Agents«).

Schließlich hat der M&A-Markt, im Vergleich zu den öffentlichen Kapitalmärkten, einen erhöhten Regulierungsbedarf. Im Gegensatz zu den angelsächsisch geprägten Ländern, aber auch anderen europäischen Staaten, steckt die effektive Regulierung von internationalen oder öffentlichen Transaktionen in Deutschland trotz der durch das Inkraftsetzen des WpÜG gemachten Fortschritts noch in den Kinderschuhen (»Regulatorische Defizite im deutschen Markt für Corporate Control«).

2. Marktkapitalisierung als strategische Waffe

Warum sollte die Höhe der Marktkapitalisierung eines Unternehmens von besonderem Interesse für die strategische Positionierung des Unternehmens am Kapitalmarkt sein? Ist das weitläufig verbreitete Paradigma, dass nicht Größe, sondern Geschwindigkeit zählt und Größe sogar unternehmerische Dynamik behindert, heute nicht mehr gültig? Im September 2004 wies die Deutsche Bank AG eine Marktkapitalisierung von circa 39 Mrd. US$ auf, während Citigroup auf 243 Mrd. US$ kam. Citigroup verfügte derzeit über liquide Mittel und einen Cash Flow aus den operativen Geschäften, die eine Investition in der Größenordnung von mehr als einer Europäischen Bank möglich erschien. Sind derartige strategische Freiheitsgrade auch mit geringerer Größe erschließbar?

a) Macht durch Marktkapitalisierung

In der heutigen Zeit bringt eine hohe Marktkapitalisierung echte Vorteile bei der schnellen Realisierung von Wachstumsmöglichkeiten in einer expandierenden Weltwirtschaft. Größe und Wachstumsmöglichkeit sind nicht nur als »Trade-Off« zu sehen, sondern verstärken sich durchaus gegenseitig. Manch eine M&A-Transaktion wird erst vor dem Hintergrund einer hohen Marktkapitalisierung möglich. Insbesondere das Instrument des Aktientausches, das mittlerweile in zunehmendem Maße auch bei grenzüberschreitenden Transaktionen Verwendung findet, lässt einer hohen Marktkapitalisierung eine überragende Bedeutung im M&A-Markt zukommen. Ein erheblicher Anteil der Transaktionen mit einer Transaktionssumme von mehr als 1 Mrd. Euro wird heute mit eigenen Aktien realisiert und damit die eigene Marktbewertung und -kapitalisierung eingesetzt, um Transaktionen zu realisieren. Gleichzeitig schützt eine hohe Bewertung ein Unternehmen vor feindlichen Übernahmen. Im Gegensatz dazu bedeutet geringe Marktkapitalisierung, insbesondere in Verbindung mit langsamem Wachstum der Marktkapitalisierung, zumeist ein erhöhtes Risiko, selbst übernommen zu werden, zumal hoch kapitalisierte Unternehmen nur relativ wenige Aktien bei einer Akquisition gegen Aktien ausgeben müssen. Unternehmen und ihr Management sehen sich damit einem neuen Paradigma gegenüber: Sie müssen sich, absolut gesehen, hohe Bewertungen sichern und in Bezug auf ihre Marktkapitalisierungen schneller wachsen als der Markt, um entweder große und globale Unternehmen zu bleiben oder zu werden. Anderenfalls laufen sie Gefahr, die Kontrolle über ihr eigenes Schicksal an erfolgreicher agierende Unternehmen zu verlieren. Vodafone, General Electric, Daimler, Sanofi und andere Unternehmen haben bewiesen, wie M&A-Transaktionen dazu beitragen, diesem neuen Paradigma gerecht zu werden.

b) Wachstum der Marktkapitalisierung

Wachstum der Marktkapitalisierungen ist anhand zweier Dimensionen erklärbar: Zum einen durch das Wachstum des Buchwertes des Eigenkapitals als Maß für die Summe der Nettovermögenswerte und des Wachstums des einbehaltenen Gewinns über eine Periode, zum anderen aber auch durch die Prämie, die der Kapitalmarkt über diese Buchwerte hinaus dem Unternehmen zuzumessen bereit ist. Interessanterweise ist bei den Top-Unternehmen in der Vergangenheit die Differenz zwischen Markt- und Buchwerten (»Market over Book«) im Schnitt signifikant schneller gewachsen als die Buchwerte des Eigenkapitals.

Die Unterschiede der Unternehmen im Hinblick auf die Zunahme ihrer »Market to Book Ratio« korrelieren dabei deutlich mit ihren unterschiedlichen Eigenkapitalrenditen (Return on Book Equity – »ROE«). Zusammengenommen heißt dies, dass Wachstum der Marktkapitalisierung eher durch die Steigung der Eigenkapitalrendite, als durch absolutes Gewinnwachstum erzielbar ist. Jedoch nur diejenigen Unternehmen, die, wie dies beispielsweise General Electric über vergleichsweise lange Zeiträume erreichte, hohes Gewinnwachstum bei gleichzeitig hohen Kapitalrenditen realisieren, werden vom Markt mit entsprechend extrem hohen Marktkapitalisierungen belohnt.

In einer sich globalisierenden und wachsenden Weltwirtschaft, die für Unternehmen enorme Wachstumspotenziale bietet, ergeben sich daraus für Unternehmen verschiedene Ausgangspositionen (siehe Abbildung 1), um ihre strategische Zukunft zu kontrollieren.

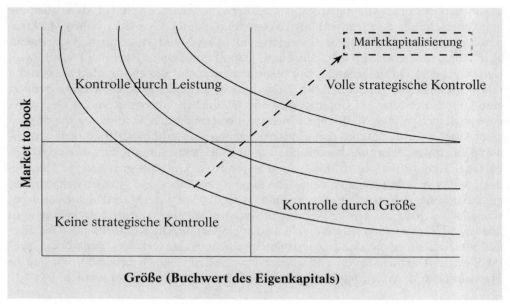

Abb. 1: Zusammenspiel von Unternehmensgröße und Performance

aa) Keine Kontrolle

Unternehmen, die weder über die ausreichende Größe (gemessen als Buchwert des Eigenkapitals) noch über eine entsprechende Performance (gemessen als Market to Book Ratio) verfügen, sind verletzbar (hier unterer linker Quadrant in Abb. 1). Solche Unternehmen nutzen in der Regel ein geringes Kapital und generieren darauf niedrige Renditen. Typischerweise agieren sie in reifen, nationalen Märkten. Sie werden früher oder später von anderen Unternehmen übernommen, die höhere Renditen auf die Vermögenswerte erzielen können. Dies können Wettbewerber sein. Häufig handelt es sich aber auch um Finanzinvestoren, denen es, meist im Kontext eines Going Private und zusammen mit dem bestehenden Management, oft gelingt, effizientere Anreizsysteme fernab von der Börse zu schaffen, um so nachhaltig Wert zu generieren.

bb) Kontrolle durch Leistung

Unternehmen im linken, oberen Quadranten sind im Stande, hohe Renditen auf ein relativ geringes eingesetztes Kapital zu erzielen. Sie agieren normalerweise in vergleichsweise engen Märkten und konzentrieren ihre Wertschöpfung auf den Einsatz eigenen (»proprietären«) Wissens und Technologien. Nur wenige Wettbewerber können vergleichbar hohe Renditen auf das eingesetzte Kapital erwirtschaften. Insofern sind diese Unternehmen zumindest zeitweise geschützt. Ihre Herausforderung liegt in der Notwendigkeit begründet, weitere Märkte oder neue Produkte zu finden. Oftmals lässt sich dies durch Zukauf erreichen. Anderenfalls laufen auch solche leistungsstarken Unternehmen Gefahr, übernommen zu werden, wenn es ihnen nicht gelingt, ihre herausragenden Fähigkeiten auf eine größere, globale Asset-Basis zu übertragen.

cc) Kontrolle durch Größe

Unternehmen, die sich dem rechten, unteren Quadranten zuordnen lassen, überleben zumeist aufgrund ihrer bloßen Größe, obwohl sie niedrige Renditen erwirtschaften. Größe dominiert hier Dynamik. Meist handelt es sich dabei um etablierte Unternehmen in kapitalintensiven Industrien, die bereits in der Vergangenheit ihr Geschäft international ausgeweitet haben. Für solche Unternehmen ist es entscheidend, die eigenen Erlöse in renditestarke Bereiche zu investieren. Gleichzeitig müssen solche Unternehmen Assets in ertragsschwachen Randbereichen durch Desinvestitionen abstoßen, um eine schlagkräftige strategische Ausrichtung sicherzustellen. Gelingt dies nicht, laufen diese Unternehmen Gefahr, im Rahmen von Konsolidierungsakquisitionen übernommen zu werden.

dd) Volle Kontrolle

Unternehmen im rechten, oberen Quadranten produzieren hohe Renditen auf einer starken Kapitalbasis. Gestützt auf eine hohe und überdurchschnittlich schnell wachsende Marktkapitalisierung sind sie in der Lage, ihre strategische Zukunft selbst zu bestimmen. Sie sind zumeist global tätig und verfügen über Fähigkeiten, die sie von Wettbewerbern nachhaltig unterscheiden. Ihre hohen Bewertungen ermöglichen ihnen die Akquisitionen von Wettbewerbern und schützen sie gleichzeitig vor Übernahmen. Somit sind sie in der Lage, nicht nur ihr eigenes Schicksal, sondern unter Umständen auch die Entwicklung ganzer Industrien zu bestimmen. Die effektive Absicherung ihrer Marktposition gegenüber neuen Wettbewerbern sowie das Finden von weiteren profitablen Wachstumsmöglichkeiten erweisen sich als die wichtigsten Herausforderungen für diese Unternehmen.

3. Demokratisierung der Wertfindung

Die Wechselwirkung zwischen Kapitalmärkten und M&A-Transaktionen zeigt sich besonders bei der Frage der Unternehmensbewertung. Eine Transaktion kommt nur dann zum Abschluss, wenn Käufer und Verkäufer sich auf einen Preis einigen können.

Zunächst dient die Bewertung eines Unternehmens der Ermittlung des Betrages, den ein Käufer für ein Zielunternehmen zu investieren bereit ist. Die Entscheidungsträger sind hierbei zum einen das Management des akquirierenden Unternehmens, das meist mit Unterstützung professioneller Berater eine Vorstellung des Wertes der Zielgesellschaft aus der Perspektive des Unternehmens und dessen Aktionären entwickelt. Auf der anderen Seite stehen die Anteilseigner des Zielunternehmens, an die das Angebot adressiert wird. Nur mit ihrer Bereitschaft, das Angebot der Käuferseite zu akzeptieren, kann eine Transaktion durchgeführt werden. Diese Bereitschaft spiegelt sich letztendlich in der Reaktion der Kapitalmärkte wider. Oftmals sind deutliche Kursreaktionen die Folge der Bekanntgabe von Transaktionen bzw. Transaktionsabsichten. Falls das Angebot an die Aktionäre des zu erwerbenden Unternehmens in bar erfolgt, wird sich die Einschätzung der Anlegergemeinschaft bezüglich der gebotenen Kontrollprämie und der Sinnhaftigkeit der Transaktion in erster Linie am Akti-

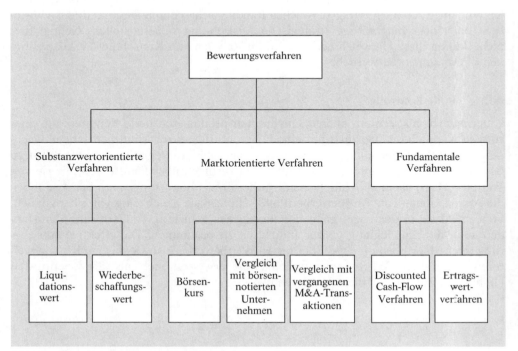

Abb. 2: Übersicht über verbreitete Bewertungsverfahren

enkurs des Bieters ablesen lassen. Setzt ein Unternehmen dagegen eigene Aktien als Akquisitionswährung ein, legt der Kapitalmarkt bei einem fixierten Austauschverhältnis mittelbar die Höhe des Kaufpreises fest.

Um eine möglichst stichhaltige Wertermittlung zu ermöglichen, wurde in der Vergangenheit eine Vielzahl verschiedenster Methoden entwickelt und in der Bewertungspraxis eingesetzt. Unterschiede ergeben sich dabei sowohl in der Art der theoretischen Fundierung als auch der Eignung für die Praxis.

a) Substanzwertorientierte Bewertungsverfahren

Substanzwertorientierte Verfahren basieren auf der Annahme, dass ein Unternehmen nach dem Bestand und der Qualität seiner Aktiva beurteilt werden soll.

aa) Methodik

Ein potenzieller Käufer wird demnach genau den Preis bezahlen, der dem Wert der Vermögensgegenstände eines Unternehmens für ihn entspricht. Falls das Unternehmen fortgeführt werden soll, ist dies der Wiederbeschaffungswert, im Falle der Stilllegung ist dies der Liquidationswert, der sich im entsprechenden Zeitrahmen erzielen lässt. Dabei lassen sich auch immaterielle Vermögensgegenstände berücksichtigen, indem ein entsprechender Verkaufspreis für solche Werte berechnet wird. Methoden, die an der Unternehmenssubstanz ansetzen, basieren somit auf der Einschätzung des Wertes eines Unternehmens durch den Käufer. Dieser sieht sich den Alternativen gegenüber, die entsprechenden Vermögensgegenstände als Gesamtheit zu erwerben oder aber schrittweise das gleiche Ergebnis zu erzielen (build-or-buy).

bb) Beurteilung

Die große Schwäche dieses Ansatzes liegt vor allem darin, dass viele wichtige wertbestimmende Faktoren, wie die Überwindung von Markteintrittsbarrieren durch die Akquisition eines Wettbewerbers oder die mögliche Realisierung von Synergien im Rahmen einer M&A-Transaktion, keine Berücksichtigung finden. Die Anwendbarkeit dieser Verfahren beschränkt sich im Regelfall auf die Bewertung unselbstständiger Unternehmensteile oder einzelner Anlagegüter und stellt in diesem Zusammenhang meist die Preisuntergrenze dar. Andererseits zeichnen sich substanzwertorientierte Verfahren durch eine relativ einfache Wertermittlung aus. Im Falle einer gerichtlichen Überprüfung lassen sich die ermittelten Kaufpreise stichhaltig begründen und verteidigen. Trotzdem hat die Bedeutung dieser Methoden in der Praxis mit der Entwicklung der Kapitalmärkte abgenommen.

b) Marktorientierte Verfahren

Weit verbreitet sind Bewertungsmethoden, die den Wert eines Unternehmens anhand des aktuellen Aktienkurses des Zielunternehmens oder von Wertrelationen vergleichbarer Börsenunternehmen oder Transaktionen ermitteln.

aa) Methode vergleichbarer börsennotierter Unternehmen

Bei diesem Verfahren wird in einem ersten Schritt ein Universum von Unternehmen ermittelt, die mit dem zu bewertenden Unternehmen vergleichbar sind, die so genannten Vergleichsunternehmen (»Comparables«). Vergleichbarkeit macht sich hierbei an Kriterien wie Produktportfolio, den eingesetzten Produktionsverfahren, der Größe und geografischen Verteilung der bearbeiteten Märkte sowie dem Wachstums- und Risikoprofil der Cashflows fest. Für diese Vergleichsunternehmen werden Verhältniszahlen (»Multiples«) als Vielfache zwischen der Börsenbewertung und bestimmten Leistungskennzahlen errechnet.

Üblicherweise wird der an der Börse beobachtbare Unternehmenswert mit der Umsatzzahl, dem EBITDA[1], dem EBIT[2] sowie der Höhe des Gewinnes ins Verhältnis gesetzt. Auch der Buchwert der Vermögensgegenstände als Bestandszahl findet in der Praxis Anwendung, insbesondere wenn es sich um kapitalintensive Branchen handelt. Bei jungen Unternehmen, vor allem in der Telekommunikations-, Software- und Internetbranche, die sich noch in der Phase eines starken Wachstums befinden und demzufolge oftmals negative Gewinne erwirtschaften, greift man üblicherweise auf andere Vergleichsmaßstäbe wie die Anzahl der Anschlüsse, der Abonnenten oder gar der hoch qualifizierten Mitarbeiter zurück. Mittels der so errechneten Multiples lässt sich in einem weiteren Schritt ein Wert für das Unternehmen, das Ziel einer M&A-Transaktion ist, projizieren. Meist verwendet man hierzu den Median einer Verhältniszahl und multipliziert diesen mit der entsprechenden Kennzahl des Zielunternehmens.

bb) Methode vergleichbarer Transaktionen

Analog geht man bei der Methode vergleichbarer Transaktionen vor. Zur Wertermittlung werden Transaktionen aus der Vergangenheit herangezogen, bei denen hinreichende Vergleichbarkeit bezüglich der beteiligten Unternehmen und der Unternehmensgröße gegeben ist. Anstelle der aktuellen Börsenbewertung wird der Kaufpreis mit den entsprechenden historischen Kennzahlen ins Verhältnis gesetzt und der sich ergebende Multiple für die Bewertung verwendet. Gerade für das M&A-Geschäft hat

---

1 Earnings Before Interest, Tax, Depreciation and Amortization. Diese Kennzahl wird häufig als Annäherung des Free Cashflow verwendet.
2 Earnings Before Interest and Tax. Diese Kennzahl entspricht in der Regel dem operativen Ergebnis.

diese Methode den großen Vorteil, dass auch Akquisitionsprämien und Synergien in die Wertanalyse mit einfließen, da diese bei abgeschlossenen Unternehmenskäufen in der Vergangenheit im bezahlten Preis berücksichtigt wurden.

cc) Beurteilung

Marktwertorientierte Verfahren nutzen die Sichtweise des Kapitalmarktes als Instrument der Unternehmensbewertung. Der starken Bedeutung der Einschätzung von Transaktionen durch die Anleger kann Rechnung getragen werden, indem man auf Erfahrungswerte aus der Vergangenheit zurückgreift. Implizit werden alle wertbeeinflussenden Faktoren der betrachteten Unternehmen und Transaktionen berücksichtigt. Die Prämien, die bei historischen Transaktionen bezahlt wurden, spiegeln etwaige Synergien oder Markteintrittsbarrieren, die überwunden werden konnten, wider.

Allerdings sind solche Verfahren mit einigen Schwierigkeiten und Nachteilen behaftet. Zunächst erweist es sich meist als problematisch, eine genügend große Anzahl an hinreichend vergleichbaren Unternehmen und Transaktionen zu identifizieren. Unterschiede in den Unternehmensgrößen, in der Zusammensetzung der Produktpaletten oder bezüglich der verwendeten Geschäftsmodelle beschränken die Vergleichbarkeit oft erheblich. Die Methoden basieren zudem auf der sehr restriktiven Annahme effizienter Kapitalmärkte (»Efficient Market Theory«). Demnach erkennt der Kapitalmarkt beispielsweise Inhomogenitäten in der Buchführung verschiedener Unternehmen und lässt diese in die Bewertung einfließen. Ein weiterer Nachteil besteht in der fehlenden Berücksichtigung des jeweiligen transaktionsspezifischen Risikos sowie, im Falle der Methode vergleichbarer Transaktionen, in der fehlenden Zukunftsorientierung. Trotz alledem liefern marktbezogene Bewertungsmethoden wertvolle Orientierungsmaßstäbe für die Bewertung von M&A-Transaktionen. Gerade bei Mischkonzernen dienen diese Verfahren im Rahmen einer »Sum-of-the-Part«-Analyse dazu, eine Unterbewertung des gesamten Konzerns im Vergleich zu dem Wert der einzelnen Geschäftsfelder zu ermitteln, indem man passende Vergleichsunternehmen für die einzelnen Teile des Gesamtgebildes verwendet.

c) Fundamentale Verfahren

Während marktorientierte Methoden mit unternehmensexternen Wertgrößen arbeiten, orientieren sich fundamentale Methoden am »inneren Wert« eines Unternehmens. Analog einer jeden Investitionsentscheidung ergibt sich der Wert gemäß der Kapitalwertmethode aus der Summe der diskontierten zukünftigen Einzahlungsüberschüsse, die den Anteilseignern zustehen. Damit basieren fundamentale Ansätze auf Zukunftsgrößen. Das subjektive Risiko einer Transaktion aus Sicht des Käufers kann dabei im risikoadjustierten Zinsfuß, der zur Diskontierung genutzt wird, berücksichtigt werden.

Im angelsächsischen Raum ist die Discounted-Cashflow-Methode (DCF) weit verbreitet, während vor allem in Deutschland auch die Ertragswertmethode Anwendung findet. Unterschiede ergeben sich vor allem hinsichtlich der zu verwendenden Einzahlungsgrößen und des Diskontierungszinssatzes.

aa) Discounted-Cashflow-Methode

Bei den DCF-Methoden werden die prognostizierten Zahlungsströme mit dem gewichteten Mittel aus Eigen- und Fremdkapitalkosten, der so genannten Weighted Cost of Capital (WACC) abgezinst. Je nach Wahl der Cashflow-Größen und des entsprechenden WACC kann so der Gesamtunternehmenswert oder aber der Wert des Eigenkapitals direkt errechnet werden. Während sich die Fremdkapitalkosten aus den tatsächlichen Konditionen der Unternehmensschulden ergeben, leiten sich die Eigenkapitalkosten aus dem Capital Asset Pricing Model (CAPM) ab. Dieses theoretische Modell basiert auf der Annahme, dass Anleger auf vollkommenen Kapitalmärkten ihr Risiko optimal diversifizieren können und deshalb lediglich die Übernahme des firmenunspezifischen Risikos berücksichtigt werden darf. Dieses orientiert sich wiederum an der Volatilität der Kursentwicklung einer Aktie im Vergleich zur Bewegung des Marktportfolios, das vereinfachend durch einen Aktienindex dargestellt wird. Diese Abhängigkeit wird durch den Beta-Faktor angegeben, der meist anhand der historischen Volatilität berechnet wird. Neben den individuell prognostizierten Unternehmenszahlen fließen somit ebenfalls Marktinformationen in die Bewertung ein und übernehmen eine gewisse Objektivierungsfunktion, die wiederum auf die Kapitalmärkte und damit implizit auf die Gesamtheit aller Investoren zurückgeht.

bb) Ertragswertverfahren

Das deutsche Ertragswertverfahren verwendet an Stelle von Cashflows dem Unternehmen nachhaltig entziehbare Ertragsüberschüsse. Durch das Kriterium der Nachhaltigkeit soll sichergestellt werden, dass rechnungslegungspolitische Einflüsse keinen Einfluss auf die Bewertung haben. Die Ermittlung des Diskontierungssatzes ist beim Ertragswertverfahren weniger stark strukturiert und gibt grundsätzlich einen risikofreien Marktzins vor, der mittels eines fallweise bestimmten Risikozuschlages der individuellen Situation angepasst wird. Dieses Verfahren wird im Rahmen der Gutachtertätigkeit von Wirtschaftsprüfern eingesetzt und beeinflusst vor allem Transaktionen im deutschen Rechtsraum im Rahmen von Verschmelzungsgutachten. Der HFA hat dazu entsprechende Richtlinien erlassen.

cc) Beurteilung

In der Bewertungspraxis setzen sich DCF-Verfahren vermehrt durch. Schwächen des Konzepts sind vor allem bei der Übertragbarkeit des CAPM auf die Bewertungspraxis zu sehen. Als theoretisch fundiertes Verfahren verwendet dieses Modell sehr restriktive Annahmen, wie beispielsweise die Existenz vollkommener Kapitalmärkte. Darüber hinaus erweist sich die Ermittlung der Beta-Faktoren als problematisch. Zahlreiche Studien haben ergeben, dass sich Betas im Zeitverlauf ändern, was eine

Verwendung historischer Zahlenreihen zweifelhaft macht. Der große Vorteil des Verfahrens liegt in der gleichzeitigen Beachtung unternehmensinterner und -externer Bewertungsinformationen und der Zukunftsorientierung. Die jeweiligen subjektiven Prognosen aller relevanten monetären Größen einer M&A-Transaktion können so transparent dargestellt und relativ objektiv verglichen werden. Auch Synergieeffekte oder subjektiv empfundene Risiken fließen in die Bewertung ein. Ergibt sich bei der Anwendung des DCF-Verfahrens ein höherer Wert für ein Unternehmen als aus den marktorientierten Verfahren, so kann das Management Indikationen für eine Wertschaffung im Sinne des Shareholder-Value gewinnen, indem man solche Wertlücken durch entsprechende M&A-Transaktionen schließt. Einen weiteren Pluspunkt stellt der relativ lange Zeithorizont der verwendeten Vorhersagen dar.

Allen am Kapitalmarkt orientierten Wertfindungsverfahren ist gemein, dass sie sich aus dem Urteil und der Entscheidung der Marktteilnehmer ergeben. Transaktionen haben zu den beobachteten Preisen faktisch stattgefunden. Die laufende Preisbildung aus Nachfrage und Angebot ist eine wertvolle Orientierung. Fundamentale Verfahren, wie die DCF-Analyse, helfen diese Entscheidungen zu plausibilisieren und zukunftsorientierte Wertentwicklungsmöglichkeiten einzubeziehen. Es lässt sich nachweisen, dass die Korrelation zwischen der Entwicklung von Cashflow (»Free Cashflow«) und Börsenwerten mittel- und längerfristig sehr hoch ist, wenngleich die unmittelbare Auswirkung einer Transaktion auf den Gewinn pro Aktie (»Earnings per Share«) in vielen Fällen eher als Indikator für die Entwicklung des künftigen Aktienkurses gesehen wird.

4. Acid-Test für Transaktionen

In den vergangenen Jahren haben M&A-Transaktionen vor allem durch ständig zunehmende Transaktionsvolumina für Furore gesorgt. Transaktionen wie Vodafone/Mannesmann, AOL/Time Warner oder Exxon/Mobil erreichten bis dahin für nicht möglich gehaltene Dimensionen. Es bestehen allerdings deutliche Meinungsunterschiede in Bezug auf die Fragestellung, mittels welcher Kriterien Transaktionserfolge effektiv gemessen werden können. Diese Kritik muss vor allem im Zusammenhang mit der oben gemachten Aussage gesehen werden, dass schiere Größe nicht als Erfolgskriterium betrachtet werden darf.

a) Beurteilung durch den Markt vs. Kriterium der Kapitalkosten

Der Kapitalmarkt reagiert in der Regel auf die Ankündigung von M&A-Transaktionen mit Kurssteigerungen oder -abschlägen beim übernehmenden Unternehmen sowie beim Zielunternehmen. Unmittelbar ist dies die Erfolgs- oder Misserfolgsbeurteilung des Kapitalmarktes. Die Analyse der anfänglichen Preisbewegungen nach der Ankündigung von Akquisitions- oder Mergers ergibt allerdings, dass der Markt nicht immer richtig liegt. Legt man als Kriterium für den fundamentalen Erfolg einer Transaktion die Forderung zu Grunde, dass ein Unternehmen langfristig mindestens seine eigenen Kapitalkosten auf das für die Akquisition eingesetzte Kapital verdienen sollte, dann zeigt sich, dass das kurzfristige Urteil des Kapitalmarkts oft fundamental widerlegt wird. Betrachtet man einen Kursgewinn von zumindest 5% bei Ankündigung als Erfolgsurteil für eine Transaktion, so bestätigt sich dies mittel- bis langfristig gesehen im Durchschnitt bei lediglich 50% aller Fälle fundamental. Der Markt ist so gesehen deutlich optimistischer als die Realität. Bei der Beurteilung von Misserfolgen ist der prognostische Wert der unmittelbaren Marktreaktion ungleich höher. In mehr als 80 % der untersuchten Fälle sind Preisabschläge in Folge einer Transaktionsankündigung mit einem fundamentalen Misserfolg, also einem längerfristig unter den Kapitalkosten liegenden Return auf das eingesetzte Kapital, verbunden. Dies lässt vermuten, dass der Kapitalmarkt eher Misserfolge als Erfolge unmittelbar richtig beurteilt, tendenziell aber zu optimistisch reagiert. Analysen, die die Korrelation von bestimmten Messgrößen zur Beurteilung von Erfolg von M&A-Transaktion betrachten, müssen jedoch mit Vorsicht betrachtet werden. Die angesprochenen Kriterien für Erfolg oder Misserfolg einer Transaktion sind zwar eingängig und lassen sich auch, sieht man von der Datenerhebungsproblematik ab, eindeutig berechnen, sind aber letztlich für Aussagen über nachhaltigen Erfolg oder Misserfolg von M&A-Tätigkeit unzureichend. Dies liegt naturgemäß in der fehlenden Vergleichbarkeit der Entwicklung eines Unternehmens, das eine M&A-Transaktion durchführt, mit der Entwicklung desselben Unternehmens, hätte es keine solche Transaktion durchgeführt. Ein entsprechender Beweis – in den Naturwissenschaften üblich und einzig gültig – bei dem die Auswirkung eines Einflussfaktors auf eine Gruppe gegenüber einer Kontrollgruppe, die zu Beginn des Experiments absolut identisch sind, ermittelt wird, ist praktisch unmöglich. Nur so ließe sich ex post hinreichend nachweisen, ob eine durchgeführte Transaktion zum Erfolg eines Unternehmens beigetragen hat oder als gescheitert zu betrachten ist. Auf das oben erwähnte fundamentale Erfolgsmaß für Transaktionen (»höhere Rendite als Kapitalkosten«) bezogen, muss man feststellen, dass selbst eine nach diesem Kriterium missglückte Transaktion immer noch ein Erfolg gewesen sein könnte, solange niemand ausschließen kann, dass sich die Rendite der Unternehmen ohne diese Transaktion noch viel mehr reduziert hätte.

b) Weitere Erfolgskriterien

Nichtsdestoweniger lassen sich aus Untersuchungen, die Goldman Sachs, aber auch eine Vielzahl von Unternehmensberatern durchgeführt haben, wichtige Aussagen zum Erfolg bzw. Misserfolg von Transaktionen herausarbeiten. Viele Unternehmen benutzen die tatsächliche Realisierung der bei der Ankündigung bekannt gegebenen Synergiepotenziale als Kriterium für den Erfolg. Auch diese Erfolgsmessung sollte man sehr kritisch hinterfragen, denn Erfolg oder Misserfolg wären bei alleiniger Gültigkeit dieses Erfolgsmaßes weitestgehend durch Aggressivität bzw. Zurückhaltung des Managements bei der Ankündigung von Synergiezielen bestimmt.

Weitere Faktoren, die sich regelmäßig als Ursache für den Misserfolg von M&A-Transaktionen identifizieren lassen, sind die Überschätzung des Marktpotenzials (sog. Umsatzsynergien), Überschätzen der Einsparungspotenziale (Kostensynergien) und eine unzureichend schnelle und reibungslose Integration nach Transaktionsabschluss. Oftmals können eine sorgfältige Vorbereitung und eine genaue und durchdachte Aushandlung der Transaktionsverträge solchen Misserfolgen entgegenwirken. Erfolgreiche Transaktionen zeichnen sich demgegenüber besonders durch eine starke Verbindung zum Kerngeschäft und eine entsprechend starke strategische Begründung für die Transaktion aus. Reine Diversifikationsakquisitionen dagegen erweisen sich in vielen Fällen als Flops.

Insgesamt gesehen scheint Großakquisitionen mit Transaktionssummen von über zehn Milliarden Dollar weniger Erfolg beschieden zu sein als kleineren Deals. Dies bestätigt die beschriebene Abkehr von einem historisch oft unqualifiziert verwendeten Paradigma, das auf schiere Größe abzielte.

5. Investment Banker als Market-Agents

Trotz des Risikos des Scheiterns von M&A-Transaktionen ist die Existenz und das Funktionieren eines Marktes für Corporate Control für die Volkswirtschaft von enormer Bedeutung. Wirtschaftliche Restrukturierungs- und Anpassungsprozesse sind nötig, um die Erforschung und rasche Verbreitung neuer Technologien zu ermöglichen und generell das gesamtheitliche Wirtschaften auf die realen Bedürfnisse der Menschen abzustimmen.

Für Unternehmen stellt ein funktionierender M&A-Markt eine Erweiterung ihrer strategischen Optionen dar. Anstelle organischen Wachstums und der oftmals mühevollen eigenen Entwicklung neuer Technologien, kann durch Zukauf oder Verschmelzung Wachstum beschleunigt werden, können Markteintrittsbarrieren rasch überwunden werden und sich unter Umständen zügig und kostengünstig der Zugang zu technologischen Neuerungen erwerben lassen. Unternehmensbereiche, die nicht mehr in das strategische Konzept passen, lassen sich relativ problemlos abstoßen, statt sie kosten- und zeitintensiv zu schließen. Beispielsweise war die Umwandlung der Hoechst AG von einem breit diversifizierten Konglomerat zu einem reinen Life-Sciences-Spezialisten innerhalb weniger Jahre nur durch eine Reihe von Unternehmenszukäufen und -verkäufen sowie dem Merger mit Rhône-Poulenc zu Aventis möglich. Damit wurde schließlich auch die Basis für den Aufbau eines der weltweit führenden Pharmaunternehmen gelegt – Sanofi-Aventis.

Die Effizienz des Marktes für Corporate Control lässt sich anhand einiger Kriterien beurteilen. Dabei soll das Modell einer Börse, an der sich Preise durch ein Auktionsverfahren bilden, verwendet werden, um zu verdeutlichen, welche Kriterien von besonderer Bedeutung sind und wie Investmentbanken zum Funktionieren des M&A-Marktes beitragen. Eine Börse zeichnet sich in erster Linie durch ihre Liquidität aus. Damit sich effiziente Preise bilden können, müssen zur jeder Zeit genügend Objekte angeboten und nachgefragt werden. Gerade in Bezug auf den M&A-Markt ist dies von hoher Bedeutung, da Strategien oftmals unter hohem Zeitdruck umgesetzt werden müssen. Die teilweise geringe Liquidität des deutschen M&A-Marktes wird häufig dafür verantwortlich gemacht, dass Konzerne in der Vergangenheit ihre viel zu breit diversifizierten Portfolios nicht oder nicht weit gehend genug bereinigt haben.

Wodurch lässt sich nun ein hoher Grad an Liquidität auf einem Markt erreichen? Wie bereits angesprochen, ist eine hinreichend große Anzahl von Marktteilnehmern und deren Bereitschaft, Corporate Control zu »handeln« ausschlaggebend. Damit dies der Fall ist, muss der Markt transparent sein, damit sich keiner der Teilnehmer benachteiligt fühlt (Transparenz/Fairness). Weiterhin sollten die Kosten der Marktbenutzung gering sein (Kosteneffizienz). Jeder Markt produziert Informationen. Diese sollten alle transaktionsbeeinflussenden Tatbestände enthalten, um den Akteuren fundiertes Handeln zu ermöglichen (Informationseffizienz). Schließlich ist das Kriterium der Bewertungseffizienz zu nennen. Nur, wenn es auf dem Markt für M&A gelingt, Preise zu ermitteln, die den Wert der gehandelten Unternehmen hinreichend gut widerspiegeln, werden Unternehmen bereit sein, als Anbieter und Nachfrager auf dem M&A-Markt aufzutreten (Bewertungseffizienz). Inwieweit insbesondere Investmentbanken durch die oben genannten Kriterien zur Liquidität und damit zur Effizienz des M&A-Marktes beitragen, soll im Folgenden diskutiert werden. Dabei wird sich zeigen, dass den Banken regelrecht die Rolle von Market-Makern zukommt. Obgleich die Banken dabei in der Regel keine eigenen Positionen einnehmen, so gewährleisten sie doch die Liquidität des M&A-Marktes.

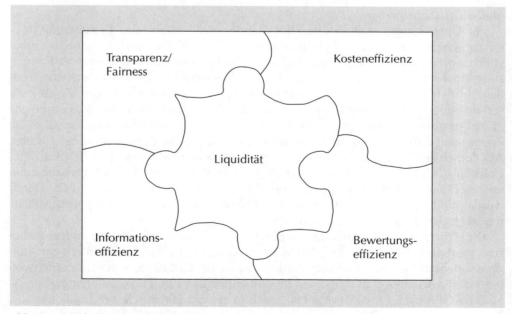

Abb. 3: Gütekriterien einer Börse

a) Spezifische Kenntnisse über ökonomisch sinnvolle und realisierbare Transaktionen

Informationen bilden einen Hauptbestandteil des Geschäftes von M&A-Beratern. Investmentbanken tragen als Spezialisten zunächst maßgeblich zur Gewinnung und Verarbeitung von Informationen auf dem M&A-Markt bei. Viele Banken sind in Industriegruppen organisiert, die regelmäßig Marktsegmente daraufhin analysieren, inwieweit M&A-Transaktionen sinnvoll und durchführbar sind. Bei einem solchen Screening von Märkten und Industrien werden wirtschaftliche Trends, volkswirtschaftliche Entwicklungen, Länder- und Branchenbesonderheiten sowie die Positionen und Merkmale einzelner Unternehmen mit einbezogen. Grundlage solcher Analysen sind Markt- und Unternehmensstudien von Aktienanalysten, aber auch die eigene Expertise, die Banker bei der Durchführung von Transaktionen in der Vergangenheit erworben haben.

Projektbezogen können darauf aufbauend fundierte Konzepte und Strategien für einzelne Unternehmen erarbeitet werden. Die Investmentbank gibt in diesem Zusammenhang die Anforderungen des Kapitalmarktes an die Unternehmen weiter. So kann eine »Übersetzung« der Kapitalmarktperspektive in die jeweilige Unternehmensstrategie erfolgen. Auch im Rahmen der Ausführung von Transaktionen trägt die Investmentbank zur Qualität der relevanten Informationen bei. Bei Kaufs-, Verkaufs- und Fusionsmandaten sind die M&A-Berater maßgeblich in den Prozess der Due Diligence involviert, der dazu dient, alle relevanten Informationen herauszuarbeiten. Im Due-Diligence-Prozess ist üblicherweise zusätzlich das Wissen von anderen Spezialisten – wie Rechtsanwälten, Wirtschaftsprüfern oder Steuerberatern – nötig. Investmentbanken übernehmen hierbei die Rolle eines Netzwerk-Brokers. Sie helfen den Kunden bei der Auswahl der Berater und vermitteln während der Transaktion zwischen den verschiedenen Parteien. Dadurch kann sichergestellt werden, dass die Informationsgewinnung und -verarbeitung in jeder Transaktionsphase durch geeignete Spezialisten vorgenommen wird.

b) Organisation und Management fairer Transaktionsprozesse

Marktfairness ist für ein effizientes Funktionieren des M&A-Marktes unerlässlich. Damit alle Teilnehmer unter gleichen Voraussetzungen agieren können, ist ein hohes Maß an Transparenz nötig. Als Intermediäre auf dem M&A-Markt sind Investmentbanken regelmäßig maßgebend für einen transparenten und fairen Transaktionsablauf verantwortlich.

Eine der Aufgaben des M&A-Beraters liegt darin, einen Mandanten bei der internen und externen Kommunikation zu unterstützen. Dies kann auf verschiedenste Art und Weise geschehen. So besteht der Beitrag der Investmentbank bei einem Verkaufsmandat unter Umständen darin, die Kommunikation mit den potenziellen Käufern derart zu gestalten, dass diese zum einen mit den gleichen Informationen versorgt werden, zum anderen aber nicht wissen, welche anderen Konkurrenten am Verkaufsprozess teilnehmen. Nur so lässt sich sicherstellen, dass keiner der Marktteilnehmer bevorzugt wird. Nur ein ausgewogenes Maß an Transparenz stellt so einen fairen und effizienten Ablauf des Verkaufsprozesses sicher.

Auch bei der Kommunikation mit Investoren erweist sich die Kapitalmarktexpertise von beratenden Investmentbanken häufig als wertvolle Ressource. Kaum eine Presseveröffentlichung im Rahmen einer Unternehmensübernahme, insbesondere wenn es sich um feindliche Übernahmen handelt, wird nicht von den M&A-Beratern formuliert und von Rechtsanwälten geprüft. Oftmals sind es die Banken selbst, welche die gesamte Öffentlichkeitsarbeit der Mandanten steuern. Auch hierbei ermöglichen und erleichtern Investmentbanken den Kunden die Einschaltung von Anwälten oder anderen Fachspezialisten durch ihr bestehendes Kontaktnetzwerk.

Vor allem in Verhandlungssituationen, die sich im M&A-Geschäft zwangsläufig ergeben, kann es mitunter sehr schwierig sein, Fairness für alle Teilnehmer zu gewährleisten. Die Investmentbank übernimmt dabei verschiedene Funktionen, wobei insbesondere die Reputation des Investmentbankers in einer Rolle als parteiischer Berater von Bedeutung ist. Ziel der Verhandlungsführung muss dabei sein, die bestmöglichen Vertragskonditionen für den eigenen Mandanten zu erreichen. Gleichzeitig trägt der Investmentbanker zum Zustandekommen einer Transaktion bei. Durch Fachwissen und die Erfahrung, die geeignete Verhandlungsstrategie für den eigenen Mandanten zu entwickeln sowie den wirtschaftlichen Gehalt der von der Gegenseite vorgebrachten Argumente zu beurteilen und die dahinter liegenden Strategien zu erkennen, können M&A-Berater ein Scheitern von Verhandlungen verhindern und die bestmöglichen Konditionen für den eigenen Klienten erzielen.

Darüber hinaus wirkt der Investmentbanker in einer Objektivierungsfunktion. Als externer Berater kann er Interessensgegensätze auflösen, indem er ein Umfeld für die Verhandlungen schafft, das auf gegenseitigem Vertrauen der betroffenen Parteien basiert. Nur allzu oft werden Verhandlungen durch persönliche Motive und Antipathien zwischen verschiedenen Managementpersönlichkeiten blockiert. Auch das zu starke Verharren auf der eigenen Verhandlungsposition durch das Management kann sich rasch als Deal-Killer auswirken. In solchen Fällen kann der externe Investmentbanker, der emotional weitaus weniger involviert ist, durch die Setzung und Kommunikation objektiver Kriterien den Verhandlungsprozess in Gang halten und zum Abschluss bringen. Letztendlich erweist sich die Glaubwürdigkeit der Verhandlungsparteien als wichtigstes Erfolgskriterium. Zu einem gewissen Grade muss man Informationen der Gegenseite schlichtweg akzeptieren. Mittels ihrer Reputation signalisiert die eingeschaltete Investmentbank dabei allen Beteiligten eine professionelle und faire Abwicklung des Verhandlungsprozesses und kann so zum Zustandekommen der Transaktion und somit zur Liquidität des M&A-Marktes beitragen.

c) Sicherstellung der effizienten Prozessdurchführung

Um Investoren zur Nutzung eines Marktes zu bewegen, müssen die Kosten, die durch die Inanspruchnahme entstehen, gering sein. Auf dem M&A-Markt verhält es sich ähnlich. Investmentbanken kommt dabei die wichtige Funktion zu, dafür Sorge zu tragen, dass die Transaktionskosten für ihre Mandanten gering bleiben.

Angesichts der Honorare, die Banken für die Beratung und Durchführung von M&A-Mandaten erhalten, mag dies auf den ersten Blick widersprüchlich erscheinen. Ähnlich dem Handel mit Wertpapieren, entstehen auch bei Unternehmenskäufen und -verschmelzungen Transaktionskosten, die sich verschiedenen Phasen zuordnen lassen.

aa) Informations- und Entscheidungsphase

Zunächst muss sich der Interessent hinreichend gut informieren, um entscheiden zu können, ob eine M&A-Transaktion für ihn wirtschaftlich sinnvoll ist. Wie oben bereits dargelegt, fungieren Investmentbanken in dieser Phase als Informationslieferanten, die dem Mandanten die Entscheidungsfindung durch die Beschaffung, Aufarbeitung und Bereitstellung von Informationen deutlich erleichtern. Auch im Prozess der Due Diligence unterstützt der M&A-Berater seinen Kunden und kann durch sein Fachwissen und seine Erfahrung Transaktionskosten verringern. Diese Ersparnisse bestehen nicht nur in zeitlichen Vorteilen, sondern vor allem auch in geringeren Sicherungskosten und dem effizienten Zugang zu modernen Informationsquellen. Oft ist es erfahrenen Investmentbankern möglich, durch ein gezieltes Vorgehen bei der Due Diligence Risiken und Unregelmäßigkeiten einer potenziellen Transaktion sachgerecht einzuschätzen, was die Unsicherheit und die damit verbundenen Absicherungskosten deutlich zu begrenzen hilft.

bb) Ausführungsphase

Entschließt sich ein Anleger für den Kauf oder Verkauf eines Wertpapiers, so gibt er eine Order an den Market-Maker. Dieser führt Angebot und Nachfrage zusammen. Kosten fallen in diesem Zusammenhang bei der Auftragsannahme und -weiterleitung sowie insbesondere bei der Suche der entsprechenden Vertragsgegenseite an. Hat der Market-Maker zwei Parteien zusammengebracht, schließen diese einen Kaufvertrag ab. Neben den Kosten des Vertragsabschlusses entstehen Transaktionskosten bei der Abrechnung und bei der Absicherung gegen eventuelle Realisationsrisiken.

Analog müssen bei M&A-Transaktionen verschiedene Parteien zusammengebracht werden. Um diesen Prozess übersichtlich und kosteneffizient zu gestalten, kommt dem Investmentbanker dabei zunächst die Aufgabe einer effizienten Transaktionsstrukturierung zu. Für Unternehmenskäufe und -verkäufe impliziert dies zunächst die Bestimmung des Kaufgegenstandes und der Zahlungsmodalitäten. Objekt einer Transaktion können die Anteile der Zielgesellschaft (Share Deal) oder aber die einzelnen Vermögensgegenstände (Asset Deal) sein. Dabei ergeben sich steuerliche Unterschiede aus Sicht des Käufers und des Verkäufers. Dem Investmentbanker obliegt es, die für seinen Mandanten kostengünstigste Alternative zu ermitteln und zu realisieren. Neben dem eigenen Fachwissen ziehen M&A-Berater hierzu in der Regel spezialisierte Rechtsanwälte und Steuerberater zurate. Nicht selten resultieren äußerst komplizierte Transaktionskonstrukte aus den angestellten Überlegungen und Analysen, wie beispielsweise im Falle DaimlerChrysler oder auch bei einer Private-Equity-Transaktion wie zum Beispiel dem Erwerb von Messer Griesheim durch Goldman Sachs und Allianz Capital Partners. Diese bringen für den Mandaten unter Umständen Vorteile, auf die er ohne Einschaltung eines M&A-Beraters in der Regel verzichten müsste.

Die Gegenleistung in einer M&A-Transaktion kann entweder in bar (Cash Offer) oder aber in Form von Anteilen der Erwerbergesellschaft (Share Offer) erbracht werden. Üblicherweise fällt die zu zahlende Übernahmeprämie bei einem Share Deal wegen der geringeren Liquidität und des höheren Risikos von Wertpapieren gegenüber Bargeld höher aus. Zudem muss bei der Wahl von Aktien als Akquisitionswährung die Verwässerung der Stimmrechte und des Gewinnteils der Altgesellschafter beachtet werden. Auch in der steuerlichen Behandlung ergeben sich deutliche Unterschiede. Durch ein geschicktes Ausbalancieren von Vor- und Nachteilen kann der M&A-Berater diejenige Zahlungsstruktur ermitteln, die seinem Mandanten am ehesten entgegenkommt.

Ähnlich verhält es sich bei der rechtlichen Ausgestaltung von Übernahme- und Verschmelzungsverträgen. Genau wie bei einem einfachen Wertpapierkauf dient der Vertrag bei einer M&A-Transaktion in erster Linie der Absicherung gegen Realisationsrisiken. Die Aufgabe der Investmentbank liegt dabei darin, verschiedene Alternativen bei der Vertragsgestaltung zu ermitteln und die günstigste Option für den eigenen Auftraggeber auszuwählen und durchzusetzen. So werden beispielsweise bei der Festlegung des Kaufpreises oftmals Preisformeln, meist in Zusammenhang mit entsprechenden Rücktrittsrechten, vereinbart. Auch Garantien können dazu dienen, das Risiko der Vertragsparteien bezüglich der von der Gegenseite gemachten Angaben oder Vorhersagen zu verringern. Während ein Verkäufer möglichst weit gehende Gewährleistungen auf alle vom Käufer gemachten Aussagen anstrebt, wird ein Verkäufer eher sehr spezielle Gewährleistungstatbestände in Verbindung mit umfassenden Haftungsausschlüssen bevorzugen. Die beratende Investmentbank kann in Zusammenarbeit mit den hinzugezogenen Rechtsanwälten sicherstellen, dass die getroffenen Regelungen bestmöglich mit den Interessen ihres Mandanten übereinstimmen und zugleich keine unüberschaubaren Risiken bezüglich falscher Informationen einerseits und hohen Haftungsansprüchen andererseits beinhalten. Generell dient auch bei rechtlichen Gestaltungsfragen die Reputation einer Investmentbank als Vertrauen schaffendes Signal. Durch die Fachkompetenz und das Berufsethos des hinzugezogenen M&A-Beraters kann ein Unternehmen der Vertragsgegenseite Vertrauenswürdigkeit signalisieren, was die Vertragsverhandlungen deutlich entspannen kann und dazu beiträgt, Transaktionskosten zu vermeiden.

d) Beitrag zur effizienten Kapitalallokation

Unternehmen werden auf dem M&A-Markt nur dann Transaktionen abschließen, wenn sie der Meinung sind, dass der Preis, den die Gegenseite zu akzeptieren bereit ist, den Wert des gehandelten Objektes wiedergibt. Aus volkswirtschaftlicher Sicht führt dies zu allokationseffizienten Preisen, die eine optimale Nutzung der Ressourcen einer Volkswirtschaft ermöglichen. Wie bereits dargelegt, tragen Investmentbanken entscheidend dazu bei, den Wert des Unternehmens im M&A-Markt sachgerecht zu bestimmen.

Zunächst ermittelt der Berater bei M&A-Transaktionen im Rahmen der Due Diligence die bewertungsrelevanten Tatbestände. Mittels seines Fachwissens gelingt es, die Informationen zu priorisieren und eventuelle Risiken aufzudecken. Durch den Einsatz eines geeigneten Bewertungsinstrumentariums errechnen die Investmentbanken eine Wertspanne, die als Grundlage für Verhandlungen dient. Die Qualität der Wertfindung auf dem M&A-Markt kann so gewährleistet werden. Da in der Regel alle Verhandlungsparteien bei M&A-Transaktionen Berater hinzuziehen, gehen die Parteien von vergleichbaren Wertvorstellungen aus. Die Verhandlungen werden somit keine vollkommen irrationalen Ergebnisse liefern.

6. Das regulatorische Umfeld im deutschen Markt für Corporate Control

Um einen reibungslosen Handel mit Eigentumsrechten an Unternehmen durch den M&A-Markt zu gewährleisten, ist ein entsprechendes regulatorisches Umfeld unerlässlich. Allgemein verfolgt man im wohlfahrtsökonomischen Sinne mit der Aufstellung von Normen die Besserstellung aller aufgrund der erzielbaren Effizienzgewinne. Diese ergeben sich genau dann, wenn sich alle Beteiligten an die Normen halten. Ziel von Regeln, die den Bereich M&A betreffen und letztendlich einen hohen Grad an Kapitalmarktdisziplin gewährleisten sollen, ist es, Anlegerschutz, insbesondere insoweit es sich um Minderheitsaktionäre handelt, sowie Fairness, aber auch Schnelligkeit und Rechtssicherheit sicherzustellen.

a) Wettbewerbsrecht

Freundliche und feindliche Übernahmen unterliegen gleichermaßen der Aufsicht durch die zuständigen Wettbewerbsbehörden. Dabei ergibt sich in der EU zunächst die Frage, ob die EU-Fusionskontrolle oder aber das nationale Fusionskontroll-Regime, in Deutschland also das Gesetz gegen unlauteren Wettbewerb (GWB), Anwendung findet. Ausschlaggebend ist nach dem Auswirkungsprinzip[3], in welchem räumlichen Geltungsbereich die Markt- und Wettbewerbsverhältnisse beeinträchtigt werden. Bei Unternehmensübernahmen, die auch nicht-europäische Märkte betreffen, können je nach Auswirkung weitere Kartellbehörden einen geplanten Zusammenschluss ein-

---

3 In Deutschland normiert in § 130 Abs. 2 GWB

schränken. Gerade bei grenzüberschreitenden Transaktionen verzögern sich Übernahmen oftmals erheblich und können letztendlich nur unter erheblichen Auflagen durchgeführt werden. Beispiele wie die geplatzten Fusionen von General Electric und Honeywell sowie LeGrand und Schneider belegen, dass die Einbeziehung von Anti-Trust-Überlegungen bei vielen Transaktionen erfolgsentscheidend sein können.

b) Gesellschaftsrecht

Bis zum heutigen Zeitpunkt bildet das deutsche Gesellschaftsrecht die grundlegendste rechtliche Basis für M&A-Transaktionen. Insbesondere das Aktienrecht legt die Rechte und Pflichten der Leitungs- und Geschäftsorgane fest. Dabei kommt dem Schutz von Minderheitsaktionären eine wichtige Rolle zu. Das deutsche Konzernrecht regelt Maßnahmen wie Verschmelzung, Umwandlung, Unternehmensvertrag oder Eingliederung. So ist beispielsweise im Falle einer Eingliederung gemäß §§ 320, 321 AktG den außenstehenden Aktionären eine angemessene Abfindung in Form einer Barzahlung oder aber eigener Aktien der Erwerbergesellschaft zu gewähren. Die Angemessenheit dieser Abfindung, also insbesondere der monetäre Gegenwert, ist gerichtlich nachprüfbar.

Aus der Generalklausel des § 93 AktG lässt sich eine allgemeine Sorgfaltspflicht der Vorstandsmitglieder ableiten. Der Vorstand ist demnach verpflichtet, mit der Sorgfalt eines Treuhänders zu handeln, der fremde Vermögensinteressen zu vertreten hat. Daraus ließe sich u.a. die Verpflichtung ableiten, die eigenen Aktionäre vor der Annahme eines Übernahmeangebots über die Vor- und Nachteile einer beabsichtigten Transaktion aufzuklären.[4] Weitere Vorstandspflichten bei Unternehmensübernahmen ergeben sich aus dem Gesetz zur Kontrolle und Transparenz im Unternehmensbereich[5] (KonTraG), durch welches das Aktiengesetz wesentlich reformiert wurde. Die Unternehmensführung wird unter anderem dazu verpflichtet, für ein angemessenes Risikomanagement Sorge zu tragen und ein internes Überwachungssystem einzurichten, um dadurch »den Fortbestand des Unternehmens gefährdende Entwicklungen« frühzeitig erkennen zu können.[6] Darunter fallen beispielsweise die im Rahmen einer Übernahme entstehenden Risiken in der Integrationsphase der zu übernehmenden Gesellschaft. Daneben wurde durch das KonTraG die Berichtspflicht des Vorstandes gegenüber dem Aufsichtsrat erweitert. Verpflichtend müssen nun Angaben über die künftige Geschäftspolitik gemacht werden, zu der M&A-Projekte, die übli-

---

4 Vgl. Beckmann, Ralph: Der Richtlinienvorschlag betreffend Übernahmeangeboten auf dem Weg zu einer europäischen Rechtsangleichung, in: DB, 1995, H. 48, S. 2407 f.
5 Gesetz zur Kontrolle und Transparenz im Unternehmensbereich (KonTraG) vom 21.4.1998
6 Vgl. § 91 Abs. 2 AktG; dazu Hirte, Heribert: Kapitalgesellschaftsrecht, 2. Aufl., Frankfurt a.M. 1999, S. 61

cherweise strategischen Charakter haben, zu zählen sind. Hinzu kommt die Pflicht, auch die eigenen Aktionäre über die Hintergründe einer Übernahme bzw. eines Übernahmeversuchs aufzuklären und zu dem Übernahmeangebot Stellung zu nehmen. Der Vorstand der Zielgesellschaft ist bei Übernahmen an den in § 53a AktG normierten Gleichbehandlungsgrundsatz aller Aktionäre seiner Gesellschaft gebunden. Handelt es sich bei dem Bieter mithin um einen Aktionär, so muss der Vorstand dem Bieter die gleichen Informationen zukommen lassen wie den übrigen Aktionären (§ 131 Abs. 4 Satz 1 AktG).

c) Wertpapierhandelsgesetz

Das zweite und dritte Finanzmarktförderungsgesetz haben im Rahmen des Wertpapierhandelsgesetzes (WphG) einige Vorschriften eingeführt, die bei jeder M&A-Transaktion beachtet werden müssen. Zunächst ist die Veröffentlichungspflicht beim Überschreiten von Anteilen ab fünf Prozent zu nennen, die ein schrittweises, unbemerktes Aufkaufen eines Unternehmens erschwert. Weiterhin verbietet es die Ad-hoc-Mitteilungspflicht bei wesentlichen preissensitiven Unternehmenstatbeständen dem Management der Zielgesellschaft, Übernahmevorhaben unverhältnismäßig lange geheim zu halten. Als drittes enthält das WphG Vorschriften zum Insiderhandel, die den Umgang mit sensitiven Informationen einschränken sowie das Handeln mit Papieren, die von einem Übernahmeangebot betroffen sind, strengstens verbieten. Das überwachende Organ für das WphG ist das Bundesaufsichtsamt für den Wertpapierhandel, das zur Durchsetzung der gesetzlichen Bestimmungen auf ein starkes Sanktionsinstrumentarium zurückgreifen kann. So drohen den betroffenen Vorstandsmitgliedern bei Nichtbeachten nicht unerhebliche Bußgelder.[7]

d) Übernahmegesetz, WpÜG

aa) Ursprünge

Da hier zu Lande lange Zeit kein umfassendes, systematisiertes Regelwerk zur Schaffung klarer Rahmenbedingungen für Unternehmensübernahmen und -fusionen existierte, legte die Börsensachverständigenkommission (BSK) 1979 Leitsätze für Übernahmeangebote vor. Im Wege der Selbstregulierung sollte der bis dahin in Deutschland relativ unbekannte Vorgang des öffentlichen Übernahmeangebots durch die Vorgabe von Normen geregelt werden. Die Einhaltung dieser Wohlverhaltensregeln bei Unternehmensübernahmen wurde jedoch nicht überwacht, da es keine zuständige Instanz gab, sodass die praktische Relevanz der Leitsätze beschränkt blieb.

---

7 Vgl. Than, Jürgen: Zwangsweises Ausscheiden von Minderheitsaktionären nach Übernahmeangebot? in: Festschrift für C.P. Claussen (1997), S. 405 ff.

Deswegen verabschiedete die BSK am 14. Juli 1995 den Übernahmekodex, der stark an den Londoner City Code angelehnt wurde. Mit der Übernahmekommission und ihrer Geschäftsstelle bei der Deutsche Börse AG in Frankfurt am Main wurde eine Institution zur Kontrolle der Einhaltung und Weiterentwicklung der Kodexbestimmungen geschaffen. Um bei der Interpretation und ständigen Anpassung der Kodexvorschriften einen hohen Grad an Praxisnähe zu gewährleisten, stammen die Mitglieder der Übernahmekommission aus verschiedenen Bereichen der Wirtschaft.

Unternehmensübernahmen waren damit in Deutschland zwar nicht gesetzlich geregelt. Der Übernahmekodex stellte vielmehr die Empfehlung der BSK als einer unabhängigen Expertenkommission dar, der sich die betroffenen Unternehmen auf freiwilliger Basis unterwerfen können. Die Regelungen wirkten somit nur subsidiär zu den beschriebenen gesetzlichen Vorschriften für M&A-Transaktionen. Verbindlich wurde der Kodex lediglich, wenn ein Bieterunternehmen sich in seinem öffentlichen Übernahmeangebot vertraglich zur Einhaltung der Bestimmungen verpflichtete. Den Aktionären der Zielgesellschaft erwuchsen in einem solchen Falle vertragliche Ansprüche, die sie geltend machen konnten, wobei jedoch kein einziger Fall in dieser Hinsicht bekannt wurde.[8]

bb) Übernahmegesetz

Am 1. Januar 2002 ist das deutsche Wertpapiererwerbs- und Übernahmegesetz (WpÜG) als zentraler Teil des Gesetzes zur Regelung von öffentlichen Angeboten zum Erwerb von Wertpapieren und von Unternehmensübernahmen in Kraft getreten. Das Ziel des Gesetzgebers wurde eindeutig definiert; es galt nunmehr einen verlässlichen Rechtsrahmen für die unmittelbar an Übernahmen Beteiligten und für die Akteure im Finanzmarkt bereitzustellen. Die Regulierung von Übernahmen soll einerseits faire und transparente Verfahren ebenso wie angemessenen Schutz der betroffenen Aktionäre gewährleisten, jedoch zugleich keine gravierenden Hemmnisse für die Durchführung von Unternehmensübernahmen und damit für den gesamtwirtschaftlichen Strukturwandel erzeugen. Darüber hinaus ging es auch darum, den Finanzplatz Deutschland weiter zu professionalisieren. Die wesentlichen Regelungsinhalte des WpÜG umfassen Informations- und Verhaltenspflichten der an den Transaktionen beteiligten Parteien sowie grundsätzliche Verfahrensregeln für Übernahmeangebote. Die folgenden Schwerpunkte bestehen:

- Regelungen zur Sicherstellung fairer und gleicher Behandlung aller Aktionäre, umfassender Transparenz und rascher Verfahren
- Verfahrensvorschriften für öffentliche Angebote zum Erwerb von Wertpapieren, freiwillige Übernahmeangebote und Pflichtangebote
- Regelungen der Gegenleistung des Bieters bei Übernahmenangeboten und Pflichtangeboten

---

8 Bundesministerium der Finanzen: Entwurf eines Gesetzes zur Regelung von Unternehmensübernahmen, Bonn, Stand: 11.07.2001, S. 52-55 sowie S. 75-78.

- Verhaltenspflichten des Vorstands und des Aufsichtsrats der Zielgesellschaft während des Angebotsverfahrens und Zulässigkeit von Abwehrmaßnahmen
- Regelungen zum Ausschluss von Minderheiten (»Squeeze-out«)

Festzustellen ist, dass sich das WpÜG in wesentlichen Bereichen eng an den City Code anlehnt, wie die nachstehende Tabelle ausweist.[9]

	WpÜG	City Code
Regelungsform	Gesetz	Freiwilliger Kodex
Aufsichtsorgan	BAFin + Beirat	Panel on Takeovers and Mergers
Informationspflichten des Bieters	• Unverzügliche Bekanntmachung der Angebotsabsicht • Erstellung einer umfassenden Angebotsunterlage • Beteiligungsbezogene Offenlegungspflichten	• Vergleichbar WpÜG • Zusätzlich: Veröffentlichung von Planzahlen nach festgelegten Standards
Informationspflichten der Zielgesellschaft	• Abgabe einer begründeten Stellungnahme zum Angebot • Bereitstellung gleicher Informationen für sämtliche Bieter	• Vergleichbar WpÜG • Zusätzlich: Einholung und Weitergabe unabhängigen externen Rates (i.d.R. von Investment Banken)
Gegenleistung bei einem Übernahmeangebot	• Wahlweise Barangebot oder ausreichend liquide an einem Markt des EWR gehandelte Aktien • Unter bestimmten Umständen ist Barangebot obligatorisch	• Wahlweise Barangebot oder Aktien • Unter bestimmten Umständen ist Barangebot obligatorisch
Gegenleistung bei einem Pflichtangebot	• Siehe Übernahmenangebot	• Barangebot obligatorisch
Mindesthöhe der Gegenleistung	• Mindestens mittlerer Börsenkurs der letzten 3 Monate bzw. mindestens der höchste vom Bieter innerhalb der letzten 3 Monate für die entsprechende Aktiengattung gezahlte Preis • Nachbesserung bei außerbörslichem Aktienerwerb während oder in den 12 Monaten nach der Angebotsfrist	• Mindestens der höchste vom Bieter innerhalb der letzten 3 Monate für die entsprechende Aktiengattung gezahlte Preis • Nachbesserung bei außerbörslichem Aktienerwerb während oder nach der Angebotsfrist
Kontrollschwelle	• 30 % der Stimmrechte	• 30 % der Stimmrechte
Annahmefrist	• 4-10 Wochen	• 21-60 Tage
Sperrfrist nach erfolgloser oder untersagter Übernahme	• 12 Monate	• 12 Monate

---

9 Vgl. Helmis, Sven (2003).

	WpÜG	City Code
Abwehrmaßnahmen	• Zulässig auf Basis konkreter oder präventiver HV-Beschlüsse sowie bei Zustimmung des AR	• Unzulässig, ausgenommen bei explizitem HV-Beschluss
Squeeze-out	• 95 % des Kapitals • Abfindung auf Basis Wertgutachten Wirtschaftsprüfer, IDW S1	• 90 % des Kapitals • Abfindung auf Basis Marktpreis

Abb. 4: Das Übernahmegesetz im Vergleich zum City Code

Die wesentlichen Unterschiede bestehen im Ausmaß der Neutralitätspflicht des Vorstands, der zur Verfügung zu stellenden Informationen sowie dem Grenzwert für den Squeeze-out. Hier setzt dementsprechend auch die Kritik am WpÜG an, die bereits vor dem Inkraftsetzen des Gesetzes artikuliert und nunmehr weitgehend durch die Praxis bestätigt wurde.

cc) Kritik am WpÜG

Wenn die Mehrheit der Aktionäre einer Gesellschaft, die das Ziel einer öffentlichen Übernahme ist, dieser Übernahme zustimmt, indem sie ihre Aktien tendert, sollte der Kontrollwechsel möglichst schnell und rechtssicher für alle Beteiligten vollzogen werden. Genau dies leistet das Gesetz in Deutschland nicht. Bereits ab einem Anteil von 30 % der Stimmrechte ist ein Pflichtangebot fällig, obwohl dieser Stimmrechtsanteil dem Erwerber noch keine vollständige Kontrolle ermöglicht. Selbst wenn der Erwerber auf der Hauptversammlung die Stimmrechtsmehrheit erlangt, was angesichts der vergleichsweise geringen Präsenz möglich erscheint, erlangt er kein Mitspracherecht bei der Unternehmensführung. Der Vorstand handelt eigenverantwortlich im »Interesse des Unternehmens«, was nicht notwendigerweise im Einklang mit den Interessen des neuen Mehrheitsaktionärs stehen muss. Damit kann die Realisierung von operativen Verbesserungen oder Synergien erheblich erschwert oder sogar verhindert werden. Die Übernahme von Wella durch Procter & Gamble hat dies nachdrücklich gezeigt. Darüber hinaus werden Transaktionen mit Finanzinvestoren erheblich erschwert, da der Zugriff auf den Cashflow des Unternehmens nicht möglich ist (Stichwort: »Debt Pushdown«).

Folglich ist es für Investoren, die eine deutsche Aktiengesellschaft übernehmen möchten, von zentraler Bedeutung, mindestens 75 % der Stimmrechte oder besser noch 95 % der Kapitalanteile zu übernehmen. Mit 3/4 Mehrheit kann bekanntlich ein Beherrschungsvertrag abgeschlossen werden, so dass der Großaktionär Einfluss auf das Geschäft der Gesellschaft nehmen kann. Vor diesem Hintergrund werden freiwillige Übernahmeangebote regelmäßig an die Bedingung geknüpft, dass mindestens 75 % der Stimmrechte übernommen werden müssen. Werden im Rahmen des Übernahmeangebotes 95 % der Kapitalanteile erworben, ist ein Squeeze-out möglich. Minderheitsgesellschafter können dann gegen die einmalige Zahlung einer Barabfindung aus der Gesellschaft herausgedrängt werden. Dies ermöglicht dem Erwerber die Übernahme sämtlicher Stimmrechte. Unproblematisch, weil mit teilweise nur schwer kalkulierbaren Kosten verbunden, sind die beiden Wege jedoch nicht. Nach dem WpÜG muss die Barabfindung in der Höhe angemessen sein. Das Aktiengesetz verlangt nun, dass die Höhe des Abfindungsangebotes durch einen gerichtlich bestellten Wirtschaftsprüfer bestimmt wird. Damit erfolgt eine Abkopplung von den Preisen, die von der überwiegenden Mehrheit der Aktionäre offenbar als angemessen eingestuft wurde. Ein Wirtschaftsprüfer soll beurteilen, ob der Marktmechanismus auch wirklich funktioniert hat. Das Problem ist nun, dass sich der Unternehmenswert nicht objektiv feststellen lässt und die Verfahren der Wirtschaftsprüfer auf rigorosen Vereinfachungen und teilweise zweifelhaften Annahmen zum Beispiel bei der Einkommensteuer der Aktionäre beruhen. Für den Investor kann dies dazu führen, dass der Preis pro Aktie, der im Rahmen des Abfindungsangebotes zu zahlen ist, möglicherweise weit über dem Preis für das Übernahmeangebot festgesetzt wird. Celanese/Blackstone oder Continental/Phoenix sind hierfür prominente Beispiele.

Für potenzielle Investoren entsteht ein Preisrisiko, da die Kosten des Abfindungsangebotes oft nur schwer a priori eingeschätzt werden können. Hinzu kommt, dass selbst der von den Wirtschaftsprüfern ermittelte Preis im Rahmen eines Spruchverfahrens noch einmal nach oben revidiert werden kann. Insbesondere Finanzinvestoren müssen jedoch vergleichsweise exakt wissen, welche Investitionsbeträge wann zu leisten sind. Es erscheint daher zweckmäßig, das deutsche Übernahmerecht zu modifizieren, um die Rechtssicherheit zu schaffen, wie sie in anderen Ländern (Großbritannien, USA) bereits vorherrscht.

e) Corporate Governance Kodex

Im Februar 2002 wurde der Deutsche Corporate Governance Kodex von der für diesen Zweck einberufenen Regierungskommission vorgelegt. Der Gesetzgeber hat es der deutschen Unternehmenspraxis ermöglicht, in einem Akt der Selbstorganisation einen Kodex zu entwickeln, der international und national anerkannte Standards guter und verantwortlicher Unternehmensführung enthalten soll. Der Kodex basiert auf dem geltenden Recht und gibt Empfehlungen, wie dieses in bestimmten Bereichen ausgelegt werden sollte. Die Gesellschaften können von diesen Empfehlungen abweichen, sind dann aber verpflichtet, dies jährlich offen zu legen.

Hervorzuheben sind zum Beispiel die folgenden Aspekte:

- Jede Aktie gewährt grundsätzlich eine Stimme, d.h. keine Stimmrechtsbeschränkungen.
- Der Vorstand leitet das Unternehmen in eigener Verantwortung. Er ist dabei an das Unternehmensinteresse gebunden und der Steigerung des nachhaltigen Unternehmenswertes verpflichtet.
- Die Vergütung der Vorstandsmitglieder soll im Anhang des Konzernabschlusses aufgeteilt nach Fixum, erfolgsbezogenen Komponenten und Komponenten mit lang-

fristiger Anreizwirkung ausgewiesen werden. Die Angaben sollten individualisiert erfolgen.
- Der Aufsichtsrat erteilt dem Abschlussprüfer den Prüfungsauftrag und trifft mit ihm die Honorarvereinbarung.

Im Kontext von M&A-Transaktionen ist insbesondere die (nicht gesetzlich verankerte) Verpflichtung des Vorstands zur Steigerung des Unternehmenswertes von Interesse. Wird nämlich erkennbar, dass das Unternehmen unter der Führung eines anderen Konzerns mehr Wert ist als bei eigenständiger Fortführung, sollte sich der Vorstand der Übernahme nicht entgegenstellen. Um dies zu erreichen, müssen in der Praxis oftmals besondere Vergütungsformen vereinbart werden, deren Zulässigkeit und Wahrnehmung durch eine zunehmend kritische Öffentlichkeit aber sehr genau überprüft werden sollte – nicht zuletzt auch vor dem Hintergrund des Mannesmann-Prozesses.

7. Thesen

Abschließend lässt sich feststellen, dass der Einfluss, den Kapitalmärkte mittelbar durch Mergers & Acquisitions auf Unternehmensführung nehmen, von enormer Bedeutung ist. Mergers & Acquisitions stellen nicht nur eine Erweiterung des strategischen Instrumentariums für erfolgreiche Unternehmen dar, sondern übernehmen zugleich durch das Korrektiv der feindlichen Übernahme eine ausgeprägte Kontrollfunktion gegenüber dem Management.

Auch in Deutschland weisen die aktuellen Entwicklungen darauf hin, dass sich Manager in zunehmendem Maße an den rein leistungsorientierten Forderungen der Kapitalmärkte orientieren müssen, um nicht als Übernahmekandidaten gehandelt zu werden. Beispiele wie FAG Kugelfischer, Commerzbank, mg technologies oder TUI belegen dies. Während FAG Kugelfischer nach Jahren relativ schwacher Aktienperformance Opfer eines gut vorbereiteten Übernahmeversuches durch INA wurde, hat sich der Druck auf Unternehmen, die sich in einer ähnlichen Ausgangssituation wie FAG befinden, deutlich erhöht.

Allgemein ist Deutschland ein gutes Beispiel dafür, welch zentrale Rolle ein aktives M&A-Umfeld für das effektive Funktionieren des Marktes für Corporate Control spielt. Nur durch eine entsprechend hohe Zahl von Transaktionen kann die nötige Erfahrung und das resultierende Know-how auf Seiten aller Beteiligter, sei es beim Management, bei den Beratern, bei Politikern, der Presse und auch der Öffentlichkeit aufgebaut werden. Gerade was die Anzahl und Größe von Transaktionen angeht, hinkte Deutschland lange Zeit den USA und Großbritannien weit hinterher. Die vergangenen Jahre haben jedoch bewiesen, dass sich auch hier zu Lande bedeutende Mergers & Acquisitions realisieren lassen, und auch die Anzahl der Übernahmen börsennotierter Gesellschaften hat zugenommen.

Diese Entwicklung hat die Notwendigkeit für viele Führungskräfte mit sich gebracht, die eigene Marktkapitalisierung im Sinne des Shareholder-Value aber auch als strategisches Instrument verstärkt als Leitidee in Managemententscheidungen mit einzubeziehen. Zugleich haben Bedeutung und Professionalisierungsgrad der Kapitalmärkte in Deutschland deutlich zugenommen. So wurde das Angebot an Beratungsleistung durch Investmentbanken im Bereich Mergers & Acquisitions in den vergangenen Jahren deutlich ausgebaut und professionalisiert. Möglich wurde dies insbesondere dadurch, dass die renommierten US-Häuser Deutschland zunehmend als attraktive Region entdeckt und entsprechende Kapazitäten aufgebaut haben. Damit geht natürlich eine entsprechende Steigerung der angewandten Bewertungs-Expertise einher, da heutzutage tendenziell mehr und vor allem erfahrenere Banker die entsprechenden Transaktionen vorbereiten und ausführen. Ebenso setzen sich auf der Seite der Anleger immer mehr Vollprofis wie Arbitrageure oder institutionelle Anleger mit der Analyse von M&A-Aktivität auseinander. Auch die breite Öffentlichkeit schenkt den Übernahmeaktivitäten verstärkt Interesse. So finden Expertenmeinungen, besonders die Aussagen von Fernsehmoderatoren oder Aktienanalysten, bei zunehmend mehr interessierten Kleinanlegern Gehör. Positiv beeinflusst wird in diesem Zusammenhang neben der Qualität von Unternehmensbewertungen auch die Einschätzung bezüglich der Erfolgsaussichten von geplanten M&A-Transaktionen, da diese allgemein auf einem breiteren Konsens beruhen. Und wie die Verabschiedung wichtiger Gesetze und Selbstverpflichtungen der Wirtschaft zeigt, hat auch die Politik eingesehen, von welch hoher Bedeutung der Markt für Mergers & Acquisitions für die Volkswirtschaft ist und versucht, die nötigen effizienten Regelsysteme bereitzustellen.

Literatur

Achleitner, Ann-Kristin: Handbuch des Investment Banking, Wiesbaden 1999
Claussen, Carsten P./ Schwark, Eberhard: Insiderrecht für Finanzanalysten, Frankfurt a. M. 1997
Gesetz zur Kontrolle und Transparenz im Unternehmensbereich (KonTraG) vom 21.4.1998
Helmis, Sven: Die Regulierung von Unternehmensübernahmen aus ökonomischer Sicht, Köln 2003.
Hirte Heribert: Kapitalgesellschaftsrecht, 2. Aufl., Frankfurt a. M. 1999
Hopt, Klaus J.: Europäisches und deutsches Übernahmerecht, in: ZHR 161, 1997, S. 384–420
Steinmeyer, Roland/Häger, Michael: WpÜG, Kommentar zum Wertpapiererwerbs- und Übernahmegesetz mit Erläuterungen zum Minderheitenausschluss nach §§ 327a ff. AktG, Berlin 2002.

III. Steuerliche Strukturierung der Transaktion*

1. Einleitung/Gang der Darstellung

Das Steuerrecht kennt – ebenso wie das Zivil- und Gesellschaftsrecht – keine besonderen Regeln für die Veräußerung und den Erwerb von »Unternehmen«. Dies liegt zunächst daran, dass das Steuerrecht selbst keine einheitlichen Vorschriften über die Besteuerung der unternehmerischen Tätigkeit vorsieht, sondern die unternehmerische Tätigkeit rechtsformabhängig besteuert.[1]

Weiterhin verknüpft der Unternehmenskauf zufällig zwei Steuerpflichtige, den Veräußerer und den Erwerber, die mit der Akquisition bzw. mit der Veräußerung eines Unternehmens unterschiedliche wirtschaftliche, aber auch steuerliche Interessen verfolgen. Die Entscheidung zur Akquisition eines Unternehmens oder zur Veräußerung desselben ist meist keine steuerliche, sondern eine unternehmensstrategische Entscheidung. Wenn diese Entscheidung einmal gefällt ist, dann treten aber die gegenläufigen wirtschaftlichen wie steuerlichen Interessen von Erwerber und Veräußerer in den Vordergrund. Während der Veräußerer einen möglichst hohen Kaufpreis *nach* Steuern erzielen will, kommt es dem Erwerber darauf an, den zu zahlenden Kaufpreis möglichst schnell *einkommensmindernd* geltend machen zu können.[2] Diese *gegenläufigen Interessen* von Käufer und Verkäufer prägen die Technik des Unternehmenskaufes und seine steuerliche Optimierung. Deshalb ist wichtig, die steuerliche Ausgangssituation von Erwerber und Veräußerer zu erfassen und im Rahmen der Vertragsverhandlungen befriedigend zu verknüpfen. Die Steuerstrukturierung und -planung ist deshalb in vielen Fällen eine gemeinsame Aufgabe von Veräußerer und Erwerber.

Nachdem zunächst allgemeine Grundsätze der steuerlichen Strukturierung von M&A-Transaktionen erläutert werden (2.), ist die steuerliche Ausgangssituation von Veräußerer und Erwerber Gegenstand des dritten Abschnitts (3.).

Danach werden im Überblick die Besteuerung der zwei Akquisitionstechniken, des Kaufes von Wirtschaftsgütern (*»Asset Deal«*) und des Anteilserwerbes (*»Share Deal«*)[3]

---

* Herrn Dipl.-Fw. (FH) Marco Zingler, Freshfields Bruckhaus Deringer Köln, danke ich für die Unterstützung bei der Vorbereitung.
1 Vgl. ausführlich zu der Forderung nach der rechtsform-unabhängigen Unternehmensbesteuerung Knobbe-Keuk, Bilanz- und Unternehmenssteuerrecht, S. 1 ff.
2 Vgl. zu dieser Ausgangssituation Hötzel, Unternehmenskauf und Steuern, S. 60 ff.; Holzapfel/Pöllath, Unternehmenskauf, Rn. 137 ff.; Koenen/Gohr, DB 1993, 2541, 2543.
3 Auf die speziellen Beteiligungsformen partieller, atypisch stiller Beteiligungen kann hier nur hingewiesen werden (»tracking stocks«; vgl. dazu Breuninger/Prinz, DStR 1996, 1761, 1764; Sieger/Hasselbach, BB 1999, 1277 ff; Tonner, IStR 2002, 317, 322 ff; Eilers, Steuerberaterjahrbuch 2001/2002, S. 413 ff.; Prinz/Schürzen, DStR 2003, 181 ff.).

dargestellt (4.). Im Anschluss wird die steuerfreie Veräußerung von Anteilen an Kapitalgesellschaften *gemäß § 8 b KStG*[4] behandelt, die in der Praxis der Unternehmensrestrukturierung seit 2002 erheblich an Bedeutung gewonnen hat (5.). Im sechsten Abschnitt (6.) wird die *Veräußerung von Organbeteiligungen* dargestellt.

Der letzte Abschnitt beinhaltet allgemeine Hinweise für die Durchführung einer *Tax Due Diligence*, die den Erwerber in die Lage versetzen soll, bestehende Steuerrisiken und -chancen des Zielunternehmens zu erkennen (7.).

2. Allgemeine Grundsätze

Aus der Sicht der Praxis sind folgende allgemeine Grundsätze von entscheidender Bedeutung für die steueroptimale Strukturierung eines Unternehmenskaufes.

a) Frühzeitige Strukturierung

Die Planungen auf der Seite des Veräußerers und des Erwerbers müssen *so früh wie möglich* die steuerliche Ausgangssituation auf beiden Seiten einer möglichen Transaktion miteinbeziehen; nur in einem mittelfristigen, z. T. auch nur in einem langfristigen Zeitrahmen, z.B. im Hinblick auf die 5-Jahresfrist in § 17 Abs. 1 S. 1 EStG und die 7-Jahresfrist in § 8 b Abs. 4 S. 2 Ziff. 1 KStG iVm. § 21 UmwStG, lassen sich Steueroptimierungen erzielen, die auch von der Finanzverwaltung akzeptiert werden. Der zeitliche Aspekt spielt ebenfalls unter dem Gesichtspunkt der Durchführung eines Verfahrens zur Erteilung einer verbindlichen Auskunft (»Ruling-Verfahren«) eine Rolle. Sowohl die Entscheidung ob ein »Ruling-Verfahren« eingeleitet werden soll und bei welcher Finanzbehörde der Antrag gestellt werden muss als auch die Stellung des Antrages durch den steuerlichen Berater sowie die Entscheidung der Finanzbehörde über den Antrag können einen langen Zeitraum in Anspruch nehmen. Schließlich ist die Durchführung einer Due Diligence einschließlich einer Tax Due Diligence durch den Erwerber, die Bestandteil jeder Unternehmensakquisition sein sollte, in die zeitliche Planung einer M&A-Transaktion einzubeziehen.

b) Keine einseitige Strukturierung

Vor dem Unternehmenskauf sind steuerliche Gestaltungsüberlegungen nicht nur auf Erwerberseite, sondern häufig auch auf der Seite des Veräußerers geboten. Die steu-

---

4 Vgl. ausführlich zu § 8 b KStG: Watermeyer, in: Herrmann/Heuer/Raupach, KStG, Stand Juli 2004, § 8 b KStG; Dötsch/Pung, in: Dötsch/Eversberg/Jost/Witt, KStG, Stand Mai 2004, § 8 b KStG n.F.

eroptimale Gestaltung eines Unternehmensverkaufs kann vor dem Verkauf eine Umstrukturierung des Unternehmens durch den Verkäufer erforderlich machen. Aber auch in den Fällen, in denen aus Verkäufersicht steuerorientierte Gestaltungen nicht in Betracht kommen, ist die Kenntnis der seitens des Käufers nutzbaren steuerlichen Gestaltungspotenziale im Hinblick auf die Kaufpreisbildung von Bedeutung.[5]

c) Keine rein nationale Strukturierung

Die Mehrzahl der Unternehmenskäufe beinhaltet heute internationale Strukturelemente, so dass anstelle der früher häufig ausreichenden nationalen Strukturierung steuerliche Gestaltungsüberlegungen auch unter internationalen Gesichtspunkten zu erfolgen haben. Ändert sich beispielsweise die steuerliche Ansässigkeit einer Muttergesellschaft im Rahmen eines Unternehmenserwerbs, gehört die gesamte Steuerstruktur des erworbenen Unternehmens auf den Prüfstand. Die Dividendenflüsse müssen dann unter dieser neuen Struktur optimiert werden, gleiches gilt für die Lizenzzahlungsstruktur. Möglicherweise muss der Erwerb aber auch von einer anderen Unternehmenseinheit des Erwerbers durchgeführt werden, um Vorteile der existierenden Struktur auf Seiten des Veräußerers nicht zu gefährden.

d) Neue Formen des Unternehmenskaufes

Neben die klassischen Grundmodelle des Unternehmenskaufes, den Kauf von Wirtschaftsgütern und den Anteilserwerb, treten immer häufiger neue Formen des Unternehmenskaufes.[6] Hierzu zählen z.B. Fusionen von börsennotierten Unternehmen in der Form, dass die Aktionäre des einen Unternehmens ihre Anteile gegen Anteile des anderen Unternehmens tauschen.[7] Der Aktientausch hat als Aquisitionsform vor allem deshalb an Bedeutung gewonnen, weil hierbei keine Zahlungen an die Gesellschafter des Zielunternehmens (»target«) erforderlich sind. Dadurch sind auch sehr »teure« Akquisitionen (z. B. Mannesmann/Vodafone; Daimler/Chrysler; Rhone-Poulenc/Hoechst) finanzierbar geworden.

---

5 Schaumburg, in: Schaumburg (Hrsg.), Unternehmenskauf, S. 3.
6 Zu den früheren und aktuell diskutierten Modellen vgl. unten S. 81 ff., 3. b).
7 Die Baums-Kommission hatte vorgeschlagen, einen sog. »triangular mergers« nach US-amerikanischem Vorbild einzuführen. Dabei handelt es sich um eine in zwei verschiedenen Varianten vorkommende Form der Übernahme einer Zielgesellschaft durch deren Verschmelzung mit einer Tochter der Erwerbsgesellschaft, die nach geltendem deutschen Recht nicht gestaltbar ist. Um dies zu ändern, bedürfte es insbesondere einer Änderung des Umwandlungsgesetzes. Diese Gestaltungsform ist allerdings bis heute nicht eingeführt worden.

3. Steuerliche Ausgangssituation von Veräußerer und Erwerber

a) Veräußerer

Ziel des Veräußerers ist es in den meisten Fällen, die Versteuerung eines möglichen Veräußerungsgewinnes, der aufgrund der im Kaufpreis zu berücksichtigenden stillen Reserven des Unternehmens entsteht, zu vermeiden. Er kann die *Steuerfreiheit*, eine begünstigte Besteuerung oder auch die volle Besteuerung des Veräußerungsgewinnes auslösen.[8]

aa) Steuerfreiheit

Ist der Veräußerer eine natürliche Person/Personengesellschaft, so kann er *steuerfrei* veräußern:

- Anteile an einer Kapitalgesellschaft, soweit er an dieser nicht relevant[9] beteiligt war bzw. ist und es sich nicht um *einbringungsgeborene* Anteile iSv. § 21 UmwStG handelt (tarifbegünstigte Veräußerung möglich[10]). Eine iSd. § 17 Abs. 1 S. 1 und S. 4 EStG relevante Beteiligung liegt dann vor, wenn der Veräußerer innerhalb der letzten 5 Jahre vor der Veräußerung zu mindestens 1 vH. unmittelbar oder mittelbar am Kapital der Kapitalgesellschaft beteiligt war. Maßgebliche Größe ist grundsätzlich der nominelle Anteil am Grund- oder Stammkapital (§§ 6, 7 AktG, § 5 GmbHG). Abweichende Regelungen über das Stimmrecht, das Gewinnbezugsrecht sowie die Verteilung des Liquidationserlöses sind unbeachtlich.[11] Eine »steuer-

---

8 Vgl. dazu die sehr detaillierte Abbildung bei Hötzel, Unternehmenskauf und Steuern, S. 70.
9 Vgl. näher zum Begriff der relevanten (vorm. wesentlichen) Beteiligung: Weber-Grellet, in: Schmidt, EStG, § 17 Rn. 35 f.; die Grenze zur wesentlichen Beteiligung lag bis zum 31.12.1998 bei »mehr als 25 vH.« und wurde mit Wirkung zum 01.01.1999 (StSenkG v. 24.03.1999) auf eine Beteiligungsquote von »mindestens 10 vH.« und mit Wirkung zum 01.01.2001 (StSenkG v. 23.10.2000) auf »mindestens 1 vH.« reduziert.
10 Die Begünstigung iSv. §§ 16 und 34 EStG ist für diese gem. § 16 Abs. 4 UmwStG möglich. Seit dem VZ 2002 bzw. 2003 – vgl. § 52 Abs. 4b Nr. 2, Abs. 8 a EStG i.V.m. § 34 Abs. 1, 2 KStG – unterliegen Veräußerungsgewinne aus einbringungsgeborenen Anteilen unabhängig davon, ob diese im Privatvermögen oder im Betriebsvermögen gehalten werden, dem Halbeinkünfteverfahren nach § 3 Nr. 40 S.1 b) EStG. Zur Vermeidung missbräuchlicher Nutzungen hat der Gesetzgeber allerdings eine Veräußerungssperre von 7 Jahren eingeführt § 3 Nr. 40 S. 3,4 EStG. Darüber hinaus besteht für Veräußerungsgewinne im Sinne des § 34 Abs. 2 Nr. 1 EStG seit VZ 2004 die Möglichkeit, die Anwendung eines ermäßigten Steuersatzes (VZ 2001-2003: des halben Steuersatzes) zu beantragen.
11 BFH, Urteil v. 25.11.1997, VIII R 29/94, BStBl. II 1998, 257; Eilers/Schmidt, in: Herrmann/Heuer/Raupach, EStG, Stand November 2002, § 17 Rn. 114; Dötsch/Pung, BB 1999, 135 ff.

schädliche« relevante Beteiligung liegt auch dann vor, wenn diese nur für eine sog. »juristische Sekunde« bestanden hat; dies ist z. B. dann der Fall, wenn ein zu unter 1 vH. an einer Kapitalgesellschaft beteiligter Gesellschafter einen weiteren Geschäftsanteil erwirbt, den er schon vor dem Erwerb an einen Dritten veräußert hatte (Durchgangserwerb bei einer Vorausverfügung[12]). Gem. § 17 Abs. 2 S. 4 EStG ist im Hinblick auf die Abzugsfähigkeit von Verlusten zwischen entgeltlichem und unentgeltlichem Erwerb zu unterscheiden. Ein Veräußerungsverlust ist nicht zu berücksichtigen, soweit er auf Anteile entfällt, die der Steuerpflichtige innerhalb der letzten fünf Jahre unentgeltlich erworben hatte oder die entgeltlich erworben worden sind und nicht innerhalb der gesamten letzten fünf Jahre zu einer relevanten Beteiligung (mindestens 1%) des Steuerpflichtigen gehört haben.[13] Eine Ausnahme davon besteht nur, soweit der Veräußerungsverlust auf innerhalb der letzten fünf Jahre erworbene Anteile entfällt, deren Erwerb zur Begründung einer steuerverstrickten Beteiligung des Steuerpflichtigen geführt hat oder die nach Begründung der steuerverstrickten Beteiligung erworben worden sind.[14]

Im Falle der Veräußerung einer relevanten Beteiligung iSv. § 17 Abs. 1 EStG ist der steuerrelevante Veräußerungsgewinn gem. § 17 Abs. 2 EStG der Betrag, um den der Veräußerungspreis nach Abzug der Veräußerungskosten die Anschaffungskosten (ggf. bei unentgeltlichem Erwerb die des Rechtsvorgängers) übersteigt.[15] Der Gewinn unterliegt der Halbeinkünftebesteuerung, §§ 3 Nr. 40 S. 1 Buchstabe c), § 3 c Abs. 2 EStG.

- Anteile an einer *vermögensverwaltenden Personengesellschaft* (KG, OHG etc.). Im Einzelfall muss aber von Veräußererseite sehr sorgfältig geprüft werden, ob die Personengesellschaft, deren Anteile veräußert werden sollen, noch vermögensverwaltend tätig ist. Die Finanzverwaltung hat zur Qualifikation der Tätigkeit von Personengesellschaften *im Immobilienbereich* und zur Zurechnung dieser Tätigkeit zu den einzelnen Gesellschaftern zahlreiche – zum Teil recht einschränkende – Regeln erlassen, auf die hier nur verwiesen werden soll.[16]
- *Immobilien* und *andere Wirtschaftsgüter* im Privatvermögen nach Ablauf der Spekulationsfrist (§ 23 Abs. 1 Nr. 1 a bzw. 1 b EStG), die seit dem 01.01.1999 bei Immobilien zehn Jahre und bei anderen Wirtschaftsgütern ein Jahr beträgt. Die Anwendung des § 23 EStG hat Vorrang vor § 17 EStG.[17] Eine Veräußerung einer

---

12 BFH, Urteil vom 16.5.1996, BStBl. II 1996, 870.
13 Vgl. dazu Eilers/Schmidt, a.a.O., § 17 Rn. 246 ff.
14 Vgl. dazu Eilers/Schmidt, a.a.O., § 17 Rn. 247.
15 Vgl. dazu Weber-Grellet, in: Schmidt, EStG, § 17 Rn. 130 ff.
16 Vgl. BMF v. 26.03.2004, IV A 6 – S 2240 – 46/04, DStR 2004, 632, Tz. 14 ff.; BMF v. 20. 12. 1990, DStR 1991, 34 ff., Tz. 12 ff.; BMF v. 27. 2. 1992, FR 1992, 224; BMF v. 20. 10. 1997, FR 1997, 876; BMF v. 9.7.2001, BStBl. I 2001, 512; vgl. auch BFH, Urteil v. 28. 11. 2002, III R 1/01, BStBl. II 2003, 250, DStRE 2003, 266; BFH, Urteil v. 04. 10. 1990, X R 148/88, FR 1991, 15; BFH, Urteil v. 13. 10. 1993, X R 49/92, DStR 1994, 322; Urteil v. 28. 10. 1993, FR 1994, 399; vgl. auch Rödder/Hötzel/Mueller-Thuns, Unternehmenskauf, § 24 Rn. 3 ff.
17 Eilers/Schmidt, a.a.O, § 17 Rn. 36.

(mindestens 1%igen) Beteiligung an einer Kapitalgesellschaft, die innerhalb eines Jahres nach ihrer Anschaffung oder nach ihrer Entnahme aus dem Betriebsvermögen erfolgt, fällt unter den Tatbestand eines privaten Veräußerungsgeschäftes iSv. § 22 Nr 2, 23 Abs. 1 EStG. Dies gilt auch für Verluste, wobei sich deren Berücksichtigung nicht nach § 17 Abs. 2 S. 4 EStG richtet, sondern den Verlustausgleichs- und Abzugsbeschränkungen des § 23 Abs. 3 Sätze 8 und 9 EStG unterliegt. Verluste aus Spekulationsgeschäften dürfen daher nur bis zur Höhe des Gewinns, den der Steuerpflichtige im gleichen Kalenderjahr aus privaten Veräußerungsgeschäften erzielt hat, ausgeglichen werden. Die zeitliche Anwendbarkeit des § 22 Nr. 2 EStG ist aufgrund ihres hohen Rückwirkungspotenzials umstritten[18], da die Verlängerung der Spekulationsfrist mit Wirkung auf alle Veräußerungen ab dem 01.01.1999 unabhängig vom Zeitpunkt der Anschaffung verfassungsrechtlich sehr problematisch ist. Der BFH hat diese Frage daher dem Bundesverfassungsgericht zur Prüfung vorgelegt.[19] Darüber hinaus hat das Bundesverfassungsgericht[20] aufgrund Vorlagebeschluss des BFH[21] entschieden, dass die Besteuerung von privaten Spekulationsgeschäften bei Wertpapieren[22] aufgrund struktureller Vollzugshindernisse für die Jahre 1997/98 verfassungswidrig ist. Für das Jahr 1999 hat der BFH die Vollziehung ausgesetzt.[23]

- Steuerfreie Einnahmen anlässlich einer Unternehmensveräußerung können auch durch die Inanspruchnahme des Freibetrages gemäß § 3 Nr. 9 EStG für die Auflösung eines Arbeitsverhältnisses *auf Veranlassung des Arbeitgebers* erzielt werden.[24] Diese Vorschrift kann Anwendung finden, wenn bei der Veräußerung eines Unternehmens beispielsweise der veräußernde Gesellschafter-Geschäftsführer gegen eine Abfindung ausscheidet. In einer solchen Konstellation ist aber streitig, ob überhaupt die Auflösung eines Arbeitsverhältnisses auf Veranlassung des Arbeitgebers vorliegt. Bei einem beherrschenden Gesellschafter-Geschäftsführer, der im Zweifel selbst die Konditionen seines Ausscheidens aus der Gesellschaft – nach Absprache mit dem Erwerber – bestimmen kann, wird davon auszugehen sein,

---

18 Vgl. dazu Groß, DStR 2001, 1553; Micker, BB 2002, 120.
19 BFH, Vorlagebeschluss v. 16.12.2003, IX R 46/02, DStRE 2004, 199 (Aussetzung v. 5.3.2001, IX B 90/00, BStBl. II 2001, 405; Az. BVerfG: 2 BvL 2/04); vgl. auch BFH, Beschluss v. 15.7.2004 - IX B 116/03, DStR 2004, 1079 und FG Köln vom 25.7.2002, 13 K 460/01, DStRE 2002, 1320 (Az. BVerfG: 2 BvL 14/02).
20 BVerfG, Urteil v. 09.03.2004, 2 BvL 17/02, BGBl. I 2004, 591.
21 BFH, Beschluss v. 11. 6. 2003, IX B 16/03; BFHE 202, 53; BStBl. II 2003, 663; DStR 2003, 1164.
22 Vgl. allgemein hierzu auch: BMF-Schreiben v. 25. 10. 2004, IV C 3 - S 2256 - 238/04: Zweifelsfragen bei der Besteuerung privater Veräußerungsgeschäfte nach § 23 Abs. 1 S. 1 Nr. 2 EStG; BStBl. I 2004, 434; DStR 2004, 2009.
23 BFH, Beschluss vom 30. 11. 2004 - IX B 120/04; DStR 2005, 61.
24 Nicht jedoch bei einer Betriebsübernahme im Sinne des § 613 a BGB, BFH, Urteil v. 16.07.1997, XI R 85/96, BStBl. II 1997, 666.

dass eine Auflösung seines Arbeitsverhältnisses *auf Veranlassung des Arbeitgebers* nicht vorliegt.[25]
- »Steuerfreiheit« eines Veräußerungsgewinns kann gem. § 6 b EStG auch durch *Reinvestition* erreicht werden.[26] Falls ein begünstigtes Reinvestitionsobjekt (dies sind nur Grund und Boden und Gebäude im Betriebsvermögen, sofern die veräußerten Wirtschaftsgüter im Zeitpunkt der Veräußerung sich mindestens sechs Jahre zum Anlagevermögen einer inländischen Betriebsstätte gehört haben) dem Steuerpflichtigen zum Zeitpunkt der Veräußerung nicht zur Verfügung steht, ermöglicht § 6 b Abs. 3 EStG es dem Steuerpflichtigen, den Veräußerungsgewinn in eine Rücklage einzustellen. Die Reinvestition muss dann innerhalb von vier Jahren nach der Veräußerung erfolgen (ggf. bei neu herzustellenden Gebäuden sechs Jahre). Die Bestimmung des § 6 b EStG ist in der Vergangenheit stark zu Lasten des Steuerpflichtigen eingeschränkt worden.
- Ist der Veräußerer eine Kapitalgesellschaft, so kann er unter den Voraussetzungen des § 8 b KStG grundsätzlich in- und ausländische Kapitalgesellschaftsanteile steuerfrei veräußern.[27] Allerdings gelten 5 vom Hundert des Gewinns als nichtabziehbare Betriebsausgaben, so dass insoweit keine Steuerfreistellung erfolgt, § 8 b Abs. 3 KStG.

bb) Steuerbegünstigung von außerordentlichen Einkünften

Mit Wirkung vom 01.01.1999 war der bis dahin für außerordentliche Einkünfte (insbesondere für Veräußerungsgewinne iSd. §§ 16 und 17 EStG) anzuwendende halbe Steuersatz durch die Neufassung des § 34 EStG zunächst fortgefallen. An seine Stelle ist eine *progressionsmildernde 1/5 Regelung* getreten. Zur Steuerberechnung ist dabei in einem ersten Schritt für das Kalenderjahr, in dem die außerordentlichen Einkünfte erzielt worden sind, die Einkommensteuerschuld zu ermitteln, die sich ergibt, wenn die in dem zu versteuernden Einkommen enthaltenen außerordentlichen Einkünfte nicht in die Bemessungsgrundlage einbezogen werden. In einem zweiten Schritt ist sodann in einer Vergleichsberechnung die Einkommensteuer zu errechnen, die sich unter Einbeziehung eines Fünftels der außerordentlichen Einkünfte ergibt. Der Unterschiedsbetrag zwischen beiden Steuerbeträgen ist dann zu verfünffachen und der sich so ergebende Steuerbetrag ist der im ersten Schritt ermittelten Einkommensteuer hinzuzurechnen. Die damit für die Jahre 1999 und 2000 abgeschaffte Möglichkeit, Veräußerungsgewinne im Sinne des § 34 Abs. 2 Nr. 1 EStG a.F. (1998) mit dem halben Durchschnittssteuersatz zu versteuern, wurde für ab dem 01.01.2001 entstehende Veräußerungsgewinne durch Entschließung des Bundesrates als Komponente der Mittelstandsförderung durch das Gesetz zur Ergänzung des Steuersenkungsgesetzes

---

25 Zu dem Tatbestandsmerkmal »auf Veranlassung des Arbeitgebers« vgl. Bergkemper, in: Herrmann/Heuer/Raupach, EStG, Stand September 1999, § 3 Nr. 9 Rn. 16.
26 Vgl. zu den Einzelheiten Glanegger, in: Schmidt, EStG, § 6 b Rn. 1 ff.
27 Dazu näher unten S. 95 ff., 5.

(StSenkG) vom 19.12.2000[28], wieder eingeführt, § 34 Abs. 3 EStG (2001)[29]. Seit dem 01.01.2004 erfolgt die Besteuerung des Veräußerungsgewinnes nicht mehr mit dem halben, sondern mit 56 vom Hundert des Durchschnittssteuersatzes, § 34 Abs. 3 EStG (2004)[30]. Im Hinblick auf das seit 2001 geltende Halbeinkünfteverfahren wurde der Umfang der begünstigungsfähigen Veräußerungsgewinne in § 34 Abs. 2 Nr. 1 EStG allerdings eingeschränkt. Ausgenommen sind Veräußerungsgewinne gem. § 17 EStG sowie der steuerpflichtige Teil von Veräußerungsgewinnen gem. § 16 EStG, die nach § 3 Nr. 40 S. 1 lit. b iVm. § 3 c Abs. 2 EStG teilweise (zur Hälfte) steuerbefreit sind.[31] Grund für die Ausnahme aus der Vergünstigung im Sinne des § 34 Abs. 3 EStG ist die Vermeidung einer Doppelermäßigung sowohl durch das Halbeinkünfteverfahren als auch durch die Steuersatzermäßigung. Während von jedem Steuerpflichtigen die Steuersatzermäßigung gem. § 34 Abs. 3 EStG nur einmal im Leben bis zu einer Höhe von EUR 5 Mio. in Anspruch genommen werden kann, kann die Progressionsmilderung gem. § 34 Abs. 1 EStG in jedem Veranlagungszeitraum erneut in Anspruch genommen werden, in dem der Steuerpflichtige außerordentliche Einkünfte im Sinne des § 34 Abs. 2 EStG erzielt.[32]

Die Progressionsmilderung gem. § 34 Abs.1 EStG oder der Steuersatz gem. § 34 Abs. 3 S. 2 EStG in Höhe von 56 vom Hundert des durchschnittlichen Steuersatzes können für den Veräußerungsgewinn, soweit dieser nicht laufender Gewinn gem. § 16 Abs. 2 S. 3 EStG[33] ist, von dem Veräußerer (natürliche Person/Personengesellschaft) demzufolge in den folgenden Fallkonstellationen in Anspruch genommen werden:

- Der Veräußerer veräußert einen ganzen Gewerbebetrieb oder einen *Teilbetrieb* (§ 16 Abs. 1 Nr. 1 EStG).
  Eine Betriebsveräußerung in diesem Sinne liegt nur vor, wenn das wirtschaftliche Eigentum an allen wesentlichen Betriebsgrundlagen in einem einheitlichen Vorgang auf einen Erwerber übertragen wird und die bisher in diesem Betrieb entfaltete Betätigung des Erwerbers endet.[34] Unter einem Teilbetrieb iSv. § 16 Abs. 1 Nr. 1

---

28 BGBl. I 2001, S. 1812.
29 Für die Ermittlung der Steuer kann auf die Rechtslage vor in Kraft treten des StEntlG 1999/2000/2002 zurückgegriffen werde, lediglich der Mindeststeuersatz weicht ab (ab Veranlagungszeitraum 2001: 19,9 vH., ab Veranlagungszeitraum 2003: 17 vH., ab Veranlagungszeitraum 2004: 16 vH., ab Veranlagungszeitraum 2005: 15 v.H.)
30 Bzgl. des jeweils geltenden Mindeststeuersatzes siehe Fn. 29; zur Anwendung von § 34 Abs. 3 EStG vgl. § 52 Abs. 47 S. 6 EStG.
31 Für den Fall der Aufgabe eines Betriebs, Teilbetriebs oder Mitunternehmeranteils gilt dies entsprechend gem. § 3 Nr. 40 S. 1 lit. b S. 2 i.V.m. § 16 Abs. 3 EStG.
32 Zur Rechtsentwicklung des § 34 EStG vgl. Seeger, in: Schmidt, EStG, § 34 Rn. 3, 4.
33 Der Veräußerungsgewinn gilt in Höhe der Gewinnbeteiligungsquote des Veräußerers an der (erwerbenden) Mitunternehmerschaft als laufender Gewinn, wenn der Veräußerer an dieser als Mitunternehmer beteiligt ist.
34 Vgl. dazu BFH, Urteil vom 13.2.1996, DStR 1996, 1080, Urteil vom 12.6.1996, BStBl. II 1996, 527.

S.1 EStG ist ein mit einer gewissen Selbstständigkeit ausgestatteter, organisch geschlossener Teil des Gesamtbetriebes zu verstehen, der für sich allein lebensfähig ist.[35] Des Weiteren setzt § 16 Abs. 1 Nr. 1 S. 2 EStG die Veräußerung eines 100 %igen Anteils an einer Kapitalgesellschaft einer steuerbegünstigten Teilbetriebsveräußerung gleich, so dass grundsätzlich § 34 EStG anwendbar wäre. Mit Inkrafttreten des Halbeinkünfteverfahrens gem. §§ 3 Nr. 40 lit. b, 3 c Abs. 2 EStG liegen seit dem Veranlagungszeitraum 2002 jedoch gem. § 34 Abs. 2 Nr. 1 EStG im letzteren Fall keine außerordentlichen Einkünfte mehr vor. Das Halbeinkünfteverfahren und die Steuerbegünstigung gem. § 34 EStG schließen sich im Hinblick auf eine ansonsten mögliche Doppelbegünstigung gegenseitig aus. Darüber hinaus ist die Veräußerung einer 100%igen Kapitalgesellschaftsbeteiligung – im Gegensatz zur Veräußerung eines Teilbetriebs – gewerbesteuerpflichtig, wenn die Beteiligung in einem Betriebsvermögen gehalten wird und insgesamt veräußert wird.[36] Die 100%ige Beteiligung ist schließlich kein Teilbetrieb, sondern diesem nur gleichgestellt. Der Teilbetriebsfiktion in § 16 Abs. 1 Nr. 1 S. 2 EStG kommt demzufolge nur noch für den Freibetrag nach § 16 Abs. 4 EStG Bedeutung zu.

- Der Veräußerer veräußert seinen *gesamten Anteil* an einer gewerblich tätigen Personengesellschaft (Mitunternehmeranteil) gemäß § 16 Abs. 1 Nr. 2 EStG.[37]

Zu den begünstigten Veräußerungsvorgängen zählen auch der *Eintritt weiterer Gesellschafter* gegen Entgelt und die entgeltliche Veränderung der Beteiligungsverhältnisse sowie diejenigen Einbringungsvorgänge in eine Personengesellschaft (§ 24 UmwStG), bei denen das eingebrachte Betriebsvermögen zum Teilwert angesetzt wird. Bei der entgeltlichen Veräußerung von Anteilen an einer Personengesellschaft unter Einbeziehung eines negativen Kapitalkontos kann ein begünstigter Veräußerungsgewinn in Höhe der Differenz zwischen dem zusätzlichen Entgelt und der Höhe des negativen Kapitalkontos entstehen.[38]

Daneben kann der Veräußerer, sofern er bestimmte persönliche Voraussetzungen[39] erfüllt, die Inanspruchnahme eines *Freibetrags* gem. § 16 Abs. 4 EStG iHv. EUR 45.000 ab Veranlagungszeitraum 2004 (§ 52 Abs. 34 S. 6 EStG) beantragen.[40] Dieser Freibetrag ermäßigt sich um den Betrag, um den der Veräußerungsgewinn EUR

---

35 Zum Teilbetriebsbegriff vgl. BFH, Beschluss v. 18. 10. 1999, GrS 2/98, BStBl II 2000, 123; Urteil v. 12.04.1989, TR 105/86, BStBl. II 1989, 653; Urteil v. 14.03.1989, I R 75/85, BFH/NV 1991, 291, Blumers/Siegels, DB 1996, 7.
36 Wacker, in: Schmidt, EStG, § 16 Rn. 161.
37 Zur Anwendung des § 16 Abs. 1 Nr. 2 EStG i. d. F. des UntStFG v. 20.12.2001 vgl. § 52 Abs. 34 S.1 EStG.
38 BFH, Urteil v. 16.12.1992, XI R 34/92, BStBl. II 1993, 436; BMF v. 25.3.1998, IV B 7-S 1978-21/98 (Umwandlungssteuererlass), BStBl. I 1998, 268, Rn. 24.15.
39 Tatbestandliche Voraussetzung des Freibetrags ist, dass der Steuerpflichtige im Zeitpunkt der Veräußerung bzw. Aufgabe entweder das 55. Lebensjahr vollendet hat oder im sozialversicherungsrechtlichen Sinne dauernd berufsunfähig ist.
40 Im Veranlagungszeitraum 1996 - 2000 betrug der Freibetrag: DEM 60.000/EUR 30.700; 2001 – 2003: DEM 100.000/EUR 51.200.

136.000 übersteigt.[41] Das bedeutet, dass bei einem Veräußerungsgewinn von EUR 181.000 kein Freibetrag gewährt wird. Der Freibetrag ist dem Steuerpflichtigen (natürliche Person) nur einmal in dessen Leben zu gewähren (Objektbeschränkung), wobei die Gewährung eines Freibetrags gemäß § 16 Abs. 4 EStG vor dem 1.1.1996 auf die Objektbeschränkung nicht angerechnet wird.

cc) Ungeminderte Einkommensteuer

Die Einkommensteuer fällt in folgenden Konstellationen in voller Höhe an:

- Sind die Einkünfte des Steuerpflichtigen bereits ohne Einbeziehung der außerordentlichen Einkünfte, z. B. Veräußerungsgewinne gemäß § 16 EStG, soweit sie nicht auf Veräußerung von Anteilen an Körperschaften, Personenvereinigungen und Vermögensmassen entfallen, mit dem Spitzensteuersatz zu besteuern, kommt es nach § 34 Abs. 1 EStG zu keiner progressionsmildernden Steuerbegünstigung mehr.[42] Ausgenommen sind jedoch die Fälle, in denen die Möglichkeit besteht, gem. § 34 Abs. 3 EStG auf den Veräußerungsgewinn den ermäßigten Steuersatz anzuwenden.
- Der Gewinn aus *Teilveräußerungen* eines Mitunternehmeranteils oder des Anteils eines persönlich haftenden Gesellschafters gem. § 16 Abs. 1 S. 1 Nr. 2 und 3 und S. 2 EStG ist laufender Gewinn und daher nicht von den Vergünstigungen für Veräußerungsgewinne erfasst.
Seit dem Veranlagungszeitraum 2002 sind (aufgrund des UntStFG) Teilveräußerungen aus dem Katalog des § 16 Abs. 1 S. 1 Nr. 2 und 3 EStG herausgenommen worden, § 16 Abs. 1 S. 2 EStG. Die Begründung für diese Änderung liegt in der fehlenden Aufdeckung der stillen Reserven anlässlich einer Teilveräußerung.[43] Der daraus erzielte Gewinn ist als laufender Gewinn zu erfassen.
- Spekulationsgewinne gem. § 23 EStG unterliegen der ungeminderten Einkommensbesteuerung, es sei denn § 3 Nr. 40 lit. j EStG ist anwendbar.[44]
- Ebenso stellt die Veräußerung einzelner Wirtschaftsgüter im Betriebsvermögen, die weder einen Teilbetrieb im Sinne der oben beschriebenen Kriterien noch eine Beteiligung an Kapitalgesellschaften, Personenvereinigungen und Vermögensmassen keine nach §§ 16, 34 EStG begünstigte Veräußerung dar.[45]
- Ist der Veräußerer des Betriebs-, Teilbetriebs- oder Mitunternehmeranteils (§ 16 EStG) bzw. der Anteile an einer Kapitalgesellschaft (§ 17 EStG) eine Kapitalgesellschaft, so fällt grundsätzlich die ungeminderte Körperschaftsteuer auf einen

---

41 Im Veranlagungszeitraum 1996 – 2003: DEM 300.000 /EUR 154.000.
42 Vgl. dazu oben S. 75, 3. a) bb).
43 BFH, Beschluss v. 18.10.1999, GrS 2/98, BStBl. II 2000, 123, DStR 2000, 64.
44 Vgl. dazu oben S. 72 ff., 3. a) aa). Das Halbeinkünfteverfahren findet seit VZ 2002 auch auf nach § 23 EStG steuerbare Gewinne aus der Veräußerung von Anteilen an Körperschaften i. S. d. § 20 Abs. 1 Nr. 1 EStG Anwendung.
45 Vgl. dazu oben S. 75, 3. a) bb).

Veräußerungsgewinn an, der wie bei einer Veräußerung durch eine natürliche Person oder Personengesellschaft zu ermitteln ist. Eine wichtige Ausnahme von diesem Grundsatz ist die Befreiung von Veräußerungsgewinnen aus der Veräußerung von Anteilen sowohl an inländischen als auch an ausländischen Kapitalgesellschaften gemäß § 8 b Abs. 2 KStG.[46]

- Ist der Veräußerungsgewinn entweder nach obigen Ausführungen einkommensteuer- (bei Einzelunternehmer/PersG) oder körperschaftsteuerpflichtig (bei KapG), unterliegt dieser auch der Gewerbesteuer. Es wird dann nämlich ein Gewinn aus dem Gewerbebetrieb im Sinne des § 7 GewStG erzielt. Ebenso ist der Veräußerungsgewinn aus der Veräußerung oder Aufgabe eines Betriebs oder Teilbetriebs einer Mitunternehmerschaft gewerbesteuerpflichtig, § 7 S. 2 Nr. 1 GewStG, soweit der Gewinn nicht auf eine natürliche Person als unmittelbar beteiligten Mitunternehmer entfällt. Der Veräußerungsgewinn ist allerdings nach Maßgabe des § 7 S. 4 GewStG[47] gewerbesteuerfrei soweit er auf Kapitalgesellschaftsanteile entfällt, die zum Betriebsvermögen der Personengesellschaft gehören. Sind natürliche Personen un-/mittelbare Gesellschafter der Personengesellschaft, bleibt der Veräußerungsgewinn entsprechend § 3 Nr. 40, § 3 c Abs. 2 EStG zur Hälfte steuerfrei; bei Kapitalgesellschaften als un-/mittelbare Gesellschafter[48] erfolgt regelmäßig die vollständige Freistellung entsprechend § 8 b KStG, wobei 5 vH. des Gewinns als nichtabziehbare Betriebsausgaben gelten, so dass insoweit keine Steuerfreistellung erfolgt, § 8 b Abs. 3 KStG.

b) Erwerber

Gegenüber der vielfältigen Interessenlage, die sich für einen möglichen Veräußerer stellt, besteht das steuerliche Interesse des Erwerbers zumeist darin, eine möglichst *schnelle Abschreibung* des gezahlten Kaufpreises zu erzielen. Der Erwerber wird daher regelmäßig den Erwerb von Einzelwirtschaftsgütern (Asset Deal) dem Erwerb von Anteilen an einer Kapitalgesellschaft (Share Deal) vorziehen. Der Asset Deal eröffnet ihm insoweit die Möglichkeit, den sowohl auf die abnutzbaren Wirtschaftsgüter als auch auf den Geschäftswert (good will) entfallenden Teil des Kaufpreises in steuermindernde Abschreibung umzusetzen.[49] Im Gegensatz dazu ist beim Erwerb von

---

46 Siehe dazu unten S. 95 ff., 5.
47 § 7 S. 4 GewStG wurde durch das EURLUmsG v. 09.12.2004 (BGBl. I 2004, 3310) eingefügt und findet ab einschl. EZ 2004 gem. § 36 Abs. 1 GewStG Anwendung. Die Auffassung der Finanzverwaltung, dass § 8 b Abs. 6 KStG nicht auf die Gewerbesteuer durchschlägt (so noch BMF v. 28.04.2003, IV A 2 – S 2750a - 7/03, BStBl. I 2003, 292, Rz. 57 f.), wurde nicht Gesetz; vgl. auch Ausführungen unter *S. 42, 5. d)*.
48 Vgl. BMF v. 28.04.2003, IV A 2 - S 2750a - 7/03, BStBl. I 2003, 292, Rn. 54.
49 Zieren, in: Hölters (Hrsg.), Teil IV Rn. 17 und 38.

Kapitalgesellschaftsanteilen eine Umsetzung des Kaufpreises in laufende Abschreibung nicht möglich, da die Beteiligung an Kapitalgesellschaften zu den nicht abnutzbaren Wirtschaftsgütern gehört.[50]

Deshalb wird der Erwerber insbesondere

- eine möglichst *steuereffektive Verteilung des Kaufpreises* auf die jeweils erworbenen abschreibungsfähigen Wirtschaftsgüter[51] oder bei dem Erwerb von Anteilen an Kapitalgesellschaften die Umsetzung der Anschaffungskosten in Abschreibungspotenzial (step up)[52],
- eine möglichst steuereffektive Aufdeckung möglicher stiller Reserven durch Restrukturierungsmaßnahmen *nach* der Akquisition und
- ggf. eine möglichst effektive Nutzung miterworbener *Verlustvorträge* anstreben sowie
- darauf achten, dass er durch eine steueroptimale Finanzierung des Kaufpreises[53] die Abzugsfähigkeit der Finanzierungsaufwendungen erreicht. Schließlich wird er darauf achten, dass keine zusätzlichen Belastungen durch Verkehrssteuern, wie durch die Grunderwerbsteuer, entstehen.

Bei der steueroptimalen Finanzierung des Kaufpreises möchte der Erwerber vor allem erreichen, dass Finanzierungsaufwendungen (also insbesondere Zinsen) steuerlich abgezogen werden können. Grundsätzlich sind alle mit dem Unternehmenserwerb zusammenhängenden Aufwendungen auf für den Erwerb aufgenommene Darlehen steuerlich abzugsfähig, da sie der Erzielung von Einkünften aus Gewerbebetrieb dienen und damit Betriebsausgaben iSv. § 4 Abs. 4 EStG darstellen.

Allerdings steht der steuerlichen Abzugsfähigkeit von *Finanzierungskosten* seit dem VZ 2002 die Vorschrift des § 3 c Abs. 2 EStG entgegen. Hiernach sind Betriebsausgaben oder Werbungskosten, die in wirtschaftlichem Zusammenhang mit den nach § 3 Nr. 40 EStG stehenden Einnahmen stehen, nur noch zur Hälfte abziehbar. Die Vorschrift des § 3 c Abs. 2 EStG findet auch dann Anwendung, wenn in einem VZ überhaupt keine Einnahmen nach § 3 Nr. 40 EStG angefallen sind. Der wirtschaftliche Zusammenhang kann dadurch vermieden werden, dass die Finanzierung auf die Ebene der erworbenen Gesellschaft verlagert wird.[54] Der hälftigen Abzugsbeschränkung kann nicht durch eine zunächst erfolgende Gewinnthesaurierung und spätere Ausschüttung entgangen werden[55] (sog. *Ballooning-Konzept*), da nur ein wirtschaftlicher und kein unmittelbarer (und damit zeitlicher) wirtschaftlicher Zusammenhang (wie bei § 3 c Abs. 1 EStG[56]) für die hälftige Nichtabzugsfähigkeit erforderlich ist.

---

50 Zu Einzelheiten Hötzel, Unternehmenskauf und Steuern, S. 21 ff. und 164 ff.
51 Vgl. Hörger, in: Schaumburg (Hrsg.), Unternehmenskauf, S. 112 ff.
52 Vgl. Eilers/Rödding, in Picot (Hrsg.), Teil V. Rn. 87 ff.; Hötzel, Unternehmenskauf und Steuern, S. 167 ff.
53 Vgl. dazu Prinz, in: Schaumburg (Hrsg.), Unternehmenskauf, S. 151 ff.
54 Siehe hierzu Freshfields/Bruckhaus/Deringer, NJW-Beilage 51/2000, 21, 30.
55 Watermeyer, in: Herrmann/Heuer/Raupach, Jbd. 2004, April 2004, § 8 b KStG Rn. J 03-14.
56 BFH, BStBl. II 1997, 57, 60; BMF 20.01.1997, BStBl. I 1997, 99.

Zur Vermeidung der Anwendung des § 3 c Abs. 2 EStG bietet sich die Begründung einer körperschaft- und gewerbesteuerlichen *Organschaft* iSd. § 14 KStG an. Dieses Modell führt dazu, dass keine (steuerfreien) Dividenden im Rahmen des Halbeinkünfteverfahrens erzielt werden, sondern der Gewinn der Organgesellschaft unmittelbar aufgrund des Gewinnabführungsvertrages dem Organträger zugerechnet wird. Der Anwendungsbereich des § 3 c Abs. 2 S. 1 EStG ist damit ausgeschlossen.[57]

Ist der Erwerber eine inländische Körperschaft gelten seit dem VZ 2004 für Betriebsausgaben (also auch für Finanzierungskosten) § 8 b Abs. 3 KStG (bei Gewinnen aus der Veräußerung eines Gesellschaftsanteils, § 8 b Abs. 2 KStG) und § 8 b Abs. 5 KStG (bei Bezügen gem. § 8 b Abs. 1 KStG)[58] Nach § 8 b Abs. 3 S. 1 und Abs. 5 S. 1 KStG wird eine unwiderlegliche Fiktion nichtabziehbarer Betriebsausgaben in Höhe von 5 vH. des Veräußerungsgewinnes bzw. der Bezüge begründet.[59] Zur Vermeidung der Fiktion der nichtabziehbaren Betriebsausgaben bieten sich Organschaftsgestaltungen[60], Verlagerung von Zinsen ins Ausland sowie die Gewährung von Gesellschafterfremdkapital statt Eigenkapital an. Gem. § 8 b Abs. 3 S. 2, Abs. 5 S. 2 KStG ist § 3 c Abs. 1 EStG nicht (mehr) anzuwenden.[61]

Bei der *Gewerbesteuer* werden dem Gewerbeertrag unter bestimmten Voraussetzungen u. a. Beteiligungserträge aus Streubesitzbeteiligungen (Beteiligungen kleiner als 10 vH.) oder von passiven Auslandsgesellschaften wieder hinzugerechnet, § 8 Nr. 5 und § 9 Nr. 2a und Nr. 7 GewStG.[62] Der Zinsabzug wird im Regelfall begrenzt, da die Zinsen – soweit Dauerschulden – gem. § 8 Nr. 1 GewStG grundsätzlich zur Hälfte der Gewerbesteuer unterliegen. Die Gewerbesteuerbelastung kann dadurch reduziert werden, dass die Ziel-Gesellschaft in einer Gemeinde angesiedelt wird, die einen niedrigen Hebesatz besitzt. Allerdings sind gem. § 1 GewStG seit dem Erhebungszeitraum

---

57 Rödder/Hötzel/Müller-Thuns, Unternehmenskauf, § 28 Rn. 31; unzutreffende a.A. wohl nur Thiel, DB 2002, 1340 ff.
58 I.d.F. des Gesetzes zur Umsetzung der Protokollerklärung der Bundesregierung zur Vermittlungsempfehlung zum StVergAbG v. 22.12.2003, BStBl. I 2004, 14.
59 Vgl. auch S. 108, 5. e.
60 Hierdurch wird auch ein sog. Kaskadeneffekt vermieden, dadurch dass sonst bei einer (Durch-) Ausschüttung auf mehreren Stufen in jeder Stufe die Fiktion eingreift; vgl. dazu Gosch, KStG, § 8 b Rn. 505.
61 Dötsch, in Dötsch/Eversberg/Jost/Witt, KStG, Februar 2004, Vor § 8 b n.F. Rn. 3, 6; die unzutreffende a.A. von Thiel, DB 2002, 1340 ff., der Nichtabzugsfähigkeit der Finanzierungskosten bei Organschaftsgestaltung ist somit überholt; bis zum 31.12.2003 fand in bezug auf inländische Beteiligungserträge § 8 Abs. 3 KStG a.F. und über § 8 Abs. 1 KStG der § 3 c Abs. 1 EStG Anwendung. Letzterer fordert(e) einen unmittelbaren (zeitlichen) wirtschaftlichen Zusammenhang zwischen den steuerfreien Erträgen und den Ausgaben. Durch Gewinnthesaurierung (Ballooning, s.o.) konnte die Abzugsfähigkeit (mangels zeitlichen Zusammenhanges) größtenteils hergestellt werden; vgl. dazu heute Gosch, KStG, § 8 b Rn. 280 f., 505, 509. Für Auslandsdividenden galt bereits die Regelung, wie sie sich jetzt auch für inländische Dividenden gem. § 8 b Abs. 5 KStG darstellt (s.o.).
62 § 9 Nr. 2 a und Nr. 7 GewStG finden bei Lebens- und Krankenversicherungsunternehmen auf Gewinne, die den Kapitalanlagen zuzurechnen sind keine Anwendung.

2004 die Gemeinden zur Erhebung einer Gewerbesteuer verpflichtet; der Hebesatz muss hierbei mindestens 200 vH. betragen, § 16 Abs. 4 S. 2 GewStG[63].

Ein »Asset Deal« ist daher für den Erwerber regelmäßig steuerlich günstiger als ein »Share Deal«, da er zum einen den Kaufpreis über die abnutzbaren Wirtschaftsgüter abschreiben und zum anderen erwerbsbedingte Aufwendungen Gewinn mindernd geltend machen kann. Zur Lösung des Interessengegensatzes zwischen Veräußerer und Erwerber werden derzeit in der Literatur drei Modelle erörtert, um ein erhöhtes Abschreibungspontezial zu erzielen. Aber auch diese führen nicht zu dem gewünschten Erfolg.[64]

Ein Modell ist das so genannte »*Down-Stream-Merger-Modell*«.[65] Nach diesem Modell steht auf der ersten Stufe die Gründung einer Tochterkapitalgesellschaft in der Rechtsform der GmbH durch die Erwerberkapitalgesellschaft mit Einlage des Kaufpreisbetrags zum Erwerb der Zielkapitalgesellschaftsanteile. Anschließend findet auf der zweiten Stufe ein Beteiligungserwerb durch die Tochterkapitalgesellschaft mittels des eingelegten Kapitals statt. Eine formwechselnde Umwandlung (§§ 190 ff UmwG) der Zielkapitalgesellschaft in eine Personengesellschaft wird auf der dritten Stufe[66] vorgenommen, bevor auf der vierten Stufe eine Verschmelzung (§§ 2 ff. UmwG) der Tochterkapitalgesellschaft auf die Personengesellschaft, sog. Down-Stream-Merger, erfolgt.

Dieses Modell sollte dazu dienen, einen steuerlich relevanten Verschmelzungsverlust auf der Ebene des Erwerbers zu begründen. Unter der Prämisse, von der Einlagefiktion des § 5 UmwStG erfasst zu sein, schlägt es bereits deshalb fehl, weil der Verschmelzungsverlust ebenfalls als Übernahmeverlust gem. § 4 Abs. 6 UmwStG nicht berücksichtigungsfähig ist. Es kommt damit zu keinem step-up.[67]

Nach dem ebenfalls diskutierten »*Organschaftsmodell*«[68] gründet die Käuferin eine GmbH & Co. KG mit natürlichen Personen als Kommanditisten. Die Einschaltung

---

63 Der aufgehobene § 8 a GewStG verfolgte den gleichen Zweck, den Standortwettbewerb der Gemeinden zu verringern, galt aber nur für den Erhebungszeitraum 2003.
64 Früher konnte dieses durch den Einsatz verschiedener Unternehmenskaufmodelle gelöst werden. Mit der Gesetzesänderungen von insbesondere § 8 b Abs. 3 KStG, § 3 c Abs. 2 EStG (unzulässige Teilwertabschreibung) und § 4 Abs. 5, 6 und § 10 UmwStG (nichtabziehbarer Verlust) sind die Modelle hinfällig; zu diesen Modellen vgl. die 1. Auflage, S. 68-74 und Blumers/Beinert, DB 1997, 1636 ff.
65 Bogenschütz/Striegel, DB 2000, 2547, 2552; Hannemann, DB 2000, 2497.
66 Ohne step up nach § 4 Abs. 6 UmwStG.
67 So auch BMF v. 25.3.1998, IV B 7-S 1978-21/98 (Umwandlungssteuererlass), BStBl. I 1998, 268, Rn. 3.10, 4.12; Pluskat, DB 2001, 2216 (2221), die auch auf den Vorwurf des Rechtsmissbrauchs gem. § 42 AO infolge der mehrphasigen Gestaltung hinweist; a. A. auch Haritz, in: Haritz/Benkert, Umwandlungssteuergesetz, § 5 UmwStG Rn. 4, der bei dem anzuwendenden § 5 Abs. 3 UmwStG die Intention des Gesetzgebers berücksichtigt wissen will; Blumers/Beinert/Witt, DStR 2001, 233 (234,235); Carlé, KÖSDI 2003, 13809; Hannemann, DB 2000, S. 2497.
68 Blumers/Beinert/Witt, DStR 2001, 233, 235; DStR 2001, 1741.

natürlicher Personen ist notwendig, um die Anwendung von § 8 b Abs. 3 KStG zu vermeiden. Die GmbH & Co. KG erwirbt die Anteile an der Zielgesellschaft und begründet anschließend als Organträgerin eine körperschaft- und gewerbesteuerliche Organschaft zur Zielgesellschaft. Die Zielgesellschaft veräußert anschließend ihre Wirtschaftsgüter einschließlich Firmenwert an die GmbH & Co. KG. Dies bewirkt eine Aufstockung der Buchwerte und generiert einen Veräußerungsgewinn, der wegen der Organschaft bei der GmbH & Co. KG anfällt. Im Anschluss daran wird der Veräußerungsgewinn durch eine abführungsbedingte Teilwertabschreibung auf die Anteile an der Zielgesellschaft neutralisiert.

Problematisch an diesem Modell ist, dass es – wenn überhaupt – nur mit natürlichen Personen als Beteiligten funktionieren kann. Im Übrigen findet die Abzugsbeschränkung gem. § 3 c Abs. 2 S. 2 EStG auch für Wertminderungen von Anteilen an Organgesellschaften Anwendung, die nicht auf Gewinnausschüttungen zurückzuführen sind, da die Veräußerung von Organbeteiligungen von § 3 Nr. 40 lit. a) oder b) EStG erfasst werden. Eine abführungsbedingte Teilwertabschreibung wäre daher nur zur Hälfte zu berücksichtigen.[69] Die dem Organschaftsmodell zugrunde liegende Voraussetzung der Nichtanwendbarkeit von § 8 b Abs. 3 KStG oder § 3 c Abs. 2 EStG ist damit nicht gegeben.

Schließlich wird auch ein so genanntes »KGaA-Modell« diskutiert. Das KGaA-Modell gliedert sich in zwei Schritte. Zunächst erwirbt der Erwerber Anteile an der Ziel-GmbH. Dann wird die Ziel-GmbH in eine KGaA unter Beitritt einer GmbH als Komplementärin ohne vermögensmäßige Beteiligung umgewandelt. Die Komplementär-GmbH erwirbt die Kommanditaktien. Anschließend erwirbt die KGaA die Aktien der Komplementär-GmbH zur Einziehung, während die Komplementär-GmbH im Gegenzug eine Vermögenseinlage an der KGaA erhält. Diese gesellschaftsrechtlich komplexe Struktur könnte dazu führen, dass die Anschaffungskosten der Aktien der GmbH in der Ergänzungsbilanz der Komplementär-GmbH bei der KGaA auf die Buchwerte aufzustocken sind.[70] Gegen dieses Modell spricht jedoch vor allen, dass einer Buchwertaufstockung § 8 b Abs. 3 KStG entgegensteht.[71] Die steuerliche Anerkennung dieses Modells ist daher äußerst zweifelhaft.

Da die Modelle insgesamt äußerst kritisch zu bewerten sind, bleibt an Stelle eines Share Deals als *Gestaltungsmöglichkeit* zur Erzielung einer Buchwertaufstockung der Asset Deal oder der Erwerb von Anteilen an Personengesellschaftsanteilen. Ggf. könnte die Ziel-GmbH vor Veräußerung in eine Personengesellschaft umgewandelt werden. Die Umwandlung der Ziel-GmbH in eine Personengesellschaft kann entweder im Wege des Formwechsels oder im Wege der Verschmelzung erfolgen. Die steuerlichen Folgen sind in beiden Alternativen gleich (§ 14 S. 1 UmwStG). Letztlich sind jedoch die steuerlichen Folgen einer Umwandlung genau im Vorhinein zu untersuchen. Insbesondere, wenn bei der Verschmelzung ein gem. § 4 Abs. 6 UmwStG nicht abzugs-

---

69 Carlé, KÖSDI 2003, 13809, Bruski, FR 2002, 181, 187.
70 Bruski, FR 2002, 181.
71 Beinhardt/Lieshaut, FR 2001, 1037, 1150; zur weiteren Kritik vgl. Rödder/Hötzel/Mueller-Thuns, Unternehmenskauf, § 28 Rn. 16.

fähiger Übernahmeverlust entsteht, kann die Verschmelzung nachteilhaft sein. Weiterhin ist zu beachten, dass eine Umwandlung der Ziel-GmbH in eine Personengesellschaft und die anschließende Veräußerung der Mitunternehmeranteile innerhalb von fünf Jahren dazu führt, dass der durch die Veräußerung erzielte Gewinn gem. § 18 Abs. 4 S. 1 UmwStG der Gewerbesteuer unterliegt und gem. § 18 Abs. 4 S. 3 UmwStG eine Gewerbesteueranrechnung nach § 35 EStG nicht möglich ist.[72]

Im Ergebnis hat dies zur Folge, dass der Veräußerer im Regelfall – soweit für ihn nicht die Einschränkungen des § 8 b Abs. 4 KStG, § 21 UmwStG gelten – die Veräußerung von Kapitalgesellschaftsanteilen bevorzugt, um entweder in den Genuss der Steuerbefreiung des § 8 b Abs. 2 KStG oder des Halbeinkünfteverfahrens zu gelangen. Die steuerliche Entlastung des Veräußerers korrespondiert dann mit der steuerlichen Mehrbelastung des Erwerbers. Diese wird der Erwerber dem Veräußerer beim Erwerb der Beteiligung typischerweise kaufpreismindernd in Rechnung stellen. Das wird nur dann nicht geschehen, wenn

- die veräußerte Beteiligung für den Erwerber wirtschaftlich so interessant ist, dass er den steuerlichen Nachteil in Kauf nimmt, oder
- der Erwerber lediglich eine Minderheitsbeteiligung erwirbt. Der Formwechsel kommt dann regelmäßig nicht in Betracht, weil der Erwerber nicht über die erforderliche qualifizierte Mehrheit von 75 vH. in der Gesellschafterversammlung verfügt, um den Formwechsel gesellschaftsrechtlich zu bewirken. Dabei ist unter Formwechsel eine formwechselnde Umwandlung nach bisherigem Recht zu verstehen. Diese Art der Umwandlung beschränkt sich auf die Änderung der Rechtsform eines Rechtsträgers unter Wahrung seiner rechtlichen Identität und unter der grundsätzlichen Beibehaltung des Kreises der Anteilsinhaber.

Anderenfalls mindert sich der Gewinn des Veräußerers jedoch in Höhe der durch den Erwerber in Rechnung gestellten steuerlichen Mehrbelastung.

4. Steuerliche Auswirkungen des »Asset Deal« und des »Share Deal«

a) Veräußerung von Einzelwirtschaftsgütern (Asset Deal)

aa) Ertragsteuern

Der Veräußerungsgewinn, der bei einem Verkauf des Unternehmens im Wege der Veräußerung von *Einzelwirtschaftsgütern* (Asset Deal) entsteht, ist für den Veräußerer, egal ob es sich hierbei um eine natürliche Person, eine Personengesellschaft oder um eine Kapitalgesellschaft handelt, als laufender Gewinn grundsätzlich einkommen- bzw. körperschaftsteuerpflichtig.

---

72 Vgl. dazu Förster, DB 2002, 400.

Bei einer natürlichen Person bzw. einer Personengesellschaft kann die Veräußerung eine steuerbegünstigte Betriebsaufgabe (§ 16 EStG) darstellen.[73] Der Veräußerer kann den Veräußerungsgewinn anstelle der Begünstigung[74] aber auch gemäß § 6 b EStG zunächst nicht versteuern und in eine Rücklage einstellen. Diese Alternative stellt sich allerdings nur, wenn die veräußerten Einzelwirtschaftsgüter zu den durch § 6 b EStG privilegierten Wirtschaftsgütern gem. § 6 b Abs. 1 S. 1 EStG gehören und die Rücklage innerhalb der *Reinvestitionsfristen* gem. § 6 b Abs. 3 S. 5 EStG (im Regelfall 4 Jahre, 6 Jahre bei Grundstücken) zur Durchführung der Re-Investition aufgelöst wird.

Veräußert eine *Kapitalgesellschaft* ein Unternehmen im Wege des Asset Deals, so ist ein möglicher Veräußerungsgewinn immer *in vollem Umfang* gewerbe-[75] und körperschaftsteuerpflichtig.[76]

Gewinne aus der Veräußerung eines Teil-/Betriebes durch eine natürliche Person bzw. durch eine Personengesellschaft, an der natürliche Personen als Mitunternehmer unmittelbar[77] beteiligt sind, oder aus der Veräußerung eines gesamten[78] Mitunternehmeranteils durch eine natürliche Person[79] unterliegen gem. § 7 S. 2 GewStG nicht der Gewerbesteuer.[80] Erfolgt die Veräußerung an einen Erwerber, an dem der Veräußerer als (Mit-)Unternehmer beteiligt ist, so gilt jedoch gem. § 16 Abs. 2 S. 3 EStG der Veräußerungsgewinn wiederum als laufender Gewinn. Dieser unterliegt dann auch in Höhe der Gewinnbeteiligungsquote des Veräußerers an der (erwerbenden) Mitunternehmerschaft der Gewerbesteuer.[81]

---

73 Vgl. dazu oben S. 75, 3. a) bb).
74 § 34 Abs. 1 S.4 , Abs. 3 S. 6 EStG.
75 § 2 Abs. 2 S. 1 GewStG; vgl. BFH, Urteil v. 15.06.2004, VIII R 7/01, DStRE 2004, 1032; Urteil v. 05.09.2001, I R 27/01, DStR 2002, 26.
76 Zieren, in: Hölters (Hrsg.), Teil IV Rz. 28.
77 Andernfalls ist die Veräußerung gewerbesteuerpflichtig. Die Gewerbesteuerpflicht tritt somit auch bei einer doppelstöckigen Personengesellschaft ein, obwohl an dieser ggf. auch. nur eine natürliche Person beteiligt ist; zur Kritik hieran vgl. Rödder/Hötzel/Mueller-Thuns, Unternehmenskauf, § 24 Rn. 191; zu § 7 S. 4 GewStG vgl. aber oben S. 78, 3. a) cc).
78 Bei der Veräußerung eines Teils eines Mitunternehmeranteils ist insoweit fraglich, ob die Fiktion des § 16 Abs. 1 S. 2 EStG auch die Gewerbesteuerpflicht (so die Rechtsprechung zu § 16 Abs. 2 S. 3 EStG (Fn. 75)) nach sich zieht; da aber mit dem restlichen Anteil der Veräußerer noch Mitunternehmer bleibt ist von einer Gewerbesteuerpflicht auszugehen; vgl. auch BFH v. 24.08.2000, IV R 51/98, DStR 2000, 1768, 1770f.; OFD Düsseldorf v. 10.09.2002, G 1421-19-St132-K, GmbHR 2002, 986.
79 Zur gewerbesteuerlichen Behandlung der Veräußerung von Anteilen an einer Personengesellschaft siehe unten S. 89, 4. b) aa).
80 Wacker, in: Schmidt, EStG, § 16 Rn. 8; Füger/Rieger, DStR 2002, 933; Rödder/Schumacher DStR 2001, 1689; DStR 2002, 105, 113; ursprünglich sollte nach dem Entwurf zum Gesetz zur Reform der Gewerbesteuer (BR-Drs. 736/03) ab dem 1.1.2004 auch diese Gewerbesteuerbefreiung weggefallen sein.
81 Nun h. M.: BFH, Urteil v. 15.06.2004, VIII R 7/01, DStRE 2004, 1032; A 39 Abs. 1 Nr. 1 S. 3 GewStR.

bb) Kaufpreisaufteilung

Beim Kauf eines Unternehmens im Wege der Veräußerung von Einzelwirtschaftsgütern (Asset Deal) wird in der Regel ein einheitlicher Gesamtkaufpreis vereinbart, der zumeist die Buchwerte der einzelnen Wirtschaftsgüter des Veräußerers übersteigt. Dieser Mehrbetrag ist auf die bilanzierten und nicht bilanzierten materiellen und immateriellen Wirtschaftsgüter sachgerecht aufzuteilen.[82] Verbleibt nach der Aufteilung noch ein Restwert, so ist in dieser Höhe ein Geschäfts- oder Firmenwert anzusetzen. Eine entsprechende Aufteilung eines Minderbetrages hat zu erfolgen, wenn der Kaufpreis ausnahmsweise die Buchwerte unterschreitet (Buchwertabstockung mit Verlust von Abschreibungspontezial[83]).

Die Aufteilung des Mehr- bzw. Minderbetrages hat nach dem Teilwerte der Wirtschaftsgüter zu erfolgen, § 6 Abs. 1 Nr. 7 EStG. Die Festlegung der Teilwerte ist kein exakt bestimmbarer Vorgang. Insofern gibt es in diesem Bereich einige Unklarheiten,[84] die den Vertragsparteien einen gewissen Spielraum hinsichtlich der Aufteilung des Gesamtkaufpreises durch eine kaufvertragliche Regelung ermöglichen. In Einzelfällen kann allerdings die steueroptimale Aufteilung des Mehrbetrages beim Erwerber den Interessen des Veräußerers an der Aufteilung des Kaufpreises widersprechen. Das Interesse des Veräußerer an einer bestimmten Aufteilung des Kaufpreises hängt von der von ihm gewählten Art der Versteuerung ab. Wendet er auf den Veräußerungsgewinn ganz oder teilweise § 6 b EStG an und kommt deshalb eine Progressionsmilderung gem. § 34 Abs. 1 S. 4 EStG oder eine Steuersatzminderung gem. § 34 Abs. 3 S. 6 EStG nicht in Betracht, so hat er ein Interesse daran, den Kaufpreis möglichst den Wirtschaftsgütern Grund und Boden, Gebäuden und Kapitalbeteiligungen zuzuordnen. Die Aufteilung des Kaufpreises ist aus der Sicht des Veräußerers dagegen unbeachtlich, wenn er die Progressionsmilderung des § 34 EStG in Anspruch nimmt.[85] Der Erwerber ist regelmäßig daran interessiert, den Kaufpreis auf schnell abschreibbare Wirtschaftsgüter zu legen und gerade nicht auf Grund und Boden oder Gebäude. Es bestehen somit gegenläufige Interessen, wenn der Veräußerer die Regelung des § 6 b EStG in Anspruch nimmt oder einen nicht geringfügigen Betrag auf eine mitveräußerte Beteiligung verwendet haben will[86] und infolgedessen eine steueroptimale vertragliche Aufteilung nicht vorgenommen werden kann. Zum anderen

---

82 Vgl. dazu ausführlich Hörger, in: Schaumburg (Hrsg.), Unternehmenskauf, S. 109 ff.; Hötzel, Unternehmenskauf und Steuern, S. 10 ff., 145 ff.; Holzapfel/Pöllath, Unternehmenskauf, Rn. 145; Zieren, in: Hölters (Hrsg.) Teil IV Rn. 6 ff.
83 BFH, Urteil v. 19.02.1981, IV R 41/78, DB 1981, 2408; Holzapfel/Pöllath, Unternehmenskauf, Rn. 170.
84 Vgl. Hörger, in: Schaumburg (Hrsg.), Unternehmenskauf, S. 112 ff., 118.
85 Es sei denn, der Veräußerungspreis entfällt auch auf mitverkaufte Beteiligungen. Im letzteren Fall liegt eine Aufteilung des Veräußerungspreises auch im Interesse des Veräußerers. Soweit der Kaufpreis auf Beteiligungen entfällt findet das Halbeinkünfteverfahren Anwendung, so dass insoweit kein Raum für § 34 EStG ist.
86 Im letzteren Fall kommt er in den Genuss des Halbeinkünfteverfahrens.

ist für den Fall, dass keine unterschiedlichen Interessenlagen vorliegen, zu beachten, dass eine vertraglich vereinbarte Kaufpreisaufteilung keine rechtliche Bindungswirkung für die Finanzverwaltung oder die Rechtsprechung hat.[87] Wie bereits festgestellt, richtet sich die Aufteilung nach dem Verhältnis der Verkehrs- bzw. Teilwerte und nicht nach dem der Vereinbarung zugrunde liegenden Willen der Beteiligten.[88] Eine willkürliche, ausschließlich der Zielsetzung der Steuerpflichtigen entsprechende Aufteilung, die den wirtschaftlichen Gegebenheiten nicht entspricht und für die in erster Linie Gründe der Steuerersparnis maßgebend waren, ist damit ausgeschlossen.[89] Allerdings hat eine vertragliche Aufteilung des Kaufpreises den ersten Anschein der sachlichen Richtigkeit, die dann von Bedeutung ist, wenn sie durch die Teilwertermittlung für die erworbenen Wirtschaftsgüter unterlegt ist.[90] Bei Erfüllung dieser Voraussetzung, ist eine vertragliche Regelung empfehlenswert, da sie im Rahmen einer Betriebsprüfung die Verhandlungen mit der Finanzbehörde erleichtern kann.[91] Aus der Sicht des Erwerbers sollte dem nicht gefolgt werden, wenn ihm zum Zeitpunkt des Vertragsschlusses die Detailkenntnisse fehlen, die ihm eine steuerlich optimale Aufteilung ermöglichen. Dann sollte ein einheitlicher Kaufpreis festgesetzt werden.

Die Abschreibungsmethode und Abschreibungsdauer der erworbenen Wirtschaftsgüter bestimmt sich an deren verbleibenden Restnutzungsdauer nach dem Erwerb, die anhand betriebsindividueller Umstände des Erwerbers neu zu bestimmen ist.[92] Eine generelle Fortführung der bisherigen Restnutzungsdauer des Veräußerers wird insoweit als nicht sachgerecht angesehen. Das gilt nicht für die Abschreibungsdauer von Grundstücken und vom Firmenwert. Die Nutzungsdauer des Firmenwertes beträgt 15 Jahre, § 7 Abs. 1 S. 3 EStG, die von Grundstücken richtet sich regelmäßig nach § 7 Abs. 4 und 5 EStG.

cc) Grunderwerbsteuer

Die Veräußerung eines Grundstücks als Einzelwirtschaftsgut (Asset Deal) unterfällt gemäß § 1 Abs. 1 GrEStG der Grunderwerbsteuer, die 3,5 vH. des Wertes der Gegen-

---

87 Eilers/Rödding, in: Picot (Hrsg.), Teil V. Rn. 51.
88 BFH, Urteil v. 29.10.1991, VIII R 51/84, BStBl. II 1992, 512.
89 Zur Kaufpreisaufteilung nach der Stufentheorie der Rechtsprechung des BFH vgl. Eilers/Rödding, in: Picot (Hrsg.), Teil V. Rn. 47.
90 BFH Urteil v. 05.08.1970, I R 180/66, BStBl. II 1970, 804; v. 12.06.1978, GrS 1/77, BStBl. II 1978, 620.
91 Deshalb sollte eine solche Kaufpreisaufteilung, da sie unter fremden Dritten vereinbart wurde, auch nicht von der Betriebsprüfung unter dem Gesichtspunkt Interessengleichlauf »angegriffen« werden, vgl. Nolte, DB 1981, 908; zustimmend auch die Judikatur des BFH, Urteil v. 31.01.1973, I R 19/70, BStBl. II 1973, 391; BFH, Urteil v. 17.09.1987, III R 272/83, BStBl. II 1988, 441; BFH, Urteil v. 07.11.1985, IV R 7/83, BStBl. II 1986, 176 (der Aufteilung im Kaufvertrag ist zu folgen, soweit sie ernsthaft wirtschaftlich gewollt ist).
92 Vgl. Hötzel, Unternehmenskauf und Steuern, S. 20 f. m.w.N.

leistung für das erworbene Grundstück beträgt. Entscheidend ist auch hier wiederum die zwischen Erwerber und Veräußerer getroffene Kaufpreisaufteilung. Dabei ist ggf. zu beachten, dass vom Erwerber übernommene Belastungen der Grundstücke die steuerpflichtige Gegenleistung erhöht, die der Erwerber für das jeweilige Grundstück erbringt.

dd) Umsatzsteuer

Der Erwerb von Unternehmen bzw. wirtschaftlich selbstständigen Unternehmensteilen unterliegt gem. §1 Abs. 1 a UStG nicht der *Umsatzsteuer*.[93] Eine Geschäftsveräußerung in diesem Sinne liegt vor, wenn die wesentlichen Grundlagen eines Unternehmens oder eines gesondert geführten Betriebes an einen Unternehmer für dessen Unternehmen übertragen werden (Veräußerung aller Einzelwirtschaftsgüter (Asset Deal)). Soweit einkommensteuerrechtlich eine *Teilbetriebsveräußerung* angenommen wird, kann umsatzsteuerrechtlich von der Veräußerung eines gesondert geführten Betriebes ausgegangen werden.[94] Die Nichtübertragung einzelner wesentlicher Wirtschaftsgüter wie z. B. Betriebsgrundstücke ist mitunter unschädlich, wenn diese dem Erwerber zugleich langfristig zur Nutzung überlassen werden.[95] Bei einem Unternehmenskauf im Wege der Veräußerung von Einzelwirtschaftsgütern (Asset Deal) in dem ein selbstständiger Unternehmensteil Gegenstand des Unternehmenskaufvertrages ist, fällt daher keine Umsatzsteuer an.

		VERÄUSSERER	ERWERBER
ERTRAG-STEUERN	KAPITALGESELLSCHAFT	• Grds. Veräußerungsgewinn (VG) immer steuerpflichtig • Keine Begünstigung des Veräußerungsgewinns bei Veräußerung eines Betriebs bzw. Teilbetriebs • Grds. GewSt-pflichtig	• Bilanzierung der aufgestockten Anschaffungskosten der einzelnen Wirtschaftsgüter sowie des Geschäftswertes (good will)
	PERSONEN-GESELLSCHAFT	• §§ 16, 34 VG, Freibetrag § 16 IV EStG/Progressionsmilderung § 34 I EStG/Steuersatzreduzierung § 34 III EStG • oder § 6 b EStG Reinvestition, Rücklagenbildung • GewSt (+) bei Veräußerung eines Betriebs oder Teilbetriebs der Mitunternehmerschaft, § 7 S. 2 Nr. 1 GewStG, soweit nicht einer natürlichen Person zuzuordnen, oder Erwerberidentität, § 16 II S. 3 EStG	

---

93 Vgl. hierzu Reiß, in: Schaumburg (Hrsg.), Unternehmenskauf, S. 243 ff.
94 Vgl. dazu oben S. 75, 3. a) bb); UStR 2000, A 5 Abs. 3 S. 3.
95 BFH v. 28.11.2002 – V R 3/01, BStBl. II 2004, 665; v. 4. Juli 2002 V R 10/01 = DStR 2002, 1988; v. 15. Oktober 1998 V R 69/97, BFHE 187, 93, BStBl. II 1999, 41; UStR 2000, A 5 Abs. 1 S. 8, A .264 Abs. 6.

		VERÄUSSERER	ERWERBER
	EINZELKAUFMANN	• grds. wie bei Personengesellschaft • Ausnahme: GewSt: fällt nicht an, weil Veräußerungsgewinn nicht zum laufenden Gewinn rechnet	
GrESt		§ 1 I GrEStG; 3,5 % des Wertes der Gegenleistung	
USt		• kein umsatzsteuerbarer Umsatz bei Geschäftsveräußerung im ganzen, § 1 I a UStG	

Abb. 1: Veräußerung von Einzelwirtschaftsgütern (Asset Deal)

b) Veräußerung von Anteilen an einer Personengesellschaft

aa) Ertragsteuern

Bei dem Erwerb von Anteilen an einer Personengesellschaft[96] wird ein solcher Erwerb *steuerrechtlich* dem Erwerb von Einzelwirtschaftsgütern, d. h. einem Asset Deal gleichgestellt.[97] Die Ausführungen zur Veräußerung von Wirtschaftsgütern gelten somit sinngemäß auch bei der Veräußerung einer Beteiligung. Personengesellschaften sind insoweit für ertragsteuerliche Zwecke transparent. Zivilrechtlich liegt allerdings ein Beteiligungserwerb vor. Erwirbt der Käufer sämtliche Anteile an einer Personengesellschaft im Rahmen einer Unternehmensakquisition (zivilrechtliche Anwachsung), so sind steuerrechtlich nicht die Anteile, sondern die erworbenen Wirtschaftsgüter mit ggf. ihren aufgestockten Werten in der Bilanz der Personengesellschaft zu aktivieren.[98] Falls der Erwerber nicht alle Anteile an der Personengesellschaft erwirbt, so sind die aufgestockten Werte für die einzelnen Wirtschaftsgüter und ggf. für einen miterworbenen Geschäftswert in einer *Ergänzungsbilanz*[99] aufzunehmen. Abschreibungen auf die Mehrwerte in der Ergänzungsbilanz sind dann ausschließlich für die steuerliche Gewinnermittlung des Erwerbers von Bedeutung,[100] belasten aber das handelsrechtliche Ergebnis der Personengesellschaft nicht.

Gewinne aus der Veräußerung von Mitunternehmeranteilen unterliegen grundsätzlich nicht der Gewerbesteuer.[101] Die Gewerbesteuerpflicht kann sich allerdings in den Fällen von § 16 Abs. 2 S. 3 EStG, § 7 S. 2 GewStG[102], § 18 Abs. 4 UmwStG oder

---

96 Vgl. dazu allgemein Schulze zur Wiesche, FR 1996, 341ff.
97 Vgl. Hötzel, Unternehmenskauf und Steuern, S. 37 f., 161, m. w. N.
98 Stahl, KÖSDI 1990, 7992.
99 Vgl. dazu Hübsch, DStR 2001, 11 ff.; Ley, KÖSDI 2002, 12982; Paus, FR 2003, 59 ff.; Söffing, StB 2002, 330 ff.
100 Die Ergänzungsbilanz beeinflusst allerdings die von der Gesellschaft, § 5 Abs. 1 S. 3 GewStG, zu zahlende Gewerbesteuer.
101 Zieren, in: Hölters (Hrsg.), Teil IV Rz. 52.
102 Vgl. zu § 16 Abs. 2 S. 3 EStG, § 7 S. 2 GewStG oben S. 84, 4. a) aa).

bei der nicht vollständigen Realisation von stillen Reserven in wesentlichen Betriebsgrundlagen[103] ergeben. *Schuldner* ist in diesen Fällen gem. § 5 Abs. 1 S. 3 GewStG die *Mitunternehmerschaft*.[104] Der Gewinn aus der Veräußerung eines Mitunternehmeranteiles durch eine Kapitalgesellschaft ist mittlerweile gewerbesteuerpflichtig, § 7 S. 2 GewStG.[105]

Wird der Betrieb einer Personengesellschaft/natürlichen Person innerhalb von 5 Jahren nach dem Vermögensübergang von einer Kapitalgesellschaft auf eine Personengesellschaft/natürliche Person (Umwandlung) veräußert oder aufgegeben, ist gem. § 18 Abs. 4 S. 1 UmwStG der Gewinn gewerbesteuerpflichtig.[106] Gleiches gilt bei der Veräußerung eines Teilbetriebes oder Mitunternehmeranteils, § 18 Abs. 4 S. 2 UmwStG.

Gewerbesteuerliche Verlustvorträge gem. § 10 a GewStG gehen bei einem Kauf von Mitunternehmeranteilen regelmäßig nicht über bzw. anteilig unter,[107] da durch Wechsel in dem Bestand der Gesellschafter Unternehmens- und Unternehmeridentität als Voraussetzung für den Verlustabzug[108] nicht mehr gegeben sind.

Die Anrechnung der Gewerbesteuer gem. § 35 EStG kann mitunter bedeutend für die Kaufpreisfindung oder die Kaufvertragsgestaltung sein.[109]

bb) Grunderwerbsteuer

Der Erwerb von Beteiligungen an einer Personengesellschaft ist grundsätzlich auch dann nicht grunderwerbsteuerpflichtig, wenn zum Vermögen der Gesellschaft Grundstücke gehören. Nach § 1 Abs. 2 a GrEStG[110] wird jedoch eine Grunderwerbsteuerpflicht auf das Grundvermögen einer Personengesellschaft ausgelöst, wenn innerhalb von fünf Jahren mindestens 95 % *der Anteile* dieser *Personengesellschaft auf neue*

---

103 Vgl. dazu oben S. 75, 3. a) bb).
104 BFH, Urteil v. 28.02.1990, I R 92/86, BStBl. II 1990, 699; BFH, Urteil v. 27.03.1996, I R 89/65, BStBl. II 1997, 224.
105 Vgl. auch oben S. 78, 3. a) cc) zur Anwendung von § 7 S. 4 GewStG bei der Zwischenschaltung einer Mitunternehmerschaft bzgl. der Befreiung des auf mitenthaltene Kapitalgesellschaftsanteile entfallenden Gewinns.
106 § 18 Abs. 4 UmwStG geht nach Ansicht der Finanzverwaltung § 7 GewStG vor; § 35 EStG findet keine Anwendung, vgl. BMF-Erlasses vom 16.12.2003, IV A 2 – S 1978 – 16/03, BStBl. I 2003, 786, Zweifelsfragen zu den Änderungen durch das Steuersenkungsgesetzes und das Gesetz zur Fortentwicklung des Unternehmenssteuerrechts Tz. 14; fraglich ist, ob § 18 Abs. 4 UmwStG auch dann vorrangig zu § 7 S. 1 GewStG i.V.m. § 16 Abs. 1 S. 2 Nr. 2 EStG sein soll, wenn der Bruchteil eines Mitunternehmeranteils veräußert wird.
107 Vgl. dazu im Einzelnen Güroff, in: Glanegger/Güroff, GewStG, § 10a Rn. 15 ff.; beachte die seit dem 01.01.2004 geltende Begrenzung des Verlustabzuges gem. § 10 a Abs. 1, 2 GewStG.
108 BFH, Urteil v. 14.12.1989, IV R 117/88, BStBl. II 1990, 436 ff.
109 Vgl. insoweit: Rödder/Hötzel/Mueller-Thuns, Unternehmenskauf, § 24 Rn. 201 ff., 208.
110 Zu dessen Anwendbarkeit vgl. § 23 Abs. 6 S. 2 GrEStG.

Gesellschafter unmittelbar oder mittelbar übergehen.[111] Bemessungsgrundlage der Grunderwerbsteuer ist nach § 8 Abs. 2 S. 1 Nr. 3 GrEStG[112] der regelmäßig niedrigere Grundbesitzwert i.S.d. § 138 Abs. 2 oder 3 BewG. Steuerschuldner ist in den Fällen des § 1 Abs. 2 a GrEStG die Personengesellschaft in ihrer jeweiligen Zusammensetzung (§ 13 Nr. 6 GrEStG).

Des Weiteren tritt eine Grunderwerbsteuerpflicht auch durch eine *Anteilsvereinigung* gem. § 1 Abs. 3 GrEStG ein, sofern sich bei Erwerbsvorgängen unmittelbar oder mittelbar mindestens 95 vH. der Anteile an der betreffenden Gesellschaft in der Hand des Erwerbers vereinen. Soweit die Voraussetzungen des § 1 Abs. 3 GrEStG erfüllt sind, kommt als Bemessungsgrundlage nicht der Wert der Gegenleistung, sondern auch der Grundbesitzwert gemäß § 138 Abs. 2 oder 3 BewG zum Ansatz.

cc) **Umsatzsteuer**

Die Veräußerung von Gesellschaftsanteilen, die streng von der Geschäftsveräußerung im Ganzen zu trennen ist, ist grundsätzlich schon nicht umsatzsteuerbar, da der Gesellschafter in dieser Eigenschaft regelmäßig nicht Unternehmer ist. Jedenfalls ist die Anteilsveräußerung aber gemäß § 4 Nr. 8 f UStG umsatzsteuerfrei, wenn die Beteiligung einem anderen Unternehmen des Gesellschafters dient. Im letzteren Fall hat der Unternehmer die Möglichkeit gemäß § 9 Abs. 1 UStG zur Umsatzsteuerpflicht des Vorgangs zu optieren.

VERÄUSSERER	ERWERBER
• Ertragsteuerlich grundsätzlich wie die Veräußerung von Assets (Abb. 1.) • Veräußerungsgewinn bei d. Veräußerung von Mitunternehmeranteilen ist gem. § 7 S.2 Nr.2 GewStG, soweit nicht einer natürlichen Person zuzuordnen, oder bei Erwerberidentität, § 16 II S. 3 EStG, dem Gewerbeertrag hinzuzurechnen ⇒ GewSt (+) • Grundsätzlich keine Grunderwerbsteuer: Ausnahme: 1. Übertragung von 95 % der Anteile einer Personengesellschaft innerhalb von 5 Jahren, § 1 IIa GrEStG 2. TB der »Anteilsvereinigung«, sofern mind. 95 % der Anteile der betreffenden Gesellschaft in der Hand des Erwerbers sind, § 1 III GrEStG Bemessungsgrundlage ⇒ Ansatz des niedrigeren Grundbesitzwertes, § 138 Abs. 2 und 3 BewG • Umsatzsteuer (USt): Anteilsveräußerung gem. § 4 Nr. 8 f UStG umsatzsteuerfrei, aber Möglichkeit gemäß § 9 I UStG zur Umsatzsteuerpflicht zu optieren.	• Bilanzierung der aufgestockten Anschaffungskosten der einzelnen WG ⇒ Beachte: Sofern nicht alle Anteile an der Personengesellschaft erworben werden sind die aufgestockten Werte für einzelne Wirtschaftsgüter in einer Ergänzungsbilanz des Erwerbers zu bilanzieren

Abb. 2: Veräußerung von Anteilen an Personengesellschaften

---

111 Vgl. zur Anwendung des § 1 Abs. 2 a GrEStG: Ländererlass vom 07.02.2000 BStBl. I 2000, 344; Erlasse der obersten Finanzbehörden vom 26.02.2003 BStBl. I 2003, 271.
112 Zu dessen Anwendbarkeit vgl. § 23 Abs. 6 S. 1 GrEStG.

Hinsichtlich der nicht steuerbaren Geschäftsveräußerung gem. § 1 Abs. 1 a UStG gelten die Ausführungen zur Veräußerung von Wirtschaftsgütern,[113] wenn insoweit die Gesellschaft ihr Unternehmen oder einen in der Gliederung des Unternehmens gesondert geführten Betrieb veräußert.

c) Veräußerung von Anteilen an einer Kapitalgesellschaft (Share Deal)

aa) Ertragsteuern

Werden in einem Betriebsvermögen befindliche Anteile an einer Kapitalgesellschaft durch eine natürliche Person oder eine Personengesellschaft veräußert unterliegt der Gewinn unter Berücksichtigung des Halbeinkünfteverfahrens insoweit der Einkommen- und Gewerbesteuer. Umfasst der Anteil 100% des Nennkapitals, so liegt diesbezüglich eine Betriebsveräußerung iSv. § 16 Abs. 1 S. 1 Nr. 1 S. 2 HS. 1 EStG vor.[114] Aufgrund des auch dann anzuwendenden Halbeinkünfteverfahrens liegen gem. § 34 Abs. 2 Nr. 1 EStG keine steuerbegünstigten außerordentlichen Einkünfte vor. Allerdings kommt ggf. ein Freibetrag gem. § 16 Abs. 4 EStG in Betracht, der dann aber auch für die Gewerbesteuer gilt.[115] Erfolgt die Veräußerung im engen Zusammenhang mit der Aufgabe des Gewerbebetriebs unterfällt der Vorgang nicht der Gewerbesteuer[116], ansonsten kommt bei der Ermittlung des Gewerbeertrages das Halbeinkünfteverfahren[117] und bei einer zwischengeschalteten Personengesellschaft § 7 S. 4 GewStG zur Anwendung.[118]

Bei der Veräußerung einer nicht relevanten Beteiligung i.S.d. § 17 EStG durch einen nicht gewerblich tätigen Veräußerer ist u. U. der Veräußerungsgewinn gemäß § 17 EStG steuerfrei. Bei einer natürlichen Person unterliegen sowohl Veräußerungen von relevanten Beteiligungen, §§ 17, 3 Nr. 40 c) EStG, oder von einbringungsgeborenen Anteilen, § 21 UmwStG iVm. § 3 Nr. 40 S. 3, 4 EStG, als auch Spekulationsgewinne[119] aus der Veräußerung von Kapitalgesellschaftsanteilen, § 23 Abs. 1 Nr. 2, Abs. 2 S. 2, § 3 S. 1 Nr. 40 lit. j EStG, dem Halbeinkünfteverfahren.[120]

Gewinne aus der Veräußerung von Anteilen an einer Kapitalgesellschaft durch eine Kapitalgesellschaft sind regelmäßig gem. § 8 b Abs. 2 KStG körperschaftsteuerfrei und gem. § 7 GewStG gewerbesteuerfrei.[121] Die Gewerbesteuerfreiheit erstreckt sich gem. § 7 S. 4 GewStG auch auf die Fälle bei denen eine Personengesellschaft zwischengeschaltet ist.[122]

---

113 Vgl. oben S. 88, 4. a) dd).
114 Vgl. dazu oben S. 9 75 ff., 3. a) bb); Wacker, in: Schmidt, EStG, § 16 Rn. 161 ff.
115 Peuker, in: Glanegger/Güroff, GewStG, § 7 Rn. 15.
116 Abschn. 39 Abs. 1 Nr. 1 S. 13 GewStR.
117 Peuker, in: Glanegger/Güroff, GewStG, § 7 Rn. 55.
118 Vgl. oben S. 78, 3. a) cc).
119 Vgl. oben S. 78, 3. a) cc).
120 Vgl. sowohl zu § 17 EStG als auch zu § 21 UmwStG oben S. 5, 3. a) aa).
121 Vgl. unten S. 95, 5.
122 Vgl. oben S. 78, 3. a) cc).

Der Erwerber kann die erworbenen Kapitalgesellschaftsanteile mit ihren Anschaffungskosten aktivieren; eine Abschreibung für Abnutzung der Anteile ist nicht möglich. Daher stellt sich die Frage einer Kaufpreisaufteilung bei einem Share Deal nur, sofern postakquisitorische Restrukturierungsmaßnahmen beabsichtigt sind, durch die die stillen Reserven der Kapitalgesellschaft in Abschreibungspotenzial umgewandelt werden sollen.[123] Eine Abschreibung ist jedoch in Form einer Teilwertabschreibung möglich.[124] Eine solche ist nach der Rechtsprechung des Bundesfinanzhofes nur zulässig,[125] wenn

- der Substanzwert der Beteiligung infolge einer nachhaltigen Erzielung von Verlusten unter den bilanzierten Wert der Beteiligung abgesunken ist;
- sich die Anschaffung der Beteiligung als eine Fehlmaßnahme erweist sowie
- sich der Substanzwert der Beteiligung infolge von Gewinnausschüttungen erheblich unter dem aktivierten Beteiligungserwerb bewegt.

Bei einer erfolgten Teilwertabschreibung ist jedoch, wenn diese nicht durch eine spätere Zuschreibung wieder ausgeglichen wurde, zu beachten, dass bei einer Veräußerung durch eine Kapitalgesellschaft insoweit ein steuerpflichtiger Veräußerungsgewinn gem. § 8 b Abs. 2 S. 4 KStG entsteht.

bb) Grunderwerbsteuer

Der Erwerb von Anteilen an einer Kapitalgesellschaft kann unter den Voraussetzungen der Anteilsvereinigung gemäß § 1 Abs. 3 GrEStG Grunderwerbsteuer auslösen.[126]

cc) Umsatzsteuer

Die Veräußerung von Kapitalgesellschaftsanteilen im Privatvermögen ist schon nicht umsatzsteuerbar. Die Veräußerung von Anteilen im Betriebsvermögen ist umsatzsteuerfrei (§ 4 Nr. 8 f UStG).

---

123 Vgl. aber S. 79, 3. b).
124 Vgl. im Gegensatz dazu S. 89, 4. b) aa).
125 BFH, BStBl. II 1988, 274; BStBl. II 1990, 343; BFH, Urteil vom 23.10.1996, FR 1997, 222; BFH, Urteil v. 14.2.1973, IR 76/71, BStBl. 1973 II, 532; Urteil v. 07. 11.1990, IR 116/86, BStBl. 1991 II, 342; Urteil v. 29.05.1996, IR 15/94, BStBl. II 1997, 63; Glanegger, in: Schmidt, EStG, § 6 Rn. 250; Herzig, in: Schaumburg (Hrsg.), Unternehmenskauf, S. 131 ff.; Piltz, Teilwertabschreibungen auf Beteiligungen an Kapitalgesellschaften, 1985; Strobl, WP-Handbuch, Rn. 1434 ff.
126 Zu den Voraussetzungen vgl. entsprechend oben S. 90, 4. b) bb).

	Veräusserer	Erwerber
Privatvermögen	Ertragsteuern: • Veräußerungsgewinn aus der Veräußerung von Kapitalgesellschaftsanteilen: 1. § 23 Spekulationsgewinn (§ 23 Abs. 1 Nr. 2) ist vorrangig gegenüber § 17 EStG = Spekulationsgewinn (+), wenn Veräußerung innerhalb der Spekulationsfrist von 1 Jahr nach Anschaffung. Folge: Veräußerungsgewinn unterliegt dem Halbeinkünfteverfahren gem. § 3 Nr. 40 lit. j EStG 2. § 17 EStG: Veräußerungsgewinn ist steuerpflichtig, wenn Veräußerer relevant beteiligt ist, d.h. mehr als 1 % in den letzten 5 Jahren. Folge: Veräußerungsgewinn unterliegt dem Halbeinkünfteverfahren gem. § 3 Nr. 40 lit. c EStG Grunderwerbsteuer: • (+), wenn Fall der Anteilsvereinigung gem. § 1 Abs. 3 GrEStG (s. Abb. 2) Umsatzsteuer: • (-), Anteilsveräußerung ist kein umsatzsteuerbarer Umsatz	Keine steuerlichen Auswirkungen
Betriebsvermögen	Ertragsteuern: • Grundsätzlich unterliegt der Veräußerungsgewinn dem Halbeinkünfteverfahren, § 3 Nr.40 EStG • Besonderheiten: 1. Nat. Person/Personengesellschaft ist Veräußerer ⇒ • Kap.-Beteiligung umfasst das gesamte Nennkapital der Gesellschaft, dann gilt § 16 I S. 1 Nr. 1 S. 2 EStG. Folge: Teilbetriebsfiktion hat nur noch Bedeutung für evt. Freibetrag § 16 IV EStG iHv. 45.000 EUR 2. Kapitalgesellschaft als Veräußerer ⇒ • Veräußerungsgewinn grds. steuerfrei gem. § 8b Abs. 2 KStG (bei 5% nichtabziehbaren Betriebsausgaben, § 8 b Abs. 3 KStG), es sei denn es liegt eine gesetzliche Rückausnahme vor: • § 8 b Abs. 2 S. 4 • § 8 b Abs. 4 S. 1 Nr. 1 + 2 und • § 8 b Abs. 7, Abs. 8 (s. Abb. 4) Gewerbesteuer: 1. Nat. Person/Personengesellschaft: grundsätzlich gewerbesteuerpflichtig (+), soweit Befreiung vom Halbeinkünfteverfahren nicht greift, auch wenn Beteiligung das gesamte Nennkapital umfasst, § 16 Abs. 1 S. 2 EStG; es sei denn, der Veräußerungsgewinn ist Teil eines Betriebsaufgabegewinns, § 7 S. 2, 4 GewStG. 2. Kapitalgesellschaft: die Steuerfreiheit des Veräußerungsgewinns gem. § 8 b Abs. 2 und Abs.6 KStG gilt auch bei der Gewerbesteuer, § 7 S. 1 und S. 4 GewStG. Keine Steuerfreiheit bzgl. 5 % des Gewinns als nichtabzugsfähige Betriebsausgabe, § 8 b Abs. 3 KStG. Grunderwerbsteuer: • GrESt (+), sofern Fall der Anteilsvereinigung (s. Abb. 2) § 1 Abs. 3 GrEStG Umsatzsteuer: • USt (-), Veräußerung von Anteilen im Betriebsvermögen ist umsatzsteuerfrei	Bilanziert Beteiligung als nicht abschreibungsfähiges Wirtschaftsgut mit den Anschaffungskosten

Abb. 3: Veräußerung von Anteilen an einer Kapitalgesellschaft (Share Deal)

5. Die steuerfreie Veräußerung von Anteilen an Kapitalgesellschaften gemäß § 8 b KStG

a) Bedeutung und Funktion von § 8 b Abs. 2 KStG a.F. und n.F.

§ 8 b Abs. 2 KStG a.F. begründete die Steuerfreistellung eines im Inland erzielten Gewinns aus der Veräußerung einer Beteiligung an einer ausländischen Kapitalgesellschaft. Nach Maßgabe von Art. 13 Abs. 4 OECD-Musterabkommen 1997 durften Gewinne aus der Veräußerung einer ausländischen Beteiligung nur in dem Vertragsstaat besteuert werden, in dem der Veräußerer ansässig war. § 8 b Abs. 2 KStG a.F. stellte diese Gewinne in Deutschland von der Besteuerung frei. Diese Steuerfreistellung erfolgte für die Zwecke der Körperschaftsteuer dadurch, dass die Gewinne bei der Einkommensermittlung der inländischen Körperschaft außer Ansatz (§ 8 b Abs. 2 S. 1 KStG a.F.) blieben und für Zwecke der körperschaftsteuerlichen Gliederungsrechnung dem EK 01 zugeordnet wurden.[127] Durch § 8 b Abs. 2 KStG a.F. sollte nach der ursprünglichen Gesetzesbegründung bewirkt werden, dass die Rücklagen der ausländischen Gesellschaft auch dann (in der Bundesrepublik Deutschland) unbesteuert bleiben, wenn sie durch »Einmalausschüttung« in Gestalt von Veräußerungsgewinnen realisiert werden. Zur Nachholung der Besteuerung kam es bei der Weiterausschüttung an einen Anteilseigner, der nicht selbst eine unbeschränkt steuerpflichtige Kapitalgesellschaft oder sonstige Körperschaft im Sinne des § 43 KStG a.F. war.[128]

Mit der Neuregelung des gesamten § 8 b KStG und der damit einhergehenden *Freistellung* von laufenden und einmaligen Beteiligungserträgen durch das StSenkG hat die Norm ihren Rechtscharakter vollständig verändert. Dies war im Hinblick auf den Wechsel vom Anrechnungsverfahren zum Halbeinkünfteverfahren auch notwendig, um Doppelbelastungen nach dem klassischen System zu vermeiden. Von einer solchen Doppelbelastung ist dann die Rede, wenn kumulativ Körperschaftsteuer auf der Ebene der Kapitalgesellschaft und Einkommen- oder Körperschaftsteuer auf der Anteilseignerebene anfallen.

Damit wurde der wirtschaftspolitischen Zielsetzung – dem Aufbrechen der »Deutschland-AG« – Rechnung getragen. Auch der systematische Umstand, dass stille Reserven in einem Kapitalgesellschaftsanteil entweder auf bereits in der Tochterkapitalgesellschaft erzielte Gewinne oder auf erwartete, zukünftige Gewinne in der Tochterkapitalgesellschaft zurückzuführen sind, wurde berücksichtigt. Durch die fundamentale Erweiterung des § 8 b Abs. 2 KStG n.F. auf Beteiligungen an inländischen

---

127 Mit der Einführung des Halbeinkünfteverfahrens ist gleichzeitig die Gliederungsrechnung des Anrechnungsverfahrens entfallen. Infolgedessen wird der steuerfreie Veräußerungsgewinn nicht mehr dem EK 01 zugeführt. Stattdessen werden steuerfreie Veräußerungsgewinne zukünftig wie Ausschüttungen behandelt.
128 Entwurf der BReg. zu § 8 b Abs. 2 KStG, BT-Drs. 12/4487 S. 38.

Kapitalgesellschaften werden nicht nur Veräußerungen steuerfrei gestellt, sondern auch umfangreiche Restrukturierungen und grenzüberschreitende Joint Ventures ermöglicht. Hierbei ist allerdings zu beachten, dass 5 vH. des Veräußerungsgewinns gem. § 8 b Abs. 3 KStG als nichtabziehbare Betriebsausgaben gelten, so dass insoweit keine Steuerfreistellung erfolgt.

Das Bundesfinanzministerium hat in einem *Erlass zu den Fragen der Anwendung des § 8 b KStG* Stellung genommen.[129]

b) Tatbestandsmerkmale von § 8 b Abs. 2 KStG

aa) Persönlicher Anwendungsbereich

§ 8 b Abs. 2 KStG privilegiert *alle steuerpflichtigen Körperschaften* iSv. §§ 1 und 2 KStG.[130] Die Steuerbefreiung gilt auch für steuerbefreite Körperschaften, Anteilsverkäufe durch doppelt ansässige Kapitalgesellschaften sowie für beschränkte steuerpflichtige Körperschaften.[131] Gleiches gilt für sonstige juristische Personen des privaten Rechts, § 1 Abs. 1 Nr. 4 KStG, nichtrechtsfähige Vereine, Anstalten, Stiftungen und andere Zweckvermögen des privaten Rechts, § 1 Abs. 1 Nr. 5 KStG. Auch wenn Kapitalgesellschaften Kapitalgesellschaftsanteile veräußern, die sie über eine Personengesellschaft halten, sind diese Veräußerungen steuerprivilegiert, § 8 b Abs. 6 KStG.[132]

bb) Sachlicher Anwendungsbereich

(1) Allgemeines

Kapitalgesellschaften können inländische wie ausländische Beteiligungen unter den Voraussetzungen des § 8 b Abs. 2 KStG steuerfrei veräußern. Voraussetzung ist, dass die Leistungen der anderen Körperschaft oder Personenvereinigung beim Empfänger zu Einnahmen iSd. § 20 Abs. 1 Nr. 1, 2, 9 und 10 lit. a EStG gehören. Auf die Höhe der Beteiligung an der zu veräußernden Kapitalgesellschaft kommt es nicht

---

129 BMF-Schreiben vom 28.04.2003, BStBl. 2003 I, 292, DStR 2003, 881 ff.; vgl. zu dem Erlass: Eilers/Schmidt, GmbHR 2003, 613 ff.; Rödder/Schumacher, DStR 2003, 909 ff.

130 Ursprünglich (d. h. bis zum 31.12.2001) wurde die Steuervergünstigung nach § 8 b KStG nur einer Körperschaft iSv. § 1 Abs. 1 Nr. 1, 2, 3 oder 6 KStG gewährt. Zu Einzelfragen (Berechtigung von Stiftungen unter § 8 b Abs. 2 KStG) vgl. Förster, DB 1994, S. 385 f., restriktiver jedoch BMF-Schreiben vom 30.12.1983, DB 1984, S. 217 sowie Eilers/Wienands, in: Flick/Wassermeyer, AStG, Stand September 1998, § 8 b KStG Rn. 172–174. Vgl. zum neueren Recht Eilers/Schmidt, GmbHR 2003, 613 f.

131 Weitere Einzelheiten zur Holding-Steuerstrukturierung für beschränkt Steuerpflichtige vgl. Eilers/Schmidt, FR 2001, 8 ff.; Eilers/Wienands, GmbHR 2000, S. 1232.

132 Anders noch die Verwaltungsauffassung zur alten Rechtslage: A 41 Abs. 13 KStR, OFD Frankfurt v. 24.05.2000 – S 2750a A – 1 – St II 11, n. v.

an.[133] Auch muss die Beteiligung keine sog. Aktivitätsanforderungen erfüllen, wie sie in manchen Doppelbesteuerungsabkommen vorhanden sind.[134] Schließlich findet die Veräußerungsgewinnbefreiung gemäß § 8 b Abs. 2 S. 1 KStG auch uneingeschränkt auf die Veräußerung von Anteilen an Organgesellschaften durch den jeweiligen Organträger Anwendung[135] sowie auf wirtschaftlich vergleichbare Sachverhalte, die zur Realisierung von Stillen Reserven führen.

Sie umfasst den Gewinn aus

- der Veräußerung oder der verdeckten Einlage (§ 8 b Abs. 2 S. 5 KStG) eines Anteils an einer anderen (in- oder ausländischen) Körperschaft oder Personenvereinigung (= Zielgesellschaft),
- der Auflösung (§ 8 b Abs. 2 S. 3 KStG) einer anderen Körperschaft oder Personenvereinigung (Liquidation),
- der Herabsetzung des Nennkapitals (§ 8 b Abs. 2 S. 3 KStG) einer anderen Körperschaft oder Personenvereinigung oder
- dem Ansatz des in § 6 Abs. 1 S. 1 Nr. 2 S. 3 EStG bezeichneten Werts (Wertaufholungsgewinn).

(2)   Einschränkungen der Veräußerungsgewinnbefreiung

i) Vorangegangene, gewinnwirksame Teilwertabschreibung (§ 8 b Abs. 2 S. 4 KStG)

Eine Kapitalgesellschaft kann Kapitalgesellschaftsanteile dann nicht steuerfrei veräußern, wenn in den vorangegangenen Wirtschaftsjahren (bis VZ 2001) eine gewinnwirksame Teilwertabschreibung auf diese Anteile vorgenommen worden ist und die dadurch eingetretene Gewinnminderung bis zum Veräußerungszeitpunkt nicht durch eine Wertaufholung gem. § 6 Abs. 1 S. 1 Nr. 2 S. 3 EStG ausgeglichen worden ist. Ist der Veräußerungsgewinn allerdings höher als die Teilwertabschreibung, ist der die Teilwertabschreibung übersteigende Betrag steuerfrei.

---

133   Ursprünglich richtete sich die Beteiligungshöhe an der ausländischen Tochtergesellschaft nach der im jeweiligen DBA festgelegten Mindestbeteiligungsquote sowie nach § 8 b Abs. 5 KStG a.F., wonach die Mindestbeteiligungsquote für Zwecke des § 8 b KStG auf einheitliche 10 vH. herabgesenkt wurde.

134   Einige DBA sahen einen sog. Aktivitätsvorbehalt vor, der das Schachtelprivileg ggf. ausschloss. Letzteres war insoweit bedeutsam, als dass dessen Vorliegen Voraussetzung für die Steuerbefreiung des Veräußerungsgewinns war. Vgl. dazu z.B. No. 8 Ergänzungsprotokoll zum deutsch-portugiesischen DBA, BGBl. 1982 II, 129, oder beispielsweise den Ausschluss der luxemburgischen Finanzholdinggesellschaften, die nach dem Gesetz vom 31.07.1929 gegründet wurden, gem. Art. 1 des Schlussprotokolls zum deutsch-luxemburgischen DBA in der Fassung des Ergänzungsprotokolls vom 15.06.1978, BGBl. 1978 II, 109.

135   Vgl. oben S. 110, 6.; BMF-Schreiben vom 28.4.2003, BStBl. I 2003, 292, Tz. 16.

ii) Einbringungsfälle (§ 8 b Abs. 4 S. 1 KStG)

Kapitalgesellschaften können Anteile, an Kapitalgesellschaften dann nicht steuerfrei veräußern, wenn der Ausschlusstatbestand des § 8 b Abs. 4 S. 1 KStG eingreift. Diese Vorschrift schließt Kapitalgesellschaftsbeteiligungen von der grundsätzlichen Steuerbefreiung gem. § 8 b Abs. 2 KStG aus, wenn es sich bei diesen

- um einbringungsgeborene Anteile gemäß § 21 UmwStG handelt
  – Einbringungsgeborene Anteile werden dadurch geschaffen, dass ein Betrieb, Teilbetrieb oder Mitunternehmeranteil gem. § 20 Abs. 1 S. 1 UmwStG gegen die Gewährung von Gesellschaftsrechten zu Buchwerten, d.h. steuerneutral, in eine Tochterkapitalgesellschaft eingebracht wird und der einbringende im Gegenzug dazu Anteile an der Tochterkapitalgesellschaft erhält –
  oder
- es sich um Anteile einer zunächst nach § 8 b Abs. 2 KStG begünstigten Körperschaft handelt, die ihrerseits aber die Anteile von einem nicht nach § 8 b Abs. 2 KStG begünstigten Einbringenden (d.h. im Wesentlichen von natürlichen Personen) unter dem Teilwert erworben hat.

In der Praxis muss deshalb vor der Anwendung des § 8 b Abs. 2 KStG sehr genau geprüft werden, ob die zu veräußernden Anteile nicht irgendwann (!) in der Vergangenheit durch eine steuerfreie Einbringungstransaktion geschaffen worden sind. Die zweite Anwendungsausnahme soll Gestaltungen verhindern, bei denen natürliche Personen die für sie nicht anwendbare Vorschrift des § 8 b Abs. 2 KStG nutzen wollen. Der Gesetzgeber will hier die Veräußerungsgewinnbefreiung nicht zur Anwendung kommen lassen, wenn der Einbringende keine oder nicht alle stillen Reserven im Zeitpunkt der Einbringung der Anteile in die veräußernde Kapitalgesellschaft aufgedeckt hat.

iii) Kapitalbeteiligung von Kredit- und Finanzdienstleistungsinstituten

Schließlich ist der Veräußerungsgewinn von Kapitalbeteiligungen dann nicht steuerfrei, wenn ein Fall des § 8 b Abs. 7 KStG vorliegt. Hierbei handelt es sich um Beteiligungen, die bei Kreditinstituten und Finanzdienstleistungsinstituten nach § 1 Abs. 2 KWG dem Handelsbuch zuzurechnen sind. Hintergrund der Regelung ist, dass es durch die Neuregelung des § 8 b KStG iVm. § 3 c EStG insbesondere bei Banken zu Problemen gekommen wäre im Hinblick auf den Ausgleich von Gewinnen/Verlusten aus Aktiengeschäften mit den – zu deren wirtschaftlicher Absicherung abgeschlossenen – gegenläufigen Termingeschäften auf Aktien: Gewinne aus Aktienverkäufen wären während der einjährigen Behaltefrist steuerpflichtig gewesen; Verluste aus den Aktientermingeschäften hätten dagegen nach § 15 Abs. 4 S. 4 und 5 EStG nicht mit den – artfremden – Aktiengewinnen verrechnet werden können.[136] Um diesen bei

---

136 Erle/Sauter, Reform der Unternehmensbesteuerung, S. 85 ff. mit weiteren Beispielen; Watermeyer, in: Herrmann/Heuer/Raupach, Steuersenkungsgesetz, Stand April 2001, § 8 b KStG Rn. 121; Bogenschütz/Tibo, DB 2001, S. 8.

Banken üblichen und teilweise auch aufsichtsrechtlich geforderten Risikoausgleich steuerlich nicht zu behindern, wurde mit dem Investitionszulagengesetz u. a.

- der § 8 b Abs. 7 KStG eingeführt, mit dem für bestimmte Fälle die Regelungen des § 8 b Abs. 1 bis 6 komplett abbedungen werden,
- die einjährige Behaltefrist für die Steuerfreiheit der Veräußerungsgewinne von Kapitalgesellschaftsanteilen gestrichen und
- die Verlustverrechnungsbeschränkung des § 15 Abs. 4 EStG für Termingeschäfte auf Aktien auf solche Fälle beschränkt, bei denen der Veräußerungsgewinn steuerfrei ist.

Folge ist, dass für Banken und sonstige Kreditinstitute bei kurzfristigen Verkäufen die Ergebnisse aus Grund- und Sicherungsgeschäft zwar steuerpflichtig sind, aber eben nur der – nach Verlustverrechnung – verbleibende Überschuss.

Die Anwendung der Norm setzt im persönlichen Anwendungsbereich eine veräußernde Kapitalgesellschaft voraus, die entweder ein Kreditinstitut gem. § 1 Abs. 1 KWG, ein Finanzdienstleistungsinstitut gem. § 1 Abs. 1 a KWG oder ein Finanzunternehmen gem. § 1 Abs. 3 KWG ist. Der sachliche Anwendungsbereich setzt Anteile voraus, die entweder dem Handelsbuch zugerechnet werden oder der kurzfristigen Erzielung eines Eigenhandelserfolges (als Umlaufvermögen) dienen. Offen ist, ob Industrieholdings als Finanzunternehmen iSd. KWG erfasst werden können und damit den persönlichen Anwendungsbereich erfüllen.[137]

Kreditinstitute sind nach § 1 Abs. 1 S. 1 KWG Unternehmen, die Bankgeschäfte gewerbsmäßig oder in einem Umfang betreiben, der einen in kaufmännischer Weise eingerichteten Geschäftsbetrieb erfordert. Die entsprechenden Bankgeschäfte werden in § 1 Abs. 1 S. 2 KWG abschließend definiert. Zu ihnen gehören insbesondere das Einlage-, Kredit-, Diskont-, Finanzkommission-, Depot-, Investment- und Girogeschäft. Eine Holdinggesellschaft, die die vorgenannten Bankgeschäfte nicht selbst ausübt, fällt nicht unter diese Regelung.

Finanzdienstleistungsinstitute sind nach § 1 Abs. 1 a KWG Unternehmen, die Finanzdienstleistungen für andere gewerbsmäßig oder in einem Umfang erbringen, der einen in kaufmännischer Weise eingerichteten Geschäftsbetrieb erfordert, und die keine Kreditinstitute sind. Finanzdienstleistungen sind nach § 1 Abs. 1 a S. 2 KWG die Anlage- und Abschlussvermittlung, Finanzportfolioverwaltung, der Eigenhandel, Drittstaateneinlagenvermittlung, Finanztransfergeschäft und das Sortengeschäft. Auch hierzu gehören reine Holdinggesellschaften nicht.

Finanzunternehmen sind nach § 1 Abs. 3 KWG Unternehmen, die keine Kredit- oder Finanzdienstleistungsinstitute sind und deren Haupttätigkeit u.a. darin besteht, Beteiligungen zu erwerben. Irrelevant für die persönliche Qualifizierung als Finanzunternehmen iSd. KWG ist, welche Tätigkeit das Beteiligungsunternehmen ausübt, d.h. es muss selbst keine Tätigkeit im Bereich des KWG entfalten, sondern es kommt jedes Unternehmen als Beteiligungsunternehmen in Betracht. Dementsprechend ist es

---

137 Fülbier, in: Boos/Fischer/Schulte-Mattler, Kreditwesengesetz, § 1 Rn. 174.

für die Anwendung des KWG wohl unstreitig, dass normale Holding-Gesellschaften ohne KWG-Tätigkeiten vom Begriff des Finanzunternehmens iSd. § 1 Abs. 3 Nr. 1 KWG erfasst werden.[138] Da § 8 b Abs. 7 KStG keine eigenständige Begriffsdefinition trifft, sondern nach seinem Wortlaut in dieser Beziehung in vollem Umfang auf das KWG rekurriert, muss grundsätzlich auch steuerrechtlich davon ausgegangen werden, dass die KWG-Qualifizierung als Finanzunternehmen iSd. § 1 Abs. 3 KWG auf § 8 b Abs. 7 KStG durchschlägt. Damit wären auch *reine Holdinggesellschaften* Finanzunternehmen in diesem Sinne. Allerdings wird von einigen vertreten, dass diese Interpretation mit dem Ziel des Gesetzgebers, eine von den Banken geforderte Sonderregelung für deren Tätigkeitsbereich zu schaffen, in Widerspruch stehe. Reine, typische Holdinggesellschaften fielen deshalb bereits gar nicht unter den Begriff des Finanzunternehmens.[139] Dies ergebe sich auch aus einer Betrachtung des in diesem Zusammenhang ebenfalls geänderten § 15 Abs. 4 EStG, der den Risikoausgleich bei Banken mittels Aktientermingeschäften ermöglichen wolle. Unternehmen, die zu einem derartigen Risikoausgleich aufsichtsrechtlich nicht verpflichtet seien, fielen bei einer systematischen Betrachtung auch nicht in den Anwendungsbereich des § 8 b Abs. 7 KStG[140] Diese Auslegung ist in Bezug auf Systematik der Regelung und Ziel des Gesetzgebers durchaus überzeugend. Allerdings findet sie im objektiven Wortlaut des § 8 b Abs. 7 KStG keine echte Stütze, da dieser sich an das KWG anlehnt. Im Ergebnis sind daher reine Holdinggesellschaften unter den Begriff des Finanzunternehmens zu erfassen. Dies entspricht auch der Ansicht der Finanzverwaltung.[141]

Bei der Veräußerung von Anteilen, die von reinen Holdinggesellschaften gehalten werden, sollte daher im Hinblick auf die Steuerbefreiung nach § 8 b Abs. 2 KStG ein »kurzfristiger Eigenhandelserfolg« iSv. § 8 b Abs. 7 S. 2 KStG vermieden werden. Was unter dem Merkmal *»kurzfristiger Eigenhandelserfolg«* zu verstehen ist, ist jedoch noch nicht abschließend geklärt.[142] Während die Finanzverwaltung wohl davon ausgeht, dass es darauf ankommt, ob die Anteile objektiv nach Handelsrecht dem Anlagevermögen zuzuordnen sind (dann kein kurzfristiger Eigenhandelserfolg),[143] wird in der Literatur auf Haltefristen und subjektive Elemente abgestellt.[144] Für die Pra-

---

138 Ausdrücklich Rundschreiben Nr. 19/99 des Bundesaufsichtsamtes für das Kreditwesen vom 23.12.1999 unter Nr.1; Reischauer/Kleinhans, KWG, Stand Mai 1995, § 1 Rn. 92; Bogenschützz/Tibo, DB 2001, 8, 11.
139 Milatz, BB 2001, 1066 (1073); im Anschluss daran Watermeyer, in: Herrmann/Heuer/Raupach, Steuersenkungsgesetz, Stand April 2001, § 8 b KStG Rn. 124.
140 Milatz, BB 2001, 1066 (1073).
141 BMF-Schreiben v. 25.07.2002, IV A 2 - S 2750 a - 6-02, BStBl. I 2002, 712, DStR 2002, 1148.
142 Vgl. zum Meinungsstand Bünning/Slabon, FR 2003, 174, 177 ff.; Dreyer/Hermann, DStR 2002, 1837, 1839; Eilers/Schmidt, GmbHR 2003, 613, 640; Stoscheck/Lauermann/Peter, NWB 2002, 3015 ff.
143 BMF-Schreiben v. 25.07.2002, a.a.O.
144 Vgl. dazu Bieg, Rechnungslegung, S. 224; Dreyer/Herrmann, DStR 2002, 1837, 1839.

xis empfiehlt es sich, dass die Holdinggesellschaft die Anteile in das Anlagevermögen (und nicht in das Umlaufvermögen) bucht und zumindest für einen Zeitraum von 12 Monaten hält.

Während die Veräußerungsgewinne nach § 8 b Abs. 7 KStG steuerpflichtig sind, werden *Gewinnausschüttungen*, die in den Anwendungsbereich der Mutter-Tochter-Gesellschafts-Richtlinie des Rates[145] fallen, wiederum in einer Rückausnahme gem. § 8 b Abs. 9 KStG[146] ab dem VZ 2004[147] steuerfrei gestellt. Dabei wäre eine Freistellung nach der Richtlinie nicht erforderlich gewesen, sondern auch eine Anrechnung des Teils der auf die Gewinnausschüttung entfallenden ausländischen Steuer der Tochtergesellschaft wäre möglich gewesen. Nach Ansicht des Gesetzgebers war aber die Steuerbefreiung der Gewinnausschüttungen erforderlich, um den europarechtlichen Vorgaben der Richtlinie zu genügen. Zu beachten ist aber, dass die Dividenden dann insoweit wieder der »5 %-Hinzurechnungsbesteuerung« gem. § 8 b Abs. 5 KStG unterliegen, so dass es tatsächlich zu nur zu einer 95 %igen Steuerfreistellung kommt.[148] Auch sind insoweit § 8 b Abs. 7, 8 KStG dann wieder anwendbar.[149]

iv) Lebens- und Krankenversicherungsunternehmen

Gemäß § 8 b Abs. 8 KStG findet die Freistellung von Veräußerungsgewinnen und auch die Freistellung von Gewinnausschüttungen bei Anteilen, die bei Lebens- und Krankenversicherungsunternehmen den Kapitalanlagen zuzurechnen sind, keine Anwendung.[150]

Die Gewinnausschüttungen, die in den Anwendungsbereich der Mutter-Tochter-Gesellschafts-Richtlinie fallen, werden auch hier ab dem VZ 2004 durch die Rückausnahme gem. § 8 b Abs. 9 KStG steuerfrei gestellt. Als Folge ist bei der Berechnung der steuerlich abziehbaren Beitragsrückerstattung gem. § 21 Abs. 1 Nr. 1 S. 1 KStG, das handelsrechtliche Jahresergebnis für das selbst abgeschlossene Geschäft auch um die steuerfreien Dividenden gem. § 8 b Abs. 9 KStG zu kürzen.[151]

(3) **Wiedergewährung der Steuerfreiheit (Rückausnahmen gem. § 8 b Abs. 4 S. 2 KStG)**

§ 8 b Abs. 4 S. 2 KStG regelt unter bestimmten Voraussetzungen Rückausnahmen zu § 8 b Abs. 4 S. 1 KStG, wonach der Veräußerungsgewinn *wieder* steuerfrei gestellt wird.

---

145 Richtlinie 90/435/EWG (AblEG 1990 L 225, S. 6), zuletzt geändert durch die Richtlinie des Rates 2003/123/EG (AblEU 2004 L 7, S. 41) v. 22.12.2003.
146 Eingefügt durch EURLUmsG v. 09.12.2004, BGBl. I 2004, 3310; hierdurch sollte dem Art. 4 Abs. 1 der Richtlinie Rechnung getragen werden.
147 § 34 Abs. 7 S. 9 KStG.
148 Vgl. auch unten S. 106 ff., 5. c) ee), 5. e).
149 Gosch, KStG, § 8 b Rn. 620.
150 Vgl. näher zu dieser Ausnahme Rödder/Schumacher, DStR 2004, 208.
151 Melchior, DStR 2004, 2121, 2124.

Eine Rückausnahme liegt dann vor, wenn die in Rede stehenden Anteile

- später als *sieben Jahren* nach dem Anteilserwerb veräußert werden, § 8 b Abs. 4 S. 2 Nr. 1 KStG oder
- nicht infolge eines *Einbringungsvorgangs* gem. § 20 Abs.1 S. 1 oder § 23 Abs.1 bis 3 UmwStG erworben worden sind, § 8 b Abs. 4 S.2 Nr. 2 HS. 1 KStG und
- auf einer Einbringung durch einen nicht von § 8 Abs. 2 KStG begünstigten Steuerpflichtigen beruhen und nicht binnen sieben Jahren veräußert worden sind, § 8 b Abs. 4 S. 2 Nr. 2 HS 2 KStG.

Die Feststellung, ob ein Veräußerungsgewinn gem. § 8 b Abs. 2 KStG steuerfrei oder steuerpflichtig ist, setzt demzufolge eine *dreistufige Prüfung* voraus: Der grundsätzlich gem. § 8 b Abs. 2 KStG steuerfrei gestellte Veräußerungsgewinn ist zunächst steuerpflichtig, sofern die Voraussetzungen des § 8 b Abs. 4 S. 1 Nr. 1 oder Nr. 2 KStG vorliegen. Liegen jedoch die Voraussetzungen der Rückausnahme des § 8 b Abs. 4 S. 2 Nr. 1 oder Nr. 2 HS. 1 KStG vor, wird der Veräußerungsgewinn wieder steuerfrei, es sei denn letzterer wird von § 8 b Abs. 4 S. 2 Nr. 2 HS. 2 KStG erfasst.

Die in § 8 b Abs. 4 S. 2 Nr. 1 KStG enthaltene Sieben-Jahres-Frist soll verhindern, dass in einem ersten Schritt ein Betrieb oder Teilbetrieb, dessen Veräußerung steuerpflichtig gewesen wäre, in eine Kapitalgesellschaft eingebracht wird und in einem zweiten Schritt zeitnah die Anteile an der Kapitalgesellschaft steuerfrei veräußert werden können.

Fraglich war bisher, ab welchem Zeitpunkt die Behalte- bzw. Sperrfrist zu berechnen war. Hierbei kam zum einen der Zeitpunkt des Erwerbs der Anteile zum steuerlichen Übertragungsstichtag im Sinne des § 20 Abs. 7 und 8 UmwStG[152], zum anderen der Zeitpunkt des Wirksamwerdens der Übertragung, die zum Entstehen von einbringungsgeborenen Anteilen geführt hat, in Betracht. Mit dem UntStFG vom 20.12.2001 wurde § 8 b Abs. 4 S. 2 Nr. 1 KStG dahingehend geändert, dass nunmehr ausdrücklich die Jahresfrist »... nach der Einbringung...« zu berechnen ist. Insoweit hat sich der Gesetzgeber an die Regelung in § 3 Nr. 40 S. 4 lit. a EStG angelehnt und sich damit der vorherrschenden Meinung im Schrifttum, an den steuerlichen Übertragungsstichtag anzuknüpfen, angeschlossen. Dies entspricht jetzt auch der Ansicht der Finanzverwaltung.[153]

§ 8 b Abs. 4 S. 2 Nr. 2 HS. 1 KStG, der sich sowohl auf Anteile im Sinne des § 8 b Abs. 4 S. 1 Nr. 1 als auch Nr. 2 KStG bezieht, stellt den Veräußerungsgewinn steuerfrei, wenn die zu veräußernden Anteile aufgrund eines Einbringungsvorgangs nach § 20 Abs. 1 S. 1 oder § 23 Abs. 1 bis 3 UmwStG erworben wurden. Dadurch soll klargestellt werden, dass der Erwerb einer Kapitalbeteiligung von einer Kapitalgesellschaft durch eine andere Kapitalgesellschaft nach Maßgabe des § 20 Abs. 1 S. 1

---

152 Schaumburg/Rödder, Unternehmensteuerreform 2001, S.557; Eilers/Wienands, GmbHR 2000, 1229 (1237); Köster, FR 2000, 1263, 1266; Strahl, KÖSDI 2/2001, 12728, 12737.
153 BMF-Schreiben vom 28.04.2003, BStBl. I 2003, 292, Tz. 41.

- **Persönlicher Anwendungsbereich:**
  alle steuerpflichtigen Körperschaften iSv. §§ 1, 2 KStG
  ⇒ auch für steuerbefreite Körperschaften
  ⇒ doppelt ansässige Kapitalgesellschaften
  ⇒ beschränkt steuerpflichtige Körperschaften
  ⇒ sonstige jur. Personen des Privatrechts (nicht rechtsfähige Vereine, Anstalten, Stiftungen)
  ⇒ Zwischengeschaltete PersG gem. § 8 b Abs. 6 KStG
- **Sachlicher Anwendungsbereich**
  1. Anteilsveräußerungsgewinne von Inlands- und Auslandsbeteiligungen sind grundsätzlich steuerfrei (Umfang des Veräußerungsgewinn vgl. Ausführungen unten unter 5. c))
  2. AUSNAHMEN:
     Veräußerungsgewinn ist in folgenden Fällen steuerpflichtig:
     ➢ **§ 8 b Abs. 2 S. 2 KStG:** sofern der Veräußerungsgewinn eine vorangegangene gewinnwirksame Teilwertabschreibung ausgleicht
     ➢ **§ 8 b Abs. 4 S. 1 Nr. 1 KStG:** bei einbringungsgeborenen Anteilen gem. § 21 UmwStG
     ➢ **§ 8 b Abs. 4 S. 1 Nr. 2 KStG:** bei Anteilen, die zuvor von einem nicht nach § 8 b Abs. 2 KStG Begünstigten unter dem Teilwert eingebracht worden sind (z.B. natürliche Personen)
     ➢ **§ 8 b Abs. 7 KStG:**
        - **Persönlicher Anwendungsbereich:**
          – Kreditinstitute, § 1 Abs. 1 S. 1 KWG
          – Finanzdienstleistungsinstitute, § 1 Abs. 1a KWG
          – Finanzunternehmen, § 1 Abs. 3 KWG
        - **Sachlicher Anwendungsbereich:**
          o Beteiligungen werden dem Handelsbuch zugerechnet
          o Erwerb der Beteiligungen mit dem Ziel der kurzfristigen Erzielung eines Eigenhandelserfolges (Umlaufvermögen)
     ➢ **§ 8b Abs. 8 KStG:**
        - **Persönlicher Anwendungsbereich:**
          – Lebens- und Krankenversicherungsunternehmen
          – Pensionsfonds
        - **Sachlicher Anwendungsbereich:**
          – Beteiligungen werden den Kapitalanlagen zugerechnet
  3. RÜCKAUSNAHMEN im Fall des § 8 b Abs. 4 S. 1 KStG:
     Veräußerungsgewinn ist in den folgenden Fällen dennoch steuerfrei:
     ➢ **§ 8 b Abs. 4 S. 2 Nr. 1 KStG:** Veräußerung nach einer Behalte-/Sperrfrist von 7 Jahren
     ➢ **§ 8 b Abs. 4 S. 2 Nr. 2, 1. HS KStG:** im Ergebnis: Erwerb einer KapBeteiligung von einer KapG durch einer zweite KapG nach Maßgabe des § 20 Abs. 1 S. 1 UmwStG (Behaltefrist in diesem Fall belanglos)
     ➢ **§ 8 b Abs. 4 S. 2 Nr. 2, 2. HS KStG:** Danach gewinnt im Fall des § 8 b Abs. 4 S. 2 Nr. 2, 1. HS KStG die Behaltefrist dann wieder an Bedeutung, wenn die zu veräußernden Anteile ursprünglich von einer natürlichen Personen oder von einem anderen, nicht nach § 8 b Abs. 2 KStG Begünstigten eingebracht worden sind.

Abb. 4: Steuerfreie Veräußerung von Kapitalgesellschaftsanteilen

UmwStG bei der aufnehmenden Kapitalgesellschaft keine Sperrfrist auslöst. Unbedeutend ist in diesem Zusammenhang die Behaltefrist von sieben Jahren. Demnach kommt § 8 b Abs. 4 S. 2 Nr. 2 HS. 1 KStG nur während der siebenjährigen Frist Bedeutung zu. Nach deren Ablauf ist der Veräußerungsgewinn bereits nach § 8 b Abs. 4 S. 2 Nr. 1 KStG steuerfrei. Diese Ansicht wird auch von der Finanzverwaltung vertreten.[154]

Dies gilt nicht für § 8 b Abs. 4 S. 2 Nr. 2 HS. 2 KStG, der erst durch das Unternehmensteuerfortentwicklungsgesetz (UntStFG) vom 20.12.2001 eingeführt worden ist. Obwohl die eingebrachten Anteile bereits von der natürlichen Person im System des Halbeinkünfteverfahrens gehalten werden[155] und auch bei der übernehmenden Kapitalgesellschaft die stillen Reserven letztlich im System der Halbeinkünftebesteuerung verbleiben, wurde für die Einbringung in eine Kapitalgesellschaft durch eine natürliche Person nach § 20 Abs. 1 S. 2 UmwStG auf der Ebene der übernehmenden Kapitalgesellschaft die Sperrfrist ausdrücklich formuliert.

c) Gewinne im Sinne des § 8 b Abs. 2 KStG

aa) Veräußerungsgewinn

Der Begriff des Veräußerungsgewinnes ist seit dem 1.1.2004 gesetzlich definiert; es ist der Betrag, um den der Veräußerungspreis (oder der an dessen Stelle tretende Wert) nach Abzug der Veräußerungskosten den steuerlichen Buchwert zum Zeitpunkt der Veräußerung übersteigt (§ 8 b Abs. 2 S. 2 KStG). Eine Veräußerung liegt vor, wenn die Beteiligung ganz oder teilweise auf einen anderen Rechtsträger gegen Entgelt übertragen wird. Keine Privilegierung gibt es für weitere im Zusammenhang mit der Anteilsübertragung erfolgende Veräußerungen, wie z. B. für den Verkauf von Wirtschaftsgütern, die bislang leih- und mietweise an die Tochtergesellschaft, die jetzt veräußert wird, überlassen werden.

bb) Konzerninterne Transaktionen (verdeckte Einlagen/verdeckte Gewinnausschüttungen)

Das konzerninterne Umhängen von Beteiligungen im Wege der verdeckten Einlage stellt gem. § 8 b Abs. 2 S. 5 KStG der Veräußerung gleich.[156] Finden konzerninterne Transaktionen statt, so besteht das Risiko, dass mit derartigen Anteilsverkäufen auch

---

154 BMF-Schreiben vom 28.04.2003, a. a. O., Tz. 47; zu Sonderfällen der Anwendung des § 8 b Abs. 4 KStG in Fällen, in denen Beteiligungen Bestandteile eines eingebrachten Betriebsvermögens sind vgl. BMF v. 05.01.2004, IV A 2 - S 2750 a - 35/03, DStR 2004, 138, FR 2004, 176.
155 Spätestens bei der Ausschüttung des steuerfreien Veräußerungsgewinns an den Anteilseigner kommt es zur Halbeinkünftebesteuerung.
156 Prinz, in: Schaumburg, Unternehmenskauf im Steuerrecht, S. 151 ff.

verdeckte Gewinnausschüttungen ausgelöst werden. Es war umstritten, ob auch *verdeckte Gewinnausschüttungen* unter den Begriff des Veräußerungsgewinnes[157] zu subsumieren sind.[158] Der BFH vertrat in seinem Aussetzungsbeschluss vom 06.07.2000[159] die Ansicht, dass auch verdeckte Gewinnausschüttungen als begünstigter Veräußerungsgewinn zu behandeln seien. Der Senat führte darin aus, dass es ernstlich zweifelhaft sei, ob die Anweisungen in Abschn. 41 Abs. 5 S. 5 KStR, wonach Teile des Veräußerungsgewinns, die als verdeckte Gewinnausschüttung zu behandeln sind, nicht unter die Rechtsfolge des § 8 b Abs. 2 KStG a.F. fallen, dem geltenden Recht entsprächen. Sinn und Zweck des § 8 Abs. 3 S. 2 KStG sei es, für Besteuerungszwecke von einem angemessenen Veräußerungserlös auszugehen, wenn Gegenstand einer verdeckten Gewinnausschüttung die Veräußerung der Beteiligung an einer ausländischen Kapitalgesellschaft zu einem unangemessen niedrigen Preis an einen Gesellschafter oder eine nahe stehende Person sei. Eine steuerneutrale Korrektur müsse deshalb im Regelfall bei dem einzelnen Geschäftsvorfall – dem Beteiligungsverkauf – und seinen gewinnmäßigen Auswirkungen nach § 8 Abs. 3 S. 2 KStG (Beteiligungsveräußerungsgewinn) ansetzen, für den eine Gewinnverlagerung angenommen werde.

Im Übrigen lässt sich die Subsumtion der verdeckten Gewinnausschüttung unter den Begriff des Veräußerungsgewinns auch damit begründen, dass kein Grund ersichtlich ist, die verdeckte Einlage, nicht aber die verdeckte Gewinnausschüttung gem. § 8 b Abs. 2 KStG n.F. zu begünstigen. Schließlich wird durch die verdeckte Gewinnausschüttung nur der Zahlungsweg abgekürzt: An Stelle eines Hin- und Herzahlens von Geld – Kaufpreis und Ausschüttung – wird die Beteiligung unmittelbar an den Anteilseigner ausgekehrt.[160] Diese Auffassung wird nunmehr auch von der Finanzverwaltung vertreten.[161]

bb) Gewinn aus Auflösung

Der Gewinn aus Auflösung erfasst den Gewinn aus einer *Liquidation* einer Kapitalgesellschaft oder Personenvereinigung. Das sind lediglich die ausgekehrten Liquidationsgewinne, denn nur diese unterliegen gem. § 11 KStG bei der Liquidationsgesellschaft der Besteuerung. Dass auch die Gewinne aus einer Auflösung steuerfrei zu stellen sind rechtfertigt sich daraus, dass die Veräußerung von Anteilen an einer Kapitalgesellschaft einer Vollausschüttung gleichzusetzen ist. Nichts anderes gilt für den

---

157 Menck, in: Blümich, KStG, Stand Oktober 2004, § 8 b Rn. 126; Dötsch/Pung, in: Dötsch/Eversberg/Jost/Witt, KStG, Stand Mai 2004, § 8 b KStG n.F. Rn. 30; Eilers/Wienands, in: Flick/Wassermeyer, AStG, Stand September 1998, § 8 b KStG Rn. 185 ff.; Förster, DB 1994, 385, 388; Köhler, IStR 1996, 70.
158 A. A.: Vgl. Abschn. 41 Abs.5 S. 5 KStR 1995; FG Hessen vom 12.01.2000 – 4 V 3043/99, EFG 2000, 330.
159 BFH, Beschluss v. 06.07.2000, I B 34/00, GmbHR 2000, S. 1115 = BFH/NV 2000, 1430.
160 Vgl. Eilers/Wienands, GmbHR 2000, S. 1229 (1235).
161 BMF-Schreiben vom 28.04.2003, BStBl. I 2003, 292, Tz. 21.

Fall der Auflösung einer Kapitalgesellschaft, an der einbringungsgeborene Anteile bestehen, § 21 Abs. 2 Nr. 3 UmwStG. Zahlungen aus dem steuerlichen Einlagenkonto (§ 27 Abs. 1 KStG) unterliegen der Steuerbefreiung gem. § 8 b Abs. 2 KStG. Liquidationsraten, die nicht in der Rückzahlung vom Nennkapital (mit Ausnahmen des Nennkapitals iSd. § 28 Abs. 2 S. 2 KStG, Sonderausweis) bestehen und nicht aus dem Bestand des steuerlichen Einlagenkontos stammen, gehören zu den Einkünften aus Kapitalvermögen und fallen daher unter die Beteiligungsertragsbefreiung gem. § 8 b Abs. 1 KStG.[162]

cc) Gewinn aus der Herabsetzung des Nennkapitals

Ein Gewinn aus der Herabsetzung des Nennkapitals wird dann realisiert, wenn die Kapitalherabsetzung den Buchwert der Beteiligung übersteigt. Dies ist beispielsweise dann der Fall, wenn die Beteiligung auf den niedrigeren Teilwert *abgeschrieben* wird.

dd) Wertaufholungsgewinne

Wertaufholungsgewinne im Sinne des § 6 Abs. 1 S. 1 Nr. 2 S. 3 EStG werden dann realisiert, wenn die Mutterkapitalgesellschaft auf ihre Beteiligung an einer Kapitalgesellschaft oder Personenvereinigung eine Abschreibung auf den niedrigeren Teilwert vorgenommen hat. Folgt eine Rückgängigmachung des bislang angesetzten niedrigeren Teilwerts durch Ansatz eines höheren Teilwerts, höchstens der Anschaffungskosten, ergibt sich aus dem Differenzbetrag ein steuerfreier Gewinn im Sinne des § 8 b Abs. 2 S. 1 KStG.

Zu beachten ist in diesem Zusammenhang, dass Wertaufholungsgewinne dann nicht steuerfrei im Sinne des § 8 b Abs. 2 S. 1 KStG sind, soweit diese auf bis einschließlich 2001 steuerwirksam vorgenommenen Teilwertabschreibungen beruhen. Durch § 8 b Abs. 2 S. 4 KStG sollen Doppelbegünstigungen vermieden werden.

Von steuerlich »nicht wirksamen« Teilwertabschreibungen ist im Gegensatz dazu dann die Rede, wenn ausschüttungsbedingte Teilwertabschreibungen auf Auslandsbeteiligungen, § 8 b Abs. 6 KStG, entfallen oder § 50 c EStG a.F. eine Teilwertabschreibung rechtfertigt.[163] Um gewinnneutrale Minderung der Anschaffungskosten der Beteiligung – sprich negative Anschaffungskosten – handelt es sich, wenn Ausschüttungen aus dem EK 04 nach dem KStG a.F. vorgenommen worden sind.

ee) Veräußerungsgewinnbesteuerung seit dem 1.1.2004

Seit 2004 werden die Gewinne, die eine Körperschaft aus der Veräußerung eines Anteils an einer anderen Körperschaft erzielt, ebenfalls der 5%igen »Hinzurechnungs-

---

162 BMF-Schreiben vom 28.04.2003, BStBl. I 2003, 292, Tz. 7.
163 Zur Anwendung von § 50 c EStG siehe § 52 Abs. 59 EStG.

besteuerung« unterworfen. Technisch erfolgt auch hier diese »Hinzurechnungsbesteuerung« dadurch, dass in Höhe von 5 % eines erzielten Veräußerungsgewinns fiktiv Betriebsausgaben angenommen werden, die weder für Zwecke der Körperschaftsteuer noch der Gewerbesteuer abziehbar sind und damit die jeweiligen steuerlichen Bemessungsgrundlagen erhöhen (§ 8 b Abs. 3 S. 1 KStG). Die Regelung betrifft sowohl inländische als auch ausländische Beteiligungen, unabhängig von der Beteiligungshöhe oder einer bestimmten Besitzzeit. Vom Konzept her entspricht die »5 %-Hinzurechnungsbesteuerung« bei Veräußerungsgewinnen dem bekannten Konzept der »5 %-Hinzurechnungsbesteuerung« bei Dividendenbezügen. Erträge aus Wertaufholungen sind ebenfalls Gegenstand der 5%igen »Hinzurechnungsbesteuerung« (§ 8 b Abs. 3 S. 1 KStG iVm. § 8 b Abs. 2 S. 2 KStG). Dies führt dann zu einer Doppelbesteuerung, wenn die der Wertaufholung vorangehende Teilwertabschreibung selbst steuerlich nicht geltend gemacht werden konnte, wie im Falle des § 8 b Abs. 3 S. 3 KStG. Die Steuerlast beträgt etwa 2 % des Veräußerungsgewinnes. Dieses ergibt sich daraus, dass die 5 % des Veräußerungsgewinnes mit etwa 40 % Ertragsteuern (Körperschaftssteuer von 25 % und Gewerbesteuer von ca. 15 %) belastet werden. Die 5%ige »Hinzurechnungsbesteuerung« (Erhöhung der steuerlichen Bemessungsgrundlage) erfolgt für jeden einzelnen erzielten Veräußerungsgewinn. Es erfolgt keine Zusammenfassung der in einem Geschäftsjahr erzielten Veräußerungsgewinne und Veräußerungsverluste.

Ein Erwerber von Anteilen an einer inländischen oder ausländischen Kapitalgesellschaft sollte prüfen, ob und in welchem Umfang er Gewinnrücklagen miterwirbt. Gegebenenfalls sollte er den Veräußerer veranlassen, die Gewinnrücklagen vor der Veräußerung auszuschütten bei entsprechender Reduzierung des Kaufpreises, da andernfalls erhebliche Steuernachteile drohen. Zum einen erfolgt die 5 %ige Hinzurechnung bei dem von dem Veräußerer erzielten Veräußerungsgewinn, der durch die mitvergüteten Gewinnrücklage höher ausfällt, und zum anderen bei einer späteren Ausschüttung der Rücklagen als Dividende an den neuen Erwerber.[164]

Ausländische Anteilseigner werden von den Neuregelungen bei der Veräußerungsgewinnbesteuerung grundsätzlich nicht berührt, da die DBA Deutschland regelmäßig daran hindern, den Veräußerungsgewinn, den ein ausländischer Anteilseigner aus der Verwertung seines Beteiligungsbesitzes erzielt, zu besteuern (Art. 13 Abs. 5 OECD-MA). Ein ausländischer Anteilseigner, der in einem Staat ansässig ist, mit dem Deutschland kein DBA hat, und der mindestens eine 1 %ige Beteiligung an einer inländischen Kapitalgesellschaft hält, ist mit einem Anteilsveräußerungsgewinn in Deutschland beschränkt steuerpflichtig gem. § 49 Abs. 1 Nr. 2 lit. e EStG bzw. als ausländische Kapitalgesellschaft gem. §§ 2, 8 Abs. 1 KStG iVm. § 49 EStG. Hierbei findet das Halbeinkünfteverfahren gem. § 3 Nr. 40 lit. c EStG und für Kapitalgesellschaften grundsätzlich die Veräußerungsgewinnfreistellung gem. § 8 b Abs. 2 KStG Anwendung.[165] Während bei einem entsprechenden, bestehenden DBA wohl keine Besteu-

---

164 Vgl. Beispiel bei Eilers, in: Schaumburg (Hrsg.), Unternehmenskauf, S. 60.
165 Heinicke, in: Schmidt, EStG, § 49 Rn. 37; Siegers, in Dötsch/Eversberg/Jost/Witt, KStG, Dezember 2001, § 2 n.F. Rn. 51 a.

erung einer ausländischen Kapitalgesellschaft aufgrund der Hinzurechnung gem. § 8 b Abs. 3 S. 1 KStG erfolgt, da das Besteuerungsrecht dem anderen (Sitz-) Staat obliegt, sind bei keinem bestehenden DBA 5 % des Veräußerungsgewinnes steuerpflichtig.[166]

d) Gewerbesteuer

§ 8 b Abs. 2 KStG gilt unmittelbar auch für die Gewerbesteuer.[167] Damit bleibt der Veräußerungsgewinn aus der Veräußerung von Kapitalbeteiligungen auch *gewerbesteuerfrei*.

Dieses gilt auch insoweit für die un-/mittelbare Beteiligung einer Kapitalgesellschaft über eine *zwischengeschaltete Personengesellschaft* gem. § 7 S. 4 GewStG iVm. § 8 Abs. 6 KStG[168].

e) Pauschaliertes Betriebsausgabenabzugsverbot bei Dividenden

Früher war umstritten, inwieweit *Finanzierungsaufwand* und andere Betriebsausgaben im Zusammenhang mit dem Erwerb und dem Halten von aufgrund § 8 b Abs. 2 KStG a.F. steuerprivilegierten Auslandsbeteiligungen gem. § 3 c EStG a.F. zum Betriebsausgabenabzug zuzulassen waren. Nach der Rechtsprechung[169] waren die im Rahmen des Erwerbs einer Schachtelbeteiligung anfallenden Schuldzinsen als Betriebsausgaben abzugsfähig, soweit die steuerfreien Dividendeneinnahmen aus dieser den Betrag der aufzuwendenden Schuldzinsen nicht deckten.[170] Schuldzinsen waren dann in voller Höhe abziehbar, wenn keine steuerfreien Dividenden zuflossen. Das galt auch für nach § 8 b Abs. 2 KStG a.F. steuerfreie Veräußerungsgewinne.

Mit der Neuregelung des § 8 b Abs. 7 KStG (StEntlG 1999/2000/2002) unterlagen zunächst 15 vH. aller nach einem DBA oder nach § 8 b Abs. 4 und Abs. 5 KStG a.F. steuerfrei gestellten Gewinnausschüttungen einer ausländischen Tochtergesellschaft als (fiktiv) nichtabziehbare Betriebsausgaben der inländischen Besteuerung[171],

---

166 Kröner, in: E&Y, KStG, April 2004, § 8 b Rn. 143; Watermeyer, in: Herrmann/Heuer/Raupach, KStG, Juli 2004, § 8 b Rn. 24, 83.
167 Vgl. BT-Drs. 14/2683, S. 124; Bericht des BMF zur Fortentwicklung des Unternehmenssteuerrechts, zu C. IV. 2.
168 Die noch gegenteilige Ansicht der Finanzverwaltung, BMF-Schreiben v. 28.04.2003, BStBl. I 2003, 292, Tz. 57, ist insoweit nicht Gesetz geworden; vgl. dazu auch Eilers/Schmidt, GmbHR 2003, 613, 638; Goksch/Buge, DStR 2004, 1549.
169 BFH, Urteile v. 29.05.1996, IR 167/94, IR 21/95, IR 15/94 IStR 1996, 336 ff. = DStR 1996, 1160 ff.; Anm. v. Wassermeyer, IStR 1996, 336 und Krabbe, IStR 1996, 387; vgl. auch Eilers/Nowack, IStR 1994, 257 ff.
170 Ebenso BMF-Schreiben v. 20.01.1997, BStBl. I 1997, 115; IStR 1997, 90.
171 Vgl. hierzu ausführlich Füger/Rieger, IStR 1999, 257 ff.; Thömmes/Scheipers, DStR 1999, 609, 611.

unabhängig davon, ob überhaupt und ggf. in welcher Höhe die inländische Muttergesellschaft tatsächlich Ausgaben getätigt hatte, die mit den steuerfreien Einnahmen im wirtschaftlichen Zusammenhang standen. Im Übrigen unterlagen die Betriebsausgaben keinem Abzugsverbot. Dadurch sollte die Schwierigkeit entfallen, die den Dividenden zuzuordnenden Ausgaben im Einzelnen zu ermitteln.[172]

Von der Fiktion des § 8 b Abs. 7 KStG a.F. wurden nicht Veräußerungsgewinne i.S.d. § 8 b Abs. 2 KStG a.F. erfasst. Damit kam es zu einer endgültigen Steuerfreistellung, wenn die Gewinne der ausländischen Gesellschaft vollständig thesauriert wurden und der inländische Gesellschafter die Beteiligung zu einem späteren Zeitpunkt steuerfrei gem. § 8 b Abs. 2 KStG a.F. veräußerte. Dieses galt auch noch zuletzt für § 8 b Abs. 5 KStG a.F., der den § 8 b Abs. 7 KStG a.F. ersetzte. Später wurde der Vomhundertsatz der nichtabziehbaren Aufwendungen von 15 vH. auf 5 vH. reduziert, um Art. 4 Abs. 2 S. 2 der Mutter-Tochter-Gesellschafts-Richtlinie[173] zu genügen.

Durch § 8 b Abs. 3 S. 1 und Abs. 5 S. 1 KStG gilt nun die unwiderlegliche Fiktion nichtabziehbarer Betriebsausgaben iHv. 5 vH. bei Gewinnen aus der Veräußerung eines Gesellschaftsanteils, § 8 b Abs. 2 KStG, und bei Bezügen gem. § 8 b Abs. 1 KStG von in- und ausländischen Beteiligungen.[174]

f) Verluste bei der Veräußerung von Beteiligungen (§ 3 c Abs. 2 EStG; § 8 b Abs. 3 KStG)

Früher konnten Verluste, die bei der Veräußerung, Auflösung oder Kapitalherabsetzung der nach § 8 b Abs. 2 KStG a.F. begünstigten Auslandsbeteiligungen entstanden sind, – trotz der Steuerfreistellung von Veräußerungsgewinnen – bei der inländischen Muttergesellschaft abgezogen werden.[175] Der Verlustabzug wurde durch § 8 b Abs. 2 S. 2 KStG (StEntlG 1999/2000/2002) abgeschafft, um eine Doppelbegünstigungen durch die Steuerfreistellung der Veräußerungsgewinne bei Steuerwirksamkeit der Veräußerungsverluste einzuschränken. Nunmehr ergibt sich der Ausschluss des hälftigen bzw. vollen Verlustabzuges aus § 3 c Abs. 2 EStG bzw. § 8 b Abs. 3 S. 3 KStG (letzterer gilt auch bei Organbeteiligungen).

Veräußerungsverluste im Rahmen der Veräußerung von Beteiligungen können im Inland nicht mehr berücksichtigt und auch nicht über Gestaltungen erreicht werden.

Wird durch DBA dem Ansässigkeitsstaat des Gesellschafters das Besteuerungsrecht zugewiesen (z.B. Art. 7 DBA Österreich), kann der Veräußerungsverlust ebenfalls

---

172 Bericht des Finanzausschusses, BT Drs. 14/443, S. 76.
173 Richtlinie 90/435/EWG zuletzt geändert durch die Richtlinie 2003/123/EG des Rates v. 22.12.2003.
174 Siehe oben S. 79 f., 3. b).
175 Abschn. 41 Abs. 10 KStR.

nicht im Ausland abgezogen werden. Ein Abzug im Ausland, der daher nur über Gestaltungen möglich ist, könnte z.B. dadurch erreicht werden, dass die ausländischen Kapitalgesellschaftsanteile über eine ausländische Betriebsstätte oder Personengesellschaft gehalten werden, die aus anderweitigen Quellen Gewinne erzielt, oder dass ausländische Tochtergesellschaften nicht unmittelbar, sondern über eine im ausländischen Staat gelegene Holding gehalten werden.[176]

6. Veräußerung von Organbeteiligungen

a) Einleitung/Gestaltungsziele

In zahlreichen Unternehmenskaufkonstellationen besteht zwischen dem Veräußerer und der Zielgesellschaft ein Ergebnisabführungsvertrag zum Zwecke der Begründung einer (gewerbesteuerlichen und körperschaftssteuerlichen) Organschaft.[177] In einer solchen Fallkonstellation ist es wichtig, dass die Unternehmensverträge zwischen dem Veräußerer (Organträger) und der Zielgesellschaft (Organgesellschaft) vor dem dinglichen Übergang der Anteile an der Zielgesellschaft auf den Erwerber beendet werden. Denn aus zivilrechtlicher Sicht muss vermieden werden, dass die Gewinne weiterhin an den Veräußerer abgeführt werden. Aber auch aus steuerlicher Sicht ist die Aufhebung eines Gewinnabführungsvertrages bedeutsam, soweit zwischen dem Veräußerer und der Zielgesellschaft eine Organschaft besteht.

Das früher diskutierte Problem des Verlustes des Organschaftsstatus (Organträgerfähigkeit) der veräußernden Kapitalgesellschaft hat sich durch den Wegfall der Notwendigkeit der wirtschaftlichen und organisatorischen Eingliederung in § 14 KStG im Rahmen des Steuersenkungsgesetzes[178] erledigt. Eine Holding-Kapitalgesellschaft, die Gewerbebetrieb kraft Rechtsform ist, kann jetzt in jedem Fall Organträger einer finanziell eingegliederten Organgesellschaft sein (das Bestehen eines Gewinnabführungsvertrages reicht aus, § 14 Abs. 1 KStG), und zwar unabhängig davon, ob es sich um eine vermögensverwaltende oder eine geschäftsleitende Holding handelt und unabhängig davon, ob die Holdinggesellschaft eine oder mehrere Tochtergesellschaften hält.[179]

---

176 Prinz, FR 1999, 356, 360; Thömmes/Scheipers, DStR 1999, 609, 610.
177 Seit dem Steuersenkungsgesetz 2000 sind die Voraussetzungen für eine körperschaft- und gewerbesteuerliche Organschaft dieselben, vgl. § 7 Abs. 2 S. 2 GewStG.
178 BGBl I 2000, S. 1433.
179 Witt, in: Dötsch/Eversberg/Jost/Witt, KStG, Stand Mai 2004, § 14 KStG n.F. Rn. 65; seit Neufassung von § 14 Abs. 1 S. 1 Nr. 2 KStG durch das StVergAbG kann eine Personengesellschaft nur noch dann Organträger sein, wenn sie eine gewerbliche Tätigkeit i.S. des § 15 Abs. 1 Nr. 1 EStG ausübt; eine gewerbliche Prägung iSv. § 15 Abs. 3 Nr. 2 EStG reicht nicht aus, vgl. dazu Rödder/Schumacher DStR 2003, 805, 808 f.

b) Organschaft und unterjährige Anteilsveräußerung

aa) Gesellschaftrecht

Die Veräußerung einer Organgesellschaft durch den Organträger führt regelmäßig zu der Frage, ob ein bestehender Ergebnisabführungsvertrag zwischen veräußernder Gesellschaft und veräußerter Organgesellschaft aufgrund der Anteilsveräußerung gekündigt bzw. aufgehoben werden darf. Nach der heute wohl herrschenden Auffassung kann der Veräußerer den Ergebnisabführungsvertrag aufgrund der Anteilsveräußerung nicht aus wichtigem Grund kündigen.[180] Vielmehr sollte der Veräußerer regelmäßig das Wirtschaftsjahr der Organgesellschaft mit Wirkung zum Veräußerungszeitpunkt brechen und im Anschluss daran den Ergebnisabführungsvertrag entweder kündigen oder den Vertrag mit der Organgesellschaft einvernehmlich aufheben. Der Erwerber kann dann – falls gewünscht – mit der erworbenen Zielgesellschaft eine neue Organschaft begründen und im Anschluss daran das Wirtschaftsjahr der Zielgesellschaft wieder auf das Kalenderjahr umstellen. Zu beachten ist, dass die Umstellung des Wirtschaftsjahres der Zielgesellschaft in beiden Fällen als Satzungsänderung in das Handelsregister einzutragen ist.[181] Wichtig ist, dass die Satzungsänderung vor Ablauf des Wirtschaftsjahres, das gebrochen werden soll, in das Handelsregister eingetragen wird. Eine rückwirkende Satzungsänderung ist nicht möglich.

Denkbar wäre auch, dass der Ergebnisabführungsvertrag nicht unterjährig, sondern erst zum Ende des laufenden Geschäftsjahres aufgehoben bzw. gekündigt wird. Der Veräußerer würde in diesem Fall bis zum Ende des Geschäftsjahres der Zielgesellschaft die Gewinne auf der Grundlage des Ergebnisabführungsvertrages abgeführt bekommen und wäre auch bis dahin zur Verlustübernahme verpflichtet. In dem Unternehmenskaufvertrag zwischen dem Veräußerer und dem Erwerber könnte geregelt werden, dass die Gewinne bzw. die Verluste ab dem in dem Unternehmenskaufvertrag bestimmten wirtschaftlichen Übergangsstichtag dem Erwerber zuzurechnen und separat vom Ergebnisabführungsvertrag auszugleichen sind.

Letztlich wird sich diese Vorgehensweise allenfalls nur in Ausnahmefällen empfehlen lassen. Denn dies hätte zur Folge, dass der Erwerber bereits vollständig den gesellschaftsrechtlichen Einfluss auf die Zielgesellschaft hat, ohne gesellschaftsrechtlich zur Verlustübernahme verpflichtet zu sein. Das Insolvenzrisiko der Zielgesellschaft und des Erwerbers würde daher auf den Veräußerer verlagert. Außerdem wäre zum Ende des Geschäftsjahres der Zielgesellschaft ein gemeinsamer Jahresabschluss der Zielgesellschaft zu erstellen, um Streitigkeiten über die Höhe des abzuführenden

---

180 OLG Düsseldorf, DB 1994, 2094 = BB 1994, 2125; OLG Oldenburg NZG 2000, 1138, 1140; LG Duisburg, AG 1994, 85 f.; Emmerich/Habersack, Konzernrecht, § 297 Rn. 24; Altmeppen, in: MüKo AktG, § 297 Rn. 39 f., Hüffer, AktG, § 297 Rn. 7; Krieger, in: Münchener Hdb., Bd. 4, § 70 Rn. 169; Knott/Rodewald, BB 1996, 472 ff.; Krieger/Jannott, DStR 1995, 1473 ff.; a.A. wohl Raiser, Recht der Kapitalgesellschaften, § 54 Rn. 115.
181 Hachenburg/Ulmer, GmbHG, § 53 Rn. 10.

Gewinns oder des auszugleichenden Gewinnes zu vermeiden. Steuerlich würde die Gewinnabführung/Verlustübernahme bei dem Veräußerer nicht berücksichtigt, da die finanzielle Eingliederung (Mehrheit der Stimmrechte) der Organgesellschaft (Zielgesellschaft) bis zum Ende des laufenden Wirtschaftsjahres bestehen muss.[182]

bb) Steuerrechtliche Beurteilung

Die Umstellung des Wirtschaftsjahres auf ein von dem Kalenderjahr abweichendes Wirtschaftsjahr bedarf gemäß § 7 Abs. 4 S. 3 KStG der Zustimmung der Finanzverwaltung. Die Finanzverwaltung ist zur Erteilung der Zustimmung in Veräußerungsfällen gemäß Abschnitt 53 Abs. 3 S. 2 KStR verpflichtet. Nach § 14 Abs. 1 Nr. 3 S. 3 KStG wirkt die auf einen Zeitpunkt während des laufenden Wirtschaftsjahres der Organgesellschaft ausgesprochene Kündigung des Ergebnisabführungsvertrages aus wichtigem Grund auf den Beginn dieses Wirtschaftsjahres zurück. Aus Sicht des Steuerrechts – im Gegensatz zum Zivilrecht – ist demnach eine Kündigung des Ergebnisabführungsvertrages aus wichtigem Grund bei einer Anteilsveräußerung zulässig. Hier gelten für eine AG und – unter Beachtung der zusätzlichen Voraussetzungen in § 17 S. 2 KStG – auch für eine GmbH als abhängige Gesellschaften die vorstehenden Ausführungen. Zu beachten ist, dass die körperschaftssteuerliche und gewerbesteuerliche Organschaft auf mindestens fünf Jahre abgeschlossen und darüber hinaus während der gesamten Geltungsdauer durchgeführt werden muss (vgl. § 14 Abs. 1 Nr. 3 S. 1 KStG). Eine vorzeitige Beendigung durch Kündigung ist unschädlich, wenn die Kündigung durch einen wichtigen Grund gerechtfertigt ist (§ 14 Abs. 1 Nr. 3 S. 2 KStG). Wegen der Rückwirkung der Kündigung bzw. Aufhebung des Gewinnabführungsvertrages (§ 14 Abs. 1 Nr. 3 S. 3 KStG) sollten die Parteien als Zeitpunkt, zu dem die Kündigung oder Aufhebung wirksam wird, das Ende eines Geschäftsjahres bestimmen.[183]

Zu beachten sind die Verschärfungen der Regelungen zum Organschaftsbeginn nach dem Steuervergünstigungsabbaugesetz.[184] Früher sah § 14 Abs. 1 Nr. 3 KStG a.F. vor, dass der Gewinnabführungsvertrag bis zum Ende des Wirtschaftsjahres der Organschaft, für das die Organschaft bestehen soll, abgeschlossen und bis zum Ende des folgenden Wirtschaftsjahres wirksam werden musste. Dies hatte zur Folge, dass erst bis zum Ende des ersten gewünschten Organschaftsjahres darüber entschieden werden und dann für die Handelsregistereintragung im Folgejahr Sorge getragen werden musste. Nach dem Steuervergünstigungsabbaugesetz muss die Eintragung des Gewinnabführungsvertrages bis zum Ende des Wirtschaftsjahres erfolgen, für das Organschaftsfolgen erstmals mal eintreten sollen (vgl. § 14 Abs. 1 Nr. 3 S. 1 KStG).[185]

---

182 Vgl. Abschnitt 53 Abs. 1 KStR; Streck, KStG, Anm. 33.
183 Rödder/Hötzel/Mueller-Thuns, Unternehmenskauf, § 21 Rn. 79.
184 BGBl. I 2003, 660 (vom 16. Mai 2003).
185 Vgl. Rödder/Schumacher, DStR 2003, 805, 806.

Damit sind die beteiligten Gesellschaften verstärkt von der Geschwindigkeit der Registergerichte abhängig. In den meisten Fällen sollte es jedoch möglich sein, bei dem Erwerb von Organbeteiligungen eine nahtlose Anschlussorganschaft zu erreichen, also beispielsweise – nach Umstellung des Geschäftsjahres – Ende der Organschaft zum 30. Juni und Beginn der neuen Organschaft zum 1. Juli.[186]

7. »Tax Due Diligence«

a) Ziele und Inhalt der Tax Due Diligence

Zur Feststellung und Beurteilung von Risiken bei Unternehmenskäufen hat sich das Institut der Due Diligence entwickelt, die sich auf verschiedene Bereiche in einem Unternehmen beziehen kann.

Mit der Tax Due Diligence[187] verschafft sich der Erwerber einen Einblick in die Struktur und die steuerliche Situation der Zielgesellschaft. Die Due Diligence soll ihn in die Lage versetzen, bestehende Steuerrisiken, die sich aus der Haftung gem. § 75 AO (Haftung des Betriebsübernehmers) oder der Struktur des Zielunternehmens ergeben, aufzudecken und zu bewerten. Sie kann aber auch Strukturchancen im Zielunternehmen aufzeigen. Deshalb sollte sich die Due Diligence nicht allein auf die Aufdeckung von (Steuer-) Risiken konzentrieren. Das Ergebnis der Due Diligence ermöglicht dem Erwerber, eine Kaufentscheidung auf einer objektivierten Datengrundlage zu treffen. Im Rahmen der Prüfung haben aufgedeckte Steuerrisiken damit auch Einfluss auf die Kaufpreisgestaltung und -höhe sowie insbesondere auf die Ausgestaltung der im Unternehmens- bzw. Anteilskaufvertrag zu vereinbarenden Gewährleistungsklauseln.

Die Due Diligence einschließlich einer Tax Due Diligence sollte heutzutage Bestandteil jeder Unternehmensakquisition sein. Die Durchführung erfordert intensive Vorbereitungsarbeiten. Der Investor wird sich typischerweise mit seinem Berater darüber verständigen, welche Bereiche schwerpunktmäßig zu untersuchen sind, und sich auf eine Liste mit Prüfungspunkten einigen, die Grundlage für die von dem Berater durchzuführende Due Diligence bildet. Wir empfehlen – entgegen der in der Praxis häufig anzutreffenden Verwendung von Formular-Checklisten – die Überprüfung anhand einer speziell für den Einzelfall erstellten Checkliste, denn jede einzelne Unternehmensakquisition hat ihre speziellen Besonderheiten.

Im Rahmen einer steuerlichen Due Diligence sollten folgende (nicht abschließend genannte) Gesichtspunkte für einen Zeitraum von mindestens fünf Jahren vor dem Akquisitionszeitpunkt untersucht werden:

---

186 Vgl. Witt, in: Dötsch/Eversberg/Jost/Witt, KStG, Stand Mai 2004, § 14 KStG Rn. 17.
187 Vgl. ausführlich Eilers, in: Schaumburg (Hrsg.), Unternehmenskauf, S. 83 ff.

- Prüfung der Anteilseignerstruktur der Zielgesellschaft in den letzten 10 Jahren[188];
- Prüfung der gesellschaftsrechtlichen und steuerrechtlichen Struktur (z. B. Gesellschaftsverträge, Unternehmensverträge etc.);
- Prüfung der Jahresabschlüsse, Geschäftsberichte;
- Betriebsprüfungsberichte der zwei bis drei letzten Betriebsprüfungen;
- Berichte der letzten Lohnsteuer- und Umsatzsteueraußenprüfung;
- Prüfung der letzten Steuererklärungen und Steuerbescheide (sämtliche Steuerarten);
- Prüfung sämtlicher (ent- und unentgeltlicher) Liefer- und Leistungsbeziehung zwischen dem Zielunternehmen und den Gesellschaftern bzw. anderen Konzerngesellschaften im Hinblick auf das Risiko möglicher verdeckter Gewinnausschüttungen und im Hinblick auf die konzerninterne Verrechnungspreispolitik;
- Prüfung des Ausschüttungsverhaltens während der letzten Wirtschaftsjahre (insbesondere im Hinblick auf § 27 KStG);
- Prüfung des bilanzmäßigen Eigenkapitals, insbesondere Angaben über Körperschaftssteuerminderungsguthaben und Körperschaftssteuererhöhungspotenzial;
- Prüfung der Vollständigkeit der passivierten Verbindlichkeiten und Rückstellung;
- Prüfung der Werthaltigkeit der Aktiva (Zeitwert mindestens gleich Bilanzansatz);
- Prüfung der steuerlichen Wirksamkeit von Unternehmensverträgen (Ergebnisabführungs- und Beherrschungsverträge);
- Prüfung von Investitionszulagen und anderen Steuervergünstigungen, die dem Zielunternehmen gewährt wurden und werden, einschließlich Behaltefristen;
- Prüfung evtl. vorhandener Verlustvorträge, damit zusammenhängend Prüfung der Entwicklung oder Veränderung wirtschaftlicher Aktivitäten oder Geschäftsfelder (§ 8 Abs. 4 KStG, § 12 Abs. 3 S. 2 UmwStG);
- Prüfung der Finanzierungsstruktur im Inland und im Ausland bzw. in crossboarder Fällen (z.B. Darlehensverzichte[189]) bei Anteilseigner auch für Zwecke des § 8 a KStG;
- Informationen über Steuerplanung des Unternehmens, insbesondere Korrespondenz mit Steuerberater der Zielgesellschaft;
- Prüfung von Teilwertabschreibungen im Beteiligungskreis der Zielgesellschaft.

Nach Durchführung der Due Diligence erstellt der Berater einen Due-Diligence-Report über den Umfang und die Ergebnisse der Untersuchung. Typische Elemente eines Tax-Due-Diligence-Report sind:

- Eingrenzung des Untersuchungsgegenstands, Beschreibung der geprüften Unterlagen;

---

188 Beachte insoweit § 52 Abs. 59 EStG zur weiteren Anwendbarkeit des § 50 c EStG. § 50 c EStG wurde durch das StSenkG vom 23.10.2000 aufgehoben. Da die Sperrfrist des § 50 c EStG zehn Jahre beträgt, ist dieser weiter anzuwenden, wenn vor dem 01.01.2002 ein Sperrbetrag zu bilden war.

- Darstellung der steuerlichen Verhältnisse: Organschaftsverhältnisse, steuerliche Verlustvorträge, Steuerstruktur etc.;
- Betriebsprüfungen in den letzten 5 Jahren, Analyse der Betriebsprüfungsberichte;
- Analyse der Steuerbescheide der letzten 5 Jahre; Trennung nach Steuerarten;
- Eigenkapitalgliederung, ggf. vorhandenes Körperschaftsteuer-Guthaben;
- Risikoanalyse.

Schließlich muss der Due-Diligence-Report abschließend eine umfassende Risikoeinschätzung der Akquisition beinhalten. Dies gilt auch im Hinblick auf eine nach der Akquisition geplante Restrukturierung (Steuerchancen der Akquisition).

b) Vertragliche Begleitmaßnahmen aus der Sicht des Erwerbers

Wegen der häufig nur stichprobenartigen Durchführung einer Due Diligence wird der Erwerber Wert darauf legen, vom Veräußerer umfangreiche Garantien zu erhalten, da der Veräußerer aufgrund einer Garantie auch dann in Anspruch genommen werden kann, wenn der Käufer den Umstand bei Abschluss des Unternehmenskaufvertrages bereits kannte.[190] Deshalb nehmen Regelungen über Garantien in vielen Unternehmenskaufverträgen einen breiten Raum ein. Die Due Diligence versetzt den Erwerber in die Lage, sich im Zuge der Kaufvertragsverhandlungen gegen einzelne, im Rahmen der Due Diligence aufgedeckte, Risiken abzusichern. Dies erfolgt in der Praxis über ein ausdifferenziertes System von Bilanz- und Eigenkapitalgarantien sowie Steuerklauseln.

c) Typische Problemfelder für die Tax Due Diligence

Im Rahmen der Tax Due Diligence muss das Zielunternehmen wie bei einer Betriebsprüfung geprüft werden. Dabei lässt sich regelmäßig von den jüngsten Betriebsprüfungsberichten ausgehen. Diese sind darauf hin zu untersuchen, welche Risiken durch die Betriebsprüfung aufgedeckt wurden. Wenn beispielsweise die Betriebsprüfung die Angemessenheit des konzerninternen Lieferungs- und Leistungsverkehrs in Ermangelung einer entsprechenden Dokumentation beanstandet hat, gilt es als erstes zu prüfen, wie die Gesellschaft darauf reagiert und welche Maßnahmen sie unternommen hat, um zukünftig keine Beanstandungen mehr hervorzurufen, im Beispielsfall etwa, ob die fehlende Dokumentation für die noch offenen Jahre ordnungsgemäß vorliegt.

Die typischerweise zu untersuchenden steuerlichen Problemfelder, die hier nur stichpunktartig aufgeführt werden können,[191] sind:

---

189 Vgl. dazu BFH GrS vom 09.06.1997, BStBl. 1998 II, S. 307.
190 Eilers/Rödding, in: Picot (Hrsg.), Teil V. Rn. 152; vgl. auch Löffler, Wpg. 2004, S. 581 f.
191 Vgl. ausführlich Eilers, in: Schaumburg (Hrsg.), Unternehmenskauf, S. 91 ff.

- Strukturanalyse des Zielunternehmens;
- Der Bereich der verdeckten Gewinnausschüttung;
- Die angemessene Bildung von Rückstellungen;
- Die Zusammensetzung des steuerlichen Eigenkapitals;
- Das Wertaufholungsgebot für Teilwertabschreibungen;
- Verlustvorträge und deren Verfügbarkeit für den Erwerber;
- Das Vorhandensein von Gesellschaftsbeteiligungen (§ 8 b Abs. 2 KStG);
- Die Vorsteuerkorrektur gemäß § 15 a Abs. 10 UStG;
- Die Gewährung von Investitionszulagen und Sonderabschreibungen an den Veräußerer;
- Die Überprüfung der Absetzungen für Abnutzung;
- Organschaftsfragen;
- Die Hinzurechnungsbesteuerung nach §§ 7 ff. AStG;
- Die Prüfung von Behaltefristen nach z. B. § 18 Abs. 4; § 15 Abs. 3; § 26 Abs. 2 UmwStG oder § 6 Abs. 3, 5; § 16 Abs. 3 EStG.

Literatur

Altmeppen: Münchner Kommentar zum Aktiengesetz, Band 8, 2. Auflage, München 2000, zit. Verfasser, in: MüKo AktG § Rn.

Bieg: Die externe Rechnungslegung der Kreditinstitute und Finanzdienstleistungsinstitute, Karlsruhe 1999, zit. Bieg, Rechnungslegung, Seite

Blümich: EStG KStG GewStG, Loseblattsammlung in 5 Bänden, zit. Verfasser, in: Blümich, KStG, Stand, § Rn.

Boos/Fischer/Schulte-Mattler: Kreditwesengesetz, 2. Auflage, München 2004, zit. Verfasser, in Boos/Fischer/Schulte-Mattler, Kreditwesengesetz, § Rn.

Dötsch/Eversberg/Jost/Witt: Die Körperschaftsteuer, Kommentar zum Körperschaftsteuergesetz, Umwandlungssteuergesetz und zu den einkommensteuerrechtlichen Vorschriften der Anteilseignerbesteuerung; Loseblattsammlung in 5 Bänden, zit. Verfasser, in Dötsch/Eversberg/Jost/Witt, KStG, Stand, § Rn.

Eilers: Steuerberaterjahrbuch 2001/2002, zit. Eilers, Steuerberaterjahrbuch 2001/2002, Seite

Eilers/Rödding: Unternehmenskauf und Restrukturierung, in: Picot (Hrsg.), 3. Auflage, München 2005, zit. Eilers/Rödding, in: Picot (Hrsg.), Teil V. Rn.

Emmerich/Habersack: Aktien- und GmbH-Konzernrecht, 3. Auflage, München 2003, zit. Emmerich/Habersack, Konzernrecht, § Rn.

Erle/Sauter: Reform der Unternehmensbesteuerung, Kommentar zum Steuersenkungsgesetz mit Checklisten und Materialiensammlung, Köln 2000, zit. Erle/Sauter, Reform der Unternehmensbesteuerung, Seite

Flick/Wassermeyer/Baumhoff: Außensteuerrecht, Kommentar, Loseblattsammlung in 3 Bänden, zit. Verfasser in: Flick/Wassermeyer, AStG, Stand, § Rn.

Glanegger/Güroff: Gewerbesteuergesetz, Kommentar, 5. Auflage, München 2002, zit. Verfasser, in: Glanegger/Güroff, GewStG, § Rn.

Gosch: Körperschaftsteuergesetz, Kommentar, München 2005, zit. Gosch, KStG, § Rn.

Hachenburg/Ulmer: GmbHG, 8. Auflage, Berlin 1997, zit. Hachenburg/Ulmer, GmbHG, § Rn.

Haritz/Benkert: Kommentar zum Umwandlungssteuerrecht, 2. Auflage, zit. Verfasser, in: Haritz/Benkert, Umwandlungssteuergesetz, § Rn.
Herrmann/Heuer/Raupach: Einkommensteuergesetz, Kommentar, zit. Verfasser, in: Herrmann/Heuer/Raupach, EStG, Stand, § Rn.
Herrmann/Heuer/Raupach: Jahresband 2004, Kurzkommentar und Materialien, zit. Verfasser, in: Herrmann/Heuer/Raupach, Jbd. 2004, Stand, § Rn.
Herrmann/Heuer/Raupach: Körperschaftsteuergesetz, Kommentar, zit. Verfasser, in: Herrmann/Heuer/Raupach, KStG, Stand, § Rn.
Herrmann/Heuer/Raupach: Steuersenkungsgesetz, Kurzkommentar und Materialien, zit. Verfasser, in: Herrmann/Heuer/Raupach, Steuersenkungsgesetz, Stand, § Rn.
Hölters (Hrsg.): Handbuch des Unternehmens- und Beteiligungskaufs, 5. Auflage, Köln 2002, zit. Verfasser, in: Hölters (Hrsg.), Teil IV. Rz.
Hötzel: Unternehmenskauf und Steuern, 2. Auflage, Düsseldorf 1997, zit. Hötzel, Unternehmenskauf und Steuer, Seite
Holzapfel/Pöllath: Unternehmenskauf in Recht und Praxis, 10. Auflage, Köln 2001, zit. Holzapfel/Pöllath, Unternehmenskauf, Rn.
Hüffer: AktG, 6. Auflage, München 2004, zit. Hüffer, AktG, § Rn.
Knobbe-Keuk: Bilanz- und Unternehmenssteuerrecht, 9. Auflage, Köln 1993, zit. Knobbe-Keuk, Bilanz- und Unternehmenssteuerrecht
Krieger: Münchner Handbuch des Gesellschaftsrechts, Band 4, 2. Auflage, München 1999, zit. Verfasser, in: Münchner Hdb., Bd. 4, § Rn.
Kröner: Ernst & Young, Körperschaftsteuergesetz, Kommentar, Loseblattsammlung, zit. Verfasser, in: E&Y, KStG, Stand, § Rn.
Piltz: Teilwertabschreibungen auf Beteiligungen an Kapitalgesellschaften, 1985, zit. Piltz, Teilwertabschreibungen auf Beteiligungen an Kapitalgesellschaften, 1985
Raiser: Recht der Kapitalgesellschaften, 3. Auflage, München 2001, zit. Raiser, Recht der Kapitalgesellschaften, § Rn.
Reischauer/Kleinhans: Kreditwesengesetz, Losebalttsammlung, zit. Reischauer/Kleinhans, KWG, § Rn.
Rödder/Hötzel/Müller-Thuns: Unternehmenskauf Unternehmensverkauf, Zivilrechtliche und steuerrechtliche Gestaltungspraxis, München 2003, zit. Rödder/Hötzel/Müller-Thuns, Unternehmenskauf, § Rn.
Schaumburg (Hrsg.): Unternehmenskauf im Steuerrecht, 3. Auflage, Stuttgart 2004, zit. Verfasser, in: Schaumburg (Hrsg.), Unternehmenskauf, Seite
Schaumburg/Rödder: Unternehmenssteuerreform 2001, Gesetze Materialien, Erläuterungen, München 2000, zit. Schaumburg/Rödder, Unternehmenssteuerreform 2001, Seite
Schmidt: Einkommensteuergesetz Kommentar, 23. Auflage, München 2004, zit. Verfasser, in: Schmidt, EStG, § Rn.
Streck: KStG, 6. Auflage, München 2003, zit. Streck, KStG, Anm.
Strobl: WP – Handbuch der Unternehmensbesteuerung, 2. Auflage, Düsseldorf 1994, zit. Strobl, WP-Handbuch, Rn.

B. Durchführung der Mergers & Acquisitions

IV. Wirtschaftsrechtliche Aspekte der Durchführung von Mergers & Acquisitions, insbesondere der Gestaltung des Transaktionsvertrages

1. Einführung in die wirtschaftsrechtlichen Aspekte der Durchführung von Mergers & Acquisitions[1]

Unternehmen sind komplexe Transaktionsgegenstände. Mergers & Acquisitions d.h.

- Unternehmenskäufe und -verkäufe
- Unternehmenszusammenschlüsse
- Joint Ventures und Kooperationen
- Unternehmenssicherungen und -nachfolgen
- Management-Buy-out und Management-Buy-in
- Going Public/Börsengänge (IPO)
- Internationale (crossborder) Mergers & Acquisitions
- bis hin zu den Integrations-, Umwandlungs- und Restrukturierungsmaßnahmen

bedürfen daher einer sehr sorgfältigen Planung und Durchführung, insbesondere einer präzisen Gestaltung und Verhandlung des Transaktionsvertrages.

Die bloße Aufnahme von Vertragsverhandlungen begründete bis zum Inkrafttreten des Gesetzes zur Modernisierung des Schuldrechts am 01.01.2002[2] lediglich ein vertragsähnliches Vertrauensverhältnis, das den Vertragspartnern Pflichten zur gegen-

---

1 Eingehend dazu: Gerhard Picot, Unternehmenskauf und Restrukturierung, Teil I. (Vertragsrecht); Gerhard Picot, Rechtliche Grundlagen grenzüberschreitender Transaktionen, in: Jansen/Picot/Schiereck, Internationales Fusionsmanagement – Erfolgsfaktoren grenzüberschreitender Unternehmenskäufe, Stuttgart, 2001, S. 35–56; Gerhard Picot, Mergers & Acquisitions in Germany; Gerhard Picot, Handbook of international Mergers & Acquisitions; Gerhard Picot, Mergers & Acquisitions in Telekommunikation und Internet, Finanz Betrieb (FB) 1999, S. 61 ff.; Gerhard Picot/Land, Der internationale Unternehmenskauf, DB 1998, S. 1600 ff.
2 BGBl. I 2001, 3238. Das Gesetz zur Modernisierung des Schuldrechts vom 26.11.2001 will die Rechte der Käufer seit dem 01.01.2002 deutlich stärken und das deutsche Recht an drei europäische Richtlinien sowie insbesondere an das UN-Kaufrecht, die UNIDROIT Principles und die Principles of European Contract Law anpassen. Zum konsolidierten Gesetzestext s. http://www.m-and-a.de/literatur.htm. Zu den Folgen der Schuldrechtsreform für den Unternehmenskauf siehe Picot, M&A-Review 2001, 553. Vgl. auch Teichmann, BB 2001, 1485.

seitigen Rücksichtnahme, Fürsorge und Loyalität auferlegte und ihnen die Sorgfalt von Schuldnern abverlangte; im Falle einer vorvertraglichen Pflichtverletzung standen dem Verhandlungspartner Ansprüche allenfalls im Rahmen des gewohnheitsrechtlich anerkannten Institutes des sog. Verschuldens bei Vertragsschluss (culpa in contrahendo – c.i.c.) zu.

Das Schuldrechtsmodernisierungsgesetz hat die vorvertraglichen Verhaltenspflichten der Vertragspartner erweitert. Nach § 311 Abs. 2 BGB kann nun bereits durch die Aufnahme von Vertragsverhandlungen oder die Anbahnung eines Vertrages ein Schuldverhältnis mit Pflichten zur Rücksicht auf die Rechte, Rechtsgüter und Interessen des anderen Teils nach § 241 Abs. 2 BGB begründet werden.[3]

Im Vorfeld des Vertragsschlusses müssen zahlreiche rechtlich relevante Einzelheiten beachtet werden, die sowohl für das Zustandekommen und die Durchführung des Vertragswerkes bzw. der Transaktion als auch für etwaige Ansprüche oder deren Abwehr beim Scheitern der Vertragsverhandlungen bedeutsam sind.

Bei größeren Mergers & Acquisitions ist es nicht ungewöhnlich, dass der Abfassung eines Letter of Intent (LoI) oder eines Memorandum of Understanding (MoU) längerwierige Verhandlungen und Absprachen über die Details und Konditionen der Transaktion folgen. Die Ergebnisse all dieser Vorgespräche und der sich daran anschließenden Due Diligence-Prüfungen müssen dann möglichst genau in dem Transaktions- bzw. Unternehmenskaufvertrag rechtlich abgebildet werden. Der Transaktionsvertrag ist damit das wesentliche Kernstück für die optimale Gestaltung der Mergers & Acquisitions sowie für ihre Umsetzung.

Ein wesentlicher Verhandlungs- und Regelungsgegenstand ist stets das Mängel- und Haftungsrecht. Bislang waren insoweit bei der Übernahme von Unternehmen wesentliche Unterschiede zwischen dem Asset Deal und dem Share Deal zu beachten. Grundsätzlich fanden nämlich beim Asset Deal die Regeln über die Sachmängelhaftung Anwendung, mit dem Recht zur Minderung des Kaufpreises oder gar zur Rückabwicklung des Unternehmenskaufvertrages. Beim Share Deal hingegen hatte der Veräußerer nur für den Bestand der verkauften Rechte bzw. Beteiligungen einzustehen, ohne für ihren wirtschaftlichen Wert zu haften.

Gemäß § 453 BGB des Schuldrechtsmodernisierungsgesetzes gelten nunmehr die Vorschriften über den Kauf von Sachen für den Rechtskauf entsprechend, sodass die Unterscheidung Asset Deal und Share Deal für das Haftungssystem nicht mehr bedeutsam ist. Eine weitere wesentliche Neuerung beinhaltet § 433 Abs. 1 S. 2 BGB, wonach nunmehr die Lieferung einer Sache frei von Sach- (§ 434 BGB) und Rechtsmängeln (§ 435 BGB) zum Inhalt des Erfüllungsanspruchs des Käufers gehört. Die Leistung einer mangelhaften Kaufsache bewirkt nicht die »geschuldete Leistung« im Sinne des § 362 Abs. 1 BGB, sondern stellt einen Fall (teilweiser) Nichterfüllung dar, auf die das allgemeine Leistungsstörungsrecht Anwendung findet. Wann ein Mangel vorliegt, bestimmen nunmehr die §§ 434, 435 BGB. Entscheidend ist danach grundsätzlich, dass die Sache bei Gefahrübergang die vereinbarte Beschaffenheit hat bzw.

---

3   Siehe dazu die nachfolgenden Ausführungen unter 2 a).

sich im Falle fehlender Vereinbarung für die vorausgesetzte oder gewöhnliche Verwendung eignet.

Aufgrund der Tatsache, dass die Rückabwicklung des Unternehmenskaufvertrages erhebliche Schwierigkeiten mit sich bringt und auch die nunmehr vorgesehene Nachbesserung nicht zu sachgerechten Ergebnissen führt, hatte die Rechtsprechung bisher den Fehler- und Eigenschaftsbegriff des § 459 Abs. 1 und Abs. 2 BGB (a.F.) restriktiv ausgelegt, um dann mit Hilfe des Rechtsinstitutes der culpa in contrahendo (c.i.c.) zu einem sachgerechten Interessenausgleich gelangen zu können.

Dies erscheint auch heute noch sachgerecht, insbesondere weil die regelmäßige dreijährige Verjährungsfrist (§ 195 BGB), die auch auf die c.i.c Anwendung findet, gerade beim Unternehmenskauf als angemessener anzusehen ist, als die zweijährige Verjährungsfrist, die nunmehr grundsätzlich bei Mängelansprüchen gilt (§ 438 Abs. 1 BGB; nach § 477 BGB a.F. sogar nur sechs Monate).

Da die gesetzlichen Gewährleistungs- und Haftungsregeln tatsächlich nicht auf den Erwerb eines Unternehmens zugeschnitten sind und insoweit zum Teil recht unterschiedliche rechtliche Beurteilungen seitens der Gerichte erfahren haben, erfreuen sich die diesbezüglichen Verhandlungen häufig eines besonderen Engagements der Verhandlungspartner. Dabei ist es weitgehend üblich geworden, in den Unternehmenskaufvertrag umfangreiche Garantieerklärungen (sog. warranty/warranties und guarantee/guarantees) der Vertragspartner mit konkreten Bestimmungen zur Haftungsfolge und zum Umfang der Haftung bzw. zu ihrer Beschränkung aufzunehmen. Der Veräußerer versichert dabei regelmäßig, dass das Unternehmen in einem zu definierenden Zeitpunkt bestimmte Gegebenheiten bzw. Eigenschaften aufweist und sich z.B. die Produktionsanlagen in einem Zustand befinden, der eine Fortführung des Betriebes mit bestimmten Qualitätsstandards und (Jahres-)Mengen erlaubt. Der Haftungsrahmen ist dabei ein gewisses Spiegelbild derjenigen Gegebenheiten und Daten des Unternehmens, die der Käufer im Rahmen seiner Due Diligence-Prüfung im Datenraum zur Kenntnis genommen hat.

Der Transaktionsvertrag bzw. Unternehmenskaufvertrag (Sales & Purchase-Agreement – S&PA) muss somit insbesondere regeln:

- den Vertragsgegenstand (z. B. Übertragung von Gesellschaften, Betrieben, Betriebsteilen)
  - die Gegenleistung, insbesondere den Kauf- oder (Aktien-) Tauschpreis
  - den Zeitpunkt des wirtschaftlichen Überganges
- die Übernahme von Rechten und Pflichten aus Vertragsverhältnissen, insbesondere aus Arbeitsverhältnissen
- das Mängel- und Haftungsrecht
- die Haftung für Altverbindlichkeiten
- Wettbewerbsvereinbarungen
- etwaige Verfügungsbeschränkungen, Zustimmungs- und Genehmigungserfordernisse
- aufschiebende Bedingungen nach deutschem und europäischem Kartellrecht
- die formalen Aspekte
- das Closing.

2. Vorvertragliches Verhandlungsstadium

a) Aufnahme von Vertragsverhandlungen als Schuldverhältnis gemäß § 311 Abs. 2 BGB mit Pflichten nach § 241 Abs. 2 BGB, insbesondere der Letter of Intent

Wie bereits angespochen hat das Schuldrechtsmodernisierungsgesetz die vorvertraglichen Verhaltenspflichten der Vertragspartner erweitert.[4] § 311 Abs. 2 BGB bestimmt nun ausdrücklich, dass ein Schuldverhältnis mit Pflichten nach § 241 Abs. 2 BGB nicht nur durch einen Vertrag (§ 311 Abs. 1 BGB), sondern auch durch die Aufnahme von Vertragsverhandlungen, die Anbahnung eines Vertrages oder ähnliche geschäftliche Kontakte entstehen kann.[5] Derartige »vorvertragliche« (rechtsgeschäftsähnliche) Schuldverhältnisse haben selbstverständlich, ebenso wie rechtsgeschäftliche Schuldverhältnisse, in erster Linie gemäß § 241 Abs. 1 BGB leistungsbezogene Pflichten zum Inhalt.[6] Durch die ausdrückliche Bezugnahme auf § 241 Abs. 2 BGB will § 311 Abs. 2 BGB aber betonen, dass auch das rechtsgeschäftsähnliche Schuldverhältnis jeden Teil zur Rücksicht auf die Rechte, Rechtsgüter und Interessen des anderen Teils verpflichtet.

Verletzt ein Partner seine Pflichten aus dem Schuldverhältnis schuldhaft, so kann der Gläubiger gemäß § 280 BGB Ersatz des ihm hierdurch entstehenden Schadens verlangen. Beim Unternehmenskauf liegt der hauptsächliche Anwendungsbereich solch vorvertraglicher Pflichtverletzungen im Bereich unrichtig erteilter »Wissensübertragungen« bzw. Informationen des Verkäufers gegenüber dem Käufer.[7]

Während der Tatbestand der Pflichtverletzung bei unrichtigen Angaben des Unternehmensverkäufers (positives Tun) zu einer Einstandspflicht desselben führt, wenn diese schuldhaft erfolgt sind, ist für das Verschweigen von Tatsachen (Unterlassen)

---

4   Siehe allgemein zu den Pflichtverletzungen im Schuldverhältnis Wilmowsky, JuS, Beilage zu Heft 1/2002.

5   Vgl. Bastuck/Mentz 2001, S. 29, fragen daher, ob bei Fehlschlagen eines Bietungsverfahrens den Bietern möglicherweise ein Anspruch gem. §§ 241 Abs. 2, 311 BGB wegen nutzlos aufgewendeten Beratungshonorars zustehen könnte. Doch wie nach der bisherigen Rechtslage werden derartige Ersatzansprüche auch in Zukunft nur berechtigt sein, wenn ein erhebliches Vertrauen auf den Vertragsschluss begründet war und die andere Vertragspartei die Verhandlungen grundlos abbricht.

6   Ausführlich dazu Gerhard Picot 2004: Vertragsrecht, in: Picot: Unternehmenskauf und Restrukturierung, S. 40 ff. Der Anspruch auf Schadensersatz folgt dann aus § 280 Abs. 1 BGB und kann bspw. wie bisher zum Inhalt haben, daß der im Rahmen von Vertragsverhandlungen unzureichend Informierte so zu stellen ist, als hätte er den Vertrag nicht geschlossen.

7   Siehe zu den Voraussetzungen der bisherigen culpa in contrahendo insbesondere Baur 1979, S. 381ff. Vgl. zur Abgrenzung zwischen den gesetzlichen Vorschriften und der früheren c.i.c. Stengel/Scholderer 1994, S. 159 f. sowie Müller 1993, S. 1045.

als Pflichtverletzung nur dann eine Einstandspflicht des Verkäufers anzunehmen, wenn für diesen eine Aufklärungspflicht gegenüber dem Käufer bestand.[8]

Bei der Beurteilung der Frage, ob und inwieweit (bereits) gemäß § 311 II Nr. 1 BGB ein *vorvertragliches Schuldverhältnis* mit Pflichten nach § 241 II BGB zustande gekommen ist, ist es von außerordentlicher Bedeutung, sich zu verdeutlichen, dass es sich bei dem Zustandekommen eines vorvertraglichen und vertraglichen Schuldverhältnisses um einen *dynamischen Entwicklungsprozess* des Sich-aufeinander-Zubewegens natürlicher oder juristischer Personen handelt, der darauf abzielt, in einem *sich stetig verdichtenden Vertrauensverhältnis* miteinander einen (engen) rechtlich-sozialen Kontakt aufzubauen. Dieser Kontakt ist auf das in § 311 I BGB geregelte Ziel gerichtet, zur Begründung eines Schuldverhältnisses durch Rechtsgeschäft oder zur Änderung des Inhaltes eines Schuldverhältnisses einen Vertrag abzuschließen, soweit nicht das Gesetz ein anderes vorschreibt. Daher ist bei der Bewertung vorvertraglicher Schuldverhältnisse die folgende *Grundregel* zu beachten: Je mehr sich bei objektiver Betrachtungsweise das durch die Aufnahme von Vertragsverhandlungen, die Anbahnung eines Vertrages oder ähnliche geschäftliche Kontakte begründete Vertrauensverhältnis der Verhandlungspartner im Hinblick auf den Abschluss des Vertrages verdichtet und je wahrscheinlicher der Vertragsabschluss erscheint, umso intensiver und umfangreicher werden die Pflichten der Verhandlungspartner zur gegenseitigen Rücksichtnahme, Fürsorge und Loyalität und umso mehr wird man von ihnen die Sorgfalt von Schuldnern verlangen müssen.

Für die Annahme des Tatbestandsmerkmales Aufnahme von Vertragsverhandlungen brauchen deshalb nicht schon zweiseitige konkrete Verhandlungen vorzuliegen, vielmehr können bereits *einseitige Maßnahmen* eines Vertragsteils genügen, die den anderen veranlassen sollen, den geschäftlichen Kontakt zu suchen.[9]

Führt man sich diesen dynamischen Entwicklungsprozess vor Augen, so lassen sich auch die insbesondere von der internationalen, vor allem anglo-amerikanischen Transaktionspraxis übernommenen *Legal Transplants*[10], wie z.B. *Letter of Intent, Term Sheet, Verhandlungsprotokoll, Positionspapier, Punktation, Heads of Agreement, Letter of Understanding und Memorandum of Understanding* je nach Ausgestaltung als besonderer Ausdruck und als *Indiz* für die Bildung bzw. das Vorliegen eines derartigen Vertrauensverhältnisses bewerten. Dabei ist stets zu beurteilen, ob sich das Vertrauensverhältnis der Verhandlungspartner bei objektiver Betrachtungsweise bereits

---

8 Vgl. Heinrichs 2002, § 276 BGB Rn. 78 m.w.N.
9 BGH LM § 276 (Fa) Nr. 3; Palandt/Heinrichs, § 311, RN 16; Soergel/Wiedemann, Vor § 275, RN 244.
10 Mattei, Efficiency in Legal Transplants, International Review of Law and Economics, 1994, 14, 3 ff.
 Mistelis, Regulatory Aspects: Globalization, Harmonization, Legal Transplants and Law Reform – Some Fundamental Observations, Volltext in http://www.cisg.law.pace.edu/cisg/biblio/mistelis.html. Watson, Legal Transplants and European Private Law, 2000. Krecek, Eine rechtsvergleichende Untersuchung zur Gewährleistungshaftung beim Unternehmenskauf, Inaugural-Dissertation, http://www.ub.uni-koeln.de/ediss/archiv/2001/11v4292.pdf

in einer solchen Weise zu einem vorvertraglichen Schuldverhältnis verdichtet hat, dass von den Verhandlungspartnern die Erfüllung von Pflichten gemäß § 241 II BGB zur gegenseitigen Rücksichtnahme, Fürsorge und Loyalität in der Weise erwartet werden kann und dass eine schuldhafte Verletzung eine *Vertrauenshaftung* nach den allgemeinen Vorschriften der §§ 280 ff. BGB auslöst. Darüber hinaus wird freilich auch stets zu prüfen sein, ob z.B. zweiseitig unterzeichnete derartige Erklärungen möglicherweise bereits die rechtlichen Qualität eines (Vor-) Vertrages im Sinne des § 311 I BGB mit der Folge der *Erfüllungshaftung* aufweisen.[11]

Das aus dem angelsächsischen Rechtskreis stammende Institut des *Letter of Intent (LoI)*[12] entzieht sich einer allgemeingültigen Definition. Grundsätzlich wird er als rechtlich unverbindliche, formfreie *Absichtserklärung* verstanden, mit der der erklärende Verhandlungspartner seine Bereitschaft signalisiert, mit dem Adressaten unter bestimmten Voraussetzungen einen bereits in gewissen Modalitäten skizzierten Vertrag abschließen zu wollen.[13] Der »Letter of Intent« ist in der Regel eine einseitige Erklärung einer Partei, die vielfach auch mit der Bitte um Bestätigung durch den Empfänger abgegeben wird. Denkbar ist dabei auch eine gemeinsame Erklärung beider Verhandlungspartner in einem zweiseitigen Letter of Intent.[14] Die häufigste Erscheinungsform ist die Erklärung der Absicht, zu einem bestimmten rechtsgeschäftlichen Ergebnis, nämlich der Unternehmensübertragung zu kommen. Eigentlicher Grund für eine solche Erklärung ist deren verhandlungspsychologische Wirkung. Immerhin schreibt ein Letter of Intent faktisch ein bereits erreichtes Verhandlungsergebnis fest. Ferner kann er als Grundlage für Überlegungen sowie Entscheidungen von Gremien dienen, deren Zustimmungen möglicherweise erforderlich sind. Mit dem Letter of Intent darf nicht der sog. *Side Letter* verwechselt werden.[15] Während der Letter of Intent Erklärungen im Vorfeld eines noch zu schließenden Vertrages enthält, ist der Side Letter regelmäßig mit einem bestehenden Haupt-Vertrag und dessen Schicksal verknüpft.[16]

Wie vorstehend ausgeführt kann ein Letter of Intent einen *qualifizierten Vertrauenstatbestand* im Sinne des § 311 II BGB begründen. Dies ist etwa dann der Fall, wenn sich einer der Beteiligten durch die von ihm abgegebenen Erklärungen, wie zum Beispiel die Zusicherung der grundsätzlichen Kauf- oder Veräußerungsbereitschaft oder die Zusicherung, keine verdeckten Parallelverhandlungen mit Dritten zu führen, zwar nicht im Sinne einer (vor-) vertraglichen Verpflichtung bindet, aber doch seine Verhandlungsposition derart konkretisiert, dass er den Vertragsabschluss nur noch aus bestimmten Gründen verweigern darf. In einem solchen Falle kann der Let-

---

11 Siehe dazu nachfolgend S. 137.
12 Ausführlich dazu Lutter, Der Letter of Intent.
13 Hertel, BB 1824 (1825); Holzapfel/Pöllath, RN 7 ff.; MüKo/Kramer, Vor § 145, RN 41; Palandt/Heinrichs, Vor § 145, RN 18.
14 Beisel/Klumpp, 1. Kapitel, RN 66 ff.; Rödder/Hötzel/Mueller-Thuns, § 3, RN 13 ff.
15 Siehe dazu Duhnkrack/Hellmann, Der Side Letter, ZIP, 32/2003, 1425; Blaurock, ZHR 147/1983, 334.
16 Lutter (Fußn. 2), S. 13.

ter of Intent eine derartige Verhaltensbindung beinhalten, dass das Abweichen von dieser Verhaltensgrundlage ohne einen triftigen Grund eine Schadensersatzhaftung auslösen kann.[17] Bei der *Formulierung* eines Letter of Intent wird deshalb stets besonders darauf zu achten sein, dass er grundsätzlich nur die rechtlich nicht verbindliche Fixierung der Verhandlungspositionen des Erklärenden darstellen soll und es in diesem frühen Verhandlungsstadium regelmäßig noch an einem *Bindungswillen* des Verhandlungspartners im Sinne des § 311 II BGB und erst recht an einem vertraglichen Bindungswillen im Sinne des § 311 I BGB fehlen soll.[18] Zur Vermeidung von Missverständnissen sollte daher eindeutig geregelt werden, ob und gegebenenfalls inwieweit und hinsichtlich welcher Klauseln ein Letter of Intent eine Bindungs- oder (Vertrauens-) Haftungswirkung entfalten soll.[19] Dabei ist zu beachten, dass die *Bezeichnung* eines Schreibens als »Letter of Intent« in der Überschrift eines Dokumentes nur als Indiz für die rechtliche Wertung heranzuziehen ist[20] und der Bezeichnung allein für die rechtliche Beurteilung keine entscheidende Bedeutung zukommt. Nach §§ 133, 157 BGB ist vielmehr trotz des in § 133 BGB enthaltenen Verbots der »Buchstabeninterpretation« zunächst vom Wortlaut der Erklärung auszugehen und auf den Parteiwillen abzustellen.[21] Ein als »Letter of Intent« bezeichnetes Schreiben kann deshalb im Einzelfall durchaus eine *Verhaltens- bzw. Vertrauensbindung* im Sinne des § 311 II BGB beinhalten. Dies kann z.B. dann der Fall sein, wenn sich einer der Beteiligten durch die von ihm abgegebenen Erklärungen, wie zum Beispiel die Zusicherung der grundsätzlichen Kauf- oder Veräußerungsbereitschaft oder die Zusicherung, keine verdeckten Parallelverhandlungen mit Dritten zu führen, zwar nicht im Sinne einer (vor-) vertraglichen Verpflichtung bindet, aber doch seine Verhandlungsposition derart konkretisiert, dass er den Vertragsabschluss nur noch aus bestimmten Gründen verweigern darf und ein Abweichen von dieser Verhaltensgrundlage ohne einen triftigen Grund eine Schadensersatzhaftung auslösen kann. Darüber hinaus kann ein als »Letter of Intent« bezeichnetes Schreiben aber auch sogar eine *(vor-)vertraglich verbindliche Vereinbarung* im Sinne des § 311 I BGB beinhalten.[22]

In diesen Zusammenhang gehören natürlich auch Erklärungen eines Verhandlungspartners, mit denen er in den von ihm verfassten Dokumenten gerade eine gewisse *Beschränkung eines Vertrauenstatbestandes* bei seinem Verhandlungspartner herbeiführen will und durch einen unter Berücksichtigung des § 309 Nr. 7 und 8 lit. a) BGB formulierten separaten *Verzicht*[23] des Erklärungsempfängers oder beider Ver-

---

17 Vgl. Lutter, Der Letter of Intent, S. 62 ff. Siehe auch das *Muster eines LOI* bei Liebs, S. 35 sowie die länderübergreifende Studie »Letters of Intent«, in: European Counsel, März 1997, S. 30 ff. mit einer *Checkliste* und einem englischsprachigen Muster.
18 OLG Köln, OLG Report Köln 1994, 61.
19 Siehe dazu Palandt-Heinrichs, Einf. vor § 145, RN 21.
20 Vgl. Lutter, S. 25.
21 BGH, NJW 2001, 144; BGH NJW 2001, 2535; Palandt/Heinrichs, § 133, RN 14.
22 OLG Köln, OLG Report Köln 1994, 61.
23 Siehe dazu Seibt/Reiche, Unternehmens- und Beteiligungskauf nach der Schuldrechtsreform (Teil I), DStR 2002, 1135, 1139 f. mit einem *Formulierungsvorschlag für einen Disclaimer*.

handlungspartner auch rechtswirksam herbeiführen kann.[24] Hierzu zählt z.B. auch ein sog. *Disclaimer*, der vielfach bei einer *Due Diligence*, zu einem *Informations-Memorandum* oder auch einem *Engagement Letter*, d.h. einem an eine Investmentbank oder auch an einen Unternehmensberater gerichteten Beauftragungsschreiben, erklärt wird, und mit dem regelmäßig der *Dokumentenersteller* den Tatbestand besonderen Vertrauens als Grundlage seiner etwaigen Eigenhaftung aus § 311 III S. 2 BGB ausschließen will.[25]

aa) Pflichtverletzung bei unrichtigen Angaben des Unternehmensverkäufers (positives Tun)[26]

In einer vielfach bestätigten Formel hat die Rechtsprechung den Grundsatz herausgebildet, dass bei gegenseitigen Verträgen grundsätzlich jeder Vertragspartner selbst zu prüfen hat, ob das Geschäft für ihn vorteilhaft ist oder nicht.[27]

Allerdings haben vorvertragliche Schuldverhältnisse beim Unternehmenskauf – wie vorstehend gesagt – zunächst *leistungsbezogene Pflichten* zum Inhalt, wie z.B. die Information des (potenziellen) Käufers über Eigenschaften der angebotenen Sache oder ihre Handhabung.[28] Eine erste wichtige Fallgruppe vorvertraglicher Pflichtverletzungen durch positives Tun bilden daher schuldhaft *unrichtige Angaben* bzw. Informationen des Verkäufers gegenüber dem Käufer.[29] Macht ein potenzieller Verkäufer Angaben, z.B. auch durch die Zurverfügungstellung inhaltlich fehlerhafter oder nicht vollständiger[30] Unterlagen für eine *Due Diligence* im *Data Room*[31], die für den *Kaufentschluss* des anderen Teils von Bedeutung sind, so haftet er nach §§ 311 Abs. 2,

---

24 Ebenso Seibt/Reiche, DStR 2002, 1135, 1139 f.
  A.A. Triebel/Hölzle, BB 2002, 521, 534 unter Hinweis auf die Nähe der Vertrauenshaftung der Investmentbank zu den Grundsätzen der bürgerlichrechtlichen Prospekthaftung für typisiertes Vertrauen; allgemein zur Prospekthaftung Staudinger/Löwisch, Kommentar zum Bürgerlichen Gesetzbuch, Neubearbeitung 2001, vor §§ 275 bis 283 RN 104 m.w.N.
25 Vgl. BT-Drs 14/6040, S. 163; BGH NJW-RR 1991, 1242.
26 Die Ausführungen in diesem und dem folgenden Abschnitt entsprechen weitgehend dem Text von Gerhard Picot 2004: Vertragsrecht, in: Picot: Unternehmenskauf und Restrukturierung, 2004, S. 41 ff.
27 Vgl. BGH NJW-RR 1991, S. 439, 440; BGH NJW 1989, S. 763, 764; Stengel/Scholderer 1994, S. 160.
28 Vgl. Teichmann, BB 2001, 1485, 1492.
29 Vgl. BGH NJW-RR 1996, 429 und BGH NJW 1992, 2564 (»Stundenhotel«). Eine Übersicht über die Aufklärungspflichten beim Beteiligungs- und Unternehmenskauf geben Stengel/Scholderer, NJW 1994, 158 ff.
30 Siehe dazu BGH v. 6.2.2002 – VIII ZR 185/00, ZIP 16/2002, S. A31; BGH NJW 2001, 2163, 2165; vgl. auch BGH NJW-RR 1996, 429; BGH NJW 2002, 1042 ff.; BGH DB 1981, 1816; BGH NJW 1970, 653, 655; OLG Hamburg WM 1994, 1378, 1387.
31 Ebenso Gaul, ZHR 2002, 35, 65; Triebel/Hölzle, BB 2002, 521, 533.

241 Abs. 2 BGB für schuldhaft *unrichtige Angaben*.[32] Erst recht kann der Käufer bei *vorsätzlich falschen Informationen* des Verkäufers einen Anspruch auf Schadensersatz haben, und zwar auch im Hinblick auf seine darauf beruhenden *Fehlinvestitionen*.[33]

bb) Pflichtverletzung durch Verschweigen von Tatsachen (Unterlassen)

Anstelle eines positiven Verhaltens kann auch ein *Unterlassen* des potenziellen Veräußerers eine Verletzung der Pflichten gemäß §§ 311 Abs. 2, 241 Abs. 2 BGB zur gegenseitigen Rücksichtnahme, Fürsorge und Loyalität sowie zur Sorgfalt von Schuldnern begründen.

Zwar ist es bereits wegen des vorgegebenen Interessenwiderstreits der Parteien grundsätzlich Sache des Käufers, sich selbst einen Überblick über das Unternehmen und dessen Bewertung zu verschaffen sowie den Bedarf an weiteren Auskünften zu ermitteln. Obwohl deshalb eine allgemeine Aufklärungspflicht des Verkäufers vor Vertragsschluss regelmäßig nicht besteht,[34] kann im Einzelfall z.B. ein Verschweigen von Tatsachen (Unterlassen) oder eine unterlassene bzw. mangelhafte Aufklärung[35] zu einer schuldhaften Pflichtverletzung seitens des Verkäufers führen.[36] Eine Aufklärungspflicht ist aber nur dann anzunehmen, wenn das Verschweigen von Tatsachen gegen den Grundsatz von Treu und Glauben verstößt und der Vertragspartner die (ungefragte) Aufklärung nach der Verkehrsauffassung erwarten darf.[37]

Mangels eines einheitlichen und allgemein gültigen Maßstabes für die Beurteilung von Unternehmen und aufgrund der unterschiedlichen Intentionen, die ein Käufer beim Erwerb eines Unternehmens verfolgt, sind bei der *Interessenabwägung* bezüglich der jeweiligen Darlegungs-, Hinweis- und Aufklärungspflicht jeweils die Besonderheiten des Einzelfalles zu berücksichtigen.[38] Als Abwägungskriterien[39] kommen

---

32 Siehe dazu das Urteil des BGH vom 04.06.2003 – VIII ZR 91/02, ZIP 2003, 1399 sowie die Anmerkung von Wagner, BGH, EwiR § 278 BGB 1/03, 1005 sowie BGH, Urt. v. 26.09.1997 – V ZR 29/96, NJW 1998, 302 unter II. 1.b aa m.w.N.).
33 Siehe dazu BGH NJW 1992, 2564 («Stundenhotel»).
34 Vgl. Roth 2001, § 242 BGB Rn. 269.
35 Vgl. BGH NJW 1970, S. 655; BGH NJW 1983, S. 2493.
36 Nach der bisher anwendbaren c.i.c. wurde der Käufer in seinem Vertrauen auf die Richtigkeit und die Vollständigkeit der Angaben so gestellt, wie er bei richtiger Offenbarung der für seinen Kaufentschluss erheblichen Umstände stünde. Der Käufer konnte daher entweder am Vertrag festhalten und lediglich zusätzlich Schadensersatz beanspruchen oder aber Rückgängigmachung des Vertrages verlangen, vgl. BGH GmbHR 2001, S. 516, 519; BGHZ 69, S. 53, 56 und BGHZ 111, S. 75, 82.
37 Vgl. RGZ 62, S. 149, 150 f.; BGHZ 47, S. 207, 211 f.; BGH NJW-RR 1991, S. 439, 440; BGH DB 1991, S. 496, 497.
38 Vgl. BGH NJW 1986, S. 918, 919; *RGZ* 111, S. 233, 234; BGH WM 1983, S. 1006, 1007 m.w.N.; BGH WM 1984, S. 815, 817.
39 Vgl. umfassend zu dem Gegenstand der Aufklärungspflichten sowie zu den einzelnen Wertungsgesichtspunkten Stengel/Scholderer 1994, S. 158 ff.

in Betracht: die Intensität der Vertragsverhandlungen[40], Irrtumserregung vor Vertragverhandlungen[41], Geschäftsgewandtheit des Käufers[42], Vorliegen eines Risikogeschäfts[43], Bestehen von Geheimhaltungspflichten[44] sowie das Vorliegen einer Selbstbezichtigung[45].

Dabei ist zu beachten, dass der Bundesgerichtshofs in jüngster Zeit dazu tendiert, dem Verkäufer eines Unternehmens immer *weiter reichende Aufklärungspflichten* aufzuerlegen.[46] Danach ist von dem Grundsatz auszugehen, dass bei Verhandlungen über einen Unternehmenskauf der Verkäufer den Kaufinteressenten auch ungefragt über solche Umstände aufzuklären hat, die den Vertragszweck (des anderen) vereiteln kön-

---

40 Eine Aufklärungspflicht vor Abschluss des Kaufvertrages wird angenommen, wenn sich die über einen längeren Zeitraum hinziehenden Vertragsverhandlungen zu einem bestimmten Vertrauensverhältnis zwischen den Vertragspartnern entwickelt haben und von Seiten des Verkäufers im Rahmen dieser Verhandlungen Angaben gemacht wurden, die für die Kaufentscheidung erkennbar von wesentlicher Bedeutung gewesen sind, deren tatsächliche Grundlagen aber noch vor Vertragsschluss entfallen sind und die sich damit als unrichtig herausstellen, vgl. BGH NJW 1983, S. 2493, 2494.
41 Hat der Verkäufer bei dem Käufer einen Irrtum erregt und führt dieser zum Vertragsschluss, so ist der Verkäufer verpflichtet, den Käufer hierüber aufzuklären, vgl. Emmerich 1985, Vorbem. zu § 275 BGB Rn. 49.
42 Eine Aufklärungspflicht des Verkäufers wird verneint, wenn auf der Käuferseite ein »wirtschaftlich äußerst bedeutsames und versiertes Konzernunternehmen« beteiligt ist und es sich »zusätzlich einer Beratung und Unterstützung eines bekannten und anerkannten Wirtschaftsprüfungsunternehmens« bedient, vgl. OLG Hamburg WM 1994, S. 1378, 1387. Mit der jüngsten Rechtsprechung des *BGH* vom 04.04.2001 (NJW 2001), S. 2163 ff., kann jedoch gefolgert werden, dass es den bisherigen Rechtsgrundsatz, eine Aufklärungspflicht bestehe nicht, wenn der Erwerber »geschäftsgewandt« sei, nicht mehr gibt, vgl. Bärwaldt 2001, S. 519 f.
43 Es kann davon ausgegangen werden, dass die Aufklärungspflichten umso niedriger anzusetzen sind, je höher der spekulative Charakter eines Geschäfts ist; vgl. Emmerich 1985, Vorbem. zu § 275 BGB Rn. 43, wonach bei Spekulationsgeschäften eine Aufklärungspflicht sogar »nahezu ganz entfallen könne«.
44 Grundsätzlich kollidiert die Pflicht des Verkäufers zur Aufklärung mit seiner Pflicht zur Geheimhaltung, die dem Verkäufer insbesondere als Organ einer Kapitalgesellschaft obliegen. Vgl. hierzu Volhard/Weber 1993, S. 387 ff.; Larenz 1975, S. 397 ff.
45 Insbesondere, wenn strafrechtliche Verfehlungen eine Rolle spielen, kann von dem Verkäufer nicht verlangt werden, dass er diese gegenüber dem Käufer aufdeckt, vgl. Emmerich 1985, Vorbem. zu § 275 BGB Rn. 47; a.A. Stengel/Scholderer 1994, S. 163, die der Auffassung sind, dass der vorgenannte Grundsatz nicht gelten könne, wenn frühere Verfehlungen dazu ausgenutzt würden, um den Käufer zum Abschluss zu bewegen.
46 Der BGH hat in drei Entscheidungen (Urt. v. 04.04.2001 – VIII ZR 32/00, ZIP 2001, 918; Urt. v. 28.11.2001 –VIII ZR 37/01, ZIP 2002, 440, dazu EwiR § 276 BGB a.F. 2/02, 327 (Wagner); Urt. v. 06.02.2002 – VIII ZR 185/00, ZIP 2002, 853, dazu EwiR § 123 BGB 1/2 , 603 (Eckardt), den Unternehmensverkäufer in hohem Maße für *informationspflichtig* erklärt (zusammenfassend Wagner, DStR 2002, 958). Dem hingegen hat der BGH sein Urteil vom 04.06.2003 (VIII ZR 91/02, ZIP 2003, 1399 m. Anm. Wagner, EwiR § 278 BGB 1/03, 1005) nicht über die Verletzung von Aufklärungspflichten, sondern darüber gelöst, dass der Verkäufer *falsch informiert* habe.

nen und daher für seinen Entschluss von wesentlicher Bedeutung sind, sofern er die Mitteilung nach der Verkehrsauffassung erwarten konnte. Überdies trifft den Verkäufer in solchen Fällen im Hinblick auf die wirtschaftliche Tragweite des Geschäfts und die regelmäßig erschwerte Bewertung des Kaufobjekts durch den Kaufinteressenten grundsätzlich eine gesteigerte Aufklärungs- und Sorgfaltspflicht. Diese Aufklärungspflicht kann sich aber wiederum z.B. dann reduzieren, wenn der Käufer keine Schulden übernimmt und das Unternehmen in seinen eigenen branchengleichen Betrieb eingliedern will und es sich insoweit nicht (mehr) um einen Unternehmenskauf im eigentlichen Sinne handelt.[47]

Zu berücksichtigen sind zum Beispiel auch etwaige Besonderheiten in der *Käuferpersönlichkeit*, wie z. B. seine Sachkunde bzw. seine Erfahrung mit dem Erwerb von Unternehmen[48], sowie die Zuhilfenahme der Beratung und Unterstützung fachkundiger Berater: *Je geringer die Erfahrung* und der *Kenntnisstand* eines Käufers beim Erwerb von Unternehmen sind, um so umfangreicher werden die *Offenlegungspflichten* eines Verkäufers sein. Dies kann zum Beispiel auch bei Altlasten eines Grundstückes der Fall sein, wenn lediglich der Verdacht einer Bodenverunreinigung besteht.[49] Dabei zeigt der Bundesgerichtshof eine beachtliche Tendenz, vorvertragliche Offenlegungspflichten des Verkäufers bei einem geringem Kenntnisstand des Käufers anzunehmen.[50] *Je größer hingegen die Erfahrung* und der *Kenntnisstand* eines Käufers beim Erwerb von Unternehmen sind, um so konkreter, ausdrücklicher und unmissverständlicher wird er sein Infomationsinteresse gegenüber dem Verkäufer deutlich machen müssen.

Zu berücksichtigen ist auch, welch großen *Wert auf Informationen* der Käufer in einer für den Verkäufer erkennbaren Weise legt: Je größeren Wert der Käufer auf bestimmte Angaben legt, umso umfassender, ausführlicher und sorgfältiger muss der Verkäufer ihm die entsprechenden Informationen erteilen.[51]

Grundsätzlich, aber je nach den Umständen des Einzelfalles, ist es Sache des Käufers, sich vom Verkäufer konkrete und verbindliche Angaben über solche Eigenschaften bzw. Umstände und Verhältnisse eines Kaufobjektes machen zu lassen, die zwar keinen Fehler des Kaufobjektes darstellen, aber für die *Preiskalkulation* des Käufers und seine Vertragsgestaltung von Bedeutung sind.[52] Ein Unternehmensverkäufer verletzt daher nicht ohne Weiteres ihm obliegende vorvertragliche Pflichten, wenn er dem Käufer einen fehlerhaften und unter Umständen sogar *nichtigen Jahresabschluss* übergibt.[53] Ebenso reicht die bloße Übergabe einer fehlerhaften bzw. nichtigen *Bilanz*

---

47 BGH, Urt. v. 28.11.2001, NJW 2002, 1042 ff.
48 Bei überlegener Sachkunde des Verkäufers kann eine Aufklärungspflicht bestehen, wenn der Verkäufer bei den Vertragsverhandlungen Vertrauen darauf in Anspruch nimmt, vgl. BGHZ 47, S. 207, 210.
49 BGH, NJW 1995, 1549 f.; vgl. dazu Knoche, NJW 1995, 1986, 1989.
50 BGH, NJW 1995, 1549 f.; vgl. dazu Knoche, NJW 1995, 1986, 1989.
51 Vgl. BGH, DB 1978, 979.
52 OLG Hamburg, WM 1994, 1378; siehe auch OLG Naumburg, BB 1995, 1816.
53 OLG Hamburg, WM 1994, 1378.

durch den Verkäufer nicht zur Begründung seiner Haftung aus; allerdings kann dies dann anders zu beurteilen sein, wenn der Verkäufer im Bewusstsein gehandelt hat, dass es dem Käufer auf bestimmte Angaben und deren Richtigkeit ankomme.[54]

Ein Verkäufer braucht den Käufer aber nicht auf Umstände hinzuweisen, von denen er annehmen darf, dass der Käufer nach ihnen fragt, falls er Wert auf sie legt.[55] Deshalb ist ein Unternehmensverkäufer unter Umständen auch nicht verpflichtet, dem Käufer bei den Kaufvertragsverhandlungen zu offenbaren, dass seine Ehefrau alsbald ein *Konkurrenzgeschäft* eröffnet.[56]

Eine Aufklärungspflicht trifft den Verkäufer allerdings insbesondere hinsichtlich solcher Umstände, die den *Vertragszweck vereiteln* können und daher für den Käufer von wesentlicher Bedeutung sind, sofern er nach der Verkehrsauffassung die Mitteilung erwarten kann. Dies kann selbst dann gelten, wenn die Parteien *entgegengesetzte Interessen* verfolgen,[57] wie zum Beispiel beim Verkauf eines Computerunternehmens, wenn kurz vor Vertragsschluss 40 % des vorher üblichen *Warenumsatzes* durch Kündigung entfallen sind.[58]

Auch muss der Verkäufer den Käufer jedenfalls dann auf *rückständige Umsatzsteuerschulden* einer GmbH gemäß § 75 AO hinweisen, wenn sich aus den Kaufverhandlungen ergibt, dass der Käufer Wert darauf legt, das Unternehmen schuldenfrei zu erwerben; handelt es sich bei dem Verkäufer um eine GmbH und kennt der Geschäftsführer die Umstände, so kommt auch eine persönliche Haftung des Geschäftsführers gemäß § 826 BGB in Betracht.[59] Neuerdings erstreckt der Bundesgerichtshof die Aufklärungspflicht des Verkäufers sogar auf alle Umstände, welche die *Überlebensfähigkeit* des zu kaufenden Unternehmens ernsthaft gefährden; dies gilt insbesondere dann, wenn eine drohende oder bereits eingetretene Zahlungsunfähigkeit oder Überschuldung vorliegt.[60]

Im Rahmen der dargestellten vorvertraglichen Aufklärungs- und Hinweispflichten hat der Verkäufer grundsätzlich die Pflicht, dem Käufer vollständig, richtig, zeitgerecht und geordnet Angaben zu machen (*Wahrheitspflicht*) und zwar unabhängig davon, ob die Angaben freiwillig oder auf Nachfrage erfolgen.[61] Insbesondere hat der Verkäufer dem Interessenten zumindest diejenige *Due Diligence-Dokumentation* richtig und vollständig[62] im *Data Room*[63] zur Prüfung zur Verfügung zu stellen, die

---

54 BGH, DStR 1994, 1019 ff. = WM 1994, 1378.
55 BGH, WM 1981, 1224, 1225 unter 2 c).
56 BGH, NJW 1987, 909 f.
57 Vgl. BGH, NJW-RR 1996, 429 m.w.N.; BGH, NJW-RR 1988, 394.
58 BGH, WiB 1996, 313 m. Anm. von Bosch.
59 OLG Köln, NJW-RR 1994, 1064.
60 BGH, GmbHR 2001, 516, 518; BGH, WM 2002, 446 ff.
61 Vgl. §§ 239 Abs. 2, 238 Abs. 1 S. 2 HGB als Orientierungshilfe sowie BGH, NJW-RR 1988, 744; Soergel-Huber, Kommentar zum BGB, § 459, RN 265; Fleischer/Körber, BB 2001, 841, 843.
62 Dabei ist zu berücksichtigen, dass die jüngste Rechtsprechung des Bundesgerichtshofs dem Verkäufer *weitreichende Aufklärungspflichten* auferlegt. Siehe dazu BGH v. 6.2.2002 –

für seinen *Kaufentschluss* von Bedeutung sind. Darüber hinaus trifft den Verkäufer die Pflicht, den Käufer unverzüglich von einer nachträglichen Veränderung der Vertragsumstände zu unterrichten (*Berichtigungspflicht*).[64]

Ob jedoch die Zusammenstellung einer richtigen und vollständigen *Due-Diligence-Dokumentation* im *Data Room* die Aufklärungspflichten des Verkäufers und damit seine haftungsrechtliche vorvertragliche Verantwortlichkeit beschränkt oder ob dies gerade zu einer Haftungserweiterung des Verkäufers führen kann, ist fraglich und bislang wenig diskutiert.

Bestimmt nämlich ein Käufer die Intensität und den Inhalt der Due Diligence zum Beispiel durch *Vorlage einer Check-Liste* selber, so könnte argumentiert werden, dass der Käufer in einem solchen Falle weniger schutzwürdig ist.[65] Immerhin gibt er durch diese Angaben zu erkennen, dass er die für seine Kaufentscheidung wichtigen Umstände selbst beurteilen kann und will, so dass sich der Verkäufer einerseits auf die Sachkunde des Käufers und zudem darauf verlassen darf, dass der Käufer bei Zweifeln Fragen stellen wird.[66] Zudem wird argumentiert, der Käufer habe in der Regel einen Anspruch gegen die von ihm eingeschalteten externen *Berater* für den Fall, dass diese im Rahmen der Prüfung wichtige, für die Kaufentscheidung relevante Aspekte nicht erkannt haben.[67]

Gegen die vorstehende Argumentation spricht allerdings einerseits, dass der Umfang der Aufklärungspflichten des Verkäufers nicht davon abhängen kann, ob und inwieweit der Käufer Regress bei Dritten nehmen kann.[68] Ferner spricht dagegen auch das Schutzinteresse des Käufers, der mit der Durchführung der Due Diligence nicht seine Rechtsposition verschlechtern möchte. Vielmehr gibt der Käufer durch die Vorlage einer Check-Liste und seine Unternehmensprüfung gerade sein *gesteigertes Aufklärungsinteresse* zu erkennen. Hinzu kommt, dass der Käufer angesichts der oftmals geringen Zeit[69] für eine Due Diligence kaum in der Lage ist, sämtliche für ihn wissenswerten Details des für ihn fremden Target-Unternehmens zum Beispiel in der

---

VIII ZR 185/00, ZIP 16/2002, S. A31; BGH NJW 2001, 2163, 2165; vgl. auch BGH NJW-RR 1996, 429; BGH NJW 2002, 1042 ff.; BGH DB 1981, 1816; BGH NJW 1970, 653, 655; OLG Hamburg WM 1994, 1378, 1387.
63 Ebenso Gaul, ZHR 2002, 35, 65; Triebel/Hölzle, BB 2002, 521, 533.
64 Vgl. Fleischer, Informationsasymmetrie im Vertragsrecht, 2001, S. 308 ff.; Fleischer/Körber, BB 2001, 841, 843.
65 Vgl. Hölters/Semler, Teil VI, RN 53 ff.
66 Vgl. Werner, ZIP 2000, 989, 990; Loges, DB 1997, 965, 969.
67 So Loges, DB 1997, 965, 969, der insbesondere darauf hinweist, dass sich die Berater des Unternehmenskäufers gegen derartige Risiken versichern könnten; Werner, ZIP 2000, 989, 990.
68 So aber Loges, Die Begründung neuer Erklärungspflichten und der Gedanke des Vertrauensschutzes, 1991, S. 157 ff. m.w.N.; Loges, DB 1997, 965, 969.
69 Picot 2000, Due Diligence – Hohes Fusionsfieber lässt die Sorgfalt bei der Unternehmensprüfung schwinden/Die Due Diligence bei Mergers & Acquisitions verdient eine erhöhte Aufmerksamkeit/Bislang beklagenswerte Quote nicht oder wenig erfolgreicher Transaktionen, FAZ Nr. 242 vom 18.10.2000, S. 49

Check-Liste zu definieren sowie alle Einzelheiten beziehungsweise Mängel des zu kaufenden Unternehmens festzustellen und ihnen auf die Spur zu kommen.[70]

In der Praxis kann dem gesteigerten Informationsbedürfnis des Käufers vorsorglich dadurch Rechnung getragen werden, dass in den Transaktionsvertrag eine Klausel aufgenommen wird, wonach der Verkäufer keine Rechte aus der Durchführung einer Due Diligence durch den Käufer ableiten kann.[71] Im Ergebnis muss daher festgehalten werden, dass die Durchführung einer Due Diligence auf die Aufklärungspflichten des Verkäufers keinen Einfluss haben darf. Es kann nicht sein, dass die Durchführung einer Due Diligence durch den Käufer die Aufklärungspflichten des Verkäufers vermindert.

cc) Due Diligence und vorvertragliche Pflichtverletzung

Führt der Käufer eine Due Diligence durch, so erhält er von dem Verkäufer eine Vielzahl von Informationen. Diese müssen ausnahmslos richtig und vollständig sein. Legt der Käufer im Rahmen der Due Diligence eine eigene Check-Liste, möglicherweise spezialisiert auf bestimmte Bereiche, vor, muss der Verkäufer auch über solche Umstände informieren, die die auf der Liste enthaltenen Punkte nicht unmittelbar erfassen, mit ihnen aber im Zusammenhang stehen.[72]

Welche Auswirkungen die Durchführung einer Due Diligence auf die grundsätzlichen Erklärungspflichten des Verkäufers hat, ist bislang wenig diskutiert. Es stellt sich insbesondere die Frage, ob die umfangreiche und systematische Prüfung im Rahmen einer Due Diligence die Aufklärungspflichten des Verkäufers und damit seine haftungsrechtliche vorvertragliche Verantwortlichkeit beschränkt oder ob diese Prüfung gerade zu einer Haftungserweiterung des Verkäufers führen kann.

Soweit der Käufer die Intensität und den Inhalt der Due Diligence selbst z.B. durch Vorlage einer Check-Liste bestimmt, könnte argumentiert werden, der Käufer sei in diesem Fall weniger schutzwürdig.[73]

Eine solche Ansicht wird damit begründet, dass der Käufer durch seine Angaben zu erkennen gebe, er könne und wolle die für ihn wichtigen Umstände selbst beurteilen. Der Verkäufer dürfe sich daher darauf verlassen, dass der Käufer selbst in der Lage sei, die relevanten Umstände zu erkennen und zu beurteilen. Auch dürfe sich der Verkäufer darauf verlassen, dass ihm der Käufer bei Zweifeln Fragen stellen

---

70 Ebenso Fleischer/Körber, BB 2001, 841, 848; Beisel/Klumpp 2003 RN 12. Vgl. Stengel/Scholderer, NJW 1994, 158, 164.
71 Beispiel einer solchen Klausel: »Kenntnisse, die der Käufer infolge einer durchgeführten Prüfung beim Verkäufer (Due Diligence) oder aus anderen Gründen hat oder haben konnte, schränken die Haftung des Verkäufers nicht ein. Die Vorschriften der §§ 442 BGB, 377, 378 HGB sowie die darin zum Ausdruck kommenden Rechtsgedanken finden auf die Haftung des Verkäufers keine Anwendung.« Siehe dazu S. 173 ff.
72 Vgl. Loges 1997, S. 968.
73 Vgl. Semler 1992, Rn. 14.

werde.⁷⁴ Zudem wird argumentiert, der Käufer habe überdies in der Regel einen Anspruch gegen die von ihm eingeschalteten externen Berater für den Fall, dass diese im Rahmen der Prüfung wichtige, für die Kaufentscheidung relevante Aspekte nicht erkannt haben.⁷⁵

Hiergegen ist allerdings einzuwenden, dass sich der Käufer mit der Durchführung der Due Diligence schützen, nicht hingegen seine Rechtsposition verschlechtern möchte. Vielmehr gibt der Käufer durch die Unternehmensprüfung gerade zu erkennen, dass er ein gesteigertes Aufklärungsinteresse hat. Hinzu kommt, dass der Käufer angesichts der oftmals geringen Zeit nicht in der Lage ist, sämtliche für ihn wissenswerten Details des für ihn fremden Target-Unternehmens zum Beispiel in der Check-Liste zu definieren sowie alle Einzelheiten beziehungsweise Mängel des zu kaufenden Unternehmens festzustellen und ihnen auf die Spur zu kommen.⁷⁶ Außerdem kann der Umfang der Aufklärungspflichten des Verkäufers nicht davon abhängen, inwieweit der Käufer Regress bei Dritten nehmen und somit das Risiko »sozialisieren« kann.⁷⁷

In der Praxis kann dem gesteigerten Informationsbedürfnis des Käufers vorsorglich dadurch Rechnung getragen werden, dass in den Transaktionsvertrag eine Klausel aufgenommen wird, wonach der Verkäufer keine Rechte aus der Durchführung einer Due Diligence durch den Käufer ableiten kann.⁷⁸

Im Ergebnis bleibt daher festzuhalten, dass die Durchführung einer Due Diligence auf die Aufklärungspflichten des Verkäufers keinen Einfluss haben darf. Es kann nicht sein, dass die Durchführung einer Due Diligence durch den Käufer die Aufklärungspflichten des Verkäufers vermindert. Denn die Due Diligence dient allein dem Schutz des Käufers, der damit nicht auf seine Aufklärungsrechte gegenüber dem Verkäufer verzichten möchte.

Umgekehrt kann in der Durchführung einer Due Diligence durch den Käufer aber auch kein gesteigertes Informationsbedürfnis des Käufers dergestalt gesehen werden, dass dies zu einer gesteigerten Aufklärungspflicht des Verkäufers führen würde. Es ist nicht einzusehen, warum der Verkäufer gesteigerte Aufklärungspflichten gegenüber dem Käufer haben soll, wenn er ihm bereits Unterlagen im Rahmen der Due Diligence zur Prüfung zur Verfügung gestellt hat. Infolgedessen muss die Durchführung einer Due Diligence im Hinblick auf die Aufklärungspflichten des Verkäufers als neutral angesehen werden.⁷⁹

---

74 Vgl. Werner 2000, S. 990; Loges 1997, S. 969.
75 So Loges 1997, S. 969. Loges weist insbesondere daraufhin, daß sich die Berater des Unternehmenskäufers gegen derartige Risiken versichern könnten.
76 Vgl. Stengel/Scholderer 1994, S. 164.
77 Siehe oben Fn. 38.
78 Beispiel einer solchen Klausel: »Kenntnisse, die der Käufer infolge einer durchgeführten Prüfung beim Verkäufer (Due Diligence) oder aus anderen Gründen hat oder haben konnte, schränken die Haftung des Verkäufers nicht ein. Die Vorschriften der §§ 442 EGB, 377, 378 HGB sowie die darin zum Ausdruck kommenden Rechtsgedanken finden auf die Haftung des Verkäufers keine Anwendung.« Siehe dazu bereits Fn. 71.
79 So auch Stengel/Scholderer 1994, S. 164.

Natürlich verbleibt es – wie bereits oben ausgeführt – bei der Pflicht des Verkäufers, dem Käufer vollständig, richtig, zeitgerecht und geordnet Angaben zu machen (*Wahrheitspflicht*) und zwar unabhängig davon, ob die Angaben freiwillig oder auf Nachfrage erfolgen.[80] Darüber hinaus trifft den Verkäufer die Pflicht, den Käufer unverzüglich von einer nachträglichen Veränderung der Vertragsumstände zu unterrichten (*Berichtigungspflicht*).[81]

dd) Das Vertretenmüssen der Pflichtverletzung

Verletzt ein Verhandlungspartner eine Pflicht aus dem vorvertraglichen Schuldverhältnis, so kann der Gläubiger gemäß § 280 Abs. 1 Satz 1 BGB Ersatz des hierdurch entstandenen Schadens verlangen. Dies gilt gemäß § 280 Abs. 1 Satz 2 BGB nicht, wenn der verletzende Schuldner die Pflichtverletzung nicht zu vertreten hat. Dabei ist zu beachten, dass der Schuldner nach § 276 Abs. 1 Satz 1 BGB Vorsatz und Fahrlässigkeit zu vertreten hat, wenn eine strengere oder mildere Haftung weder bestimmt noch aus dem sonstigen Inhalt des Schuldverhältnisses, insbesondere aus der Übernahme einer Garantie oder eines Beschaffungsrisikos zu entnehmen ist.

b) Geheimhaltungsvereinbarungen

Ein allzu frühes Bekanntwerden einer beabsichtigten Transaktion kann für alle Beteiligten nachteilige Auswirkungen haben. Bereits aufgrund des vorvertraglichen Schuldverhältnisses sind die Beteiligten verpflichtet, die Vertragsverhandlungen vertraulich zu behandeln und die gewonnenen Erkenntnisse nicht zum Nachteil des Verhandlungspartners zu verwenden.

Die Reichweite solcher vorvertraglicher Geheimhaltungspflichten kann jedoch im Einzelfall zweifelhaft sein. Je nach Interessenlage empfiehlt es sich daher, die Geheimhaltungs- und Unterlassungspflichten vertraglich festzulegen (sog. Statements of Nondisclosure).

c) Option

Optionen geben einem Vertragspartner das Recht, den Vertragsschluss durch einseitige Erklärung herbeizuführen, z.B. das Unternehmen entweder zu kaufen oder zu verkaufen. Durch die Abgabe der Optionserklärung erlangt ein aufschiebend bedingter Vertrag seine endgültige Wirksamkeit.[82]

---

80 Vgl. §§ 239 Abs. 2, 238 Abs. 1 S. 2 HGB als Orientierungshilfe sowie BGH NJW-RR 1988, S. 744; Huber 1991, § 459 BGB Rn. 265; Fleischer/Körber 2001, S. 843.
81 Vgl. Fleischer 2001, S. 308 ff.; Fleischer/Körber 2001, S. 843.
82 Vgl. BGHZ 47, 388, 391; OLG Bamberg, NJW-RR 1989, 1449. Siehe auch Palandt-Heinrich, Einf. § 145 RN 19 ff. sowie Giorgiades, S. 409, 423 f.

d) Vorvertrag

Vorverträge begründen eine Verpflichtung zum Abschluss des Hauptvertrages, der unter Umständen deswegen noch nicht vereinbart werden kann, weil bestimmte, von den Parteien als klärungsbedürftig angesehene Punkte noch offen sind. Für die Wirksamkeit eines Vorvertrages müssen alle für einen Vertragsschluss wesentlichen Punkte genügend bestimmt sein.[83] Diese hinreichende Bestimmtheit ist regelmäßig gegeben, wenn Kaufgegenstand und Kaufpreis sowie die von den Parteien als wesentlich angesehenen Nebenpunkte geregelt sind oder sich im Wege der Auslegung bestimmen lassen. Bedarf der Hauptvertrag der notariellen Form, so genügt für die Wirksamkeit eines Vorvertrages nicht eine nur schriftlich getroffene Vereinbarung.[84]

Da bereits die hinreichende Bestimmtheit der für einen Vertragsschluss wesentlichen Punkte für die Wirksamkeit eines Vorvertrages genügt und – im Gegensatz zu einem LoI – bereits Erfüllungsansprüche begründet werden, ohne dass sich die Vertragspartner über sämtliche Vertragsdetails geeinigt haben, sollte mit diesem rechtlichen Instrument äußerst zurückhaltend umgegangen werden.

e) Due Diligence und Pre-Acquisition Audit

Um Klarheit über einerseits den Inhalt bzw. Umfang und andererseits den Wert des Transaktionsgegenstandes zu erlangen, ist es in der Praxis üblich und empfehlenswert, in einem möglichst frühen Verhandlungsstadium und vor der Abgabe eines bindenden Angebotes eine sorgfältige Unternehmensprüfung (sog. Due Diligence) durchzuführen und sowohl hinsichtlich der rechtlichen als auch der wirtschaftlichen Gegebenheiten, Expektanzen, Chancen und Risiken eine eingehende Analyse (sog. Pre Acquisition Audit) vorzunehmen. Die Ergebnisse dieser vorbereitenden Prüfung werden in der Regel durch juristische und andere Fachberater (zur Tax Due Diligence siehe A.III.6.) separat in einem sog. Due-Diligence-Report zusammengefasst und den Entscheidungsgremien des erwerbenden Unternehmens vorgelegt. Ausnahmsweise, z.B. aus zeitlichen Gründen, kann eine derartige Prüfung aber auch als Post-Acquisition Audit nach dem Abschluss des Transaktionsvertrages durchgeführt werden; in den Transaktionsvertrag sollten dann entprechende Vorbehalte in Form von rechtlichen Bedingungen, Annahmen etc. aufgenommen werden.

Da die Thematik der Due Diligence nachfolgend in Abschnitt B. V. ausführlich behandelt wird, seien an dieser Stelle zum besseren Verständnis der rechtlichen Bedeutung lediglich die drei verschiedenen Funktionen der Due-Diligence-Prüfung hervorgehoben:

- Zunächst dient die Due-Diligence-Prüfung dem Vertragspartner zur Informationsbeschaffung über den Transaktionsgegenstand.

---

83 BGH, NJW 1990, 1234, 1235 f.
84 RGZ 124, 81, 83; RGZ 169, 185, 188.

- Ferner hat die Prüfung für den Käufer den Zweck, Chancen, Risiken und Schwachstellen des Target-Unternehmens zu erkennen.
- Schließlich wird durch die Due Diligence das Target-Objekt auch zu Beweiszwecken offen gelegt und dokumentiert.

Niemand kennt das Unternehmen so gut, wie der bisherige Eigentümer bzw. das bisherige Management. Für den Transaktionspartner, insbesondere den Unternehmenskäufer und Joint-Venture-Partner ist die sorgfältige Prüfung des Zielunternehmens deshalb nicht nur eine Grundvoraussetzung für das Gelingen eines Deals, sondern erforderlich für die angemessene Bewertung des Zielunternehmens, die Fixierung eines verbindlichen Gegenleistungs-Angebotes und die Vertragsverhandlung, insbesondere auch im Hinblick auf das zu vereinbarende Gewährleistungs- und Haftungssystem. Eine gewisse Einschränkung der Due Diligence mag dann in Betracht kommen, wenn z.B. ein Wettbewerber als Kaufinteressent auftritt, der bereits gewisse Vorstellungen über den Gegenstand und das Umfeld der Transaktion hat. Gleiches gilt auch beim Management-Buy-out (MBO) oder Management-Buy-in (MBI), bei dem sich die Investoren die Insider-Kenntnisse der internen oder externen Manager über das Targetunternehmen, den Unternehmenswert, die Entwicklungsressourcen und den Markt durch eine wirtschaftliche Beteiligung der Manager an dem Zielunternehmen zunutze machen.

Zwischen der Due Diligence einerseits sowie den gesetzlichen und vertraglichen Gewährleistungs-, Garantie- und Haftungspflichten des Verkäufers andererseits besteht ein enges Wechselspiel, das bei den Vertragsverhandlungen genau beachtet werden muss.[85] Dabei gilt der *Grundsatz*: Je weniger Daten und Informationen von einem Vertragspartner zur Verfügung gestellt werden, umso umfangreicher und detaillierter werden die Forderungen des anderen Vertragspartners nach vertraglichen Gewährleistungs-, Garantie- und Haftungsversprechen ausfallen. Umgekehrt wird z.B. der Verkäufer dem Käufer nach der Due Diligence regelmäßig entgegenhalten, dass er nunmehr den gleichen Kenntnisstand habe, wie der Verkäufer selbst. Der Verkäufer wird demgemäß bemüht sein, seine Haftung für offen gelegte Risiken bereits im Unternehmenskaufvertrag auszuschließen, oder jedenfalls die Geltendmachung von Ansprüchen durch den Käufer zurückzuweisen.

3. Der Unternehmenskaufvertrag – Abschluss und Durchführung

Aufgrund der vom Gesetzgeber in den §§ 433 ff. BGB typisierten Struktur des Kaufvertragsrechtes erscheint es zweckmäßig, die Gestaltung, den Abschluss und die Durchführung von Mergers & Acquisitions zunächst am Beispiel des Unternehmens-

---

85 Siehe dazu die Ausführung unter e) »Das Gewährleistungs- und Haftungssystem«.

kaufvertrages (Sales- & Purchase Agreement/S&PA) darzustellen. Danach sollen auch die Sonderformen der Mergers & Acquisitions erläutert werden und zwar

- feindliche Übernahmen (Hostile Takeover)
- Unternehmenszusammenschlüsse
- Joint Ventures und Kooperationen
- Unternehmenssicherungen und -nachfolgen
- Management-Buy-out und Management-Buy-in
- Going Public/Börsengänge (IPO)
- Internationale (crossborder) Mergers & Acquisitions.

a) Arten des Unternehmenskaufs: Kauf einzelner Wirtschaftsgüter (Asset Deal) und Kauf einer Gesellschaft bzw. einer Beteiligung an einer Gesellschaft (Share Deal)

Der Unternehmenskauf ist zwar ein Kauf im Sinne der §§ 433 ff. BGB. Unternehmenskaufverträge lassen sich aber nicht mit den einfachen Kategorien des Sach- und Rechtskaufes erfassen, sondern beinhalten regelmäßig ein ganzes Bündel besonderer Rechte und Pflichten. In der Literatur wird deshalb vorgeschlagen, den Unternehmenskauf zumindest teilweise der Einordnung als Kauf im Sinne des BGB zu entziehen. Eine dem wirtschaftlichen Tatbestand und den gesellschaftlichen Anschauungen angepasste Betrachtungsweise lässt es jedoch als sachgerecht erscheinen, das Unternehmen als Gegenstand des Kaufrechts anzuerkennen.[86]

Der Unternehmenskauf kann durch den Kauf einzelner Wirtschaftsgüter, d.h. die Übertragung der Gesamtheit der Wirtschaftsgüter, also der Aktiva und Passiva des Unternehmens erfolgen. Diese Variante wird als »Kauf durch Singularsukzession« oder *Asset Deal* bezeichnet und stellt einen Sachkauf im Sinne der §§ 433 ff. BGB und z.B. im Falle der Übertragung von Markenrechten, Patentrechten und Domains auch einen Rechtskauf im Sinne des § 453 BGB dar.[87]

Stattdessen kann der Kauf eines Unternehmens auch durch die Übertragung des Rechtsträgers im Wege des Anteils- bzw. Beteiligungserwerbs, d.h. durch den Kauf einer Gesellschaft oder Beteiligung an einer Gesellschaft geschehen. Rechtsträger eines Unternehmens kann eine juristische Person (z.B. AG, GmbH), eine Personengesellschaft (OHG, KG, GmbH & Co. KG, GmbH & Co. KGaA) oder ein Einzelunternehmen sein. Bei der Kapital- und Personengesellschaft ist das dem Unternehmen zugeordnete Vermögen eindeutig vom Privatvermögen der Gesellschafter getrennt. Der unmittelbare rechtliche Kaufgegenstand ist die gesellschaftsrechtliche Beteiligung des Verkäufers, sodass die Identität des Unternehmens unberührt bleibt. Diese Form

---

86 BGH, BB 1998, 1171 ff. m. Anm. Gerhard Picot, BB 1998, 1174 f.
87 RGZ 63, 57 (62); RGZ 67, 86/88.

des Unternehmenskaufs wird als *Share Deal* bezeichnet und ist ein Rechtskauf im Sinne des § 453 BGB.[88] Ein Sachkauf liegt neben dem Rechtskauf nur dann vor, wenn das Mitgliedschaftsrecht in einem Wertpapier, z.B. einer Aktie verkörpert ist.

Gemäß § 453 BGB gelten nunmehr für den Kauf von Rechten und sonstigen Gegenständen die Vorschriften über den Kauf von Sachen entsprechend. Die bislang für die Haftung bestehende Unterscheidung, ob beim Asset- oder Share Deal ein Sach- oder Rechtskauf vorlag, ist daher nicht mehr von Bedeutung. Dies gilt auch für die bislang wichtige Frage, ab welcher Beteiligungsquote der (Rechts-) Kauf von Gesellschaftsanteilen auch den Kauf des von der Gesellschaft betriebenen Unternehmens selbst beinhaltet, sodass der Kauf als Sachkauf gemäß §§ 433 ff. BGB a.F. zu werten war, mit der Folge der Anwendbarkeit der Gewährleistungsbestimmungen der §§ 459 ff. BGB a.F. Hierauf wird im Rahmen der mängel- und haftungsrechtlichen Darstellung unter B.IV.3.e) näher einzugehen sein.

b) Allgemeines zur Vertragsgestaltung

Angesichts der immer internationaler und globaler werdenden Transaktionsprozesse sowie aufgrund des starken Einflusses der Investmentbanken können sich die deutschen Wirtschaftsjuristen nicht dem Trend entziehen, die Transaktionsverträge immer mehr nach anglo-amerikanischem Vorbild und in englischer Sprache zu konzipieren.[89] Dabei haben sich für die Gestaltung und den Inhalt der Transaktionsverträge in der Praxis gewisse Standards herausgebildet.

Aufgrund der Komplexität der Unternehmen als Gesamtheit von Sachen und Rechten, tatsächlichen Beziehungen und Erfahrungen sowie unternehmerischen Handlungen ist es gleichwohl nicht möglich, die vielfältigen Facetten einer Transaktion mit einem »guten« Standardvertrag zu erfassen und zu bewältigen.

Nach unserer deutschen zivilgesetzlichen und -vertraglichen (grundsätzlich) abstrahierend-generalisierenden Regelungsmethodik werden anstelle eines kasuistisch-konkreten Beispiels abstrakt-generelle Begriffe verwendet, die eine unbestimmte Vielzahl von Anwendungsfällen erfassen. Demgegenüber werden in den internationalen Vertragswerken zunehmend nach dem Vorbild des angelsächsischen Common-Law bzw. Case-Law alle erkannten und erkennbaren regelungsbedürftigen Situationen und Risiken geregelt. Diese Regelungsgegenstände werden dabei ohne generalklauselartige abstrakte Rechtsbegriffe oder Gattungsbescheibungen möglichst abschließend im Transaktionsvertrag durch die Beschreibung und Aufzählung aller denkbaren Gegebenheiten bzw. Verwendungen dargestellt.

Da der Übertragungsvertrag den lebenden unternehmerischen Organismus mit allen seinen Außenbeziehungen zum Gegenstand hat, empfiehlt es sich vor dem Hin-

---

88 RGZ 86, 146 (148 f.).
89 Vgl. Gerhard Picot, Wirtschaftsrechtliche Parameter des Akquisitionsmanagements, in: Arnold/Picot/Nordmeyer/Pribilla, Management von Akquisitionen, S. 121 ff.; Merkt, Internationaler Unternehmenskauf, RN. 999 ff.

tergrund dieser Vertragstechnik, möglichst alle für die Vertragspartner bedeutsamen rechtlichen und wirtschaftlichen Aspekte vertraglich so detailliert zu regeln, dass Überraschungen ausgeschaltet werden. Insbesondere müssen erkannte und erkennbare Risiken und Risiko-Situationen, wie z.B. dringend erforderliche Restrukturierungsmaßnahmen des Targetunternehmens, durch Zusicherungen oder Garantien bzw. entsprechende Verzichtsvereinbarungen möglichst klar unter den Vertragspartnern abgegrenzt und verteilt bzw. im Kaufpreis berücksichtigt werden (vgl. A.III.6.e)).

Dabei sollten an den Anfang umfangreicherer Transaktionsverträge zum Zwecke der besseren Übersichtlichkeit

- ein detailliertes Inhaltsverzeichnis
- und ein Anlagenverzeichnis

aufgenommen werden.

Je nach der rechtlich und vor allem auch steuerrechtlich (siehe A. III.) gewünschten Struktur kann die Transaktion entsprechend den vorstehenden Ausführungen durchgeführt werden als

- Übertragung einzelner Wirtschaftsgüter (sog. Asset Deal) oder als
- Übertragung von Gesellschaftsbeteiligungen (sog. Share Deal).

Beim Asset Deal müssen die einzelnen Wirtschaftsgüter und Verbindlichkeiten, die übertragen werden sollen, konkret festgelegt werden (Bestimmtheits-Grundsatz), da ein Unternehmen als solches nicht Gegenstand eines Übertragungsvorganges sein kann. Der Kauf eines Unternehmens im Wege eines Asset Deals stellt entsprechend der Bedeutung des Kaufes eines Unternehmens als Kauf einer Gesamtheit von Sachen und Rechten, tatsächlichen Beziehungen und Erfahrungen sowie unternehmerischen Handlungen erheblich mehr dar, als den bloßen Kauf einzelner Wirtschaftsgüter. Der Verkäufer haftet beim Asset Deal somit auch für den wirtschaftlichen Wert des Unternehmens.

Wird ein Unternehmen bilanziert, so kann für die Bestimmung der zu übertragenden Sachen und Rechte regelmäßig auf die Bilanz und das Inventarverzeichnis des Unternehmens Bezug genommen werden. Ebenfalls müssen die Vertragsbeziehungen mit Lieferanten und Kunden oder mit anderen Dritten, wie z.B. Vermietern, Leasingunternehmen etc., individuell benannt und übertragen werden. Für den Fall, dass der (dritte) Partner eines solchen Vertrages seine Zustimmung zu dem Übergang des Vertrages auf den Unternehmenskäufer versagen sollte, benötigt dieser im Innenverhältnis der Vertragspartner untereinander besondere, ihn schützende Bestimmungen. Etwas anderes gilt lediglich hinsichtlich der Arbeitnehmer: Wird ein Betrieb oder Betriebsteil nämlich durch Rechtsgeschäft von einem anderen Inhaber erworben, so tritt der Erwerber aufgrund des § 613a BGB (Betriebsübergang) automatisch in die Rechte und Pflichten aus den im Zeitpunkt des Übergangs bestehenden Arbeitsverhältnissen ein. Hierbei handelt es sich um eine zwingende Regelung, die weder durch einen Vertrag zwischen Arbeitgeber und Arbeitnehmer noch durch eine vertragliche Vereinbarung zwischen dem Arbeitgeber und dem Unternehmenserwerber abbedungen werden kann, sondern allenfalls im Innenverhältnis der Vertragspartner (ohne

Außenwirkung und daher nicht zulasten der Arbeitnehmer) z.B. im Wege von Freistellungserklärungen ausgeglichen werden können. Auch bei der Umwandlung von Unternehmen im Wege der Verschmelzung, Spaltung und Vermögensübertragung nach dem Umwandlungsgesetz ist § 613a BGB anwendbar.[90] Die Arbeitnehmer bleiben auf diese Weise grundsätzlich mit dem Betrieb bzw. Betriebsteil verbunden, dem sie nach dem Schwerpunkt ihrer Tätigkeit objektiv zuzuordnen sind, sofern sie dem Übergang ihrer Arbeitsverhältnisse auf den neuen Arbeitgeber nicht widersprechen.

Beim Share Deal erlangt der Erwerber demgegenüber mit dem Erwerb der Anteile oder einer Beteiligung eine unmittelbare Beteiligung am Vermögen der Gesellschaft. Eine Bezeichnung der Einzelbestandteile des Unternehmens ist daher bei einem solchen Kauf von Rechten an der Gesellschaft, die das Unternehmen betreibt, entbehrlich. Da lediglich ein Inhaberwechsel bei der Gesellschaft stattfindet und die Gesellschaft Vertragspartner bleibt, brauchen auch die Vertragsbeziehungen mit Dritten nicht individuell mit ihrer Zustimmung übertragen zu werden. Gleiches gilt auch hinsichtlich der Arbeitnehmer; für diese tritt kein Wechsel des Arbeitgebers mit den Rechtsfolgen des § 613a BGB ein. Zu beachten ist allerdings, dass oftmals insbesondere Verträge mit Banken, Lieferanten und Lizenzgebern sog. »Change of Control«-Klauseln enthalten, die für den Fall eines Wechsels in der Inhaberschaft des Vertragspartner-Unternehmens ein Kündigungsrecht vorsehen; in diesen Fällen sollte schon vor der Unterzeichnung des Unternehmenskaufvertrages von dem Dritten die Erklärung eingeholt werden, dass er sein Kündigungsrecht nicht ausübt oder eine entsprechende Vorbehaltsklausel, z.B. in die sog. Closing-Conditions, aufgenommen werden.

Soll der Transaktionsvertrag sicherstellen, dass der in dem Unternehmen verkörperte Wert übertragen wird, so muss eine nachhaltige Verpflichtung des Veräußerers vertraglich geregelt werden, eben diejenigen Vermögensgegenstände und Rechte zu übertragen, die im Zeitpunkt des Vertragsschlusses diesen Wert ausmachen. Dabei kann es für die Ausgestaltung des Unternehmenskaufvertrages einen erheblichen Unterschied machen, ob zum Beispiel ein Dienstleistungsunternehmen der Telekommunikation[91] oder ein Produktionsunternehmen im Automobilbereich erworben wird. Insofern wird in unterschiedlichem Maße zu beachten sein, dass die Mitarbeiter als Grundlage für die Erbringung von Dienstleistungen, die Produktionsanlagen, die Maschinen und Einrichtungsgegenstände, die immateriellen Betriebsmittel, Schutzrechte, Geschäftspapiere und Kundenlisten sowie das Know-how und der Goodwill sowie die Liefer- und Kundenbeziehungen im Rahmen der Transaktion tatsächlich übergehen.

Darüber hinaus wird der Übertragungsvertrag regelmäßig Bestimmungen enthalten müssen, die dem Erwerber auch für die Zeit nach der Übertragung den Werterhalt sichern. Zu diesem Zweck können Wettbewerbsvereinbarungen getroffen werden, die dem Verkäufer und eventuell auch seinen Angehörigen konkurrierende

---

90 Siehe dazu die nachfolgende Darstellung unter d).
91 Gerhard Picot, Mergers&Acquisitions in Telekommunikation und Internet, Finanzbetrieb, 6/1999, S. 61–70.

Tätigkeiten in dem Geschäftsbereich des veräußerten Unternehmens für einen gewissen Zeitraum untersagen.

Bei Unternehmenszusammenschlüssen oder Akquisitionen kann ein erheblicher Zeitraum zwischen dem Zeitpunkt der ersten Bewertung des Unternehmens, dem Abschluss des Transaktionsvertrages und der tatsächlichen Übertragung des Unternehmens liegen. Bei größeren Akquisitionen wird dies oftmals schon dadurch bedingt, dass die Zustimmung der Kartellbehörden zu der Akquisition eingeholt werden muss und bis dahin ein Vollzugsverbot besteht (siehe nachfolgend B. VII.). Bis zu dem Übertragungsstichtag kann der Wert des Unternehmens erheblichen Schwankungen unterliegen. Aus diesem Grund vereinbaren die Vertragspartner häufig die Erstellung einer Stichtagsbilanz. Ergibt sich aus der Stichtagsbilanz, dass die vereinbarten Mindestwerte für das Eigenkapital, das Working Capital etc. nicht erreicht werden, so hat eine Kaufpreisanpassung bzw. Ausgleichszahlung zu erfolgen.

Bei dem Erwerb eines Konzernunternehmens ist ferner zu berücksichtigen, dass das einzelne Konzernunternehmen z.B. auf Lieferungen und Leistungen von Energien und Rohstoffen durch andere Unternehmen des Konzerns angewiesen sein kann. Der Unternehmenskaufvertrag ist dann zumindest für einen Übergangszeitraum durch Liefer- und Leistungsverträge (sog. Term-Sheets) mit den betreffenden Konzernunternehmen zu ergänzen, sodass eine Fortführung des Unternehmens unter den bisherigen Randbedingungen gewährleistet ist. Dies gilt insbesondere auch dann, wenn das erworbene Unternehmen in einem sog. Industriepark angesiedelt ist, der am Standort eine bestimmte und von dem Unternehmenskäufer nicht oder nur wenig zu beeinflussende Infrastruktur aufweist und auf Lieferungen und Leistungen anderer Unternehmen angewiesen ist.

Oftmals liegt es im Interesse des Veräußerers, das zu veräußernde Verkaufsobjekt, d.h. das Unternehmen, den Unternehmensteil, den Betrieb, den Betriebsteil, den Geschäftsbereich oder die Produktlinie unabhängig von dem konkret beabsichtigten Unternehmensverkauf in der Weise zu strukturieren, dass eine Veräußerung überhaupt erst möglich oder jedenfalls erleichtert wird. Sinn dieser Strukturierung des Verkaufsobjektes kann es sein, das Verkaufsobjekt zum Beispiel hinsichtlich der Rechtsform, Organisation oder der Beziehungen (z. B. Verwaltung, Finanzen, Lieferungen, Service, Energieversorgung, Sicherheitseinrichtungen oder Sozialeinrichtungen) zum übrigen Unternehmen derart zu gestalten oder anzupassen, dass eine überschaubare, in sich geschlossene, eventuell auch rechtlich selbstständige und verkaufsfähige Einheit entsteht. Auf diese Weise kann der Verkäufer das Verkaufsobjekt sozusagen als Paket dem Kaufinteressenten zum Kauf offerieren und zugleich die Verkaufsverhandlungen in seinem Sinne vorstrukturieren und vereinfachen. Dabei ergibt sich als Folge der Konzentration der Unternehmen auf ihr Kerngeschäft vielfach auch die Notwendigkeit, an ihren Standorten eigene Produktionsbetriebe stillzulegen oder diese mitsamt der betrieblichen Infrastruktur und Betriebsfläche zum Beispiel durch die Schaffung sog. Industrieparks an dritte Unternehmen im Wege des Verkaufs oder des Tausches gegen kernbereichsbezogene Betriebe (sog. Swap) weiterzugeben.

Insgesamt sind die Unternehmen bemüht, kostensparende und flexible Produktions-, Vertriebs- und Organisationsstrukturen zu schaffen, die ihre kundenorientierte

Innovationsfähigkeit, Leistungsqualität und Effizienz im Rahmen globaler Unternehmensstrategien optimieren.

c) Vertragsgegenstand

Der Vertragsgegenstand ist für den Kauf einzelner Wirtschaftsgüter (Asset Deal) und für den Kauf einer Gesellschaft bzw. der Beteiligung an einer Gesellschaft (Share Deal) gesondert zu betrachten.

Betrifft der Unternehmenskauf als Asset Deal den Kauf einzelner Wirtschaftsgüter, so folgt aus § 433 Abs. 1 BGB die Pflicht des Verkäufers, dem Käufer die Sache frei von Sach- (§ 434 BGB) und Rechtsmängeln (§ 435 BGB) zu übergeben und das Eigentum an der Sache zu verschaffen. Der Verkäufer eines Rechts ist verpflichtet, dem Käufer das Recht – ohne Mangel – zu verschaffen und, wenn das Recht zum Besitz einer Sache berechtigt, die Sache zu übergeben. Da der Kauf eines Unternehmens den Kauf einer Gesamtheit von Sachen und Rechten, tatsächlichen Beziehungen und Erfahrungen sowie unternehmerischen Handlungen beinhaltet, ergeben sich auch für die Überleitung des Unternehmens auf den Erwerber Besonderheiten.

Die Übertragung eines Unternehmens bedeutet zugleich die Überleitung des gesamten Organismus »Unternehmen«, sodass neben der Übertragung von Sachen und Rechten auch die Einweisung des Erwerbers in den Tätigkeitsbereich geschuldet ist.[92]

Der schuldrechtliche Unternehmenskaufvertrag bezieht sich auf ein Unternehmen als Sach- und Rechtsgesamtheit. Davon zu unterscheiden ist die sachenrechtliche Vereinbarung: Das Unternehmen als solches kann nicht Gegenstand eines Übertragungsvorgangs sein. Vielmehr bedarf es nach dem Grundsatz der Bestimmtheit der klaren und zweifelsfrei unterscheidbaren Festlegung, welche Einzelbestandteile des Unternehmens im Wege des sachenrechtlichen Geschäftes übertragen werden sollen. Dem Unternehmensträger gehörende Sachen und Rechte sind daher nach Maßgabe der jeweiligen zivilrechtlichen Vorschriften (§§ 398, 873 ff., 929 ff. BGB) zu übertragen. Besonderheiten ergeben sich dabei hinsichtlich der Übertragung von Forderungen, Vertragspositionen und Rechtsverhältnissen, für die das Zivilrecht nur wenige Sonderbestimmungen, wie zum Beispiel die §§ 398 ff. BGB für die Abtretung von Forderungen, § 571 BGB für Mietverhältnisse, § 613a BGB für Arbeitsverhältnisse und die §§ 69, 151 Abs. 2 VVG für Versicherungsverträge bereit hält. Will der Unternehmensverkäufer seine Pflichten aus laufenden Verträgen mit befreiender Wirkung auf den Unternehmenskäufer übertragen, so ist dafür meistens die Zustimmung des Vertragspartners nach § 415 BGB bzw. ein sog. dreiseitiges Rechtsgeschäft aller Beteiligten erforderlich. Problematisch ist insbesondere die Überleitung von Rechten und Pflichten aus Dauerschuldverhältnissen.[93] Für den mit dem zu erwerbenden Unter-

---

92 BGH, NJW 1968, 392, 393.
93 Vgl. BGHZ 171, 189, 194; BGH, DB 1996, 1278.

nehmen nicht vertrauten Käufer ist dieser Vorgang nicht ohne Risiken. Hat das zu übertragende Unternehmen bilanziert, so kann zur Bestimmung und Übertragung der zu übertragenden Sachen und Rechte auf die Bilanz nebst Inventarverzeichnis Bezug genommen werden. Um Zweifelsfälle auszuschließen, empfehlen sich Auffangklauseln. Eine bloß wert- oder zahlenmäßige Bestimmung genügt nicht.[94]

Der Kauf von Mitgliedschaftsrechten an Kapitalgesellschaften ist ein Rechtskauf. Wird das Mitgliedschaftsrecht zugleich in einem Wertpapier verkörpert (z.B. Aktie), so liegt daneben auch ein Sachkauf vor. Ist die Mitgliedschaft des Aktionärs in dem Wertpapier verbrieft, so wird die Inhaberaktie nach den Vorschriften über die Übereignung beweglicher Sachen übertragen. Ist es (noch) nicht zu einer Verbriefung der Mitgliedschaftsrechte gekommen, so erfolgt die Übertragung gemäß § 413 BGB in Verbindung mit § 398 BGB durch Abtretung.[95] Ist das Stammkapital einer GmbH in mehrere Geschäftsanteile unterteilt, so behalten diese ihre rechtliche Selbstständigkeit auch dann, wenn sie einem Gesellschafter allein zustehen (§ 15 Abs. 2 GmbHG). Die zu übertragenden Geschäftsanteile müssen daher im Unternehmenskaufvertrag einzeln mit ihrem Nennbetrag aufgeführt werden. Gemäß §§ 16 Abs. 1, 35 Abs. 2 GmbHG ist es für die rechtswirksame Übertragung der Gesellschafterrechte auf den Anteilskäufer erforderlich, dass dieser den Erwerb unter Nachweis des Überganges mindestens einem Geschäftsführer anzeigt.[96]

Zu beachten ist, dass eine Firma nicht ohne das Handelsgeschäft, für welches sie geführt wird, veräußert werden kann (§ 23 HGB).[97]

Eine zentrale Problematik des Unternehmenskaufvertrages ist oftmals die Bestimmung des Kaufpreises. Vom Kaufpreis zu unterscheiden ist der Unternehmenswert (siehe oben A.II.3. bis 5. sowie nachfolgend B.VI.), der jedoch in der Regel für die Kaufpreisfindung von entscheidender Bedeutung ist. Die Bestimmung des Kaufpreises erfolgt durch die Vertragspartner auf der Grundlage der beiderseitigen Wertvorstellungen, die nach den bei Vertragsschluss vorhandenen Erkenntnissen gebildet werden. Die Vertragspartner müssen dabei dem schwierigen Umstand Rechnung tragen, dass bei der Bewertung fast immer Zukunftsentwicklungen zu berücksichtigen sind. Gleiches gilt, wenn anstelle oder neben einer Barzahlung Aktien des Käufer-Unternehmens als Gegenleistung übertragen werden.

Häufig vereinbaren die Parteien, dass der endgültige Kaufpreis anhand einer auf den Übergangsstichtag aufzustellenden Abrechnungsbilanz ermittelt wird. In Abweichung von den Bilanzierungsregeln der §§ 238 ff. HGB können die Parteien andere – auch globale – Bewertungs- und Bilanzierungsstandards vertraglich festlegen, wie zum Beispiel die »International Accounting Standards – IAS« und die häufig verwendeten »US – Generally Accepted Accounting Principles – US-GAAP«.

---

94 Siehe dazu auch Rock, Checkliste beim Asset-Deal, M&A 1/2000, 8 ff.
95 Siehe LG Berlin, NJW-RR 1994, 842.
96 BGH, DB 1990, 1709, 1711; BayObLG, DB 1990, 167.
97 Vgl. BGH, DB 1991, 590, 591.

Für die Wertermittlung von Unternehmen bzw. Unternehmensbeteiligungen schreibt Art. 14 Abs. 1 des Grundgesetzes nach Ansicht des Bundesverfassungsgerichts[98] keine bestimmte Methode vor. Die Gesetzgebung geht von der existierenden Methodenvielfalt sowie von den Kriterien »Vermögen und Ertrag« aus. In der Praxis hat sich allerdings für die Ermittlung des »wahren« Unternehmenswerts die sog. Ertragswert-Methode durchgesetzt.[99] Dabei weichen einige Gerichte zunehmend von der Auffassung des Bundesgerichtshofes[100] ab und gehen davon aus, dass die richtige Methodik der Unternehmensbewertung eine Rechtsfrage und nicht nur eine von Sachverständigen zu klärende und von den Gerichten lediglich auf Plausibilität zu prüfende Tatsachenfrage sei;[101] jedoch stellen auch diese Gerichte bei der Ermittlung des Unternehmenswertes praktisch allein auf die Ertragswert-Methode ab.

Allerdings veranlasst die steigende Zahl aktien- und umwandlungsrechtlicher Spruchstellenverfahren die Gerichte immer häufiger, zu den Problemen der Unternehmensbewertung Stellung zu beziehen, wobei eine Bewertung des Anteilseigentums nach anderen Methoden, etwa anhand des Börsenkurses, weitgehend abgelehnt wird[102], da der Wert eines Unternehmens in erster Linie von seiner Fähigkeit abhänge, künftig Erträge zu erwirtschaften. Nach Auffasung des Bundesverfassungsgerichtes muss freilich bei der Ermittlung des Werts einer Unternehmensbeteiligung an einer börsennotierten Aktiengesellschaft, insbesondere zur Bestimmung einer angemessenen Abfindung und des angemessenen Ausgleichs nach dem Aktiengesetz, ein existierender Börsenkurs der Aktien berücksichtigt werden. Dies ergibt sich daraus, dass die Entschädigung und folglich auch die Methode ihrer Berechnung dem entzogenen Eigentumsobjekt gerecht werden muss. Das Aktieneigentum ist im Vergleich zu einer Beteiligung an einer Personenhandelsgesellschaft oder an einer Gesellschaft mit beschränkter Haftung nicht zuletzt durch seine Verkehrsfähigkeit geprägt. Das gilt vor allem für die börsennotierte Aktie. Sie wird an der Börse gehandelt und erfährt dort aus dem Zusammenspiel von Angebot und Nachfrage eine Wertbestimmung, an der sich die Aktionäre bei ihren Investitionsentscheidungen orientieren. Insbesondere Kleinaktionären, die regelmäßig nicht über alle relevanten Informationen verfügen, steht nämlich kein anderer Maßstab zur Verfügung, an dem sie den Wert dieses spezifischen Eigentumsobjekts messen können.

Im Zusammenhang mit Unternehmenszusammenführungen, insbesondere in der Form von Gemeinschaftsunternehmen bzw. Joint Ventures, stellt sich die Frage, ob die Unternehmensbewertung unter Ausschluss oder unter Berücksichtigung der Verbund- und Synergie-Vorteile auf der Grundlage des sog. Stand-alone-Prinzips bzw. unter Anwendung des sog. Verbundberücksichtigungs-Prinzips erfolgen soll.

---

98 WM 1999, S. 1666,
99 Eingehend dazu A.II.2.–5. sowie B.VI.
100 BGH, AG 1978, 196, 199 »Kali und Salz«.
101 Vgl. BayOLG, AG 1996, 127 »Paulaner«; AG 1996, 176.
102 Vgl. jüngst OLG Celle NZG 1998, 987, 988; ferner die Nachweise bei Hüffer, a.a.O., § 305 Rdn. 19 f.

Zur Sicherung gegen Wertverlust bei Ratenzahlung des Kaufpreises stehen die Instrumente der Wertsicherungs- bzw. Gleitklauseln zur Verfügung.

Ein Unternehmenskaufvertrag kann gegen die guten Sitten verstoßen und aufgrund der Inhaltskontrolle gemäß § 138 BGB nichtig sein.[103]

Bestand und Wert des Unternehmens können vom Beginn der Verhandlungen, über den Abschluss des Kaufvertrages bis hin zum Übertragungsstichtag erheblichen Schwankungen unterliegen. Der Festlegung des Übergangsstichtages kommt daher besondere Bedeutung zu.

Der Gewinnanspruch steht gemäß §§ 29, 46 Nr. 1 GmbHG grundsätzlich demjenigen zu, der im Zeitpunkt des Gewinnverwendungsbeschlusses Gesellschafter ist. GmbH-Anteile werden daher in der Regel mit den Gewinnbezugsrechten übertragen. Die Vertragspartner können abweichende schuldrechtliche und dingliche Vereinbarungen[104] über den schuldrechtlichen Anspruch auf Gewinnbezug oder über eine teilweise oder vollständige Abtretung des Gewinnauszahlungsanspruches treffen.[105] Bei der Veräußerung eines GmbH-Anteils während eines Geschäftsjahres hat der Verkäufer gemäß § 101 Nr. 2 Halbs. 2 BGB einen schuldrechtlichen Anspruch gegen den Käufer auf den während seiner Zugehörigkeit zur Gesellschaft angefallenen anteiligen Gewinn, sofern er ausgeschüttet wird.

Ein bis zum Übergangsstichtag erwirtschafteter Verlust mindert das Vermögen der Gesellschafter. Es empfiehlt sich daher eine vertragliche Regelung, insbesondere auch im Hinblick auf eine mögliche Kaufpreisminderung.

Die Übertragung von Personengesellschaftsanteilen wird grundsätzlich wie die Übertragung von Kapitalgesellschaften behandelt.[106] Allerdings kann zweifelhaft sein, ob und inwieweit neben dem Kapitalanteil weitere Rechte und Pflichten aus dem Gesellschaftsverhältnis, wie z.B. Darlehens-, Kapitalrücklage-, oder Allgemeine Verrechnungskonten, Stimmrechte, Informationsrechte, Kündigungsrechte, Rechte auf Gewinn und Auseinandersetzungsguthaben übergehen sollen. Deshalb empfiehlt sich eine detaillierte vertragliche Regelung.[107] Im Falle einer bloßen Teilübertragung eines Personengesellschaftsanteils wird die Annahme eines – ebenfalls – nur anteiligen Überganges der Rechte und Pflichten sachgerecht sein. Der bis zum Übergangsstichtag erwirtschaftete Gewinn steht grundsätzlich dem Veräußerer zu. Entsteht bis zum Übergangsstichtag ein Verlust, so kann dieser kaufpreismindernd berücksichtigt werden. Weichen der Zeitpunkt des Vertragsschlusses und der Übergangsstichtag voneinander ab, so sollten in jedem Falle die Entnahmerechte des Veräußerers für die Zwischenzeit vertraglich geregelt werden.

---

103 OLG München, BB 1995, 2235: Um 220% überhöhter Kaufpreis.
104 Vgl. BGH, NJW 1995, 1027.
105 Vgl. BGH, NJW 1995, 1027.
106 Zur wirksamen Übertragung von GbR-Gesellschaftsrechten siehe OLG Köln, BB 1996, 2058 f.
107 BGH, NJW 1966, 1307, 1309; BGH, NJW 1969, 133.

d) Übernahme von Rechten und Pflichten aus Vertragsverhältnissen, insbesondere aus Arbeitsverhältnissen (Betriebsübergang gemäß § 613a BGB) beim Asset Deal, bei der Umwandlung nach Umwandlungsgesetz und beim Share Deal[108]

Die Erfahrungen der letzten Jahre bei der Bewältigung der nationalen und internationalen Integrationsaufgaben im Rahmen von Zusammenschlüssen und Übernahmen haben das Bewusstsein dafür geschärft, dass für den Erfolg der Transaktionen nicht allein die sog. harten Faktoren, wie z.B. Management, Organisation, Finanzen und Investitionen, maßgebend sind, sondern auch die sog. weichen Faktoren, wie z.B. Unternehmens-Kommunikation und -Kultur (Selbstverständnis, Sozialstruktur, Arbeitsklima), sowie nicht zuletzt die Personalfragen.

Den rechtlichen Rahmen der notwendigen integrativen Maßnahmen, die bereits bei der Abfassung des Transaktionsvertrages zu berücksichtigen sind, bieten vor allem die europäischen und deutschen Schutzbestimmungen zugunsten der Arbeitnehmer. Bereits im Jahre 1972 hat der deutsche Gesetzgeber durch die Vorschrift des § 613a des Bürgerlichen Gesetzbuches (BGB) die Rechte und Pflichten der Arbeitnehmer und Arbeitgeber beim Betriebsübergang geregelt. 1980 hat er diese Bestimmung ergänzt, um die europäische Richtlinie 77/187 EWG vom 14.02.1977 über die Wahrung von Ansprüchen der Arbeitnehmer beim Übergang von Unternehmen, Betrieben und Betriebsteilen in nationales Recht umzusetzen. Die Europäische Kommission hat diese Richtlinie am 29.06.1998 durch die Richtlinie 98/50/EG in Teilbereichen präzisiert. Da die Vorschrift des § 613a BGB auf europäischem Recht beruht, ist sie im Zweifel richtlinienkonform auszulegen. Eine weitere Änderung des § 613a BGB erfolgte aufgrund Art. 2 des UmwRBerG vom 28.10.1994. Sie diente der Anpassung der Terminologien in § 613a Abs. 3 BGB an das neue Umwandlungsrecht.

Zum Schutz der Arbeitnehmer beim Betriebsübergang schreibt § 613a Abs. 1 Satz 1 BGB zwingend vor, dass der Erwerber eines Betriebes oder Betriebsteiles automatisch in die Rechte und Pflichten aus den bestehenden Arbeitsverhältnissen eintritt. § 613a Abs. 1 Satz 2–4 BGB enthalten Regelungen betreffend die Fortgeltung von Kollektivvereinbarungen sowie für die Möglichkeit des neuen Betriebsinhabers, die Arbeitsbedingungen zu verändern und sie denjenigen in dem »übernehmenden« Betrieb anzupassen. § 613a Abs. 2 BGB regelt die Haftungsverteilung zwischen Veräußerer und Erwerber. § 613a Abs. 4 BGB beinhaltet schließlich einen besonderen Kündigungsschutztatbestand, nach dem eine Kündigung »wegen« des Überganges des Betriebes oder eines Betriebsteils unzulässig ist.

Angesichts der Komplexität der mit dem Betriebsübergang verbundenen Rechtsfragen verwundert es nicht, dass trotz des nunmehr 28-jährigen Bestehens der Vorschrift immer noch heftige Diskussionen und vielfältige gerichtliche Auseinanderset-

---

108 Siehe dazu eingehend Gerhard Picot/Schnitker, Arbeitsrecht bei Unternehmenskauf und Restrukturierung, Teil I, S. 6 ff.

zungen insbesondere über die Frage geführt werden, unter welchen Voraussetzungen ein Betriebsübergang im Sinne des § 613a BGB vorliegt.

Die Vorschrift des § 613a BGB ist nicht auf sämtliche Formen der Unternehmenstransaktionen anwendbar, sondern nur auf diejenigen, bei denen der Inhaber des Betriebes wechselt.

Im Falle eines Asset Deals liegt ein solcher Inhaberwechsel vor, da die Wirtschaftsgüter und Verbindlichkeiten im Wege der Singularsukzession auf einen neuen Erwerber übertragen werden.

Auch bei der Umwandlung von Unternehmen im Wege der Verschmelzung, Spaltung und Vermögensübertragung nach dem Umwandlungsgesetz ist § 613a BGB anwendbar. Die Besonderheit der Umwandlung besteht darin, dass der Übertragungsvorgang – im Gegensatz zum normalen Asset Deal – im Wege der Gesamtrechtsnachfolge bzw. partiellen Gesamtrechtsnachfolge und nicht im Wege der Singularsukzession erfolgt. Hierzu trifft § 324 UmwG die Sonderregelung, dass die Vorschrift des § 613a BGB von den Wirkungen der Eintragung einer Verschmelzung oder Spaltung unberührt bleibt. Diese Sonderregelung ist nach heute ganz herrschender Auffassung dahingehend auszulegen, dass § 613a BGB auf Umwandlungen nach dem Umwandlungsgesetz Anwendung findet. Lediglich im Falle des Formwechsels findet § 613a BGB keine Anwendung, da es hier an einem Übertragungsvorgang und somit an einem Wechsel des Inhabers fehlt.

Voraussetzung für die Anwendung des § 613a BGB ist aber auch in den Fällen der Verschmelzung, der Spaltung und Vermögensübertragung, dass die übertragenen Gegenstände des Aktiv- und Passivvermögens einen Betrieb oder Betriebsteil darstellen. Damit ist es insbesondere im Fall der Spaltung und Vermögensteilübertragung nicht möglich, die Arbeitsverhältnisse gemäß § 126 UmwG frei den im Zuge der Umwandlung entstehenden Betrieben oder Betriebsteilen zuzuordnen. Die Arbeitsverhältnisse bleiben vielmehr mit dem Betrieb bzw. Betriebsteil verbunden, dem sie objektiv nach dem Schwerpunkt ihrer Tätigkeit zuzuordnen sind.

Im Fall eines Share Deals kann demgegenüber niemals ein Betriebsübergang im Sinne des § 613a BGB vorliegen, da nicht alle bzw. bestimmte Wirtschaftsgüter und Verbindlichkeiten, sondern die Gesellschaftsanteile übertragen werden. Auf Seiten des Unternehmens tritt daher für die Arbeitnehmer kein Vertragspartnerwechsel und damit kein Inhaberwechsel mit den Rechtsfolgen des § 613a BGB ein.[109]

aa) Die Tatbestandsvoraussetzungen des § 613a Abs. 1 BGB

In jedem Fall eines Asset Deals oder der Umwandlung eines Unternehmens ist zu prüfen, ob die tatbestandlichen Voraussetzungen des § 613a BGB erfüllt sind.

Voraussetzung ist, dass ein Betrieb oder Betriebsteil durch Rechtsgeschäft auf einen anderen Inhaber übertragen wird. Hat der Übertragungsvorgang nicht einen Betrieb oder Betriebsteil zum Gegenstand, liegt ein Sach- oder Rechtskauf vor, der keine Auswirkungen auf die Arbeitsverhältnisse hat.

---

109 Vgl. BAG, NJW 1991, 247.

(1) Der Begriff des Betriebes oder Betriebsteils

Der Begriff des Betriebes oder Betriebsteils ist im deutschen Recht nicht gesetzlich definiert. Traditionell wird unter einem Betrieb eine organisatorische Einheit verstanden, mit der ein Arbeitgeber allein oder mit seinen Arbeitnehmern mit Hilfe sächlicher und immaterieller Betriebsmittel bestimmte, über den Eigenbedarf hinausgehende arbeitstechnische Zwecke verfolgt. Eine Betriebsübertragung liegt danach insbesondere dann vor, wenn das gesamte Betriebsvermögen, d.h. alle sächlichen und immateriellen Betriebsmittel bzw. Wirtschaftsgüter, insbesondere Produktionsanlagen übertragen werden. Es genügt aber auch, wenn nur einzelne, jedoch die für die Fortführung des Betriebes wesentlichen Wirtschaftsgüter bzw. Teile des Betriebsvermögens übergehen.

Eine gesetzliche Definition des Betriebsübergangs enthält nunmehr die durch die Richtlinie 98/50/EG vom 29.07.1998[110] neu gefasste Richtlinie 77/187 EG vom 14.02.1977.[111] Danach liegt ein Betriebsübergang vor, wenn eine wirtschaftliche Einheit im Sinne einer organisierten Zusammenfassung von Ressourcen zur Verfolgung einer wirtschaftlichen Haupt- oder Nebentätigkeit unter Wahrung ihrer Identität auf einen anderen Inhaber übergeht.

Diese Definition lehnt sich eng an die Rechtsprechung des EuGH zum Betriebsbegriff an. Danach kommt es für das Vorliegen eines Betriebsübergangs wesentlich darauf an, ob eine wirtschaftliche Einheit unter Wahrung ihrer Identität dergestalt auf einen neuen Inhaber übertragen wird, dass sie von dem neuen Inhaber mit derselben oder einer gleichartigen Geschäftstätigkeit tatsächlich weitergeführt oder wieder aufgenommen werden kann.[112] Für die Annahme eines Betriebsübergangs ist somit nach der Auffassung des EuGH eine Übertragung sächlicher Betriebsmittel nicht erforderlich, wenn gleichwohl das wesentliche Substrat einer wirtschaftlichen Einheit unter Wahrung ihrer Identität übertragen wird.

Für die Frage, welche Faktoren für die Bestimmung der Identität wesentlich sind, ist auf die Eigenart der Betriebe abzustellen. Danach können für Produktionsbetriebe die – beweglichen – sächlichen Betriebsmittel wie Maschinen und Einrichtungsgegenstände prägend sein.[113] Für Handels- und Dienstleistungsbetriebe, deren Betriebsvermögen hauptsächlich aus Rechtsbeziehungen besteht, sind es dagegen in erster Linie die immateriellen Betriebsmittel, wie zum Beispiel Schutzrechte, Geschäftspapiere, Kundenlisten, Liefer- und Abnahmeverträge mit Dritten, das Know-how und der Good-Will, also die Einführung des Unternehmens auf dem Markt.[114]

---

110 ABl. 1998 L 201 S. 88.
111 ABl. 1977 L 61 S. 26.
112 Vgl. EuGH v. 11.03.1997 – Rs C-13/95 (Ayse Süzen), ZIP 1997, 516, 517; vgl. auch EuGH v. 18.03.1986 /Rs. 24/85, Slg. 1986, 1124 ff. (Spijkers); EuGH v. 19.05.1992 Rs. C/29/91, NZA 1994, 207(Redmond Stichting); EuGH v. 07.03.1996 /Rs. C/171/94 und C/172/94 (Albert Merckx und Patrick Neuhuys), DB 1996, 683 ff.
113 Vgl. BAG, 29.10.1975, AP Nr. 2 zu § 613a BGB.
114 Vgl. BAG, AP Nr. 23 zu § 7 BetrAVG; BAG, AP Nr. 58 zu § 613a BGB.

Werden lediglich bestimmte Funktions- oder Aufgabenbereiche auf einen Dritten im Wege des sog. Outsourcing übertragen, ohne dass eine wirtschaftliche Einheit unter Wahrung ihrer Identität auf einen neuen Inhaber übertragen wird, so liegt kein Betriebsübergang vor.[115]

Besondere Bedeutung für die Beurteilung der Frage, ob ein Betriebsübergang vorliegt, kann nach der Rechtsprechung des EuGH auch die Übernahme der Hauptbelegschaft, d.h. eines nach Zahl und Sachkunde wesentlichen Teils des Personals haben. Dieser Auffassung hat sich nunmehr auch das Bundesarbeitsgericht unter ausdrücklicher Aufgabe seiner früheren Rechtsprechung angeschlossen. Nach der nunmehr geltenden Rechtsprechung kommt der Übernahme des Personals somit neben anderen Indizien für das Vorliegen eines Betriebsübergangs ein gleichwertiger Rang zu. Insbesondere in Branchen, in denen es im Wesentlichen auf die menschliche Arbeitskraft ankommt, kann daher eine Gesamtheit von Arbeitnehmern, die durch ihre Tätigkeit dauerhaft verbunden ist, eine wirtschaftliche, betriebliche Einheit darstellen. Dies gilt insbesondere dann, wenn sich unter den übernommenen Arbeitnehmern die Know-how-Träger und Führungskräfte befinden, deren Übernahme eine wesentliche Bedeutung für die Fortführung des Geschäftsbetriebes zukommt.

Unter Berücksichtigung der aktuellen Rechtsprechung des Europäischen Gerichtshofes und des Bundesarbeitsgerichts sind bei der Prüfung, ob eine wirtschaftliche Einheit unter Wahrung ihrer Identität auf einen neuen Inhaber übergeht, somit folgende Indizien zu berücksichtigen:

- Übergang der materiellen Betriebsmittel, wie Gebäude, Produktionsmittel, Maschinen, Warenlager etc.
- Übernahme des Kundenstamms bzw. Eröffnung des Zugriffs auf den Kundenstamm
- Übertragung von Patent- und Gebrauchsmusterrechten, Know-how und Good-Will
- Eintritt in bestehende Verträge
- Wert der immateriellen Wirtschaftsgüter
- Übernahme der Hauptbelegschaft, d.h. eines nach Zahl und Sachkunde wesentlichen Teils des Personals, der durch eine gemeinsame Tätigkeit zu einer wirtschaftlichen Einheit verbunden ist
- Fortführung des Betriebes unter identischer Firma
- Grad der Ähnlichkeit zwischen den vor und nach dem Übergang verrichteten Tätigkeiten.

(2) **Die Übertragung durch Rechtsgeschäft**

Dem Kriterium der Übertragung durch Rechtsgeschäft kommt lediglich eine Abgrenzungsfunktion gegenüber denjenigen Fällen zu, in denen der Übergang auf Gesetz (gesetzliche Erbfolge) oder Hoheitsakt (Zuschlag eines Grundstückes mitsamt Zube-

---

115 Vgl. EuGH v. 11.03.1997 (Ayse Süzen), ZIP 1997, 516, 518.

hör in der Zwangsversteigerung) beruht.[116] Insbesondere in Fällen der Umwandlung, in denen sich der Übertragungsvorgang im Wege einer rechtsgeschäftlich veranlassten Gesamtrechtsnachfolge vollzieht, ist § 613a BGB somit anwendbar. Bei dem Rechtsgeschäft muss es sich nicht um einen Kauf handeln. Ausreichend ist im Ergebnis jedes Rechtsgeschäft, das zu einem Übergang der Organisations- und Leitungsmacht über den betreffenden Betrieb auf einen neuen Erwerber führt.[117] In Betracht kommen insoweit zum Beispiel Kauf, Miete, Pacht, Schenkung, Nießbrauch, Vermächtnis, Gesellschaftsvertrag und öffentlich-rechtlicher Vertrag.

Es ist nicht erforderlich, dass sich das Rechtsgeschäft auf die Übertragung der Arbeitsverhältnisse bezieht. Der Übergang der Arbeitsverhältnisse ist grundsätzlich Rechtsfolge des Betriebsübergangs. Lediglich in den Fällen, in denen die einvernehmliche Übertragung der Hauptbelegschaft das wesentliche Kriterium für oder gegen die Annahme des Betriebsübergangs darstellt, weil die anderen Indizien nicht ausreichen, kommt der vertraglichen Übernahme der Hauptbelegschaft entscheidende Bedeutung zu. Konsequenterweise wird man davon ausgehen müssen, dass es die Parteien in diesen Fällen in der Hand haben, durch die vertragliche Gestaltung einen Betriebsübergang auszulösen oder zu vermeiden. Dies ist nicht rechtsmissbräuchlich, selbst wenn die vertragliche Gestaltung bewusst so gewählt wird, um einen Übergang der Arbeitsverhältnisse zu vermeiden, denn die Parteien gestalten ihre Rechtsbeziehungen im Rahmen der allgemeinen Vertragsfreiheit in einer Weise, dass ein Tatbestandsmerkmal für die Annahme des § 613a BGB nicht erfüllt ist. Eine »Gesinnungsprüfung« findet im Rahmen des § 613a BGB nicht statt.

Ein Betriebsübergang liegt auch dann vor, wenn das Rechtsgeschäft nichtig ist.[118] Es kommt allein auf die willentliche Übernahme der Organisations- und Leitungsmacht an. Erfolgt allerdings eine Rückabwicklung zwischen den Parteien unter Rückübertragung der Organisations- und Leitungsmacht, so führt dies zu einem zweiten Betriebsübergang auf den vormaligen Veräußerer.

Kein Betriebsübergang liegt vor, wenn der Insolvenzverwalter aufgrund seiner Verwaltungsverpflichtung den Betrieb fortführt.[119]

(3)   Der Zeitpunkt des Übergangs

Für den Zeitpunkt des Übergangs kommt es nicht darauf an, wann die entsprechenden Verträge geschlossen oder die Betriebsmittel übereignet werden. Entscheidend ist der Zeitpunkt an dem der Erwerber in der Lage ist, die Organisations- und Leitungsmacht auszuüben.[120] Hängt die Übernahme von der Zustimmung der Gläubiger oder Banken ab, so ist die Voraussetzung erfüllt, wenn die Zustimmung erteilt ist.[121] Bei

---

116 BAG, DB 1985, 2412.
117 BAG, ZIP 1989, 795.
118 BAG 6.2.1985, AP Nr. 44 zu § 613a BGB.
119 BAG 30.1.1991, AP Nr. 18 zu § 630 BGB.
120 BAG 26.3.1996 AP Nr. 148 zu § 613a BGB.
121 BAG 23.7.1991 AP Nr. 11 zu § 1 BetrAVG Betriebsveräußerung.

einer Übernahme in mehreren zeitlich gestaffelten Schritten kommt es darauf an, wann die wesentlichen zur Fortführung des Betriebs erforderlichen Betriebsmittel übergegangen sind.[122]

bb) Übergang der individuellen arbeitsvertraglichen und kollektivrechtlichen Rechte und Pflichten

§ 613a Abs. 1 Satz 1 BGB bestimmt, dass der rechtsgeschäftliche Erwerber des Betriebs oder Betriebsteils im Fall des Betriebsübergangs die arbeitsvertragliche Position des früheren Betriebsinhabers und Veräußerers übernimmt und in alle individuellen arbeitsvertraglichen Rechte und Pflichten aus dem Arbeitsverhältnis eintritt.

Die Übernahme der Rechte und Pflichten ist nicht von der Zustimmung des Erwerbers oder des Arbeitnehmers abhängig. § 613a BGB ist zwingendes Recht. Die Rechtsfolgen können somit nicht zu Lasten des Arbeitnehmers abbedungen werden. Dies gilt auch für Vereinbarungen mit dem Arbeitnehmer selbst.

Dem Arbeitnehmer wird jedoch nach der Rechtsprechung des Bundesarbeitsgerichts ein Widerspruchsrecht eingeräumt.[123] Dieses Recht ist nach herrschender Auffassung binnen 3 Wochen beginnend mit der Unterrichtung über den Betriebsübergang auszuüben.[124] Der rechtzeitige Widerspruch hat zur Folge, dass das Arbeitsverhältnis nicht auf den Erwerber übergeht, sondern bei dem Veräußerer verbleibt. In der Regel wird in diesem Fall eine betriebsbedingte Kündigung gerechtfertigt sein, da der Arbeitsplatz weggefallen ist. Auf die Grundsätze der Sozialauswahl kann sich der Arbeitnehmer nur berufen, wenn ein sachlicher Grund für den Widerspruch vorlag.[125] § 613a BGB erfasst alle Arbeitnehmer, d.h. Arbeiter, Angestellte, Auszubildende und auch die leitenden Angestellten. Wird ein Betriebsteil übertragen, so kommt es darauf an, ob der Arbeitnehmer schwerpunktmäßig in dem übertragenen Betriebsteil arbeitet. Organmitglieder sind keine Arbeitnehmer. Ihre Anstellungsverhältnisse gehen somit nicht gemäß § 613a BGB auf den Erwerber über. Das gleiche gilt für die im Zeitpunkt des Übergangs bereits ausgeschiedenen Arbeitnehmer. Der Erwerber haftet somit nicht für die Pensionsanwartschaften und -ansprüche ehemaliger Arbeitnehmer. Anders ist dies für die Pensionsanwartschaften der aktiven Arbeitnehmer zu beurteilen. Der Erwerber tritt kraft Gesetzes in die Verpflichtungen aus den Versorgungszusagen ein.[126] Dabei kommt es nicht darauf an, ob die Zusagen bereits unverfallbar oder noch verfallbar sind.[127] Nicht kraft Gesetzes übertragen werden die finanziellen Mittel, die benötigt werden, um die Verpflichtungen aus

---

122 BAG 16.2.1993 AP Nr. 15 zu § 1 BerAVG.
123 Vgl. BAG, AP Nr. 1, 8, 10, 21 zu § 613a BGB; EuGH, BB 1993, 230.
124 Siehe BAG, ZIP 1994, 391.
125 BAG, DB 1993, 1877.
126 BAG 29.11.1988 AP Nr. 7 zu § 1 BetrAVG Betriebsveräußerung.
127 Siehe dazu Heubeck in: Gerhard Picot, Unternehmenskauf und Restrukturierung, Teil IV (Betriebsrentenrecht).

den übergegangenen Anwartschaften zu erfüllen. Aus diesem Grunde ist es unerlässlich, diese Frage im Transaktionsvertrag zu regeln. In Betracht kommen dabei entweder eine Minderung des Kaufpreises oder eine Ausgleichszahlung. Dabei sollte aus Sicht des Käufers stets auf den versicherungsmathematischen Wert der Verbindlichkeiten und nicht etwa auf die Buchrückstellungen abgestellt werden. Denn die Buchrückstellungen nach § 6a EStG bleiben oftmals hinter dem wahren Umfang der Verbindlichkeiten zurück. Erfolgt die betriebliche Altersversorgung im Wege von Kapitallebensversicherungsverträgen, so geschieht die Fortführung in der Praxis häufig in der Weise, dass der Erwerber in diese Verträge eintritt. Im Fall von Unterstützungskassen oder Pensionskassen kann es vorkommen, dass der Erwerber die Versorgung nicht in dieser Form fortführen kann, etwa weil er nach der Kassensatzung nicht Mitglied in der Kasse werden kann. Er ist dann verpflichtet, eine gleichwertige Altersversorgung sicherzustellen.

Da der Erwerber in alle Rechte und Pflichten eintritt, gilt dies auch für solche Rechte und Pflichten, die auf einer betrieblichen Übung beruhen. Auch die Dauer der Betriebszugehörigkeit beim Veräußerer wird dem Arbeitnehmer beim Erwerber angerechnet. Dies hat Bedeutung für Ruhegeldanwartschaften aus bereits bestehenden Zusagen sowie für Fragen des Kündigungsschutzes (insb. Sozialauswahl). Hingegen erfolgt keine Anrechnung der Betriebszugehörigkeit, wenn der Arbeitnehmer erst beim Erwerber einer betrieblichen Altersversorgung – etwa aus einer dort geltenden Betriebsvereinbarung – unterfällt. § 613a BGB bezweckt nur die Sicherung bestehender Rechte, nicht jedoch einen Erwerb vorher nicht vorhandener Rechte.

Die übernommenen Arbeitnehmer haben keinen Anspruch auf Angleichung der vertraglichen Konditionen, sofern im aufnehmenden Unternehmen bessere vertragliche Konditionen gewährt werden. Die Ungleichbehandlung basiert auf einem sachlichen Grund. Umgekehrt kann sich der Erwerber jedoch auch nicht mit Erfolg auf eine beabsichtigte Gleichbehandlung der Arbeitnehmer berufen, um vertragliche Rechte der übernommenen Arbeitnehmer abzubauen. Will er eine Anpassung der Arbeitsbedingungen erreichen, so muss er entweder eine einvernehmliche Vertragsänderung herbeiführen oder aber eine Änderungskündigung aussprechen. Für die Angleichung kollektivrechtlicher Rechte und Pflichten enthält § 613a Abs. 1 Satz 2–4 BGB eine Sonderregelung.

Neben den individualarbeitsvertraglichen Rechten und Pflichten übernimmt der Erwerber gemäß § 613a BGB auch solche Verpflichtungen und Rechte, die ihre Grundlage in einer Kollektivvereinbarung, d. h. einem Tarifvertrag oder einer Betriebsvereinbarung haben. Sind Rechte oder Pflichten durch Rechtsnormen eines Tarifvertrages oder durch eine Betriebsvereinbarung geregelt, so werden diese Inhalt des Arbeitsverhältnisses zwischen dem neuen Inhaber und dem Arbeitnehmer. Die Regelungen verlieren somit ihren normativen Charakter und werden in individualarbeitsvertragliche Regelungen transformiert. Die Transformationslösung des § 613a BGB stellt allerdings lediglich einen Auffangtatbestand dar. So kommt es zu keiner Transformation der betriebsverfassungsrechtlichen Rechte und Pflichten, wenn der übertragene Betrieb in seiner Identität unverändert bleibt. In einem solchen Fall verlieren die Betriebsvereinbarungen ihre kollektivrechtliche Wirkung nicht, d.h. sie gelten nicht auf individualarbeitsvertraglicher Ebene, sondern als Betriebsvereinbarung fort. Tarifvertragliche Rechte gelten ebenfalls kollektivrechtlich fort, wenn auch der Erwerber an den bislang geltenden Tarifvertrag unmittelbar gebunden ist. Diese Rechtsauffassung geht auf die Rechtslage vor Einfügung des § 613a BGB zurück. Bereits damals war anerkannt, dass allein die Veräußerung des Betriebes keinen Einfluss auf den Fortbestand von Kollektivvereinbarungen hat. Da der Gesetzgeber mit der Einführung des § 613a BGB diese rechtliche Position der Arbeitnehmer nicht schwächen, sondern stärken wollte, ist mit der herrschenden Meinung davon auszugehen, dass § 613a BGB nur als Auffangtatbestand für solche Fälle anzusehen ist, in denen eine kollektivrechtliche Fortgeltung nicht in Betracht kommt.

Gemäß § 613a Abs. 1 Satz 2 BGB dürfen die transformierten Rechte und Pflichten nicht vor Ablauf eines Jahres nach dem Zeitpunkt des Übergangs zum Nachteil der Arbeitnehmer geändert werden. Diese Änderungssperre bezieht sich nicht auf die vertraglichen Rechte und Pflichten, die nach § 613a Abs. 1 Satz 1 BGB übernommen werden. Die Änderungssperre gilt ferner gemäß § 613a Abs. 1 Satz 3 BGB dann nicht, wenn die Rechte und Pflichten bei dem neuen Inhaber durch Rechtsnormen eines anderen Tarifvertrages oder durch eine andere Betriebsvereinbarung geregelt werden. Vor Ablauf der Jahresfrist können transformierte Rechte und Pflichten gemäß § 613a Abs. 1 Satz 4 BGB geändert werden, wenn der Tarifvertrag oder die Betriebsvereinbarung nicht mehr gilt. Der Gesetzgeber hat somit der Kollektivordnung im aufnehmenden Betrieb bzw. Unternehmen den Vorrang eingeräumt. Ein Günstigkeitsvergleich findet nicht statt. Unerheblich ist, ob die Kollektivnormen bereits im Zeitpunkt des Übergangs bestanden haben oder erst nachträglich vereinbart werden.[128] Erforderlich ist jedoch, dass sich die beim Erwerber geltende Kollektivvereinbarung auf einen identischen Regelungsgegenstand bezieht. Fehlt beim Erwerber eine entsprechende Regelung der in Frage stehenden Materie vollständig, so kann darauf eine ablösende Wirkung nicht gestützt werden. Anders ist dies, wenn eine Regelung besteht und lediglich einzelne Rechte und Pflichten nicht vorgesehen sind. In diesem Fall wird der gesamte Regelungskomplex durch die beim Erwerber geltende Regelung abgelöst. Dies ist relativ unproblematisch im Fall von Betriebsvereinbarungen, da diese automatisch alle im Betrieb beschäftigten Arbeitnehmer erfassen.

Anders ist dies im Fall von tarifvertraglichen Rechten und Pflichten. Hier kommt es nach bislang herrschender Auffassung nur dann zu einer Ablösung, wenn auch eine beiderseitige Tarifbindung an den neuen Tarifvertrag vorliegt. Dies setzt voraus, dass der Tarifvertrag des Erwerbers mit derselben Gewerkschaft abgeschlossen wurde, in der die Arbeitnehmer organisiert sind. Ist dies nicht der Fall, so kann das transformierte Tarifsystem neben dem Erwerbertarifsystem bestehen. Wird der erworbene Betrieb in einen anderen Betrieb eingegliedert, so kann jedoch eine Ablösung des transformierten Tarifsystems nach dem Prinzip der Tarifeinheit erfolgen.[129] Dies ist nicht unumstritten. Nach zutreffender Auffassung stellt § 613 Abs. 1 Satz 2–4 BGB

---

128 BAG, NZA 1986, 687.
129 Vgl. hierzu BAG 20.3.1991 AP Nr. 20 zu § 4 TVG Tarifkonkurrenz.

jedoch keine abschließende Sonderregelung dar, die den Rückgriff auf dieses ansonsten weitgehend anerkannte Rechtsinstitut verbietet. Denn der Regelung in § 613a Abs. 1 Satz 2–4 BGB ist gerade der allgemeine Rechtsgedanke zu entnehmen, eine Vereinheitlichung der kollektiven Arbeitsbedingungen auf der Grundlage der bei dem Erwerber geltenden Regelungen zu fördern.

Probleme im Fall der Tarifablösung bereiten auch arbeitsvertragliche Verweisungsklauseln, die auf einen beim Veräußerer geltenden Tarifvertrag Bezug nehmen. Da im Verhältnis von Arbeitsvertrag und Tarifvertrag gemäß § 4 Abs. 3 TVG das Günstigkeitsprinzip gilt, könnten sich die übertragenen Arbeitnehmer auf den Standpunkt stellen, die arbeitsvertragliche Verweisung auf den alten Tarifvertrag ginge dem neuen Erwerbertarifvertrag infolge dieses Günstigkeitsprinzips vor. Solche Verweisungsklauseln sind allerdings in aller Regel dahingehend auszulegen, dass sie auf den jeweils bei dem Arbeitgeber geltenden Tarifvertrag verweisen. Lediglich dann, wenn mit der Verweisungsklausel eindeutig eine Besitzstandswahrung auf dem alten Tarifniveau beabsichtigt war und nicht etwa – wie üblich – eine Gleichbehandlung aller Arbeitnehmer auf dem jeweils geltenden betrieblichen Tarifniveau, kann einer solche Klausel besitzstandswahrende Wirkung zukommen.[130]

cc) Gesamtschuldnerische Haftung

Neben der Regelung des Übergangs der Rechte und Pflichten enthält § 613a BGB in Absatz 2 eine Regelung, wonach der bisherige Arbeitgeber neben dem neuen Inhaber für Verpflichtungen, soweit sie vor dem Zeitpunkt der Übertragung entstanden sind und vor Ablauf von einem Jahr nach diesem Zeitpunkt fällig werden, als Gesamtschuldner haftet.

Soweit die Verbindlichkeiten nach dem Zeitpunkt des Übergangs fällig werden, gilt die Haftung des bisherigen Arbeitgebers jedoch nur pro rata temporis, d.h in dem Umfang, der dem im Zeitpunkt des Übergangs abgelaufenen Teil des Bemessungszeitraumes entspricht.

Gemäß § 613a Abs. 3 BGB tritt keine gesamtschuldnerische Haftung nach § 613a Abs. 2 BGB ein, wenn eine juristische Person durch Umwandlung erlischt. Dies ist eine Selbstverständlichkeit.

Nicht abschließend geklärt ist die Frage, in welchem Verhältnis die Haftung gemäß § 613a Abs. 2 BGB zu der umwandlungsrechtlichen Haftung nach § 133 UmwG steht. Überwiegend wird ein Nebeneinander der beiden Vorschriften angenommen. Es spricht allerdings einiges dafür, die Regelung des § 613a Abs. 2 BGB als die speziellere Vorschrift anzusehen, soweit es sich um die Haftung für Verbindlichkeiten aus den übertragenen Arbeitsverhältnissen handelt. Denn die Arbeitsverhältnisse können nicht gemäß § 126 Abs. 1 UmwG isoliert übertragen werden. Folglich besteht auch keine Veranlassung, sie den speziellen Haftungsregeln des § 133 UmwG zu

---

130 BAG 1.4.1987 AP Nr. 64 zu § 613a BGB.

unterwerfen, die zum Zwecke des Gläubigerschutzes als Gegengewicht zu der freien Übertragbarkeit der Vermögensgegenstände geschaffen worden sind.

dd) Der besondere Kündigungsschutz

§ 613a Abs. 4 BGB sieht einen besonderen Kündigungsschutz für den Fall des Betriebsübergangs vor. Danach ist die Kündigung des Arbeitsverhältnisses eines Arbeitnehmers durch den bisherigen Arbeitgeber oder den neuen Inhaber wegen des Übergangs des Betriebes oder eines Betriebsteils unwirksam. Die Ausschlussfrist des § 4 KSchG von 3 Wochen gilt nicht, da es sich um einen eigenständigen Kündigungsschutz handelt.[131]

Das Recht zur Kündigung des Arbeitsverhältnisses aus anderen Gründen bleibt von § 613a Abs. 4 BGB unberührt. Damit ist nicht jede betriebsbedingte Kündigung im Sinne des § 1 Abs. 3 KSchG ausgeschlossen. Unwirksam ist lediglich eine Kündigung, die aufgrund des Betriebsübergangs ausgesprochen wird.[132] Weiterhin möglich ist somit der Ausspruch betriebsbedingter Kündigungen die auf einer eigenständigen Restrukturierungsentscheidung des Erwerbers oder Veräußerers beruhen. Dies ist auch dann der Fall, wenn die Restrukturierung lediglich deshalb erforderlich ist, weil infolge des Betriebsübergangs Arbeitsplatzüberhänge entstanden sind oder Synergien genutzt werden sollen.

ee) Die Betriebsstilllegung

Die Annahme eines Betriebsübergangs und einer Stilllegung schließen sich gegenseitig aus. Die Stilllegung erfordert aber den ernsthaften und endgültigen Entschluss, die Betriebs- und Produktionsgemeinschaft für einen wirtschaftlich nicht unerheblichen Zeitraum einzustellen. Wird der Betrieb alsbald wiedereröffnet, so spricht eine tatsächliche Vermutung gegen eine Stilllegungsabsicht.[133] In diesem Fall ist eine Umgehung des § 613a BGB anzunehmen.

Im Fall einer nicht unerheblichen räumlichen Verlagerung des Betriebs soll eine Stilllegung (und kein Betriebsübergang) dann anzunehmen sein, wenn die alte Betriebsgemeinschaft tatsächlich und rechtsbeständig aufgelöst wird und der Betrieb an dem neuen Ort mit einer im Wesentlichen neuen Belegschaft fortgeführt wird.[134] Dies wird sich oftmals jedoch erst nachträglich herausstellen, wenn klar ist, wieviele Arbeitnehmer an den neuen Standort folgen. Dogmatisch überzeugend ist diese Auffassung nur in den Fällen, in denen der Übernahme der Belegschaft ein entscheidendes Gewicht für die Annahme eines Betriebsübergangs zukommt. In allen anderen Fällen wird es richtigerweise darauf ankommen müssen, ob die wirtschaftliche Einheit an dem neuen

---

131 BAG, BB 1988, 2142.
132 BAG, AP Nr. 34 zu § 613a BGB; BAG, ZIP 1996, 2028.
133 BAG 12. 2.1987 AP Nr. 67 zu § 613a BGB.
134 BAG 12. 2.1987 AP Nr. 67 zu § 613a BGB.

Standort im Wesentlichen unverändert fortgeführt wird.[135] In der Praxis ist allerdings bereits ab einer Entfernung zwischen den Standorten von mehr 100 km eine deutliche Tendenz der Arbeitnehmer festzustellen, nicht an den neuen Standort zu wechseln, sodass sich das Problem in der Regel dadurch erledigt, dass die Arbeitnehmer das Angebot eines Arbeitsplatzes an dem neuen Standort ablehnen.

ff) Die Betriebsänderung[136]

Der rechtsgeschäftliche Betriebsübergang als solcher stellt keine Betriebsänderung im Sinne des Betriebsverfassungsgesetzes dar. Die Übertragung ist somit nicht interessenausgleichs- und sozialplanpflichtig gemäß § 111 BetrVG.

Allerdings kann mit dem Betriebsübergang eine weitere Maßnahme verbunden sein, die sich ihrerseits als Betriebsänderung darstellt. Dies ist zum Beispiel dann der Fall, wenn der Betrieb im unmittelbaren Zusammenhang mit der Übertragung restrukturiert oder verlagert werden soll. Auch in diesem Fall bezieht sich die Mitbestimmung des Betriebsrats jedoch allein auf die Restrukturierung bzw. Verlagerung und nicht auf den Übertragungsvorgang. Dies ist insoweit von Bedeutung, als – wie unter C.IX. näher ausgeführt – die interessenausgleichspflichtigen Maßnahmen erst dann umgesetzt werden dürfen, wenn das Interessenausgleichsverfahren ordnungsgemäß abgeschlossen worden ist.

Die Übertragung eines Betriebsteils ist in aller Regel interessenausgleichspflichtig, da es sich um eine Spaltung von Betrieben im Sinne des § 111 Nr. 3 BetrVG handelt. Eine Ausnahme gilt nur dann, wenn der Veräußerer und der Erwerber den Betrieb auch nach der Veräußerung des Betriebsteils als Gemeinschaftsbetrieb unter einer einheitlichen Leitung führen. In diesem Fall hat die Veräußerung keine Auswirkungen auf die betrieblichen Strukturen. Wird der Gemeinschaftsbetrieb allerdings später aufgelöst, so unterliegt dieser Vorgang als Spaltung des Gemeinschaftsbetriebs der Mitbestimmung. Dies kann insbesondere in den Fällen vorkommen, in denen die Veräußerung lediglich infolge konzerninterner Restrukturierungen erfolgt.

gg) Informationspflichten nach dem Umwandlungsgesetz

Erfolgt die Veräußerung eines Betriebes oder Betriebsteils im Rahmen einer Verschmelzung, Spaltung oder Vermögensübertragung nach Maßgabe des Umwandlungsgesetzes, so sind die Vorschriften der §§ 5 Abs. 3, 126 Abs. 3 UmwG zu beachten.

Danach muss der Umwandlungsvertrag oder -plan spätestens einen Monat vor dem Tag der Versammlung der Anteilsinhaber jedes beteiligten Rechtsträgers, die über die Zustimmung zum Umwandlungsvertrag bzw. -plan beschließen soll, dem zuständigen Betriebsrat dieses Rechtsträgers zugeleitet werden. In dem Umwandlungsvertrag müs-

---

135 So auch Preis, in: Erfurter Kommentar § 613a BGB Rdn. 30.
136 Siehe eingehend dazu Teil C.IX.; siehe ferner Gerhard Picot/Schnitker, Arbeitsrecht bei Unternehmenskauf und Restrukturierung, Teil I, S. 6 ff. sowie Teil II, S. 156 ff.

sen die Folgen der Umwandlung für die Arbeitnehmer und ihre Vertretungen bezeichnet werden. Die rechtzeitige Erfüllung dieser Pflichten muss gegenüber dem Registergericht nachgewiesen werden. Kann dieser Nachweis nicht erbracht werden, so besteht ein Eintragungshindernis. Bislang ist ungeklärt, ob auch bereits die zukünftig ins Auge gefassten Restrukturierungen in den Vertrag aufgenommen werden müssen oder nur die unmittelbaren Folgen der Umwandlung. Letzteres wird wohl zutreffend sein, da die Unterrichtungspflichten nach dem Betriebsverfassungsgesetz den Arbeitnehmern bereits einen angemessenen Schutz bieten.

Daneben enthält das Umwandlungsgesetz in den §§ 321 bis 325 einige Spezialvorschriften betreffend die Fortgeltung des Kündigungsschutzes, die Bildung von Gemeinschaftsbetrieben, die Zuordnung von Arbeitnehmer sowie den Fortbestand der Mitbestimmung. Die vormals in § 321 UmwG enthaltene Regelung betreffend ein Übergangsmandat des Betriebsrates findet sich nunmehr in §§ 21a, b BetrVG wieder.

e) Das Gewährleistungs- und Haftungssystem

Fusionseuphorie, vorschnelles Handeln, Unachtsamkeit und unzureichende Regelungen im Transaktionsvertrag können erfolgreich erscheinende Transaktionen rasch zu einem Alptraum werden lassen. Von der Öffentlichkeit und den Medien weitgehend unbemerkt, führen die früheren Vertags*partner* dann unter Umständen langjährige und kostspielige *parteiliche* Auseinandersetzungen vor den ordentlichen Gerichten oder nationalen und internationalen Schiedsgerichten. Im Vordergrund dieser Auseinandersetzungen stehen Fragen der Nichterfüllung einzelner Leistungspflichten, der Schlechtleistung oder der verspäteten Leistung eines Vertragspartners. Recht häufig streiten sich die Vertragspartner auch darüber, dass falsche Angaben über wesentliche Eigenschaften des Unternehmens gemacht oder notwendige Aufklärungen oder Hinweise nicht gegeben worden sind, wie z.B. Angaben über die Umsatz- und Ertragslage des Zielunternehmens.[137] In solchen Fällen haftet unter Umständen nicht nur der Verkäufer, sondern es haften eventuell auch die Geschäftsführer des verkaufenden Unternehmens und möglicherweise sogar die Geschäftsführer des verkauften Zielunternehmens persönlich, wenn sie ihre Informationspflichten in vorwerfbarer Weise verletzt haben.

aa) Allgemeines zum Mängel- und Haftungsrecht

Die Regelungen des Mängel- und Haftungsrechts gehören zu den schwierigsten und umstrittensten Rechtsfragen im Zusammenhang mit Unternehmenszusammenschlüssen und Unternehmensübernahmen.

---

137 Vgl. hierzu bereits die Ausführungen unter B.IV.2.

Schon während der Vertragsverhandlungen und bei der Abfassung des Transaktionsvertrages müssen die Vertragspartner erwägen, ob das gesetzliche Mängel- und Haftungsrecht ihnen ausreichende Regelungsmechanismen bietet oder ob sie zusätzliche Vereinbarungen treffen müssen, um in Streitfällen einen angemessenen Ausgleich ihrer gegenläufigen Interessen zu erreichen.[138]

Ein wesentlicher Verhandlungs- und Regelungsgegenstand ist somit stets das Mängel- und Haftungsrecht. Grundsätzlich geht erst mit der Übergabe beim Kauf beweglicher Sachen die Gefahr des zufälligen Unterganges oder der zufälligen Verschlechterung auf den Käufer über (§ 446 Abs. 1 BGB). Zur Einräumung der Inhaberschaft über das Unternehmen gehört es, dass der Veräußerer sich zurückzieht und dem Erwerber die tatsächliche und rechtliche Möglichkeit einräumt, sich über sämtliche Geschäftsvorgänge zu unterrichten und die Geschicke des Unternehmens in die Hand zu nehmen. Damit erlangt er die Herrschaft über das Unternehmen als den erworbenen Gegenstand im Sinne des § 446 BGB, sodass es gerechtfertigt ist, ihm die Gefahr des zufälligen Untergangs oder der zufälligen Verschlechterung des Unternehmens aufzuerlegen.

Bislang waren insoweit bei der Übernahme von Unternehmen wesentliche Unterschiede zwischen dem Asset Deal und dem Share Deal zu beachten. Grundsätzlich fanden nämlich beim Asset Deal die Regeln über die Sachmängelhaftung Anwendung, mit dem Recht zur Minderung des Kaufpreises oder gar zur Wandlung, d.h. zur Rückabwicklung des Unternehmenskaufvertrages. Beim Share Deal hatte der Veräußerer hingegen nur für den Bestand der verkauften Rechte bzw. Beteiligungen einzustehen, ohne für ihren wirtschaftlichen Wert zu haften (vgl. hierzu die folgenden Ausführungen unter bb)).

Gemäß § 453 BGB des Schuldrechtsmodernisierungsgesetzes gelten nunmehr für den Kauf von Rechten und sonstigen Gegenständen die Vorschriften über den Kauf von Sachen entsprechend, so dass diese Unterscheidung für das Haftungssystem nicht mehr so bedeutsam ist, wie nach der bisherigen Rechtslage (vgl. hierzu die Ausführungen unter cc)).

Eine weitere wesentliche Neuerung beinhaltet § 433 Abs. 1 S. 2 BGB, wonach nunmehr die Lieferung einer Sache *frei* von Sach- (§ 434 BGB) und Rechtsmängeln (§ 435 BGB) zum Inhalt des Erfüllungsanspruchs des Käufers gehört. Die Leistung einer mangelhaften Kaufsache bewirkt nicht die »geschuldete Leistung« im Sinne des § 362 Abs. 1 BGB, sondern stellt einen Fall (teilweiser) Nichterfüllung dar, auf die das allgemeine Leistungsstörungsrecht Anwendung findet.[139]

---

138 Siehe zur Vertragsgestaltung und zur Vertragsanpassung nach dem Schuldrechtsmodernisierungsgesetz, Ziegler/Rieder, ZIP 2001, 1794 ff. sowie zu einem allgemeinen Überblick über das neue Schuldrecht Schwab, JuS 2002, 1 ff.
139 Gerhard Picot/Russenschuck, Unternehmenskauf – Gibt es noch selbstständige Garantien? M&A Review, Heft 2/2002, S. 64 ff.

bb) Darstellung der bis zum 31.12.2001 geltenden Rechtslage

Da ein Unternehmen weder eine Sache noch ein Recht, sondern ein »Inbegriff von Gegenständen« ist,[140] d.h. eine Gesamtheit von Sachen und Rechten, tatsächlichen Beziehungen und Erfahrungen sowie unternehmerischen Handlungen,[141] war nach der bisherigen Rechtslage fraglich, ob die Vorschriften der Sach- oder der Rechtsmängelgewährleistung auf Mängel beim Unternehmenskauf Anwendung finden sollten. Zunächst wurde eine Abgrenzung zwischen der Anwendbarkeit der Sach- und Rechtsmängelgewährleistung danach vorgenommen, ob ein »Asset Deal« oder ein »Share Deal« vorlag.[142]

Wurde der Unternehmenskauf im Wege eines sog. »Asset Deals« vollzogen, wendete die herrschende Rechtsprechung die Grundsätze der §§ 459 ff. BGB a.F. und somit die Sachmängelgewährleistungsvorschriften entsprechend an, da sich der Kauf der einzelnen Wirtschaftsgüter eines Unternehmens wirtschaftlich als Kauf des gesamten Unternehmens darstellte.[143] Der Unternehmenskauf wurde somit jedenfalls im analogen Sinne als Sachkauf gemäß § 433 Abs. 1 Satz 1 BGB beurteilt. Ein Mangel der einzelnen Bestandteile führte (aufgrund restriktiver Betrachtungsweise) nur dann zur Mangelhaftigkeit des (gesamten) Unternehmens, wenn insgesamt die vertragliche oder gewöhnliche Tauglichkeit des Unternehmens für den Käufer entfiel und infolgedessen die wirtschaftliche Grundlage des Unternehmenskaufs erschüttert war.[144]

Erfolgte der Unternehmenskauf hingegen im Wege eines »Share Deals«, hatte der Verkäufer nach der bisherigen Rechtslage gemäß § 437 BGB grundsätzlich nur für den rechtlichen Bestand dieser Beteiligungen und damit nicht für den wirtschaftlichen Wert einzustehen. Allerdings wurde der Share Deal dann wie ein Sachkauf behandelt, wenn der Käufer sämtliche oder nahezu sämtliche Anteile an einem Unternehmen erwarb. War der Kauf nämlich – entsprechend einem Asset Deal – wirtschaftlich als Kauf des ganzen Unternehmens zu werten, galten die §§ 459 ff. BGB a.F. analog, mit der Folge, dass der Verkäufer auch für den wirtschaftlichen Wert des Unternehmens haftete. Dies konnte insbesondere auch dann der Fall sein, wenn der Erwerber durch den Kauf der Beteiligungsrechte eine beherrschende Stellung erlangte und die verbleibende Beteiligung des Veräußerers oder Dritter an dem Unternehmen so gering war, dass sie die unternehmerische Leitungsmacht des Erwerbers nicht entscheidend zu beeinträchtigen vermochte. Die insoweit maßgebliche (beherrschende) Beteiligungsquote wurde von Fall zu Fall unterschiedlich festgelegt. Die Spanne reichte von 50% über 75% bis 90% oder 95%. Eindeutiger wurde die Grenzziehung erst

---

140 Vgl. zu dem Begriff § 260 BGB. Neuerdings wird in § 14 BGB definiert, unter welchen Umständen ein Geschäft als zum Unternehmen zugehörig zu betrachten ist.
141 So schon RGZ 63, 57, 58; BGHZ 74, 359, 364.
142 Vgl. zur Abgrenzung Gerhard Picot, Unternehmenskauf und Restrukturierung, Teil I, Rdn. 28 ff..
143 Merkt, BB 1995, 1041, 1045.
144 Merkt, BB 1995, 1041, 1045.

dann, wenn der Käufer alle Anteile bis auf einen unbedeutenden Rest von 0,4% bzw. weniger erhielt.[145]

Als Grundregel konnte – je nachdem wie hoch die Einflussmöglichkeiten der verbleibenden Beteiligungen auf das Unternehmen waren – jedenfalls bei einem Kauf von weniger als 50 % der Anteile üblicherweise von einem bloßen Rechtskauf, beim Erwerb von mehr als 90 % der Anteile von einem Unternehmenskauf ausgegangen werden.[146] Im letzteren Falle fanden dann die Vorschriften der Sachmängelgewährleistung nach §§ 459 ff. BGB a.F. entsprechende Anwendung.

Infolgedessen ergaben sich nicht unerhebliche Abgrenzungsschwierigkeiten für die Beurteilung, welche Gewährleistungsvorschriften im Rahmen eines »Share Deals« Anwendung finden sollten.

cc) Darstellung der ab dem 01.01.2002 geltenden Rechtslage

Eine solche Abgrenzung ist nach Inkrafttreten des Schuldrechtsmodernisierungsgesetzes nicht mehr erforderlich. Nach § 453 Abs. 1 BGB sind die Vorschriften über den Kauf von Sachen auf den Kauf von Rechten und sonstigen Gegenständen entsprechend anzuwenden. Unabhängig davon, ob ein Rechts- oder ein Sachmangel vorliegt, finden somit nunmehr einheitlich die kaufrechtlichen Gewährleistungsansprüche Anwendung.

Gemäß § 433 Abs. 1 BGB (Vertragstypische Pflichten beim Kaufvertrag) wird der Verkäufer einer Sache durch den Kaufvertrag verpflichtet, dem Käufer die Sache zu übergeben und das Eigentum an der Sache frei von Sach- und Rechtsmängeln zu verschaffen; die Lieferung einer mangelfreien Sache ist damit nunmehr zum Inhalt des Erfüllungsanspruchs des Käufers geworden.

(1) Mangelbegriff

Wann ein Mangel vorliegt, bestimmen nunmehr die §§ 434 (Sachmangel) und 435 (Rechtsmangel) BGB. Entscheidend ist danach grundsätzlich, dass die Sache keinen Sachmangel aufweist (§ 434 BGB), d.h. bei Gefahrübergang die vereinbarte Beschaffenheit hat. Ist eine Beschaffenheit zwischen den Parteien nicht vereinbart, ist die Sache frei von Mängeln, wenn sich die Sache für die nach dem Vertrag vorausgesetzte Verwendung eignet oder wenn sie sich für die gewöhnliche Verwendung eignet und eine Beschaffenheit aufweist, die bei Sachen der gleichen Art üblich ist und die der Käufer nach der Art der Sache erwarten kann.[147] Neu ist hierbei insbeson-

---

145 Vgl. BGHZ 65, 246, 251 f.; BGHZ 138, 195, 204.
146 Vgl. Merkt, BB 1995, 1041, 1044 m.w.N.
147 Nach der Gewährleistungsvorschrift des § 459 BGB (a.F.) haftete der Verkäufer dem Käufer dafür, dass die verkaufte Sache im Zeitpunkt des Gefahrüberganges nicht mit Fehlern behaftet war und dass ihr keine zugesicherten Eigenschaften fehlten. Lag ein solcher Sachmangel vor, konnte der Käufer gemäß § 462 BGB (a.F.) zwischen Wandelung und

dere, dass nunmehr auch öffentliche Äußerungen des Veräußerers (beispielsweise Werbung, o.Ä.) als Maßstab für die Beschaffenheit der Sache herangezogen werden können.

Weiterhin ist entscheidend, dass die Sache keinen Rechtsmangel aufweist (§ 435 BGB), d.h. dass Dritte in Bezug auf die Kaufsache keine oder nur die im Kaufvertrag übernommenen Rechte gegen den Käufer geltend machen können.

(2) Pflicht zur Lieferung einer mangelfreien Sache

Liegen die vorgenannten Voraussetzungen nicht vor, hat der Verkäufer seine Erfüllungs-Verpflichtung gemäß § 433 Abs. 1 S. 2 BGB, dem Käufer die Sache frei von Sach- und Rechtsmängeln zu verschaffen, nicht erfüllt. Liegt also ein Mangel vor, so liegt zugleich eine »Pflichtverletzung« vor.[148] Über diese Pflichtverletzung bei Vorliegen eines Mangels ist nunmehr der Anknüpfungspunkt für die Anwendbarkeit des allgemeinen Leistungsstörungsrechts eröffnet, und zwar unabhängig davon, ob es sich um einen Sach- oder um einen Rechtsmangel handelt.[149]

Damit wird ein wesentliches systematisches Ziel der Reform des Leistungsstörungsrechts, nämlich der Wegfall eines besonderen Gewährleistungsrechts beim Kauf verwirklicht: Die kaufrechtliche Sachmängelgewährleistung schließt an das allgemeine Leistungsstörungsrecht an und geht weitestgehend in ihm auf. Die bisherigen speziellen kaufrechtlichen Regelungen der Wandelung (vgl. §§ 462, 467 BGB a.F.) und eines Schadensersatzes gem. § 463 BGB a.F. gibt es nun nicht mehr.

(3) Rechte des Käufers bei Vorliegen eines Mangels

§ 437 BGB gibt einen Überblick über die Rechte, die der Käufer im Falle eines Mangels geltend machen kann.

Der Käufer kann demnach, wenn die Voraussetzungen der folgenden Vorschriften vorliegen und soweit nicht etwas anderes bestimmt ist,

1. (vorrangig) nach § 439 BGB Nacherfüllung verlangen
2. gemäß §§ 440, 323 und 326 V nach Ablauf einer angemessenen Nachfrist
   – vom Vertrag zurücktreten[150]
   – oder den Kaufpreis nach § 441 BGB mindern und

Minderung entscheiden. Bei einem Fehlen zugesicherter Eigenschaften hatte der Käufer außerdem einen Schadensersatz wegen Nichterfüllung gemäß § 463 BGB (a.F.).
148 Vgl. Däubler-Gmelin, NJW 2001, 2281, 2285.
149 Ebenda.
150 Das Rücktrittsrecht des Gläubigers/Käufers für den Fall des Ausbleibens bzw. der mangelhaften Leistung ist nunmehr unabhängig vom Vertretenmüssen des Schuldners/Verkäufers ausgestaltet und erfasst daher auch die bisherige Wandlung, vgl. § 323 BGB. In Abweichung vom bisherigen Recht gestattet § 325 BGB darüber hinaus ausdrücklich eine Kombination von Rücktritt und Schadensersatz statt der Leistung.

3. §§ 440, 280, 281, 283, 311 a BGB[151] Schadensersatz (bei Fälligkeit, Pflichtverletzung, Vertretenmüssen des Verkäufers (vermutet), Fristablauf (mit Ausnahmen) oder nach § 284 BGB Ersatz vergeblicher Aufwendungen verlangen.

Das Recht, bei einem gegenseitigen Vertrag Schadensersatz zu verlangen, wird gemäß § 325 BGB durch den Rücktritt nicht ausgeschlossen.

Die vorgenannten Ansprüche stehen dem Käufer gegen den Verkäufer innerhalb einer Frist von zwei Jahren nach Ablieferung der Kaufsache zu.[152]

Allerdings ist nach wie vor im Hinblick auf die Rücktrittsbefugnis des Käufers bei Mängeln des Unternehmens oder fehlenden zugesicherten Eigenschaften zu beachten, dass sich die Rückübertragung des Unternehmens insbesondere nach der Integration bzw. Implementierung wegen seiner fortlaufenden Änderungen und Entwicklungen vielfach als nicht interessengemäß darstellt. Die Anwendbarkeit der gesetzlichen Sachmängelhaftung kann nämlich zu Problemen führen, weil die für einen Mangel vorgesehenen und vorstehend genannten Haftungsfolgen

- Nacherfüllung
- Rücktritt
- Minderung des Kaufpreises
- Schadensersatz
- Ersatz vergeblicher Aufwendungen

bei Unternehmenstransaktionen nicht zu sachgerechten Ergebnissen führen.

Wie soll die – nach dem neuen Recht als vorrangig anzuwendende – Nachbesserung greifen? Wie soll die mit dem Rücktritt verbundene Rückabwicklung des Unternehmenskaufs erfolgen? Wie soll im Falle der Minderung der Wert des Mangels des Unternehmensbestandteils in ein Verhältnis zum Gesamtwert gesetzt werden, insbesondere, wenn der Kaufpreis aus einer Gesamtschau aller Umstände des Unternehmens und einer Prognose für die Zukunft ermittelt wurde?[153] Wie soll die Alternative eines Schadensersatzanspruches interessengerecht erscheinen, wenn man bedenkt, dass der Schadensersatz die Höhe des gezahlten Kaufpreises übersteigen kann?

---

151 Schadensersatz »statt der ganzen Leistung« (den sog. »großen Schadensersatz«) kann der Käufer nach der Neuregelung allerdings bei einem unerheblichen Mangel nicht verlangen, vgl. § 281 Abs. 1 Satz 3 BGB.
152 Vor dem Inkrafttreten des Schuldrechtsmodernisierungsgesetzes zum 01.01.2002 verjährten die Sachmängelgewährleistungsansprüche gegen den Verkäufer gemäß § 477 BGB a. F. in sechs Monaten. Dies war ein gewichtiger Grund für die restriktive Behandlung des damaligen Fehlerbegriffes durch die Rechtsprechung, um auf diese Weise den Anwendungsbereich für die Culpa in Contrahendo (c.i.c.) zu eröffnen. Ansprüche aus c.i.c. verjährten nach bisherigem Recht erst nach 30 Jahren, was insbesondere für Mängel beim Unternehmenskauf zu sachgerechteren Ergebnissen führte.
153 Auch der neu eingefügte Berechnungsmodus des § 441 Abs. 3 BGB vermag dieses Problem nicht zu lösen.

Es zeigt sich somit, dass die gesetzlichen Haftungsfolgen trotz der jüngst vorgenommenen Reform des Schuldrechtes nicht uneingeschränkt auf den Unternehmenskauf passen. Offenbar hatte der Gesetzgeber bei der Schuldrechtsreform – ebenso wie er vor etwa 100 Jahren die bürgerlich-rechtlichen Vorschriften über den Kauf formulierte – relativ einfache und individuelle Kaufgegenstände bzw. Konsumgüter vor Augen, und nicht derartig komplexe Sach- und Rechtsgesamtheiten, wie sie moderne Unternehmen darstellen.

Gleichwohl hat die bisherige Rechtsprechung die Wandelungsbefugnis des Käufers als Rechtsfolge von Sachmängeln auch bei Unternehmenstransaktionen grundsätzlich zugelassen. Allerdings legte sie, um insbesondere die Wandelungsbefugnis des Käufers in Grenzen zu halten, den bisherigen Fehler- und Eigenschaftsbegriff des § 459 Abs. 1 und Abs. 2 BGB a.F. sehr restriktiv aus und stellte besonders strenge Anforderungen an das Vorliegen (stillschweigender) Zusicherungen (§ 459 Abs. 2 BGB a.F.), um dann allerdings insbesondere mit Hilfe des Rechtsinstitutes des Verschuldens bei Vertragsschluss (culpa in contrahendo – c.i.c.) zu sachgerechten Ergebnissen zu gelangen. Auf diese Weise vermied die Rechtsprechung zum Beispiel die Wandelung eines Unternehmenskaufvertrages im Falle unrichtiger Angaben über Umsätze, Höhe der Verbindlichkeiten, Erträge und Ertragskraft des Unternehmens.

dd) Die Vereinbarung von Garantien

Die zuvor dargestellten Probleme des Gewährleistungs- und Haftungsrechts beim Unternehmenskauf lassen sich durch die Vereinbarung von Garantien vermeiden.

Die vorstehenden Ausführungen haben gezeigt, dass das gesetzliche Gewährleistungssystem nicht (vollends) in der Lage ist, die Folgen eines Mangels im Rahmen eines Unternehmenskaufs umfassend und sachgerecht zu lösen. Auch die neuen Vorschriften nach Inkrafttreten der Schuldrechtsreform vermögen diese Probleme nicht aufzufangen. Das Schuldrechtsmodernisierungsgesetz führt keine speziellen Regelungen zum Unternehmenskauf ein.[154] Es wird insoweit bei der bisher gängigen Praxis bleiben, die Lücken des Gewährleistungssystems trotz der Einbeziehung der allgemeinen Leistungsstörungs-Regelungen durch möglichst umfassende Regelungen im Transaktionsvertrag aufzufangen.

So hat denn auch der BGH wiederholt ausdrücklich geraten, die Ausarbeitung eines individuellen vertraglichen, von der gesetzlichen, bzw. außergesetzlichen Haftungsregelung möglichst unabhängigen und umfassenden eigenen Gewährleistungsregimes zu schaffen.[155] Angesichts dieser Tatsache sieht die deutsche Vertragspraxis umfassende Regelungen in den Unternehmenskaufverträgen vor.

Diese Regelungen betreffen insbesondere die Übernahme von – unselbstständigen – Garantien (§ 443 BGB) für die Beschaffenheit der Kaufsache (früher: Zusicherung

---

154 Vgl. insoweit auch Bastuck/Mentz, FAZ v. 28.11.2001, S. 29, die bemerken, dass gerade für große Transaktionen die Reform »wenig ändern« wird.
155 Vgl. RGZ 146, 120; BGHZ 65, 246 f.; BGH, NJW 1977, 1538 ff.; Vgl. Merkt, BB 1995, 1041, 1046.

von Eigenschaften), die Abgabe einzelner – selbstständiger – Garantiezusagen gemäß § 311 Abs. 1 BGB sowie eine Begrenzung der Haftung nach Zeit und Höhe.

(1) Unselbstständige Garantie gemäß § 443 BGB

§ 443 BGB regelt die Voraussetzungen und Rechtsfolgen im Falle der Übernahme einer sog. unselbstständigen Garantie, wobei das Gesetz die sog. Beschaffenheitsgarantie und die sog. Haltbarkeitsgarantie unterscheidet.

Dabei statuiert § 443 Abs. 1 BGB eine gesetzlich normierte Haftung ohne jegliches Verschulden für den Fall, dass der Verkäufer oder ein Dritter eine Garantie für die Beschaffenheit der Kaufsache übernimmt (»*Beschaffenheitsgarantie*«). Im Garantiefall stehen dem Käufer gemäß § 443 BGB unbeschadet der gesetzlichen Ansprüche die Rechte aus der Garantie zu den in der Garantieerklärung und der einschlägigen Werbung angegebenen Bedingungen gegenüber demjenigen zu, der die Garantie eingeräumt hat. Ausweislich der Gesetzesbegründung setzt eine solche Beschaffenheitsgarantie die Erklärung des Verkäufers voraus, dass die Kaufsache bei Gefahrübergang eine bestimmte Eigenschaft hat, verbunden mit der Erklärung, verschuldensunabhängig für alle Folgen ihres Fehlens einstehen zu wollen.[156] Diese Garantie für die Beschaffenheit der Sache entspricht weitestgehend der nach der bisherigen Rechtslage möglichen »Zusicherung einer Eigenschaft«.[157]

In § 443 Abs. 1 BGB ist außerdem die sog. »*Haltbarkeitsgarantie*« geregelt. Eine derartige Garantie liegt vor, wenn der Verkäufer erklärt, dass die Sache für eine bestimmte Dauer eine bestimmte Beschaffenheit behält. Die Haltbarkeitsgarantie erweitert damit die gesetzlichen Gewährleistungsrechte, weil der Verkäufer hier die Mangelfreiheit nicht nur bei Gefahrübergang, sondern für einen bestimmten Zeitraum nach dem Gefahrübergang garantiert. Die Haltbarkeitsgarantie entspricht damit der bisherigen »unselbstständigen Garantie«.

Hat der Verkäufer in dem Transaktionsvertrag eine derartige Garantie für die Beschaffenheit des zu kaufenden Unternehmens übernommen, so kann er die Haftung vertraglich nicht gleichzeitg beschränken oder ausschließen. Diese Konsequenz normiert § 444 BGB (Haftungsausschluss). Nach dieser Bestimmung kann sich der Verkäufer nicht auf eine Vereinbarung berufen, durch welche die Rechte des Käufers wegen eines Mangels ausgeschlossen oder beschränkt werden, wenn er den Mangel arglistig verschwiegen hat oder eine Garantie für die Beschaffenheit der Sache übernommen hat. Die Bestimmung will also sicherstellen, dass der Verkäufer einer Sache oder eines Rechtes nicht einerseits eine Beschaffenheit garantiert bzw. – um es in der bisherigen Gesetzessprache zu formulieren – eine Eigenschaft zusichert und dann andererseits diese Garantie durch eine Beschränkung bzw. einen Ausschluss der Haftung wieder »aushebelt«.

---

156 Vgl. BT-Drucks. 14/6040, zu § 442 Abs. 1 S. 2, S. 236.
157 Vgl. hierzu auch Gerhard Picot/Russenschuck, Unternehmenskauf – Gibt es noch selbstständige Garantien? M&A Review, Heft 2/2002, 64 ff.

§ 444 BGB stellt eine zwingende Vorschrift des BGB dar und kann daher durch vertragliche Vereinbarungen zwischen den Beteiligten nicht abbedungen werden.

(2) Selbstständige Garantie gemäß § 311 Abs. 1 BGB

Die Annahme eines selbstständigen Garantieversprechens gemäß § 311 Abs. 1 BGB (Begründung eines Schuldverhältnisses) setzt voraus, dass der Verkäufer über die gesetzliche Gewährleistung hinaus für das Vorhandensein bzw. Fehlen bestimmter Umstände des Kaufgegenstandes verschuldensunabhängig einstehen und den Käufer im Falle der Risikoverwirklichung schadlos halten will.

Ob eine Erklärung in einem Unternehmenskaufvertrag ein selbstständiges Garantieversprechen enthält, ist durch Auslegung zu ermitteln. Da selbst Formulierungen wie »versichern« oder »garantieren«, auch in einer notariellen Urkunde, nicht notwendig den Schluss auf eine selbstständige Garantie zulassen, empfiehlt es sich, entsprechende Erklärungen oder Angaben im Vertrag ausdrücklich als »selbstständiges Garantieversprechen« oder »selbstständigen Garantievertrag« zu kennzeichnen und getrennt von den einfachen Gewährleistungen in den Vertragstext aufzunehmen.

Im Gegensatz zu der unselbstständigen Garantiehaftung gemäß § 443 BGB kann sich ein selbstständiges Garantieversprechen nicht nur auf die Beschaffenheit der Sache (Beschaffenheitsgarantie) oder darauf beziehen, dass die Sache für eine bestimmte Dauer eine bestimmte Beschaffenheit behält (Haltbarkeitsgarantie), sondern auf alle gegenwärtigen oder zukünftigen Umstände des Kaufgegenstandes. Darüber hinaus kann sie sich auch auf fehlende oder falsche Angaben beziehen, die nicht vom Begriff des Mangels im Sinne der §§ 434 und 435 BGB und der vereinbarten oder garantierten Beschaffenheit im Sinne der §§ 434, 443 BGB erfasst werden.

Neben der neuen gesetzlichen Regelung der unselbstständigen Beschaffenheitsgarantie ist nach Auffassung des Verfassers auch weiterhin die Vereinbarung einer sog. »selbstständigen Garantie« gemäß § 311 Abs. 1 BGB möglich.

Problematisch ist allerdings die Abgrenzung zwischen einer selbstständigen Garantie und einer unselbstständigen Beschaffenheitsgarantie, und zwar vor allem auch im Hinblick auf die Anwendbarkeit des § 444 BGB, der Haftungsbeschränkungen oder -ausschlüsse im Falle der unselbstständigen Beschaffenheitsgarantie verbietet. Würde § 444 BGB nämlich auch die selbstständige Garantie erfassen, wäre eine sonst im Rahmen einer selbstständigen Garantievereinbarung bei nationalen und internationalen Transaktionsverträgen übliche Haftungsbegrenzung nicht mehr möglich. Der Verkäufer könnte sich nämlich nach § 444 BGB auf eine Vereinbarung, durch welche die Rechte des Käufers wegen eines Mangels ausgeschlossen oder beschränkt werden, nicht berufen, <u>wenn</u> er Verkäufer den Mangel arglistig verschwiegen oder eine Garantie für die Beschaffenheit der Sache übernommen hat.

Nach Ansicht des Verfassers umfasst bereits die Formulierung des § 444 BGB im Schuldrechtsmodernisierungsgesetz ausweislich der Gesetzesbegründung nur die Fälle der früheren Eigenschaftszusicherung.[158] Hiervon jedoch ist die selbstständige Garan-

---

158 Vgl. BT-Drucks. 14/6040, zu § 444, S. 240.

tie zu unterscheiden, da diese weitere Umstände betreffen kann, als »nur« die Zusicherung einer Eigenschaft.[159] Da § 444 BGB aber ausdrücklich (nur) für die Übernahme einer (unselbstständigen) Beschaffenheitsgarantie gilt, kann diese Bestimmung auf die selbstständige Garantie grundsätzlich keine Anwendung finden.

Problematisch sind insofern nur diejenigen Fälle, in denen eine selbstständige Garantie für einen Umstand übernommen wird, der eine Beschaffenheit des Kaufgegenstandes gemäß § 443 Abs. 1 BGB beinhaltet. Hierbei stellt sich die Frage, ob nicht die zwingende Bestimmung des § 444 BGB unterlaufen wird, wenn vertraglich anstelle einer unselbstständigen eine selbstständige Garantie übernommen würde. Zu dieser Frage haben in der jüngsten Zeit Wissenschaftler und Praktiker Stellung genommen. Die Rechtsunsicherheit erscheint groß und die Empfehlungen gehen weit auseinander. So wird beispielsweise geraten, den Garantiebegriff im Vertrag zu vermeiden bzw. ausdrücklich darauf hinzuweisen, dass eine Garantie nach §§ 443, 444 BGB nicht übernommen wird.[160] Andere empfehlen die Vereinbarung ausländischen Rechts, was nicht gerade dem Bestreben der Schuldrechtsreform entspricht.[161] Schließlich haben manche Berater schon resigniert und begonnen, die Unternehmenskaufverträge zu überarbeiten und Regelungen über die Rechtsfolgen bei Verstößen gegen abgegebene Garantieerklärungen zu entwickeln.[162] Andere sehen einen nicht ernst gemeinten Ausweg aus der Ratlosigkeit darin, »nur noch Käufer zu beraten«.[163]

Im Bundesministerium der Justiz wurde hierzu zunächst u.a. die Auffassung vertreten, dass eine summenmäßige Begrenzung der Haftung keine Beschränkung im Sinne des § 444 BGB darstelle, sondern eine inhaltliche Begrenzung der Garantie selbst. Allerdings kamen dem BMJ dann Bedenken hinsichtlich der Vereinbarkeit dieses Lösungsansatzes mit dem Wortlaut des § 444 BGB. Deshalb wurde dann vorgeschlagen, künftig Beschaffenheitsgarantien zu vermeiden, wenn man eine summenmäßige Begrenzung vornehmen will. Stattdessen solle man eine sog. »Beschaffenheitsvereinbarung« gemäß § 434 Abs. 1 S. 1 BGB treffen, um eine Beschränkung der Haftung zu erreichen.

Nach Ansicht des Verfassers, die inzwischen auch von der überwiegenden Meinung im Schrifttum vertreten wird,[164] wird man den Vertragsparteien auch nach dem Inkrafttreten des Schuldrechtsmodernisierungsgesetzes angesichts der Unzulänglichkeiten des gesetzlichen Mängelgewährleistungssystems die Vertragsfreiheit einräu-

---

159 Vgl. BT-Drucksache 14/6040, zu § 443, S. 237.
160 Vgl. Handelsblatt v. 02.01.2002, S. R 2; Schuberth, Financial Times Deutschland v. 08.01.2002, Recht und Steuern.
161 Vgl. v. Westphalen, ZIP 2001, 2107.
162 Vgl. Gasteyer, wiedergegeben in Handelsblatt v. 02.01.2002, S. R 2.
163 So die Anmerkung von de Lousanoff, wiedergegeben in Handelsblatt v. 02.01.2002, S. R 2.
164 Gerhard Picot/Russenschuck, Unternehmenskauf – Gibt es noch selbstständige Garantien?, M&A Review, 2/2002, S. 64 ff.; siehe auch Gronstedt/Jörgens, ZIP 2002, 52, 56 ff.; Dauner-Lieb, ZIP 2002, 108 ff.

men müssen, die Lücken des gesetzlichen Gewährleistungssystems in der Praxis durch spezielle Regelungen im Transaktionsvertrag zu schließen.[165]

Insoweit muss aufgrund einer teleologischen Auslegung des Sinnes und Zweckes des § 444 BGB davon ausgegangen werden, dass der Verkäufer trotz der gesetzlichen Vorschriften grundsätzlich in seiner Bestimmung frei bleiben muss, ob er eine unselbstständige Garantie gemäß § 443 Abs. 1 BGB mit der zwingenden Folge des Haftungsausschlusses gemäß § 444 BGB übernehmen oder aber privatautonom eine selbstständige Garantie ohne die Folgen des § 444 BGB vereinbaren möchte. Wollen die Parteien letzteres, so bedarf es freilich gemäß §§ 133, 157 BGB einer ausdrücklichen und unmissverständlichen Vereinbarung. Eine solche Vereinbarung kann etwa dahingehend formuliert werden, dass der Verkäufer gemäß § 311 Abs. 1 BGB eine über die unselbstständige Beschaffenheitsgarantie des § 443 BGB hinausreichende selbstständige Garantie übernimmt, wobei das Verbot des Haftungsausschlusses und der Haftungsbeschränkung des § 444 BGB keine Anwendung finden soll; im Falle einer Verletzung der selbstständigen Garantie sollen dem Käufer nicht die gesetzlichen Ansprüche zustehen, sondern die Rechte aus der selbstständigen Garantie zu den in der Garantieerklärung vereinbarten Bedingungen.

Um diese Rechtsunsicherheit zu beseitigen, hat der Bundestag am 01.07.2004 eine Änderung des § 444 BGB beschlossen (BGBl. I S. 3102). Angesichts der enormen praktischen Relevanz der Frage und der Heftigkeit des Streites um die Auslegung der Vorschrift muss es dem juristischen Laien allerdings als skurril anmuten, mit welch minimalistischen Mitteln der Gesetzgeber die Klarstellung nun vorgenommen hat. Die Vorschrift lautet nämlich nunmehr: »Auf eine Vereinbarung, durch welche die Rechte des Käufers wegen eines Mangels ausgeschlossen oder beschränkt werden, kann sich der Verkäufer nicht berufen, *soweit* (Verf.: bisheriger Wortlaut »wenn«) er den Mangel arglistig verschwiegen oder eine Garantie für die Beschaffenheit der Sache übernommen hat«. Aufgrund der Geringfügigkeit dieser Änderung haben einige Stimmen in der Literatur die gesetzgeberische Vorgehensweise bereits als »mikro-invasive« Lösung bezeichnet.

Immerhin geht aber aus der Neufassung nun klar hervor, dass eine Garantie von vornherein mit beschränktem Umfang vereinbart werden kann. Die Beschränkung ist damit ein Teil der Garantie und bestimmt deren Reichweite; sie ist somit keine nachträgliche Beschneidung der Rechte des Käufers, mit der dieser nicht hätte rechnen müssen.

Die Gesetzesbegründung weist ausdrücklich daraufhin, dass es sich bei der Änderung um eine gesetzliche Klarstellung der ohnehin bereits herrschenden Auslegung des § 444 BGB, nicht hingegen um eine inhaltliche Neuregelung handele, so dass auch keine Übergangsvorschrift notwendig sei. Damit ist gleichzeitig geklärt, dass auch Beschränkungen von Garantieversprechen in Unternehmenskaufverträgen, die

---

[165] So auch die höchstrichterliche Rechtsprechung, vgl. bereits RGZ 146, 120; BGHZ 65, 246 ff.

zwischen dem 01.01.2002 und dem voraussichtlichen Inkrafttreten der Änderung im Oktober 2005 abgeschlossen wurden bzw. werden, wirksam sind.

In der Praxis wird man somit in Zukunft auf die in den letzten Jahren verwendeten artifiziellen Vertragsklauseln verzichten können, mit denen versucht wurde, die auf § 444 BGB basierende Rechtsunsicherheit zu minimieren. Stattdessen wird man wieder zu der bisherigen und auch international üblichen Struktur der vertraglichen Garantien und der (gleichzeitigen) Beschränkung des Umfanges der daraus resultierenden Haftung zurückkehren können. Es kann wohl angenommen werden, dass auch die richterliche Entscheidungspraxis dem Bedürfnis nach vertraglicher Flexibilität bei Unternehmenskäufen Rechnung trägt und den § 444 BGB nicht auf selbstständige Garantien mit Haftungsbeschränkungen bzw. -ausschlüssen ausdehnt.

Die Arten möglicher – selbstständiger – Garantieversprechen sind vielfältig. Im Wesentlichen ist der sich jeweils nach der Interessenlage der Vertragspartner ergebende Garantienkatalog ein *Spiegelbild* der Due-Diligence-Checkliste[166] (siehe A.III.6. und B.V.) und bedarf daher hier keiner konkreten Aufzählung. In der Regel werden die Vertragsparteien nur solche Garantien vereinbaren, die für eine angemessene Risikoverteilung wesentlich und erforderlich sind. Nachfolgend seien insoweit einige Beispiele genannt:

Bei einer Erfolgsgarantie steht der Verkäufer für den Eintritt eines bestimmten wirtschaftlichen Erfolges ein. Durch eine Unsicherheitsgarantie sichert er zu, dass ein definiertes Risiko sich nicht nachteilig für den Käufer auswirkt. Ein Unterfall der Unsicherheitsgarantie ist die Bilanzgarantie, die sich auf die Richtigkeit der bilanziellen Angaben bezieht. In aller Regel wird hierdurch nur die Einhaltung der Grundsätze ordnungsmäßiger Buchführung (GoB) zugesagt. Darüber hinaus sollte sich die Garantie aber auch auf die Ausübung von Bilanzierungs- und Bewertungswahlrechten erstrecken. Anstelle oder zusätzlich zur Bilanzgarantie können die Vertragsparteien ferner eine Eigenkapitalgarantie in den Vertrag aufnehmen. Hierdurch verspricht der Verkäufer das Vorhandensein eines bestimmten Eigenkapitals in bestimmter Höhe zu einem bestimmten Zeitpunkt. Die Höhe des Eigenkapitals wird durch eine Abrechnungsbilanz ausgewiesen. Sie vermag allerdings nur gegen Wertbeeinträchtigungen abzusichern; das über das reine Wertinteresse hinausgehende Tauglichkeitsinteresse ist daher gegebenenfalls durch eine spezielle Bestandsgarantie zu schützen. Bestandsgarantien können sich ferner auf Art und Lage von Grundstücken, betriebliche Anlagen, Beteiligungen an und Beziehungen zu Unternehmen sowie auf Vorräte und Personalbestand beziehen.

Wird bei Abschluss des Unternehmenskaufvertrages ein künftiger, erst nach dem Vertragsabschluss liegender Übergangsstichtag (Closing Date) vereinbart, so ist es in der Regel für den Käufer sinnvoll, das per Vertragsdatum vom Verkäufer zugesicherte

---

166 Gerhard Picot, Due Diligence und privatrechtliches Haftungssystem, in: Berens/Brauner, Due Diligence bei Unternehmensakquisitionen, 4. Auflage 2005, S. 245–271; Gerhard Picot, Due Diligence beim Börsengang, in: Wirtz (Hrsg.), IPO – Management, 2001, S. 143–172.

Nichtbestehen von Verbindlichkeiten auch für den Zeitpunkt des Übergangs sicherzustellen, um das Risiko nachteiliger Veränderungen einzugrenzen. Eine derartige Stichtagsregelung kann in Form einer vertraglichen Garantie- oder Gewährleistungszusage des Verkäufers zum Beispiel mit dem Inhalt vorgenommen werden, dass der Verkäufer sich verpflichtet, die veräußerte Gesellschaft von allen beim Closing Date etwa noch vorhandenen Verbindlichkeiten freizustellen. Muss die Gesellschaft trotz dieser nur internen Freistellungen Alt-Forderungen Dritter erfüllen, so kann der Unternehmenskäufer einen entsprechenden Erstattungsanspruch gegen den Verkäufer geltend machen.

Insbesondere im Zusammenhang mit der Bilanzgarantie, aber auch bezüglich aller übrigen Garantien, stellt sich die Frage,

- ob der Verkäufer uneingeschränkt für die objektive Richtigkeit einstehen soll (sog. harte Garantie-Erklärung)
- oder ob die Garantie in die Kenntnis oder Unkenntnis des Verkäufers gestellt werden soll und damit subjektiver Natur sein soll (sog. weiche Garantie-Erklärung).

Wird das Garantieversprechen des Verkäufers im letztgenannten Sinne dahingehend eingeschränkt, dass »nach seiner Kenntnis« oder »nach seinem besten Wissen« zum Beispiel bestimmte Eigenschaften des Unternehmens bestehen oder nicht bestehen, so sollte aus der Sicht des Käufers die Frage der Beweislast geregelt werden, da ihn grundsätzlich und ohne eine abweichende vertragliche Regelung die Beweislast für die Kenntnis des Verkäufers trifft. Will er dies vermeiden, so ist in den Vertrag eine Umkehr der Beweislast dahingehend aufzunehmen, dass der Verkäufer haftet, es sei denn, er weist nach, dass er von dem fraglichen Umstand tatsächlich keine Kenntnis gehabt hat.

Gesetzliche Rechtsfolge eines selbstständigen Garantieversprechens ist in erster Linie der Erfüllungsanspruch des Käufers. Der Verkäufer hat den Zustand herzustellen, der bestehen würde, wenn das Garantieversprechen erfüllt worden wäre (vgl. § 443 Abs. 1 BGB für die unselbstständige Garantie). Bei einer Bilanzgarantie heißt dies, dass der Zustand hergestellt werden muss, der bestehen würde, wenn die Bilanz von Anfang an dem Gesetz und den Grundsätzen ordnungsgemäßer Buchführung entsprochen hätte; dies erfolgt gegebenenfalls durch Auffüllung der Bilanz. Nur wenn die Herstellung des garantierten Zustandes nicht möglich ist, hat der Käufer Anspruch auf Schadensersatz. Da sich die gesetzlich vorgesehene Rechtsfolge häufig als nicht praktikabel und nicht interessengerecht erweist, empfiehlt es sich, neben den selbstständigen Garantien zugleich ihre Rechtsfolgen detailliert zu regeln. Insgesamt eröffnet ein selbstständiges Garantieversprechen einschließlich der vertraglich geregelten Rechtsfolgen den Vertragsparteien die Möglichkeit, den Unternehmenskaufvertrag nach ihren individuellen Interessen und Bedürfnissen zu gestalten und etwaige Risiken angemessen zu verteilen.

Auch hinsichtlich der Rechtsfolgen und der Haftungshöhe bei einer Verletzung der vertraglichen Garantien hat sich in Anlehnung an die internationale Vertragspraxis ein gewisser Standard herausgebildet. Üblicherweise werden dabei dem Käufer nur Schadensersatzansprüche zugestanden, also insbesondere eine Rückabwicklung des

Vertrages ausgeschlossen. Weiter wird die Haftung in der Regel der Höhe nach auf einen Prozentsatz des Kaufpreises beschränkt (sog. Cap-Clause) und einzelne Ansprüche nur jenseits einer Mindestschadenshöhe pro Einzelfall oder insgesamt erst ab einer gewissen Schadenshöhe zugelassen (sog. Bagatell-Clause).

Nicht zuletzt sollten in den vertraglichen Garantievereinbarungen auch die Verjährungsfristen für die einzelnen Gewährleistungsansprüche unter Berücksichtigung der jeweiligen Interessensituation der Vertragspartner geregelt werden. Diese können je nach Art der garantierten Gegebenheiten z.B. für Altlasten und Steuern differenziert gestaltet werden. Nach der gesetzlichen Regelung beträgt die regelmäßige Verjährungsfrist gemäß 199 BGB drei Jahre und die kaufrechtliche Regel-Verjährungsfrist gemäß § 438 BGB zwei Jahre.

Der umfassende Katalog der vertraglichen Garantien, wie er inzwischen auch in Deutschland zum Standard geworden ist, kann allerdings zur Haftung nicht nur des verkaufenden Unternehmens, sondern auch zur persönlichen Haftung der Geschäftsführer des Verkäufers und/oder – bei einem Share Deal – der Geschäftsführer des Zielunternehmens führen. Es gehört zur gebotenen Sorgfalt eines ordentlichen Geschäftsführers, vertragliche Garantien nicht ohne interne Prüfung zu akzeptieren. Verletzt ein Geschäftsführer diese Pflicht und übernimmt er für den Verkäufer vertragliche Garantien »ins Blaue hinein«, ist er seinem Unternehmen für den daraus entstehenden Schaden ersatzpflichtig, d.h. er hat den Verkäufer von den Ansprüchen des Käufers aus der Verletzung dieser Garantien freizustellen. Die Geschäftsführer eines Zielunternehmens werden im Rahmen eines Share Deals von der Verkäuferin regelmäßig mit einer solchen Überprüfung der ausgehandelten Garantien vor Vertragsabschluss beauftragt. Bei unzureichender Prüfung kann dies zu Schadensersatzansprüchen des Verkäufers gegen das Zielunternehmen führen und die persönliche Haftung der Geschäftsführer begründen. Schließlich kommt eine Haftung der beteiligten Geschäftsführer auch unmittelbar gegenüber dem Käufer in Betracht, wenn sie gegenüber dem Käufer eine besondere Vertrauensstellung innehielten und von dem Unternehmenskauf auch persönlich wirtschaftlich profitieren, wie dies zum Beispiel bei Gewährung eines sog. Stay-Bonus der Fall ist. Eine solche Schadensersatzpflicht der Geschäftsführer ist erst recht bei bewusst falschen Angaben begründet und führt bis hin zu ihrer strafrechtlichen Verantwortlichkeit. Deshalb ist es den Geschäftsführern des Verkäufers und/oder des Zielunternehmens dringend anzuraten, am besten bereits vor den eigentlichen Vertragsverhandlungen, eingehend zu prüfen, welche vertraglichen Garantien der Verkäufer sinnvoll übernehmen kann. In der Praxis ist es üblich, den jeweiligen Leitern der verschiedenen Unternehmensbereiche hierzu detaillierte Fragenkataloge zu unterbreiten, die dann mit Fortschreiten der Vertragsverhandlungen bis hin zum Vertragsabschluss aktualisiert werden. Auf diese Weise ist auch schriftlich dokumentiert, dass die Geschäftsführer bei den Verhandlungen und dem Abschluss des Unternehmenskaufvertrages sorgfältig gehandelt haben.

ee) Die Haftung der Berater

Berater der Vertragsparteien eines Unternehmenskaufs haften ihren Auftraggebern grundsätzlich nach vertraglichen Grundsätzen aus dem jeweiligen Auftragsverhältnis. Unter den engen Voraussetzungen eines »Vertrages mit Schutzwirkung zugunsten Dritter« haftet der Berater auch einem am Vertrag formal nicht Beteiligten. Darüber hinaus kann sich eine Haftung des Beraters aus der Verletzung öffentlich-rechtlicher Pflichten ergeben, wenn beispielsweise bei der Bearbeitung eines anmeldepflichtigen Zusammenschlusses von Unternehmen die kartellrechtliche Anmeldepflicht des Zusammenschlusses schuldhaft verletzt wird.

Diese Haftungsgrundsätze finden auch im Bereich der Beratung bei Unternehmenskäufen Anwendung.

f) Die Auswirkungen der Due Diligence auf das Haftungssystem

Welche Auswirkungen die Durchführung einer Due Diligence auf die grundsätzlichen Erklärungspflichten des Verkäufers hat, ist bislang wenig diskutiert.[167]

aa) Due Diligence und vorvertragliche Pflichtverletzung

In Bezug auf die vorvertraglichen Aufklärungspflichten des Verkäufers stellt sich die Frage, ob die umfangreiche und systematische Prüfung im Rahmen einer Due Diligence die Aufklärungspflichten des Verkäufers und damit seine haftungsrechtliche vorvertragliche Verantwortlichkeit gegenüber dem Käufer beschränkt oder ob diese Prüfung gerade zu einer Haftungserweiterung des Verkäufers führen kann.

Eine Verringerung der vertraglichen Pflichten kommt nicht in Betracht; denn die Due Diligence dient allein dem Schutz des Käufers, der damit nicht auf seine Aufklärungsrechte gegenüber dem Verkäufer verzichten möchte. Umgekehrt kann in der Durchführung einer Due Diligence durch den Käufer aber auch kein gesteigertes Informationsbedürfnis des Käufers gesehen werden. Der Verkäufer hat dem Käufer bereits Unterlagen im Rahmen der Due Diligence zur Prüfung zur Verfügung gestellt. Infolge dessen muss die Durchführung einer Due Diligence im Hinblick auf die Aufklärungspflichten des Verkäufers als neutral angesehen werden.

bb) Due Diligence und Gewährleistungsvorschriften

Die Due Diligence kann insbesondere dann Auswirkungen auf die Gewährleistungsrechte des Käufers haben, wenn der Käufer im Rahmen seiner Prüfung von einem Mangel Kenntnis erlangt hat oder wenn ihm ein Mangel infolge grober Fahrlässigkeit unbekannt geblieben ist.

---

167 Gerhard Picot, Due Diligence und privatrechtliches Haftungssystem, in: Berens/Brauner, Due Diligence bei Unternehmensakquisitionen, 4. Auflage 2005, S. 245–271.

(a) Kenntnis des Käufers

Gemäß § 442 Abs. 1 Satz 1 BGB sind die Rechte des Käufers wegen eines Mangels ausgeschlossen, wenn er bei Vertragsschluss den Mangel kennt. Konsequenterweise bedeutet dies, dass grundsätzlich auch die Kenntniserlangung im Rahmen einer Due Diligence zu einem derartigen Ausschluss der Rechte des Unternehmenskäufers führen würde. Gelegentlich wird hiergegen eingewendet, es könne nicht sein, dass die durchgeführte Due Diligence dem Käufer mehr schade als die unterlassene Prüfung. Dieser scheinbare Widerspruch, dem Unternehmenskäufer würde mit der Durchführung einer Due Diligence seine Vorsicht zum Nachteil gereichen, wird aber dadurch aufgelöst, dass der Haftungsausschluss aufgrund Kenntnis des Käufers gemäß § 442 Abs. 1 Satz 1 BGB nur dann eintritt, wenn der Käufer den konkreten Mangel tatsächlich erkannt hat und somit kennt, nicht hingegen, wenn er nur die Umstände erkannt hat, die auf einen solchen Mangel schließen lassen.[168] Der Gewährleistungsausschluss gemäß § 442 Abs. 1 Satz 1 BGB knüpft deshalb ausschließlich an die Kenntnis des Käufers und nicht an die Art und Weise seiner Kenntniserlangung.

Die Due Diligence dient gerade dazu, dem Käufer vor Abschluss des Kaufvertrages die Mängel des Unternehmens deutlich zu machen und somit seine Kaufentscheidung daraufhin auszurichten. Die Kenntnis des Käufers von einem Mangel eröffnet ihm die Möglichkeit, entweder den Kaufpreis zu reduzieren oder sich durch die Vereinbarung vertraglicher Abreden, insbesondere Garantien, einen Ausgleich für die vorgefundenen Risiken zu sichern. Angesichts dieser Möglichkeiten wäre es unbillig, ihm darüber hinaus die Gewährleistungsrechte hinsichtlich der erkannten Mängel zu erhalten.

Es erscheint mithin interessengerecht, bei Kenntniserlangung von Mängeln im Rahmen der Due Diligence einen Gewährleistungsausschluss nach § 442 Abs. 1 Satz 1 BGB anzunehmen.

(b) Grob fahrlässige Unkenntnis des Käufers

Nach § 442 Abs. 1 Satz 2 BGB kann der Käufer die Rechte wegen eines Mangels, die ihm infolge grober Fahrlässigkeit unbekannt geblieben sind, nur dann geltend machen, wenn der Verkäufer den Mangel arglistig verschwiegen oder eine Garantie für die Beschaffenheit der Sache übernommen hat.

Zum Teil wird die Auffassung vertreten, der Käufer, der eine unsorgfältige oder unvollständige Due Diligence durchführe, handele grob fahrlässig und verliere daher seine Gewährleistungsrechte nach der genannten Vorschrift.

Demgegenüber ist jedoch zu berücksichtigen, dass eine Due Diligence oftmals unter großem Zeitdruck durchgeführt wird und der Unternehmenskäufer innerhalb weniger Tage die vom Verkäufer zur Verfügung gestellten Unterlagen sichten und für sich auswerten muss. Der Unternehmenskäufer darf insoweit nicht schlechter gestellt werden als derjenige, der eine Due Diligence nicht durchgeführt hat.

---

168 BGH, NJW 1961, 1860 ff.

Allerdings ist dies dahingehend einzuschränken, dass der Käufer seiner Gewährleistungsrechte verlustig geht, wenn er den Mangel auch ohne Durchführung einer Due Diligence hätte erkennen müssen, denn dann ist der Sorgfaltsverstoß des Käufers derart gravierend, dass er nahezu mit einer Kenntnis des Käufers vom Mangel gleichgewichtet werden kann.

Führt der Käufer vor Abschluss des Transaktionsvertrages keine Due Diligence durch, kann dies nur dann als grob fahrlässig angesehen werden, wenn die eingehende Besichtigung des Kaufobjekts Gegenstand einer Verkehrssitte geworden wäre. Eine Untersuchungs- und Rügeobliegenheit trifft den Käufer gemäß § 377 des deutschen Handelsgesetzbuches (HGB) nämlich nur bei einem beiderseitigen Handelsgeschäft[169] und erst *nach* der Ablieferung der Kaufsache.

Ob im Rahmen eines Unternehmenskaufs eine Due Diligence schon heute zu einer Verkehrssitte geworden ist, ist streitig. In der Tat lässt sich in Deutschland die Tendenz feststellen, dass immer öfter eine Due Diligence im Rahmen der Kaufvorbereitung durchgeführt wird, und zwar selbst dann, wenn es sich um rein innerdeutsche Unternehmenstransaktionen handelt. Allerdings gibt es bislang keinen generellen Prüfbestand für die Durchführung einer Due Diligence. Insbesondere die außerordentlich unterschiedlichen und zahlreichen Ausprägungen der Due Diligence-Listen zeigen, dass sich die Art und der Umfang einer Due Diligence nach den Umständen des Einzelfalles richtet.[170] Im Übrigen sind in der Praxis Art, Umfang und Dauer der Due Diligence häufig Gegenstand äußerst kontroverser Diskussionen. Wenn aber das »Ob« und das »Wie« einer Due Diligence erst einmal verhandelt werden müssen, so kann diese nicht als ständige, sich wiederholende Übung und somit als Verkehrssitte angesehen werden.

Eine Untersuchungspflicht des Käufers vor Abschluss des Kaufvertrages kann im Einzelfall auch nach Treu und Glauben begründet sein. Dies ist anzunehmen, wenn der Mangel der Kaufsache offensichtlich ist und ohne weiteres vom Käufer erkannt werden kann. Weiterhin können auch besondere Verdachtsmomente den Käufer dazu veranlassen, bereits vor Abschluss des Kaufvertrages eine Prüfung der Kaufsache durchzuführen.[171]

cc) Due Diligence und vertragliche Haftungsregelungen

Die Due Diligence dient – neben der Fixierung eines verbindlichen Kaufpreisangebots – auch der Intensität des zu vereinbarenden Gewährleistungs- und Haftungssystems. Bei den Vertragsverhandlungen darf deshalb das Wechselspiel zwischen der

---

169 Vgl. §§ 344 ff. HGB, wonach Handelsgeschäfte alle Geschäfte eines Kaufmanns sind, die zum Betriebe seines Handelsgewerbes gehören. Auch der Unternehmenskauf ist als ein solches Handelsgeschäft anzusehen, siehe Baumbach/Hopt, Kommentar zur HGB, § 343, Rn. 3.
170 Vgl. auch Fleischer/Körber, BB 2001, 841, 846.
171 Beispielsweise offensichtliche Bodenkontaminierung des Betriebsgeländes, anhaltende Zahlungsschwierigkeiten, Presseberichte, vgl. Fleischer/Körber, BB 2001, 841, 845.

Due Diligence einerseits sowie den vertraglichen Gewährleistungs-, Garantie- und Haftungspflichten des Verkäufers andererseits nicht unterschätzt werden. Insoweit gilt der Grundsatz: Je weniger Daten und Informationen dem Käufer von dem Verkäufer zur Verfügung gestellt worden sind, umso umfangreicher und detaillierter werden seine Forderungen nach vertraglichen Gewährleistungs-, Garantie- und Haftungsversprechen des Verkäufers ausfallen.[172]

Einem solchen Ansinnen des Käufers wird der Verkäufer regelmäßig das Argument entgegenhalten, der Käufer habe nunmehr den gleichen Kenntnisstand wie er selbst, sodass er – wie vorstehend diskutiert – ein Recht habe, seine Haftung für offengelegte Risiken im Unternehmenskaufvertrag auszuschließen.

g) Störung der Geschäftsgrundlage gemäß § 313 BGB und sog. Material-Adverse-Change-Klauseln

Kommen weder die kaufrechtlichen Gewährleistungsvorschriften noch die Grundsätze der c.i.c. zur Anwendung, so kann der Kaufvertrag im Falle einer Störung der Geschäftsgrundlage gemäß § 313 BGB anzupassen sein. Nach dieser Bestimmung kann eine Anpassung des Vertrags verlangt werden, wenn sich Umstände, die zur Grundlage des Vertrags geworden sind, nach Vertragsschluss schwer wiegend verändert haben und die Parteien den Vertrag nicht oder mit anderem Inhalt geschlossen hätten, wenn sie diese Veränderung vorausgesehen hätten; dies gilt allerdings nur, soweit einem Teil unter Berücksichtigung aller Umstände des Einzelfalles, insbesondere der vertraglichen oder gesetzlichen Risikoverteilung, das Festhalten am unveränderten Vertrag nicht zugemutet werden kann. Einer Veränderung der Umstände steht es gleich, wenn wesentliche Vorstellungen, die zur Grundlage des Vertrags geworden sind, sich als falsch herausstellen. Ist eine Anpassung des Vertrags nicht möglich oder einem Teil nicht zumutbar, so kann der benachteiligte Teil vom Vertrag zurücktreten. An die Stelle des Rücktrittsrechts tritt für Dauerschuldverhältnisse das Recht zur Kündigung.

Ein wichtiger Anwendungsfall der Störung der Geschäftsgrundlage ist der durch unverschuldete Falschangaben des Verkäufers zur Ertragskraft eines Unternehmens herbeigeführte beiderseitige Motiv- bzw. Kalkulationsirrtum und die dadurch entstandene gravierende Störung des Leistungsgleichgewichtes. In diesen Fällen kann primär eine Vertragsanpassung und – nur im Falle des Scheiterns der Vertragsanpassung – eine Vertragsaufhebung zur Beseitigung des Leistungsungleichgewichtes geboten sein.

Aus der Sicht der Vertragspartner kann es nicht zuletzt auch wegen des möglicherweise langen Zeitraumes zwischen Signing und Closing[173] und der in dieser Zeit

---

172 Hierzu vgl. Picot/Vondenhoff-Mertens, Handelsblattbroschüren, Mergers & Acquisitions, S. 15.
173 Siehe dazu Seibt/Reiche, DStR 2002, 1181, 1185 unter Hinweis auf den Fall eines steuerlichen Terminverkaufs (der auch nach Inkrafttreten der §§ 3 Nr. 40 EStG, 8b Abs. 2 KStG im Hinblick auf die Fünf- bzw. Siebenjahresfristen der §§ 15 Abs. 3 S. 4 UmwStG, 8b Abs. 4 S. 2 Nr. 1 KStG und 3 Nr. 40 S. 4 lit. a EStG aus Veräußerersicht Sinn machen

auftretenden Unwägbarkeiten hinsichtlich der vertraglich gewünschten Leistungs-Äquivalenz sinnvoll sein, eine dem gesetzlichen (allgemeinen) Rechtsinstitut der Störung der Geschäftsgrundlage vorrangige[174] vertragliche Risikoverteilung unter den Vertragspartnern vorzunehmen. Dabei können insbesondere Fälle einer erkennbar schwer wiegenden Veränderung der Umstände oder des Abweichens wesentlicher Vorstellungen, die zur Grundlage des Vertrags geworden sind, so weit wie möglich und denkbar vertraglich konkretisiert und detailliert werden. Dies kann zum Beispiel auch im Wege sog. *Material-Adverse-Change-Klauseln* (*MAC-Klauseln*) geschehen.[175]

h) Haftung für Altverbindlichkeiten

Ein Unternehmenskauf hat – je nach der konkreten Ausgestaltung – zur Folge, dass der Erwerber in die zum Zeitpunkt des Unternehmensübergangs bestehende Rechtsstellung des Verkäufers eintritt. Vorbehaltlich abweichender vertraglicher Vereinbarungen kann sich dabei eine Haftung des Unternehmenskäufers für Verbindlichkeiten des übernommenen Unternehmens bzw. eine fortbestehende Haftung des Verkäufers aus gesetzlichen Vorschriften ergeben.

Erfolgt der Unternehmenskauf im Wege des Asset Deals, so kommt eine Haftung des Unternehmenskäufers auch für solche Verbindlichkeiten des Verkäufers in Betracht, die nicht ausdrücklich vertraglich übernommen werden. Dabei sind vor allem die Firmenfortführung (§ 25 HGB), die Nachhaftung und die zeitliche Begrenzung der Haftung (§§ 159, 160 HGB)[176], der Betriebsübergang (§ 613 a BGB) sowie die Betriebssteuern (§ 75 AO) zu beachten. Die Haftung wegen Vermögensübernahme gemäß § 419 BGB ist durch Art. 32 Nr. 16 EG InsO mit Wirkung zum 01.01.1999 aufgehoben worden.[177]

Beim Unternehmenserwerb im Wege des Share Deals wird der Unternehmenskäufer zum neuen Unternehmensträger, sodass die Verbindlichkeiten des Rechtsträgers gegenüber Dritten rechtlich bei dem Rechtsträger verbleiben und somit allenfalls wirtschaftlich auf den Anteilskäufer übergehen. Hier ergeben sich jedoch weitergehende Fragen gesellschaftsrechtlicher Haftung u.a. dann, wenn der bisherige Anteilsinhaber seine Einlageschuld nicht erfüllt hat oder aus dem Gesichtspunkt der Differenzhaftung verpflichtet bleibt. Besonderheiten der Haftung für Altverbindlichkeiten beim Kauf von Personengesellschaften oder Beteiligungen ergeben sich vor allem bei der Übernahme einer Kommanditbeteiligung und bei einem Komplementär-Wechsel sowie

---

kann; zum Terminverkauf ausführlich Seibt, DStR 2000, 2061, 2065 m.w.N.) und etwa erforderliche kartellbehördliche Genehmigungsverfahren und Vollzugsverbote.
174 BGHZ 90, 69, 74; BGH NJW-RR 1999, 923, 924; OLG Saarbrücken NJW-RR 2001, 752, 754; Triebel/Hölzle, BB 2002, 521, 534.
175 Siehe dazu Gerhard Picot//Duggal, MAC-Klauseln beim Unternehmenskauf, DB 2003, H. 9.
176 Vgl. Nachhaftungsbegrenzungsgesetz-NachhBG vom 18.03.1994 (BGBl. I 1994, 560).
177 BGBl. 1994 I, 2911, 2925.

beim Kauf von Kapitalgesellschaften oder Beteiligungen, insbesondere GmbH-Anteilen (Share Deal).

i) Wettbewerbsvereinbarungen

Die Vereinbarung eines Wettbewerbsverbotes kann dem Unternehmenskäufer dazu dienen, den Verkäufer nach der Unternehmensübertragung daran zu hindern, durch Wettbewerbshandlungen, insbesondere durch anderweitige Verwertung seines Knowhows, seiner Kundenbeziehungen etc. die wirtschaftliche Rentabilität des Unternehmenskaufes zu gefährden. Beim Unternehmenskauf ergibt sich für den Verkäufer ein Wettbewerbsverbot bereits als (ungeschriebene) Nebenpflicht, soweit die Unterlassung des Wettbewerbs für eine ordnungsgemäße Überleitung des Unternehmens auf den Käufer erforderlich ist. Je nach Erforderlichkeit im Einzelfall dürfte sich jedoch die Abfassung einer klaren Wettbewerbsvereinbarung einschließlich einer konkreten Beschreibung z.B. des geschützten Know-hows etc. empfehlen.[178] Die Vereinbarung eines Wettbewerbsverbots beim Unternehmenskauf kann ein sittenwidriges Rechtsgeschäft gemäß § 138 Abs. 1 BGB darstellen. Dabei ist zu beachten, dass nach der Rechtsprechung des BGH die Sittenwidrigkeit zumindest bei einer sachlich übermäßigen Beschränkung die Nichtigkeit, d.h. die völlige Unwirksamkeit des Wettbewerbsverbots zur Folge hat.[179]

Ferner ist zu beachten, dass die im Zusammenhang mit Unternehmenskäufen vereinbarten Wettbewerbsverbote eine Wettbewerbsbeschränkung für den Verkäufer beinhalten und deshalb gegen § 1 GWB verstoßen können. Ein wegen zeitlich und räumlich übermäßiger Beschränkung kartellrechtswidriges Wettbewerbsverbot kann jedoch grundsätzlich im Wege der geltungserhaltenden Reduktion auf einen rechtmäßigen Umfang zurückgeführt werden.[180] Ob dies im Hinblick auf sachlich übermäßige Beschränkungen ebenfalls der Fall ist, erscheint angesichts der Rechtsprechung des BGH zu § 138 BGB als fraglich.

Wegen ihrer grundsätzlichen wettbewerbsbeschränkenden Wirkung können Wettbewerbsverbote unter das in Art. 81 Abs. 1 des Vertrages zur Gründung der Europäischen Gemeinschaft (EGV) normierte Verbot fallen. Von besonderer praktischer Bedeutung für die vertragliche Vereinbarung eines Wettbewerbsverbotes im Hinblick auf das Europäische Kartellrecht ist die durch das EU-Verfahrensrecht gegebene Möglichkeit, ein Negativ-Attest der EU-Kommission für ein Wettbewerbsverbot einzuholen. Ein solches Negativ-Attest bewirkt, dass ein unzulässiges Wettbewerbsverbot nicht mit einem Bußgeld geahndet werden kann.[181]

---

178 BGH, NJW 1987, 909.
179 BGH, BB 1984, 1826, 1827.
180 BGH, BB 1984, 1826, 1827; BGH, GmbHR 1991, 17; OLG Hamm, GmbHR 1993, 655.
181 Siehe dazu Teil B.VII.

j) Verfügungsbeschränkungen, Zustimmungs- und Genehmigungserfordernisse

Soll die Unternehmensübertragung wirksam und ohne Störungen erfolgen, kann es erforderlich sein, Beschränkungen und Mitwirkungsrechte Dritter zu beachten. Derartige Verfügungsbeschränkungen und Zustimmungserfordernisse können sich insbesondere aus der Rechtsform des zu veräußernden Unternehmens sowie aus öffentlich-rechtlichen, familien- oder vormundschaftsrechtlichen sowie erbrechtlichen Bestimmungen ergeben. In Unternehmenskaufverträgen ist häufig die Regelung eines sog. Gremienvorbehaltes erforderlich.

Nach dem gesetzlichen Leitbild sind Geschäftsanteile an einer GmbH grundsätzlich frei veräußerlich (§ 15 Abs. 1 GmbHG). Der Gesellschaftsvertrag kann die Abtretung der Geschäftsanteile jedoch an weitere Voraussetzungen, insbesondere an die Genehmigung der Gesellschaft knüpfen (§ 15 Abs. 5 GmbHG). Die Genehmigung der Gesellschaft »ist vom Geschäftsführer zu erklären«. Ein Kauf von Beteiligungen fällt grundsätzlich in den Aufgabenbereich eines Geschäftsführers. Schließen zwei gesamtvertretungsberechtigte Geschäftsführer einer Gesellschaft miteinander einen Kaufvertrag, so ist dieser wegen Verstoßes gegen § 181 BGB schwebend unwirksam. Er kann allerdings wirksam werden, wenn einer der Geschäftsführer danach ausscheidet und der andere, inzwischen alleinvertretungsberechtigte Geschäftsführer den Vertrag genehmigt.[182]

Der Vorstand von Aktiengesellschaften ist – in der Regel auch durch die Satzungen – zum Erwerb von Unternehmensbeteiligungen ermächtigt. Die Satzung einer Aktiengesellschaft kann die Übertragung von Namensaktien allerdings von der Zustimmung der Gesellschaft abhängig machen (§ 68 Abs. 2 AktG). Verpflichtet sich eine Aktiengesellschaft zur Übertragung ihres ganzen Gesellschaftsvermögens – ohne dass die Übertragung unter die Vorschriften des Umwandlungsgesetzes fällt –, so bedarf der Kaufvertrag gemäß § 179 a AktG auch dann der Zustimmung der Hauptversammlung nach § 179 AktG, wenn damit keine Änderung des Unternehmensgegenstandes verbunden ist. § 179 a AktG will die Gesellschafter dagegen sichern, dass die Gesellschaft gegen den Willen der Gesellschafter das Gesellschaftsvermögen als die Grundlage ihrer satzungsmäßigen Unternehmenstätigkeit völlig aus der Hand gibt.[183] Deshalb kann auch die Einbringung des Unternehmens einer Aktiengesellschaft in ein anderes Unternehmen die Zustimmungspflicht nach § 179 a AktG auslösen, da es sich dabei um eine Vermögensübertragung handelt.[184]

Auch über die Regelung des § 179 a AktG hinaus hat der Vorstand die Mitgliedschaftsrechte der Aktionäre zu beachten. Ein Hauptversammlungsbeschluss ist daher erforderlich, wenn eine Aktiengesellschaft ein Unternehmen oder einen Betrieb veräußert und dies ein so wichtiger Vorgang ist, dass der Vorstand »vernünftigerweise«

---

182 BGH, NJW-RR 1994, 291.
183 BGH, WM 1982, 86.
184 BGHZ 83, 122, 128.

nicht annehmen kann, ohne Zustimmung der Hauptversammlung handeln zu dürfen. Mit seiner berühmt gewordenen Holzmüller-Entscheidung vom 25.02.1982[185] begründete der Bundesgerichtshof die »ungeschriebene Hauptversammlungszuständigkeit«. Danach war der Vorstand verpflichtet, vor der Durchführung von Strukturmaßnahmen von herausragender Bedeutung die Zustimmung der Hauptversammlung einzuholen. Das Gericht entschied, dass eine (ungeschriebene) Pflicht zur Vorlage an die Hauptversammlung bestehe, wenn der Vorstand »vernünftigerweise nicht annehmen« könne, dass er eine solch bedeutsame Entscheidung in ausschließlich eigener Verantwortung treffen dürfe. Bei einem Verstoß sollte zwar das vom Vorstand in pflichtwidriger Weise vorgenommene Rechtsgeschäft wirksam bleiben. Rechtsfolge war aber eine Schadensersatzpflicht des Vorstandes gegenüber den Aktionären. Aufgrund der Formulierung des BGH (»vernünftigerweise nicht annehmen kann«) blieb jedoch unklar, in welchen Fällen die Zustimmung der Hauptversammlung einzuholen war. Die Gerichte erster und zweiter Instanz und die Fachliteratur versuchten, dieser Unsicherheit durch die Entwicklung greifbarer Abgrenzungskriterien zu begegnen. Überwiegend wurde dabei auf Schwellenwerte zwischen 10% und 50% des Gesellschaftsvermögens abgestellt. Auch insoweit war das Meinungsbild allerdings derart vielfältig und uneinheitlich, dass dem Rechtsberater nichts anderes übrig blieb, als den Vorständen von Aktiengesellschaften schon bei der Übertragung geringer Teile des Gesellschaftsvermögens zu raten, vorsichtshalber die Zustimmung der Hauptversammlung einzuholen. In der Praxis führte dies in vielen Fällen zu nicht unerheblichen Verzögerungen der Transaktionen. Denn die Einberufung und Abhaltung (auch) einer außerordentlichen Hauptversammlung ist regelmäßig mit erheblichem Aufwand verbunden. Stimmt die Hauptversammlung dann dem betreffenden Vorhaben zu, so ist der Vorstand noch nicht auf der sicheren Seite, denn oftmals fechten überstimmte Minderheitsgesellschafter den Beschluss an, was zu weiteren Verzögerungen führt. Im häufig zeitkritischen Transaktionsgeschäft konnte die »ungeschriebene Hauptversammlungszuständigkeit« somit sogar zum Scheitern eines Transaktionsvorhabens führen.

Durch zwei Urteile vom 26.04.2004 hat der Bundesgerichtshof nun diesen unbefriedigenden Zustand beendet und die Rechte des Vorstandes einer Aktiengesellschaft bei Mergers & Acquisitions nachhaltig gestärkt (BGH, Urteile vom 26.04.2004 – II ZR 154/02 (»Gelatine«-Urteil) und II ZR 155/02).[186] Nach diesen Entscheidungen ist die Zustimmung der Hauptversammlung nur noch erforderlich, wenn das Vorhaben etwa 80% des Gesellschaftsvermögens betrifft. Zwar hält er grundsätzlich an seiner Rechtsfigur der »ungeschriebenen Hauptversammlungszuständigkeit« fest. Gleichzeitig betont er aber, dass der Vorstand der Aktiengesellschaft nach dem gesetzlichen Modell der Verteilung der Kompetenzen unter den Organen die Geschäfte der Gesellschaft in eigener Verantwortung führt. Dabei wird der Vorstand von dem von

---

185 BGHZ 83, 122 ff. (128, 133 f.).
186 BGH, Urteile vom 26.04.2004 – II ZR 154/02 (»Gelatine«-Urteil), BB 2004, H. 22, 1182 ff. und II ZR 155/02, BB 2004, H. 23.; vgl. Münchener Handbuch des Gesellschaftsrechts Bd. 4 – Krieger, § 69, Rdn. 8; Lutter, FS Stimpel 1985, 825, 850.

der Hauptversammlung berufenen Aufsichtsrat kontrolliert. Die Aktionäre hingegen bestimmen über Inhalt und Änderung der Satzung und geben damit den Rahmen vor, innerhalb dessen sich der Vorstand bei seiner Leitungstätigkeit zu bewegen hat; im Nachhinein haben die Aktionäre dann über die Geschäftsführung des Vorstandes zu befinden. Dieses aus wohl erwogenen Gründen ausbalancierte Verhältnis dürfe nicht ohne zwingende Gründe durch im Gesetz nicht vorgesehene Mitwirkungsbefugnisse der Aktionäre gestört werden. Deshalb sei eine ungeschriebene Mitwirkungsbefugnis der Hauptversammlung bei Maßnahmen, die das Gesetz dem Vorstand als Leitungsaufgabe zuweist, sind nur ausnahmsweise und in engen Grenzen anzuerkennen. Sie kommen allein dann in Betracht, wenn eine von dem Vorstand in Aussicht genommene Umstrukturierung der Gesellschaft an die Kernkompetenz der Hauptversammlung, über die Verfassung der Aktiengesellschaft zu bestimmen, rührt, weil sie Veränderungen nach sich zieht, die denjenigen zumindest nahe kommen, welche allein durch eine Satzungsänderung herbeigeführt werden können. Außer für Fälle von Ausgliederungen kann diese Ausnahmezuständigkeit jedenfalls für die Umstrukturierung einer Tochter- in eine Enkelgesellschaft wegen des mit ihr verbundenen weiteren Mediatisierungseffekts in Betracht kommen. Eine wesentliche Beeinträchtigung der Mitwirkungsbefugnisse der Aktionäre liegt aber auch in diesen Fällen erst dann vor, wenn die wirtschaftliche Bedeutung der Maßnahme in etwa die Ausmaße wie in dem Senatsurteil BGHZ 83, 122 (»Holzmüller«-Fall, bei dem es seinerzeit um die Ausgliederung eines Teilbetriebs, der 80% des Gesellschaftsvermögens ausmachte, auf eine Tochtergesellschaft ging) erreicht. Ist die Hauptversammlung bei einer Überschreitung dieser »Wesentlichkeitsschwelle« ausnahmsweise zur Mitwirkung berufen, bedarf ihre Zustimmung wegen der Bedeutung für die Aktionäre einer Dreiviertel-Mehrheit.

Für die Vorstände deutscher Aktiengesellschaften bedeuten diese Entscheidungen des Bundesgerichtshofes eine begrüßenswerte Klarstellung ihrer Kompetenzen bei der Planung und Durchführung von Mergers & Aquisitions.

Beim Erwerb eines Unternehmens in der Rechtsform einer OHG ist von Bedeutung, dass nach § 126 Abs. 1 und Abs. 2 HGB die Vertretungsmacht der zur Vertretung der Gesellschaft berechtigten Gesellschafter grundsätzlich unbeschränkt und nicht beschränkbar ist. Dennoch unterliegt die Vertretungsmacht der vertretungsberechtigten Gesellschafter nicht nur den im Gesetz selbst genannten Grenzen. Vielmehr erstreckt sich die Vertretungsmacht der grundsätzlich vertretungsberechtigten Gesellschafter nicht auf die Rechtsgeschäfte, die die sog. »Grundlagen der Gesellschaft« betreffen.[187] Zu den Rechtsgeschäften, die die Grundlagen der Gesellschaft berühren, zählt auch die Veräußerung des Unternehmens einer Personengesellschaft; denn infolge der Veräußerung kann der Zweck, werbendes Unternehmen zu sein, nicht mehr verwirklicht werden.

Diese Grundsätze gelten entsprechend bei der Veräußerung des Unternehmens einer Kommanditgesellschaft. Obwohl die Kommanditgesellschaft gemäß §§ 161 Abs. 2, 125 – 127 HGB organschaftlich ausschließlich durch ihre Komplementäre

---

[187] Ausführlich dazu Picot, Mehrheitsrechte und Minderheitenschutz in der Personengesellschaft, BB 1993, 13, 17 ff. Siehe auch BGHZ 26, 330, 333; RGZ 162, 370, 347.

vertreten wird, kann die Veräußerung des gesamten Gesellschaftsunternehmens nicht allein von den vertretungsberechtigten Gesellschaftern (Komplementären) ohne die Zustimmung der Kommanditisten wirksam vorgenommen werden.[188]

Auch der zur Vertretung einer BGB-Gesellschaft berechtigte Gesellschafter kann ohne ausdrückliche gesellschaftsvertragliche Regelung nicht über das Gesellschaftsvermögen im Ganzen wirksam verfügen.[189] Die Übertragung eines Personengesellschaftsanteils oder eines Teiles desselben ist nur bei genereller Zulassung im Gesellschaftsvertrag oder im Einzelfall erteilter Zustimmung der anderen Gesellschafter möglich.[190]

Öffentlich-rechtliche Beschränkungen sind ebenfalls zu beachten, weil sie den Erwerber eines Unternehmens daran hindern können, den Betrieb des Unternehmens auszuüben. Die Gewerbeausübung kann an eine persönliche Konzession des Betreibers (z.B. zur Ausübung eines Bewachungsgewerbes, einer Makler-, Bauträger- oder Baubetreuertätigkeit) oder an eine sachbezogene Genehmigung (z.B. einer Anlage) gebunden sein. Im Gegensatz zu der persönlichen Konzession gilt die dem Veräußerer erteilte sachbezogene Genehmigung grundsätzlich auch für den Erwerber.

Beim Unternehmenskauf können ferner familien- und vormundschaftsrechtliche Verfügungsbeschränkungen zu beachten sein. Im gesetzlichen Güterrecht der Zugewinngemeinschaft (§§ 1363 ff. BGB) kann sich ein Ehegatte gemäß § 1365 BGB nur mit der Einwilligung des anderen Ehegatten verpflichten, über sein Vermögen als Ganzes zu verfügen. Vereinbaren die Ehegatten durch Ehevertrag Gütergemeinschaft (§§ 1415 ff. BGB), so werden das Vermögen des Mannes und das Vermögen der Frau gemeinschaftliches Vermögen (Gesamtgut). Ein Ehegatte kann dann nicht über seinen Anteil am Gesamtgut und an den einzelnen Gegenständen verfügen, die zum Gesamtgut gehören; auch ist er nicht berechtigt, Teilung zu verlangen; beide Ehegatten können deshalb nur gemeinsam verfügen (§ 1419 BGB). Vormundschaftsrechtliche Beschränkungen sind dann zu beachten, wenn Minderjährige, beschränkt Geschäftsfähige oder unter Vormundschaft stehende Personen Partei eines Unternehmenskaufvertrages sind.[191] Für diese Fälle bestimmt das Gesetz eine vormundschaftliche Genehmigungspflicht des Vertrages dahingehend, dass der Vormund der Genehmigung des Vormundschaftsgerichtes bedarf (§ 1822 Ziffer 3 BGB).[192] Soll ein Unternehmen aus dem Nachlass veräußert werden, so ist zu beachten, dass die Erben nur gemeinschaftlich wirksam über das Unternehmen verfügen können (§ 2040 Abs. 1 BGB). Allerdings kann die Veräußerung des Unternehmens eine Maßnahme zur ordnungsgemäßen Verwaltung des Nachlasses darstellen, sodass den Miterben eine Zustimmungspflicht zur Veräußerung trifft.[193]

---

188 BGH, LM Nr. 13 zu § 161 HGB.
189 RGZ 162, 370, 374.
190 Siehe dazu Gerhard Picot, Mehrheitsrechte und Minderheitsschutz in der Personengesellschaft, BB 1993, 13, 14.
191 BGH, NJW 1994, 2025.
192 RGZ 122, 370, 371; OLG Karlsruhe, NJW 1973, 1977.
193 Weniger weit gehend BGHZ 30, 391, 394.

k) Deutsches und europäisches Kartellrecht[194]

Größere Transaktionen, an denen deutsche Unternehmen beteiligt sind, können der deutschen oder europäischen Fusionskontrolle unterliegen. Außerdem kann eine Billigung der Fusion durch andere nationale Kartellbehörden erforderlich sein, wenn eine internationale Transaktion unter andere geltende Fusionskontrollgesetze fällt.

Zahlreiche Fusionskontrollgesetze auf nationaler und supranationaler Ebene führen zur Nichtigkeit aller Verträge der Transaktion, wenn die beteiligten Unternehmen die Anmeldungsanforderungen nicht erfüllt haben. Ferner können wegen der unerlaubten Durchführung von Transaktionen, die einem Anmeldungserfordernis vor der Fusion unterliegen, sowohl gegen die Unternehmen als auch gegen ihre Vorstände bzw. Geschäftsführer erhebliche Geldbußen verhängt werden. Darüber hinaus sind alle damit verbundenen Vereinbarungen und Transaktionen nichtig bis zur endgültigen Billigung der Kartellbehörden. Um Schwierigkeiten mit diesen Bestimmungen zu vermeiden, ist es notwendig, »Fusionskontroll-Klauseln« in die Transaktionsvereinbarungen aufzunehmen.

Daraus folgt, dass jede Transaktion vor dem Closing oder vor der endgültigen Durchführung der Fusion sorgfältig dahingehend überprüft werden muss, ob sie einem Anmeldungserfordernis unterliegen. Aufgrund der besonderen Bedeutung widmen sich die Ausführungen unter B.VII. dieses Handbuches den Einzelheiten der Zusammenschlusskontrolle.

l) Form des Vertrages

Der Unternehmenskaufvertrag als solcher bedarf zu seiner Wirksamkeit grundsätzlich keiner besonderen Form.

Eine bestimmte Form kann jedoch deshalb zu beachten sein, weil beim Unternehmenskauf durch Kauf einzelner Wirtschaftsgüter im Wege der Singularsukzession (Asset Deal) eine Vielzahl einzelner Sachen, Rechte und Pflichten übertragen werden, während beim Unternehmenskauf durch Beteiligungserwerb im Wesentlichen die Gesellschaftsanteile übergehen. Soll eine etwaige Nichtigkeit des gesamten Unternehmenskaufvertrages gemäß § 125 BGB vermieden werden, so ist die für das jeweilige schuldrechtliche oder dingliche Geschäft vorgeschriebene Form zu beachten. Beim Abschluss eines Rahmenvertrages ist eine für einen der Einzelverträge geltende Formvorschrift auch für den Rahmenvertrag einzuhalten.[195]

Gehören beim Asset Deal zum verkauften Unternehmen auch Grundstücke oder Erbbaurechte, so bedarf der Kaufvertrag bei der Singularsukzession notarieller Beurkundung (§§ 311b Abs. 1 BGB[196], 11 ErbbRVO). Dies gilt für das Geschäft im Gan-

---

194 Siehe dazu Teil B.VII.
195 Vgl. OLG Stuttgart, BB 1989, 1932.
196 Nach bisherigem Recht § 313 BGB.

zen und damit auch für eigentlich formlos mögliche Abreden. Voraussetzung ist, dass die unterschiedlichen Vereinbarungen »miteinander stehen oder fallen« sollen.[197] Formfrei sind nur solche Geschäfte, die auch ohne die Grundstücksgeschäfte abgeschlossen worden wären. Die Verpflichtung zur Übertragung des gesamten gegenwärtigen Vermögens oder eines Bruchteils des gegenwärtigen Vermögens oder zur Belastung mit einem Nießbrauch bedarf der notariellen Beurkundung (§ 311b Abs. 3 BGB).[198]

Beim Unternehmenskauf mit Grundbesitz durch Anteilserwerb (Share Deal) ist der Grundbesitz nicht selbst Vertragsgegenstand. § 311b Abs. 1 BGB findet daher keine Anwendung.[199] Auf Verpflichtungen juristischer Personen zur Übertragung ihres gesamten Vermögens findet § 311b Abs. 2, Abs. 3 BGB Anwendung.[200] Für die Umwandlung, insbesondere die Verschmelzung gelten allerdings Sondervorschriften.

Die Verpflichtung zur Abtretung (§ 15 Abs. 5 Satz 1 GmbHG) und die Abtretung (§ 15 Abs. 3 GmbHG) von Geschäftsanteilen einer GmbH bedürfen insbesondere zur Unterbindung spekulativen Handels mit GmbH-Anteilen und aus Gründen des Anlegerschutzes[201] der notariellen Beurkundung[202], die im Inland oder im Ausland vorgenommen werden kann. Die aus Gründen geringerer Kosten im Ausland vorgenommene Beurkundung wird von der h.M. für zulässig gehalten, wenn die Beurkundung im Ausland hinsichtlich Urkundsperson und -verfahren gleichwertig ist.[203] Für die Vertragspartner ist die Inanspruchnahme ausländischer Notare daher mit dem Risiko verbunden, dass diese nicht über ausreichende Kenntnisse des deutschen Rechts verfügen und im Gegensatz zu deutschen Notaren ihre Haftung begrenzen oder ausschließen können.[204]

Gemäß § 15 Abs. 5 GmbHG kann die Abtretung der Geschäftsanteile durch den Gesellschaftsvertrag an weitere Voraussetzungen geknüpft werden und insbesondere von der Genehmigung der Gesellschaft abhängig gemacht werden.

Beim Erwerb von Kommanditanteilen an einer GmbH & Co. KG verbunden mit dem Erwerb von Geschäftsanteilen an der Komplementär-GmbH führt die Verbindung beider Verpflichtungsgeschäfte dazu, dass auch der Kauf der Kommanditanteile formbedürftig ist. Beim Verkauf aller gesellschaftsrechtlichen Beteiligungen an einer GmbH & Co. KG wird in der Praxis aus Kostengründen regelmäßig so verfahren,

---

197 BGHZ 101, 393, 396.
198 RGZ 94, 314, 315.
199 Vgl. BGH, NJW 1983, 1110 f.
200 RGZ, 137, 324, 348.
201 BGHZ 13, 49, 51 f.; BGHZ 19, 69, 71; BGHZ 76 352, 353.
202 Siehe OLG Dresden, DB, 1994, 319; KG, DB 1994, 316; OLG Hamm, DB 1994, 1130 und BayObLG, BB 1997, 1915 f.
203 Vgl. BGHZ 80, 78.
204 Siehe BGH, GmbHR 1981, 238. Eingehend dazu Gerhard Picot, Unternehmenskauf und Restrukturierung, Teil I (Vertragsrecht), Rdn. 139 ff. sowie Teil IX (Internationales Recht), Rdn. 15 ff.

dass allein die Übertragung der Geschäftsanteile an der Komplementär-GmbH beurkundet wird, während der Kaufvertrag inklusive der Übertragung der Kommanditbeteilung nur schriftlich abgeschlossen wird. Die Heilung nach § 15 Abs. 4 Satz 2 GmbHG erfasst auch die nicht notariell beurkundeten Teile der Gesamtvereinbarung.[205]

Übertragen Personengesellschaften ihr gesamtes Vermögen, so findet § 311b Abs. 3 BGB keine Anwendung, da diese Gesellschaften keine eigene Rechtspersönlichkeit besitzen, sondern nur die gesamthänderische Vermögensbindung der Gesellschafter repräsentieren. Es handelt sich daher nicht um die Veräußerung von Gesellschaftsvermögen, sondern um die Veräußerung gesamthänderisch gebundener Teilvermögen der Gesellschafter.

m) Closing

Der Begriff des Closing entstammt der anglo-amerikanischen Vertragspraxis. Sein Gebrauch ist uneinheitlich. Überwiegend wird der Übergangsstichtag als Closing bezeichnet. Vereinzelt wird darunter aber auch die zusammenfassende Beschreibung der an diesem Stichtag vorzunehmenden Rechtshandlungen und die Erfüllung der sog. Closing Conditions verstanden.

Erfolgt der Unternehmenskauf im Wege des Asset Deals, d.h. der Singularsukzession, so erstreckt sich das Closing auf eine Vielzahl von Sachen, Rechten und immateriellen Geschäftswerten. Da das Unternehmen als Ganzes übertragen werden soll, ist der Zeitpunkt des Übergangs hinsichtlich der unterschiedlichen Bestandteile möglichst zusammenzufassen. Vielfach wird der Übergangsstichtag in die Zukunft verlegt. Aus steuerlichen oder bilanztechnischen Gründen kann sich das Ende des Geschäftsjahres empfehlen. Allerdings kommt ausnahmsweise auch ein rückwirkender Übergangsstichtag in Betracht. Einer solchen Regelung kommt aber keine dingliche, sondern lediglich schuldrechtliche Wirkung zu.

n) Anmeldung des Erwerbs einer Kapitalgesellschaft oder Beteiligung (§ 16 GmbHG)

Beim Erwerb von Geschäftsanteilen an einer GmbH kann der Käufer die mit dem Geschäftsanteil verbundenen Rechte und Pflichten gegenüber der Gesellschaft erst nach Anmeldung des Erwerbs bei der Gesellschaft geltend machen. Gemäß § 16 Abs. 1 GmbHG gilt nämlich im Falle der Veräußerung eines Geschäftsanteils nur derjenige der Gesellschaft gegenüber als Erwerber, dessen Erwerb unter Nachweis des Überganges, zum Beispiel unter Vorlage der formgerechten Abtretungsurkunde, bei

---

205 BGH, NJW-RR 1987, 807; BGH, GmbHR 1993, 106.

der Gesellschaft angemeldet ist; auf die Wirksamkeit der Anteilsübertragung kommt es dabei nicht an. Eine zusätzliche Anmeldepflicht gegenüber dem Registergericht besteht nicht.[206] Ab dem Zeitpunkt der ordnungsgemäßen Anmeldung ist die Gesellschaft berechtigt und verpflichtet, ausschließlich den angemeldeten Erwerber als Gesellschafter anzuerkennen und zu behandeln.[207] Der Veräußerer wird auch von Nebenverpflichtungen frei. Der Erwerber haftet neben dem Veräußerer für die zur Zeit der Anmeldung auf den Geschäftsanteil rückständigen Leistungen (§ 16 Abs. 3 GmbHG). Die Vertragspartner erhalten durch die Bestimmung des § 16 Abs. 1 GmbHG die Möglichkeit, mit Wirkung gegen die Gesellschaft den Zeitpunkt des Gesellschafterwechsels zu bestimmen.[208]

Die ordnungsgemäße Anmeldung einer Geschäftsanteilsübertragung bindet auch das Registergericht. Das Registergericht hat sowohl bei deklatorischen (z.B. Änderung in der Person des Geschäftsführers einer GmbH gemäß § 39 GmbHG) als auch bei konstitutiven Eintragungen (z.B. Sitzverlegung der Gesellschaft) eine Prüfungspflicht, ob der entsprechende Gesellschafterbeschluss ordnungsgemäß zustande gekommen ist, insbesondere ob die Beschluss fassende Person GmbH-Gesellschafter oder zur Ausübung des Stimmrechts des Gesellschafters befugt war. Ist allerdings ein Erwerb des Geschäftsanteils i.S.d. § 16 GmbHG ordnungsgemäß bei der Gesellschaft angemeldet, sodass der Anmeldende gegenüber der Gesellschaft als Gesellschafter gilt, ist hieran auch das Registergericht gebunden. Die Fiktion des § 16 GmbHG hat insoweit materielle Wirkung.[209]

4. Die Übernahme von Gesellschaften, insbesondere die feindliche Übernahme (Hostile Takeover)

a) Entwicklung der internationalen Regelungen zur Unternehmensübernahme

Die Entscheidung der Frage, wer die Anteile an einem Zielunternehmen hält, liegt nach unserer deutschen Rechtsvorstellung grundsätzlich in der Kompetenz der Anteilseigner und nicht in der Kompetenz der Geschäftsführung.[210] Gleichwohl erfolgen Transaktionen regelmäßig im Wege einer »freundlichen Übernahme« (»friendly takeover«) in einem gewissen Einvernehmen mit dem Management des Zielunternehmens. Dies gilt vor allem auch in Fällen kooperativer Transaktionen, die zum Beispiel die

---

206 BayObLG, BB 1985, 1149.
207 BayObLG, DB 1990, 167 f.
208 BGH, LM § 16 GmbHG Nr. 3.
209 OLG Hamm, Beschluss vom 10.7.2001 – 15 W 81/01.
210 Siehe oben B.IV.3.j).

Gründung von Gemeinschaftsunternehmen bzw. Joint Ventures zum Gegenstand haben. Im Gegensatz dazu stehen Fälle, bei denen ein Unternehmen versucht, die Aktien einer anderen Gesellschaft gegen deren Willen bzw. gegen den Willen des Managements zu übernehmen, indem es in der Regel den Anteilseignern einen deutlich über dem Börsenkurs liegenden Preis bietet.

Das anglo-amerikanische Gesellschaftsrecht strebt schon beim Kauf von Unternehmen den Schutz der Aktionäre gegen die Folgen einer derartigen »feindlichen Übernahme« (»unfriendly takeover« oder »hostile takeover«) an. Dementsprechend verfügen sowohl die USA als auch Großbritannien über umfangreiche, wenn auch unterschiedliche Übernahmeregelungen. Mit dem am 01.01.2002 in Kraft getretenen Wertpapiererwerbs- und Übernahmegesetz (WpÜG)[211] gibt es nunmehr auch in Deutschland erstmals rechtlich verbindliche Übernahmevorschriften. Der bislang geltende freiwillige Übernahmekodex, der keine allgemeine Anerkennung fand, wird voraussichtlich nach dem 31.12.2001 nur noch eingeschränkt angewendet werden.[212]

In den USA und Großbritannien sind feindliche Übernahmen nicht ungewöhnlich und haben auch kein negativ belastetes Image. Während die US-Investmentbank J.P. Morgan in Kontinentaleuropa in den Jahren 1990 bis 1998 insgesamt nur 52 feindliche Übernahmeversuche mit einem Wert von 69 Mrd. $ registrierte, verzeichnete sie im Jahre 1999 34 unfreundliche Übernahmeangebote mit einem Gesamtwert von rund 408 Mrd. $, wobei freilich allein die Übernahme von Mannesmann durch Vodafone knapp 203 Mrd. $ ausmachte. 1999 kam es aber nicht nur zu mehr feindlichen Angeboten; die unerwünschten Käufer waren auch erfolgreicher als in früheren Jahren. In 54% aller Fälle erreichten sie ihr Ziel, nur 25% der angegriffenen Unternehmen gelang es, unabhängig zu bleiben.

Der »City Code on Takeovers and Mergers«, der 1968 auf Initiative des Governors der Bank of England und des Chairman der Londoner Börse als Verhaltenskodex von der Financial Services Authority (FSA) herausgegeben worden ist und der in weiten Teilen Pate für das WpÜG stand, reflektiert das angelsächsische Selbstverständnis eines »Fair Play« bei Unternehmensübernahmen und -zusammenschlüssen. Dabei geht es nicht um die materielle Prüfung, sondern um die Einhaltung von Spielregeln. Der City Code hat keine Gesetzeskraft, jedoch repräsentiert er mit seinen 10 Grundprinzipien die »kollektive Meinung derer, die professionell im Bereich Übernahmen und Zusammenschlüsse« tätig sind; er wurde schon bei mehreren tausend

---

211 Gesetz zur Regelung von öffentlichen Angeboten zum Erwerb von Wertpapieren und Unternehmensübernahmen, BGBl. I/2002, 3822 ff. Der Text ist abrufbar unter www.bundesfinanzministerium.de. Eingehend dazu Zinser, WM 2002, 15 ff.
212 Vgl. dazu bereits B.IV.4.c) aa). Siehe dazu Zschocke, Öffentliche Übernahmeangebote im Dezember 2001, Finance 2/2002 S. 96 ff., 98 und Thaeter/Bart, »RefE eines Wertpapiererwerbs- und Übernahmegesetzes« NZG 2001, 545, 545; ferner Land/Hasselbach, »Das neue deutsche Übernahmegesetz«, DB 2000, 1747. Zur neueren Entwicklung siehe Zschocke, Öffentliche Übernahmeangebote im Dezember 2001, Finance 2/2002 S. 96 ff., 98.

Übernahmen und Fusionen angewendet. Im Zentrum steht die faire und gleiche Behandlung der Aktionäre. Für das Angebot gilt eine 60-Tage-Frist. Als Tag eins gilt dabei nicht die Ankündigung, sondern die Zustellung der Übernahmedokumente an die Aktionäre. Während des laufenden Angebotes unterliegen die beteiligten Unternehmen wie in Deutschland einer Stillhaltepflicht. Um den Aktionären eine Ausstiegsmöglichkeit zu garantieren, muss ein Bieter den Aktionären eine Bar-Offerte machen, sofern er mehr als 30% der Stimmrechte am Zielunternehmen hält. Nach dieser Regel, die bislang nur selten angewendet worden ist, muss sich die Höhe der Offerte am höchsten Aktienkurs des Zielunternehmens in den letzten zwölf Monaten orientieren. Als aktuellstes Beispiel eines Bieterwettbewerbes nach dem City Code kann der seit dem 13.12.2004 laufende erbitterte Übernahmekampf zwischen der Deutschen Börse und der Konkurrenzbörse Euronext um die London Stock Exchange (LSE) gelten (s. FAZ 01.02.2005, S. 21).[213]

b) Die EU-Übernahmerichtlinie

In Kontinentaleuropa besitzen vor allem Österreich, die Schweiz und nunmehr – wie bereits erwähnt – auch Deutschland ausführliche nationale gesetzliche Übernahmeregelungen.

Auf europäischer Ebene wird bereits seit mehr als 25 Jahren versucht, Unternehmensübernahmen durch die Verabschiedung einer Richtlinie zu regeln. Obwohl sich die EU-Mitgliedstaaten Anfang März 2000 zum Schutz der mit dem Übernahmeangebot konfrontierten Aktionäre nach mehreren Richtlinienentwürfen der vergangenen Jahre und einer grundsätzlichen Einigung im Jahre 1999 auf einen Kompromiss der Richtlinie verständigt hatten, ist der Versuch, ein einheitliches europäisches Übernahmerecht zu schaffen, am 04.07.2001 im Europäischen Parlament erneut knapp gescheitert.

Im Wesentlichen baute der gescheiterte Richtlinienentwurf auf dem britischen System auf. Im Mittelpunkt standen Mindestvorschriften, die eine verbesserte Unterrichtung der Aktionäre der Zielgesellschaft gewährleisten sollten. Auch Minderheitsaktionäre sollten ausreichend Zeit und Informationen haben, um in voller Kenntnis entscheiden zu können. Dazu sollten Mindestangaben für die Angebotsunterlagen vorgeschrieben werden. Vor allem sollten diese Unterlagen Angaben zur Finanzierung der Offerte enthalten sowie Auskunft darüber geben, welche Absichten der Bieter für die künftige Geschäftstätigkeit, die Geschäftsleitung und die Beschäftigten der Zielgesellschaft verfolgt. Die Informationspflicht sollte die Stellung der Aktionäre gegenüber dem Management des eigenen Unternehmens stärken und sicherstellen, dass die Aktionäre ein Angebot selbst beurteilen können. Die vom Bieter zu setzende Frist für die Annahme des Angebotes sollte normalerweise nicht mehr als zehn Wochen betra-

---

213 Siehe dazu Gerhard Picot, Kampf um die LSE – Ein Übernahmekampf nach dem »City Code«, M&A 4/2005, S. 153.

gen; eine Verlängerung sollte aber möglich sein, um die Einberufung einer Hauptversammlung zu erleichtern. Auch die Arbeitnehmer und ihre Vertreter sollten schon in der Frühphase eines Angebotes über die Absichten des Bieters unterrichtet werden. Ferner sollte die Richtlinie sicherstellen, dass ein Angebot den Übernahmekandidaten nicht in seiner Geschäftstätigkeit über einen angemessenen Zeitraum hinaus behindert. Die Mitgliedstaaten sollten dafür sorgen, dass beim Handel mit den Aktien der an einer Übernahme beteiligten Gesellschaften keine »Marktverzerrung« in Form einer künstlichen Hausse oder Baisse der Wertpapierkurse entsteht. Für die Überwachung von Übernahmen sollten die Mitgliedstaaten besondere Aufsichtsorgane einrichten.

Gescheitert ist der Richtlinienentwurf unter anderem am Widerstand der deutschen Abgeordneten im Europaparlament. Deutschland hatte darauf bestanden, in der Richtlinie entweder die Abschaffung von in anderen Mitgliedstaaten bestehenden aktienrechtlichen Hürden gegen Übernahmen festzuschreiben oder aber es den Mitgliedstaaten zu erlauben, bei der Umsetzung der Richtlinie Abwehrmaßnahmen gegen feindliche Übernahmen in Form von »Vorratsbeschlüssen« vorzusehen. Da sich derzeit Aktiengesellschaften in den meisten EU-Staaten mit Mehrfachstimmrechten, Stimmrechtsbeschränkungen oder einer staatlichen »Golden Share« vor einer Übernahme schützen können, während in Deutschland diese Möglichkeit abgesehen vom Sonderfall der Volkswagen AG nicht besteht, befürchtete Deutschland, dass die Verabschiedung des Richtlinienentwurfs zu Ungleichheiten geführt hätte, aus denen der deutschen Wirtschaft Nachteile entstanden wären.[214] Nach dem erneuten Scheitern der Richtlinie hat Deutschland nun im WpÜG die Möglichkeit von »Vorratsbeschlüssen« festgeschrieben, mit denen die Hauptversammlung einer Aktiengesellschaft den Vorstand zur Vornahme von der Art nach bestimmten Abwehrmaßnahmen über einen Zeitraum von bis zu 18 Monaten im Voraus ermächtigen kann. Ansonsten entspricht das WpÜG inhaltlich in weiten Teilen dem Richtlinienentwurf.[215]

Nach dem Scheitern des Richtlinienentwurfes hat die EU nunmehr erneut eine Expertengruppe zur Erarbeitung eines neuen Entwurfes eingesetzt. Am 27.11.2003 hat sich der EU-Ministerrat als Vertretung der Mitgliedstaaten schließlich doch noch auf einen von Italien vorgelegten (Minimal-) Kompromiss für einen europaweiten Übernahmekodex geeinigt. Das europäische Parlament hat am 16. Dezember 2003 der neuen *EU-Übernahmerichtlinie*[216] zugestimmt. Die Mitgliedstaaten müssen diese Richtlinie nun bis zum 31. Dezember 2005 innerhalb von zwei Jahren in nationales Recht umsetzen. Die Richtlinie ist zumindest ein Einstieg in EU-einheitliche Übernahmeregeln. Geregelt werden unter anderem die Transparenz bei Übernahmeangeboten und die Preisfestsetzung. Auch schützt die Richtlinie Minderheitsaktionäre, weil die übernehmende Gesellschaft ihnen ein Angebot ihrer Aktien machen muss. Die

---

214 Vgl. Handelsblatt vom 17.12.2001, S. 6.
215 Vgl. eingehend unten B. IV. c).
216 Ein Link zum aktuellen Stand findet sich unter: http://www2.europarl.eu.int/omk/sipade2?L =DE&OBJID=31494&LEVEL=3&MODE=SIP&NAV=X&LSTDOC=N#ref13 Der Werdegang der RichtL findet sich unter: http://europa.eu.int/prelex/detail_dossier_ real.cfm?CL=de&DosId=176750

Richtlinie sieht des Weiteren vor, dass die Hauptversammlung dem Vorstand des Unternehmens generell die Anwendung von Schutzmaßnahmen untersagen kann, auch wenn diese in dem betreffenden Mitgliedstaat zugelassen sind. Der Kompromiss definiert darüber hinaus die Festlegung des Angebotspreises und andere Anforderungen an die Angebotspflicht. Allerdings sind die Informationspflichten des Bieters gegenüber den Arbeitnehmern des Übernahmeobjektes nicht verschärft worden.

Allerdings erlaubt die EU-Richtlinie den Mitgliedstaaten ein *Nebeneinander von abwehrfeindlichem europäischem und abwehrfreundlichem nationalem Übernahmerecht*: Sie können frei entscheiden, ob sie bestehende Übernahmehindernisse beibehalten oder abbauen wollen. Soweit ein Mitgliedstaat sich dafür entscheidet, restriktive nationale Regelungen aufzustellen bzw. beizubehalten, muss er lediglich den Aktionären die Möglichkeit einräumen, sich für das abwehrfeindliche EU-Übernahmerecht zu entscheiden (sog. *Opt-in-Klausel*). Insbesondere werden die in Frankreich und Schweden existierenden Doppel- und Mehrfachstimmrechte von der EU-Direktive nicht angetastet.

In Deutschland kann das angesichts der seinerzeit bestehenden Rechtsunsicherheit mit Wirkung ab dem 1.1.2002 auf nationaler Ebene erlassene »*Gesetz zur Regelung von öffentlichen Angeboten zum Erwerb von Wertpapieren und von Unternehmensübernahmen*« *(Wertpapiererwerbs- und Übernahmegesetz/WpÜG)*[217] weiter bestehen.[218]

c) Das deutsche Wertpapiererwerbs- und Übernahmegesetz (WpÜG)

Das am 15.11.2001 vom Bundestag verabschiedete und am 01.01.2002 in Kraft getretene deutsche Wertpapiererwerbs- und Übernahmegesetz (WpÜG)[219] trifft auf die

---

217 BGBl. I/2002, 3822 ff. Der Text ist abrufbar unter www.bundesfinanzministerium.de. Eingehend dazu Zinser, WM 2002, 15 ff. Siehe dazu ergänzend:
  – Verordnung über die Zusammensetzung, die Bestellung der Mitglieder und das Verfahren des Beirats beim Bundesaufsichtsamt für den Wertpapierhandel (*WpÜG-Beiratsverordnung*), Bundesgesetzblatt vom 27.12.2001, Nr. 77, S. 4259.
  – Verordnung über die Zusammensetzung und das Verfahren des Widerspruchsausschusses beim Bundesaufsichtsamt für den Wertpapierhandel (*WpÜG-Widerspruchsausschuss-Verordnung*), Bundesgesetzblatt vom 27.12.2001, Nr. 77, S. 4261.
  – Verordnung über den Inhalt der Angebotsunterlagen, die Gegenleistung bei Übernahmeangeboten und Pflichtangeboten und die Befreiung von der Verpflichtung zur Veröffentlichung und zur Abgabe eines Angebots (*WpÜG-Angebotsverordnung*), Bundesgesetzblatt vom 27.12.2001, Nr. 77, S. 4263.
  – Verordnung über Gebühren nach dem Wertpapiererwerbs- und Übernahmegesetz (*WpÜG-Gebührenverordnung*), Bundesgesetzblatt vom 27.12.2001, Nr. 77, S. 4267.
218 Vgl. Handelsblatt vom 17.12.2001, S. 6.
219 Gesetz zur Regelung von öffentlichen Angeboten zum Erwerb von Wertpapieren und Unternehmensübernahmen, BGBl. I/2002, 3822 ff. Der Text ist abrufbar unter www.bundesfinanzministerium.de. Eingehend dazu Zinser, WM 2002, 15 ff.
  Siehe dazu ergänzend: Verordnung über die Zusammensetzung, die Bestellung der Mit-

Situation, dass künftig in dem sich schneller drehenden Fusionskarussell mehr Übernahmen deutscher Unternehmen durch ausländische zu erwarten sind. Dabei ist ein wachsender Erfolg der unfreundlichen Übernahmen und die Käuflichkeit fast jedes Unternehmens festzustellen; die Begründung hierfür liegt, wie der Fall Vodafone/Mannesmann zeigt, in den oftmals hohen Prämien bzw. Aufpreisen von im Durchschnitt 44%.

Für die Anteilseigner der feindlichen Bieter endete der Übernahmekampf dagegen meist mit einer Enttäuschung. Denn der Aktienkurs des Angreifers entwickelt sich regelmäßig aufgrund des gezahlten (zu) hohen Kaufpreises deutlich schlechter als der jeweilige Gesamtmarkt. Die Kursentwicklung der 13 börsennotierten Unternehmen, die 1999 eine erfolgreiche unfreundliche Übernahme durchgeführt haben, lag nach den Berechnungen von J.P. Morgan im Schnitt um 18% unter der Performance des Gesamtmarktes.[220]

Zielobjekt einer feindlichen Übernahme sind meistens Unternehmen, deren Kursentwicklung die Anleger nicht überzeugen konnte. So haben sich zehn der 13 übernommenen Unternehmen in den zwei Jahren vor dem Angebot um 23% schlechter als der Marktdurchschnitt entwickelt. Angesichts dieser Situation mag es überraschen, dass der ganz überwiegende Teil der deutschen Führungskräfte, insbesondere der größeren Unternehmen, die Meinung vertritt, dass grenzüberschreitende Übernahmen nicht durch gesetzliche Regelungen erschwert werden dürfen.[221]

Bis zum 31.12.2001 bestand in Deutschland zur rechtlichen Steuerung feindlicher Übernahmen von börsennotierten Gesellschaften nur der am 01.10.1995 in Kraft getretene Freiwillige Übernahmekodex der Börsensachverständigenkommission in seiner überarbeiteten Fassung vom 01.01.1998. Vorbilder des Übernahmekodex waren die entsprechenden Regelungen im Ausland, insbesondere der Londoner City Code.

Der Übernahmekodex stellte jedoch kein zufrieden stellendes Instrumentarium zur Regelung von Unternehmensübernahmen dar, da die Einhaltung des Kodex auf Freiwilligkeit beruhte und keine allgemeine Anerkennung fand.[222] Insbesondere die hoch

---

glieder und das Verfahren des Beirats beim Bundesaufsichtsamt für den Wertpapierhandel (*WpÜG-Beiratsverordnung*), Bundesgesetzblatt vom 27.12.2001, Nr. 77, S. 4259.
Verordnung über die Zusammensetzung und das Verfahren des Widerspruchsausschusses beim Bundesaufsichtsamt für den Wertpapierhandel (*WpÜG-Widerspruchsausschuss-Verordnung*), Bundesgesetzblatt vom 27.12.2001, Nr. 77, S. 4261.
Verordnung über den Inhalt der Angebotsunterlagen, die Gegenleistung bei Übernahmeangeboten und Pflichtangeboten und die Befreiung von der Verpflichtung zur Veröffentlichung und zur Abgabe eines Angebots (*WpÜG-Angebotsverordnung*), Bundesgesetzblatt vom 27.12.2001, Nr. 77, S. 4263.
Verordnung über Gebühren nach dem Wertpapiererwerbs- und Übernahmegesetz (*WpÜG-Gebührenverordnung*), Bundesgesetzblatt vom 27.12.2001, Nr. 77, S. 4267.
220 Eingehend dazu oben A.II.1. und 2.
221 Handelsblatt vom 17./18.03.2000, S. 8.
222 Vgl. dazu B. IV. 4. c) aa) der 1. Aufl. dieses Handbuchs und Thaeter/Bart, »RefE eines Wertpapiererwerbs- und Übernahmegesetzes« NZG 2001,545, 545; Land/Hasselbach, »Das neue deutsche Übernahmegesetz« DB 2000, 1747, 1747.

emotional geführte Schlacht um die Übernahme von Mannesmann durch Vodafone führte erneut vor Augen, dass Bedarf an klaren, verbindlichen Regelungen bestand, um den Schutz der Rechte aller Beteiligten, insbesondere der Aktionäre, Arbeitnehmer und Gläubiger des Übernahmeobjekts, zu gewährleisten und die Rechte und Pflichten der Führungsorgane der Zielgesellschaft im Hinblick auf deren Verhalten während des Übernahmeangebots genau zu definieren.

aa) Gliederung, Anwendungsbereich, Begriffsbestimmungen und allgemeine Grundsätze des WpÜG

Das WpÜG ist gegliedert in folgende Abschnitte:

Abschnitt 1:   Allgemeine Vorschriften
Abschnitt 2:   Zuständigkeit des Bundesaufsichtsamtes für den Wertpapierhandel
Abschnitt 3:   Angebote zum Erwerb von Wertpapieren
Abschnitt 4:   Übernahmeangebote
Abschnitt 5:   Pflichtangebote
Abschnitt 6:   Verfahren
Abschnitt 7:   Rechtsmittel
Abschnitt 8:   Sanktionen.

Der Anwendungsbereich des Gesetzes erstreckt sich gemäß § 1 WpÜG nicht nur auf Übernahmeangebote, mit denen der Bieter versucht, die Kontrolle über die Zielgesellschaft zu erlangen, sondern auf sämtliche Angebote zum Erwerb von Wertpapieren, die von einer Zielgesellschaft ausgegeben wurden und zum Handel an einem organisierten Markt zugelassen sind.

§ 2 WpÜG regelt folgende Begriffsbestimmungen:

(1) Angebote sind freiwillige oder aufgrund einer Verpflichtung nach diesem Gesetz erfolgende öffentliche Kauf- oder Tauschangebote zum Erwerb von Wertpapieren einer Zielgesellschaft. Obwohl der Begriff der Öffentlichkeit im WpÜG nicht definiert ist, ergibt sich aus einer funktionalen Betrachtungsweise, dass ein Angebot jedenfalls dann öffentlich ist, wenn es einem größeren Personenkreis in einem jedermann zugänglichen Medium unterbreitet wird.[223]
(2) Wertpapiere sind, auch wenn für sie keine Urkunden ausgestellt sind,
   1. Aktien, mit diesen vergleichbare Wertpapiere und Zertifikate, die Aktien vertreten,

---

[223] Siehe dazu die Verordnung über den Inhalt der Angebotsunterlagen, die Gegenleistung bei Übernahmeangeboten und Pflichtangeboten und die Befreiung von der Verpflichtung zur Veröffentlichung und zur Abgabe eines Angebots (*WpÜG-Angebotsverordnung*), Bundesgesetzblatt vom 27.12.2001, Nr. 77, S. 4263.
Vgl. auch Fleischer, »Zum Begriff des öffentlichen Angebots im Wertpapiererwerbs- und Übernahmegesetz«, ZIP 2001, 1654, 1660.

2. andere Wertpapiere, die den Erwerb von Aktien, mit diesen vergleichbaren Wertpapieren oder Zertifikaten, die Aktien vertreten, zum Gegenstand haben.
(3) Zielgesellschaften sind Aktiengesellschaften oder Kommanditgesellschaften auf Aktien mit Sitz im Inland.
(4) Bieter sind natürliche oder juristische Personen oder Personengesellschaften, die allein oder gemeinsam mit anderen Personen ein Angebot abgeben, ein solches beabsichtigen oder zur Abgabe verpflichtet sind.
(5) Gemeinsam handelnde Personen sind natürliche oder juristische Personen, die ihr Verhalten im Hinblick auf den Erwerb von Wertpapieren der Zielgesellschaft oder ihre Ausübung von Stimmrechten aus Aktien der Zielgesellschaft mit dem Bieter aufgrund einer Vereinbarung oder in sonstiger Weise abstimmen. Tochterunternehmen des Bieters gelten als mit diesem gemeinsam handelnde Personen.
(6) Tochterunternehmen sind Unternehmen, die als Tochterunternehmen im Sinne des § 290 des Handelsgesetzbuchs gelten oder auf die ein beherrschender Einfluss ausgeübt werden kann, ohne dass es auf die Rechtsform oder den Sitz ankommt.
(7) Organisierter Markt sind der amtliche Handel oder geregelter Markt an einer Börse im Inland und der geregelte Markt im Sinne des Artikels 1 Nr. 13 der Richtlinie 93/22/EWG des Rates vom 10 Mai 1993 über Wertpapierdienstleistungen (ABl. EG Nr. L 141 S. 27) in einem anderen Staat des Europäischen Wirtschaftsraums.
(8) Der Europäische Wirtschaftsraum umfasst die Staaten der Europäischen Gemeinschaften sowie die Staaten des Abkommens über den Europäischen Wirtschaftsraum.

§ 3 WpÜG definiert allgemeine Grundsätze, die in Anlehnung an den britischen City Code on Takeovers and Mergers dem Gesetz vorangestellt sind und die bei der Auslegung der einzelnen Vorschriften zu beachten sind:

(1) Inhaber von Wertpapieren der Zielgesellschaft, die derselben Gattung angehören, sind gleich zu behandeln.
(2) Inhaber von Wertpapieren der Zielgesellschaft müssen über genügend Zeit und ausreichende Informationen verfügen, um in Kenntnis der Sachlage über das Angebot entscheiden zu können.
(3) Vorstand und Aufsichtsrat der Zielgesellschaft müssen im Interesse der Zielgesellschaft handeln.
(4) Der Bieter und die Zielgesellschaft haben das Verfahren rasch durchzuführen. Die Zielgesellschaft darf nicht über einen angemessenen Zeitraum hinaus in ihrer Geschäftstätigkeit behindert werden.
(5) Beim Handel mit Wertpapieren der Zielgesellschaft, der Bietergesellschaft oder anderer durch das Angebot betroffener Gesellschaften dürfen keine Marktverzerrungen geschaffen werden.

bb) Pflichten des Bieters

Das WpÜG sieht für Angebote im Sinne des Gesetzes hinsichtlich der Pflichten des Bieters streng formalisierte Verfahren vor. Zu unterscheiden sind:
- Angebote zum Erwerb von Wertpapieren (Abschnitt 3 WpÜG)
- Übernahmeangebote (Abschnitt 3 und 4 WpÜG) sowie
- Pflichtangebote (Abschnitt 3, 4 und 5 WpÜG).

(1) Angebote zum Erwerb von Wertpapieren (§§ 10 ff. WpÜG)

Der Bieter hat zunächst seine Entscheidung zur Abgabe eines *Angebotes zum Erwerb von Wertpapieren* im Sinne der dargestellten Begriffsbestimmung des § 2 (1) WpÜG unverzüglich den Geschäftsführungen der Börsen, an denen Wertpapiere oder Derivate der Zielgesellschaft gehandelt werden, und dem Bundesaufsichtsamt für den Wertpapierhandel (BAWe) mitzuteilen. Sodann muss er seine Entscheidung veröffentlichen und im Anschluss daran den Vorstand der Zielgesellschaft informieren. Innerhalb von vier Wochen, mit Genehmigung des BAWe ausnahmsweise auch von acht Wochen nach der Veröffentlichung der Entscheidung zur Abgabe eines Angebotes hat der Bieter dem BAWe Angebotsunterlagen zu übermitteln, die wiederum zu veröffentlichen und dem Vorstand der Zielgesellschaft zu übersenden sind, wenn das BAWe die Veröffentlichung genehmigt. Der Vorstand unterrichtet sodann unverzüglich den Betriebsrat oder unmittelbar die Arbeitnehmer. Die Angebotsunterlagen müssen die Angaben enthalten, die notwendig sind, um in Kenntnis der Sachlage über das Angebot entscheiden zu können. Dazu gehören unter anderem Angaben

- zum Bieter und zur Zielgesellschaft
- zu den Wertpapieren, die Gegenstand des Angebots sind
- zu Art und Höhe der angebotenen Gegenleistung
- zu Bedingungen, von denen das Angebot abhängt
- zum Beginn und Ende der Angebotsfrist
- zu den Maßnahmen, die sicherstellen, dass dem Bieter die zur vollständigen Erfüllung des Angebots notwendigen Mittel zur Verfügung stehen, und zu den erwarteten Auswirkungen eines erfolgreichen Angebots auf die Vermögens-, Finanz- und Ertragslage des Bieters
- zu den Absichten des Bieters im Hinblick auf die künftige Geschäftstätigkeit der Zielgesellschaft
- zu Geldleistungen oder anderen geldwerten Vorteilen, die Vorstands- oder Aufsichtsratsmitgliedern der Zielgesellschaft gewährt oder in Aussicht gestellt werden.

Die Frist für die Annahme des Angebotes hat grundsätzlich nicht weniger als vier und nicht mehr als zehn Wochen zu betragen.

Das Angebot darf nicht unter dem Vorbehalt des Widerrufs oder des Rücktritts abgegeben werden und darf nicht von Bedingungen abhängen, deren Eintritt einzig und allein von dem Bieter abhängt (Potestativbedingung). Teilangebote, d.h. Angebote, die auf den Erwerb nur eines bestimmten Anteils oder einer bestimmten Anzahl der Wertpapiere der Zielgesellschaft gerichtet sind, sind nur dann zulässig, wenn sie kein Übernahmeangebot darstellen, d.h. wenn der Bieter nach erfolgreicher Durchführung des Angebotes weniger als 30% der Stimmrechte an der Gesellschaft hält. Ein Angebot, das sich auf die Erlangung eines größeren Stimmrechtsanteils erstreckt, muss zwingenderweise an alle Aktionäre gerichtet werden. Unzulässig ist ferner eine Aufforderung des Bieters zur Abgabe von Angeboten durch die Inhaber von Wertpapieren der Zielgesellschaft (invitatio ad offerendum).

Der Bieter kann sein Angebot bis zu einem Werktag vor Ablauf der Annahmefrist einmalig nachbessern. Wird während der Annahmefrist von einem Dritten ein konkurrierendes Angebot abgegeben, können die Aktionäre der Zielgesellschaft, die das ursprüngliche Angebot bereits angenommen haben, bis zum Ablauf der Annahmefrist zurücktreten, sofern der Vertragsschluss vor Veröffentlichung der Angebotsunterlagen des konkurrierenden Angebotes erfolgte. Der Bieter muss regelmäßig nach Veröffentlichung der Angebotsunterlagen und unverzüglich nach Ablauf der Annahmefrist mitteilen, wie viele Aktionäre der Zielgesellschaft das Angebot angenommen haben. Soweit das Angebot unter der Bedingung eines Beschlusses der Gesellschafterversammlung des Bieters steht, hat dieser den Beschluss unverzüglich herbeizuführen. Bei vom BAWe untersagten oder anderweitig gescheiterten Angeboten besteht eine Sperrfrist von einem Jahr für ein erneutes Angebot des Bieters.

Gemäß § 12 WpÜG haften diejenigen, die für die Angebotsunterlage die Verantwortung übernommen haben, sowie diejenigen, von denen der Erlass der Angebotsunterlage ausgeht, für den aus der Annahme des Angebotes entstandenen Schaden. Nicht in Anspruch genommen werden kann gemäß § 12 Abs. 2 WpÜG derjenige, der den Nachweis führt, dass er die Unrichtigkeit oder Unvollständigkeit der Angaben nicht gekannt hat und die Unkenntnis nicht auf grober Fahrlässigkeit beruht. Darüber hinaus entfällt der Anspruch nach § 12 Abs. 3 WpÜG, sofern die Angebotsannahme nicht aufgrund der Angebotsunterlage erfolgt ist, oder der das Angebot Annehmende die Unrichtigkeit oder Unvollständigkeit der in der Unterlage festgeschriebenen Angaben kannte. Nach § 12 Abs. 4 WpÜG verjährt der Schadensersatzanspruch in einem Jahr ab Kenntnis von der Unrichtigkeit oder Unvollständigkeit der Angaben, spätestens jedoch in drei Jahren ab Veröffentlichung der Angebotsunterlage.

Die soeben erörterten Regeln gelten für alle öffentlichen Angebote im Sinne des WpÜG; sie finden als allgemeine Vorschriften auch auf die Übernahmeangebote und Pflichtangebote Anwendung, für die es die nachfolgend dargestellten Spezialregelungen gibt.

(2) Übernahmeangebote (§§ 29 ff. WpÜG)

Für *Übernahmeangebote* gemäß §§ 29 ff. WpÜG gelten neben den allgemeinen Regelungen für Angebote zum Erwerb von Wertpapieren (§§ 10 – 28 WpÜG) die Spezialregelungen der §§ 29 ff. WpÜG und zwar gemäß

- § 29 WpÜG betreffend die Begriffsbestimmung
- § 30 WpÜG betreffend die Zurechnung von Stimmrechten
- § 31 WpÜG betreffend die Gegenleistung
- § 32 WpÜG betreffend die Unzulässigkeit von Teilangeboten
- § 33 WpÜG betreffend die Handlungen des Vorstandes der Zielgesellschaft.

Übernahmeangebote sind nach der Begriffsbestimmung des § 29 WpÜG Angebote, die auf den Erwerb der Kontrolle gerichtet sind. Kontrolle ist das Halten von mindestens 30 % der Stimmrechte an der Gesellschaft. Dabei werden dem Bieter Anteile Dritter zugerechnet, wie beispielsweise Anteile von Tochterunternehmen, von Treuhändern gehaltene Anteile und Anteile, für die eine Kaufoption des Bieters besteht. Im Gegensatz zu den Pflichtangeboten erfolgen Übernahmeangebote freiwillig.

Im Falle eines Übernahmeangebotes kann der Bieter die angebotene Gegenleistung nicht frei bestimmen; diese muss vielmehr angemessen sein, wobei der durchschnittliche Börsenkurs der Aktien der Zielgesellschaft und frühere Erwerbe solcher Aktien durch den Bieter zu berücksichtigen sind.

Die Gegenleistung muss in Euro oder in liquiden Aktien bestehen. Sofern der Bieter weniger als drei Monate vor Veröffentlichung seiner Angebotsabsicht mindestens fünf Prozent der Aktien der Zielgesellschaft gegen Zahlung einer Geldleistung erworben hat, darf die Gegenleistung ausschließlich in Euro bestehen. Erwirbt der Bieter nach Veröffentlichung der Angebotsunterlagen und vor Veröffentlichung der endgültigen Zahl der Aktionäre, die sein Angebot angenommen haben, Aktien der Zielgesellschaft für eine wertmäßig höhere Gegenleistung als die im Angebot genannte, muss er den Aktionären, die sein Angebot angenommen haben, den Unterschiedsbetrag nachzahlen. Das gleiche gilt für den Erwerb von Aktien außerhalb der Börse innerhalb eines Jahres nach Veröffentlichung der endgültigen Zahl der annehmenden Aktionäre.[224]

Im Einklang mit dem Londoner City Code erfolgte eine – gegenüber dem Übernahmekodex, der eine flexiblere Lösung vorsah – deutliche Absenkung der Kontrollschwelle für Übernahme- und Pflichtangebote. Die Vorschrift betreffend die Kontrollschwelle von 30 % ist jedoch insofern rechtspolitisch bedenklich, als sie dazu führt, dass größere Aktienpakete börsennotierter Gesellschaften nur noch schwer veräußerbar sein werden. Dadurch, dass sich nach § 32 WpÜG das Übernahmeangebot auf alle Aktien der Zielgesellschaft erstrecken und der Bieter somit auch Minderheitsgesellschaftern börsennotierter Zielunternehmen die Übernahme ihrer Aktien anbieten muss, kann sich die Transaktion massiv verteuern.[225] Mit dem Inkrafttreten des WpÜG dürfte es in Zukunft außerdem nur noch selten möglich sein, eine mehr als 30%-ige Beteiligung an einer börsennotierten Gesellschaft zu erwerben und zugleich deren Börsennotierung aufrecht zu erhalten. Der in einem solchen Fall bestehende Zwang zur Durchführung eines auf alle Aktien gerichteten Übernahmeangebotes führt nämlich in der Regel zu einer derart starken Reduzierung des Freefloats, dass ein Delisting erforderlich sein kann.[226]

---

224 Eingehend dazu unten B. IV. c).
225 Vgl. Liebscher, »«Das Übernahmeverfahren nach dem neuen Übernahmegesetz«, ZIP 2001, 853, 866; Land/Hasselbach, »Das neue deutsche Übernahmegesetz« DB 2000, 1747, 1751.
226 Vgl. Land/Hasselbach, aaO. S. 1751; Pluskat, »Das Scheitern der europäischen Übernahmerichtlinie«, WM 2000, 1937, 1940 f.

(3) Pflichtangebote (§§ 35 ff. WpÜG)

Für *Pflichtangebote* gemäß §§ 35 ff. WpüG gelten neben den allgemeinen Regelungen für Angebote zum Erwerb von Wertpapieren (§§ 10 – 28 WpÜG) auch die vorstehend genannten und erläuterten Vorschriften für Übernahmeangebote (§§ 29 – 34 WpÜG). Als Spezialregelungen für Pflichtangebote enthalten die §§ 35 – 39 WpÜG darüber hinaus weitere Bestimmungen, und zwar gemäß

- § 35 WpÜG betreffend die Verpflichtung zur Veröffentlichung und zur Abgabe eines Angebotes
- § 36 WpÜG betreffend die Nichtberücksichtigung von Stimmrechten
- § 37 WpÜG betreffend die Befreiung von der Verpflichtung zur Veröffentlichung und zur Abgabe eines Angebotes
- § 38 WpÜG betreffend Anspruch auf Zinsen.

Zur Veröffentlichung und zur Abgabe eines Pflichtangebotes, das sich an alle Aktionäre der Gesellschaft zu richten hat, ist gemäß § 35 WpÜG derjenige verpflichtet, der auf andere Weise als durch ein öffentliches Übernahmeangebot im Sinne der §§ 29 ff. WpÜG unmittelbar oder mittelbar die Kontrolle über eine Zielgesellschaft erlangt hat, d.h. mindestens 30 % der Stimmrechte an der Zielgesellschaft hält. Erfasst wird durch diese Regelung damit auch das so genannte »Anschleichen«, d.h. das sukzessive Aufkaufen einer Beteiligung am Kapitalmarkt.

Gemäß § 36 WpÜG lässt das BAWe auf schriftlichen Antrag zu, dass Stimmrechte aus Aktien der Zielgesellschaft bei der Ermittlung des Stimmrechtsanteils nicht berücksichtigt werden, wenn die Aktien erlangt wurden durch

- Erbgang, Erbauseinandersetzung oder unentgeltliche Zuwendung unter Ehegatten, Lebenspartnern oder nahe stehenden Verwandten oder durch Vermögensauseinandersetzung aus Anlass der Auflösung einer Ehe oder Lebenspartnerschaft.
- Rechtsformwechsel oder
- Umstrukturierung innerhalb eines Konzerns.

Dabei trifft das BAWe keine Ermessensentscheidung; vielmehr ist es bei Vorliegen der genannten Voraussetzungen verpflichtet, dem Antrag zu entsprechen.[227]

Darüber hinaus kann das BAWe gemäß § 37 WpÜG auf schriftlichen Antrag des Bieters diesen von den Verpflichtungen nach § 35 Abs. 1 Satz 1 und Abs. 2 Satz 1 WpÜG befreien, sofern dies unter Berücksichtigung der Interessen des Antragstellers und der Inhaber der Aktien der Zielgesellschaft gerechtfertigt erscheint im Hinblick auf

- die Art der Kontrollerlangung
- die mit der Kontrollerlangung beabsichtigte Zielsetzung
- ein nach Kontrollerlangung erfolgtes Unterschreiten der Kontrollschwelle

---

[227] Zinser, Gesetz zur Regelung von öffentlichen Angeboten zum Erwerb von Wertpapieren, WM 2002, 15, 20.

- die Beteiligungsverhältnisse an der Zielgesellschaft oder
- die tatsächliche Möglichkeit der Ausübung der Kontrolle.

cc) Pflichten der Zielgesellschaft und ihrer Organe

Vorstand und Aufsichtsrat der Zielgesellschaft haben nunmehr im Rahmen eines öffentlichen Angebotes im Sinne des WpÜG ausdrücklich normierte Pflichten. Zum einen müssen sie unverzüglich nach Übermittlung der Angebotsunterlagen eine begründete Stellungnahme zu dem Angebot veröffentlichen und dem Betriebsrat oder den Arbeitnehmern übermitteln. Diese Stellungnahme muss insbesondere auf folgende Punkte eingehen:

- die Art und Höhe der angebotenen Gegenleistung
- die voraussichtlichen Folgen eines erfolgreichen Angebotes für die Zielgesellschaft, die Arbeitnehmer und ihre Vertretungen, die Beschäftigungsbedingungen und die Standorte der Zielgesellschaft
- die vom Bieter mit dem Angebot verfolgten Ziele
- die Absicht der Mitglieder des Vorstandes und des Aufsichtsrates, soweit sie Inhaber von Wertpapieren der Zielgesellschaft sind, das Angebot anzunehmen.

Dadurch soll den Aktionären die Entscheidungsfindung im Hinblick auf das Angebot erleichtert werden. Neben dieser für alle Angebote bestehenden Pflicht normieren die §§ 33, 39 WpÜG für Übernahme- und Pflichtangebote, dass der Vorstand keine Handlungen vornehmen darf, durch die der Erfolg des Angebotes verhindert werden könnte. Damit wird die grundsätzliche Neutralitätspflicht des Vorstandes im Hinblick auf Übernahme- und Pflichtangebote festgeschrieben, da es nicht Aufgabe des Vorstandes ist, darüber zu entscheiden, wer die Anteile der Gesellschaft hält.

Das Verbot gilt allerdings nicht für Handlungen, die auch ein ordentlicher und gewissenhafter Geschäftsleiter einer Gesellschaft, die nicht von einer Übernahme betroffen ist, vorgenommen hätte, und für die Suche nach einem konkurrierenden Bieter (»White Knight«). Nach dem Scheitern der europäischen Übernahmerichtlinie wurde in § 33 Abs. 1 WpÜG außerdem die an den Vorstand gerichtete Ermächtigung eingefügt, mit Zustimmung des Aufsichtsrates Handlungen vorzunehmen, die in den Zuständigkeitsbereich des Vorstandes fallen, ohne vorher einen Hauptversammlungsbeschluss zu der Maßnahme herbeizuführen. Soweit eine Abwehrmaßnahme jedoch in den Kompetenzbereich der Hauptversammlung fällt, bedarf deren Umsetzung während des Angebotsverfahrens einer vorherigen Genehmigung durch die Hauptversammlung. Diese Genehmigung kann im Voraus in Form eines »Vorratsbeschlusses« für höchstens 18 Monate erteilt werden. Dabei genügt es, dass die zu genehmigende Abwehrmaßnahme der Art nach bestimmt ist.

Die Neutralitätspflicht des Vorstandes hat somit während des Gesetzgebungsverfahrens in Deutschland einige Aufweichungen erfahren. Insgesamt haben deutsche Vorstände bei der Abwehr von feindlichen Übernahmen damit zwar mehr Spielraum als z.B. englische Vorstände, aber wegen des Erfordernisses eines ermächtigenden Hauptversammlungs- bzw. Aufsichtsratsbeschlusses weniger Handlungsfreiheit als USamerikanische Vorstände, die grundsätzlich nicht zur Neutralität verpflichtet sind.[228]

dd) Die Aufsicht bei Angeboten nach dem WpÜG durch das Bundesaufsichtsamt für den Wertpapierhandel

Das bereits erwähnte Bundesaufsichtsamt für den Wertpapierhandel (BAWe) übt gemäß § 4 WpÜG die Aufsicht bei Angeboten aus, dem schon durch das Wertpapierhandelsgesetz und das Wertpapier-Verkaufsprospektgesetz zahlreiche Kompetenzen übertragen wurden. Das BAWe nähert sich somit von seinem Erscheinungsbild als zentrale Aufsichtsbehörde auf dem Gebiet des Wertpapierhandels mit umfassenden Befugnissen der Securities Exchange Commission (SEC) in den USA oder der Commission des Operations Boursière (COB) in Frankreich an.

Unmittelbare Folge der Übernahmeschlacht Mannesmann/Vodafone dürfte die Einführung des § 28 WpÜG sein, durch den das BAWe ermächtigt wird, zur Beseitigung von Misständen im Zusammenhang mit Angeboten zum Erwerb von Wertpapieren bestimmte Arten der Werbung zu untersagen. Gemäß § 60 WpÜG bestehen Rechte aus den dem Bieter gehörenden Aktien der Zielgesellschaft nicht, solange die sich aus § 35 Abs. 1 und 2 WpÜG ergebenden Pflichten zur Abgabe eines Pflichtangebotes nicht erfüllt werden. § 61 WpÜG enthält außerdem einen umfassenden Bußgeldkatalog.

d) Squeeze-out von Minderheitsaktionären

Gleichzeitig mit dem WpÜG sind die Regelungen zum Squeeze-out von Minderheitsaktionären gemäß §§ 327a – 327f AktG in Kraft getreten. Sie geben einem Aktionär, der mindestens 95 % der Aktien der Gesellschaft hält (Hauptaktionär), die Möglichkeit, durch einen entsprechenden Hauptversammlungsbeschluss die Übertragung der Aktien der übrigen Aktionäre auf ihn gegen Gewährung einer angemessenen Barabfindung zu beschließen. Auf diese Weise kann beispielsweise veranlasst werden, dass Aktien, die nicht durch ein öffentliches Übernahmeangebot eingesammelt werden konnten, auf den Übernehmer des Unternehmens übergehen. Allerdings ist die Anwendung der Squeeze-out-Regelungen weder auf börsennotierte Gesellschaften beschränkt, noch wird vorausgesetzt, dass die Mehrheitsbeteiligung aufgrund eines Übernahmeangebotes erworben wurde. Vielmehr sind die neuen Regelungen unabhängig davon anwendbar, auf welche Weise der Hauptaktionär seine Mehrheitsbeteiligung erworben hat.[229]

---

228 Vgl. Land, »Das neue deutsche Wertpapiererwerbs- und Übernahmegesetz«, DB 2001, 1707, 1712 mit Hinweisen zur amerikanischen Rechtsprechung.
229 Ausführlich Krieger, Squeeze-Out nach neuem Recht: Überblick und Zweifelsfragen, BB 2002, 53, 55.

Zur Absicherung der Verpflichtung zur Zahlung der Barabfindung hat der Hauptaktionär gemäß § 327b Abs. 3 AktG dem Vorstand der Gesellschaft von der Einberufung der Hauptversammlung an eine Bankgarantie eines in Deutschland ansässigen Kreditinstituts zu übermitteln.

Mit der Eintragung des Übertragungsbeschlusses in das Handelsregister gehen gemäß § 327e Abs. 3 AktG kraft Gesetzes alle Aktien der Minderheitsaktionäre auf den Hauptaktionär über. Eine Anfechtung des Übertragungsbeschlusses wegen einer (angeblich) nicht angemessenen Barabfindung ist gemäß § 327f AktG ausgeschlossen.[230] Beanstandungen gegen die Barabfindung können Minderheitsaktionäre nur im Spruchverfahren geltend machen, in dem das angerufene Gericht die angemessene Barabfindung festsetzen kann. Die Minderheitsaktionäre können also den Aktienübergang auf den Hauptaktionär nicht blockieren oder verzögern.

aa) Übersicht über den Ablauf des Squeeze-out

Unter Berücksichtigung der vorbereitenden Maßnahmen gliedert sich das Squeeze-out in die folgenden Schritte:

(1) Ermittlung der angemessenen Barabfindung auf der Grundlage einer – in der Regel von einem Wirtschaftsprüfer erstellten – Unternehmensbewertung (§ 327b AktG), wobei die in § 327a geforderte Angemessenheit nach einem Urteil des Bundesverfassungsgerichtes impliziert, dass die Abfindung den Verkehrswert der Aktien, der üblicherweise mit dem Börsenwert gleichgesetzt wird, nicht unterschreiten darf.[231]
(2) Beschaffung der Bankgarantie eines Kreditinstituts mit Sitz in der Bundesrepublik Deutschland zur Absicherung der Zahlungsverpflichtung hinsichtlich der Barabfindung (§ 327b Abs. 3 AktG).
(3) Schriftlicher Bericht des Hauptaktionärs (nicht des Vorstands der Gesellschaft) an die Hauptversammlung, in dem die Voraussetzungen für die Übertragung der Aktien dargelegt und die Angemessenheit der Barabfindung erläutert und begründet werden und in dem die Bankgarantie erläutert wird (§ 327c Abs. 2 AktG).
(4) Bestellung eines Prüfers für die Barabfindung auf Antrag des Hauptaktionärs durch das zuständige Gericht (Bestellung also nicht durch den Vorstand der Gesellschaft, § 327c Abs. 2 AktG).
(5) Prüfung der Angemessenheit der Barabfindung und Erstattung eines Prüfungsberichts durch den Prüfer.
(6) Einberufung der Hauptversammlung mit der Maßgabe, dass als Gegenstand der Tagesordnung auch Firma und Sitz des Hauptaktionärs sowie die Barabfindung anzugeben sind (§ 327c Abs. 1 AktG).
(7) Von der Einberufung der Hauptversammlung an Auslegung der folgenden Unterlagen in den Geschäftsräumen der Gesellschaft zur Einsicht der Aktionäre (§ 327c Abs. 3 AktG):

---

230 Zu ansonsten möglichen Anfechtungsgründen vgl. Krieger, Squeeze-Out nach neuem Recht: Überblick und Zweifelsfragen, BB 2002, 53, 60.
231 BVerfG, 1 BvR 1613/94 vom 27.4.1999, Absatz-Nr. 68 f.

- Entwurf des Übertragungsbeschlusses
- Jahresabschlüsse und Lageberichte (der Gesellschaft, nicht des Hauptaktionärs) für die letzten drei Geschäftsjahre
- Bericht des Hauptaktionärs
- Prüfungsbericht.

Auf Verlangen ist jedem Aktionär unverzüglich und kostenlos eine Abschrift der vorgenannten Unterlagen zu erteilen.
(8) Durchführung der Hauptversammlung, die den Übertragungsbeschluss fassen soll, mit
- Auslegung der in der vorstehenden Ziffer genannten Unterlagen
- Erläuterung des Entwurfes des Übertragungsbeschlusses und der Bemessung der Höhe der Barabfindung durch den Hauptaktionär.

Das Gesetz enthält keine Angabe zur Beschlussmehrheit, also ist davon auszugehen, dass die Mehrheit von 95 % ausreicht (also Stimmen des Hauptaktionärs).
(9) Anmeldung des Übertragungsbeschlusses zur Eintragung in das Handelsregister.
(10) Eintragung des Übertragsbeschlusses in das Handelsregister mit der Folge des Übergangs der Aktien der Minderheitsaktionäre auf den Hauptaktionär gemäß § 327e Abs. 3 AktG (der Übergang der Aktien ist nicht von der Zahlung der Barabfindung an den jeweiligen Minderheitsaktionär abhängig).
(11) Zahlung der Barabfindung an die Minderheitsaktionäre, die mit Eintragung fällig wird.
(12) Gegebenenfalls auf Antrag eines Minderheitsaktionärs Durchführung eines Spruchverfahrens über die Angemessenheit der Barabfindung (§ 327f AktG).

bb) Zeitrahmen für die Durchführung eines Squeeze-out

Der Schwerpunkt der Vorbereitungsmaßnahmen für ein Squeeze-out liegt bei der Ermittlung der Barabfindung. Sofern durch in der jüngeren Vergangenheit durchgeführte Umstrukturierungsmaßnahmen insoweit Vorarbeiten geleistet worden sind, kann es möglich sein, eine aktualisierte Unternehmensbewertung innerhalb von 4–6 Wochen zu erstellen.

Parallel hierzu kann die gerichtliche Bestellung des Prüfers der Barabfindung erfolgen. Dabei bietet es sich an, dem Gericht denjenigen Prüfer zur Bestellung vorzuschlagen, der auch bei den zurückliegenden Umstrukturierungsmaßnahmen als Prüfer tätig geworden ist. Allerdings kann nicht mit Sicherheit davon ausgegangen werden, dass das Gericht diesen Vorschlag aufgreift. Für die Prüfung der Barabfindung sollte daher vorsorglich ein weiterer Zeitraum von 4–6 Wochen einkalkuliert werden.

Sobald die Barabfindung bestimmt ist, kann die Hauptversammlung zur Fassung des Übertragungsbeschlusses einberufen werden. Unter Berücksichtigung der insoweit einzuhaltenden Fristen sind bis zum Termin der Versammlung erneut 5–6 Wochen einzuplanen.

An die Hauptversammlung schließt sich das Verfahren der Handelsregistereintragung des Übertragungsbeschlusses an, für das – unter Berücksichtigung des Ablaufes der Anfechtungsfrist von einem Monat – weitere acht Wochen einkalkuliert werden sollten.

Zusammenfassend kann daher damit gerechnet werden, dass unter günstigen Voraussetzungen ein Squeeze-out durchaus innerhalb eines Zeitraums von einem halben Jahr durchgeführt werden kann.

e) Techniken und Abwehr der feindlichen Übernahme

Nachfolgend seien die Techniken und die Abwehr der feindlichen Übernahme kurz dargestellt.

aa) Techniken der feindlichen Übernahme

Für den Angreifer bestehen verschiedene Möglichkeiten, eine feindliche Übernahme zu gestalten. Die beiden potenziell am meisten Erfolg versprechenden Formen sind wohl die sog. Tender Offer und das sog. Dawn Raid.

Bei der Tender Offer handelt es sich um öffentliche Übernahmeangebote an die Aktionäre der Zielgesellschaft. Hierbei handelt es sich um die seit dem 01.01.2002 im Hinblick auf börsennotierte Unternehmen durch das WpÜG geregelten öffentlichen Übernahmeangebote.

Beim Dawn Raid versucht der Angreifer im Gegensatz zur Tender Offer, heimlich die Kontrolle über die Zielgesellschaft zu übernehmen, indem er durch den Erwerb größerer Aktienpakete die Mehrheitsverhältnisse zu seinen Gunsten ändert. In Deutschland wird dieses Vorgehen bei börsennotierten Unternehmen durch § 21 WpHG behindert, weil bei Überschreiten der Stimmrechte von 5%, 10%, 25%, 50% und 75% dem Bundesaufsichtsamt sowie der Zielgesellschaft das Überschreiten der jeweiligen Schwelle innerhalb von sieben Tagen mitzuteilen ist. Durch diese Mitteilung steigen aber im Regelfall die Aktienkurse, wodurch die Übernahme erschwert wird. Um dies zu vermeiden, müssten daher in Deutschland – unter Umgehung der Börse – Aktienpakete von großen Finanzinvestoren gleichzeitig erworben werden. Ein Dawn Raid kann in Deutschland bei börsennotierten Gesellschaften seit dem Inkrafttreten des WpÜG zusätzlich dadurch erschwert werden, dass für den Bieter gemäß § 31 Abs. 3 Nr. 1 WpÜG eine Pflicht zur Abgabe eines Barangebotes besteht, wenn er in den drei Monaten vor Veröffentlichung der Angebotsunterlagen mindestens fünf Prozent der Aktien oder Stimmrechte an der Zielgesellschaft gegen Zahlung einer Geldleistung erworben hat. In diesem Fall hat sich das Barangebot außerdem gemäß § 4 der Ausführungsverordnung zum WpÜG (AusfVO) an den im Vorfeld gezahlten Preisen zu orientieren. Der Dawn Raid wird durch die Berücksichtigung früherer Aktienerwerbe aber nur erschwert, wenn der Aktienkurs der Zielgesellschaft in der Zwischenzeit gesunken ist, was bei Bekanntwerden der Übernahmeabsicht in der Regel nicht der Fall ist.[232]

---

[232] Vgl. Oechsler, »Der RegE zum Wertpapiererwerbs- und Übernahmegesetz – Regelungsbedarf auf der Zielgeraden« NZG 2001, 817, 825.

bb) Abwehr von feindlichen Übernahmen

Die grundsätzliche Neutralitätspflicht des Vorstandes des Zielunternehmens während der Angebotsfrist im Sinne des § 33 WpÜG bedeutet nicht, dass der Vorstand keinerlei Abwehrmaßnahmen entwickeln könnte. Vor allem im präventiven Bereich bestehen zahlreiche Möglichkeiten zur Abwehr eines feindlichen Übernahmeversuches.

(1) Das duale System von Vorstand und Aufsichtsrat/ Two tier board

Einen natürlichen Schutzwall gegen feindliche Übernahmen bildet in Deutschland das duale System von Vorstand und Aufsichtsrat.

Um die tatsächliche Kontrolle über das Unternehmen zu erlangen, muss der Angreifer die Mitglieder des Vorstandes bestimmen, die jedoch vom Aufsichtsrat ernannt werden. Gemäß § 103 AktG ist die Abwahl eines Aufsichtsratsmitglieds aber nur mit einer 3/4-Mehrheit der Hauptversammlung möglich. Der Vorstand kann vor Ablauf seiner Amtszeit nur bei Vorliegen eines wichtigen Grundes vom Aufsichtsrat abberufen werden. Dies führt im Zusammmenhang mit der üblichen fünfjährigen Amtszeit eines Aufsichtsrats- oder Vorstands-Mitgliedes dazu, dass ein Angreifer auch beim Erwerb der qualifizierten Mehrheit unter Umständen mehrere Jahre benötigt, bis er die Kontrolle über das operative Geschäft der Zielgesellschaft erlangt.

(2) Poison pill

Die Poison Pill (»Gift Pille«) ist in vielfacher Gestaltung denkbar.

Die am meisten in den USA verbreitete Variante sind Optionen, die es den Aktionären der Zielgesellschaft ermöglichen, bei einem Übernahmeversuch Aktien weit unter Marktpreis zu erwerben. In Deutschland kommt vor allem eine Kapitalerhöhung unter Ausschluss des Bezugsrechts der Aktionäre im Rahmen des genehmigten Kapitals zum Zwecke der Ausgabe neuer Aktien – etwa an ein befreundetes Unternehmen oder einen sog. White Knight (»Weißen Ritter«) – in Betracht. Zu beachten ist jedoch, dass eine solche Maßnahme gemäß § 33 Abs. 1 und 2 WpÜG der Mitwirkung der Hauptversammlung der Zielgesellschaft in Form eines »Vorratsbeschlusses« oder aber eines Hauptversammlungsbeschlusses einer eigens für die Abwehr einberufenen Hauptversammlung bedarf.[233] Andere in den USA gängige Varianten der »Poison Pill« wie z.B. »Flip-in«, »Flip-over« oder »Back-end« Regelungen sind in Deutschland unter anderem wegen des im deutschen Aktienrecht verwurzelten Gleichbehandlungsgrundsatzes unzulässig.[234]

---

233 Vgl. Vater, »Die Abwehr feindlicher Übernahmen«, M&A-Review 2002, 9, 14
234 Vgl. eingehend zu diesen Varianten der »Poison Pill«: Vater, »Die Abwehr feindlicher Übernahmen«, M&A-Review 2002, 9, 16.

(3) White Knight

§ 33 Abs. 1 WpÜG lässt ausdrücklich die aktive Suche nach einem Weißen Ritter (»White Knight«), der der Zielgesellschaft zu Hilfe kommt, ohne vorherige Ermächtigung durch die Hauptversammlung der Zielgesellschaft zu. Ist ein White Knight gefunden, so kann ihm die Übernahme durch Ausgabe neuer Aktien auf der Grundlage zuvor genehmigten Kapitals erleichtert werden. Zugleich wird es für den Angreifer durch die Ausgabe der neuen Aktien an einen Dritten schwieriger, die Kontrolle über das Unternehmen zu erwerben, weil er nun mehr Aktien als zuvor erwerben muss. Erfolgt die Ausgabe der Aktien an den »White Knight« unter Ausschluss des Bezugsrechts, wird außerdem der Anteil des Angreifers an dem Übernahmeobjekt verwässert. Wie bereits erwähnt bedürfen über die Suche nach einem konkurrierenden Angebot hinausgehende Maßnahmen jedoch der Mitwirkung der Hauptversammlung der Zielgesellschaft.[235] Die Suche nach einem »White Knight« dürfte in der Regel die ultima ratio sein, wenn bereits feststeht, dass eine Übernahme mit anderen Mitteln nicht mehr abgewehrt werden kann. Dann geht es grundsätzlich nur noch darum, die Übernahme so angenehm wie möglich zu gestalten.[236]

(4) Ausgabe von Namensaktien

Durch die Ausgabe von Namensaktien statt Inhaberaktien (siehe § 10 AktG) kann sich der Vorstand einen besseren Überblick über die Aktionärsstruktur verschaffen und auf diese Weise mögliche Übernahmeversuche schon im Vorfeld erkennen und Gegenmaßnahmen einleiten. Werden die Namensaktien als vinkulierte Namensaktien ausgegeben, bedarf es zudem für den Verkauf von Aktien grundsätzlich der Zustimmung des Vorstandes (§ 68 Abs. 2 AktG).

(5) Rückkauf eigener Aktien

Der Rückkauf eigener Aktien führt zu einer Preissteigerung der Aktien und erschwert auf diese Weise die Übernahme des Unternehmens. In Deutschland dürfte dieses Mittel allerdings zur Abwehr einer feindlichen Übernahme wenig erfolgversprechend sein, weil nach § 71 Abs. 2 AktG nur bis zu 10% des Grundkapitals erworben werden dürfen und außerdem ein Hauptversammlungsbeschluss erforderlich ist. Dieser kann jedoch gemäß § 33 Abs. 2 WpÜG in Form eines »Vorratsbeschlusses« gefasst werden.[237]

(6) Zukauf von Unternehmen

Kurzfristige Zukäufe von anderen Unternehmen oder sonstigen Aktiva durch die Zielgesellschaft können eine Übernahme in mehrfacher Hinsicht erschweren. Zum einen

---

235 Vgl. oben B.IV.4.d) bb).
236 Vgl. Vater, »Die Abwehr feindlicher Übernahmen«, M&A-Review 2002, 9, 14.
237 Vgl. Vater, »Die Abwehr feindlicher Übernahmen«, M&A-Review 2002, 9, 11.

können als Folge des Zukaufs kartellrechtliche Bedenken gegen die Übernahme verstärkt werden. Zum anderen kann ein Unternehmen mit hoher Liquidität die eigene Liquidität verringern; dadurch werden insbesondere solche Unternehmen für einen Angreifer weniger interessant, deren Liquidität ursprünglich zur Finanzierung der Übernahme eingeplant war. Schließlich kann die Zielgesellschaft versuchen, Aktiva zu erwerben, die für den Angreifer wenig attraktiv sind. Auch bei diesen Maßnahmen wird jedoch in der Regel die Mitwirkung der Hauptversammlung bzw. des Aufsichtsrats der Zielgesellschaft erforderlich sein, § 33 Abs. 1, 2 WpÜG.

(7) Crown Jewels

Eine besonders risikoreiche Verteidigungsmaßnahme ist der Verkauf eines oder mehrerer der rentabelsten Unternehmensbereiche, auf die es der Angreifer möglicherweise besonders abgesehen hat. Als außerordentlich nachteilig kann sich hierbei auswirken, dass unter Umständen die Überlebensfähigkeit des Unternehmens gefährdet wird. Es ist daher ratsam, die Unternehmensbereiche an ein befreundetes Unternehmen zu veräußern und gleichzeitig eine Rückkaufoption für den Fall der erfolgreichen Abwehr des Übernahmeversuchs zu vereinbaren.[238] Bereits vor Inkrafttreten des WpÜG war für die Veräußerung von »Crown Jewels« im Einzelfall nach den Grundsätzen der Holzmüller-Entscheidung[239] die Zustimmung der Hauptversammlung erforderlich. Diese Mitwirkungspflicht der Hauptversammlung ist nun im Hinblick auf Übernahmeangebote in § 33 Abs. 1 und 2 WpÜG normiert.

(8) Pac Man

Beim Pac Man versucht die Zielgesellschaft, den Angreifer ihrerseits zu übernehmen. Zulässig ist dies allerdings nur, wenn der Anteil des Angreifers an der Zielgesellschaft nicht über 25% liegt, weil andernfalls § 328 AktG (Wechselseitig beteiligte Unternehmen/Beschränkung der Rechte) die Ausübung der zur Übernahme notwendigen Rechte untersagt.

(9) Golden Shares and Golden Parachutes

Golden Shares sind Vorzugsaktien des Staates, mit denen mehr oder weniger konkret definierte Eingriffsbefugnisse des Staates in den Bereich der Unternehmensführung und -beteiligung verbunden sind, um dem Staat Einfluss auf die Aktionärsstruktur und strategische Unternehmensentscheidungen zu sichern. Typischerweise sind »goldene Aktien« als Vetorechte, Zustimmungsvorbehalte oder Organbesetzungsrechte ausgestaltet. Diese Rechte können beispielsweise in der Weise ausgestaltet sein, dass vor wichtigen gesellschaftsrechtlichen Beschlüssen (Auflösung, Spaltung, Änderung

---

238 Vgl. Vater, »Die Abwehr feindlicher Übernahmen«, M&A-Review 2002, 9, 11.
239 BGHZ 83, 122 ff.

des Gesellschaftszwecks, Veräußerung von Vermögensgegenständen oder Kapitalanteilen) eine staatliche Genehmigung eingeholt werden muss.

Nach Art. 56 I EG sind alle Beschränkungen des Kapitalverkehrs zwischen den Mitgliedstaaten seit dem 1.01.1994 verboten. In drei Entscheidungen vom Juni 2002 sowie in zwei Entscheidungen vom Mai 2003 hat die Rechtsprechung des EuGH zur Kapitalverkehrsfreiheit ihren vorläufigen Höhepunkt gefunden. Die Entscheidungen betreffen die Abschaffung der sog. Golden Shares und lassen in bestimmten Bereichen für potenzielle Übernehmer goldene Zeiten anbrechen.

Im Fall Elf-Aquitaine war zugunsten des französischen Staates mit den Anteilen an Elf-Aquitaine ein Genehmigungsvorbehalt verknüpft, sofern der Anteil eines privaten Investors einen bestimmten Schwellenwert überschreiten sollte; zugleich wurde ihm ein Widerspruchsrecht eingeräumt, falls Elf-Aquitaine ihre Mehrheitsbeteiligung an einigen Tochtergesellschaften veräußern würde.

Der EuGH hat entschieden, dass es gerechtfertigt sein kann, wenn die Mitgliedstaaten einen gewissen Einfluss auf ursprünglich öffentliche und später privatisierte Unternehmen behalten, die Dienstleistungen von allgemeinem Interesse oder von strategischer Bedeutung erbringen. Sofern diese Beschränkungen unterschiedslos sowohl auf Inländer als auch auf Gemeinschaftsbürger anwendbar seien, können sie durch zwingende Gründe des Allgemeininteresses gerechtfertigt sein. Dies setzt voraus, dass die Beschränkungen dem Grundsatz der Verhältnismäßigkeit (Übermaßverbot) entsprechen, d.h. nicht über das zur Erreichung des mit ihnen verfolgten Zieles erforderliche Maß hinausgehen.

Regelmäßig wird die Gewährung von Golden Shares damit begründet, dass auch in Krisenzeiten das Fortbestehen des Unternehmens gewährleistet bleiben muss. Ebenso können goldene Aktien aber auch als Mittel zur Abwehr feindlicher Übernahmen dienen, indem die Attraktivität einer Übernahme eines mit Golden Shares ausgestatteten Unternehmens im Vergleich zu einem Unternehmen, bei dem keine derartigen Vorzugsaktien gewährt werden, vermindert wird.

Die Entscheidungen des Europäischen Gerichtshofes können zu einer gewissen Belebung des M&A-Marktes hinsichtlich solcher Unternehmen führen, die mit Golden Shares ausgestattet sind. Denn sicherlich wird ein Großteil der betroffenen europäischen Unternehmen den Anforderungen des EuGH nicht gerecht und wird daher in naher Zukunft die Golden Shares abschaffen oder zumindest anpassen müssen.

In Deutschland haben die Entscheidungen des EuGH vor allem der Diskussion über die Zulässigkeit des deutschen VW-Gesetzes Auftrieb gegeben, welches die führende Stellung des Bundeslandes Niedersachsen als Aktionär der Volkswagen AG gefestigt und damit der Volkswagen AG zugleich einen gewissen Schutz vor Übernahmen bietet. Am 19.03.2003 hat die Kommission gegen die Bundesrepublik Deutschland ein Vertragsverletzungsverfahren wegen der Regelungen des VW-Gesetzes zu den Entsenderechten, Höchststimmrechten, Verschärfungen von Sperrminderheiten und Vertretungsbeschränkungen eingeleitet.

Angesichts der bisherigen Entscheidungen des EuGH besteht erheblicher Grund zu der Annahme, dass der EuGH auch in diesem Falle eine unzulässige Beschränkung des Kapitalverkehrs annehmen wird. Dies hätte zur Folge, dass mit entsprechenden Aktionärsklagen gerechnet werden müsste und das VW-Gesetz aufzuheben wäre. Im Ergebnis würde all dies dazu führen, dass die bereits während der Zeit des ehemaligen Vorstandsvorsitzenden Piech unter der Überschrift »Fordwagen« geführte Diskussion über die Übernahme der Volkswagen AG wieder aufflammen würde.

Der aktuelle Streit um das VW-Gesetz geht dahin, dass die Europäische Kommission keinen Grund sieht, noch einmal über das VW-Gesetz zu verhandeln. Die Sache müsse vielmehr vom Europäischen Gerichtshof entschieden werden. Im Jahr 2004 hatte die Europäische Kommission Klage gegen das Gesetz eingereicht. Sie hatte ihre Klage damit begründet, dass das VW-Gesetz die Freiheit des Kapitalverkehrs in der EU beschränke, indem es eine feindliche Übernahme des Volkswagen-Konzerns gegen den Willen Niedersachsens mit Hilfe von Sperrminoritäten und Stimmrechtsbegrenzungen verhindere.

Auch europaweit kann die Rechtsprechung des EuGH besonders in denjenigen Staaten zu einer Welle von Fusionen und Übernahmen führen, in denen Golden Shares verbreitet sind. Dies betrifft vor allem solche Gesellschaften, die in Bereichen der Daseinfürsorge tätig sind, wie z.B. Flughafenbetreiber, Versorgungsunternehmen oder Telefongesellschaften.

Durch die Vereinbarung eines so genannten »Golden Parachute« (»Goldener Fallschirm«), mit dem Mitgliedern des Managements für den Fall des Ausscheidens aus dem Unternehmen hohe finanzielle Vorteile zugesichert werden, soll eine Übernahme dadurch erschwert werden, dass der nötige Austausch des Managements mit unangemessen hohen Folgekosten verbunden ist. In Deutschland ist das Instrument des »Golden Parachute« nur begrenzt einsetzbar, da die Vergütung der Vorstandsmitglieder gemäß § 87 Abs. 1 S. 1 AktG zu den Aufgaben des Vorstandsmitgliedes und zur Lage der Gesellschaft in einem angemessenen Verhältnis zur Leistung stehen muss; entsprechendes gilt gemäß § 113 Abs. 1 S. 3 AktG für die Aufsichtsratsmitglieder.

(10) Werbekampagnen

Der Vorstand einer Zielgesellschaft kann Werbekampagnen gegen eine geplante Übernahme führen, mit denen er versucht, die Aktionäre von der Annahme des Angebotes abzubringen. Die Übernahmeschlacht Vodafone/Mannesmann bietet hierfür ein eindrucksvolles Beispiel. Solche Werbekampagnen sind auch nach der Einführung des WpÜG weiterhin gemäß § 28 Abs. 1 WpÜG grundsätzlich zulässig. Allerdings kann das BAWe bestimmte Arten der Werbung untersagen, um Missstände zu beseitigen. Voraussetzung für die Zulässigkeit von Werbekampagnen ist allerdings, dass sich ihr Aufwand in einem akzeptablen Rahmen hält und dass sie auf einer sachlichen Ebene geführt werden.[240]

---

240 Vgl. Vater, »Die Abwehr feindlicher Übernahmen«, M&A-Review 2002, 9, 10.

5. Unternehmenszusammenschlüsse

Das Gesellschaftsrecht geht vom Begriff des Unternehmens als einer auf Dauer angelegten und in der Regel gewinnstrebenden wirtschaftlichen Organisation aus. Bei der Vorbereitung und Durchführung von Mergers & Acquisitions sowie beim Zusammenschluss von (zusammengeführten) Unternehmenseinheiten geht es gesellschaftsrechtlich vor allem darum, einerseits das bestehende ordnungspolitische Umfeld (Rechtsformfragen) und andererseits den Interessenausgleich der Gesellschafter (interne Regelungen unter den Gesellschaftern) im Rahmen der wirtschaftlichen Zielsetzung optimal zu gestalten, anzupassen oder zu begleiten. Die gesellschaftsrechtlichen Maßnahmen berühren dabei vornehmlich Fragen

- der Aufnahme neuer Gesellschafter,
- des Gesellschafterwechsels,
- der Veränderung des Kapitals bei Kapitalgesellschaften
  (die ebenfalls zur Aufnahme neuer Gesellschafter führen kann),
- der Gründung von Personen- und Kapitalgesellschaften,
- alle Formen der Umwandlung, und zwar durch
  – Verschmelzung
  – Spaltung
  – Vermögensübertragung
  – Formwechsel.

Mergers & Acquisitions wurden früher in Deutschland – im Gegensatz zu weiten Teilen des Auslandes – erheblich dadurch behindert, dass der Gesetzgeber die Möglichkeiten, Unternehmen vor, bei oder nach Transaktionen umzustrukturieren, nur unzulänglich, unübersichtlich und unvollständig geregelt hatte.

Seit dem 01. Januar 1995 sind die früher bestehenden gesetzlichen Möglichkeiten zur Umwandlung von Unternehmen durch Vermögensübertragung im Wege der Rechtsnachfolge oder durch Wechsel der Rechtsform herausgelöst, für gleichgelagerte Sachverhalte einander angeglichen und für alle betroffenen Rechtsformen der Unternehmen in dem Gesetz zur Bereinigung des Umwandlungsrechtes (UmwBerG) zusammengefasst, systematisiert und erweitert worden. Das UmwBerG hat darüber hinaus zahlreiche neue Möglichkeiten der Umwandlung von Unternehmen geschaffen und sie auf bisher überhaupt nicht oder nur teilweise erfasste Rechtsformen ausgedehnt.[241]

Neben dem neuen Umwandlungsgesetz bleibt das traditionelle Instrumentarium der Unternehmensrestrukturierung (Einbringung von Unternehmen, Kapitalerhöhungen sowie die Veränderung der Personengesellschaftsstruktur unter Heranziehung des Anwachsungsprinzips) weiterhin für die Praxis von Bedeutung.

Das Gesellschaftsrecht beinhaltet hierbei nicht nur rechtliche Rahmenbedingun-

---

241 Ausführlich hierzu Picot/Müller-Eising, in: Gerhard Picot, Unternehmenskauf und Restrukturierung, Teil 2.

gen. Wo es zum Beispiel um Fragen der Kapitalerhöhung oder des Ausschusses von Gesellschaftern geht, können gesellschaftsrechtliche Aspekte vielmehr die alleinigen Beweggründe für eine Umstrukturierung darstellen.

a) Umwandlungsarten und umwandlungsfähige Unternehmen

Als »Umwandlungs«-Arten sieht § 1 des Umwandlungsgesetzes – abweichend vom bisherigen Sprachgebrauch des Umwandlungsgesetzes 1969 – die Verschmelzung, die Spaltung, die Vermögensübertragung und den Rechtsformwechsel vor. Diese Aufzählung ist abschließend, sodass andere Umwandlungsarten einer ausdrücklichen gesetzlichen Regelung bedürfen. Die genannten Umwandlungsarten sind im Umwandlungsgesetz im Einzelnen sehr detailliert dargestellt; dabei werden angesichts der Vielzahl der Umwandlungsfälle aus Gründen der Übersichtlichkeit und Vereinfachung die für alle Rechtsformen geltenden Regeln jeweils vorangestellt, bevor Einzelfragen bestimmter Rechtsformen zu den verschiedenen Umwandlungsarten geregelt werden.

Als umwandlungsfähige Unternehmen (das Gesetz spricht von Rechtsträgern) werden dabei durchgehend Personenhandels- und Kapitalgesellschaften (GmbH, Aktiengesellschaft) sowie teilweise auch die übrigen Rechtsformen angesehen, sofern diese Gesellschaften ihren Sitz im Inland haben.

aa) Die Verschmelzung

Als erstes befasst sich das Umwandlungsgesetz in seinen §§ 2 bis 122 mit der Verschmelzung. Bei diesem Vorgang wird das Vermögen eines oder mehrerer Unternehmen als Ganzes auf einen neuen oder bereits bestehenden Rechtsträger überführt, wofür wiederum Anteile an diesem Rechtsträger an die Inhaber des übertragenden Unternehmens gewährt werden. Die Ausgestaltung lehnt sich aufgrund der europäischen Vorgaben an die bisherige aktienrechtliche Regelung an.

Gemäß § 1 Abs. 1 Umwandlungsgesetz können Verschmelzungen nur zwischen Rechtsträgern mit Sitz im Inland erfolgen; grenzüberschreitende Vorgänge werden von dem neuen Umwandlungsgesetz nicht erfasst. Direkte grenzüberschreitende Verschmelzungen von Unternehmen sind daher nach deutschem Recht noch nicht möglich. Nach der in Deutschland herrschenden Sitztheorie bedeutet dies, dass derzeit nur die in Rechtsformen des deutschen Rechtes bestehenden Gesellschaften verschmolzen werden können.[242] Denn nach der Sitztheorie endet der Versuch einer Gesell-

---

[242] Es ist fraglich, ob der EuGH nicht der Sitztheorie, sondern der Gründungstheorie zuneigt (ZIP 1999, 438 – Centros, C-212/97 v. 09.03.1999), dazu Meyer, EWiR, 1999, 259; Roth, ZIP 1999, 861 und Werlauff, ZIP 1999, 867. Siehe auch Ebke, JZ 1999, 656, 661; Geyrhalter, EWS 1999, 201, 203. Der EuGH erhält durch die Vorlage des beim BGH anhängigen Falles VII ZR 370/98 erneut Gelegenheit, seine Auffassung zu konkretisieren. In diesem Fall wurde eine in den Niederlanden gegründete Gesellschaft, die ihre faktische

schaft, ihren Sitz innerhalb der EU in einen anderen Mitgliedstaat zu verlegen, mit ihrer Liquidation an der Grenze. Das anwendbare Recht bestimmt sich danach, in welchem Staat die Gesellschaft ihren Sitz hat. Nach diesem Recht bestimmt sich die Rechts- und Parteifähigkeit, und zwar auch dann, wenn eine Gesellschaft in einem anderen EU-Land rechtswirksam gegründet wurde und dann ihren tatsächlichen Sitz (Geschäftsleitung) nach Deutschland verlegt. Sie verliert ihre Rechtsfähigkeit und muss neu gegründet werden.

Um solche und andere Hemmnisse nationaler Rechtsordnungen zu überwinden, drängt das europäische Recht – ähnlich, wie dies in der zweiten Hälfte des 19. Jahrhunderts in Deutschland geschehen ist – nach einer Angleichung der nationalen Unternehmens- und Gesellschaftsrechte sowie der Schaffung einer supranationalen Gesellschaftsform.[243] Bereits seit der Gründung der Europäischen Wirtschafts-Gemeinschaft haben Experten an der Schaffung einer Europäischen Privatgesellschaft und einer Europäischen Aktiengesellschaft gearbeitet. Nach der Einführung der rechtspraktisch wenig bedeutsamen »Europäischen Wirtschaftlichen Interessenvereinigung – EWIV« ist am 08.10.2004 die EG-Verordnung Nr. 2157/2001 des Rates vom 08.10.2001 über das Statut der europäischen Gesellschaft (*Societas Europae*, kurz: SE) in Kraft getreten.[244]

Angesichts dieser Situation hat sich die Praxis bislang gezwungen gesehen, selbst Modelle zu erzeugen, um die Zusammenführung globaler Unternehmenseinheiten zu ermöglichen. Dabei bedient sie sich derjenigen nationalen Rechtsordnung, die für komplexe Transaktionsstrukturen die größtmögliche Gestaltungsfreiheit bietet. Ein Beispiel ist etwa das »Business Combination Agreement« bei DaimlerChrysler, das als Modell für weitere supranationale Unternehmenszusammenschlüsse dienen mag. Obwohl dieser Kernvertrag des Unternehmenszusammenschlusses in weiten Teilen gesellschaftsrechtliche Maßnahmen nach deutschem Recht zum Gegenstand hat, unterstellten die Vertragspartner diesen Vertrag dem flexibleren Recht des US-Bundesstaates Delaware.[245]

§ 5 UmwG regelt den Inhalt des Verschmelzungsvertrages. Gemäß Abs. 1 dieser Bestimmung muss der Vertrag oder sein Entwurf mindestens folgende Angaben enthalten:

1. den Namen oder die Firma und den Sitz der an der Verschmelzung beteiligten Rechtsträger;
2. die Vereinbarung über die Übertragung des Vermögens jedes übertragenden Rechtsträgers als Ganzes gegen Gewährung von Anteilen oder Mitgliedschaften an dem übernehmenden Rechtsträger;

    Geschäftsleitung nach Deutschland verlegt hatte, von einem deutschen Bauunternehmen auf Kostenerstattung von Baumängeln verklagt. Die Instanzgerichte wiesen die Klage wegen mangelnder Parteifähigkeit als unzulässig ab.
243 Vgl. Hommelhoff/Helms, GmbHR 1999, 53 ff.; Helms, GmbHR 1999, 963 ff.
244 Siehe dazu S. 223 ff. Vgl. hierzu Rasner, ZGR 1992, 315 ff.; Heinze, AG 1997, 289 ff. Siehe Fn. 252.
245 Vgl. Thoma/Reuter, M&A-Review 1999, 314 ff.

3. das Umtauschverhältnis der Anteile und gegebenenfalls die Höhe der baren Zuzahlung oder Angaben über die Mitgliedschaft bei dem übernehmenden Rechtsträger;
4. die Einzelheiten für die Übertragung der Anteile des übernehmenden Rechtsträgers oder über den Erwerb der Mitgliedschaft bei dem übernehmenden Rechtsträger;
5. den Zeitpunkt, von dem an diese Anteile oder die Mitgliedschaften einen Anspruch auf einen Anteil am Bilanzgewinn gewähren, sowie alle Besonderheiten in Bezug auf diesen Anspruch;
6. den Zeitpunkt, von dem an die Handlungen der übertragenden Rechtsträger als für Rechnung des übernehmenden Rechtsträgers vorgenommen gelten (Verschmelzungsstichtag);
7. die Rechte, die der übernehmende Rechtsträger einzelnen Anteilsinhabern sowie den Inhabern besonderer Rechte wie Anteile ohne Stimmrecht, Vorzugsaktien, Mehrstimmrechtsaktien, Schuldverschreibungen und Genussrechte gewährt, oder die für diese Personen vorgesehenen Maßnahmen;
8. jeden besonderen Vorteil, der einem Mitglied eines Vertretungsorgans oder eines Aufsichtsorgans der an der Verschmelzung beteiligten Rechtsträger, einem geschäftsführenden Gesellschafter, [einem Partner,] einem Abschlussprüfer oder einem Verschmelzungsprüfer gewährt wird;
9. die Folgen der Verschmelzung für die Arbeitnehmer und ihre Vertretungen sowie die insoweit vorgesehenen Maßnahmen.

Befinden sich alle Anteile eines übertragenden Rechtsträgers in der Hand des übernehmenden Rechtsträgers, so entfallen gemäß § 5 Abs. 2 UmwG die Angaben über den Umtausch der Anteile (Abs. 1 Nr. 2 bis 5), soweit sie die Aufnahme dieses Rechtsträgers betreffen.

Der Vertrag oder sein Entwurf ist gemäß § 5 Abs. 3 UmwG spätestens einen Monat vor dem Tage der Versammlung der Anteilsinhaber jedes beteiligten Rechtsträgers, die gemäß § 13 Abs. 1 UmwG über die Zustimmung zum Verschmelzungsvertrag beschließen soll, dem zuständigen Betriebsrat dieses Rechtsträgers zuzuleiten.

bb) Die Spaltung

Die §§ 123–173 UmwG regeln den Vorgang der Spaltung. Zwar waren Spaltungsvorgänge schon bisher durch bestimmte andere rechtliche Konstruktionen, insbesondere im Wege der Einzelrechtsübertragung, möglich. Das Umwandlungsgesetz eröffnet aber allgemein die Möglichkeit der Spaltung im Wege der Gesamtrechtsnachfolge (§§ 123 ff. UmwG). Dabei unterscheidet das UmwG zwischen

- Aufspaltung
- Abspaltung
- Ausgliederung.

Bei der Aufspaltung (§ 123 Abs. 1 UmwG) löst sich ein Rechtsträger ohne Abwicklung auf, indem er im Wege der Sonderrechtsnachfolge sein gesamtes Vermögen auf mehrere andere Rechtsträger (mindestens 2) verteilt; dafür werden den Anteilsinhabern des übertragenden Rechtsträgers wie bei der Verschmelzung Anteile an den übernehmenden (u.U. neuen) Rechtsträgern gewährt. Demgemäß kann ein Rechtsträger (übertragender Rechtsträger) unter Auflösung ohne Abwicklung sein Vermögen aufspalten

1. zur Aufnahme durch gleichzeitige Übertragung der Vermögensteile jeweils als Gesamtheit auf andere bestehende Rechtsträger (übernehmende Rechtsträger) oder
2. zur Neugründung durch gleichzeitige Übertragung der Vermögensteile jeweils als Gesamtheit auf andere, von ihm dadurch gegründete neue Rechtsträger gegen Gewährung von Anteilen oder Mitgliedschaften dieser Rechtsträger an die Anteilsinhaber des übertragenden Rechtsträgers (Aufspaltung).

Bei der Abspaltung (§ 123 Abs. 2 UmwG) überträgt ein Rechtsträger nur einen Teil oder Teile seines Vermögens, sodass er weiterhin bestehen bleibt. Für die Übertragung des Vermögensteils, in der Regel eines Betriebes oder mehrere Betriebe, werden den Inhabern des übertragenen Rechtsträgers wiederum Anteile an den empfangenden Rechtsträgern gewährt. Bei der Aufspaltung wird das Unternehmen, das sein Vermögen überträgt, aufgelöst. Bei der Abspaltung und der Ausgliederung bleibt das Unternehmen dagegen neben den übernehmenden Rechtsträgern bestehen. Demgemäß kann ein Rechtsträger (übertragender Rechtsträger) bei der Abspaltung (§ 123 Abs. 2 UmwG) von seinem Vermögen einen Teil oder mehrere Teile abspalten

1. zur Aufnahme durch Übertragung dieses Teils oder dieser Teile jeweils als Gesamtheit auf einen bestehenden oder mehrere bestehende Rechtsträger (übernehmende Rechtsträger) oder
2. zur Neugründung durch Übertragung dieses Teils oder dieser Teile jeweils als Gesamtheit auf einen oder mehrere, von ihm dadurch gegründeten neuen oder gegründete neue Rechtsträger gegen Gewährung von Anteilen oder Mitgliedschaften dieses Rechtsträgers oder dieser Rechtsträger an die Anteilsinhaber des übertragenden Rechtsträgers (Abspaltung).

Die Ausgliederung (§ 123 Abs. 3 UmwG) sieht ebenfalls vor, dass nur ein Teil oder Teile des Vermögens auf andere Rechtsträger übertragen werden. Dafür werden die Anteile der übernehmenden oder neuen Rechtsträger an den übertragenden Rechtsträger selbst, nicht dagegen an dessen Inhaber geleistet. Im Hinblick auf die Gegenleistung für die Vermögensübertragung weicht die Ausgliederung von der Aufspaltung und der Abspaltung insofern ab, als bei der Ausgliederung die Anteile an dem das Vermögen übernehmenden Rechtsträger an das übertragende Unternehmen selbst, bei der Auf- und Abspaltung hingegen an die Inhaber des übertragenden Unternehmens geleistet werden. Ein Rechtsträger (übertragender Rechtsträger) kann demgemäß nach § 123 Abs. 3 UmwG aus seinem Vermögen einen Teil oder mehrere Teile ausgliedern

1. zur Aufnahme durch Übertragung dieses Teils oder dieser Teile jeweils als Gesamtheit auf einen bestehenden oder mehrere bestehende Rechtsträger (übernehmende Rechtsträger) oder
2. zur Neugründung durch Übertragung dieses Teils oder dieser Teile jeweils als Gesamtheit auf einen oder mehrere, von ihm dadurch gegründeten neuen oder

gegründete neue Rechtsträger gegen Gewährung von Anteilen oder Mitgliedschaften dieses Rechtsträgers oder dieser Rechtsträger an den übertragenden Rechtsträger (Ausgliederung).

Gemäß § 123 Abs. 4 UmwG kann die Spaltung auch durch gleichzeitige Übertragung auf bestehende und neue Rechtsträger erfolgen.

Der Spaltungs- und Übernahmevertrag oder sein Entwurf muss gemäß § 126 Abs. 1 UmwG mindestens folgende Angaben enthalten:

1. den Namen oder die Firma und den Sitz der an der Spaltung beteiligten Rechtsträger;
2. die Vereinbarung über die Übertragung der Teile des Vermögens des übertragenden Rechtsträgers jeweils als Gesamtheit gegen Gewährung von Anteilen oder Mitgliedschaften an den übernehmenden Rechtsträgern;
3. bei Aufspaltung und Abspaltung das Umtauschverhältnis der Anteile und gegebenenfalls die Höhe der baren Zuzahlung oder Angaben über die Mitgliedschaft bei den übernehmenden Rechtsträgern;
4. bei Aufspaltung und Abspaltung die Einzelheiten für die Übertragung der Anteile der übernehmenden Rechtsträger oder über den Erwerb der Mitgliedschaft bei den übernehmenden Rechtsträgern;
5. den Zeitpunkt, von dem an diese Anteile oder die Mitgliedschaft einen Anspruch auf einen Anteil am Bilanzgewinn gewähren, sowie alle Besonderheiten in Bezug auf diesen Anspruch;
6. den Zeitpunkt, von dem an die Handlungen des übertragenden Rechtsträgers als für Rechnung jedes der übernehmenden Rechtsträger vorgenommen gelten (Spaltungsstichtag);
7. die Rechte, welche die übernehmenden Rechtsträger einzelnen Anteilsinhabern sowie den Inhabern besonderer Rechte wie Anteile ohne Stimmrecht, Vorzugsaktien, Mehrstimmrechtsaktien, Schuldverschreibungen und Genussrechte gewähren, oder die für diese Personen vorgesehenen Maßnahmen;
8. jeden besonderen Vorteil, der einem Mitglied eines Vertretungsorgans oder eines Aufsichtsorgans der an der Spaltung beteiligten Rechtsträger, einem geschäftsführenden Gesellschafter, [einem Partner,] einem Abschlussprüfer oder einem Spaltungsprüfer gewährt wird;
9. die genaue Bezeichnung und Aufteilung der Gegenstände des Aktiv- und Passivvermögens, die an jeden der übernehmenden Rechtsträger übertragen werden, sowie der übergehenden Betriebe und Betriebsteile unter Zuordnung zu den übernehmenden Rechtsträgern;
10. bei Aufspaltung und Abspaltung die Aufteilung der Anteile oder Mitgliedschaften jedes der beteiligten Rechtsträger auf die Anteilsinhaber des übertragenden Rechtsträgers sowie den Maßstab für die Aufteilung;
11. die Folgen der Spaltung für die Arbeitnehmer und ihre Vertretungen sowie die insoweit vorgesehenen Maßnahmen.

Soweit für die Übertragung von Gegenständen im Falle der Einzelrechtsnachfolge in den allgemeinen Vorschriften eine besondere Art der Bezeichnung bestimmt ist, sind diese Regelungen gemäß § 126 Abs. 2 UmwG auch für die Bezeichnung der Gegenstände des Aktiv- und Passivvermögens (Absatz 1 Nr. 9) anzuwenden. § 28 der Grundbuchordnung ist zu beachten. Im Übrigen kann auf Urkunden wie Bilanzen und Inventare Bezug genommen werden, deren Inhalt eine Zuweisung des einzelnen Gegenstandes ermöglicht; die Urkunden sind dem Spaltungs- und Übernahmevertrag als Anlagen beizufügen.

Der Vertrag oder sein Entwurf ist gemäß § 126 Abs. 3 UmwG spätestens einen Monat vor dem Tage der Versammlung der Anteilsinhaber jedes beteiligten Rechtsträgers, die gemäß § 125 UmwG in Verbindung mit § 13 Abs. 1 UmwG über die Zustimmung zum Spaltungs- und Übernahmevertrag beschließen soll, dem zuständigen Betriebsrat dieses Rechtsträgers zuzuleiten.

cc) Die Vermögensübertragung

Die Vermögensübertragung (§§ 174–189 UmwG) unterscheidet sich von der Verschmelzung ebenfalls durch die Art der Gegenleistung. Zwar wird auch bei der Vermögensübertragung das Vermögen als Ganzes im Wege der Gesamtrechtsnachfolge auf einen anderen Rechtsträger übertragen; die Gegenleistung besteht aber nicht in der Gewährung von Anteilen an diesem Rechtsträger, sondern wird in anderer Form, insbesondere in Geld erbracht.

Gemäß § 174 Abs. 1 UmwG kann ein Rechtsträger (übertragender Rechtsträger) unter Auflösung ohne Abwicklung sein Vermögen als Ganzes auf einen anderen bestehenden Rechtsträger (übernehmender Rechtsträger) gegen Gewährung einer Gegenleistung an die Anteilsinhaber des übertragenden Rechtsträgers, die nicht in Anteilen oder Mitgliedschaften besteht, übertragen (Vollübertragung).

Ein Rechtsträger (übertragender Rechtsträger) kann nach § 174 Abs. 2 UmwG

1. unter Auflösung ohne Abwicklung sein Vermögen aufspalten durch gleichzeitige Übertragung der Vermögensteile jeweils als Gesamtheit auf andere bestehende Rechtsträger,
2. von seinem Vermögen einen Teil oder mehrere Teile abspalten durch Übertragung dieses Teils oder dieser Teile jeweils als Gesamtheit auf einen oder mehrere bestehende Rechtsträger oder
3. aus seinem Vermögen einen Teil oder mehrere Teile ausgliedern durch Übertragung dieses Teils oder dieser Teile jeweils als Gesamtheit auf einen odere mehrere bestehende Rechtsträger gegen Gewährung der in § 174 Abs. 1 UmwG bezeichneten Gegenleistung in den Fällen der Nummern 1 und 2 an die Anteilsinhaber des übertragenden Rechtsträgers, im Falle der Nummer 3 an den übertragenden Rechtsträger (Teilübertragung).

Eine Vollübertragung oder Teilübertragung ist gemäß § 175 UmwG jeweils nur möglich

1. von einer Kapitalgesellschaft auf den Bund, ein Land, eine Gebietskörperschaft oder einen Zusammenschluss von Gebietskörperschaften;
2. a) von einer Versicherungs-Aktiengesellschaft auf Versicherungsvereine auf Gegenseitigkeit oder auf öffentlich-rechtliche Versicherungsunternehmen;

b) von einem Versicherungsverein auf Gegenseitigkeit auf Versicherungs-Aktiengesellschaften oder auf öffentlich-rechtliche Versicherungsunternehmen;
c) von einem öffentlich-rechtlichen Versicherungsunternehmen auf Versicherungs-Aktiengesellschaften oder auf Versicherungsvereine auf Gegenseitigkeit.

dd) Der Formwechsel

Beim Formwechsel (§§ 190–304 UmwG) geht es – anders als bei den vorgenannten Umwandlungsformen – nicht um eine Vermögensübertragung im eigentlichen Sinne; das formwechselnde Unternehmen ändert vielmehr lediglich seine Rechtsform und die rechtliche Struktur, nicht aber seine Identität (§ 190 Abs. 1 UmwG). Im Zusammenhang mit der Restrukturierung von Unternehmen nach einem Unternehmenskauf ist dabei der Formwechsel von einer Kapitalgesellschaft in eine Personengesellschaft von besonderem Interesse, um dabei durch Buchwertaufstockung zusätzliches Abschreibungspotenzial zu schaffen. Dadurch kann der Cashflow der erworbenen Gesellschaft erhöht und damit die Finanzierung des Unternehmenskaufs erleichtert werden.

Gemäß § 191 Abs. 1 UmwG können formwechselnde Rechtsträger sein

1. Personenhandelsgesellschaften (§ 3 Abs. 1 Nr. 1) [und Partnergesellschaften];
2. Kapitalgesellschaften (§ 3 Abs. 1 Nr. 2);
3. eingetragene Genossenschaften;
4. rechtsfähige Vereine;
5. Versicherungsvereine auf Gegenseitigkeit;
6. Körperschaften und Anstalten des öffentlichen Rechts.

Nach § 191 Abs. 2 UmwG können Rechtsträger neuer Rechtsformen sein:

1. Gesellschaften des bürgerlichen Rechts;
2. Personenhandelsgesellschaften [und Partnerschaftsgesellschaften];
3. Kapitalgesellschaften;
4. eingetragene Genossenschaften.

Der Formwechsel ist gemäß § 191 Abs. 3 UmwG auch bei aufgelösten Rechtsträgern möglich, wenn ihre Fortsetzung in der bisherigen Rechtsform beschlossen werden könnte.

b) Das Verfahren bei den Umwandlungen

Bei allen Umwandlungsarten des UmwG ist das Verfahren nunmehr ähnlich ausgestaltet.

Als Grundlage ist regelmäßig ein Vertrag (Verschmelzung- oder Spaltungsvertrag) abzuschließen, der gemäß § 6 UmwG der notariellen Beurkundung bedarf.[246] Bei

---

246 Die aus Kostengründen im Ausland vorgenommene Beurkundung wird von der h.M. für

einer Aufspaltung, bei der ausschließlich neue Rechtsträger entstehen, und beim Formwechsel muss ein entsprechender Plan bzw. Entwurf vorliegen. Für diese Verträge, Pläne und Entwürfe schreibt das Gesetz jeweils den oben dargestellten Mindestinhalt vor.

Darüber hinaus ist durch die Vertretungsorgane der beteiligten Unternehmen grundsätzlich ein Umwandlungsbericht (Verschmelzungs-, Spaltungs- oder Ausgliederungsbericht) zu erstellen, der die jeweiligen Anteilsinhaber über die Einzelheiten der Umwandlung informieren soll. Die Anteilsinhaber müssen einen Beschluss über die Umwandlung (Verschmelzungs-, Spaltungs- oder Umwandlungsbeschluss) fassen. Die Klagemöglichkeiten gegen einen derartigen Beschluss sind eingeschränkt worden. Insbesondere berechtigt ein unangemessenes Umtauschverhältnis oder ein unangemessenes Barabfindungsangebot nicht zur Anfechtung des jeweiligen Beschlusses. Die Anteilsinhaber können die Angemessenheit der Gegenleistung vielmehr in einem besonderen Spruchverfahren (§§ 305–312 UmwG) nachträglich überprüfen lassen. Wirksam wird die Umwandlung jeweils erst mit Eintragung in dem zuständigen Register.

Insgesamt regelt das neue UmwG über die Schaffung zahlreicher neuer Umwandlungsmöglichkeiten hinaus eine Reihe von Verfahrensfragen, stärkt die Eigenverantwortlichkeit der von den Umwandlungsvorgängen betroffenen Anteilsinhaber und führt zu einem verstärkten Schutz der Arbeitnehmerinteressen.

6. Joint Ventures und Kooperationen

Joint Ventures und Kooperationen sind zu einem unverzichtbaren Bestandteil des internationalen Wirtschaftslebens geworden. Sie bieten eine wichtige Strategieoption für Unternehmen, die im Rahmen von Globalisierungsbestrebungen oder aufgrund anderen Wettbewerbsdrucks nicht selbst in ausreichendem Umfang über das Kapital, die Kenntnisse oder den Marktzugang verfügen, die zur Erreichung ihrer kommerziellen Ziele auf einem bestimmten Sektor erforderlich sind.[247]

Insbesondere, nachdem der Baseler Ausschuss für Bankenaufsicht am 16.01.2001 unter dem Titel »The New Basel Capital Accord« sein so genanntes Zweites Konsultationspapier zur Revision der Eigenkapitalübereinkunft vorgelegt hat, wird der Druck

---

zulässig gehalten, wenn die Beurkundung im Ausland hinsichtlich Urkundsperson und -verfahren gleichwertig ist (Vgl. BGHZ 80, 78). Jedoch besteht das Risiko, dass das Handelsregister Bedenken anmeldet und die Eintragung der Umwandlungsmaßnahme verweigert. Da die Eintragung Verschmelzung bzw. Spaltung sämtliche Formmängel heilt (§ 20 Abs. 1 Nr. 4 UmwG), empfiehlt es sich, die Anerkennung einer ausländischen Beurkundung zuvor mit dem Registergericht abzustimmen.

247 Eingehend zu den Arten der Unternehmenskooperationen siehe Jansen, Mergers & Acquisitions, Unternehmensakquisitionen und -kooperationen, S. 90–141.

– insbesondere auf mittelständische Unternehmen – noch verstärkt.[248] Danach soll nämlich nunmehr die Qualität der Kredite zukünftig stärker berücksichtigt und die Eigenkapitalunterlegung anstelle einer Pauschalregelung von bislang 8 % von der jeweiligen Bonität des Kreditnehmers abhängig gemacht werden. Zur Beurteilung sollen interne, aber auch externe Banken-Ratings dienen. Diese im Konsultationspapier vorgeschlagenen Regelungen bzgl. der Mindesteigenkapitalanforderung für Kreditinstitute haben zu heftigen Diskussionen insbesondere wegen der Befürchtung einer Benachteiligung mittelständischer Unternehmen geführt.[249]

a) Einführung und begriffliche Abgrenzung

Es ist daher kaum verwunderlich, dass Joint Ventures weltweit als Form der Unternehmensorganisation üblich geworden sind. Und dennoch gibt es in Deutschland sowie den meisten anderen Ländern weder eine spezielle Unternehmensform, die rechtlich als Joint Venture anerkannt wird, noch ein besonderes Joint-Venture-Recht.

Kaum verwunderlich ist es daher auch, dass eine klare Definition des Begriffs Joint Venture nicht existiert. Allgemein lässt sich sagen, dass Joint Ventures ein weites Spektrum von Vereinbarungen abdecken, bei denen zwei oder mehr bestehende Unternehmen übereinkommen, ein gemeinsames Unternehmen oder eine gemeinschaftliche geschäftsbezogene Aktivität zu beginnen. Als sinnvoll hat sich zudem die Unterscheidung zwischen Contractual Joint Venture und Equity Joint Venture herausgestellt. Contractual Joint Ventures bestehen aus rein schuldrechtlichen Absprachen zwischen den beteiligten Unternehmen, ohne dass es zu einer organisatorischen Verselbstständigung der beabsichtigten Zusammenarbeit in Form einer Projektgesellschaft kommt. Equity Joint Ventures sind dagegen durch das Vorhandensein einer Joint Venture Gesellschaft gekennzeichnet, sei es in Form einer Personengesellschaft oder einer Kapitalgesellschaft.[250]

---

248 Vgl. Baseler Ausschuss für Bankenaufsicht (2001), »The New Basel Capital Accord«, Basel, Januar 2001. Die Baseler Dokumente können von der Web-Seite der Bank für internationalen Zahlungsausgleich heruntergeladen werden, vgl. http://www.bis.org. Vgl. auch Baseler Ausschuss für Bankenaufsicht (1999), New Adequacy Framework, Basel, Juni 1999.
249 Vgl. Stellungnahme der Bundessteuerberaterkammer, Finanzbetrieb 2001, 439. Stellungnahme des Zentralen Kreditausschusses, Finanzbetrieb 2001, 382. Stellungnahme des Bundesverbandes deutscher Banken, Finanzbetrieb 2001, 310. Siehe hierzu Handelsblatt v. 14./15.12.2001, S. 40.
250 Vgl. hierzu auch: Stephan, in: Schaumburg, Internationale Joint Ventures, S. 99 ff.; Zacher, IStR 1997, 408 ff.

b) Zentrale Regelungsbereiche eines Joint Ventures

Bei der Planung und Durchführung eines Joint Ventures ergeben sich regelmäßig bestimmte Schlüsselprobleme, die zu beachten sind, insbesondere im Zusammenhang mit einer internationalen Unternehmung, bei der Vermögensgegenstände und/oder Parteien aus verschiedenen Rechtsordnungen involviert sind. Bei der Ausgestaltung des Joint Ventures sind daher folgende Aspekte zu berücksichtigen:

aa) Haftung

Die Joint-Venture-Partner werden im Regelfall daran interessiert sein, ihre Haftung zu beschränken. Eine Haftungsbegrenzung kann bei einem Equity-Joint-Venture durch die Wahl einer entsprechenden Gesellschaftsform erreicht werden; in Deutschland etwa durch die Errichtung einer GmbH oder GmbH & Co KG. Auch die Haftung im Innenverhältnis zwischen den Joint-Venture-Partnern sollte geregelt werden.

bb) Steuerliche Belastungen

Die Einschätzung der steuerlichen Belastungen, die durch eine bestimmte Gestaltung entstehen, ist von grundlegender Bedeutung. In vielen Fällen kann durch die Errichtung einer Personengesellschaft eine größere steuerliche Effizienz erreicht werden. Aufgrund ihrer steuerlichen Transparenz können die anfänglichen Ausgaben unmittelbar den Joint-Venture-Partnern zugerechnet und gegen ihre Gewinne aufgerechnet werden. Dies kann insbesondere dann von Wert sein, wenn in den Anfangsjahren des Joint Ventures Verluste erwartet werden.

cc) Bilanztechnische Behandlung

Die Behandlung der Unternehmung in den Bilanzen der Muttergesellschaften kann von Belang sein und wird u.a. je nach Größe und Einfluss der Beteiligung der jeweiligen Muttergesellschaft an der Unternehmung unterschiedlich ausfallen. Daher stellt sich in diesem Zusammenhang die Frage, ob es erforderlich – oder wünschenswert – ist, dass die Ergebnisse mit deren Bilanz als »Tochterunternehmen« konsolidiert werden.

dd) Gründungsformalitäten

Hinsichtlich der Gründungsformalitäten ist festzustellen, dass eine Personengesellschaft oder eine einfache vertragliche Vereinbarung im allgemeinen für ein Joint Venture eine Struktur bietet, die schnell und ohne überflüssige Formalitäten oder Kosten für die Registrierung insbesondere im Falle der Beteiligung mehrerer Gesellschafter (Publikumsgesellschaft) eingerichtet werden kann. Dies kann insbesondere hinsichtlich der Zeitplanung von Vorteil sein. Im Vergleich hierzu sind bei der Errichtung einer Kapitalgesellschaft mehr Formalitäten, Gründungsanforderungen und Registrierungserfordernisse zu erfüllen.

ee) Leitung und Entscheidungskompetenzen

Die Leitung des Joint Venture und die Verteilung der Entscheidungskompetenzen (Corporate Governance[251]) muss klar geregelt werden. Beim Contractual Joint Venture bietet es sich regelmäßig an, eine Kontrollinstanz zu schaffen, an die Zweifels- und Streitfragen herangetragen werden können. Beim Equity Joint Venture wird die Frage der Besetzung des Managements und seiner Kompetenzen zentrale Bedeutung zukommen.

ff) Finanzierung

Zwischen den Partnern ist zu regeln, wer die Finanzierungslast trägt. Um die Finanzierung zu sichern, sind zudem präzise Regelungen über die Anforderung von Zahlungen, die Zahlungsfristen und die Folgen der verspäteten oder gänzlich ausbleibenden Zahlung notwendig.

gg) Ausscheiden von Mitgliedern oder Beendigung des Joint Venture

Einer besonderen Regelung bedarf es, unter welchen Voraussetzungen das Joint Venture beendet werden soll sowie wann und unter welchen Voraussetzungen ein Vertragspartner das Recht haben soll, aus dem Joint Venture auszuscheiden. Auch die Möglichkeit eines zwangsweisen Ausschlusses eines Joint-Venture-Partners muss geregelt werden. Insbesondere die finanziellen Folgen des Ausscheidens eines Partners aus dem Joint Venture bedürfen einer detaillierten Regelung.

hh) Streitbeilegung

Um das Auseinanderfallen eines Joint Ventures im Falle von Meinungsverschiedenheiten zu vermeiden, sind Regelungsmechanismen zu finden, mit denen interne Streitigkeiten gelöst werden können. Für die Praxis besonders geeignet sind die Verlagerung der Entscheidung auf eine höhere Instanz sowie die Einschaltung Dritter.

Bei der Verlagerung auf eine höhere Instanz werden höhere Entscheidungsträger der Joint-Venture-Partner eingeschaltet. Solange zwischen ihnen der Grundkonsens vorhanden ist, werden sie in den meisten Fällen eine Lösung finden. Zudem wird ein psychologischer Druck auf die am Joint Venture direkt beteiligten Personen ausgeübt, die im Regelfall vermeiden möchten, dass ihre Vorgesetzten bei jedem Streit involviert werden.

Bei der Einschaltung Dritter ist es zumeist ein Sachverständiger, der an Stelle der Vertragspartner eine Entscheidung trifft oder ein Schiedsgericht, welches verbindlich entscheidet. Staatliche Gerichte sind hingegen aufgrund der Publizität und langen Dauer der Verfahren ungeeignet.

---

251 Siehe dazu Gerhard Picot, Überblick über die Kontrollmechanismen im Unternehmen nach KonTraG, in: Lange/Wall, Risikomanagement nach dem KonTraG, 2001, S. 5 ff.

c) Contractual Joint Ventures

Bei einem Contractual Joint Venture besteht – wie bereits ausgeführt – keine den Joint-Venture-Partnern gegenüber rechtlich selbstständige Einheit. Ausreichend ist dies vor allem, wenn die Parteien bezüglich eines einmaligen Projekts zusammenarbeiten.

Ein Contractual Joint Venture kann aufgrund seiner Natur ein breites Spektrum verschiedener Bedingungen und Vereinbarungen abdecken. Die genaue Ausgestaltung hängt im Wesentlichen von den Besonderheiten des konkreten Vertrages ab.

Dementsprechend lassen sich nur wenige allgemeine Aussagen über die Gestaltung des oder der Verträge bei einem Contractual Joint Venture treffen. Folgendes sollte aber in jedem Fall beachtet werden:

aa) Haftungsregelungen

Bei einem Contractual Joint Venture ist die Haftung der Beteiligten gegenüber Dritten und untereinander zu regeln.

Im Außenverhältnis werden die Joint-Venture-Partner zumeist gesamtschuldnerisch haften. Denkbar ist aber auch, dass der Projektvertrag mit dem Dritten nur durch einen Joint-Venture-Partner abgeschlossen wird, sodass auch nur dieser dem Dritten gegenüber haftet. Der Ausgleich unter den Partnern wird dann durch den Joint Venture Vertrag herbeigeführt.

Umgekehrt ist es aber auch möglich, dass die Joint-Venture-Partner zwar im Außenverhältnis gesamtschuldnerisch haften, im Innenverhältnis aber wie selbstständige Dritte behandelt werden. Vor allem bei großen Bauprojekten werden etwa einzelne Bereiche den jeweiligen Joint-Venture-Partnern eigenverantwortlich zugewiesen. Bei Mängeln im jeweiligen Bereich wird dann im Innenverhältnis eine Ausgleichszahlung fällig.

bb) Ausscheiden von Mitgliedern

Typischer Fall eines Contractual Joint Venture ist die Bewerbung für ein bestimmtes Projekt. Bis zur Abgabe der Bewerbung für das Projekt ist ein Ausscheiden eines Joint-Venture-Mitglieds zumeist ohne besonderen Gund zulässig. Sobald die Joint-Venture-Partner ihre Bewerbung abgegeben haben oder spätestens, wenn sie für das Projekt, für das sie sich zusammengeschlossen haben, den Zuschlag erhalten, sollte eine Kündigung des Joint-Venture-Vertrages – außer bei Vorliegen eines wichtigen Grundes – grundsätzlich nicht mehr möglich sein.

Die wichtigen Kündigungsgründe sollten soweit wie möglich im Joint-Venture-Vertrag ausdrücklich genannt werden. Wichtige Kündigungsgründe sollten vor allem ein drohendes Insolvenzverfahren bei einem der Vertragspartner oder wiederholte, schwer wiegende Vertragsverletzungen sein. Zudem sollte vereinbart werden, dass der verbleibende Vertragspartner das Projekt auch allein weiterführen kann. Auch eine Regelung der finanziellen Folgen des Ausscheidens darf nicht vergessen werden.

cc) Die Strategische Allianz als Sonderform des Contractual Joint Venture

Als Sonderform des Contractual Joint Venture kann man die strategische Allianz ansehen, die eine weniger feste Form der Zusammenarbeit ist. Eine genaue Definition der strategischen Allianz gibt es nicht. Bei manchen strategischen Allianzen kann es sich einfach um einen »freundlichen« Rahmen für eine künftige Zusammenarbeit von Projekt zu Projekt handeln. Bei anderen können festere Verbindungen in Form von gemeinsamer Forschung, Austausch von Mitarbeitern und/oder Zusammenfassung von Ressourcen vereinbart sein. Strategische Allianzen können gefestigt werden, indem gegenseitig finanzielle Investitionen vorgenommen werden. Gewöhnlich übernimmt hierbei jede Partei einen Anteil am Grundkapital der anderen.

d) Equity Joint Ventures

Die Wahl der Rechtsform eines Equity Joint Ventures wird vor allem durch steuerliche Erwägungen bestimmt. Daneben sind bei der Auswahl vor allem die Flexibilität und die ausreichende Steuerungsmöglichkeit durch die Joint-Venture-Partner wichtige Kriterien.

aa) Die Rechtsform der Gesellschaft beim Equity Joint Venture

Gerade in der jüngeren Zeit wird für die Zusammenarbeit von Unternehmen zunehmend die Rechtsform der selbstständigen Gemeinschaftsgesellschaft (Equity Joint Venture) gewählt.

(1) Übliche Rechtsformen

Oftmals wird dabei in Deutschland die Kommanditgesellschaft in Form der GmbH & Co. KG als Vehikel für Joint Ventures genutzt, da sie die Flexibilität einer Personengesellschaft mit dem Vorteil der Haftungsbeschränkung des Kommanditisten verbindet. Ihre Flexibilität beruht vor allem darauf, dass es keiner Einzahlung eines bestimmten Mindestbetrags der Kommanditeinlage bedarf. Außerdem ist ein Zugriff auf das Gesellschaftsvermögen wesentlich einfacher als etwa bei einer GmbH. Darüber hinaus kann die Kommanditgesellschaft aufgrund ihrer steuerlichen Transparenz bei grenzüberschreitenden Transaktionen Steuervorteile bieten.

Ein weiterer großer Vorteil der GmbH & Co. KG ist es, dass die GmbH, anders als die OHG und die KG, von einem oder mehreren Geschäftsführern anstelle der Gesellschafter geleitet werden kann, sodass die Errichtung einer GmbH & Co. KG auch die Möglichkeit bietet, ein externes Management zu etablieren.

Als weniger geeignet für ein Joint Venture ist hingegen die Aktiengesellschaft anzusehen. Die Weisungsungebundenheit des Vorstands gemäß § 76 Abs. 1 AktG, die Satzungsstrenge (vgl. § 23 Abs. 5 AktG) und nicht zuletzt die Kompliziertheit des deutschen Aktienrechts lassen vor allem für einen ausländischen Joint-Venture-Partner diese Gesellschaftsform als wenig attraktiv erscheinen.

(2) Die Europäische Wirtschaftliche Interessenvereinigung

Ein Rechtsvehikel über nationale Gesetze hinweg, das eine gewisse Attraktivität für die internationale Zusammenarbeit bietet, ist die Europäische Wirtschaftliche Interessenvereinigung (EWIV).

Zu den Vorteilen einer EWIV kann man die verhältnismäßig geringen Ausgaben für Errichtung und Verwaltung, die begrenzten Eintragungsanforderungen und die Flexibilität hinsichtlich der Regelungen über Geschäftsführung und Betrieb einer EWIV zählen, die auf die jeweilige Zusammenarbeit zugeschnitten werden können. Dennoch unterliegen EWIVs wesentlichen Beschränkungen, wie z.B. den folgenden:

- eine EWIV muss über Mitglieder mit Sitz in mindestens zwei Staaten der EU oder (neuerdings auch zulässig) innerhalb des weiteren Europäischen Wirtschaftsraums (EWR) verfügen;
- der Zweck einer EWIV darf nicht darin bestehen, Gewinne zu erzielen;
- die Tätigkeit einer EWIV muss den wirtschaftlichen Aktivitäten ihrer Mitglieder untergeordnet sein (d.h. sie darf nicht in einem anderen Bereich tätig sein oder selbst ein unabhängiges Geschäft/Praxis betreiben);
- eine EWIV kann nicht mehr als 500 Mitarbeiter beschäftigen;
- ein einzelnes Mitglied einer EWIV kann nicht eine Stimmenmehrheit an der Gesellschaft halten;
- bestehende Mitglieder müssen die Aufnahme neuer Mitglieder einstimmig genehmigen;
- die Mitglieder einer EWIV haften gesamtschuldnerisch unbegrenzt für deren Schulden und Verbindlichkeiten;
- ein Mitglied einer EWIV haftet für Schulden, die während seiner Mitgliedschaft eingegangen worden sind, für einen Zeitraum von fünf Jahren nach Beendigung seiner Mitgliedschaft weiter.

Eine EWIV ist daher von geringem Nutzen, wenn der Zweck des Joint Ventures in erster Linie darin besteht, ein Gewinn bringendes Geschäft zu betreiben. Sie hat sich aber teilweise als geeignetes Mittel für grenzüberschreitende berufliche Allianzen bei Wirtschaftsprüfern, Rechtsanwälten und Wirtschaftsverbänden erwiesen. Gleiches gilt, wenn sie als Rechtsform für die grenzüberschreitende Zusammenarbeit im Bereich Forschung und Entwicklung zwischen Europäischen Gesellschaften oder für andere nicht gewinnorientierte Unternehmungen verwendet wird. Darüber hinaus hat sie sich in der Praxis jedoch als wenig sachdienlich erwiesen.

(3) Die Europäische Aktiengesellschaft

Am 08.10.2004 ist nach mehr als 30 Jahren Vorarbeit die EG-Verordnung Nr. 2157/2001 des Rates vom 08.10.2001 über das Statut der europäischen Gesellschaft (*Societas Europae*, kurz: SE) in Kraft getreten. In Deutschland haben das Bundesministerium der Justiz und das Bundesministerium für Wirtschaft und Arbeit am 05.04.2004 zur Umsetzung der europarechtlichen Vorgaben einen gemeinsamen Referentenentwurf für ein »Gesetz zur Einführung der Europäischen Gesellschaft« vorgelegt, den das Bundeskabinett am 26.05.2004 beschlossen hat. Im Anschluss daran wurde das formelle Gesetzgebungsverfahren eingeleitet.[252]

Die sich aus einer solchen supranationalen Gesellschaftsform ergebenden Chancen liegen auf der Hand: Größere Mobilität durch grenzüberschreitende Sitzverlegung oder Verschmelzung, Verringerung des Verwaltungsaufwandes durch Einbringung diverser Tochtergesellschaften in eine europäische Aktiengesellschaft und einfachere Abwicklung paneuropäischer Transaktionen durch Vereinheitlichung des anwendbaren Rechts. Hinzu kommt, dass Unternehmen, die sich in der Rechtsform der europäischen Aktiengesellschaft organisieren, zwischen zwei verschiedenen Leitungssystemen wählen können, nämlich dem in Deutschland bestehenden dualistischen Modell mit einer Trennung von Vorstand und Aufsichtsrat einerseits und dem monistischen System, wie es etwa in England und Frankreich vorherrscht, andererseits. Das monistische System zeichnet sich dadurch aus, dass ein Verwaltungsrat die Gesellschaft leitet, indem er die Grundlinien der Unternehmenstätigkeit vorgibt und deren Umsetzung überwacht, während vom Verwaltungsrat bestellte und jederzeit abberufbare geschäftsführende Direktoren die laufenden Geschäfte der Gesellschaft führen.

Letztendlich ist der europäische Gesetzgeber im Hinblick auf die Vereinheitlichung aber hinter seinen Möglichkeiten zurückgeblieben, denn die Verordnung legt lediglich gewisse Grundstrukturen wie etwa die Gründungsformen und die Eckpunkte der Organverfassung fest. Alles weitere bedarf der Regelung durch nationale Einführungsgesetze bzw. unterliegt dem nationalen Aktienrecht der jeweiligen Sitzstaaten. Auf Kapitalmaßnahmen und Strukturentscheidungen einer europäischen Aktiengesellschaft mit Sitz in Deutschland beispielsweise wird deutsches Aktienrecht Anwendung finden.

Auch die unterschiedlichen Formen der Arbeitnehmermitbestimmung bestehen unter dem Regime der europäischen Aktiengesellschaft grundsätzlich fort. Dieser Punkt stellte eines der wesentlichen Hindernisse auf dem Weg zur Schaffung der *Societas Europae* dar, was sich auch in dem nach langen Verhandlungen gefundenen Kompromiss widerspiegelt. Die ebenfalls am 08.10.2004 in Kraft getretene EG-Richtlinie 2001/86 über die Beteiligung der Arbeitnehmer in der europäischen Gesellschaft sieht eine bis zu sechs Monate dauernde Verhandlungsperiode über die Mitbestimmungsrechte der Arbeitnehmer in der zu gründenden Gesellschaft vor (in Ausnahmefällen kann sich diese Periode sogar auf zwölf Monate verlängern). Kommt keine Einigung mit den Arbeitnehmern zustande, findet das strengste Mitbestimmungsrecht Anwendung, bei Sachverhalten mit deutscher Beteiligung also in der Regel die deutschen Vorschriften. Für ausländische Fusionspartner dürfte daher schon aus diesem Grunde eine Verschmelzung zur europäischen Aktiengesellschaft mit einem der Mitbestimmung unterliegenden deutschen Unternehmen ausscheiden.

---

252 Vgl. Verordnung (EG) Nr. 2157/2001 über das Statut der Europäischen Aktiengesellschaft und die Richtlinie 2001/86/EG hinsichtlich der Beteiligung der Arbeitnehmer, veröffentlicht im Amtsblatt Nr. L 294 der EG. Siehe dazu Gerhard Picot, Die europäische Aktiengesellschaft – Chance für europäische Unternehmen, M&A 11/2004 S. 455. Siehe auch FN 244.

Einen Teil ihrer Attraktivität hat die europäische Aktiengesellschaft aber auch durch die jüngere Rechtsprechung des Europäischen Gerichtshofes (EuGH) zur Sitzverlegung von Gesellschaften verloren. In den Entscheidungen »Überseering« und »Inspire Art« hat der EuGH klargestellt, dass es gegen die europarechtlich garantierte Niederlassungsfreiheit verstößt, wenn ein Mitgliedsstaat die Rechtsfähigkeit einer in einem anderen Mitgliedsstaat wirksam gegründeten juristische Person bei Sitzverlegung nicht anerkennt. Damit kann nun beispielsweise eine britische Gesellschaft mit beschränkter Haftung ihren Verwaltungssitz unter Wahrung der Rechtspersönlichkeit ins europäische Ausland verlagern. Zur Schaffung größerer Mobilität bedurfte es der europäischen Aktiengesellschaft daher nicht mehr.

Ob sich die europäische Aktiengesellschaft in der gesellschaftsrechtlichen Praxis großer Beliebtheit erfreuen wird, bleibt angesichts der fortbestehenden Fragmentierung des anwendbaren Rechts abzuwarten.[253] Auf jeden Fall stellt ihre Einführung einen wichtigen Schritt auf dem Weg zur Schaffung eines europäischen Gesellschaftsrechts dar.

In der Wirtschaftswelt hoffen viele darauf, dass diese staatenlose Gesellschaftsform in Gestalt der europäischen Aktiengesellschaft als geeignetes Vehikel für grenzüberschreitende europäische Unternehmen oder als Joint Venture Vehikel für Joint-Venture-Partner mit Sitz in verschiedenen europäischen Rechtssystemen dienen könnte.[254] Das Ziel sollte es sein, ein Unternehmensvehikel für die Zusammenarbeit zwischen Unternehmen aus verschiedenen Mitgliedsstaaten zur Verfügung zu stellen und so dazu beizutragen, die nationalen Barrieren zu beseitigen, die die Entwicklung des gemeinsamen Marktes behindern. Die Zielvorstellung richtet sich somit auf eine freie Sitzverlegung und die Gründung von Zweigniederlassungen über die Grenzen der EU-Mitgliedsstaaten hinweg bis hin zu grenzüberschreitenden Fusionen.

Um dies zu erreichen, haben die Arbeits- und Sozialminister am 08.10.2001 in Luxemburg die Regelungen für eine Europa AG, deren offizielle Bezeichnung »Societas Europaea« (nachfolgend »SE«) lautet, verabschiedet. Die Verordnung über das Statut der Europäischen Aktiengesellschaft tritt – voraussichtlich – am 08.10.2004 in Kraft. Gleichzeitig muss die Richtlinie hinsichtlich der Beteiligung der Arbeitnehmer bis zu diesem Datum in nationales Recht umgesetzt werden.[255]

Der Vorteil der europäischen Aktiengesellschaft wird darin gesehen, dass die Unternehmen über die Grenzen hinweg fusionieren können und dabei angesichts eines einheitlichen Managements und Berichtsystems erhebliche Zeit und Kosten sparen. Eine in einem Mitgliedstaat eingetragene SE kann nämlich ihren Satzungssitz in einen

---

253 Vgl. Ausführungen unter B.IV.6.d.aa.(c).
254 Siehe oben B.IV.5.a.aa.
255 Die Europäische Kommission hat zugleich auf Drängen der Wirtschaft und des europäischen Parlamentes angekündigt, sie werde baldigst eine Mitteilung zur Steuerpolitik veröffentlichen. Diese soll Vorschläge für die Besteuerung der Europa AG beinhalten, nicht jedoch offizielle Gesetzesvorschläge. Im Wesentlichen sind Vorschläge zur grenzüberschreitenden Geltendmachung von Abschreibungen und Verlusten zu erwarten.

anderen Mitgliedstaat verlegen, ohne – wie bisher – die Gesellschaft in dem ersten Mitgliedstaat auflösen und in dem neuen Mitgliedstaat neu gründen zu müssen. Es müssen nunmehr nicht mehr Tochtergesellschaften in verschiedenen Mitgliedstaaten nach verschiedenen nationalen Vorschriften gegründet werden. Dadurch ergeben sich deutlich geringere Verwaltungs- und Beratungskosten. Besonders interessant ist, dass auch GmbHs und Unternehmen mittlerer Größe in eine SE umgewandelt werden können. Gerade für mittelständische Unternehmen aus den verschiedenen Mitgliedstaaten ist die Rechtsform der SE bedeutsam, da das Mindestkapital für die SE auf lediglich EUR 120.000 festgesetzt wurde.

Die Aktien einer SE können an der Börse notiert werden und müssen dann ebenso behandelt werden, wie die Aktien einer Aktiengesellschaft nach innerstaatlichem Recht.

Das Hauptproblem für die Entwicklung einer europäischen Aktiengesellschaft bestand vor allem in dem Umfang, in dem Arbeitnehmer im Vorstand der SE vertreten sein oder zumindest zur Teilnahme durch Beratung, möglicherweise auch mit einem Veto-Recht unter bestimmten eingeschränkten Umständen, berechtigt sollten.[256]

Der Kompromiss insbesondere in Bezug auf die Mitbestimmung sieht nunmehr vor, dass eine organbezogene Mitbestimmung bei grenzüberschreitenden Sachverhalten nicht mehr vorgegebener Teil der Unternehmensverfassung, sondern verhandelbar ist. Den Arbeitgeber- und Arbeitnehmervertretern wird gestattet, im Wege von Verhandlungen ein passendes Mitbestimmungsmodell zu vereinbaren. Die Richtlinie setzt daher Verhandlungen in einem Gremium voraus, das alle Arbeitnehmer der betroffenen Gesellschaften vertritt. Sollte dabei in diesem Gremium keine Einigung zustande kommen, sollen die Standardvorschriften im Anhang der Richtlinie gelten. Danach ist die Geschäftsleitung der SE verpflichtet, regelmäßig über Unternehmensvorgänge zu berichten und die Arbeitnehmervertretung auf der Grundlage dieser Berichte zu unterrichten und zu konsultieren.

Weitere Schlüsselmerkmale sind u.a. folgende:

- Gegründet werden kann die SE durch
  - Verschmelzung von zwei oder mehr Aktiengesellschaften aus mindestens zwei Mitgliedstaaten,
  - Bildung einer SE-Holding, an der Aktiengesellschaften oder GmbHs aus mindestens zwei verschiedenen Mitgliedstaaten beteiligt sind,
  - Gründung einer SE-Tochtergesellschaft durch Gesellschaften aus mindestens zwei verschiedenen Mitgliedsstaaten oder
  - Umwandlung einer Aktiengesellschaft, die seit mindestens zwei Jahren eine Tochtergesellschaft in einem anderen Mitgliedstaat hat, in eine SE.
- Die SE muss in dem Mitgliedstaat registriert werden, in dem sich ihre Hauptverwaltung befindet. Die Eintragung erfolgt entsprechend den nach innerstaatlichem

---

256 Hommelhoff, WM 1997, 2101, 2102.

Recht gegründeten Gesellschaften, allerdings mit dem Unterschied, dass die Eintragung jeder SE im Amtsblatt der europäischen Gemeinschaften bekannt gemacht wird.
- Die Arbeitsverträge und Renten der Arbeitnehmer einer SE richten sich nach dem Recht der Mitgliedstaaten, in denen die Hauptverwaltung oder Zweigniederlassung ansässig ist. Im Hinblick auf die Betriebsrenten hat die Kommission im Oktober 2000 einen Vorschlag für eine Richtlinie über die betriebliche Altersversorgung vorgelegt, die auch für die SE von Vorteil wäre. Besonders vorteilhaft wäre hierbei auch die für ein Unternehmen bestehende Möglichkeit, einen einzigen Rentenfonds für alle in der EU beschäftigten Mitarbeiter des Unternehmens einzurichten.
- Die SE soll einer Aktiengesellschaft im jeweiligen Mitgliedstaat ähneln; dabei sollen dann Vorschriften, die für solche Aktiengesellschaften in dem jeweiligen Mitgliedsstaat gelten, verwendet werden, um etwaige Lücken in dem allgemeinen Rahmen des geplanten Gesellschaftsgesetzes auszufüllen; insbesondere wäre das nationale Recht weiterhin anwendbar in so wichtigen Bereichen wie: steuerliche Behandlung (einschließlich grenzüberschreitender Aktivitäten der SE), Buchprüfungs- und Buchführungsanforderungen, Haftung des Vorstands, Aufbringung, Reduzierung und Erhaltung von Kapital.

Trotz der angestrebten Vorteile wird gegen die Europa AG deutliche Skepsis geübt. In dem SE-Statut sind viele Punkte offen gelassen worden, sodass der Europa AG ein ähnliches Schicksal vorausgesagt wird, wie der EWIV. Kritisiert wird insbesondere, dass die Europa AG ohne ein »geeignetes Steuerregime« nur begrenzt angenommen wird.[257] Beklagt wird auch, dass das Statut und die dazugehörige EU-Richtlinie zum Mitspracherecht der Arbeitnehmer zu komplex seien und zu viele Optionen anbieten.[258] Weiterhin werden Zweifel erhoben, dass von Unternehmerseite her überhaupt ein Interesse an dieser Rechtsform bestehe. Ein solches Interesse kann nur bestehen und die Europa AG nur begrüßt werden, wenn ein wirklich einheitliches Gesellschaftsrecht geschaffen wird. Dies ist mit der Verabschiedung der Europa AG aber noch nicht erreicht. Gerade wegen der häufigen Verweise auf die nationalen Rechte werden nicht die erhoffte einheitliche Rechtsform, sondern in Wahrheit 15 – und bald noch mehr – eher nationale als europäische Aktiengesellschaften errichtet werden.

Somit kann gesagt werden, dass die Europa AG zwar eine wichtige Voraussetzung ist, um in der EU gleiche Wettbewerbsbedingungen zu schaffen und sowohl grenzüberschreitende Sitzverlegungen als auch Fusionen zu ermöglichen, jedoch kann das bislang verabschiedete Statut zur Schaffung der SE allenfalls als guter Schritt in die

---

257 So der Präsident des europäischen Industrieverbandes (UNICE) George Jakobs, Handelsblatt vom 05.09.2001, S. 3.
258 Der spanische Liberale Carles Alfred Gasòliba i Böhm sprach von 200 Konstellationen, die sich den Unternehmen EU-weit böten. Vgl. Handelsblatt vom 05.09.2001, S. 3.

richtige Richtung gesehen werden. Ein einheitliches EU-Statut wird es allerdings mangels eines Konsenses in allen Punkten noch nicht geben.

Ob die SE daher in Zukunft als ein Joint-Venture-Vehikel verwendet werden kann, ist äußerst zweifelhaft.

bb) Der Sitz der Gesellschaft beim Equity Joint Venture

Eine weitere zentrale Frage bei der Errichtung eines internationalen Joint Ventures ist der Sitz der Gesellschaft.

Zumeist wird der Sitz der Gesellschaft in demjenigen Land liegen, in dem das Joint Venture tätig sein wird. Wollen die Joint-Venture-Partner den Sitz hingegen in einem Land errichten, in dem die Gesellschaft nicht tätig sein wird, so sind Fragen des Internationalen Gesellschaftsrechts zu beachten. Einige Rechtsordnungen nehmen diese Frage freilich den Joint-Venture-Partnern ab, indem sie die sog. Sitztheorie vertreten, nach der die Gesellschaft derjenigen Rechtsordnung unterliegt, in der sie tatsächlich ihren Verwaltungssitz hat. Inwieweit dies auch für die Bundesrepublik Deutschland in Zukunft noch gelten kann, ist augenblicklich unklar.[259]

e) Die Verhandlung des Joint Ventures

Neben der Frage, welche Regelungen in einem Joint-Venture-Vertrag getroffen werden müssen und wie diese Regelungen inhaltlich zu fassen sind, gibt es weitere Überlegungen, die bei einem Joint Venture immer beachtet werden müssen. Es geht hierbei vor allem um die Verhandlung des Joint Ventures zwischen den Vertragsparteien, die – trotz der im Einzelfall großen Unterschiede zwischen einzelnen Joint Ventures – zumeist nach demselben Grundschema abläuft.

aa) Die Grundsatzvereinbarung

Ein entscheidender Teil der meisten Verhandlungen von Joint Ventures ist eine Grundsatzvereinbarung (Memorandum of Understanding – MoU) oder jedenfalls eine Absichtserklärung (Letter of Intent – LoI) in einem relativ frühen Stadium, wenn die Unternehmensführungen die Ernsthaftigkeit ihrer Absichten bekräftigen und die Grundzüge ihres geplanten Verhältnisses festlegen wollen.

Zumeist werden in solchen Grundsatzvereinbarungen Bestimmungen über die »Exklusivität« vereinbart, d.h. ein Verbot der Verhandlung mit Dritten in vergleichbarer Weise in einem bestimmten Zeitraum. Daneben werden im Zusammenhang mit den Verhandlungen über ein Joint Venture Geheimhaltungsvereinbarungen getroffen, die ebenfalls rechtliche Bindungswirkung entfalten sollen.

---

259 Siehe oben B.IV.5.a) aa)

bb) Genehmigungen Dritter

Für jedes Joint Venture ist es unerlässlich, bereits frühzeitig festzustellen, welche speziellen Genehmigungen Dritter für die Errichtung des Joint Ventures erforderlich sind und welche Auswirkungen auf den zeitlichen Ablauf der Errichtung des Joint Ventures diese haben können. Folgende Punkte sind zu beachten:

(1) Kartellrecht

Joint Ventures und Vereinbarungen über Zusammenarbeit bedürfen häufig kartellrechtlicher Genehmigungen. Die Einzelheiten werden umfassend unter B.VII. behandelt.

(2) Genehmigung der Gesellschafter

Ist einer der beteiligten Joint Venture Partner in der Rechtsform einer GmbH organisiert, kann aufgrund des Gesellschaftsvertrages die Genehmigung der Gesellschafter erforderlich sein.

Bei einer Aktiengesellschaft ist hingegen die Zustimmung der Aktionäre zur Errichtung des Joint Ventures im Prinzip nicht erforderlich, es sei denn, dass nahezu sämtliche Vermögensgegenstände der AG von der Joint Venture Vereinbarung betroffen sind (§ 179a AktG).

Aber auch über diese Bestimmung hinaus muss der Vorstand die Aktionärsrechte in bestimmten Fällen berücksichtigen, und zwar nach der sog. »Holzmüller-Entscheidung« des BGH[260] insbesondere bei Maßnahmen des Vorstandes, die mit einem ernsthaften Eingriff in die Mitglieds- und Vermögensrechte der Aktionäre einhergehen.[261]

(3) Rechte der Arbeitnehmer

Verpflichtungen zur Beratung mit Arbeitnehmervertretern können für die zeitliche Planung des Joint Ventures ebenfalls von wesentlicher Bedeutung sein.

Bei der Durchführung der Übertragung eines Betriebs und der Übertragung der entsprechenden Arbeitnehmer auf ein Joint Venture sowie für die mit der Errichtung der Joint Venture Gesellschaft verbundenen Umstrukturierungs- und Reorganisierungsmaßnahmen muss ein komplexes System von arbeitsrechtlichen Vorschriften beachtet werden. Dies gilt insbesondere, wenn das Joint Venture zu einem erheblichen Personalabbau oder einer wesentlichen Veränderung der Arbeitsbedingungen bei den Arbeitnehmern des Joint Ventures führt. Das Betriebsverfassungsgesetz, das Kündigungsschutzgesetz und die Bestimmung des § 613a BGB (Betriebsübergang)[262] kön-

---

260 BGHZ 83, 122 ff.
261 Siehe hierzu B.IV.3.h).
262 Siehe hierzu B.IV.3.d)aa).

nen hier wesentliche Auswirkungen auf die inhaltliche und zeitliche Gestaltung des Joint Ventures haben.[263]

cc) Der Joint Venture Vertrag

Nach der Grundsatzvereinbarung einigen sich die Vertragspartner auf den Joint-Venture-Vertrag, das eigentliche »Grundgesetz« (»Framework Agreement«) des Joint Ventures. In ihm werden die meisten der oben bezeichneten Regelungsbereiche eines Joint Ventures erfasst.

Sind Konzerne an dem Joint Venture beteiligt, werden vor allem beim Equity Joint Venture häufig Tochtergesellschaften die Anteile am Joint Venture halten. Trotzdem ist für den Joint Venture Vertrag eine Beteiligung der Muttergesellschaft unerlässlich. Denn bei der Muttergesellschaft werden die wichtigen Entscheidungen getroffen, und sie stellt gewöhnlich die finanziellen Ressourcen.

Für das *Contractual Joint Venture* sollten die vertraglichen Regelungen insbesondere folgende Aspekte umfassen:

- Präambel
- Definitionen
- Umfang des Joint Venture
- Verantwortlichkeiten der Parteien
- Zeitplan
- Hintergrund/Technologie
- Projekt-Know-how
- Verwendung des Know-how
- Vertraulichkeit
- Struktur
- Projekt-Management
- Änderungen
- Finanzierung
- Inhaberschaft/Verwendungen
- Haftung/Verantwortlichkeit
- Force Majeure
- Laufzeit/Beendigung
- Exklusivität
- Schiedsregelung
- Wettbewerbsvereinbarung
- Verschiedenes
- Anlagen.

---

263 Siehe dazu ausführlich C.IX. sowie Gerhard Picot/Schnitker, Arbeitsrecht bei Unternehmenskauf und Restrukturierung.

Für das *Equity Joint Venture* sollten die vertraglichen Regelungen folgende Aspekte einbeziehen:
- Präambel
- Definitionen
  - Definitionen
  - Vertragspartner
- Errichtung des Joint Ventures
  - Gegenstand des Joint Ventures
  - Gesellschaftsstruktur des Joint Ventures
  - Gesellschaftszweck
    - Rechtsform, Firma, Sitz des Joint Ventures
    - Satzung, Geschäftsordnungen des Joint Ventures
  - Wirtschaftlicher Stichtag für die Errichtung des Joint Ventures
  - Verwaltung des Joint Ventures
    - Vorstand/Geschäftsführung
    - Besetzung
    - Leitung des Joint Ventures
    - Verwaltungssitz
    - Aufsichtsrat
    - Gesellschafterausschuss
  - Einbringung in das Joint Venture
    - Beteiligung der Vertragspartner
    - Grundsätze der beiderseitigen Zusammenführung der Geschäftsaktivitäten
    - Vermögensgegenstände
    - Know-how
    - Patente, Schutzrechte
    - Lizenz-, Kooperations- und Beratungsverträge
    - Vertriebsvereinbarungen
    - Angebote/Auftragsbestand
    - Sonstige Verträge
    - Mitarbeiter
    - Überleitung der Vertragsverhältnisse
  - Einbringung der Geschäftsbereiche sowie der Beteiligungen im In- und Ausland
- Bilanzen/Ausgleich
  - Bilanzen
  - Ausgleich/Anpassungen
- Aufschiebende Bedingung/Closing
  - Aufschiebende Bedingung
  - Closing
- Beziehungen der Vertragspartner untereinander und zum Joint Venture
  - Grundsätze
    - Parität, Einvernehmlichkeit
    - Arm's Length

- Finanzierung des Joint Ventures/Cash Management/Sicherheiten
- Partnerausschuss
- Unternehmensvertrag
- Berichtswesen, Jahresabschluss und Investor Relations
- Wettbewerbsverbot
- Lizenz- und Dienstleistungsverträge
  - Gewerbliche Schutzrechte
  - Namens- und Markenlizenzvertrag
  - Sonstige Dienstleistungsverträge
- Integrationskonzept und Management Appraisal
- Ausgleichszahlungen
  - Bewertung
  - Bilanzgarantie
  - Ausgleich
- Gewährleistungen, Due Diligence
  - Gewährleistungen
    - Gegenseitige Gewährleistungen
    - Gewährleistungszeitpunkt
  - Rechtsfolgen der Gewährleistungen
    - Nachbesserung und Schadensersatz
    - Ausschluss weitergehender Rechte
    - Freibetrag und Haftungsobergrenze
    - Verjährung
    - Aufrechnungsverbot, Zurückbehaltungsrecht
  - Due Diligence
- Freistellungen
  - Rechtsstreite vor dem Stichtag
  - Rückrufaktionen
  - Umweltbeeinträchtigungen
- Inkrafttreten des Joint Venture
  - Aufschiebende Bedingungen, Zustimmungsvorbehalte
  - Kartellrechtliche Freigabe
  - Closing
    - Tag des Closing
    - Closing-Aktivitäten
    - Fortführung der Geschäftsbereiche bis zum Closing
- Laufzeit des Joint Venture, Beendigung der Zusammenarbeit
  - Laufzeit
  - Change of Control
  - Veräußerung von Anteilen
    - Andienungspflicht/Put Option/Call Option
    - Vorkaufsrecht
    - Rechtsnachfolge
- Verschiedenes

- Durchsetzung der Rechte und Pflichten aus diesem Vertrag
- Haftung
- Kosten
- Vertraulichkeit, Kommunikation
- Rechtswahl, Schiedsklausel
- Weitere Vereinbarungen, Schriftform, Überschriften
- Salvatorische Klausel
- Erklärungsadressaten
• Anlagen.

dd) Gesellschaftsverträge

Beim Equity Joint Venture ist neben dem Joint-Venture-Vertrag zusätzlich noch der Abschluss von Gesellschaftsverträgen erforderlich. Grundsätzlich wäre es beim Equity Joint Venture sogar möglich, auf einen Joint-Venture-Vertrag zu verzichten und sämtliche Regelungen im Gesellschaftsvertrag zu treffen. Die damit verbundene Publizität (der Gesellschaftsvertrag ist beim Handelsregister des jeweils zuständigen Amtsgerichtes öffentlich einsehbar) führt aber im Regelfall zum Abschluss eines vom Gesellschaftsvertrag getrennten Joint-Venture-Vertrages.

Zudem ist darauf zu achten, dass der Gesellschaftsvertrag auf den Joint Venture Vertrag abgestimmt werden muss. Im Joint-Venture-Vertrag sollten daher auch entsprechende Pflichten zu einer Anpassung des Gesellschaftsvertrages für den Fall enthalten sein, dass Widersprüche auftreten. Daneben sollte im Joint-Venture-Vertrag der Vorrang des Joint-Venture-Vertrages gegenüber dem Gesellschaftsvertrag ausdrücklich hervorgehoben werden.

f) Gewährleistung und Due Diligence[264]

Ein wichtiges Sonderproblem, welches sich bei den Verhandlungen für ein Joint Venture immer wieder ergibt, ist die Frage, in welchem Umfang Gewährleistungen oder Freistellungen von der jeweils anderen Joint-Venture-Partei verlangt werden können. Insbesondere, wenn wesentliche Vermögensgegenstände oder ein Betrieb in das Joint Venture eingebracht werden, besteht seitens der Joint-Venture-Partner ein berechtigtes Interesse daran, zu wissen, ob die von dem jeweils anderen Partner eingebrachten Vermögensgegenstände tatsächlich dem angenommenen Wert entsprechen und keine Mängel aufweisen.

---

264 Vgl. allgemein zu dem Thema: Gerhard Picot, Due Diligence und privatrechtliches Haftungssystem, in: Berens/Brauner, Due Diligence bei Unternehmensakquisitionen, 3. Auflage, 2002.

Entsprechendes gilt auch für die Forderung eines Joint-Venture-Partners, Angelegenheiten des Betriebs oder der Vermögensgegenstände, welche in das Joint Venture eingebracht werden, im Rahmen einer Due Diligence im Vorfeld der Verhandlungen oder zumindest vor Abschluss und Unterzeichnung der Verträge zu offenbaren.

Zusammenfssend lässt sich sagen, dass sowohl die Gewährleistung als auch die Durchführung einer Due Diligence mit den sich jeweils daran anschließenden Fragen ein viel diskutiertes Problem sind. Die Verhandlung eines umfangreichen Gewährleistungspakets kann in der kooperativen oder konstruktiven Atmosphäre der Verhandlungen oft befremdlich wirken. Ebenso kann die Durchführung einer Due Diligence bis in alle Einzelheiten den Eindruck mangelnden Vertrauens hervorrufen und als überflüssige Formalität angesehen werden.

Gegen Gewährleistungen wird eingewandt, dass bei ihrer Verletzung eine Durchsetzung häufig nicht durchführbar sein dürfte. Denn wenn das Joint-Venture-Unternehmen einmal errichtet worden ist, dürfte eine Klage gegen den Geschäftspartner in den seltensten Fällen ein realistisches geschäftliches Verhalten darstellen. Denn ein gerichtliches Vorgehen gegen einen Joint-Venture-Partner wird kaum mit der Aufrechterhaltung einer kooperativen Beziehung vereinbar sein, wie sie für die Fortführung eines Joint Ventures erforderlich ist.

Vor allem bei einem inländischen Joint Venture wird daher häufig die Frage nach der Notwendigkeit einer Due Diligence und von Gewährleistungsregelungen gestellt. Unzweifelhaft ist die Wahl des Joint-Venture-Partners von entscheidender Bedeutung. Da eine spätere Durchsetzung von Gewährleistungsrechten, außer unter besonders krassen Umständen, kaum realistisch sein wird, ist es hilfreich, eine Due Diligence vor Vertragsabschluss durchzuführen, anhand derer das Unternehmen des anderen Partners und der Zustand seines Betriebes bzw. seiner einzubringenden Vermögensgegenstände beurteilt werden kann.

Gewährleistungsregelungen errichten zudem – auch wenn ihre Durchsetzung eher unrealistisch ist – zumindest einen psychologischen Druck auf die Gegenseite, alle wesentlichen Umstände für das Joint Venture offen zu legen. Als Argument kann einem skeptischen Partner insoweit auch entgegengehalten werden, dass die Gewährleistungen meistens nicht nur einseitig, sondern von beiden Partnern abgegeben werden und auf diese Weise das Sicherheitsbedürfnis beider Joint-Venture-Partner befriedigt wird.

7. Unternehmenssicherungen und -nachfolgen

Derzeit gibt es ca. drei Millionen mittelständische Unternehmen, davon weit mehr als 90 % im Besitz einer oder mehrerer Familien. Das Institut der deutschen Wirtschaft Köln hat berechnet, dass in den nächsten 10 Jahren in Deutschland etwa 700.000 mittelständische Unternehmen, d.h. pro Jahr ca. 70.000 Familienunternehmen, zur Übertragung oder Vererbung, also zur Unternehmensnachfolge, anstehen und sich deshalb mit Fragen der Unternehmensnachfolge auseinander setzen müssen.[265] Darüber hinaus geraten zahlreiche mittelständische Unternehmen vor dem Hintergrund der wirtschaftlichen Gesamtsituation sowie des immer stärker werdenden nationalen und internationalen Wettbewerbes zunehmend in den Transaktionsstrudel. In Deutschland gilt dies vor allem für Familienunternehmen mit Jahresumsätzen von 10 bis 250 Millionen Euro. Dabei sieht sich der Mittelstand zusätzlich der Problematik ausgesetzt, dass sich die Banken immer stärker aus der Finanzierung zurückziehen (Basel II etc.). Zugleich sind gerade die mittelständischen Betriebe oftmals in Marktnischen tätig, in denen sie aufgrund ihres Erfolges das Interesse größerer Unternehmen an einer Beteiligung oder Übernahme wecken. Kein Wunder, dass die Familienunternehmen derzeit verstärkt in den Focus der M&A-Beratung rücken.

Allerdings bringt in den Familienunternehmen die Kombination der Stellung als Unternehmer, Gesellschafter und Familienmitglied gewisse Spannungsfelder zwischen ungenutzten Potenzialen und möglichen Konflikten mit sich. Dabei verstärken anstehende Generationenwechsel diese Komplexität, wobei jede Generation vor der Aufgabe steht, das Unternehmen an sich verändernde politische, ökonomische und technische Rahmenbedingungen anzupassen und die besonderen Probleme der Unternehmensnachfolge zu bewältigen.

Die Unternehmensnachfolge kann entweder familienintern oder familienextern gestaltet werden.

Bei der familieninternen Unternehmensnachfolge wird der elterliche Betrieb an ein Familienmitglied, in der Regel an einen Abkömmling des bisherigen Inhabers, übergeben, sodass das Unternehmen im Familienbesitz bleibt. Bei der familienexternen Nachfolge hingegen wird die Unternehmensführung und die Inhaberschaft zum Beispiel im Wege eines Management-Buy-out oder eines Management-Buy-in auf einen familien-fremden Dritten übertragen.

In beiden Varianten sieht sich der bisherige Familien-Unternehmen dem Problem ausgesetzt, dass er die Führungsverantwortung abgeben muss.

Bei der familieninternen Unternehmensnachfolge kommt hinzu, dass nur die wenigsten Familienunternehmen im eigenen Familienkreis einen Nachfolger haben, der sich den Herausforderungen des Unternehmens stellen will oder in der Lage ist, die Führungsverantwortung zu übernehmen. Ist ein geeigneter Nachfolger innerhalb der Familie vorhanden, wird der Entschluss, den elterlichen Betrieb zu übernehmen, oftmals durch äußere Umstände, wie beispielsweise Alter, Krankheit oder gar Tod eines Elternteils, beeinflusst. Vielfach stellt sich dann die Frage, ob der Nachfolger tatsächlich aus eigenem Antrieb das Familienunternehmen weiterführen oder ob er nicht »nur« den familiären Erwartungen entsprechen will.

Doch auch bei der familienexternen Unternehmensnachfolge muss der Unternehmer entscheiden, ob er lieber heute statt morgen die langjährig von ihm gehaltenen Zügel an einen »Fremden« aus der Hand geben soll. Viele Familienunternehmer wol-

---

265 Vgl. zu M&A im Mittelstand Picot/Russenschuck, M&A-Review 2001, 500 ff.

len oder können sich insbesondere dann nicht von ihrem Lebenswerk trennen, wenn die Fortführung des Unternehmens zugleich ihre Alterversorgung beinhaltet.

Hier kann unter Umständen eine nur partielle familienexterne Nachfolge hilfreich sein. Dabei wird entweder nur die Führung des Unternehmens an einen fremden Manager gegeben, während das Kapital bei der Familie verbleibt. Oder es wird die Inhaberschaft an einen Dritten übergeben, während die Führung zeitlich befristet in der Familie verbleibt.

Bei einer Übertragung der Inhaberschaft auf einen Private-Equity-Investor können für den Familienunternehmer folgende Vorteile entstehen: Der bisherige Unternehmer kann regelmäßig für eine gewisse Zeit in der Position des Geschäftsführers bleiben und sich diese jedoch mit einem weiteren, neu eintretenden Manager teilen. Letzterer wiederum hat den Vorteil, sich durch die Erfahrung und Hilfe des Familienunternehmers leichter in das Geschäft einzuarbeiten. Für die Kunden und Zulieferer wird hierdurch die Unternehmens-Kontinuität sichtbar. Auch für das Unternehmen selbst ist dieses Modell insofern von Vorteil, als eine zukunftsorientierte Fortführung auf der Basis des bestehenden Know-how ermöglicht wird. Keiner kennt den Markt und seine Wettbewerber besser, als derjenige, der sich auf diesem Feld seit Jahrzehnten erfolgreich bewegt.

Insgesamt verlangt gerade bei Transaktionen im Mittelstand das Zusammenführen von Tradition und Innovation rechtliches, betriebswirtschaftliches, finanzielles und steuerliches Feingefühl, zumal vielfach auch die Auseinandersetzung mit emotionalen Themen erforderlich ist. Offene Gespräche innerhalb der Familie können hier helfen, den Fortbestand des Familienunternehmens zu retten, und – um es mit dem polnischen Philosophen Stanislaw Brzozowski auszudrücken –, die Zukunft nicht nur zu erkennen, sondern zu schaffen.

Die Unternehmensnachfolge wirft zahlreiche gesellschafts- und erbrechtliche sowie steuerrechtliche Fragen auf. Die Komplexität der hierbei zu treffenden Regelungen zeigt sich besonders bei Personengesellschaften mit mehreren Gesellschaftern.

Nach der früheren Rechtslage vor Inkrafttreten des Handelsrechtsreformgesetzes zum 01.07.1998 führte das Versterben eines Gesellschafters einer Offenen Handelsgesellschaft beziehungsweise des Komplementärs einer Kommanditgesellschaft (§§ 161 Abs. 2, 177 HGB) zur Auflösung der Gesellschaft. Die Gesellschaft verwandelte sich in eine sogenannte Liquidationsgesellschaft, das heißt, der Zweck der Gesellschaft bestand von da an nur noch in ihrer Auflösung und Abwicklung. Dies bedeutete die Zerschlagung eines lebenden Unternehmens, die wegen des erheblichen Wertverlustes zumeist von keinem der verbleibenden Beteiligten gewollt war. Ziel einer sinnvollen Nachfolgeregelung musste es daher in erster Linie sein, die Fortexistenz des Unternehmens durch eine entsprechende Gestaltung des Gesellschaftsvertrages zu sichern. Dies wurde in der Weise erreicht, dass die Gesellschaft lediglich mit den bisherigen Gesellschaftern fortgesetzt wurde. Der verstorbene Gesellschafter schied dann aus der Gesellschaft aus und den Erben stand ein Abfindungsanspruch gegen die Gesellschaft zu.

Nach Inkrafttreten des Handelsrechtsreformgesetzes ist nunmehr für die OHG und die KG gemäß § 131 Abs. 1, Abs. 3 Nr. 1, 139 HGB die Fortsetzung der Gesellschaft unter Ausscheiden des Verstorbenen zum gesetzlichen Regelfall geworden, sodass sich die früheren gesellschaftsvertraglichen Regelungen erübrigt haben. Die Unternehmenskontinuität wird somit gesichert und der Praxis der Vertragsgestaltung Rechnung getragen, die ohnehin regelmäßig auf die Fortsetzung der Gesellschaft gerichtet war. Wird die Gesellschaft ohne die Erben fortgesetzt, so steht den Erben eine Abfindung zu, es sei denn, der Gesellschaftsvertrag hat dies ausgeschlossen.[266]

Der Gesellschaftsvertrag kann jedoch statt des Ausscheidens des verstorbenen Gesellschafters die Fortsetzung mit den Erben vorsehen (Fortsetzungs- und Nachfolgeklauseln). Wird die Gesellschaft mit sämtlichen Erben fortgesetzt, so handelt es sich um eine »einfache Nachfolgeklausel«. Sieht der Gesellschaftsvertrag hingegen die Fortsetzung nur mit einem oder mehreren von ihnen vor, handelt es sich um eine so genannte »qualifizierte Nachfolgeklausel«. Erfolgt der Eintritt nicht ohne weiteres mit dem Erbfall, sondern ist hierzu ein Rechtsgeschäft mit einem Dritten erforderlich, wird von einer »Eintrittsklausel« oder »gesellschaftsrechtlichen Nachfolgeklausel« gesprochen.

Bei Eintrittsklauseln stellt sich in zweierlei Hinsicht die Frage nach Abfindungsansprüchen: Zum einen kann ein solcher Anspruch des Erben gegen die Gesellschaft entstehen, wenn einem Dritten ein Recht auf Eintritt eingeräumt wird und der verstorbene Gesellschafter aus der Gesellschaft ausscheidet; zum anderen können erbrechtliche Ausgleichsansprüche der Miterben entstehen, wenn einem anderen Miterben ein Eintrittsrecht in die Gesellschaft gewährt wird. Als einfache Lösung akzeptiert die Rechtsprechung mit gewissen Einschränkungen, den Ausgleichsanspruch für ausscheidende Gesellschafter vollständig auszuschließen. Dies wird aber häufig nicht dem Bedürfnis der Gesellschafter entsprechen, ihre Familie und Erben an den von ihnen geschaffenen Vermögenswerten teilhaben zu lassen.

Von § 139 HGB werden Fälle erfasst, in denen der Gesellschaftsvertrag die Fortsetzung der Gesellschaft mit sämtlichen oder zumindest einem Erben, mithin also eine Nachfolgeklausel, vorsieht. Es ist daher zu überlegen, ob eine Fortsetzung der Gesellschaft mit den Erben sinnvoll erscheint.

Bei der Gestaltung des Gesellschaftsvertrages dürfen die erbrechtlichen Aspekte nicht außer Acht gelassen werden. Wird etwa die Gesellschaft nur mit einem Erben fortgesetzt, können für etwaige Miterben Ausgleichsansprüche entstehen, wenn der Wert des Gesellschaftsanteils den Wert des Erbteils des Nachfolgers übersteigt. Dies kann z.B. durch die Übertragung des Gesellschaftsanteils im Wege eines Vorausvermächtnisses vermieden werden, da hierdurch der Anteil des Nachfolgers am Nachlass vergrößert wird.

Die aus dem Erbrecht erwachsenden Ausgleichsansprüche verdeutlichen, dass gesellschaftsvertragliche Regelungen durchaus erbrechtliche Folgen haben können. Wichtig ist es daher, die Regelung der Unternehmensnachfolge als Einheit aufzufassen, die sowohl die Gestaltung der Gesellschaftsverträge als auch die testamentarischen Verfügungen umfasst. Aus steuerrechtlicher Sicht sind dabei selbstverständlich vor allem die Aspekte der Erbschafts-, Schenkungs- und Einkommensteuer eingehend

---

266 Vgl. zur Zulässigkeit solcher Klauseln BGHZ 22, 194; BGH WM 1971, 1339.

zu berücksichtigen, um eine optimale Gestaltung der Unternehmensnachfolge zu erreichen.

Für die rechtliche Ausgestaltung der Unternehmensnachfolge gibt es keine Patentrezepte. Die Vielzahl der erb- und gesellschaftsrechtlichen Gestaltungsvarianten macht es vielmehr notwendig, im Einzelfall festzustellen, welche individuellen Besonderheiten und Bedürfnisse des Unternehmens zu beachten sind. Dazu gehören insbesondere die Überlegungen, ob einzelne der Gesellschafter aus bestimmten Gründen unterschiedlich zu behandeln sind oder ob überhaupt Erben vorhanden sind, die geeignet wären, die Gesellschaft weiterzuführen. In jedem Fall sollte erwogen werden, ob eine Übertragung der Unternehmensanteile bereits zu Lebzeiten im Wege einer vorweggenommenen Erbfolge Vorteile bieten kann.[267]

8. Management Buy-out (MBO) und Management Buy-in (MBI)

Das Volumen der Management Buy-out (MBO), bei denen oftmals langjährig erfolgreiche Manager die von ihnen geführten Unternehmen unter Ausnutzung ihrer genauen Kenntnisse vom Unternehmen bzw. Markt und seinem Wert sowie des in der Objektgesellschaft befindlichen Cash-Flow erwerben, hat – wie oben dargestellt – aufgrund der erheblichen Investitionen der Private-Equity-Gesellschaften in den letzten Jahren erheblich zugenommen;[268] ebenso der Management Buy-in (MBI), bei denen Manager fremde Unternehmen kaufen. Vornehmlich sind derartige Transaktionen bei mittelständischen Unternehmen vorzufinden, die vor gravierenden Nachfolgeproblemen stehen.[269] Vielfach strebt der Verkäufer aber auch nach einer Lösung etwaiger Managementprobleme, insbesondere nach einer Verselbstständigung (Spin-off bzw. Split-off) oder Abtrennung (Divestiture) von Konzerngesellschaften, die nicht mehr in das Wirtschaftskonzept des Konzerns passen.

Auf Seiten der Manager ist es beim MBO und MBI vornehmlich der Wunsch nach Selbstständigkeit und unternehmerischer (Gestaltungs-) Freiheit. Da der Personenkreis der Manager in der Regel nicht selbstständig über ausreichende Eigenkapital-Mittel verfügt, wird der MBO und MBI meistens mit Hilfe von Investoren oder Kreditgebern im Rahmen eines so genannten Leveraged Buy-out (LBO) oder Leveraged

---

267 Siehe dazu eingehend Sudhoff, Unternehmensnachfolge.
268 Siehe dazu FAZ, 01.02.2005 S. 9: »Private Equity auf ungeahnten Höhen«; Gerhard Picot, Die Unternehmerin, 1997, H. 11 sowie Luippold, S. 151 ff., 158 ff. Zu der aktuellen Entwicklung siehe Echarri, 2000 Rekordjahr für den europäischen Private Equity- und Venture Capital-Markt, M&A Review 2001, 449 ff., 451 sowie Gessner, FINANCE-DBAG-Studie zum Management Buy-out als Nachfolgelösung, Finance, 2/2002, S. 48 ff.; ferner Köhler/Walter, Handelsblatt v. 05./06.10.2001, S. 38.
269 Vgl. zu M&A im Mittelstand auch Picot/Russenschuck, M&A-Review 2001, 500 ff.

Buy-in (LBI) fremdfinanziert. Diese Begriffe sind auf die Hebelwirkung zurückzuführen, die dadurch entsteht, dass die Erwerber mit einem relativ geringen Eigenkapitaleinsatz vergleichsweise große Unternehmen erwerben, während gleichzeitig die Eigenkapitalrendite bei einer über dem Zinssatz des Fremdkapitals liegenden Gesamtkapitalrentabilität überproportional ansteigt.

Der Zuwachs der MBO und der MBI ist aber auch darauf zurückzuführen, dass zunehmend Fonds-, Beteiligungs- bzw. Venture-Capital-Gesellschaften neue Investitionsmöglichkeiten für einen breiten Anlegerkreis suchen und sich verstärkt dieser Übernahmeform bedienen. Die Ursache für die wachsende Beliebtheit der MBO und MBI ist darin zu sehen, dass ein Management, das als Mitgesellschafter am Erfolg des Unternehmens partizipiert, regelmäßig in besonderem Maße motiviert und interessiert ist, mit seiner Insider-Kenntnis der Stärken und Schwächen den Erfolg des Unternehmens zu verbessern. Mit dem eigenen Management lassen sich am ehesten die Ziele erreichen, den Shareholder-Value, d.h. den Beteiligungs- bzw. Unternehmenswert unter Ausnutzung des sog. Value-Managements oder Wertsteigerungs-Managements mit dem Ziel einer möglichst profitablen Weiterveräußerung oder der Erreichung eines möglichst hohen Aktienkurses zu maximieren.

Die Eigenarten der Management Buy-out und der Management Buy-in dürfen nicht darüber hinwegtäuschen, dass diese Formen der Unternehmensübertragung zunächst die gleichen Fragestellungen und Probleme aufwerfen wie ein normaler Unternehmenskauf, d.h. Letter of Intent, Due-Diligence-Prüfung durch die Erwerber bzw. Investoren, Gewährleistungen des Verkäufers etc. Neben die kaufvertraglichen Garantien des Verkäufers treten aber beim MBO vielfach selbstständige Garantieerklärungen des Managements; diese sind vor dem Hintergrund ihres Insider-Know-how's besonders in denjenigen Fällen eine wichtige Grundlage für die Fremdfinanzierung und Anlagebereitschaft von Investoren, in denen die Übernahme eines Unternehmens durch Fonds- und Beteiligungsgesellschaften oder andere Investoren im Wege des Leveraged Buy-out (LBO) oder Leveraged Buy-in (LBI) finanziert wird. Dabei ist zu berücksichtigen, dass das entscheidende Ziel beim Management Buy-out bzw. Management Buy-in die Erreichung eines stabilen Cash-Flow ist. Denn nur auf der Basis eines stabilen Cash-Flow lässt sich die zumeist hohe Fremdfinanzierung in einem überschaubaren Zeitraum zurückführen. Aus diesem Grunde wird von den Investoren regelmäßig eine 5-Jahres-Planung verlangt, welche die zukünftige Ertragskraft des Unternehmens darlegt und die Grundlage der Cash-Flow-Rechnung, des Tilgungsplans und des Return on Investment ist. Stets ist aber zu beachten, dass sich die Manager bei der Erstellung dieser Planung in einem nicht unerheblichen Interessenkonflikt befinden. Einerseits sind sie nämlich verpflichtet, die Interessen der Altgesellschafter bzw. des Unternehmens zu wahren, andererseits vertreten sie bereits als (Mit-) Unternehmenserwerber handfeste Eigeninteressen. Die Manager müssen daher als Grundlage der Verhandlungen Zahlen und Prognosen liefern, die objektiv nachvollziehbar und überprüfbar sind.[270]

---

[270] Siehe dazu auch Frei/Jakobi, Akquisitionscontrolling bei Management Buy Outs, M&A 2/2000, S. 48 ff.

a) Wirtschaftliche Voraussetzungen des Leveraged Buy-out (LBO) bzw. des Leveraged Buy-in (LBI)

Wirtschaftliche Besonderheiten der MBO- und MBI-Transaktionen ergeben sich in erster Linie aus ihrer hohen Fremdfinanzierung, zumal die zu erwerbenden Ziel- bzw. Target-Unternehmen in der Regel sowohl die Mittel für die Rückführung der Finanzierung erwirtschaften als auch die Sicherheiten für die Finanzierung erbringen müssen. Daraus ergibt sich zugleich, dass nicht jedes Unternehmen für eine MBO- und MBI-Finanzierung geeignet ist. Geeignete Übernahmeobjekte sind insbesondere Produktionsgesellschaften, daneben aber auch gewisse Dienstleistungs- und Providerunternehmen. Da das Finanzierungsvolumen durch den bloßen Zugriff auf den Cash-Flow und die stillen Reserven nur längerfristig reduziert werden kann, wird der Liquiditätszufluss häufig durch zusätzliche Maßnahmen erhöht. Zu diesem Zweck werden insbesondere betriebswirtschaftlich nicht notwendige Vermögensteile oder Betriebsanlagen nach der Übernahme veräußert und erforderlichenfalls zum Beispiel im Wege des Lease-Back verfügbar gehalten.

Wirtschaftliche Voraussetzungen für einen LBO bzw. LBI sind daher

- eine günstige Cash-Flow-Prognose für die Zeit nach dem MBO/MBI,
- ein etwaiger Verkauf nicht betriebsnotwendiger Aktiva,
- ein Konzept für produktivitätssteigernde Maßnahmen.

b) Finanzierungsformen des MBO bzw. MBI

Ausgehend davon, dass die MBO- und MBI-Finanzierung grundsätzlich durch den Rückgriff auf den Unternehmenswert der Zielunternehmen erfolgt, werden in der Praxis insbesondere drei Finanzierungsmodelle angewendet, nämlich

- das Darlehensmodell
- das Sicherheitsmodell
- das Pfändungsmodell.

Bei dem *Darlehensmodell* gewährt das zu erwerbende Zielunternehmen der Übernahme- bzw. Holdinggesellschaft, die vom Management und gegebenenfalls den Investoren für den Erwerb des Zielunternehmens gegründet wird, zur Kaufpreisfinanzierung ein Darlehen, das das Zielunternehmen in der Regel bei einem Kreditinstitut refinanzieren muss.

c) Rechtliche Gestaltung des MBO bzw. MBI

MBOs werden gesellschaftsrechtlich in einstufiger Form oder – insbesondere aus steuerrechtlichen Gründen – in zweistufiger Form gestaltet. Beim einstufigen MBO erfolgt ein unmittelbarer Erwerb der Zielgesellschaft, ohne dass eine Übernahmegesellschaft eingeschaltet wird, welche die Zielgesellschaft kauft. Ein derartiger MBO kommt nur dann in Betracht, wenn bei der Zielgesellschaft keine stillen Reserven vorhanden sind, die in einer sich an die Akquisition anschließenden Umstrukturierungsmaßnahme zur Erreichung eines zusätzlichen steuerrelevanten Abschreibungspotenzials aufgedeckt werden können. Ein einstufiger MBO ist ferner dann denkbar, wenn eine inländische Kapitalgesellschaft die Anteile veräußert oder eine natürliche Person, die die Anteile im Betriebsvermögen hält. Bei dem meistens angewandten indirekten, d.h. zweistufigen MBO erwirbt die Übernahmegesellschaft, auch als Holding- bzw. Erwerbergesellschaft bezeichnet, in der ersten Stufe die Gesellschaftsanteile des Zielunternehmens. Da es bei einem Share Deal grundsätzlich nicht möglich ist, die im Kaufpreis mitbezahlten stillen Reserven der Zielgesellschaft in Abschreibungspotenzial zu verwandeln, wird im Anschluss an die Akquisition in der zweiten Stufe

- entweder das Vermögen der Zielgesellschaft im Wege der Einzelübertragung auf die Übernahmegesellschaft transferiert (Asset-Deal-Modell),
- oder die Zielgesellschaft in eine GmbH & Co KG umgewandelt (Umwandlungsmodell).

Dadurch wird bewirkt, dass die stillen Reserven des Zielunternehmens, d.h. der Kaufpreis abzüglich des Buchwertes der Wirtschaftsgüter des Zielunternehmens, steuerneutral aufgedeckt und damit entsprechendes Abschreibungspotenzial geschaffen wird.

Beim Asset-Deal-Modell kauft eine von den Führungskräften und gegebenenfalls von den Investoren als Zwischenholding gegründete Übernahme-GmbH in der zweiten Stufe sämtliche Vemögensgegenstände des Zielunternehmens als Sachgesamtheit. Diese Vermögensgegenstände werden dann im Wege der Einzelrechtsübertragung auf die Übernahme-GmbH übertragen. Die Vermögensgegenstände der Zielgesellschaft werden hierdurch Vermögensgegenstände der Übernahme-Gesellschaft, sodass die Fremdfinanzierung unmittelbar durch das Vermögen der Übernahmegesellschaft besichert werden kann. Der Erwerb nach diesem Modell erfolgt insofern durch folgende Schritte:

- Gründung einer Übernahmegesellschaft in der Rechtsform einer GmbH,
- Erwerb sämtlicher Geschäftsanteile der Ziel-GmbH durch die Übernahme-GmbH; Aktivierung der Geschäftsanteile bei der Übernahmegesellschaft zu Anschaffungskosten,
- Kauf der Einzelwirtschaftsgüter des Zielunternehmens durch die Übernahmegesellschaft zum Marktwert; Aktivierung der Wirtschaftsgüter bei der Übernahmegesellschaft zu Anschaffungskosten (Buchwertaufstockung),
- Ausschüttung des durch den Verkauf der Einzelwirtschaftsgüter erzielten Gewinns der Zielgesellschaft an die Übernahmegesellschaft,
- Ausschüttungsbedingte Teilwertabschreibung der Übernahmegesellschaft auf den Buchwert der Beteiligung an dem Zielunternehmen,
- Einstellung der werbenden Tätigkeit des Zielunternehmens nach der Gewinnausschüttung an die Übernahmegesellschaft.

Der Buchwert des Unternehmens, der in der Regel unter dem Kaufpreis der Geschäftsanteile (Anschaffungskosten) liegt, kann durch diese Vorgehensweise aufgestockt werden (Step-up), sodass ein erhöhtes, steuermindernd nutzbares Abschreibungsvolumen entsteht. Nach der sog. Stufentheorie des Bundesfinanzhofes wird der Kaufpreis hierbei durch die folgenden Schritte auf die einzelnen Wirtschaftsgüter verteilt:

- Zunächst werden die Buchwerte der bilanzierten materiellen und immateriellen Wirtschaftsgüter im Maßstab und mit der Höchstgrenze der Teilwerte verhältnismäßig aufgestockt.
- Sind die Anschaffungskosten immer noch höher, dann wird vermutet, dass nicht bilanzierte, z.B. selbstgeschaffene immaterielle Einzelwirtschaftsgüter vorhanden sind.
- Ergibt sich ein weiterer, nicht verbrauchter Betrag, besteht eine widerlegbare Vermutung dafür, dass ein originärer Geschäftswert vorhanden ist. Die Anschaffungskosten sollen dann in erster Linie auf die abnutzbaren immateriellen Wirtschaftsgüter, in zweiter Linie auf den Geschäftswert und schließlich auf die nicht abnutzbaren immateriellen Wirtschaftsgüter verteilt werden.

Beim Umwandlungsmodell erfolgt auf der zweiten Stufe ein Formwechsel der in der Rechtsform der GmbH geführten Zielgesellschaft in eine Personengesellschaft in der Rechtsform der GmbH & Co KG. Der identitätswahrende Formwechsel nach § 4 Abs. 6 UmwStG gestattet die Aufstockung der Buchwerte bei der GmbH & Co KG. Hierdurch wird bei der Zielgesellschaft ein erhöhtes Abschreibungspotenzial für die Einkommensteuer, nicht aber für die Gewerbesteuer nutzbar gemacht.

Ist das Zielunternehmen von vornherein eine GmbH & Co. KG dann können die erworbenen Einzelwirtschaftsgüter auch bei einem Share Deal zu ihren Teilwerten in einer Ergänzungsbilanz aktiviert werden, sodass sich Umstrukturierungsmaßnahmen jedenfalls aus steuerlicher Sicht erübrigen.

d) Kapitalerhaltung bei einem Zielunternehmen in der Rechtsform einer GmbH oder AG

Ist das Zielunternehmen eine GmbH, so hat das übernehmende Management die Kapitalerhaltungsvorschriften im GmbH-Gesetz zu beachten. Im Interesse der Gesellschaftsgläubiger an der Erhaltung des Stammkapitals verbietet die Vorschrift des § 30 GmbHG die Auszahlung desjenigen Vermögens der Gesellschaft an die Gesellschafter, das zur Erhaltung des Stammkapitals erforderlich ist. Für den MBO, MBI und LBO bedeutet dies, dass eine Darlehens- und Sicherheitsgewährung zu Lasten des Vermögens der Ziel-GmbH zu unterbleiben hat, wenn die Darlehensaufnahme und/oder die Bestellung der Sicherheiten zu einer Unterbilanz der GmbH führen würde.

Nach dem Normzweck des § 30 GmbHG sind nämlich Auszahlungen im Sinne dieser Vorschrift und Bestellungen von Sicherheiten gleichzusetzen. Die Sicherheitsleistung des Zielunternehmens an die kreditgebende Bank zur Finanzierung des Kaufpreises kann daher nach den gleichen Kriterien eine unerlaubte Auszahlung im Sinne des § 30 GmbHG darstellen. Da das Prinzip der Vermögensbindung bei der GmbH nur auf das zur Erhaltung des Stammkapitals erforderliche Vermögen beschränkt ist, ist die Regelung in den §§ 30 ff. GmbHG anders und weniger streng, als diejenige des § 57 Abs. 1 AktG, der für Aktiengesellschaften jede Rückgewährung von Einlagen untersagt, die nicht aus dem Bilanzgewinn stammen.

Steuerrechtlich besteht ferner die Gefahr einer verdeckten Gewinnausschüttung. Das Vorliegen einer verdeckten Gewinnausschüttung wird insbesondere danach beurteilt, ob die Zins- und Tilgungsvereinbarung sowie die (angemessene) Besicherung des Darlehens einem Fremdvergleich standhalten. Handelsbilanzrechtlich betrachtet führt der MBO/LBO aufgrund des hohen Fremdkapitaleinsatzes für die beteiligten Unternehmen regelmäßig zu einem erhöhten Risiko und damit auch zu einer erhöhten Insolvenzgefahr.

9. Going Public/Börsengänge (IPO)

Der Verkaufserfolg der Deutschen Telekom AG bei ihrem zweiten Börsengang im Jahre 1999, der ihre »Kriegs- bzw. Akquisitionskasse« um mehr als 20 Mrd. DM auf ca. 180 Mrd. aufbesserte, zeigt, dass sich die Börse zu einem hervorragenden Vehikel zur Verbesserung der Eigenkapitalausstattung der Unternehmen entwickelt hat. Besonders belebt wurde diese Entwicklung durch den Start des Neuen Marktes an der Frankfurter Börse.

a) Die Bedeutung der Börsengänge

Von Anfang 1990 bis Ende 2000 gingen in Deutschland 494 Unternehmen an die Börse. Seit der erfolgreichen Notierungsaufnahme der MobilCom AG am 10.03.1997 erlebten die deutschen Börsengänge (Going Public oder IPO) einen Boom, der bis Mitte 2000 andauerte. Danach ließ jedoch der Trend der deutschen Unternehmen, an die Börse zu gehen, deutlich nach. Während im Jahre 1999 153 Unternehmen und im Jahre 2000 139 den Schritt an die Börse nahmen, waren es im Jahre 2001 nur noch 20 Unternehmen. Nach den Turbulenzen und Talfahrten der Aktienkurse sind die Emittenten vorsichtiger geworden. Gerade mittelständische Unternehmen, die es in den Zeiten des Aktienbooms in Scharen an die Börse trieb, überlegen sich inzwischen wieder sehr genau, ob sie die Kosten und Mühen eines Börsenganges in Kauf nehmen.

Allerdings besteht trotz der schwachen Marktlage Hoffnung auf eine Verbesserung der Perspektiven für das Emissionsgeschäft. Insgesamt gibt es in Deutschland etwa 5.000 Aktiengesellschaften, darunter etwa 1.000 börsennotierte Aktiengesellschaften, gegenüber 600.000 bis 700.000 Gesellschaften mit beschränkter Haftung. Während es zum Ende 2001 in den USA mehr als 7.000 börsennotierte Unternehmen gab, gibt es in allen Ländern der Europäischen Wirtschafts- und Währungsunion insgesamt nur 5.000. Es besteht insofern durchaus ein erheblicher struktureller Nachholbedarf in Europa und in Deutschland. Während in den USA die schärfer gewordenen Bilanzgesetze für eine zunehmende Abkehr kleinerer Unternehmen von der Wall Street sorgen, verlassen derzeit auch in Deutschland zahlreiche kleinere Unternehmen im Wege des sog. Delisting die Börse,

Für das *Delisting* hat der Brundesgerichtshof in seiner Entscheidung »Mactrotron« vom 25.11.2002 (siehe 3. Finanzmarktförderungsgesetz, § 38 Abs. 4 BörsG n.F.) folgende Rechtsgrundsätze aufgestellt:

- Für ein Delisting ist ein Beschluss der Hauptversammlung mit einfacher Mehrheit erforderlich. Die Basis für diese Beschlusserfordernis sind nicht die Holzmüllergrundsätze. Vielmehr wird durch das Delisting in die Verkehrsfähigkeit der Aktien eingegriffen, die zur Eigentumsgarantie nach Art. 14 GG gehört.
- Der Schutz der Minderheitsaktionäre ist über das Börsenrecht nicht hinreichend gewährleistet, da die Börsenordnung leicht geändert werden könnte (Verweis auf die BörsO FWB). Im Übrigen fordern die Börsenordnungen allenfalls einen Preis für ein Kaufangebot, der sich am höchsten Börsenpreis der letzten sechs Monate vor Antragstellung orientiert. Nach der Rechtsprechung de BVerfG ist aber eine angemessene Abfindung erforderlich. Der Börsenpreis kann durchaus unter einem derartigen angemessenen Preis liegen.
- Als Folge fordert der BGH ein »Pflichtangebot« über den Kauf der Aktien durch die Gesellschaft oder durch den Großaktionär. Dabei muss den Minderheitsaktionären eine volle Entschädigung gewährt werden. Diese Entschädigung muss in einem gerichtlichen Verfahren (Spruchstellenverfahren) überprüfbar sein.
- Der Hauptversammlungsbeschluss bedarf keiner sachlichen Rechtfertigung, da die Entscheidung unternehmerischen Charakter hat. Auch ein Vorstandsbericht entsprechend § 186 Abs. 4 S. 2 AktG ist nicht erforderlich. Schließlich muss ein Ermächtigungsbeschluss auch keine zeitliche Befristung enthalten.

Für die Praxis wird es sich wegen der Unsicherheit der Bedeutung des »Pflichtangebotes« (nach dem WpÜG) empfehlen, gegebenenfalls ein freiwilliges Kaufangebot nach dem WpÜG machen (mit einer Orientierung des Preises vor allem am Börsenpreis), um mit einer Beteiligung von mehr als 95 % einen Squeeze-out durchzuführen. Im Übrigen bleiben die Möglichkeiten eines »kalten« Delistings, wie zum Beispiel der Umwandlung der Aktiengesellschaft in eine GmbH; Verschmelzung auf nichtbörsennotierte AG, etc.

b) Die Motive für den Börsengang

Die Beweggründe für einen Börsengang sind vielfältig. Das Hauptmotiv für den Going Public richtet sich auf eine Stärkung der Eigenkapitalbasis zur Finanzierung weiteren Unternehmenswachstums, insbesondere auch durch Mergers & Acquisitions. Ferner können Unternehmensinhaber durch den Verkauf ihrer Aktien beim oder nach dem Börsengang vielfach beträchtliche Gewinne erzielen.

Sie treffen auf privates Anlagevermögen, das in Deutschland derzeit auf rund 5,4 Billionen Deutsche Mark geschätzt wird, wobei die junge »Generation der Erben« Investitionen in Aktien besonders aufgeschlossen ist. Nicht zuletzt war dies auch der Grund dafür, dass die Beteiligungsinvestitionen im europäischen Private-Equity- und Venture-Capital-Markt weiter anstiegen.[271] Besonders Deutschlands Gründerszene erlebte hierdurch in den vergangenen Jahren einen wahren Geldrausch. Angeschoben durch die Informations- und Kommunikationstechnik stimulierten enorme Kursgewinne am Neuen Markt die Start-up-Unternehmen ebenso wie das Anlage suchende Risikokapital der Investoren und der Venture Capital Gesellschaften. Dadurch bedingt wurde den Venture Capital Gesellschaften das Geld der Investoren und die Business-Pläne des Management-Nachwuchses für ihre Fonds geradezu aufgedrängt.

Vielfach ist der Börsengang eines Unternehmens auch ein idealer Exit aus den Problemen der Sicherung der Unternehmensnachfolge.

Andere Beweggründe sind die Steigerung des Bekanntheitsgrades des Unternehmens sowie die leichtere Rekrutierung qualifizierter Arbeitskräfte, nicht zuletzt durch die Schaffung unternehmenswertorientierter Vergütungsmodelle (Siehe dazu C.IX.5.). In den meisten Fällen erfolgt eine verstärkte Ausrichtung am »Shareholder Value«, und es werden in bemerkenswertem Umfang neue Arbeitsplätze geschaffen.

Zunehmend resultieren die Börsengänge aber auch aus erfolgreichen Unternehmensakquisitionen oder sind sogar das Motiv für einen Unternehmenserwerb. Vor allem kann die Ausgliederung und Verselbstständigung von Unternehmensteilen oder von Konzerntöchtern (»Spin-off«) und deren Börsengang im Anschluss an eine Unternehmensakquisition eine Möglichkeit zur Wertsteigerung oder zur Konzentration auf die Kernbereiche des Unternehmens und zugleich zur Finanzierung der Transaktion bieten; diese Bedeutung der Spin-offs für den Aktienmarkt zeigt sich daran, dass seit dem Jahre 1990 ca. 17% der jährlichen Emissionsvolumina aus der Veräußerung von Tochtergesellschaften stammen.

c) Die Maßnahmen beim Börsengang im Einzelnen

Beim Börsengang sind vor allem folgende Maßnahmen zu ergreifen:

- Strategische Vorüberlegungen
- Auswahl der Banken und Berater
- Darstellung der Equity-Story und Prüfung der Börsenreife der Gesellschaft
- Rechtliche Vorbereitungsmaßnahmen (z. B. Umwandlung in eine AG, Gestaltung der Satzung etc.)

---

271 Echarri, 2000 Rekordjahr für den europäischen Private Equity- und Venture Capital-Markt, M&A Review 2001, 449 ff. Siehe auch Köhler/Walter, Handelsblatt v. 05./06.10.2001, S. 38.

- Prüfung und Bewertung durch die Emissionsbanken (Due Diligence)
- Hauptversammlungsbeschlüsse betreffend Kapitalerhöhung etc.
- Abschluss des Übernahmevertrages
- Erstellung des Verkaufsprospektes/Unternehmensberichtes
- Präsentation beim Zulassungsausschuss der Deutschen Börse AG
- Antrag auf Billigung des Verkaufsprospektes/Unternehmensberichtes durch die Deutsche Börse AG
- Antrag auf Börsenzulassung an die Deutsche Börse AG
- Billigung des Verkaufsprospektes
- Pressekonferenz und Veröffentlichung des Verkaufsangebotes mit einer vorgegebenen Preisspanne
- Die Festsetzung des Emissionspreises im Bookbuilding-Verfahren
- Festlegung des endgültigen Bezugspreises (Emissionspreises)
- Eintragung der Kapitalerhöhung ins Handelsregister/Zeichnung der Aktien
- Zuteilung der Aktien und Veröffentlichung des Bezugspreises
- Notierungsaufnahme an der Börse (Börsenkurs).

Am Beginn eines Börsenganges stehen die strategischen Vorüberlegungen und die sorgfältige Auswahl der Banken und Berater, die über das notwendige (Insider-) Know-how und die erforderlichen praktischen Erfahrungen für einen erfolgreichen Börsengang verfügen. Unternehmen bzw. Alteigentümer, die sich zu einem Börsengang entschließen, werden regelmäßig nicht mit ihrem Management aus eigener Kraft und eigenem Know-how die notwendigen wirtschaftlichen, rechtlichen, steuerlichen und kommunikativen Voraussetzungen schaffen und die Börsenreife des Unternehmens herbeiführen können.

In Gesprächen zwischen der Geschäftsleitung des Unternehmens sowie den Banken und Beratern werden dann die Ziele und der Zeitplan des Börsenganges festgelegt, der derzeitige Zustand des Unternehmens ermittelt und mögliche Hindernisse identifiziert. Mit Hilfe von Checklisten werden dabei typische Problempunkte und die Börsenreife der Gesellschaft analysiert.

In den nachfolgenden Ausführungen werden die wesentlichen Maßnahmen schaubildartig dargestellt und, soweit dies sachdienlich erscheint, ausführlicher kommentiert. Die in diesem Bereich vorherrschenden englischen Fachtermini und Schlagworte werden gleichfalls »übersetzt«. Ausgegangen wird dabei von einem rein deutschen Börsengang, also ohne zeitgleiche Notierung an einer ausländischen Börse und ohne Angebot der Aktien in den USA.

(1) Aufträge an Berater/Dienstleister

Maßnahme	Erläuterung	Dokumente	Zeitpunkt/Zeitraum
Aufträge an Berater/ Dienstleister	• Ggf. IPO-Berater • Konsortialführernde Bank (»KB«) (»Lead Manager«) • Wirtschaftsprüfer (»WP«) • Rechtsanwälte (»RA«) • Werbeagentur • Drucker • Übersetzer	Mandatsverträge (»Engagement Letter(s)«)	Auswahl vor Kick-off Meeting; Werbeagentur, Drucker und Übersetzer auch später; Engagement letter(s) sollten möglichst vor dem Kick-off-Meeting unterzeichnet sein (in praxi aber meist erst danach)

(2) Kick-off-Meeting

Maßnahme	Erläuterung	Dokumente	Zeitpunkt/Zeitraum
Kick-off-Meeting	Vorstellung des Unternehmens durch die Unternehmensleitung für die Berater	Unterlagen ähnlich einer »Management Presentation«	Kontaktaufnahme RA und KB möglichst schon vor Kick-off-Meeting

(3) Beginn Due Diligence/Prospekterstellung

Maßnahme	Erläuterung	Dokumente	Zeitpunkt/Zeitraum
Beginn Due Diligence/ Prospekterstellung	Die Berater des Unternehmens und – je nach Absprache mit der KB auch deren Berater – (insbesondere RA/WP) prüfen die wesentlichen Dokumente/Unterlagen des Unternehmen, die mittels Anforderungslisten der Berater zusammengestellt und den Beratern in einem Datenraum zur Verfügung gestellt werden; die Ergebnisse der Due Diligence fließen in den Prospekt ein	• Due Diligence Listen für Datenraum • Ggf. Due Diligence-Bericht (jedenfalls dann erforderlich, wenn keine Due Diligence durch KB; aber auch für interne Kontrolle zu empfehlen)	Zeitnah nach Kick-off-Meeting; Due Diligence und Prospekterstellung können parallel erfolgen; die Due Diligence Listen der RA und KB sollten aufeinander abgestimmt sein; nach ca. 2 Wochen sollten die Ergebnisse der Due Diligence im Wesentlichen vorliegen; für die Due Diligence/Prospekterstellung ist ein Gesamtzeitraum von ca. 10 Wochen anzusetzen mit mind. fünf, meistens aber deutlich mehr »drafting sessions« für den Prospekt

Ein Kernstück des Zulassungsverfahrens an der Börse ist der in deutscher und englischer Sprache abzufassende Verkaufsprospekt, der zugleich ein entscheidendes Marketing-Instrument darstellen kann.[272]

Der Verkaufsprospekt gibt Auskunft über die tatsächlichen und rechtlichen Verhältnisse der Gesellschaft und des Börsenganges, die für die Beurteilung der angebotenen Aktien notwendig sind. In dem Prospekt stellt die Gesellschaft gemeinsam mit ihren Banken und Beratern die tatsächlichen und rechtlichen Verhältnisse des Unternehmens dar, die die Anleger für die Beurteilung der angebotenen Aktien benötigen. Der Prospekt muss vollständig und richtig sein (Ziff. 4.1. der Zulassungsbedingungen).

Notwendig sind Angaben über die Aktien, den Emittenten, das Kapital des Emittenten und seine Geschäftätigkeit sowie die Personen und Gesellschaften, die die Verantwortung für den Inhalt des Verkaufsprospektes übernehmen. Ferner enthält der Prospekt Informationen über die Vermögens-, Finanz- und Ertragslage des Emittenten, seine Rechnungslegung, die Organe, die Mittelherkunft und Mittelverwendung, etwaige Beteiligungsunternehmen, Ergebnis und Dividende je Aktie, den jüngsten Geschäftsgang sowie Angaben über die Geschäftsaussichten und Risiken des Emittenten.[273]

Im Rahmen der so genannten Prospekthaftung haften die Gesellschaft, die Banken und weiteren Unterzeichner des Prospektes den Anlegern bis zu 6 Monate nach dem Börsengang für die Richtigkeit und Vollständigkeit des Prospektes.

(4) Gegebenenfalls (erste) Gesellschafterversammlung (Hauptversammlung)

Maßnahme	Erläuterung	Dokumente	Zeitpunkt/Zeitraum
Gegebenenfalls (erste) Gesellschafterversammlung	• Wenn noch keine AG: Umwandlung in AG mit Vorstands- und Aufsichtsratsbestellung; • Gegebenenfalls erste (Bar-)Kapitalerhöhung, um ein ausgewogenes Verhältnis zwischen den zu platzierenden und den bei den Altgesellschaftern verbleibenden Aktien zu erreichen	• Antrag an das Registergericht auf Bestellung eines Gründungsprüfers • Umwandlungsbeschluss mit Satzung sowie Wahl des ersten Aufsichtsrats und Vorstandsbestellung • Gründungs- und Gründungsprüfungsberichte • Kapitalerhöhungsbeschluss mit Zeichnungsscheinen und Einzahlungsbelegen • Jeweils Handelsregisteranmeldung	• Als erstes: Antrag auf Bestellung eines Gründungsprüfers • Umwandlungsbeschluss so früh wie möglich (wenn Betriebsrat: Zuleitung des Entwurfs des Umwandlungsbeschlusses spätestens vier Wochen vor Beschlussfassung) • Eintragung im Handelsregister ca. 3 - 4 Wochen nach der Anmeldung

---

272 Siehe das VerkaufsprospektG vom 17.07.1996, BGBl. I, S.1047.
273 Eingehend dazu Harrer/Erwe, RIW 1998, S. 661/662.

Hat das Unternehmen im Vorfeld des Börsengangs die Rechtsform einer Personengesellschaft oder GmbH, so ist eine Umwandlung in eine börsenfähige Rechtsform, nämlich in eine Aktiengesellschaft oder in eine Kommanditgesellschaft auf Aktien vorzunehmen. Zwar eignet sich die KGaA in besonderer Weise zur Sicherung des Einflusses der Unternehmensgründer in der börsennotierten Gesellschaft, da es mehr noch als bei der Aktiengesellschaft möglich ist, dem geschäftsführenden Organ weitgehende Befugnisse zu erteilen. Trotz dieses Vorteils wurde aber bislang bei Neuemissionen von dieser Gesellschaftsform wenig Gebrauch gemacht, da sie durch einen recht hohen rechtlichen Gestaltungsaufwand gekennzeichnet ist.

Die Umwandlung in eine Aktiengesellschaft sollte in der Regel möglichst früh erfolgen. Bei jungen Aktiengesellschaften sind nämlich im Falle von Expansionsbestrebungen in den ersten zwei Jahren nach ihrer Gründung bei jeder größeren Akquisition die sog. Nachgründungs-Formalien, einschließlich des Erfordernisses eines zustimmenden Hauptversammlungsbeschlusses gemäß § 52 des Aktiengesetzes zu beachten.

Für den Vorstand einer Aktiengesellschaft, der die Börseneinführung des Unternehmens plant, stellt sich vor allem die Frage, welche Maßnahmen der Zustimmung der Hauptversammlung bedürfen.

Die vom Vorstand im Zuge des Börsenganges abzuschließenden Verträge (insbesondere der Übernahmevertrag) und der Antrag auf Zulassung zum Handel an der Börse sind Geschäftsführungsmaßnahmen, für die keine gesetzliche Hauptversammlungszuständigkeit vorgesehen ist. Gleichwohl kann ein zustimmender Hauptversammlungsbeschluss nach den Grundsätzen der Holzmüller-Rechtsprechung erforderlich sein, wenn der Börsengang wesentliche Strukturmaßnahmen beinhaltet.[274]

Ist die Börseneinführung mit einer Kapitalerhöhung verbunden – dies ist bei einer Börsenzulassung zum Neuen Markt unerlässlich –, so ergibt sich die Notwendigkeit eines Hauptversammlungsbeschlusses bereits aus § 182 Abs. 1 AktG; nach dieser Bestimmung ist eine Mehrheit von 3/4 des bei der Beschlussfassung vertretenen Grundkapitals erforderlich, soweit nicht aufgrund einer besonderen Regelung in der Satzung die einfache Mehrheit ausreicht. Gleiches gilt, wenn zur Börsenzulassung sonstige Strukturmaßnahmen wie etwa die Beseitigung der Vinkulierung von Aktien notwendig sind.

Daneben bringt die Börseneinführung für die Aktionäre auch Nachteile mit sich. So fallen z.B. die Erleichterungen für eine kleine Aktiengesellschaft weg (z.B. Einberufung der Hauptversammlung per eingeschriebenem Brief gemäß § 121 Abs. 4 AktG), und der Charakter der Gesellschaft ändert sich von einer geschlossenen in eine offene Publikumsgesellschaft. Ferner werden die Gesellschaft mit Publizitätspflichten (z.B. § 15 WpHG, § 44b BörsG) und die Aktionäre mit bußgeld- bzw. strafbewehrten Pflichten nach dem Wertpapierhandelsgesetz (insbesondere §§ 14 Abs. 1, 21 Abs. 1 WpHG) belastet. Faktisch führt ein Going Public damit zu einer erheblichen Strukturänderung der Gesellschaft. Für den Vorstand empfiehlt es sich daher, einen zustimmenden Hauptversammlungsbeschluss einholen.[275]

---

274 Siehe BGHZ 83, 122 ff.; siehe dazu auch Gerhard Picot, Unternehmenskauf und Restrukturierung, Teil I: Vertragsrecht, Rdn. 150 sowie Gerhard Picot/Müller-Eising, in: Gerhard Picot, ebenda, Teil II: Gesellschaftsrecht, Rdn. 346 und 454.
275 Vgl. dazu Vollmer/Grupp, Der Schutz der Aktionäre beim Börseneintritt und Börsenaustritt, ZGR 1995, S. 460.

Umstritten ist, ob dieser Hauptversammlungsbeschluss der einfachen oder einer qualifizierten Mehrheit bedarf. Wegen des satzungsändernden Charakters der Börseneinführung (vgl. auch die vorgenannten Argumente) ist es im Hinblick auf § 179 AktG zu empfehlen, einen Hauptversammlungsbeschluss mit einer Mehrheit von mindestens drei Viertel des bei der Beschlussfassung vertretenen Grundkapitals einzuholen.

(5) Gegebenenfalls Börsenpräsentation (nur für Neuer Markt)

Maßnahme	Erläuterung	Dokumente	Zeitpunkt/Zeitraum
Ggf. Börsenpräsentation (nur für Neuer Markt)	Vorstellung des Unternehmens vor dem Zulassungsausschuss der Deutsche Börse AG	Präsentationsunterlagen (auf der Basis der Unterlagen zum Kick-off-Meeting)	Sollte noch in zeitlicher Nähe zum Kick-off-Meeting erfolgen (ca. 4 Wochen)

Die Präsentation beim Zulassungsausschuss der Deutschen Börse AG und der Beginn der Image-Kampagne beenden die Vorbereitungsphase des Börsengangs.

(6) Verhandlung der wesentlichen Verträge, insbesondere des Übernahmevertrages

Maßnahme	Erläuterung	Dokumente	Zeitpunkt/Zeitraum
Verhandlung der wesentlichen Verträge, insbesondere des Übernahmevertrages (»underwriting agreement«) mit der führenden Emissionsbank (Lead Manager/Book Runner)	Die wesentlichen Verträge sind standardisiert und werden üblicherweise von der KB vorgeschlagen; es besteht nur eingeschränkter Verhandlungsspielraum	• Übernahmevertrag (»underwriting agreement«) mit Anlagen (insbesondere »legal opinions« der RAe des Unternehmens und der KB sowie »letter of comfort« der WP's; Preisfestsetzungsvertrag) • Sponsorenvertrag mit den »designated sponsors« • Zahl- und Hinterlegungsstellenvertrag • Konsortialvertrag (»agreement amongst underwriters«) • Ggf. Aktienleihe für »Greenshoe« (s.u.)	• Der Übernahmevertrag sollte vor Prospekteinreichung (s.u.) ausverhandelt sein, ist es aber meist erst kurz vor dem Beginn des Bookbuilding (s.u.) • Werden die Sponsorenverträge nicht rechtzeitig verhandelt, stellen die Sponsoren teils absurde Geldforderungen • Das Unternehmen hat nur Einfluss auf die Auswahl der Konsortialbanken; der Konsortialvertrag selbst betrifft das Unternehmen nicht und wird diesem allenfalls zur Kenntnis gegeben

Aktienemissionen können direkt an die Öffentlichkeit (*Selbstbegebung*) oder an ein Bankenkonsortium (*Fremdbegebung*) vorgenommen werden. In der Regel erfolgen die Emissionen in Deutschland im Wege der Fremdbegebung in der Weise, dass ein Bankenkonsortium die Aktien auf eigene Rechnung fest übernimmt und dann selbst an das Publikum weiter veräußert. Die rechtlichen Beziehungen zwischen dem Emittenten, den abgebenden Aktionären und dem Bankenkonsortium werden dabei in einem Übernahmevertrag (»Underwriting Agreement«) geregelt, der regelmäßig an die Stelle der früher üblichen mehrseitigen Offerte der Banken tritt. Vom Umfang und vom Vertragsstil her ähnelt er anglo-amerikanischen Unternehmenskaufverträgen.[276]

Ein Übernahmevertrag enthält vor allem die Verpflichtung der Emissionsbank gegenüber dem Emittenten bzw. dem abgebenden Altaktionär zur Übernahme (Zeichnung) einer bestimmten Zahl von Aktien. Die tatsächlichen Zuteilungsquoten werden in der Praxis hiervon abweichend und flexibel zwischen den Emissionsbanken geregelt. Neugeschaffene Aktien werden dabei zunächst von dem Konsortialführer, dem »*Global Coordinator*« übernommen und anschließend den übrigen Konsortialbanken zugeteilt. Dies vermeidet im Falle der Beteiligung ausländischer Konsortialbanken die schwierige Beschaffung von Vertretungsnachweisen gegenüber dem Handelsregister. Mit dieser Übernahmeverpflichtung ist die weitere Verpflichtung der Emissionsbank verbunden, die Aktien im Publikum zu platzieren. Neue Aktien werden dabei im Rahmen einer Kapitalerhöhung übernommen, bei der das Bezugsrecht der Altaktionäre ausgeschlossen wird.

In der Regel geschieht dies im Wege eines vereinfachten Bezugsrechtsausschlusses nach § 186 Abs. 3 Satz 4 AktG, wenn die Barkapitalerhöhung 10% des Grundkapitals nicht übersteigt und der Ausgabebetrag den Börsenkurs nicht wesentlich unterschreitet, anderenfalls durch einen Bezugsrechtsausschluss gem. § 186 Abs. 3 AktG. Im Übernahmevertrag kann auch vereinbart werden, dass die Aktien vor der Platzierung im Publikum zunächst den Altaktionären zum Bezug anzubieten sind. In diesem Fall erfolgt gemäß § 186 Abs. 5 AktG kein Bezugsrechtsausschluss.

Die Verpflichtung zur Übernahme der zu platzierenden Aktien steht in der Regel unter den aufschiebenden Bedingungen, dass die im Vertrag abgegebenen Gewährleistungen und Garantien des Emittenten bzw. des Altaktionärs nicht in wesentlichen Punkten unrichtig sind oder bis zur tatsächlichen Übernahme der Aktien unrichtig werden. Um die Voraussetzungen der Übernahme sicherzustellen, müssen rechtliche Bestätigungen (Legal Opinions) der beratenden Anwälte, ein vom Vorstand des Emittenten im Namen der Gesellschaft unterschriebenes Officers'-Certificate sowie ein Comfort Letter des Abschlussprüfers beigebracht werden. In diesen Dokumenten wird jeweils die Richtigkeit und Ordnungsgemäßheit der Daten und des Verfahrens zu verschiedenen Zeitpunkten bestätigt. Dabei geben die Übernahmeverträge den Banken

---

276 Zu internationalen Unternehmenskaufverträgen siehe Gerhard Picot/Land, Der internationale Unternehmenskauf, DB 1998, S. 1601 ff.

meist die Möglichkeit, den Börsengang bis zur Festsetzung des Bezugspreises zu stoppen und rückabzuwickeln.

Eine weitere aufschiebende Bedingung für die Verpflichtung zur Übernahme der Aktien ist die Einigung über den Emissionspreis.

Hierbei ist zu beachten, dass die Zuteilung der Aktien an die Investoren und die Aufnahme des Börsenhandels mit den platzierten Aktien häufig bereits mehrere Tage vor der Überweisung des Emissionserlöses erfolgt. Eine Rückabwicklung der bereits abgeschlossenen Aktienkaufverträge über die Deutsche Kassenverein AG ist daher technisch nicht mehr zu bewerkstelligen.

Bei der Platzierung von neuen Aktien entstehen diese Aktien originär in der Hand der Emissionsbanken im Zeitpunkt der Zeichnung und Eintragung der entsprechenden Kapitalerhöhung in das Handelsregister. Erst nach der Eintragung der Kapitalerhöhung in das Handelsregister ist die Börsenzulassung der Aktien möglich. Ferner ist bei ihrer Einführung in den Handel gemäß § 52 Abs. 1 BörszuVO eine Frist von 3 Tagen einzuhalten (s.u.). Zudem benötigen die Emissionsbanken aus technischen Gründen einen Zeitraum von etwa 2 Tagen zwischen der Einführung und Zuteilung der Aktien einerseits und der Überweisung des Emissionserlöses an den Emittenten andererseits.

Übernahmeverträge enthalten deshalb regelmäßig Bestimmungen, wonach die vorgenannten aufschiebenden Bedingungen zum Zeitpunkt der Übergabe des Zeichnungsscheins bzw. der Einreichung der Handelsregisteranmeldung zur Eintragung der Kapitalerhöhung erfüllt sein müssen (*erstes Closing*).

Darüber hinaus sind unmittelbar vor der Überweisung des Emissionserlöses erneut eine Legal Opinion, ein Officers'-Certificate und ein Comfort-Letter beizubringen, wonach seit der Übernahme der Aktien keine Umstände eingetreten sind, die wesentliche nachteilige Folgen für die Geschäftstätigkeit oder die finanzielle Lage des Emittenten haben (*zweites Closing*).

Problematisch ist dabei, dass die zu platzierenden Aktien nach erfolgter Eintragung der Kapitalerhöhung bereits wirksam in der Hand der Konsortialbanken entstanden sind und daher eine Rückabwicklung des Vertrages nur noch dann in Betracht kommt, wenn eine der Bedingungen für die Übernahme der Aktien nicht mehr vorliegt.[277]

Verhandlungsgegenstand sind oft auch weitreichende Force-Majeure-Klauseln. Auf der Grundlage solcher Klauseln können die Banken die Übernahme der Aktien unter Umständen bereits dann verweigern, wenn die Platzierung wegen des Eintritts eines unvorhergesehenen Ereignisses gefährdet erscheint.

Neu ausgegebene Aktien werden von den Konsortialbanken in der Regel zum Nennbetrag gezeichnet. Die Differenz zwischen dem Nennbetrag und dem Bezugs-

---

[277] Siehe dazu auch Technau, Rechtsfragen bei der Gestaltung von Übernahmeverträgen (Underwriting-Agreements) im Zusammenhang mit Aktienemissionen, in: AG 1998, S. 445 (447).

preis (Emissionspreis) der platzierten Aktien wird aufgrund einer schuldrechtlichen Verpflichtung im Übernahmevertrag von den Konsortialbanken an den Emittenten abgeführt (zweistufiges Verfahren).

Die *Zeichnung zum Nennbetrag* erfolgt vor allem deshalb, weil die Differenz zwischen dem Nennbetrag und einem über dem Nennbetrag liegenden Emissionspreis gemäß § 188 Abs. 2 Satz 1 i.V.m. § 36 a Abs. 1 AktG vor Anmeldung der Kapitalerhöhung vollständig einzuzahlen wäre. Als Begründung für die Zeichnung zum Nennwert wird zum Teil auch angeführt, sie ermögliche die zeitliche Flexibilität, die die Festsetzung des Emissionspreises im Wege des Bookbuilding-Verfahrens (siehe dazu (15)) erfordere. Handelsregistereintragungen erfolgen aber vielfach derart zügig, dass die Zeichnung der Aktien und die Anmeldung der Kapitalerhöhung häufig erst nach dem Abschluss der Bookbuilding-Periode erfolgt, sodass die Zeichnung zum Nennwert jedenfalls aus zeitlichen Gründen nicht erforderlich wäre.[278]

Die Konsortialbanken müssten daher bei der Zeichnung zum Emissionspreis den Differenzbetrag zwischen dem Zeitpunkt der Anmeldung der Kapitalerhöhung und dem Zeitpunkt der Gutschrift des Emissionserlöses zwischenfinanzieren. Dies wäre insbesondere amerikanischen Banken kaum verständlich zu machen, weil bei amerikanischen Emissionen üblicherweise die Banken die Aktien von der Gesellschaft Zug um Zug gegen Zahlung des Emissionserlöses kaufen. Ferner erfolgt die Zeichnung zum Nennbetrag, um auch nach der Eintragung der Kapitalerhöhung noch auf negative Einflüsse am Kapitalmarkt reagieren zu können. Zugleich wird hierdurch ein anderenfalls erforderlicher Sicherheitsabschlag für mögliche Kursschwankungen vermieden. Vor der Einführung des Bookbuilding-Verfahrens, bei dem ein Orderbuch aufgrund hereingegebener Kauforder erstellt wird, bei denen die Preisbildung und die Zuteilung der Aktien bis zum Abschluss der Orderhereinnahme offenbleibt, war es nötig, einen solchen Sicherheitsabschlag in Höhe von 15 bis 25% des erwarteten Börsenkurses vorzunehmen; dies sollte im Interesse der Altaktionäre zur Vermeidung einer Kursverwässerung jedenfalls dann vermieden werden, wenn ihr Bezugsrecht ausgeschlossen ist. Beim Ausschluss des Bezugsrechtes nach § 186 Abs. 3 Satz 4 AktG ist die Differenz zwischen dem Börsenkurs und dem Emissionspreis bereits Kraft Gesetzes auf 3 bis 5% begrenzt.

Die Zeichnung von Aktien zum Nennbetrag ist rechtlich zulässig. Nicht zu folgen ist der Minderansicht, wonach durch die Zeichnung von Aktien zum Nennwert die in § 36 a Abs. 1 i.V.m. § 188 Abs. 2 AktG vorgesehene gesetzliche Sicherung der Aufbringung des Aufgeldes (»Agios«) umgangen werde, die nicht dispositiv sei und nicht nur den Interessen der Gesellschaft, sondern auch dem Gläubigerschutz diene. Wie den unterschiedlichen Regelungen im Aktiengesetz (§ 36 a Abs. 1 AktG) und im GmbHG (§ 57 Abs. 2 Satz 1 i.V.m. § 7 Abs. 2 Satz 1 GmbHG) zu entnehmen ist, dient nämlich das Gebot der Volleinzahlung des Aufgelds bei einer Aktiengesellschaft nicht dem Gläubiger-, sondern dem Verkehrsschutz. Da Aktien im Vergleich

---

278 So auch Technau, in: AG 1998, S. 445 (447) und Hoffmann-Becking, Festschrift für Lieberknecht (1997), S. 25 (39)

zu GmbH-Anteilen eine höhere Fungibilität aufweisen, soll der Erwerber einer Aktie davor geschützt werden, dass er für ein vom Zeichner nicht geleistetes Aufgeld in Anspruch genommen wird. Ferner ist zu berücksichtigen, dass auf das Grundkapital lediglich eine Einzahlung in Höhe von 25% des Nennbetrages zu leisten ist, das Aufgeld aber in voller Höhe vor der Anmeldung einzuzahlen ist. Während Gläubiger die Höhe des Grundkapitals dem Handelsregister entnehmen können, ist ihnen die Einzahlung eines Aufgeldes in die Kapitalrücklage regelmäßig nicht einmal bekannt. Die Verpflichtung zur Volleinzahlung des Aufgeldes besteht mithin nicht zum Schutz der Gläubiger, sondern dient dem Verkehrsschutz. Damit steht § 36 a Abs. 1 AktG einer Zeichnung der Aktien zum Nennwert nicht entgegen. Denn die Abführungsverpflichtung der Emissionsbanken entfaltet rein schuldrechtliche Wirkungen, sodass der Erwerber einer Aktie nicht für die Abführung des Emissionserlöses in Anspruch genommen werden kann und der freie Aktienverkehr mithin nicht gefährdet wird.

Die Zeichnung der Aktien zum Nennwert ist auch dann zulässig, wenn das Bezugsrecht der Aktionäre nach § 186 Abs. 3 Satz 4 AktG ausgeschlossen ist, wobei allerdings der »Ausgabebetrag« der neuen Aktie deren Börsenkurs nicht wesentlich unterschreiten darf. Zwar wird in § 186 Abs. 3 Satz 4 AktG der Begriff »Ausgabebetrag« verwendet; jedoch herrscht Einigkeit darüber, dass es sich hierbei um ein Redaktionsversehen handelt. Mit dem »Ausgabebetrag« ist nicht der Ausgabebetrag im Sinne des § 185 Abs. 1 Satz 3 Nr. 2 AktG gemeint, der in den Zeichnungsschein aufzunehmen ist. Es wäre nämlich widersinnig, gerade dort, wo sich der Bezugspreis der Aktien weitestgehend am Börsenkurs orientieren soll, die verbindliche Festsetzung dieses Preises bereits vor der Zeichnung der Aktien vorzuschreiben. Der Bezugsrechtsausschluss nach § 186 Abs. 3 Satz 4 AktG ist deshalb bereits dann zulässig, wenn der »Bezugspreis« (Emissionspreis) den Börsenkurs nicht wesentlich unterschreitet. Dieser Bezugspreis muss dabei nicht mit dem Ausgabebetrag im Sinne des § 185 Abs. 1 Satz 3 Nr. 2 AktG übereinstimmen.

Die in Übernahmeverträgen häufig vorgesehene *Rückabwicklung des Vertrages nach Eintragung der Kapitalerhöhung* bereitet nach deutschem Recht erhebliche Probleme, weil die Banken mit der Übergabe des Zeichnungsscheines gemäß § 185 AktG ihre Verpflichtung zur Übernahme der Aktien erfüllt haben.

In jedem Falle sollten vertragliche Regelungen vermieden werden, die die Gesellschaft für den Fall eines Rücktritts der Konsortialbanken zu der Durchführung einer entsprechenden *Kapitalherabsetzung* verpflichten. Eine solche Kapitalherabsetzung, die nicht der Beseitigung einer Unterbilanz dient, ist nämlich nur nach den Regeln einer ordentlichen Kapitalherabsetzung gemäß §§ 222 ff. AktG möglich. Durch den Vorstand allein kann sie nicht wirksam vereinbart werden, da die Entscheidung über Kapitalmaßnahmen in die Kompetenz der Hauptversammlung fällt und gemäß § 222 Abs. 1 AktG ein mit qualifizierter Mehrheit zu fassender Hauptversammlungsbeschluss erforderlich ist. Außerdem haben Gläubiger binnen 6 Monaten nach der Bekanntmachung der Eintragung der Kapitalherabsetzung das Recht, Sicherheit für ihre Forderungen zu erlangen.

Ein *Rückkauf der Aktien durch die Gesellschaft* gemäß § 71 Abs. 1 Nr. 1 AktG, wonach ein Rückerwerb zur Abwendung eines schweren Schadens von der Gesellschaft zulässig ist, ist ebenfalls nicht möglich, weil drohende Kursverluste nur in Ausnahmefällen als Schaden im Sinne dieser Vorschrift anzusehen sind. Auch ein Rückerwerb gemäß dem mit dem KontraG neu eingeführten § 71 Abs. 1 Nr. 8 AktG kommt in der Praxis nicht in Betracht, weil die Gesellschaft den übrigen Aktionären ein entsprechendes Angebot auf Erwerb ihrer Aktien unterbreiten müsste.[279]

Rechtlich unwirksam sind ferner Klauseln, wonach die Gesellschaft innerhalb einer Frist von 2 bis 3 Monaten nach einem Scheitern der Platzierung der Aktien das Recht hat, den Konsortialbanken einen Dritten zu benennen, an den die Aktien zu einem bestimmten Preis zu veräußern sind, wobei nach fruchtlosem Ablauf dieser Frist die Konsortialbanken berechtigt sind, die Aktien zu einem von ihnen zu bestimmenden Preis am Markt zu veräußern. Der Vorstand kann nämlich die Kompetenz, den Emissionspreis zu bestimmen, nicht wirksam auf die Emissionsbanken übertragen. Zudem müssen Vorstand und Aufsichtsrat im Falle eines Bezugsrechtsausschlusses sicherstellen, dass die Grenzen des § 186 Abs. 3 Satz 4 oder des § 255 AktG bei der Preisbildung berücksichtigt werden.

Die in Übernahmeverträgen enthaltenen Gewährleistungen und Garantien des Emittenten entsprechen in der Regel den in Unternehmenskaufverträgen enthaltenen Gewährleistungen und Garantien. Zusätzlich garantiert der Emittent bzw. der Altaktionär jedoch regelmäßig, dass sämtliche Angaben im Börsenzulassungs- und Verkaufsprospekt, die für die Investorenentscheidung wesentlich sein könnten, richtig sind. Rechtlich bedenklich sind dabei Regelungen, die vorsehen, dass den Emissionsbanken sämtliche aus einer Garantieverletzung entstehende Schäden zu ersetzen sind, zumal hierunter auch eine mögliche Prospekthaftung der Emissionsbanken gegenüber Anlegern fällt.

Handelt es sich um die Abgabe von Aktien der Altaktionäre, so kann darin ein Verstoß gegen die Kapitalerhaltungsvorschrift des § 57 AktG wegen einer ungerechtfertigten Zuwendung an den abgebenden Aktionär liegen, wenn die Gesellschaft kein eigenes Interesse an der Veräußerung der Aktien hat. Allerdings lässt sich bei einem IPO wegen der damit verbundenen Vorteile für die Aktiengesellschaft – insbesondere höherer Bekanntheitsgrad und erleichterte Kapitalaufnahme – gut vertreten, dass auch bei der Abgabe von Aktien der Altaktionäre ein solches Eigeninteresse der AG und damit kein Verstoß gegen § 57 AktG vorliegt.

Soweit es sich um die Platzierung neuer Aktien handelt, ist in einer solchen Freistellung von der Prospekthaftung zwar grundsätzlich kein Verstoß gegen § 57 AktG zu sehen. Im Hinblick auf die in § 36 Abs. 2 BörsG geregelte Verpflichtung eines Kreditinstitutes bei der Zulassung von Wertpapieren zum Börsenhandel, dem Emittenten mit finanzmarktspezifischen Know-how zur Seite zu stehen, ist bei Neuemissionen die Wirksamkeit einer derartigen Freistellung aber insoweit zweifelhaft, als die Emissionsbanken auch von der Inanspruchnahme für Fehler bei der Erstellung des Prospektes freigestellt werden, die in ihren Verantwortungsbereich fallen.

---

279 Siehe Vigelius, Aktienrückkauf am Neuen Markt, Finanz Betrieb 2000, S. 221 ff.

Problematisch sind schließlich Klauseln in Übernahmeverträgen, wonach der Emittent sich verpflichtet, innerhalb einer Frist von 6 bis 12 Monaten nach der Platzierung der Aktien *keine weiteren Kapitalerhöhungen* vorzunehmen. Sofern es sich nicht um die Verwendung von genehmigtem Kapital handelt, kann eine solche Verpflichtungserklärung vom Vorstand als Unterzeichner des Übernahmevertrages nur mit Zustimmung der Hauptversammlung abgegeben werden, in deren Kompetenz es fällt, Kapitalerhöhungen zu beschließen.

Wirksam ist dagegen eine Klausel, wonach sich die Gesellschaft lediglich verpflichtet, durch Kapitalerhöhungen geschaffene Aktien innerhalb eines bestimmten Zeitraums nicht öffentlich anzubieten und Aktien nicht im Wege der breiten Streuung in den Kapitalmarkt einzuführen. Derartige Klauseln dienen dem berechtigten Interesse, Kurspflegemaßnahmen nicht durch unabgestimmte Schritte der Gesellschaft zu erschweren oder zu vereiteln, ohne dass sie in die gesetzlich zugewiesenen Kompetenzen der Organe der Aktiengesellschaft eingreifen.

(7) Gegebenenfalls (zweite) Gesellschafterversammlung (Hauptversammlung)

Maßnahme	Erläuterung	Dokumente	Zeitpunkt/Zeitraum
Gegebenenfalls (zweite) Gesellschafterversammlung (Hauptversammlung)	Kapitalerhöhung für den Börsengang (zwingend für den Neuen Markt, im amtlichen Handel ist dagegen auch die ausschließliche Platzierung von Altaktien möglich), von KB zu zeichnen; gegebenenfalls sonstige Satzungsänderungen, insbesondere genehmigtes Kapital u.a. für den »Greenshoe« (= Mehrzuteilungsoption für KB bei Überzeichnung; die Greenshoe-Aktien werden zumeist von den Altaktionären geliehen und entweder nach Ausübung des Greenshoe diesen abgekauft oder ihnen nach Durchführung einer Kapitalerhöhung aus genehmigtem Kapital zurückgegeben) und bedingtes Kapital für Mitarbeiterbeteiligung (»stock option plan«)	• Kapitalerhöhungsbeschluss und Beschluss zu sonstigen Satzungsänderungen • Handelsregisteranmeldung	Kann bis kurz vor dem Zulassungsantrag erfolgen; die Unterlagen sind aber zuvor fertig zu stellen und dem Richter am Handelsgericht zur Kenntnis zu geben; mit ihm ist unbedingt der Tag der Eintragung (sollte unmittelbar vor der Zulassung sein) zu vereinbaren

Werden bei einem Börsengang nur Aktien der Altaktionäre veräußert, fließt der Gesellschaft daraus kein Kapital zu. Börsengänge, bei denen ausschließlich alte Aktien angeboten werden, sind deshalb selten. Am Neuen Markt ist eine der Zulassungsvoraussetzungen, dass wenigstens die Hälfte der angebotenen Aktien aus einer Kapitalerhöhung stammen, damit die Gesellschaft frisches Kapital erhält. Aber auch bei einer Notierungsaufnahme im amtlichen Handel verbessert die Ausgabe (auch) neuer Aktien die Kurschancen. Eine »Wachstumsstory« lässt sich ohne solch frisches Kapital nur schwer entwickeln.

Die neuen Aktien für den Börsengang können entweder aus genehmigtem Kapital nach § 202 ff. AktG oder im Wege einer regulären Kaptialerhöhung geschaffen werden. Bei genehmigtem Kapital ermächtigt die Hauptversammlung den Vorstand, mit Zustimmung des Aufsichtsrats selbst die Kaptialerhöhung zu beschließen. Der Nennbetrag des genehmigten Kapitals kann bis zur Hälfte des Grundkapitals der Gesellschaft betragen. Die Kapitalerhöhung aus genehmigtem Kapital ist insbesondere bei Aktiengesellschaften mit Streubesitz etwas leichter zu handhaben als die reguläre Kapitalerhöhung; andererseits entfällt damit die Möglichkeit, das genehmigte Kapital etwa für spätere Akquisitionen nach dem Börsengang ohne neuen Hauptversammlungsbeschluss zu nutzen.

Im Rahmen der (zweiten) Gesellschafterversammlung, die über die Kapitalerhöhung für den Börsengang beschließt, werden häufig weitere Kapitalmaßnahmen beschlossen, insbesondere die Schaffung von bedingtem Kapital für Mitarbeiteroptionen nach § 192 Abs. 2 Nr. 3 AktG und genehmigtem Kapital insbesondere für spätere Akquisitionen gemäß § 202 ff. AktG.

(8) Analystenpräsentation

Maßnahme	Erläuterung	Dokumente	Zeitpunkt/Zeitraum
Analystenpräsentation	Vorstellung des Unternehmens/der Aktie durch die Unternehmensleitung gegenüber den Analysten der Konsortialbanken; deren Berichte (»Analystenberichte«) sind faktisch das wesentliche Marketinginstrument des IPO; die Analystenberichte werden von KB an ausgewählte institutionelle Investoren verteilt	Unterlagen für die Analystenpräsentation	Die Analystenberichte werden den potenziellen Investoren üblicherweise 3–4 Tage nach der Presentation übersandt; die Übersendung sollte nicht zu lange vor der Notierungsaufnahme, aber in angemessenem zeitlichen Abstand vor der »Black-out-Period« (s.u.) erfolgen; entsprechend ist die Analystenpräsentation zu terminieren.

(9) Antrag auf Billigung des Prospekts/Prospekteinreichung

Maßnahme	Erläuterung	Dokumente	Zeitpunkt/ Zeitraum
Antrag auf Billigung des Prospekts/ Prospekteinreichung	Der Prospekt in seiner Funktion als Verkaufsprospekt nach dem VerkaufsprospektG ist durch die Börse zu billigen; hier noch ohne Preisangabe für die Aktien (»unvollständiger Verkaufsprospekt«)	• Antrag auf Billigung des Verkaufsprospektes an den Zulassungsausschuss, d.h. die Zulassungsstelle der Börse (durch KB) • Unvollständiger (Verkaufs-) Prospekt	Ca. 3 Wochen vor Beginn des »Bookbuilding« (s.u.)

(10) Antrag auf Börsenzulassung

Maßnahme	Erläuterung	Dokumente	Zeitpunkt/ Zeitraum
Antrag auf Börsenzulassung	Die Aktien sind zum amtlichen Handel oder zum geregelten Markt (mit der Möglichkeit der Notierung im Neuen Markt) von der Börse zuzulassen	• Zulassungsantrag • Börsenzulassungs-prospekt (für den den Neuen Markt »Unternehmensbericht« genannt); der Verkaufsprospekt ist zugleich Börsen-zulassungsprospekt • Gegebenenfalls (nur Neuer Markt) »Lock-up«-Erklärungen der Altaktionäre (= Verpflichtung, die Altaktien für einen Zeitraum von sechs Monaten nicht zu veräußern)	Wird üblicherweise und sinnvollerweise zusammen mit dem Antrag auf Billigung des Prospekts gestellt, kann aber auch später (bis zu 4 Tagen vor der beabsichtigten Zulassung) erfolgen

Der Neue Markt ist insbesondere für kleinere und mittelgroße Unternehmen in Wachstumsbranchen, wie zum Beispiel der Telekommunikation, interessant. Die Zulassungsbedingungen der Deutschen Börse AG für den Neuen Markt sind privatrechtlich ausgestaltet und mit Wirkung vom 31.07.1998 in einigen Punkten geändert worden, wobei zum Beispiel eine obligatorische Präsentation des Emittenten bei der Deutschen Börse AG eingeführt wurde (s.o. (5)).

Eine Zulassung zum Neuen Markt setzt gemäß den Zulassungsbedingungen zunächst eine Zulassung zum Geregelten Markt der Frankfurter Wertpapierbörse voraus, wobei beide Zulassungen gemeinsam beantragt werden können. Der Emittent muss mit einem Eigenkapital von mindestens 1,5 Mio. Euro ausgestattet sein und bei der ersten Emission mindestens 100.000 Aktien mit einem Gesamtnennbetrag von jedenfalls 500.000 DM beantragen (Ziff. 3.7. (1) und (2) der Zulassungsbedingungen). Gemäß Ziffer 3.7. (3) kann der Zulassungsausschuss in Ausnahmefällen auch geringere Beträge zulassen. Der Mindestkurswert der zugelassenen Aktien muss auf 5 Mio. Euro geschätzt werden und mindestens 50% des zu platzierenden Emissionsvolumens hat aus einer Kapitalerhöhung gegen Bareinlagen zu stammen (Ziff. 3.8. der Zulassungsbedingungen). Seit dem 01.08.1998 ist es nicht mehr erforderlich, dass der Emittent eine gewisse Mindestzeit existiert.[280]

(11) »Black-out-Period«

Maßnahme	Erläuterung	Dokumente	Zeitpunkt/Zeitraum
»Black-out-Period«	Vor dem »Bookbuilding« (s.u.) wird üblicherweise von der KB ein Zeitraum eingehalten, in dem keine Analystenberichte mehr verteilt werden	./.	Üblicherweise 14 Tage vor »Bookbuilding«

(12) Abgabe des Comfort Letter bzw. der Legal Opinions

Maßnahme	Erläuterung	Dokumente	Zeitpunkt/Zeitraum
Abgabe des Comfort Letter und der Legal Opinion	WP (Letter of Comfort) und RA (Legal Opinion) bestätigen für ihren jeweiligen Verantwortungsbereich gegenüber der KB, dass die Angaben im Prospekt zutreffen bzw. nicht irreführend sind	• Comfort Letter • Legal Opinon	Marktpraxis variiert: Deutsche KB verlangen Abgabe des Letter of Comfort und der Legal Opinions mehrfach und erstmals vor der Billigung des unvollständigen Verkaufsprospekts; amerikanischen KB reicht zumeist die Abgabe mit Unterzeichnung des Übernahmevertrages

---

280 Siehe dazu Harrer/Erwe, Der neue Markt der Frankfurter Wertpapierbörse im Vergleich zu NASDAQ und EASDAQ, in: RIW 1998, S. 661.

(13) Billigung des (unvollständigen) Prospekts

Maßnahme	Erläuterung	Dokumente	Zeitpunkt/Zeitraum
Billigung des (unvollständigen) Prospekts	Durch die Zulassungsstelle/ den Zulassungsausschuss der Börse	Billigungsbescheid	15 Börsenhandelstage nach Antragstellung; üblicherweise wird der Antrag zwei Tage vorher gestellt. Termin sollte mit der Börse abgestimmt sein

(14) Hinweisbekanntmachung auf Prospekt

Maßnahme	Erläuterung	Dokumente	Zeitpunkt/Zeitraum
Hinweisbekanntmachung auf Prospekt	In überregionalem Börsenpflichtblatt	• Hinweisbekanntmachung • Unvollständiger Verkaufsprospekt (muß an den designierten Stellen bereit liegen)	Am Tag nach der Billigung

(15) Roadshow/Bookbuilding/Auktionsverfahren

Maßnahme	Erläuterung	Dokumente	Zeitpunkt/Zeitraum
»Roadshow«/ »Bookbuilding«/ »Auktionsverfahren«	Roadshow = Besuch bei den potentiellen institutionellen Investoren zur Vorstellung des Unternehmens/der Aktien durch die Unternehmensleitung mit Unterstützung der KB; dient zugleich dem Bookbuilding = Sammlung der (verbindlichen) Kaufangebote im »Orderbuch«	Roadshow-Unterlagen	• Frühestens am Tag nach der Veröffentlichung (deshalb häufig: Billigung des Prospektes am Freitag, Hinweisbekanntmachung am Samstag, Beginn des Bookbuilding am Montag) • Spätestens zwei Tage vor dem Beginn des Bookbuilding muss der Übernahmevertrag vollständig ausverhandelt sein (sonst wird KB mit dem Bookbuilding nicht beginnen) • Dauer: Üblicherweise 3 – 20 Tage

Erst mit der Veröffentlichung des (unvollständigen) Verkaufsprospekts/Unternehmensberichts ist ein öffentliches Angebot der Aktien und damit der Beginn der eigentlichen Verkaufsaktivitäten möglich.

Der unvollständige Verkaufsprospekt/Unternehmensbericht enthält noch keinen Angebotspreis (Emmissionspreis) für die Aktien. Bei fast allen Börsengängen erfolgt heute die Festsetzung des Emissionspreises im Wege des sog. *Bookbuilding*-Verfahrens. Dies gilt insbesondere, wenn das Bezugsrecht der Altaktionäre ganz oder zum Teil ausgeschlossen ist.

Bookbuilding ist die Erstellung eines Orderbuches aufgrund hereingegebener Kauforder, bei denen die Preisbildung und die Zuteilung der Aktien bis zum Abschluss der Orderhereinnahme offenbleibt. Das Bookbuilding, welches in der Regel ca. 14 Tage andauert, wird durch eine Marketing-Vorphase und durch Roadshows, d.h. durch Präsentationen von Repräsentanten des Emittenten und der konsortialführenden Bank unmittelbar bei den Investoren, vorbereitet. In der eigentlichen Bookbuilding-Phase werden die Aktien zum Verkauf angeboten. In dieser Zeit können Investoren Kaufaufträge abgeben. Diese Order der Investoren erfolgen aufgrund einer zuvor veröffentlichten Unternehmensbewertung durch den Konsortialführer in Übereinstimmung mit dem Emittenten. Die Gesamtheit der bei dem Konsortialführer und den anderen Konsortialbanken eingehenden Aufträge bilden das *Orderbook,* welches sich im Wege der Auswertung der einzelnen Order (das Bookbuilding) entwickelt. Unmittelbar nach dem letzten Tag des Bookbuilding wird dann zwischen dem Konsortialführer, dem Emittenten und gegebenenfalls den Altaktionären der Preis fixiert. Im Anschluss daran werden die Aktien zugeteilt. Die Lieferung der Aktien gegen Zahlung der Kaufpreise an die Investoren erfolgt dann etwa 5 bis 7 Tage später.

Zu beachten ist, dass der Vorstand des Emittenten die *Festsetzung des Bezugspreises* nicht gänzlich den Konsortialbanken überlassen darf.[281]

Der Bezugspreis ist zum einen eine Bedingung der Aktienausgabe i.S.d. § 204 Abs. 1 Satz 1 AktG, sodass seine Festsetzung gemäß § 204 Abs. 1 Satz 2 AktG der Zustimmung des Aufsichtsrates bedarf. Zum andern ist der Vorstand im Falle eines Bezugsrechtsausschlusses nach § 186 Abs. 3 Satz 4 AktG im Interesse der Altaktionäre für die Festsetzung eines am Börsenkurs orientierten Bezugspreises verantwortlich. Wird das Bezugsrecht außerhalb des Anwendungsbereichs des § 186 Abs. 3 Satz 4 AktG ausgeschlossen, dann ist der Vorstand gem. § 255 Abs. 2 AktG verpflichtet, den Bezugspreis der ausgegebenen Aktien nicht unter deren Wert festzusetzen; dies ist dann der Fall, wenn der durch die Aktien repräsentierte anteilige Wert der Gesellschaft über dem Emissionskurs der neuen Aktien liegt. Dies gilt nicht nur für ordentliche Kapitalerhöhungen, sondern auch bei Kapitalerhöhungen aus genehmigtem Kapital.

Der Aufsichtsrat darf dabei die Festsetzung des Bezugspreises zwar nicht vollständig in das freie Ermessen des Vorstandes stellen. Sofern aber sichergestellt ist, dass der Bezugspreis im Wege des Bookbuilding-Verfahrens festgesetzt wird, kann der Auf-

---

[281] Vgl. Marsch-Barner, AG 1994, S. 532 (537); Trapp, in: AG 1998, S. 115 (119).

sichtsrat dem Vorstand eine gewisse Bandbreite vorgeben, innerhalb derer der Vorstand den Bezugspreis festzusetzen hat. Der am Markt erzielbare Emissionspreis wird hierdurch aufgrund vorher festgelegter abstrakter Kriterien ermittelt, sodass der Aufsichtsrat seiner Überwachungsaufgabe gerecht wird.

Im Falle des vereinfachten Ausschlusses des Bezugsrechtes gemäß § 186 Abs. 3 Satz 4 AktG hat der Vorstand bei der Festsetzung des Bezugspreises zu beachten, dass der Bezugspreis der neuen Aktien deren Börsenpreis nicht wesentlich, d.h. um mehr als 3 bis 5% unterschreiten darf. Darüber hinaus braucht der Vorstand beim vereinfachten Bezugsrechtsausschluss die in § 255 Abs. 2 AktG festgelegte Untergrenze des Bezugspreises nicht zu beachten. Es ist nämlich davon auszugehen, dass der Vorstand »Paket-Aktionären« außerhalb eines förmlichen Bezugsrechts gemäß § 186 AktG die Möglichkeit einräumen muss, eine zum Erhalt ihrer quotalen Beteiligung erforderliche Zahl neuer Aktien zu zeichnen. Hierdurch und durch die Möglichkeit von Zukäufen über die Börse sind die Altaktionäre hinreichend geschützt.

Vor allem im Neuen Markt klafft oft eine enorme Lücke zwischen dem Ausgabepreis einer Aktie und ihrem ersten Kurs.

Unternehmen	Branche	Emissionspreis (in €)	Erste Notiz (in €)
SinnerSchrader	E-Commerce Consulting	12,00	22,00
Pandatel	Telekommunikation	22,00	26,00
RT-SET Real Time Ltd.	TV-Grafiklösungen	13,00	13,50
Buch.de Internetstores	E-Commerce	10,00	11,00
Secunet Security Networks	Inform.-/Telekomm.sicherh.	15,00	15,50
Plaut	Consulting	22,00	22,50
Evotec BioSystems	Biotechnologie	13,00	24,00
Ebookers.com Plc	Online-Reisebüro	18,00	26,00
Direkt Anlage Bank	Finanzdienstleistungen	12,50	16,50
Novasoft	Software Consultant	21,00	26,00
Orad Hi-Tec Systems Ltd.	Software	18,00	19,00
Poet Holdings Inc.	IT	12,50	14,00
Argyrakis Dein Syst. (ADS)	Netzwerke	7,00	18,00
Toys International.com	E-Commerce	13,00	11,50
Röhrig High Tech Plastics	Präzisions-Kunststoffspritzguss	19,00	19,80
Phenomedia	Computerspiele	22,50	28,50
Brainpool TV	Medien	47,00	84,00
Balda	Hersteller v. Spritzgussartikeln	24,00	31,50
3U Telekommunikation	Telekommunikation	30,00	30,50
CyBio	Biotechnologie	17,00	34,00
ComRoad	Telematik	20,50	25,00
Tomorrow Internet	Internet und Multimedia	20,00	33,00
Condomi	Hygieneartikel	16,00	23,00
Bäurer	Software	21,00	23,00
Freenet.de	Internet Provider	29,00	68,00

Abb. 6: Beispiele von Emissionsgewinnen Ende 1999/Anfang 2000
Quelle: Deutsche Börse AG

Die hohen Zeichnungsgewinne erfreuen zwar die Anleger, nicht jedoch den Börsenkandidaten selbst, zumal der Börsengang bei einem höheren Ausgabekurs deutlich mehr Geld in die Kassen des Unternehmen hätte bringen können. Aber auch für die Privatanleger hat das übliche Bookbuildingverfahren Nachteile: Sie kommen bei der Zuteilung oft zu kurz. Bei deutlicher Überzeichnung muss häufig das Los entscheiden.

Ein Ausweg kann es sein, wie erstmals bei der Trius AG, einem Spezialisten für Computer- und Internettelefonie beim Gang an den Neuen Markt unternommen, den Emissionspreis in einem Auktionsverfahren zu ermitteln.

Bei dem Auktionsverfahren wird bei der Emission auf eine Preisspanne verzichtet. Jeder Interessent soll sich intensiv mit dem Unternehmen beschäftigen und dann limitiert zeichnen. Nach Abschluss der Zeichnungsfrist bekommen alle Interessenten, angefangen vom höchsten Gebot so lange eine Zuteilung, bis das Emissionsvolumen »aufgebraucht« ist. Die Höhe des niedrigsten Gebotes, das noch zum Zuge kommt, bestimmt den Zuteilungspreis. Das Auktionsverfahren kann auf diese Weise vom Börsenstart an zu einer marktgerechteren Bewertung und Chancengleichheit für die Zeichner führen und solche Investoren binden, die an einer dauerhaften Anlage interessiert sind.

Gemeinsam mit der Deutschen Schutzvereinigung für Wertpapierbesitz (DSW)[282] ist gegenüber diesem Verfahren kritisch anzumerken, dass es selbst Analysten schwer fällt, Wachstumsunternehmen korrekt zu bewerten. Nur ein sehr kleiner Teil der Privatanleger wird in der Lage sein, einen angemessenen Preis für die Aktie zu bestimmen. In jedem Fall müssten die Informationen im Emissionsprospekt weitaus detaillierter ausfallen als bislang üblich, und unter anderem umfassende Schätzungen zur Umsatz- und Gewinnentwicklung sowie ausführliche Vergleichsdaten zu anderen Unternehmen der Branche enthalten. Darüber hinaus fürchtet die DSW, dass durch das Auktionsverfahren die Kursphantasie bei Neuemissionen verloren gehen könnte. Die vermeintlichen Vorteile des Auktionsverfahrens könnten durch eine Anpassung der Preisspanne während der Zeichnungsfrist ausgeglichen werden. Darüber hinaus gibt der Emissionskandidat die Möglichkeit aus der Hand, die Aktionärsstruktur selbst zu bestimmen und damit für eine ausgewogene Mischung zwischen privaten und institutionellen Anlegern zu sorgen.

Zumindest sind deshalb gewisse Modifikationen des Auktionsverfahrens erforderlich. Bei erheblichen Überzeichnungen könnte es im Übrigen in Zukunft zu einer Anhebung der Preisspanne kommen; ein Verfahren, das in den USA bereits seit langem üblich ist, sich in Deutschland aber noch nicht durchgesetzt hat.

---

282 Handelsblatt vom 07.01.2000.

(16) Veröffentlichung des Zulassungsantrags

Maßnahme	Erläuterung	Dokumente	Zeitpunkt/ Zeitraum
Veröffentlichung des Zulassungsantrags	In überregionalem Börsenpflichtblatt	(Erfolgt durch die Börse)	Drei Tage vor der Zulassung; Termin kann mit der Börse abgestimmt werden

(17) Unterzeichnung des Übernahmevertrages

Maßnahme	Erläuterung	Dokumente	Zeitpunkt/ Zeitraum
Unterzeichnung des Übernahmevertrages	Erst mit der Unterzeichnung des Übernahmevertrages verpflichtet sich die KB, die Aktien zu übernehmen und zu platzieren; der Übernahmevertrag ist der zentrale Vertrag des IPO, der insbesondere auch die wesentlichen Pflichten der abgebenden Aktionäre und der Gesellschaft enthält (inkl. umfassender Gewährleistungen und häufig mit freiwilligem »Lock-up«)	Übernahmevertrag mit allen Anlagen, insbesondere legal opinions und comfort letter	Erfolgt frühestens kurz vor Beginn des Bookbuilding (nach Festsetzung der Preisspanne), meist aber erst mit dem Ende des Bookbuilding (denn KB weiß erst zu diesem Zeitpunkt, ob die Platzierung erfolgreich sein wird)

(18) Gegebenenfalls Unterzeichnung des Zeichnungsscheines/ Einzahlung der Kapitalerhöhung/Handelsregisteranmeldung

Maßnahme	Erläuterung	Dokumente	Zeitpunkt/ Zeitraum
Gegebenenfalls Unterzeichnung des Zeichnungsscheines/ Einzahlung der Kapitalerhöhung/ Handelsregister- anmeldung	Die KB zeichnet bei einer Platzierung von neuen Aktien die Aktien selbst und muss deshalb den Nennkapitalbetrag der Aktien der Gesellschaft zur Verfügung stellen; die Handels- registeranmeldung ist erst mit Einreichung des Zeichnungsscheins vollständig	• Zeichnungsschein • Handelsregister- anmeldung	Sollte möglichst erst unmittelbar vor der Zulassung der Aktien erfolgen, um den Zeitraum zwischen der Einzahlung auf die Kapitalerhöhung und des Erhalts des Platzierungserlöses durch KB möglichst kurz zu halten

(19) Gegebenenfalls Eintragung der Kapitalerhöhung im Handelsregister

Maßnahme	Erläuterung	Dokumente	Zeitpunkt/ Zeitraum
Gegebenenfalls Eintragung der Kapitalerhöhung im Handelsregister	Erst mit der Eintragung enstehen die neuen Aktien; die Eintragungsbekanntmachung ist Voraussetzung für die Zulassung der Aktien	Eintragungsbekanntmachung	Zeitkritischer Moment; bei Kooperation am Tag vor oder sogar erst am Tag der Zulassung; nur wenn der Richter am Registergericht eine taggenaue Eintragung zusagt, ist der Zeitraum zwischen Zeichnung der Aktien und Zulassung kurz zu halten

Der Zeitpunkt der Eintragung der Kapitalerhöhung für den Börsengang ist ein zeitkritischer Moment, wenn nicht ausschließlich alte Aktien veräußert werden. Die Konsortialbank, die die neuen Aktien ausschließlich zeichnet, um diese dann anschließend beim Publikum zu platzieren, muss den Nennwert der Kapitalerhöhung in voller Höhe einzahlen. Der Nachweis der Einzahlung ist eine Voraussetzung für die Eintragung der Kapitalerhöhung. Erst mit der Eintragung der Kapitalerhöhung entstehen die neuen Aktien und können zur Börse zugelassen werden.

Der gesamte Zeitplan des Börsenganges hängt also jedenfalls bei der Platzierung neuer Aktien an der zeitgerechten Eintragung der Kapitalerhöhung. Der Zeitpunkt der Eintragung liegt aber nicht im Ermessen der Beteiligten, sondern allein beim zuständigen Registerrichter. Es ist deshalb unerlässlich, dass insbesondere die den Emittenten beratenden Rechtsanwälte in enger Abstimmung mit dem Registerrichter handeln.

Erfreulicherweise sind die meisten Registerrichter im Zusammenhang mit Börsengängen bereit, eine taggenaue Eintragung – den Erhalt der vollständigen Dokumentation vorausgesetzt – zuzusagen. Ein Anspruch darauf besteht allerdings nicht. Ein unkooperativer Registerrichter kann erhebliche Probleme für einen erfolgreichen Börsengang herbeiführen.

(20) Ende Bookbuilding/Preisfestsetzung/Zuteilung

Maßnahme	Erläuterung	Dokumente	Zeitpunkt/ Zeitraum
Ende Bookbuilding/ Preisfestsetzung/ Zuteilung	Das Orderbuch wird ausgewertet, der Verkaufspreis festgelegt und die Zuteilung der Aktien auf die Erwerber bestimmt; Unterzeichnung des Preisfestsetzungsvertrages	Preisfestsetzungsvertrag	Am Vortag der Zulassung

(21) »Bring-down-Call«/»Blood Letter«/Einreichung des Börsenzulassungsprospekts (Neuer Markt: Unternehmensbericht)

Maßnahme	Erläuterung	Dokumente	Zeitpunkt/ Zeitraum
»Bring-down-Call«/ »Blood Letter«/ Einreichung des Börsenzulassungsprospektes (Neuer Markt: Unternehmensbericht)	• Bring-down-Call: Die Berater befragen die Unternehmensleitung nach neuen Entwicklungen, die noch im Prospekt zu erwähnen wären • Blood Letter: Schreiben der KB an das Unternehmen mit Aufzählung der Prospektdaten, die von KB stammen (und für deren Richtigkeit die KB damit im Innenverhältnis haftet) • Fertigstellung und Übersendung des endgültigen Prospektes (mit Verkaufspreis der Aktien) zur Börse	• Blood Letter • Börsenzulassungsprospekt/ Unternehmensbericht (Neuer Markt: deutsch und englisch)	Am Vortag der Zulassung

»Bring-down-Call« und »Blood Letter« dienen der Aufdeckung von Veränderungen, die in der Endfassung des Verkaufsprospektes bzw. am Neuen Markt des Unternehmensberichtes noch aufgenommen werden müssen. Der endgültige Verkaufsprospekt, der auch den nach Ende des Bookbuilding-Verfahrens ermittelten Emissionspreis enthält, wird dann erneut zur Billigung bei der Deutsche Börse AG eingereicht.

(22) Zulassung der Aktien zum Handel

Maßnahme	Erläuterung	Dokumente	Zeitpunkt/ Zeitraum
Zulassung der Aktien zum Handel	Zulassung zum amtlichen Handel oder geregelten Markt (ggf. mit Notierung im Neuen Markt)	Zulassungsbescheid	Am Tag nach dem Ende des Bookbuilding

(23) Hinweisbekanntmachung

Maßnahme	Erläuterung	Dokumente	Zeitpunkt/ Zeitraum
Hinweisbekanntmachung	Hinweis auf Veröffentlichung des Börsenzulassungsprospektes (Unternehmensberichtes)/ der Zulassung	Hinweisbekanntmachung	Am Folgetag der Zulassung; mind. zwei Tage vor Notierungsaufnahme

(24) Notierungsaufnahme

Maßnahme	Erläuterung	Dokumente	Zeitpunkt/ Zeitraum
Notierungsaufnahme	Aufnahme der Notierung der Aktien	./.	Frühestens drei Tage nach der Hinweisbekanntmachung (deshalb wiederum häufig: Zulassung am Freitag, Hinweisbekanntmachung am Samstag, Notierungsaufnahme am Montag); spätestens sechs Monate nach Zulassung

Mit der Notierungsaufnahme ist der Börsengang vollendet. Mit der Notierungsaufnahme treffen den Emittenten verschiedene neue Verpflichtungen. So muss der Emittent nach der Notierung an der Börse regelmäßig Quartalsberichte veröffentlichen, die Zahlenangaben über seine Geschäftstätigkeit und Ergebnisse im Berichtszeitraum (insbesondere Gewinn- und Verlustrechnung, Jahresüberschuss/-fehlbetrag sowie Kapitalflussrechnung) enthalten (Ziff. 7.1.1. der Zulassungsbedingungen). Ferner sollen die Quartalsberichte die Umsätze, die Auftragslage, die Entwicklung der Kosten und Preise, die Forschungs- und Entwicklungsaktivitäten sowie die Zahl der Arbeitnehmer und die Höhe von Investitionen erläutern (Ziff. 7.1.3. der Zulassungsbedingungen).

Die Einberufung von Hauptversammlungen sowie die Mitteilungen über die Ausschüttung von Dividenden, über die Ausgabe neuer Aktien und die Ausübung von Umtausch-, Bezugs- oder Zeichnungsrechten sind zu veröffentlichen.

Der Jahresabschluss ist entweder nach International Accounting Standards (IAS), nach US-amerikanischen Generally Accepted Accounting Principles (US-GAAP) oder nach nationaler Rechnungslegung mit Überleitungsrechnung aufzustellen und mit dem Lagebericht zu veröffentlichen. Außerdem muss der Emittent den Übernahme-Kodex der Börsensachverständigen-Kommission oder ähnliche Regelungen anerkennen (Ziff. 7.2.10. der Zulassungsbedingungen).

Zu Beginn eines jeden Geschäftsjahres ist ein Unternehmenskalender in deutscher und englischer Sprache zu erstellen, der Angaben über wichtige Termine wie z.B. Ort und Zeit der Hauptversammlung, der Bilanzpressekonferenz und der Analystenveranstaltungen enthält (Ziff. 7.2.4. der Zulassungsbedingungen).

Innerhalb eines Zeitraumes von 6 Monaten nach Aufnahme der Notierung müssen wesentliche Änderungen der im Prospekt veröffentlichen Angaben über das Unternehmen im Wege eines Nachtrages veröffentlicht werden. Ferner obliegen dem Management der Gesellschaft nach Notierungsaufnahme generell weitere Pflichten zur Publizität; so haben sie z.B. im Rahmen ihrer Ad hoc Publizitäts-Pflicht gemäß § 15 des Wertpapierhandelsgesetzes unverzüglich Umstände zu veröffentlichen, die einen erheblichen Einfluss auf den Börsenkurs der Gesellschaft haben können.

(25) »Closing«

Maßnahme	Erläuterung	Dokumente	Zeitpunkt/ Zeitraum
»Closing«	Abrechnung und Überweisung des Platzierungserlöses	. / .	Üblicherweise zwei Tage nach Notierungsaufnahme

Wie bereits oben ausgeführt enthalten Übernahmeverträge regelmäßig Bestimmungen, wonach die aufschiebenden Bedingungen zum Zeitpunkt der Übergabe des Zeichnungsscheins bzw. der Einreichung der Handelsregisteranmeldung zur Eintragung der Kapitalerhöhung erfüllt sein müssen (*erstes Closing*).

Darüber hinaus sind unmittelbar vor der Überweisung des Emissionserlöses erneut eine Legal Opinion, ein Officers'-Certificate und ein Comfort Letter beizubringen, wonach seit der Übernahme der Aktien keine Umstände eingetreten sind, die wesentliche nachteilige Folgen für die Geschäftstätigkeit oder die finanzielle Lage des Emittenten haben (*zweites Closing*).

Erst danach wird der Emissionserlös (Differenz zwischen Nennbetrag und Bezugspreis) nach Abzug von Provisionen und Kosten an die Gesellschaft und die veräußernden Aktionäre überwiesen.

(26) Greenshoe-Ausübung

Maßnahme	Erläuterung	Dokumente	Zeitpunkt/ Zeitraum
Gegebenenfalls Ausübung einer Greenshoe-Option	Die von KB geliehenen Aktien werden fast immer zugeteilt; der Greenshoe wird zur Marktpflege ausgeübt, also nur dann, wenn der Kurs seit Notierungsaufnahme gestiegen ist	Nach Greenshoe-Ausübung: Entweder Kauf der geliehenen Aktien oder Kapitalerhöhung aus genehmigtem Kapital (= Vorstands- und Aufsichtsratsbeschluss und Handelsregisteranmeldung)	Binnen ca. 30 Tagen nach Notierungsaufnahme

Bei einem Börsengang wird den Emissionsbanken regelmäßig eine *Greenshoe-Option* eingeräumt.

Der Begriff Greenshoe geht zurück auf die Emission der Greenshoe Manufacturing Company, bei der dieses Instrument zur Kurspflege zum ersten Mal eingesetzt wurde. Dabei erhält das Konsortium der Emissionsbanken die Mehrzuteilungsoption, innerhalb eines Zeitraumes von regelmäßig ca. 20 bis 45 Tagen nach der Platzierung der Aktien (sog. Greenshoe-Periode), über das zunächst angenommene Emissionsvolumen weitere Aktien im Gesamtnennwert von 10 bis 15% der ursprünglich gezeichneten Aktien zu demselben Preis, der durch das Bookbuilding festgesetzt worden ist, zu beziehen und zuzuteilen.

Obwohl diese weiteren Aktien noch nicht gezeichnet sind, werden sie bereits mit den anderen Aktien kurz vor der Notierungsaufnahme zugeteilt, indem entweder die veräußernden Altaktionäre entsprechende Wertpapierleihverträge mit den Banken abschließen oder institutionelle Investoren bis zum Abschluss der Greenshoe-Periode auf die Lieferung einer entsprechenden Anzahl von Aktien verzichten. Auf diese Weise können die Banken eine gewisse Kurspflege betreiben und im Falle eines Sinkens des Börsenkurses der platzierten Aktien unter den Bezugspreis Aktien im Wege von Stützungskäufen vom Markt nehmen, um hierdurch den Börsenkurs wieder zu stabilisieren. Sofern Stützungskäufe nicht oder nur zum Teil erforderlich sind, üben die Emissionsbanken am Ende der Greenshoe-Periode ihre Option aus und können damit ihre Verpflichtung aus den Leihverträgen oder ihre Lieferpflicht gegenüber den institutionellen Investoren erfüllen, d.h. sie können die geliehenen Aktien zurückübertragen bzw. die mehr zugeteilten Aktien effektiv liefern. Sowohl die bloße Möglichkeit solcher Stützungskäufe als auch die Ausübung der Greenshoe-Option am Ende der Greenshoe-Periode werden vom Kapitalmarkt als positives Zeichen aufgenommen und führen in aller Regel zu einer günstigen Kursbewertung.

Die Durchsetzbarkeit der Greenshoe-Option kann durch eine bereits zu einem früheren Zeitpunkt beschlossene genehmigte Kapitalerhöhung abgesichert werden, in deren Rahmen der Vorstand ermächtigt wird, das Kapital unter Ausschluss des Bezugsrechts der Aktionäre zu erhöhen.[283] Nach der »Kali + Salz«-Rechtsprechung bedarf eine derartige Ermächtigung des Vorstandes zum Ausschluss des Bezugsrechts der Altaktionäre gemäß § 203 Abs. 2 AktG ebenso wie ein Bezugsrechtsausschluss gemäß § 186 Abs. 3 AktG der sachlichen Rechtfertigung. Bei einer Börseneinführung ist ein Bezugsrechtsausschluss grundsätzlich sachlich gerechtfertigt, wenn die erforderliche Aktienzahl nur auf diese Weise zur Verfügung gestellt werden kann und die Gesellschaft sachliche, die Interessen der Altaktionäre überwiegende Gründe für die Börseneinführung vorweisen kann. Dabei reicht es aus, der Hauptversammlung die Maßnahme, in deren Zusammenhang der Bezugsrechtsausschluss erfolgen soll, zum Zeitpunkt der Beschlussfassung über die Ermächtigung des Vorstandes allgemein und abstrakt zu umschreiben.

Im Zeitpunkt der Ausübung der Greenshoe-Option liegt der Börsenkurs der platzierten Aktien regelmäßig über dem ursprünglichen Bezugspreis; fällt nämlich der Börsenkurs in der Greenshoe-Periode unter den Bezugspreis, so erfolgen Stützungskäufe mit der Folge, dass die Greenshoe-Option später nicht oder nur zum Teil ausgeübt wird. Fraglich ist insofern, ob ein Ausschluss des Bezugsrechtes nach § 186 Abs. 3 Satz 4 AktG noch zulässig ist, wenn zum Zeitpunkt der Ausübung der Greenshoe-Option die Differenz zwischen Börsenkurs und Bezugspreis den zulässigen Rahmen von 3 bis 5% überschreitet. Maßgeblich für die Beantwortung dieser Frage ist, ob hierfür auf den Zeitpunkt der Ausübung der Greenshoe-Option, auf den Zeitpunkt des Vorstands- und Aufsichtsratsbeschlusses oder auf den Zeitpunkt der Zuteilung der Aktien an die Investoren abzustellen ist. Entscheidend sollte der Schutzzweck des

---

283 Nach einem nicht rechtskräftigen Urteil des Kammergerichtes Berlin vom 22.08.2001 (ZIP 2001, 2178) ist das sog. Greenshoe-Verfahren unzulässig, wenn die Mehrzuteilungsoption aus genehmigtem Kapital bedient wird. Da die Ausübung der Option und die Festsetzung des Ausgabepreises allein im Ermessen der Konsortialbank liege, würden die Altaktionäre, deren Bezugsrecht ausgeschlossen ist, unangemessen benachteiligt. Deshalb soll auch durch die der Hauptversammlung erteilte Ermächtigung des Vorstandes, das genehmigte Kapital mit Zustimmung des Aufsichtsrates auszuschöpfen, anfechtbar sein (siehe dazu kritisch Groß ZIP 2002, 160).

§ 186 Abs. 3 Satz 4 AktG sein, wonach die Altaktionäre vor einer Kursverwässerung geschützt werden sollen; demzufolge ist der Zeitpunkt der Zuteilung der Greenshoe-Aktien an die Anleger als maßgebend anzusehen, die zeitgleich mit der Zuteilung der Aktien der Haupttranche erfolgt. Zu einer Verwässerung des Kurses kommt es nämlich nur dann, wenn Aktien aus einer Kapitalerhöhung zu günstigeren Preisen als dem Börsenkurs am Markt erhältlich sind.

(28) Greenshoe-Closing

Maßnahme	Erläuterung	Dokumente	Zeitpunkt/ Zeitraum
Ggf. Greenshoe-Closing	Abrechnung und Überweisung des Platzierungserlöses der Greenshoe-Aktien	Der Übernahmevertrag sieht häufig nochmals Letter of Comfort/ Legal Opinions vor, deren Abgabe aber selten verlangt wird	Unverzüglich nach Eintragung der Kapitalerhöhung

(28) Ende Black-out-Period

Maßnahme	Erläuterung	Dokumente	Zeitpunkt/ Zeitraum
Ende der Black-out-Period	Analystenberichte können wieder verteilt werden	./.	40 Tage nach Notierungsaufnahme

d) Gesamt-Ablaufplan des Börsenganges

Insgesamt ergibt sich daraus der nachfolgend schematisiert dargestellte Ablaufplan für den Gang an eine deutsche Börse (Initial Public Offering – IPO):

(1) Vom »Kick-off-Meeting« bis zur Prospekteinreichung

	Erläuterung	Dokumente	Zeitpunkt/ Zeitraum
Aufträge an Berater/ Dienstleister	• Ggf. IPO-Berater • Konsortialführernde Bank (»KB«)(»Lead Manager«) • Wirtschaftsprüfer (»WP«) • Rechtsanwälte (»RA«) • Werbeagentur • Drucker • Übersetzer	Mandatsverträge (»Engagement Letter(s)«)	Auswahl vor Kick Off Meeting; Werbeagentur, Drucker und Übersetzer auch später; Engagement letter(s) sollten möglichst vor dem Kick Off Meeting unterzeichnet sein (in praxi aber meist erst danach)
Kick-off-Meeting	Vorstellung des Unternehmens durch die Unternehmensleitung für die Berater	Unterlagen ähnlich einer »Management Presentation«	Kontaktaufnahme RA und KB möglichst schon vor Kick-off-Meeting
Beginn Due Diligence/ Prospekterstellung	Die Berater des Unternehmens und – je nach Absprache mit der KB auch deren Berater – (insbesondere RA/WP) prüfen die wesentlichen Dokumente/ Unterlagen des Unternehmen, die mittels Anforderungslisten der Berater zusammengestellt und in einem Datenraum	• Due Diligence Listen für Datenraum • Ggf. Due Diligence-Bericht (jedenfalls dann erforderlich, wenn keine Due Diligence durch KB; aber auch für interne Kontrolle zu empfehlen)	Zeitnah nach Kick-off-Meeting; Due Diligence und Prospekterstellung können parallel erfolgen; die Due Diligence Listen der RA und KB sollten aufeinander abgestimmt sein; nach ca. 2 Wochen sollten die Ergebnisse der Due Diligence im Wesentlichen

Maßnahme	Erläuterung	Dokumente	Zeitpunkt/ Zeitraum
	den Beratern zur Verfügung gestellt werden; die Ergebnisse der Due Diligence fließen in den Prospekt ein		vorliegen; für Due Diligence/Prospekterstellung ist ein Gesamtzeitraum von ca. 10 Wochen anzusetzen mit mind. fünf, meistens aber deutlich mehr »drafting sessions« für den Prospekt
Ggf. (erste) Gesellschafterversammlung	• Wenn noch keine AG: Umwandlung in AG mit Vorstands- und Aufsichtsratsbestellung; • Ggf. erste (Bar-)Kapitalerhöhung, um ein ausgewogenes Verhältnis zwischen den zu platzierenden und den bei den Altgesellschaftern verbleibenden Aktien zu erreichen	• Antrag an das Registergericht auf Bestellung eines Gründungsprüfers • Umwandlungsbeschluss mit Satzung sowie Wahl des ersten Aufsichtsrats und Vorstandsbestellung • Gründungs- und Gründungsprüfungsberichte • Kapitalerhöhungsbeschluss mit Zeichnungsscheinen und Einzahlungsbelegen • Jeweils Handelsregisteranmeldung	• Als erstes: Antrag auf Bestellung eines Gründungsprüfers • Umwandlungsbeschluss so früh wie möglich (wenn Betriebsrat: Zuleitung des Entwurfs des Umwandlungsbeschlusses spätestens vier Wochen vor Beschlussfassung) • Eintragung im Handelsregister ca. 3 – 4 Wochen nach der Anmeldung
Ggf. Börsenpräsentation (*nur für Neuer Markt*)	Vorstellung des Unternehmens vor dem Zulassungsausschuss der Deutsche Börse AG	Präsentationsunterlagen (auf der Basis der Unterlagen zum Kick-off-Meeting)	Sollte noch in zeitlicher Nähe zum Kick-off-Meeting erfolgen (ca. 4 Wochen)

Maßnahme	Erläuterung	Dokumente	Zeitpunkt/ Zeitraum
Verhandlung der wesentlichen Verträge, insbesondere der Übernahmeverträge (»underwriting agreement«) mit der führenden Emissionsbank (Lead Manager/ Book Runner)	Die wesentlichen Verträge sind standardisiert und werden üblicherweise von der KB vorgeschlagen; es besteht nur eingeschränkter Verhandlungsspielraum	• Übernahmevertrag (»underwriting agreement«) mit Anlagen (insbesondere »legal opinions« der RAe des Unternehmens und der KB sowie »letter of comfort« der WP's; Preisfestsetzungsvertrag) • Sponsorenvertrag mit den »designated sponsors« • Zahl- und Hinterlegungsstellenvertrag • Konsortialvertrag (»agreement amongst underwriters«) • Ggf. Aktienleihe für »Greenshoe« (s.u.)	• Der Übernahmevertrag sollte vor Prospekteinreichung (s.u.) ausverhandelt sein, ist es aber meist erst kurz vor dem Beginn des Bookbuilding (s.u.) • Werden die Sponsorenverträge nicht rechtzeitig verhandelt, stellen die Sponsoren teils absurde Geldforderungen • Das Unternehmen hat nur Einfluss auf die Auswahl der Konsortialbanken; der Konsortialvertrag selbst betrifft das Unternehmen nicht und wird diesem allenfalls zur Kenntnis gegeben
Ggf. (zweite) Gesellschafterversammlung (Hauptversammlung)	Kapitalerhöhung für den Börsengang (zwingend für Neuer Markt, im amtlichen Handel ist dagegen auch die ausschließliche Platzierung von Altaktien möglich), von KB zu zeichnen; gegebenenfalls sonstige	• Kapitalerhöhungsbeschluss und Beschluss zu sonstigen Satzungsänderungen • Handelsregisteranmeldung	Kann bis kurz vor dem Zulassungsantrag erfolgen; die Unterlagen sind aber zuvor fertig zu stellen und dem Richter am Handelsgericht zur Kenntnis zu geben; mit ihm ist unbedingt der

Maßnahme	Erläuterung	Dokumente	Zeitpunkt/ Zeitraum
	Satzungsänderungen, insbesondere genehmigtes Kapital u.a. für den »Greenshoe« (= Mehrzuteilungsoption für KB bei Überzeichnung, die Greenshoe-Aktien werden zumeist von den Altaktionären geliehen und entweder nach Ausübung des Greenshoe diesen abgekauft oder ihnen nach Durchführung einer Kapitalerhöhung aus genehmigtem Kapital zurückgegeben) und bedingtes Kapital für Mitarbeiterbeteiligung (»stock option plan«)		Tag der Eintragung (sollte unmittelbar vor Zulassung sein) zu vereinbaren
Analystenpräsentation	Vorstellung des Unternehmens/ der Aktie durch die Unternehmensleitung gegenüber den Analysten der Konsortialbanken; deren Berichte (»Analystenberichte«) sind faktisch das wesentliche Marketinginstrument des IPO; die Analystenberichte werden von KB an ausgewählte institutionelle Investoren verteilt	Unterlagen für die Analystenpräsentation	Die Analystenberichte werden den potenziellen Investoren üblicherweise 3–4 Tage nach der Präsentation übersandt; die Übersendung sollte nicht zu lange vor der Notierungsaufnahme, aber in angemessenem zeitlichen Abstand vor der »Black-out-Period« (s.u.) erfolgen; entsprechend ist die Analystenpräsentation zu terminieren.

(2) Von der Antragsstellung bis zum Closing

Maßnahme	Erläuterung	Dokumente	Zeitpunkt/ Zeitraum
Antrag auf Billigung des Prospekts/Prospekteinreichung	Der Prospekt in seiner Funktion als Verkaufsprospekt nach VerkaufsprospektG ist durch die Börse zu billligen; hier noch ohne Preisangabe für die Aktien (»unvollständiger Verkaufsprospekt«)	• Antrag auf Billigung des Verkaufsprospekts an den Zulassungsausschuss, d.h. die Zulassungsstelle der Börse (durch KB) • Unvollständiger (Verkaufs-) Prospekt	Ca. 3 Wochen vor Beginn des »Bookbuilding« (s.u.)
Antrag auf Börsenzulassung	Die Aktien sind zum amtlichen Handel oder zum geregelten Markt (mit der Möglichkeit der Notierung im Neuen Markt) von der Börse zuzulassen	• Zulassungsantrag • Börsenzulassungsprospekt (für den Neuen Markt »Unternehmensbericht« genannt); der Verkaufsprospekt ist zugleich Börsenzulassungsprospekt • Ggf. (nur Neuer Markt) »Lock-up«-Erklärungen der Altaktionäre (= Verpflichtung, die Altaktien für einen Zeitraum von sechs Monaten nicht zu veräußern)	Wird üblicher- und sinnvollerweise zusammen mit dem Antrag auf Billigung des Prospekts gestellt, kann aber auch später (bis zu 4 Tagen vor der beabsichtigten Zulassung) erfolgen
»Black-out- Period« Vor dem »Bookbuilding« (s.u.) wird üblicherweise von der KB ein Zeitraum	eingehalten, in dem keine Analystenberichte mehr verteilt werden	./.	Üblicherweise 14 Tage vor »Bookbuilding«

Maßnahme	Erläuterung	Dokumente	Zeitpunkt/ Zeitraum
Abgabe des Comfort Letter und der Legal Opinion	WP (Letter of Comfort) und RA's (Legal Opinion) bestätigen für ihren jeweiligen Verantwortungsbereich gegenüber der KB, dass die Angaben im Prospekt zutreffen bzw. nicht irreführend sind	• Comfort Letter • Legal Opinon	Marktpraxis variiert: Deutsche KB verlangen Abgabe des Letter of Comfort und der Legal Opinion mehrfach und erstmals vor der Billigung des unvollständigen Verkaufsprospekts; amerikanischen KB reicht zumeist die Abgabe mit Unterzeichnung des Übernahmevertrages
Billigung des (unvollständigen) Prospekts	Durch die Zulassungsstelle/den Zulassungsausschuss der Börse	Billigungsbescheid	15 Börsenhandelstage nach Antragstellung; üblicherweise wird der Antrag zwei Tage vorher gestellt; Termin sollte mit der Börse abgestimmt sein
Hinweisbekanntmachung auf Prospekt	In überregionalem Börsenpflichtblatt	• Hinweisbekanntmachung • Unvollständiger Verkaufsprospekt (muss an den designierten Stellen bereit liegen)	Am Tag nach der Billigung

Maßnahme	Erläuterung	Dokumente	Zeitpunkt/ Zeitraum
»Roadshow«/ »Bookbuilding«/ »Auktionsverfahren«	Roadshow = Besuch bei den potenziellen institutionellen Investoren zur Vorstellung des Unternehmens/der Aktie durch die Unternehmensleitung mit Unterstützung der KB; dient zugleich dem Bookbuilding = Sammlung der (verbindlichen) Kaufangebote im »Orderbuch«	Roadshow-Unterlagen	• Frühestens am Tag nach der Veröffentlichung (deshalb häufig: Billigung des Prospekts am Freitag, Hinweisbekanntmachung am Samstag, Beginn des Bookbuilding am Montag) • Spätestens zwei Tage vor dem Beginn des Bookbuilding muss der Übernahmevertrag vollständig ausverhandelt sein (sonst wird KB mit dem Bookbuilding nicht beginnen) • Dauer: Üblicherweise 3 – 20 Tage
Veröffentlichung des Zulassungsantrags	In überregionalem Börsenpflichtblatt	(Erfolgt durch die Börse)	Drei Tage vor der Zulassung; Termin kann mit der Börse abgestimmt werden
Unterzeichnung des Übernahmevertrages	Erst mit der Unterzeichnung des Übernahmevertrages verpflichtet sich die KB, die Aktien zu übernehmen und zu platzieren; der Übernahmevertrag ist der zentrale Vertrag des IPO, der Übernah-	mevertrag mit allen Anlagen, insbesondere legal opinions und comfort letter	Erfolgt frühestens kurz vor Beginn des Bookbuilding (nach Festsetzung der Preisspanne), meist aber erst mit dem Ende des Bookbuilding (denn KB weiß erst zu diesem Zeitpunkt, ob die

Maßnahme	Erläuterung	Dokumente	Zeitpunkt/ Zeitraum
	insbesondere auch die wesentlichen Pflichten der abgebenden Aktionäre und der Gesellschaft enthält (inkl. umfassender Gewährleistungen und häufig mit freiwilligem »Lock-up«)		Platzierung erfolgreich sein wird)
Ggf. Unterzeichnung des Zeichnungsscheines/Einzahlung Kapitalerhöhung/ Handelsregisteranmeldung	Die KB zeichnet bei einer Platzierung von neuen Aktien die Aktien selbst und muss deshalb den Nennkapitalbetrag der Aktien der Gesellschaft zur Verfügung stellen; die Handelsregisteranmeldung ist erst mit Einreichung des Zeichnungsscheins vollständig	• Zeichnungsschein • Handelsregisteranmeldung	Sollte wenn möglich erst unmittelbar vor der Zulassung der Aktien erfolgen, um den Zeitraum zwischen der Einzahlung auf die Kapitalerhöhung und des Erhalts des Platzierungserlöses durch KB möglichst kurz zu halten
Ggf. Eintragung der Kapitalerhöhung im Handelsregister	Erst mit der Eintragung enstehen die neuen Aktien; die Eintragungsbekanntmachung ist Voraussetzung für die Zulassung der Aktien	Eintragungsbekanntmachung	Zeitkritischer Moment; bei Kooperation am Tag vor oder sogar erst am Tag der Zulassung; nur wenn der Richter am Registergericht eine taggenaue Eintragung zusagt, ist der Zeitraum zwischen Zeichnung der Aktien und Zulassung kurz zu halten

Maßnahme	Erläuterung	Dokumente	Zeitpunkt/ Zeitraum
Ende Bookbuilding/ Preisfestsetzung/ Zuteilung	Das Orderbuch wird ausgewertet, der Verkaufspreis festgelegt und die Zuteilung der Aktien auf die Erwerber bestimmt; Unterzeichnung des Preisfestsetzungsvertrags	Preisfestsetzungsvertrag	Am Vortag der Zulassung
»Bring-down-Call«/ »Blood Letter«/ Einreichung des Börsenzulassungsprospektes (Neuer Markt: Unternehmensbericht)	• Bring-down-Call: Die Berater befragen die Unternehmensleitung nach neuen Entwicklungen, die noch im Prospekt zu erwähnen wären • Blood Letter: Schreiben der KB an das Unternehmen mit Aufzählung der Prospektdaten, die von KB stammen (und für deren Richtigkeit die KB damit im Innenverhältnis haftet) • Fertigstellung und Übersendung des endgültigen Prospekts (mit Verkaufspreis der Aktien) zur Börse	• Blood Letter • Börsenzulassungsprospekt/Unternehmensbericht (Neuer Markt: deutsch und englisch)	Am Vortag der Zulassung
Zulassung der Aktien zum Handel	Zulassung zum amtlichen Handel oder geregelten Markt (ggf. mit Notierung im Neuen Markt)	Zulassungsbescheid	Am Tag nach dem Ende des Bookbuilding

Maßnahme	Erläuterung	Dokumente	Zeitpunkt/ Zeitraum
Hinweisbekanntmachung	Hinweis auf Veröffentlichung des Börsenzulassungsprospekts (Unternehmensberichtes)/ der Zulassung	Hinweisbekanntmachung	Am Folgetag der Zulassung; mind. zwei Tage vor Notierungsaufnahme
Notierungsaufnahme	Aufnahme der Notierung der Aktien	./.	Frühestens drei Tage nach der Hinweisbekanntmachung (deshalb wiederum häufig: Zulassung am Freitag, Hinweisbekanntmachung am Samstag, Notierungsaufnahme am Montag); spätestens sechs Monate nach Zulassung
»Closing«	Abrechung und Überweisung des Platzierungserlöses	./.	Üblicherweise zwei Tage nach Notierungsaufnahme
Ggf. Ausübung einer Greenshoe-Option	Die von KB geliehenen Aktien werden fast immer zugeteilt; der Greenshoe wird zur Marktpflege ausgeübt, also nur dann, wenn der Kurs seit Notierungsaufnahme gestiegen ist	Nach Greenshoe-Ausübung: Entweder Kauf der geliehenen Aktien oder Kapitalerhöhung aus genehmigtem Kapital (= Vorstands- und Aufsichtsratsbeschluss und Handelsregisteranmeldung)	Binnen ca. 30 Tagen nach Notierungsaufnahme

Maßnahme	Erläuterung	Dokumente	Zeitpunkt/ Zeitraum
Ggf. Greenshoe-Closing	Abrechnung und Überweisung des Platzierungserlöses der Greenshoe-Aktien	Der Übernahmevertrag sieht häufig nochmals Letter of Comfort/Legal Opinions vor, deren Abgabe aber selten verlangt wird	Unverzüglich nach Eintragung der Kapitalerhöhung
Ende Black-out Period	Analystenberichte können wieder verteilt werden	. / .	40 Tage nach Notierungsaufnahme

e) Nachgründungsvorschriften

Erfolgt die Umwandlung in eine AG, so muss in der Folgezeit, insbesondere nach der Börsennotierung, die Nachgründungsvorschrift des § 52 AktG beachtet werden.

Nach dem Absatz 1 dieser Vorschrift sind bei Verträgen, die in den ersten 2 Jahren seit der Eintragung der neuen Aktiengesellschaft in das Handelsregister geschlossen werden, nicht nur ein Hauptversammlungsbeschluss, sondern auch eine Nachgründungsprüfung, ein Nachgründungsbericht des Aufsichtsrats und die Eintragung ins Handelsregister erforderlich, sofern die Gesellschaft Anlagen oder andere Vermögensgegenstände für eine den zehnten Teil des Grundkapitals übersteigende Vergütung erwirbt; insbesondere wegen der im Zuge des Börsenganges regelmäßig erfolgenden Eigenkapitalbeschaffung der Aktiengesellschaft wird diese 10 %-Grenze beim Abschluss von Verträgen relativ schnell erreicht, sodass die vorgenannten Formalitäten zu beachten sind. Nach Änderung des Absatzes 1 durch das Namensaktiengesetz vom 18.01.2001 sind von § 52 AktG nur noch Verträge zwischen der Gesellschaft und einem Gründungsmitglied oder einem Aktionär, der mehr als 10 % des Grundkapitals hält, erfasst.[284]

Der Hauptversammlungsbeschluss bedarf nach § 52 Abs. 5 AktG einer Mehrheit, die mindestens drei Viertel des bei der Beschlussfassung vertretenen Grundkapitals umfasst. Eine Ausnahme von der Nachgründungspflicht wird gemäß § 52 Abs. 9 AktG nur zugelassen, wenn der Erwerb der Vermögensgegenstände im Rahmen der

---

284 Vgl. zur Neuregelung: Priester, Neue Regelungen zur Nachgründung, DB 2001, 467.

laufenden Geschäfte der Gesellschaft, in der Zwangsvollstreckung oder an der Börse erfolgt. In neugegründeten oder durch Formwechsel entstehenden Aktiengesellschaften finden sich deshalb zunehmend Satzungsbestimmungen, die umfassend den Erwerb von Unternehmen und sonstigen Vermögensgegenständen zum Unternehmensgegenstand der Gesellschaft erklären. Der Ausnahmetatbestand des § 52 Abs. 9 AktG wird aber bislang restriktiv ausgelegt, sodass zweifelhaft ist, ob solche allgemeinen Klauseln ausreichen.

Ohne die Zustimmung der Hauptversammlung bzw. die Eintragung im Handelsregister sind Verträge nach § 52 Abs. 1 AktG unwirksam.

Die Umgehung des § 52 AktG durch Aufspaltung eines Vertrages in mehrere Einzelverträge ist nicht zulässig.

Fraglich ist, ob der Erwerb von Vermögensgegenständen durch eine Tochter-GmbH als mittelbarer Vermögenserwerb durch die Muttergesellschaft zu qualifizieren ist. Dies hätte zur Folge, dass die Vorschrift des § 52 AktG entsprechend anzuwenden wäre.

Diese Frage hat die Gerichte – soweit ersichtlich – noch nicht beschäftigt. Die wohl herrschende Auffassung in der Literatur[285] verneint in diesem Fall eine analoge Anwendung dieser Vorschrift, da der Schutzzweck des § 52 AktG, eine Umgehung der Sachgründungsvorschriften bei der Muttergesellschaft zu verhindern, keine Erstreckung der Norm auf die Tochtergesellschaften verlangt. Zudem ist eine derartige rechtsformübergreifende Anwendung des § 52 AktG mit dem »nachgründungsfreien« Recht der GmbH nicht vereinbar.[286] Nach der derzeit vorherrschenden Auffassung lösen daher Erwerbsgeschäfte der Tochtergesellschaft grundsätzlich keine Nachgründungspflicht der Muttergesellschaft nach § 52 AktG aus.

10. Internationale (crossborder) Mergers & Acquisitions

Die Internationalisierung der Wirtschaft und nicht zuletzt der zunehmende Einfluss der Investmentbanken, der Corporate Finance Abteilungen der großen Wirtschaftsprüfungsgesellschaften und der internationalen Anwaltspraxen führen dazu, dass zunehmend das anglo-amerikanische Recht den Inhalt, zumindest aber den Stil der Abwicklung internationaler Bietungsverfahren und Mergers & Acquisitions bestimmt.

Dies gilt auch für die Gestaltung der Unternehmenskaufverträge, die entsprechend den Grundsätzen des anglo-amerikanischen Vertragsrechts von erheblich umfangreicheren und detaillierteren Regelungen geprägt sind, als die deutschen Verträge. Anders als nach den deutschen Vorschriften der §§ 133, 157 BGB sind nämlich nach der

---

285 Vgl. Krieger, in Münch. Hdb. GesR IV, § 69, Rn. 46 mwN.
286 Vgl. Kubis, AG 1993, S. 118, 120.

sog. »parol evidence rule« des anglo-amerikanischen Vertragsrechtes grundsätzlich weder die vorvertragliche Korrespondenz noch die Verhandlungen der Vertragspartner als ergänzender Beweis (»parol evidence«) zum Nachweis oder zur Auslegung des Vertragsinhaltes zugelassen. Im Interesse der Rechtsklarheit und ihrer eigenen Sicherheit sind die Vertragspartner deshalb gehalten, alle Regelungen ausführlich, vollständig und detailliert in den schriftlichen Vertrag aufzunehmen. Ferner erstrecken sich Vertragsklauseln, die bestimmte Tatbestände enumerativ auflisten, nur auf solche Sachverhalte, die zur Art der aufgelisteten Tatbestände gehören. Insbesondere gilt dies auch für Haftungsfragen, sodass es sich aus Sicht der Common-Law-Vertragspraxis dringend empfiehlt, sämtliche Haftungs- bzw. Haftungsausschlusstatbestände (Representations und Warranties) ausführlich und in allen Einzelheiten in den Vertragstext aufzunehmen.

Der hieraus resultierende erhebliche Umfang internationaler Unternehmenskaufverträge erweckt leicht den Eindruck, alle die Transaktion betreffenden Vereinbarungen und Bestimmungen seien im Vertrag abschließend geregelt; ferner besteht vielfach die Vorstellung, alle rechtlichen Fragen der Transaktion durch eine Rechtswahlklausel einer gewünschten Rechtsordnung unterstellen zu können. Dabei wird jedoch verkannt, dass grenzüberschreitende Transaktionen zahlreiche Rechtsgebiete berühren, die einer Rechtswahl durch die Parteien nicht zugänglich sind. Dies gilt insbesondere für Fragen des internationalen Sachenrechts, Gesellschaftsrechts und Arbeitsrechts. Trotz einer entsprechenden Rechtswahlklausel kann es nämlich fraglich sein, welches nationale Recht beim sog. Share Deal auf die Übertragung der Gesellschaftsanteile und beim sog. Asset Deal auf die Übertragung der Vermögensgegenstände, auf den Übergang der Arbeitsverträge, auf die Finanzierung und nicht zuletzt auf die zu beachtenden Formvorschriften Anwendung findet. Dies gilt auch schon bei der Abgabe einer entsprechenden Absichtserklärung bzw. eines Letter of Intent.

Dies macht es erforderlich, die insoweit beim internationalen Unternehmenskauf auftretenden international-privatrechtlichen Aspekte zu berücksichtigen[287], und zwar

- Vertragsrecht
  - Grundsätze der Rechtswahl
  - Umfang der Rechtswahl
  - Mangels Rechtswahl anzuwendendes Recht

---

287 Siehe dazu ausführlich Gerhard Picot/Land, Der internationale Unternehmenskauf, in: DB 1998, 1600 ff; Gerhard Picot, Handbook of international Mergers and Acquisitions, 2002; sowie Gerhard Picot, Wirtschaftsrechtliche Parameter des Akquisitionsmanagements, in: Arnold Picot/Nordmeyer/Pribilla, Management von Akquisitionen, S. 121 ff. Zu den Besonderheiten des Unternehmenskaufs in Osteuropa, insbesondere Russland, Polen, Ungarn und der Tschechischen Republik, und in Asien, insbesondere China, Hong Kong, Indien, Singapur, Indonesien und Japan, sowie in Südafrika siehe Gerhard Picot, Unternehmenskauf und Restrukturierung, Teil IX: Internationales Recht; Merkt, Internationaler Unternehmenskauf; Horn, Internationale Unternehmenszusammenschlüsse, ZiP 2000, S. 473 ff.

- Verfügungsgeschäfte
  - Grundsatz
  - Mobilien
  - Sonstige dingliche Rechte
- Vertretung einer Gesellschaft im Rahmen einer Transaktion
- Formvorschriften
  - Verpflichtungsgeschäft
  - Verfügungsgeschäft
  - Beurkundung durch ausländischen Notar
  - Side Letter mit vertraulichen Nebenabreden zum Kaufvertrag
- Haftung aus Vermögensübernahme und Firmenfortführung
- Arbeits- und Mitbestimmungsrecht
- Finanzierung
- Gesellschaftsrecht
  - Gesellschaftsstatut
  - Sitzverlegung
  - Internationales Konzernrecht
  - Grenzüberschreitende Umwandlungen

Literatur

Achleitner, Ann-Kristin, Handbuch des Investment Banking, 1999, 35 ff.
Bastuck/Mentz, FAZ v. 28.11.2001, 29.
Beisel/Klumpp, Der Unternehmenskauf, 3. Auflage, 1996
Button/Bolton, A practitioner's guide to Takeovers and Mergers in the European Union, 1999/2000
Dänner-Lieb/Thiessen, Garantiebeschränkungen in Unternehmenskaufverträgen nach der Schuldrechtsreform, ZIP 2002, 108 ff.
Däubler-Gmelin, Die Entscheidung für die sogenannte Große Lösung bei der Schuldrechtsreform, NJW 2001, 2281 ff.
Günther, Unternehmenskauf, in: Münchener Vertragshandbuch, Bd. 2, 4. Auflage 1997, II. 1.
Fleischer/Körber, Due Diligence u. Gewährleistung beim Unternehmenskauf, BB 2001, 841 ff.
Fleischer, Zum Begriff des öffentlichen Angebots im Wertpapiererwerbs- und Übernahmegesetz, ZIP 2001, 1654.
Hewitt, Joint Ventures, Second Edition, 2002
Hölters, Handbuch des Unternehmens- und Beteiligungskaufs, 5. Auflage, 2002
Holzapfel/Pöllath, Unternehmenskauf in Recht und Praxis, 10. Auflage, 2001
Hommelhoff, Der Unternehmenskauf als Gegenstand der Rechtsgestaltung, ZHR 1986, 254 ff.
Horn, Internationale Unternehmenszusammenschlüsse, ZIP 2000, 473 ff.
Huber, in: Soergel, Kommentar zum BGB, § 459 Rdn. 240 bis 286 (D. II. Unternehmen) und § 459 Rdn. 287 – 296 (D. III. Gesellschaftsanteile), 12. Auflage 1991
Jansen, Mergers & Acquisitions, Unternehmensakquisitionen und -kooperationen, 4. Auflage, 2002

Jansen/Gerhard Picot/Schiereck, Internationales Fusionsmanagement – Erfolgsfaktoren grenzüberschreitender Unternehmenskäufe, Stuttgart, 2001
Kleinert/Klodt, Megafusionen, Kieler Studien 102, 2000
Kösters, Letter of Intent – Erscheinungsformen und Gestaltungshinweise, NZG 1999, 623 ff.
Land, Das neue deutsche Wertpapiererwerbs- und Übernahmegesetz, DB 2001, 1707 ff.
Land/Hasselbach, Das neue Übernahmegesetz, DB 2000, 1747 ff.
Liebscher, Das Übernahmeverfahren nach dem neuen Übernahmegesetz, ZIP 2001, 853 ff.
Merkt, Internationaler Unternehmenskauf, 1997
Merkt, Due Diligence und Gewährleistung beim Unternehmenskauf, BB 1995, 1041 ff.
Niewiarra, Unternehmenskauf, 2002
Oechsler, Der RegE zum Wertpapiererwerbs- und Übernahmegesetz – Regelungsbedarf auf der Zielgeraden, NZG 2001, 817 ff.
Picot, Arnold/Reichwald/Wigand, Die grenzenlose Unternehmung, – Information, Organisation und Management – 3. Auflage 1998
Picot, Gerhard, Unternehmenskauf und Restrukturierung, – Handbuch zum Wirtschaftsrecht – 4. Auflage, 2004
    Teil I: Vertragsrecht (Picot)
    Teil II: Gesellschaftsrecht (Picot/Müller-Eising)
    Teil III: Arbeitsrecht (Picot)
    Teil IV: Betriebsrentenrecht (Heubeck)
    Teil V: Steuerrecht (Eilers)
    Teil VI: Kartellrecht (Montag)
    Teil VII: Umweltrecht (Kummer)
    Teil VIII: Insolvenzrecht (Picot/Aleth)
    Teil IX: Internationales Recht (Picot)
Picot, Gerhard, Mergers & Acquisitions in Germany, – Handbook –, Second Edition, 2000
Picot, Gerhard, Handbook of international Mergers & Acquisitions, 2002
Picot, Gerhard/Schnitker, Arbeitsrecht bei Unternehmenskauf und Restrukturierung, 2001
Picot, Gerhard/Aleth, Unternehmenskrise und Insolvenz – Vorbeugung, Turnaround, Sanierung – Handbuch zum Wirtschaftsrecht, 1999
Picot, Gerhard, Wirtschaftsrechtliche Parameter des Akquisitionsmanagements, in: Arnold Picot/Nordmeyer/Pribilla, Management von Akquisitionen, 2000, 121 ff.
Picot, Gerhard/Duggal, MAC-Klauseln beim Unternehmenskauf, DB 2003, H. 9.
Picot, Gerhard, Mergers & Acquisitions in Telekommunikation und Internet, Finanz Betrieb (FB), 1999, 61 ff.
Picot, Gerhard/Land, Der internationale Unternehmenskauf, in: Der Betrieb 1998, S. 1600 ff.
Picot, Gerhard/Land, Management Buy-Outs in Germany Booming, in: International Business Lawyer, 1998, 278 ff.
Picot, Gerhard/Land, Going Public – Typische Rechtsprobleme des Ganges an die Börse, DB 1999, 570 ff.
Picot, Gerhard/Russenschuck, Familienunternehmen im Sog von Mergers & Acquisitions, M&A-Review 2001, 500 ff.
Picot, Gerhard/Russenschuck, Unternehmenskaufverträge: Gibt es noch selbstständige Garantien?, M&A-Review 2002, 64 ff.
Pluskat, Das Scheitern der europäischen Übernahmerichtlinie, WM 2000, 1937 ff.
von Rosen/Seifert, Die Übernahme börsennotierter Unternehmen, 1999
Sieger/Hasselbach, Break Fee-Vereinbarung bei Unternehmenskäufen, BB 2000, 625 ff.
Schuberth, Alle Angaben ohne Gewähr, Financial Times Deutschland v. 08.01.2001, Recht und Steuern

Sudhoff, Unternehmensnachfolge, 4., völlig neubearbeitete Auflage 2000
Teichmann, Strukturänderungen im Rech der Leistungsstörungen nach dem Regierungsentwurf eines Schuldrechtsmodernisierungsgesetzes, BB 2001, 1485 ff.
Thaeter/Bart, »RefE eines Wertpapiererwerbs- und Übernahmegesetzes«, NZG 2001, 545 ff.
Vater, Die abwehrfeindliche Übernahme, M&A-Review 2002, 9 ff.

V. Due Diligence

1. Einleitung

Im Widerspruch zur Euphorie um M&A-Transaktionen steht nach wie vor das hohe Risiko, das mit Akquisitionen verbunden ist. Empirische Erhebungen zeigen Misserfolgsquoten zwischen 30 und 70%, wobei Misserfolg nicht unbedingt ein formales Scheitern voraussetzt, sondern auch beinhaltet, dass die erwarteten Ziele (im Wesentlichen die Hebung der Synergiepotenziale) nicht bzw. nicht vollständig erreicht wurden. Für die hohe Misserfolgsquote werden vor allem verantwortlich gemacht

a) das nicht ausreichende Wissen um das Transaktionsobjekt in Bezug auf die geplante Strategie,
b) die Überbewertung der Synergiepotenziale und als Folge daraus die Vereinbarung eines überhöhten Unternehmenskaufpreises,
c) die mangelhafte Integration des Transaktionsobjektes in den Unternehmensverband des Akquisiteurs.

Die unter a) und überwiegend auch die unter b) ausgewiesenen Gründe für einen drohenden Misserfolg lassen sich durch eine gezielte, systematische Analyse des Akquisitionsobjektes minimieren.

Das dabei angewandte Verfahren ist die *Due Diligence*.[1]

2. Die vorvertragliche Phase beim Unternehmenserwerb[2]

Auf Grund der Komplexität der beim Unternehmenskauf auftretenden Probleme ist es dringend geboten, den Akquisitionsprozess zu systematisieren.

In diesem Rahmen dient das vorvertragliche Verhandlungsstadium dazu, Ziele des Käufers und Verkäufers auszuloten und nach Möglichkeit aufeinander abzustimmen.

Diese Phase ist geprägt von einem hohen Maß an Unsicherheit einerseits und einem starken Misstrauen andererseits.

Daher ist es verständlich, dass in dieser Phase eine Fülle von unterschiedlichen Interessen zwischen Käufer und Verkäufer auftreten, die sukzessiv abgearbeitet werden müssen.

---

1 Siehe oben B.IV.2.F).
2 Siehe dazu ausführlich B.IV.2.

Um diesen Prozess einfacher und sicherer zu gestalten wurden in der Praxis Instrumentarien entwickelt, die den Ablauf des Akquisitionsprozesses strukturieren:

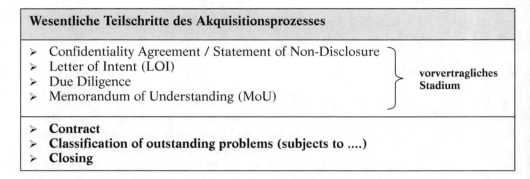

3. Philosophie, Herkunft und Inhalt der Due Diligence

Die eingangs erwähnte hohe Misserfolgsquote und damit das Risiko beim Unternehmenskauf hängt nicht unwesentlich davon ab, ob das Bild, das der Akquisiteur vom zu erwerbenden Unternehmen hat, mit der Wirklichkeit übereinstimmt.

Dem Käufer fehlt in der Regel eine Vielzahl von Informationen, die er benötigt, um etwa den Kaufpreis zu fixieren, Synergien zu bestimmen oder Risiken zu minimieren. Der Verkäufer dagegen ist offen oder latent im Besitz derartiger Informationen.

Die Vereinbarung einer »Due Diligence« charakterisiert die Bereitschaft des Verkäufers sein Wissen auf den Käufer zu übertragen und somit die Informations-Asymmetrie zu beseitigen.

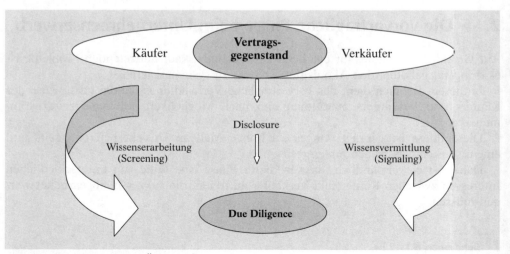

Abb. 1: Due Diligence zur Überwindung von Informationsasymmetrien vor Vertragsabschluss

»In diesem Sinne kann die Durchführung einer Due Diligence als Prozess des kombinierten Einsatzes von Wissensübertragung seitens des Verkäufers sowie Wissenserarbeitung seitens des Käufers verstanden werden«.[3]

a) Herkunft des Begriffs Due Diligence

Der Due Diligence-Begriff bzw. das Due Diligence-Konzept hat seinen Ursprung im angloamerikanischen Rechtswesen, speziell in den kapitalmarktrechtlichen Vorschriften der USA.

Exkurs:
Die Wahrung der Interessen bzw. des Schutzes der Kapitalanleger obliegt in den USA der SEC (Securities Exchange Commission). Von besonderer Bedeutung für den M&A-Bereich sind innerhalb der Securities Laws

- der Securities Act (1933) sowie
- der Securities Exchange Act (1934).

Während im Securities Act (SA) die Belange bei der erstmaligen Ausgabe von Effekten betroffen sind, behandelt der Securities Exchange Act (SEA) den Handel (und damit auch den Verkauf) von bereits zugelassenen Wertpapieren.

Der Securities Act regelt bei Neuemissionen »form, content and requirements of financial statements« im Rahmen der Emissionsproblematik.

Die Emissionsprospekt*haftung* nach dem Securities Act betrifft neben den Emittenten und dem Übernehmer auch Abschlussprüfer, Berater und alle beteiligten Experten, wobei kein unmittelbares Vertragsverhältnis (privity of contract) zwischen diesen und dem Käufer des Wertpapiers vorausgesetzt ist.

Diese Dritthaftung wird dadurch verschärft, dass die Beweislast nahezu vollständig auf Seiten des Beklagten liegt. Für den Kläger genügt es nachzuweisen, dass das »Registration Statement«

- eine wesentliche Falschdarstellung (untrue statement),
- eine irreführende Tatsache (misleading fact),
- eine Unterlassung (omission),

beinhaltet.

Gelingt dem Beklagten kein Gegenbeweis, so kann eine Exkulpation dadurch erreicht werden, dass er nachweist, »*he had after reasonable investigation, reasonable ground to believe and did believe*, at the time such part of the registration statement became effective, that the statements therein were true and that there was no omis-

---

3 Berens/Strauch, aaO, S. 5. Eine ausführliche historische Ableitung des Due Diligence-Begriffs findet sich bei Berens/Strauch, aaO, S. 6-10.

sion to state a material fact required to be stated therein or necessary to make the statements therein not misleading...«

Eine Präzisierung der Begriffe *reasonable investigation* und *reasonable ground to believe* erfolgt in SA sec. 11c:

»In determining for the purpose of paragraph (3) of subsection (b) of this section, what constitutes *reasonable investigation* and *reasonable ground for belief*, the standard of reasonableness shall be that required of a prudent man in the management of this own property.«

Dieser Entlastungsbeweis für Abschlussprüfer, Rechtsanwälte oder andere Experten im Rahmen der Emissionsprospekthaftung nach SA sec. 11 »has come to be called the »*due diligence*« or »*reasonable investigation defense*.«[4]

Im SA der SEC hat die »Due Diligence« mithin die Funktion einer Verteidigung (defense) *im Rechtsstreit*.

b) Heutige Due Diligence-Definition

In der Weiterentwicklung der Securities Laws im Securities Exchange Act von 1934 wandelt sich das Konzept der »Due Diligence« zu einer vorbeugenden Maßnahme zur Aufdeckung und Begrenzung von Risiken.

Diese Weiterentwicklung kommt der heute im M&A-Bereich geläufigen Anwendung des Begriffs »Due Diligence« schon sehr nahe.

Ausgehend von der wörtlichen Übersetzung »mit gebührender oder angemessener Sorgfalt« hat sich die Due Diligence herauskristallisiert als eine bewusste, systematische, professionelle Untersuchung der Unternehmens-Chancen und -Risiken während der laufenden Kaufverhandlungen.

Sie beurteilt mit möglichst präzisen Analysen, ob und wieweit der Wert der zu erwerbenden Gesellschaft zu erhöhen oder eben zu diskontieren ist – unter den Perspektiven der strategischen Ziele und der kostenreduzierenden Synergie.

Ein noch weiter reichender Ansatz findet sich bei Rockholtz[5], der der Due Diligence zum einen die Rolle eines Frühwarnsystems für Akquisitionsrisiken zuordnet, während sie zum anderen durch die Identifikation und Beurteilung von akquisitionsbedingten Wertsteigerungspotenzialen die elementare Informationsgrundlage für die sich anschließende Bewertung[6] und Realisation dieser Potenziale generieren soll.

---

4 vgl. Berens/Brauner, aaO, S. 8.
5 vgl. Rockholtz, aa0, S. 179.
6 Dazu ausführlich B.VI.

4. Planung und Ablauf der Due Diligence

a) Informationsquellen

Die Machbarkeit und die Qualität einer Due Diligence hängt ganz wesentlich von den Informationen ab, die zur Verfügung stehen ab.

Informationen über ein Unternehmen, zumal wenn es sich um sensible Tatbestände handelt, sind aber normalerweise nicht öffentlich verfügbar. Der Zugang zu derartigen Informationen kann daher nur durch Einwilligung und mithilfe des Verkäufers erfolgen.

Die – juristisch gesehen – schwache Position des Verkäufers aus einem Confidentiality Agreement bzw. einem Letter of Intent *kann ein Hemmnis bei der Erlangung* von Information sein.

Insofern empfiehlt es sich, im Letter of Intent bei der Formulierung zur Due Diligence einen hinreichenden Spielraum zu vereinbaren, der den Verkäufer verpflichtet, für die Bereitstellung der entsprechenden Informationen zu sorgen. Vertrauensbildende Maßnahmen seitens des Käufers können dabei durchaus hilfreich sein.

Andererseits sollte aber auch auf der Verkäuferseite klar sein, dass ein Zurückhalten von (bewertungsrelevanten) Informationen den Käufer misstrauisch macht, mit der Folge, dass ein Abschlag beim Kaufpreisangebot vorgenommen oder aber eine Forderung nach umfangreicheren Garantien erhoben wird.

Externe Daten über das »Zielunternehmen« sind unabhängig vom Verkäufer zu erreichen. Es liegt damit im Geschick des Käufers, entscheidungs- und damit bewertungsrelevante Daten ausfindig zu machen und zu analysieren.

Ohne Zweifel sind aber die internen Daten für die Beurteilung von entscheidender Bedeutung.

b) Due Diligence-Team

Die Durchführung der Due Diligence wird in den meisten Fällen durch eine Projektorganisation realisiert. Das bedeutet, dass neben einem detaillierten Zeitplan von Anfang an eine klare Bestimmung des Prüfungsumfanges, der Tätigkeitsbereiche und der Verantwortlichkeiten erforderlich wird. Hierzu wird zweckmäßigerweise ein Team gebildet, dem Personen aus dem Unternehmen des Käufers und in den meisten Fällen externe Berater angehören. Ob auch Mitarbeiter aus dem Verkäufer-Unternehmen beteiligt sind oder ob der Verkäufer lediglich »Informationsmaterial« zur Verfügung stellt, hängt von der Art des Kaufes und vom gegenseitigen Vertrauen ab.

Zur Ausgestaltung eines derartigen Teams finden sich in der Literatur zum aufbauorganisatorischen Aspekt folgende Ansätze:[7]

---

7 vgl. Müller-Stewens/Schreiber, aaO, S. 277-280.

- Experten-Ansatz,
- Team-Ansatz,
- Abteilungs-Ansatz.

Die Unterschiede in den einzelnen Ansätzen erscheinen gering, in der praktischen Umsetzung (d.h. ablauforganisatorisch) zeigen sich jedoch erhebliche Differenzen.

Bei dem *Experten-Ansatz* wird die Akquisition selbst durch die Geschäftsführung des Käufers betrieben.

Lediglich für den Zweck der Due Diligence (sowie für Bewertungsfragen) wird ein Team aus Experten verschiedener Fachbereiche zusammengestellt. Bei Bedarf können auch unternehmensfremde Berater hinzugezogen werden.

Beim *Team-Ansatz* wird (für jede Akquisition individuell) ein Team eingesetzt, das die Akquisition während des gesamten Prozesses begleitet. Auch hier besteht das Team aus Fachleuten des akquirierenden Unternehmens und möglicherweise aus fremden Experten. Der Team-Leiter übernimmt den wesentlichen Teil der Verantwortung, die Geschäftsführung schaltet sich nur bei Streitfällen bzw. in die Endverhandlung ein.

Beim *Abteilungs-Ansatz* verfügen die akquirierenden Unternehmen über eine eigene M&A-Organisationseinheit (Abteilung), die die Unternehmensführung im gesamten Prozess unterstützen.

Eine Bewertung dieser Ansätze untereinander ist kaum möglich, dominierend in der Praxis dürfte aber der Team-Ansatz sein.

Müller-Stewens[8] kommt auf Grund spezifischer Untersuchungen zu zwei interessanten Ansätzen:

In Bezug auf die *Akquisitionshäufigkeit* findet sich bei Unternehmen, die bisher wenige Akquisitionen realisiert haben, der Experten-Ansatz; Unternehmen mit deutlich höherer Akquisitionsfrequenz wählen vornehmlich den Team-Ansatz, Unternehmen, die mit sehr vielen Transaktionen befasst waren (für die Akquisitionen eine wichtigte, permanente, systematisch betriebene Form der Weiterentwicklung war) präferieren den Abteilungsansatz.

Bezogen auf die *Akquisitionspolitik* geht der Experten-Ansatz häufig mit horizontalen Akquisitionen einher. Auch beim Teamansatz überwiegt die horizontale Akquisitionsrichtung; daneben werden auch vertikale Transaktionen durchgeführt. Im Vordergrund der Unternehmenspolitik steht die Ausweitung bzw. Ergänzung des Produkt-/Marktbereiches. Beim Abteilungsansatz werden neben den horizontalen und vertikalen auch konzentrische/konglomerante Akquisitionen behandelt.

Für das Käufer-Unternehmen hat der Team-Ansatz den Vorteil, dass während des gesamten Akquisitionsprozesses die gleichen Ansprechpartner gegeben sind. Die organisatorische Einbindung des Due Diligence-Teams könnte dementsprechend folgendes Aussehen haben:

---

8 Müller-Stewens, aa0, S. 290.

Planung und Ablauf der Due Diligence   293

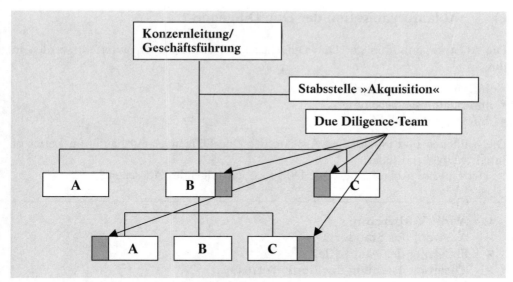

Abb. 2:   Organisatorische Einbindung des Due Diligence-Teams

Im Regelfall setzt sich das Team zusammen aus Mitarbeitern der Bereiche Rechnungswesen, Personal, Steuern, Recht und Vertrieb. Zu den von externer Seite herangezogenen Experten gehören in erster Linie Rechtsanwälte, Wirtschaftsprüfer oder Investmentbanker.

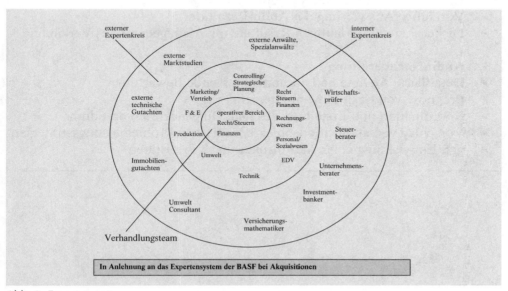

Abb. 3: Expertensystem

c) Ablauforganisation der Due Diligence

Die Ablauforganisation der Due Diligence kann grundsätzlich unterteilt werden in die

- Informationssammlung,
- Informationsverarbeitung,
- Informationsanalyse.

Die zeitlichen und inhaltlichen Aspekte der Due Diligence sind häufig im Letter of Intent weitgehend fixiert.

Der typische Ablauf einer Due Diligence hat folgendes Aussehen:[8]

---

1. **Audit-Vorbereitung**
   - Auswahl des Standorts
   - Fixierung des Audit-Ziels
   - Zusammenstellung des Audit-Teams
   - Erstellung des Audit-Plans (Umfang, Prioritäten, Prozesse, Zeitplan)
   - Auswertung bereits vorliegender Dokumente
   - evtl. Versand von Fragebögen bzw. Checklisten

2. **Audit-Durchführung**
   - Management-Präsentation und Gespräche mit Mitarbeitern
   - Betriebsbesichtigung und Analysen im Data-Room
   - Überprüfung der definierten Untersuchungselemente
   - Vorläufige Auswertung der Audit-Resultate
   - Diskussion der vorläufigen Resultate mit Management des Verkäufers

3. **Audit-Nachbereitung**
   - Detaillierte Analyse und zusammenfassende Bewertung
   - Prognose von Cash-Flow in Finanzplänen
   - Koordination und Erstellung des Due Diligence-Memorandums
   - Vorschlag von akquisitionsobjektspezifischen Problemlösungsstrategien
   - ggf. Entwicklung eines Aktionsplans nach Prioritäten

---

8 vgl. Rockholtz, S. 87.

d) Teilbereiche der Due Diligence

Die Aufgabenstellung der Due Diligence macht es erforderlich, das Unternehmen in all seinen Funktionen zu betrachten und zu analysieren.

Eine Systematisierung der einzelnen Gebiete zeigt die folgende Darstellung, wobei nicht in jedem Akquisitionsfall alle Teilgebiete betrachtet werden müssen. Daneben ist zu berücksichtigen, dass die einzelnen Gebiete hohe Interdependenzen aufweisen, die in den Einzeluntersuchungen zu berücksichtigen sind.

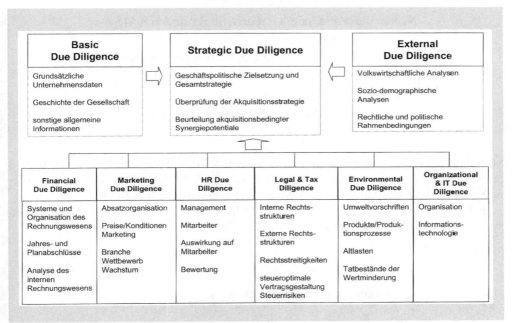

Abb. 4: Teilbereiche und Struktur einer Due Diligence
in Anlehnung an Berens/Brauner, S. 364

5. Funktionen der Due Diligence

a) Basic und External Due Diligence

Sowohl bei der Basic- als auch bei der External Due Diligence handelt es sich nur bedingt um Teilbereiche der eigentlichen Due Diligence-Prüfung. Der besondere Status beider Gebiete ergibt sich daraus, dass zum einen Daten über das zu akquirierende Unternehmen gesammelt werden, die *vor* der Due Diligence (folglich auch ohne Mitwirkung des Verkäufers) erhoben werden können, und zum anderen Informationen analysiert werden, die funktionsübergreifend sind und somit nicht in die einzelnen Teilbereiche der Due Diligence verlagert werden können.

> **Grunddaten der Basic Due Diligence**
- Firma und Rechtsform der Gesellschaft
- Sitz der Gesellschaft
- Adresse, Telefonnummer, Fax
- E-Mail-Adressen, Internet-Präsentation der Gesellschaft
- Ansprechpartner für die Kaufpreisverhandlungen und die einzelnen Audits
- Namen der Vorstände, Geschäftsführer und von M&A-Verantwortlichen
- Datum und Ort der Gründung, Eintragung ins Handelsregister
- Gründer und bisherige Eigentümer der Gesellschaft
- Kurze Geschichte der Gesellschaft
- Kurze Beschreibung der Geschäftstätigkeit

So handelt es sich bei der Zusammenstellung der Grunddaten auch im Wesentlichen um Informationen, die bereits *vor der Durchführung der Due Diligence bei der* Auswahl von Kauf-Kandidaten gesammelt und zusammengestellt werden.

Bei den übrigen Unterlagen, die in den Basic-Bereich gehören, ist zu unterscheiden zwischen den unternehmensinternen und den öffentlich verfügbaren Daten

> **Sonstige Daten der Basic Due Diligence**

❖ *unternehmensintern*
- Protokolle der Vorstands-/Geschäftsführungssitzungen
- Protokolle der Haupt-/Gesellschafterversammlung
- Gesellschaftsvertrag/Satzung der Gesellschaft
- Unternehmensgutachten
- Gründe für einen Verkauf der Gesellschaft

❖ *öffentlich verfügbare Unternehmensdaten*
- Pressemitteilungen
- Image/Ruf der Gesellschaft
- Stellung bei Informationsdiensten

Die öffentlich verfügbaren Daten haben im Prinzip den gleichen Status wie die Grunddaten: ihre Sammlung ist bereits im Vorfeld (ohne Due Diligence) organisierbar.

Die unternehmensinternen Daten dagegen sind nur über die Due Diligence verfügbar, sie sind jedoch keinem Teilbereich zurechenbar.

Aufgrund der hohen Sensibilität, die beispielsweise den Protokollen der Vorstands-/Geschäftsführungssitzung anhaften, ist es ohnehin fraglich, ob der Verkäufer in diesem Stadium der Verhandlungen bereit ist, diese offen zu legen.

Die External Due Diligence beschäftigt sich mit der Analyse der Faktoren, die außerhalb des Einflussbereiches von Ziel- und Käuferunternehmen liegen. Nicht einbezogen sind die Analysen über den Markt bzw. die Branche, in der das Akquisitionsobjekt tätig ist bzw. sein wird. Diese Daten sind Bestandteil der Marketing Due Diligence.

Die wesentlichen Inhalte der External Due Diligence liegen demzufolge in der Entwicklung gesamtwirtschaftlicher Rahmendaten.

Eine Auswahl der dazu notwendigen Erhebungen sind der folgenden Aufstellung zu entnehmen (vgl. auch Checkliste External Due Diligence bei Berens/Brauner, S. 368).

> - Analyse der volkswirtschaftlichen Lage der Länder, in denen die Gesellschaft tätig ist oder beabsichtigt tätig zu werden im Bezug auf
>   - Entwicklung des Bruttosozialprodukts und der Kaufkraft
>   - Zahlungsbilanzentwicklung und Wechselkurse
>   - Staatsausgaben, Staatsdefizite, Inflation
>   - Steuern, Subventionen
>   - Kapitalmarktentwicklung
>   - Kompensatorische oder verstärkende Wirkung der Konjunkturzyklen im Verhältnis zu denen des Stammlandes
> - Analyse der demographischen Struktur und des Ausbildungsniveaus dieser Länder, insbesondere der Regionen, in denen die Zielgesellschaft tätig ist
> - Analyse der Infrastruktur und deren zukünftige Entwicklung, insbesondere im Transport- und Telekommunikationsbereich
> - Identifikation des Ausmaßes von Korruption und Repression in den einzelnen Ländern
> - Untersuchung der gesellschafts-, steuer- und arbeitsrechtlichen Rahmenbedingungen
> - Entwicklungstendenzen bei Gesetzen und Rechtsverordnungen
> - Identifikation von:
>   - Gefahren politischer Einflussnahme
>   - bestehenden oder zu erwartenden protektionistischen Maßnahmen
>   - Repatriierungsproblemen oder drohenden Repatriierungsproblemen
> - und Bewertung, welche Auswirkungen diese auf die Geschäftstätigkeit der Zielgesellschaft haben

b) Financial Due Diligence

Die Financial Due Diligence – häufig als »Fokus« der gesamten Due Diligence bezeichnet – dient der Beschaffung und Analyse von Informationen zur wirtschaftlichen bzw. finanziellen Situation des Akquisitionsobjektes.

Obwohl die Datenbasis der Financial Due Diligence überwiegend vergangenheits- bzw. gegenwartsorientiert ist, dürfen die Aussagen der Due Diligence nicht in diesem Rahmen stehen bleiben. Die Analyse der Ist-Daten muss eine entscheidende Grundlage für die Erstellung bzw. der Überprüfung von Plandaten sein. Im Zusammenhang mit anderen Teilgebieten der Due Diligence – insbesondere mit einer Wechselwirkung zur Market Due Diligence – können dann vorhandene Planungen auf ihre Plausibilität überprüft oder aber Plandaten erstmals erstellt werden.

Die Financial Due Diligence stützt sich im Wesentlichen auf die Daten des externen Rechnungswesens, d. h. auf

- die Bilanz,
- die Gewinn- und Verlustrechnung

sowie, falls vorhanden, auch den Lagebericht und Anhang.

Übergeordnet sollte allerdings die *Organisation* des Rechnungswesens bei der Prüfung werden. Hinweise der Wirtschaftsprüfer (Testate, Management Letter, usw.) können dabei von entscheidender Bedeutung sein.

Eine besondere Quelle für Informationen (auch im Hinblick auf die Erstellung von Planwerten) können die Daten des internen Rechnungswesens sein.

Da die Bilanz/GuV in aller Regel auf der Aggregationsebene »Gesamtunternehmen« erstellt werden, fehlen im externen Rechnungswesen häufig Informationen über die einzelnen Produkte.

Falls vorhanden bzw. verfügbar sollten daher Produktergebnisse, Deckungsbeitragsrechnungen, Kosten-Budgets und ähnliche Daten aus dem internen Rechnungswesen in die Due Diligence-Analyse mit einbezogen werden.

Die Durchführung der Financial Due Diligence erfolgt zumeist mithilfe strukturierter Checklisten. Diese Vorgehensweise hat sich durchgesetzt, da auch das Ausgangsmaterial (Bilanz, GuV) durch gesetzliche Vorschriften stark vorstrukturiert ist.[9]

Deshalb sei an dieser Stelle nur auf einige Teilaspekte hingewiesen, die besonders wichtig erscheinen.

Wie schon erwähnt, werden die Daten überlagert von der Organisation des Rechnungswesens. Insofern steht am Anfang der Financial Due Diligence eine Beschreibung der Buchhaltungs- und Bilanzierungs- sowie der Berichtssysteme.

---

9 Ausführliche Checklisten finden sich u. a. bei Jansen, S. 215/216, Brauner/Berens, S. 369 und Gerhard Picot, Unternehmenskauf und Restrukturierung, Teil I (Vertragsrecht), IV.6. (RN 41 ff.).

Dabei stellen sich Fragen zu

- den angewandten Bilanzierungs- und Bewertungsgrundsätzen,
- der Stetigkeit der angewandten Bilanzierungs- und Bewertungsregeln,
- möglichen Verstößen im Rahmen der Bilanzierungs- und Bewertungsmethoden.

Bei testierten Abschlüssen kann dabei auf die Kommentare und Bemerkungen der Wirtschaftsprüfer (Management Letter) zurückgegriffen werden. Vorsicht ist geboten bei Unternehmenserwerben im Ausland.

Bei international geläufigen »Accounting Standards« wie etwa IAS oder GAAP sind die Bilanzierungsgrundsätze noch überschaubar, bei der Anwendung davon abweichender nationaler Bilanzierungs-/Bewertungsregeln ist eine Beurteilung und evtl. eine Transformation in die deutsche GOB zum Teil sehr schwierig.

Die Analyse des Jahresabschlusses umfasst

- die Bilanz und
- die GuV.

Für die Analyse der Bilanz sollte auf die Jahresabschlüsse der letzten 3–5 Jahre sowie auf einen zeitaktuellen Zwischenabschluss Wert gelegt werden. Grundsätzlich geht es darum

- die *Vermögenspositionen* auf stille Reserven/Lasten sowie auf nicht betriebsnotwendige Positionen und
- das *Eigenkapital* und die *Schulden* der Gesellschaft auf vollständigen Ausweis zu überprüfen.

Im Anlagevermögen ist es sicherlich schwierig, aus den (historischen) Anschaffungskosten einen Marktwert zu generieren. Stille Reserven liegen aufgrund der konservativen deutschen GOB häufig

- in Grundstücken und Gebäuden und
- in Maschinen und Anlagen,

wobei zu überprüfen ist, ob ein höherer Markt-/Verkehrswert bei Grundstücken/Gebäuden tatsächlich realisierbar ist.

Bei Maschinen und Anlagen ist die Ursache für einen den Buchwert überschreitenden Marktwert häufig darin begründet, dass die Nutzungszeit die Abschreibungsdauer übersteigt.

Besonderer Beachtung bedarf das immaterielle Anlagevermögen. Ansatz- und Bewertungswahlrechte machen eine Einschätzung dieser Positionen kompliziert.

Große Sorgfalt sollte im Umlaufvermögen auf den Ansatz und die Bewertung der Vorräte gelegt werden. Im Bereich der RHB-Stoffe bzw. der Halbfabrikate ist darauf zu achten, dass hinreichend hohe Korrekturen (in der Praxis zumeist Abschläge) wegen der Nichtgängigkeit, wegen technischer Veralterung oder wegen Überbeständen gebildet werden. Aufwertungen bzw. Zuschreibungen sind wesentlich seltener.

Auftragsbezogene Bestände lassen sich aus der Bilanz heraus nicht analysieren. Nur im Zusammenhang mit den entsprechenden Informationen aus dem internen

Rechnungswesen (Vor-/Mitkalkulation) lässt sich überprüfen, ob entsprechende Vorsorge für Verlustaufträge getroffen ist. Die Dotierung der Rückstellungen steht im direkten Zusammenhang hierzu.

Von ähnlich hoher Bedeutung wie die Bewertung der Vorräte ist die Analyse des Forderungsbestands. Die Angemessenheit von Einzel- und Pauschalwertberichtigungen lässt sich durch Vergangenheitsbetrachtungen (Pauschalwertberichtigungen) sowie einer ABC-Analyse der wichtigsten Forderungsnehmer (Einzelwertberichtigung) überprüfen.

Auf der Passivseite liegt die im Due Diligence-Bereich kritische Größe bei den Rückstellungen. Die schon angesprochenen Verlustrückstellungen, aber auch die Rückstellungen für Gewährleistungen, Pensionen und andere personalbezogene Sachverhalte sind gewichtig. Auch hierbei ist der Ansatz in der Bilanz durch Informationen aus dem internen Rechnungswesen bzw. durch externe Gutachten zu überprüfen. Für den Fall, dass trotz entsprechender Recherchen eine Unsicherheit verbleibt, muss an dieser Stelle über Bilanzgarantien nachgedacht werden.

Bei der Analyse des Ergebnisses anhand der Gewinn- und Verlustrechnung ist die Kontinuität der Ergebnisse ein wichtiges Kriterium. Darüber hinaus sollten die Ergebnis*arten* separiert werden, insbesondere Sondereinflüsse oder Einmaleffekte müssen sichtbar gemacht werden.

Vom Vorhandensein und der Verfügbarkeit der Informationen aus dem internen Rechnungswesen wird es abhängen, ob und wieweit Ergebnisse bestimmter Produkte bzw. Regionen zur Verfügung stehen.

Bei der Überprüfung der Planungsrechnungen geht es um die Qualität, Plausibilität und damit um die Verlässlichkeit der Planung.

Wegen des hohen Einflusses der Planergebnisse auf die strategische Zielerreichung und damit auf den Kaufpreis, erfordert die Auseinandersetzung mit den Planungsprämissen sowie der Abstimmung der Teilpläne (Umsatz, Kosten, Investitionen, usw.) eine hohe Aufmerksamkeit. Die marktseitig in die Planung einfließenden Prämissen müssen darüber hinaus mit den Ergebnissen der Market Due Diligence abgeglichen werden.

Die Ergebnisse der Financial Due Diligence sind sicherlich unverzichtbar. Gleichwohl sei aber nicht verschwiegen, dass es auch Kritik an einer einseitig auf das Rechnungswesen ausgelegten Due Diligence gibt.

Bei Huemer[10] aber auch bei Bühner[11] wird den Daten des Rechnungswesens – speziell des externen Rechnungswesens – ein erhebliches Misstrauen entgegengebracht. Die Gründe hierfür sind zusammengefasst:

- die Vergangenheitsorientierung von Bilanz und GuV,
- der durch die gewählte Bilanzierungspolitik beeinflussbare Ausweis des Ergebnisses,
- das Fehlen von Ertragsgrößen, die wertbildend, aber aus dem Rechnungswesen nicht herleitbar sind (Geschäftsrisiko, Finanzierungsrisiko, Investitionserfordernisse).

---

10 Huemer, Mergers & Acquisitions, S. 44.
11 Bühner, Das Managementwert-Konzept, S. 14-29.

c) Marketing Due Diligence

Die Marketing (Commercial) Due Diligence schließt sich nahtlos an die Financial Due Diligence an. Ihre Aufgabe ist es, einen Brückenschlag zwischen der stark vergangenheitsorientierten Financial Due Diligence und der auf die künftigen Erfolgspotenziale ausgerichteten Strategie zu bilden.

Eine der ganz konkreten Zielsetzungen in der Marketing Due Diligence ist es daher herauszufinden, ob die Prämissen, die für eine Unternehmensplanung zugrunde gelegt sind, glaubwürdig und stichhaltig sind. Damit leistet die Marketing Due Diligence einen erheblichen Beitrag zur Absicherung des Kaufpreises, da die Unternehmensbewertung (unabhängig von der Bewertungsmethode) maßgeblich von den Zukunftserträgen beeinflusst wird.

Als generelle Zielsetzung der Marketing Due Diligence lässt sich somit definieren:

das Aufdecken der unternehmens- und marktbezogenen Chancen und Risiken, die die zukünftige Entwicklung des Unternehmens bestimmen und damit den Akquisitionserfolg der Transaktion absichern.

Neben der Zeitdimension (vergangenheits-/zukunftsorientiert) gibt es noch einen weiteren Unterschied zur Financial Due Diligence: während die Financial Due Diligence durchweg innenorientiert ist und sich dementsprechend ausschließlich mit internen Unternehmensdaten beschäftigt, schließt die Marketing Due Diligence die Analyse der Umwelt mit ein. Auf diese Weise verbindet die Marketing Due Diligence die Kunden-, Markt- und Unternehmensperspektiven.

Im Einzelnen behandelt die Marketing Due Diligence folgende Ziele:[12]

1. Ermittlung der Wettbewerbsposition des Akquisitions-Objekts
2. Analyse der Zukunftsträchtigkeit der Branche bzw. des Marktes
3. Ermittlung des Synergiepotenzials bzw. Verifizierung der strategischen Planung.

aa) Interne Unternehmensanalyse

Im Rahmen der internen Analyse werden alle Teilbereiche des Unternehmens untersucht, die marketing-relevant sind. Die hierzu in Frage kommenden Felder zeigt Abb. 5.

Eine der ganz wesentlichen Analysen betrifft das Produktprogramm des Unternehmens.

Fragen nach der Struktur und dem Gewicht der einzelnen Produkte im Gesamt-Portfolio sollten genauso beantwortet werden wie z.B.

- das Wachstum der Hauptprodukte,
- die Marktanteile der verschiedenen Produkte,
- das Alter der Produkte,

---

12 Vgl. Sebastian, aaO, S. 295.

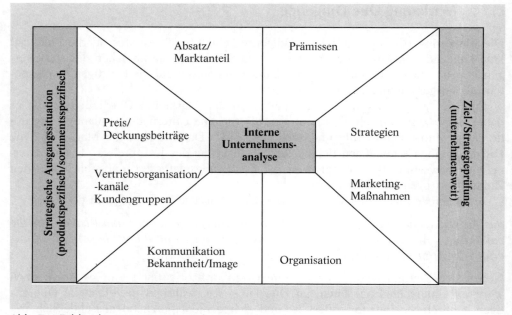

Abb. 5: Felder der internen Unternehmensanalyse
Quelle: Interne Unternehmensanalyse im Rahmen der MDD, vgl. Sebastian/Niederdrenck/Tesch, S. 297

- der Produktlebenszyklus einzelner Produkte,
- Anteil neuer Produkte (jünger als 5 Jahre) im Produktprogramm,
- Absatzstruktur.

Aber auch so genannte »soft facts« wie

- das Produktimage,
- Substitutionsgefahren,
- Funktionen und Eigenschaften bestimmter Produkte,
- Saisonale Schwankungen/Konjunkturzyklen

sind wichtig.

Auch auf der Absatzseite interessieren die Fragen zu

- Kundenstruktur,
- Anzahl der Kunden,
- Abhängigkeit von Kunden (mehr als 10% vom Umsatz eines Produktes),
- Regionale Verteilung der Umsätze

ebenso wie die Grundstrategien im Absatzbereich

- Beschreibung der Absatzorganisation,
- Vertriebsarten/Vertriebskanäle,

- Lieferverpflichtungen,
- Eigener Vertrieb/Vertretungen,
- Vertriebspersonal

sowie Fragen zu den Marketing-Maßnahmen

- Höhe und Verteilung des Werbebudgets,
- Marktforschung,
- Teilnahme an Messen, Ausstellungen, Kataloge,
- Beiträge in Fachzeitschriften u.Ä.

Im Bereich der Preise und Konditionen sind von Bedeutung

- Preisentwicklung einzelner Produkte,
- Preisentwicklung auf bestimmten Märkten,
- Eigene Preispolitik,
- Mengen-/Großkundenrabatte,
- Zahlungsziele,
- Gutschriften, Boni, Skonti, usw.,
- Garantieverpflichtungen.

bb) Externe Unternehmensanalyse

Gegenstand der externen Unternehmensanalyse im Rahmen der Due Diligence ist

- einerseits die Durchleuchtung des Marktes bzw. der Branche und
- andererseits die Wettbewerbsposition

in der sich das Unternehmen befindet.

Die Informationen zur Branche bzw. zum relevanten Markt lassen sich verhältnismäßig einfach ermitteln, da in aller Regel sowohl im Unternehmen aber auch in frei verfügbaren Unterlagen statistische Daten vorliegen.

Die wesentlichen Erhebungen beziehen sich auf

- die Branchenstruktur (Anzahl der Unternehmen, Größenordnung der Unternehmen, Konzentration der Branche),
- das Wachstum der Branche sowie
- die Branchenattraktivität (Wachstumsprognose, Wachstumsmärkte, Konzepte zur Ausschöpfung des Wachstumspotenzials)

Zur Bestimmung der Stärken und Schwächen des betrachteten Unternehmens im Verhältnis zu seiner Umwelt müssen daher die Faktoren, die den Wettbewerb ausmachen, lokalisiert werden.

Nach Porter[13] sind die Charakteristika dieses Wettbewerbes

---

13 Porter, Wettbewerbsstrategie, S. 26

- die Bedrohung durch (neue) Konkurrenten,
- die Verhandlungsmacht auf der Abnehmer-/Kundenseite,
- die Verhandlungsstärke der Lieferanten,
- die mögliche Bedrohung durch Ersatzprodukte.

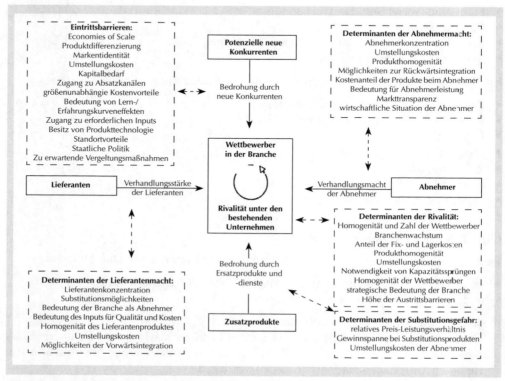

Abb. 6: Bestimmungsfaktoren der Wettbewerbsintensität
Quelle: in Anlehnung an Porter (Wettbewerbsstrategie)

d) Human Resources[14]

»Die Führungsqualifikation des Managements und die Qualifikation der Mitarbeiter, die Unternehmenskultur, die Loyalität und damit einhergehend die Fluktuationsgefährdung der Führungskräfte und Mitarbeiter, insbesondere deren Auseinandersetzung mit der Akquisition bzw. die persönliche Einstellung zum Merger- oder Integrationsprozess sind letztlich wesentliche Faktoren, die über Erfolg oder Misserfolg eines Unternehmenszusammenschlusses entscheiden.«[15]

---

14 Siehe dazu ausführlich C.X.
15 Aldering/von Hutten, aa0, S. 316.

Die in dieser Aussage enthaltene Bedeutung der Human Resources beim Unternehmenskauf hat sich in der Praxis noch nicht durchgesetzt. Human-Resources-Analysen mit den oben beschriebenen »weichen Faktoren« kommen im Gesamtrahmen der Due Diligence noch nicht die Bedeutung zu, die ihr eigentlich zustehen.

Andererseits beschäftigt sich in letzter Zeit die Forschung mit einer isolierten Bewertung des Human-Kapitals.

Erste Ansätze eines »Value accounting Modell des Human Resource Accounting« finden sich bei Flamholtz/Coff.[16] Der Vorteil dieses Ansatzes liegt darin, dass der Wert der Human Resources als der auf die Gegenwart abdiskontierte Wert ihrer künftigen Nutzung definiert wird. »Dadurch wird das zukünftige Leistungspotenzial und die stellenbezogenen Wiederbeschaffungskosten der Mitarbeiter berechnet.«[17]

Parallelen zur DCF-Methode in der normalen Unternehmensbewertung sind unverkennbar. Allerdings verstärken sich die Probleme der DCF-Methode in der Übertragung auf eine HR-Bewertung noch erheblich (z.B. wertmäßige Bestimmung der Leistungsbeiträge einzelner Mitarbeiter in der Zukunft).

Insofern ist es nicht verwunderlich, dass quantifizierbare Aussagen über den Wert der Human Resources in der Praxis noch keinen Eingang gefunden haben.

Die in der Due Diligence gängigen und gebräuchlichen HR-Checklisten lassen darüber hinaus den Schluss zu, das der Faktor Personal immer noch mehr als Risiko denn als Potenzial gesehen wird (siehe nachstehende Checkliste).

Diese negative Einstellung hat ihre Ursache sicherlich in den M&A-Aktivitäten der Vergangenheit, bei denen die Kostensenkung als Synergiepotenzial im Vordergrund stand. In aller Regel handelte es sich hierbei um Zusammenschlüsse auf horizontaler Ebene, einhergehend mit der Freisetzung einer hohen Anzahl von Mitarbeitern. Problemfelder wie Kündigungsfristen, Kündigungsmöglichkeiten, soziale und gesellschaftspolitische Verpflichtungen spielten hierbei (verständlicherweise) eine große Rolle. Als Synonym für die so beschriebene Problematik gilt der § 613a BGB und die rechtlichen Parameter der Restrukturierung[18] sowie daraus folgend in vielen Fällen die generelle Unterordnung der HR in die rechtliche Due Diligence. Hieran sind in der Vergangenheit nicht wenige Deals gescheitert (Deal breaker).

Eine grundlegend andere Situation tritt ein, wenn das akquirierte Unternehmen sein wesentliches »Kapital« im Mitarbeiter-Bereich hat. Dies gilt insbesondere für M&A-Transaktionen im Dienstleistungsbereich (Telekommunikation, Neue Medien, usw.). Hier kann das Gelingen oder Scheitern einer Transaktion davon abhängen, ob das vorhandene Personal gehalten werden kann. Anders als im zuvor beschriebenen Fall wird das Verbleiben aller (mindestens aber einer sehr hohen Anzahl) Mitarbeiter für das Zustandekommen des Deals zur »conditio sine qua non«.

---

16 Flamholtz/Coff, aaO, S. 43.
17 Gut-Villa, aaO, S. 187.
18 Siehe dazu B.IV.3.d) sowie C.IX.

aa) **Checkliste zur HR-Due Diligence**

Human Resource-Checkliste

➢ Personalstruktur (Anzahl, Qualifikation, Funktion, Alter, Fluktuation)
➢ Kollektive Regelungen (z.B. Tarifverträge, Betriebsvereinbarungen, Gesamtzusagen)
➢ Einzelvertragliche Regelungen
➢ Lohn- und Gehaltsregelungen, Entwicklung der Personalaufwandsstruktur der letzten fünf Jahre Betriebs- und Arbeitszeitregelungen, Mehrarbeits-, Kurzarbeitsübersichten
➢ Regelungen der betrieblichen Altersversorgung und sonstiger betrieblicher Sozialeinrichtungen und -leistungen Fehlzeiten der letzten fünf Jahre wegen Krankheit, Unfällen und sonstiger Gründe; Unfallstatistiken
➢ Unternehmenskultur; Betriebsklima; Beteiligungsgrad bei Verbesserungsprozessen (z.B. Ideenmanagement, Betriebliches Vorschlagswesen)
➢ Personalplanung unter Berücksichtigung der Arbeitsmarktsituation (z.B. Einstellungen, Entlassungen, Qualifizierungen)
➢ Mitgliedschaft in Arbeitgeberverbänden; Gewerkschaftszugehörigkeit; gewerkschaftlicher Organisationsgrad der Mitarbeiter
➢ Betriebsverfassungsrechtliche Gremien, Sprecherausschüsse
➢ Beurteilung der auf Seiten des Verkäufers notwendigen arbeitsrechtlichen Abläufe
➢ Bei Akquisition im Ausland: arbeits- und sozialrechtliche Rahmenbedingungen

Synergie-/Risikopotenziale

➢ Einstellung des Managements und anderer Know-how-Träger zur Akquisition und zum Verbleib in Unternehmen
➢ Notwendigkeit von Personalanpassungsmaßnahmen (Interessenausgleich und Sozialplan)
➢ Doppelbesetzung von Funktionen
➢ Anpassungsbedarf bezüglich kollektiver und einzelvertraglicher Regelungen
➢ Unterschiedliche Unternehmensstrukturen, Demotivation, Widerstände

Quelle: Akquisitionscontrolling Mannesmann AG

bb) HR in der Due Diligence-Phase

Wenn der nachhaltige Wettbewerbsvorteil in einer Resource-based-View[19] durch Vorteile in der Ressource-Ausstattung eines Unternehmens begründet ist, dann kommt den Human Resources eine immer größere Bedeutung zu, da alle übrigen Ressourcen, wie z.B. Maschinen, Finanzmittel, Informationen für alle Marktteilnehmer zu vergleichbaren Konditionen zur Verfügung stehen.

Die personelle Ausstattung eines Unternehmens bekommt hierdurch einen höheren Wert und wird zum möglicherweise entscheidenden Strategiefaktor.

Dies erfordert, dass dem HR-Aspekt auch (oder gerade) in der Frühphase eine gesteigerte Aufmerksamkeit zukommt.

Das wesentliche Problem einer HR-Analyse während der Due Diligence-Phase ist geprägt durch die notwendige Geheimhaltung wie sie etwa im Confidentialty Agreement zum Ausdruck kommt. In der vorvertraglichen Phase, in der nur ein ganz begrenzter Kreis von Personen in die Akquisitionsüberlegungen eingeweiht ist, ist es schwierig, eine zur Potenzialerkennung notwendige Überprüfung vorzunehmen. »Competency-basierte Beurteilungen« wie sie von Aldering/von Hutten (aaO, S. 322) vorgeschlagen werden, sind nicht oder nur eingeschränkt möglich, sollten aber im PMI-Postmerger integration unbedingt gemacht werden.

Trotz dieser Einschränkungen verbleiben doch eine Reihe von guten Möglichkeiten, im Due Diligence-Prozess »Wertsteigerungspotenziale« ausfindig zu machen.

An erster Stelle steht hier sicherlich, den HR-Aspekt im Due Diligence-Team dadurch zu würdigen, dass ein »Personal-Sachverständiger« im Team integriert ist. Ob dies ein Linienverantwortlicher des akquirierenden Unternehmens, ein externer Berater oder sogar beide sind, hängt im Wesentlichen von der Charakteristik der Akquisition ab.

Die Aufgabenstellung für den Teilbereich Human Resources im gesamten Due Diligence-Prozess lässt sich dann wie folgt zusammenfassen:

a) Auswirkungen einer Übernahme auf die Mitarbeiter,
b) Analyse und Beurteilung des vorhandenen HR-Vermögens.

Die Abschätzung der Auswirkung von Mitarbeiterverhalten im Falle einer Akquisition sind seit langem unter dem Schlagwort *Merger-Syndrom* bekannt. Darunter werden die psychologischen Auswirkungen von Transaktionen auf die Mitarbeiter und die daraus resultierenden Folgen verstanden. Das Merger-Syndrom beschreibt also die kollektive Befindlichkeit der Mitarbeiter und somit das Klima in der Unternehmung vor, während und nach der Akquisition.[20]

Aus empirischen Untersuchungen weiß man, dass etwa 30% der Mitarbeiter der Veränderung positiv gegenüber stehen, ein etwas geringerer Anteil (20%) ist strikt gegen solche Veränderung,

---

19 Zum Ansatz Market-based-View oder Resource-based-View vgl. Schaper-Rinkel, S. 32–43.
20 Gut-Villa, aaO, S. 121.

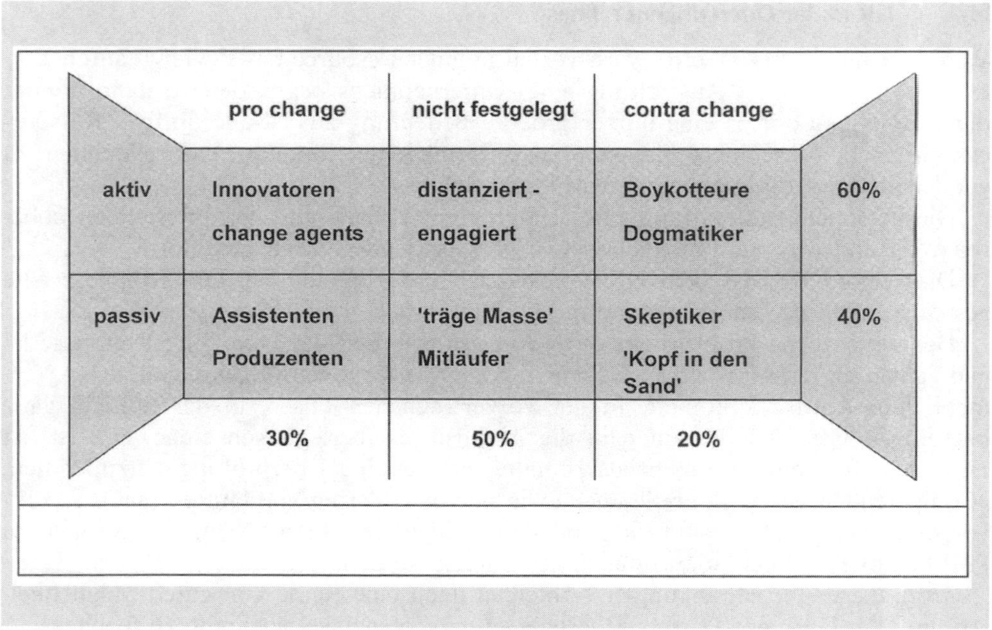

	pro change	nicht festgelegt	contra change	
aktiv	Innovatoren change agents	distanziert - engagiert	Boykotteure Dogmatiker	60%
passiv	Assistenten Produzenten	'träge Masse' Mitläufer	Skeptiker 'Kopf in den Sand'	40%
	30%	50%	20%	

Abb. 7: Einstellung der Mitarbeiter im Veränderungsprozess
(Darstellung nach Kienbaum Management Consultants GmbH in: Aldering/von Hutten, S. 318)

Der weitaus größere Teil der Mitarbeiter ist in dem Bereich anzusiedeln, der neutral ist und dementsprechend noch keine Position bezogen hat. Für das »Gesamtklima« ist entscheidend, in welcher Gruppe sich die Meinungsmacher des Unternehmens befinden.

Die Kenntnis um dieses Merger-Syndrom und somit die Offenlegung in der Due Diligence sind eminent wichtig, weil hieraus die personalwirtschaftlichen Folgen wie z.B.

- Leistungs- bzw. Produktivitätsveränderung,
- Veränderung der Fehlzeiten,
- Erhöhung der Fluktuationsrate und
- Abnahme der Arbeitszufriedenheit und der Loyalität

abgeleitet werden können.

Die Analyse und Beurteilung des vorhandenen Human Resources-Vermögens bildet den Kern der HR-Due Diligence. Wie schon erwähnt, erschwert das hohe Maß an Vertraulichkeit im vorvertraglichen Stadium die Analyse erheblich. Dennoch gibt es verschiedene Instrumente, mit denen trotz der genannten Einschränkungen Spielraum für die Durchführung der HR-Due Diligence gegeben ist.

Instrumente der sog. hard facts
Eine Absicherung innerhalb der Due Diligence gegenüber Problemen aus so genannten hard facts ist durch die Erstellung einer Checkliste machbar. Schwerpunkte dieser Checkliste, mithilfe derer die formalen Unsicherheiten abgesichert werden können, enthält die Beschreibung unter aa).[21]

Instrumente für die soft facts
Wichtige Hinweise auf die Funktionsfähigkeit ergeben sich aus der Organisation des Personalwesens. Zwar wird kein Hinweis auf die Stärken und Schwächen des einzelnen Mitarbeiters zu erwarten sein, aber auch aus den organisatorischen Einbindungen lassen sich wesentliche Erkenntnisse ableiten.

Hierzu gehört eine entsprechende *Dokumentenanalyse* zu

- Jahresberichten (Personalaufwendungen, Lohnkosten, usw.),
- Aus-/Fort- und Weiterbildungsstatistiken,
- Analyseberichten zu Fluktuation, Krankenstand, Loyalität, Mitarbeiterzufriedenheit,
- Personal-Entwicklungsprogrammen sowie
- Verbesserungsvorschlagswesen

und ähnlichen im Unternehmen verfügbaren Unterlagen.

Aussagen über die individuellen Stärken und Schwächen des Personals sind im Due Diligence Prozess besonders schwierig. Möglichkeiten, die Repräsentanten des Führungskreises kennen zu lernen, bietet die Management-Präsentation, die häufig als fester Bestandteil in die vorvertragliche Phase eingebaut ist. Ist dies der Fall, so hat der Erwerber die Möglichkeit, die Führungsmannschaft kennenzulernen und einen ersten Einschätzungsversuch zu unternehmen.

Des Weiteren kann die Präsentation des Managements einen Überblick über die Schwerpunkte und strategische Ausrichtung der vorhandenen Führungsmannschaft geben. »Professionalität der Präsentation, Strukturierung sowie Art und Anzahl der eingesetzten Führungsinstrumente (beispielsweise produktorientierte Deckungsbeitragsrechnungen oder Portfolio-Analysen) können dem Erwerber weitere Hinweise geben, welches führungsmäßige Verbesserungspotenzial das Akquisitionsobjekt aufweist.«[22]

Darüber hinaus sind weitere Quellen zur Beurteilung des HR-Vermögens:

- Mitarbeiterbefragung,
- Management-Audit,
- Einzel-Assessments.

Ob und inwieweit diese an sich nützlichen Instrumente einsetzbar sind, hängt vom Stadium der Vertraulichkeit ab.

---

21 Eine ausführliche Checkliste vgl. Berens/Brauner, aa0, S. 378.
22 Funk, S. 501.

e) Legal und Tax Due Diligence

aa) Legal Due Diligence[23]

Die rechtliche Einordnung des Zielunternehmens, die Überprüfung der gesellschaftsrechtlichen Strukturen sowie die Rechtsbeziehungen zu Dritten kennzeichnen die Aufgabenstellung der Legal Due Diligence.

Eine andere Darstellung unterteilt die Legal Due Diligence in eine Untersuchung der internen sowie der externen Rechtsstrukturen.

Bei den *unternehmensinternen* Rechtsstrukturen handelt es sich um

- gesellschaftsrechtliche Belange,
- vermögensrechtliche Belange,
- vertragsrechtliche Belange (mit der Einschränkung, dass hier nur unternehmensinterne Verträge gemeint sind).

Bei den gesellschaftsrechtlichen Aspekten[24] geht es um die Rechtsform der Gesellschaft, um den Gesellschaftsvertrag, um aktuelle Handelsregisterauszüge, um Beteiligungsverhältnisse und um interne Vollmachten.

Diese Sachverhalte haben häufig deskriptiven Charakter, Überschneidungen mit der Basic Due Diligence sind möglich.

Mit der Analyse des Immobilienvermögens wird eine Absicherung der bilanziellen Werte verfolgt. Einsichtnahmen in Grundbuchauszüge, Grundschuld- und Sicherungsurkunden, Flur- und Bebauungspläne gehören zu den einzelnen Aufgaben. Wechselwirkungen zur Bilanzanalyse innerhalb der Financial Due Diligence sind möglich.

Unternehmensinterne Verträge beziehen sich im Wesentlichen auf die Durchsicht der Arbeitsverträge. Besondere Aufmerksamkeit ist dabei auf die Verträge der Führungskräfte bzw. Organmitglieder zu legen.

Ausführliche Hinweise hierzu sind in der Human Resources Due Diligence beschrieben.

Bei den *externen Rechtsstrukturen* geht es um die Verträge, die das Unternehmen mit seiner Außenwelt geschlossen hat.

Dazu gehören

- Verträge mit Kunden, Lieferanten, Wettbewerbern,
- Miet- und Pachtverträge,
- Kooperation/Allianzen,
- Gewährleistungs- bzw. Garantievereinbarungen,
- prozessuale Risiken.

---

23 Siehe dazu bereits B.IV.2.f) sowie Gerhard Picot, Unternehmenskauf und Restrukturierung, Teil I Vertragsrecht, IV.6. RN 41 ff.
24 Vgl. Koch/Wegmann, aaO, S. 93ff.

Besonderes Augenmerk ist auf den Kunden-Auftragsbestand zu legen, da hier eine mögliche Quelle für zukünftige Verluste liegt.

Neben diesen internen/externen Rechtsstrukturen gibt es eine Vielzahl von Sondertatbeständen, die in den Bereich der Legal Due Diligence fallen. Hierzu können gehören

- behördliche Genehmigungen (belastende Auflagen, drohender Widerruf),
- Rückzahlung von Subventionen/Zulagen/Beihilfen etc.,
- strittige Verfahren,
- nicht ausreichende Versicherungen,
- Risiken aus Haftungsübernahmen (Bürgschaften, Garantien, Patronatserklärungen),
- Risiken aus Arbeitsgemeinschaften/Konsortien (Leistungsabgrenzung, gesamtschuldnerische Haftung),
- Wettbewerbsvereinbarungen, kartellrechtlich relevante Absprachen,
- Risiken aus der Betriebsfortführung bis zur effektiven Übernahme.

bb) Tax Due Diligence[25]

Bei der Tax Due Diligence geht es um zwei voneinander völlig unabhängige Aufgabenstellungen

a) die steuerlich optimale Gestaltung der Akquisition für Käufer und Verkäufer und
b) den Schutz des Käufers vor steuerlich begründeten finanziellen Risiken aus der Vergangenheit.

An einer steuerlich optimalen Gestaltung des Unternehmenskaufes hat im Wesentlichen der Verkäufer ein hohes Interesse. Aber auch beim Käufer können Gestaltungsüberlegungen Vorteile ergeben.

Hierzu gehören

- die steuerliche Nutzung von Verlustvorträgen,
- eine steuerneutrale Aufdeckung von stillen Reserven,
- eine steuermindernde Behandlung der Finanzierungskosten (Zinsen),
- ergebnisbelastende Fördermaßnahmen (z. B. Sonderabschreibungen),
- ergebnisverbessernde Fördermaßnahmen (z. B. Zulagen, Zuschüsse).

Zudem muss dem Käufer auch daran gelegen sein, den Verkäufer in steuerlicher Hinsicht zu unterstützen, da sich hierdurch eine bessere Position bei der Kaufpreisverhandlung ergibt.

Der aus Käufer-Sicht wichtigere Teil der Tax Due Diligence bezieht sich aber auf die Vermeidung von Risiken, die durch nicht steuerkonforme Behandlung von Sachverhalten entstanden sind und die dementsprechend zu Steuernachzahlungen führen können.

---

25 Siehe dazu bereits A.III.6.

Ausgangspunkt für die Untersuchungen sind auf der einen Seite die Steuererklärungen der letzten Jahre und auf der anderen Seite die letzte Betriebsprüfung. Steuererklärungen *nach* der letzten Betriebsprüfung müssen auf finanzielle Risiken überprüft werden (evtl. Bildung von Rückstellungen). Bei schwer wiegenden Verdachtsmomenten sollten mögliche Risiken durch Garantieklauseln im Kaufvertrag abgedeckt werden.

Untersuchungsgegenstand sollten die relevanten Steuerlasten sein wie

- Körperschaftssteuer,
- Gewerbesteuer,
- Umsatzsteuer.

Für den Fall, dass zu dem Vermögen des erworbenen Unternehmens Grundvermögen gehört, sollte eine Regelung für die Grunderwerbsteuer getroffen werden.

Im Tax Due Diligence-Report sollten demnach festgeschrieben werden

- eine Vereinbarung darüber, wer die erwarteten, bis zum Übergangsstichtag (Closing) wirtschaftlich verursachten Steuerbeträge trägt,
- eine Vereinbarung, wer nicht erwartete, daher im Kaufpreis nicht berücksichtigte Steuernachforderungen oder Steuererstattungen trägt (sog. Betriebsprüfungsklausel) und
- eine Vereinbarung über die Haftung für steuerliche Mehrbelastungen aufgrund von verdeckten Gewinnausschüttungen.

Gegebenenfalls sind diese Sachverhalte in den Kaufvertrag zu übernehmen.

f) Environmental Due Diligence[26]

Aufgabe der Environmental Due Diligence ist die Identifizierung und Bewertung von Umweltrisiken.

Ursprünglich auf den Bereich »Altlastenproblematik« beschränkt hat sich die Umwelt Due Diligence zu einer komplexen Analyse entwickelt, die neben einer Vielzahl umweltrelevanter Sachverhalte auch die rechtlichen Grundlagen des Umweltschutzes einschließt. Ziel der Umwelt Due Diligence im Einzelnen ist es

- dem Erwerber einen Überblick über die Umweltsituation des zu akquirierenden Unternehmens zu verschaffen und Umweltrisiken zu erkennen sowie
- Wertminderungstatbestände und erforderliche Anpassungen von Umweltschutzeinrichtungen kostenmäßig zu bewerten.

Im ersten Teil geht es im Wesentlichen um einen systematischen, im zweiten Teil um einen einzelfallorientierten Ansatz der Prüfung.

---

26 Siehe dazu ausführlich Kummer, in: Gerhard Picot, Unternehmenskauf und Restrukturierung, Teil VII Umweltrecht.

Die Analyse der Umweltsituation versucht (u.a. durch eine Betriebsbegehung) Risikopotenziale des Unternehmens zu identifizieren. Hierzu gehören

- die Lage des Standortes,
- die Gebäudemorphologie (evtl. als Hinweis für künstliche Auffüllungen),
- die historische Nutzung des Standortes (Eigentümer, Branche),
- die Bebauungsart,
- die maschinelle Ausstattung.

Im weiteren Verlauf geht die Analyse aber weit über die physische Betrachtung des Standortes hinaus. Sie schließt die Aufbau- und Ablauforganisation des zu kaufenden Unternehmens (Umweltbeauftragter, Umweltberichte) ebenso ein wie die Umweltverträglichkeit der Produkte und Produktionsverfahren.

Ein weiterer Schwerpunkt der Analyse der Umwelt ist die »Legal Compliance«. Im Rahmen dieser Legal Compliance wird überprüft, ob und inwieweit Umweltvorschriften eingehalten werden. In diesen Bereich gehören insbesondere gesetzliche Verpflichtungen, Genehmigungen, behördliche Auflagen und Verwaltungsvorschriften. [27]

Zur Zeit existieren in Deutschland ca. 800 Umweltgesetze, 3000 Verordnungen und rund 500 Verwaltungsvorschriften.

Wegen der hohen Volatilität der gesetzlichen Rahmenbedingungen empfiehlt sich darüber hinaus eine Überprüfung der erwarteten Entwicklungen und beabsichtigten Gesetzesänderungen.

Bei der einzelfallorientierten Prüfung geht es darum, konkrete Risikopotenziale zu identifizieren und zu bewerten. Neben den Kosten für die Sanierung von Altlasten sind daher in diesem Rahmen

- Kosten für Ersatzinvestitionen (wenn Anlagen absehbar oder bereits nicht mehr behördlichen Auflagen entsprechen),
- Kosten für Abriss und Entsorgung,
- Kosten für Sanierungen

zu ermitteln.

Eine wichtige Frage in diesem Zusammenhang ist die, ob und in welchem Maße in diesem Stadium der Due Diligence tiefgehende Analysen, wie z.B. Probebohrungen, eingesetzt werden sollen.

Da Unternehmensakquisitionen in aller Regel unter hohem Zeitdruck stehen, wird häufig auf zeitraubende Untersuchungen verzichtet. Andererseits sind die Erkenntnisse dieser ersten Phase der Umwelt Due Diligence Grundlage für die Bewertung von Risiken. Aufgrund der großen Interpretationsspielräume bei der Auswertung nicht weiter konkretisierbarer Verdachtsmomente wird man bei der Kostenbewertung mit best- und worst-case Szenarien operieren.

---

27 Vgl. Pföhler, S. 629.

Bedingt durch die Vielzahl und Aktualität der zu beachtenden Vorschriften und Gesetze kann die Umwelt Due Diligence nur von erfahrenen Fachleuten und Gutachtern durchgeführt werden. Der Zusammensetzung des Prüfungsteams kommt daher eine besondere Bedeutung zu. Das Prüfungsteam sollte daher bedarfsgerecht – also regelmäßig interdisziplinär – zusammengesetzt sein; die Hinzuziehung externer Berater erscheint im Bereich der Umwelt Due Diligence sinnvoll und notwendig.

g) Organizational und IT Due Diligence

Bei der Organizational und IT Due Diligence steht die Frage im Vordergrund, ob die Organisation des Akquisitionskandidaten zweckmäßig und wirtschaftlich ist bzw. ob die Informationstechnologie angemessen ist.

Im Rahmen der Organisations-Überprüfung werden die Strukturen des Unternehmens sowohl in aufbau- wie auch in ablauftechnischer Hinsicht untersucht. Bei der Aufbauorganisation interessiert die Frage, ob die Größe der Organisation dem Umfang des operativen Geschäftes angemessen ist.

Gegenstand der Ablaufanalyse ist die zeitliche, räumliche und sachliche Zuordnung der Arbeitsprozesse sowie die Koordination der Teilaufgaben zu Arbeitsabläufen.[28]

Ziel ist es, die Ausgewogenheit der Organisation auf der einen und klare Zuständigkeiten bei der Aufgabenerfüllung auf der anderen Seite zu hinterfragen.

Eng verbunden mit der Organizational Due Diligence ist die Informationstechnologie. Im Zuge einer späteren Integration in die IT-Umwelt des akquirierenden Unternehmens können Probleme auftreten, zu deren Beseitigung es erheblicher Mittel bedarf.

Die von Berens/Brauner entwickelte Checkliste zur IT-Technolgie bildet eine gute Grundlage zur Sicherheit in diesem Bereich.

---

28 Vgl. Berens/Hoffjan/Strauch, aa0, S. 144.

Checkliste zur IT-Technologie

➢ Liste der verwendeten Hard- und Software in den verschiedenen Bereichen
➢ Vertragslaufzeit und Kosten bisheriger Verträge mit Anbietern von Hard- und Software
➢ Beurteilung der Qualität der Informationstechnologie in den einzelnen Funktionsbereichen
➢ Überprüfung, ob ein ausreichender Notfallplan für einen Systemausfall besteht
➢ Beurteilung der Gesamtsituation der Informationstechnologie, insbesondere der Kompatibilität und Vernetzung der einzelnen Funktionalbereiche
➢ Identifikation wesentlicher »Altlasten« im Hard- und Softwarebereich, die eine Integration der Informationssysteme von Zielgesellschaft und Käuferunternehmung erschweren
➢ Umfang speziell für die Zielunternehmung entwickelter Software, die i.d.R. größere Integrationsprobleme beinhaltet als Standardsoftware
➢ Qualität bestehender Management-Informationssysteme (MIS)
➢ Kompatibilität zu den Systemen der Käuferunternehmung
➢ Abschätzung der Integrationskosten
➢ Identifikation wesentlicher Verbesserungspotenziale und Umfang der hierfür notwendigen Informationen
➢ Abschätzung des gesamten Investitionsbedarfs in Informationstechnologie in den nächsten drei Jahren

6. Due Diligence und Unternehmensbewertung[29]

»Abbildungsobjekt der Due Diligence ist das Unternehmen selbst, seine Struktur, die Fähigkeiten seiner Mitarbeiter sowie seine Marktchancen und -risiken und zunächst nicht eine Wahrscheinlichkeitsverteilung zukünftiger Entnahmeerwartungen«.[30]

Diese Aussage scheint eine klare Trennung zwischen den Aufgaben der Due Diligence und einer Unternehmensbewertung zu belegen.

Andererseits schließt sie aber nicht aus, dass zur Ermittlung zukünftiger Entnahmeerwartungen die Ergebnisse der Due Diligence maßgeblichen Anteil haben.

Die Bedeutung der Due Diligence für die Bewertung eines Unternehmens hängt dabei sicherlich von der Bewertungsmethode ab. Grundsätzlich können zur Wertfindung eines Unternehmens drei Ansatzpunkte (Bewertungskategorien) gewählt werden:

---

29 Dazu ausführlich nachfolgend B.VI.
30 Berens/Brauner/Strauch, S. 18.

1. die Substanzwertmethode, als Vergleich mit den Kosten, die bei der Herstellung bzw. der Errichtung eines Unternehmens entstehen bzw. entstanden sind.
2. die Ertragswertmethode, d. h. der Vergleich mit den Eigenschaften, insbesondere des Nutzens, den Unternehmen bieten
3. die Marktwertmethode, d. h. den Vergleich mit Preisen, die andere für gleiche oder ähnliche Unternehmen gezahlt haben.

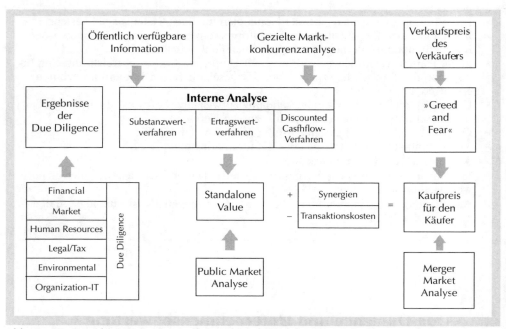

Abb. 8: Prozess der Unternehmensbewertung und Kaufpreisermittlung

Der Wert der Due Diligence für eine Unternehmensbewertung ist sehr stark von der gewählten Methode abhängig.

Bei der Ermittlung des Substanzwertes ist die Beziehung zwischen Due Diligence und Unternehmenswert am deutlichsten. Innerhalb der Financial Due Diligence werden die Buchwerte mit ihren Wiederbeschaffungswerten bzw. Marktwerten angesetzt, die nicht betriebsnotwendigen Vermögenspositionen bleiben unberücksichtigt. Mithin ist das Ergebnis einer so durchgeführten Financial Due Diligence der Substanzwert.

Bei der Ermittlung eines Ertragwertes, unabhängig, ob vereinfachend eine Ertragsgröße wie z. B. EBIT oder aber eine Cashflow-Größe angesetzt wird, kann die Due Diligence ebenfalls eine wesentliche Hilfestellung leisten. Angesprochen ist hier ebenfalls die Financial Due Diligence mit dem Element der Planungsrechnung, aber auch die Market Due Diligence mit der Bewertung der zukünftigen Potenziale aus Markt- und Wettbewerbssicht.

Auf das im Rahmen der Financial und Market Due Diligence ermittelte und überprüfte Datenmaterial braucht dann nur noch ein standardisiertes Bewertungsmodell aufgesetzt werden, um den Ertragswert bzw. den DCF zu ermitteln.

Die Ertragswert-Methode ist gleichsam das Instrument zur Errechnung der Wertvorstellung, die Due Diligence das Verfahren, das die Inputs für das Instrument maßgeblich bestimmt.[31]

Schwieriger ist die Beziehung zwischen Due Diligence und Unternehmensbewertung bei Anwendung von Marktwert-Methoden (Merger-Market- und Public-Market-Methoden), d. h. der Bewertung des Unternehmens anhand des aktuellen Börsenkurses bzw. mit EBIT-Multiplikatoren, die aus vergleichbaren Transaktionen der Vergangenheit abgeleitet sind.

Due Diligence kann in diesen Fällen nur eine begrenzte Hilfestellung leisten. So können z. B. durch die bei der Due Diligence gewonnenen Informationen Abschläge gemacht oder Multiplikatoren verändert werden.

Zusammenfassend lässt sich somit festhalten, dass die Due Diligence eine entscheidende Hilfe bei der Wertermittlung sein kann (insbesondere bei der Ertragswertmethode), aber darüber hinaus auch eine Argumentationshilfe bei der sich anschließenden Preisverhandlung.

7. Fazit

Mit Ausnahme der »hostile takeover«, der feindlichen Übernahmen, bei denen eine Due Diligence nicht möglich ist, sollte das Instrument der Due Diligence zum festen Bestandteil bei M&A-Projekten gehören.

Eine systematische Prüfung im Rahmen einer geordneten Einbindung in den gesamten Akquisitionsprozess kann die Gefahr eines Misserfolges deutlich verringern, indem

- ein wesentlicher Input für die Vertragsgestaltung, insbesondere bei der Berücksichtigung und Formulierung von Gewährleistungen/Garantien und
- entscheidende Informationen und Hilfestellung zur Unternehmensbewertung sowie zur Preis-Verhandlung

gegeben werden.

Daneben können die Ergebnisse aus der Due Diligence auch dazu beitragen, ein erfolgreiches Integrationsmanagement vorzubereiten.

Die Trennung der Due Diligence in Teilbereiche ist ratsam, allerdings wird sich die Gewichtung einzelner Teil-Due Diligences von Fall zu Fall verschieben.

---

31 Berens/Strauch, S. 18.

- Die Financial Due Diligence ist unverzichtbar, um einen Überblick über das Unternehmen zu erhalten: sie ist wichtig für Substanzwertüberlegungen wie für Auswirkungen auf mögliche Integrationen des Rechnungswesens (equity, goodwill).
- Die strategische Analyse von Chancen und Risiken wird geprägt von der Market Due Diligence sowie von der Human Resources Due Diligence, die im Rahmen der Zusammenschlüsse im Dienstleistungsbereich mehr und mehr an Bedeutung gewinnt.

Die Erweiterung um eine Due Diligence-Konzeption zur Identifikation, Beurteilung und Realisation akquisitionsbedingter Synergiepotenziale passt sehr gut in diesen Rahmen.[32]

- Die Legal-, Tax- und Environmental Due Diligence-Bereiche dienen im Wesentlichen dazu, durch den Kaufvertrag möglicherweise entstehende Schäden abzuwenden.

Die in allen Teilbereichen üblichen Checklisten sind ein gutes Hilfsmittel, dürfen aber auch nicht überbewertet werden.

Die Due Diligence sollte bei allen M&A-Projekten als ein notwendiges Instrument eingesetzt werden, ihre Anwendung bedeutet keine Erfolgsgarantie, ihr Unterlassen erhöht aber das Risiko, dass das Projekt fehlschlägt.

---

32 Vgl. Rockholtz, S. 245 ff.

Literatur

Aldering/Freiin von Hutten*, Due Diligence u. Human Resources
Berens/Hoffjan/Strauch*, Planung und Durchführung der Due Diligence
Berens/Strauch*, Herkunft und Inhalt des Begriffes Due Diligence
Born, Unternehmensanalyse und Unternehmensbewertung, Stuttgart 1995
Brauner/Grillo*, Die Due Diligence aus strategischer Sicht
Bühner, Das Management-Wert-Konzept, Stuttgart 1990
Dabui, Postmerger – Management, Wiesbaden 1998
Dielmann, Unternehmenskauf und Human Resourcen Due Diligence-Prüfung, in: Personal 9/1997
Flamholtz/Coff, Valuing human resources in buying service companies, in: Mergers & Acquisitions 4/1989
Funk, Aspekte der Unternehmensbewertung in der Praxis, in: Zfbf 47, 5/1995
Gut-Villa, Human Resource Management bei Mergers & Acquisitions, Bern/Stuttgart/Wien 1997
Huemer, Mergers & Acquisitions, Strategische und finanzielle Analyse von Unternehmensübernahmen, Frankfurt a.M. 1991
Jansen, Mergers & Acquisitions, Wiesbaden 1998
Kittner, »Human Resources« in der Unternehmensbewertung, in: Der Betrieb 46/1997
Koch/Wegmann, Praktiker-Handbuch Due Diligence, Stuttgart 1998
Lehnert, Unternehmensübernahmen in den USA in den 80er Jahren, Wiesbaden 1997
Müller-Stewens/Schreiber, Zur organisatorischen Anbindung des Akquisitionsprozesses im Käuferunternehmen, in: Die Unternehmung 4/1993
Picot, Gerhard (Hrsg.), Unternehmenskauf und Restrukturierung, München 1998
Pföhler/Hermann, Grundsätze zur Durchführung von Umwelt-Due Diligence, in: Die Wirtschaftsprüfung 18/1997
Porter, Wettbewerbsstrategie, Frankfurt a.M. 1992
Rockholtz, Marktwertorientiertes Akquisitionsmanagement, Frankfurt a.M. 1990
Rockholtz*, Due Diligence-Konzeption zum synergieorientierten Akquisitionsmanagement
Schaper-Rinkel, Akquisitionen und strategische Allianzen, Wiesbaden 1998
Schulte (Hrsg.), Beteiligungscontrolling, Wiesbaden 1994
Sebastian/Niederdrenk/Tesch*, Market Due Diligence – Die Sorgfältigkeitsprüfung aus der Sicht des Marktes

Die mit * gekennzeichneten Beiträge entstammen: *Berens/Brauner (Hrsg.)*, Die Due Diligence bei Unternehmensakquisitionen, Stuttgart 1999

VI. Unternehmensbewertung

Einleitung

Der vorliegende Beitrag soll einen Überblick geben über die Wirtschaftlichkeitsanalyse von Unternehmenskäufen, -verkäufen und Fusionen (M&A-Transaktionen). Die Wirtschaftlichkeitsanalyse basiert im Kern auf einem Vergleich des Werts eines Unternehmens, das erworben oder veräußert werden soll, mit dem potenziellen Transaktionspreis. Aus dieser Gegenüberstellung lassen sich die Wertänderungen der an der Transaktion beteiligten Unternehmen sowie die potenziellen Aktienkursreaktionen ableiten. Wirtschaftlichkeitsanalyse bedeutet dementsprechend Wertsteigerungsanalyse. Dazu werden Methoden sowohl zur Bestimmung von Unternehmenswerten als auch zur Schätzung von potenziellen Transaktionspreisen benötigt und im Folgenden dargestellt. Den Schwerpunkt bildet dabei die kapitalmarktorientierte Unternehmensbewertung.

Betrachtet man die Wertänderung von kaufenden und verkaufenden Unternehmen in Summe, so hatte die überwiegende Mehrzahl der M&A-Transaktionen seit Mitte der 90er-Jahre teilweise signifikante Verbesserungen zur Folge. Dieser wirtschaftliche Erfolg verteilte sich jedoch ungleich – die Verkäuferseite realisierte den bei weitem größeren Anteil. Eine systematische Durchführung der Wertsteigerungsanalyse dient damit zugleich dem Zweck, auch auf Käuferseite eine Basis für einen kalkulierbaren M&A-Erfolg zu schaffen.

Dieser Beitrag befasst sich weniger mit der Darstellung der technischen Details für die Durchführung von Unternehmensbewertungen, sondern konzentriert sich vielmehr auf die Vermittlung der prinzipiellen Vorgehensweise, wenngleich die Details für die praktische Durchführung natürlich wichtig sind. Diesbezüglich kann aber auf eine reichhaltige Literatur verwiesen werden, die sich über die oben genannten Quellen erschließt.

Die bereits skizzierte wirtschaftliche Zielsetzung von M&A-Transaktionen wird im ersten Abschnitt vertieft und auf verschiedene Transaktionsformen (Unternehmenskäufe, Börsengang, Joint Ventures) übertragen. Der zweite Abschnitt befasst sich mit der Bestimmung des Unternehmenswertes, der dritte mit der Schätzung potenzieller Transaktionspreise. Auf Basis dieser Informationen kann die Wertänderung analysiert werden, die bei Realisierung des Wertes und des Preises hervorgerufen wird.

1. Wirtschaftliche Zielsetzung von M&A: Realisierung von Wert- und Aktienkurssteigerung

Die Bewertung von Transaktionen erfolgt hier aus wirtschaftlicher Sicht, d.h. es wird unterstellt, dass Transaktionen nur dann durchgeführt werden, wenn sie die Vermögensposition der Eigentümer erhöhen, die der Transaktion zustimmen müssen.

a) Einleitendes Beispiel

Wir betrachten den Verkauf einer Tochtergesellschaft des VICTORY-Konzerns, die aus Sicht der Eigentümer von VICTORY einen Wert von 2,5 Mrd. Euro aufweist. Für den VICTORY-Konzern nehmen wir einen Börsenwert (inkl. der Tochtergesellschaft) von 12 Mrd. Euro an. Die Ankündigung, die Tochtergesellschaft zu einem Preis von 3,5 Mrd. Euro an die HOPE-AG zu veräußern, würde für die VICTORY-Eigentümer zu einer außerordentlichen Aktienrendite von ca. 8,4% führen. Die HOPE-AG weist vor der Transaktion einen Börsenwert von 8 Mrd. Euro auf und erwartet, dass durch operative Verbesserungen und Synergien, die sich aus dem Erwerb ergeben, ein Mehrwert von ca. 700 Mio. Euro geschaffen wird, der in dem Unternehmenswert von 2,5 Mrd. Euro noch nicht enthalten ist. Ausgehend von diesen Werten wird der Aktienkurs der HOPE-AG um ca. 3,8% nachgeben. Insgesamt betrachtet zahlt die HOPE-AG also eine Prämie von 1 Mrd. Euro (40%), die den VICTORY-Eigentümern zugute kommt. Der Mehrwert, der sich für die HOPE-AG durch diese Transaktion ergibt, beträgt jedoch nur 700 Mio. Euro, d.h. die HOPE-Aktionäre verlieren 300 Mio. Euro und hoffen, dass die Tochtergesellschaft verborgene Wertsteigerungspotenziale aufweist, die in den vorliegenden Bewertungen noch nicht erfasst wurden. Unabhängig davon ist für Investoren, die sowohl an VICTORY als auch an HOPE beteiligt sind, die Transaktion insgesamt werterhöhend, da aufgrund der Synergien die wirtschaftliche Leistung gesteigert wird.

In Mrd. Euro	VICTORY	HOPE	Gesamt
Marktwert vor Transaktion	12	8	20
Transaktionspreis	+ 3,5	- 3,5	
Wert der Tochtergesellsch.	- 2,5	+ 2,5	
Synergiepotenzial		+ 0,7	+ 0,7
Wertänderung	+ 1,0	- 0,3	+ 0,7
Aktienkursreaktion	+ 8,4%	- 3,8%	+ 3,5%

Tab. 1: Daten des einleitenden Beispiels

b) Erfolgs- und Misserfolgsquoten von M&A-Transaktionen

Diese im Beispiel (Tabelle 1) dargestellte Konstellation trifft vergleichsweise häufig zu. Eine Untersuchung von McKinsey ergab, dass zwischen 1996 und 1998 knapp drei Viertel aller Akquisitionen und Fusionen unter börsennotierten Gesellschaften in den USA und Europa mit einem Transaktionsvolumen von mehr als 500 Mio. USD bei kombinierter Betrachtung Wert steigernd waren. Die Käufer konnten in 50% der Fälle eine positive Kursreaktion verzeichnen bzw. erlitten mit der gleichen Häufigkeit Kursverluste. Die Verkäufer realisierten in 92% der Fälle positive und nur in 8% der Fälle negative Kursreaktionen (siehe Abbildung 1). In absoluten USD ausgedrückt schufen die erfolgreichen Käufer einen Gesamtwert von 88 Mrd. USD, die weniger erfolgreichen Käufer vernichteten hingegen 101 Mrd. USD. Die erfolgreichen Verkäufer realisierten einen Mehrwert von insgesamt 102 Mrd. USD, die weniger erfolgreichen vernichteten 21 Mrd. USD. Insgesamt betrachtet konnte durch M&A-Transaktionen also ein Wert von 68 Mrd. USD geschaffen werden.[1]

c) Grundprinzipien der Wirtschaftlichkeitsanalyse von M&A-Transaktionen aus Kapitalmarktperspektive

Im Rahmen der Wirtschaftlichkeitsanalyse von M&A-Transaktionen gilt es, den durch die Transaktion geschaffenen Mehrwert zu quantifizieren und, soweit die beteiligten Unternehmen börsennotiert sind, die möglichen Kursreaktionen bereits vor der Ankündigung zu erkennen. In Abbildung 1 wird das prinzipielle Vorgehen auf Basis des einleitenden Beispiels erläutert.

aa) Perspektive des Verkäufers

Was ist die Ursache für den Kurssprung der VICTORY-Aktie nach der Ankündigung des Verkaufs der Tochtergesellschaft? Vor der Ankündigung der Transaktion am 1.1.1999 erwarteten die Marktteilnehmer Ergebnisse pro Aktie von 2,30, 2,50 bzw. 2,75 Euro (1999, 2000 bzw. 2001). Die langfristigen Wachstumserwartungen jenseits des Jahres 2001 beliefen sich auf 3% p.a. Grundlage für die Ableitung der Erwartungen sind die »Consensus Estimates« der Finanzanalysten, die in Datenbanken verfügbar sind. Bei Eigenkapitalkosten von 10% und unter der Annahme, dass das Ergebnis pro Aktie dem Cash-flow pro Aktie entspricht, ergibt sich der beobachtete Aktienkurs von 36,62 Euro:

$$\frac{2,30}{1,1} + \frac{2,50}{1,1^2} + \frac{2,75}{1,1^3} + \frac{2,75 \cdot 1,03}{(0,1-0,03) \cdot 1,1^3} = 36,62$$

---

[1] Zu beachten ist hier, dass diese Wertsteigerungen bzw. -verluste in einem Zeitraum von fünf Tagen vor und fünf Tagen nach der Transaktionsankündigung gemessen wurden. Technisch gesprochen handelt es sich um kumulative abnormale Renditen relativ zu den Eigenkapitalkosten auf Basis des Capital Asset Pricing Model.

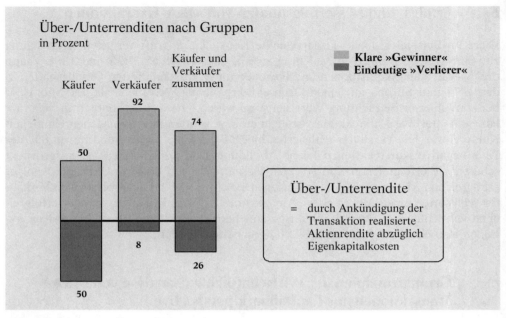

Abb. 1: Erfolgsquoten bei M&A-Transaktionen

Berechnungsformel:

$$p = \frac{cf_1}{1+k} + \frac{cf_2}{(1+k)^2} + \frac{cf_3}{(1+k)^3} + \frac{cf_3 \cdot (1+g)}{(k-g) \cdot (1+k)^3}$$

mit:
p   Aktienkurs
cf   Cash-flow an Aktionäre (pro Aktie)
k   Eigenkapitalkosten
g   Langfristige Wachstumsrate der Cash-flows

Bei 327.649.012 Aktien ergibt sich damit der Börsenwert von rd. 12 Mrd. Euro. Darin enthalten sind Ergebniserwartungen der Tochtergesellschaft von 0,50, 0,54 bzw. 0,57 Euro pro Aktie. Die Eigenkapitalkosten und die langfristigen Wachstumsaussichten unterscheiden sich nicht von den Daten der Muttergesellschaft. Damit ergibt sich ein Anteil von 7,63 Euro am Aktienkurs bzw. der Wert von 2,5 Mrd. Euro. Nach dem Verkauf der Tochtergesellschaft reduzieren sich die Ergebnisse pro Aktie und damit der Aktienkurs auf 28,99 Euro, der jedoch im Gegenzug um den Verkaufserlös zu erhöhen ist:

$$\frac{1,80}{1,1} + \frac{1,96}{1,1^2} + \frac{2,18}{1,1^3} + \frac{2,18 \cdot 1,03}{(0,1-0,03) \cdot 1,1^3} = 28,99$$

Da sich die Anzahl der Aktien durch die Transaktion nicht verändert, ergibt sich ein Börsenwert von 9,5 Mrd. Euro, der um den Verkaufserlös von 3,5 Mrd. Euro auf 13 Mrd. Euro zu erhöhen ist. Der Aktienkurs steigt folglich von 36,62 Euro (vor der Ankündigung) um 8,4% auf 39,68 Euro.

Aus diesem Beispiel folgt ein wichtiger Grundsatz für Verkäufer: Um die Kapitalmarktreaktion auf Grund der Ankündigung von Unternehmenstransaktionen antizipieren zu können, müssen zunächst die Erwartungen des Kapitalmarktes analysiert werden. Daraus folgt die Schätzung des Marktwertes bzw. des Marktwertanteils der zu verkaufenden Einheit. Stellt man diesem Wert den potenziellen Transaktionspreis gegenüber, ergibt sich die aus der Transaktion resultierende Wertänderung für die Alteigentümer.

In der praktischen Anwendung sind die Berechnungen freilich aufwändiger, da folgende Faktoren zu berücksichtigen sind: Unterschiede zwischen Cash-flows und Ergebnissen pro Aktie, Steuern aus dem Transaktionsvorgang, ggf. vorliegende Verbundeffekte zwischen der zu verkaufenden Einheit und dem verbleibenden Unternehmen, Transaktionskosten sowie die jeweils vorherrschende Kapitalmarktsituation. An dem grundsätzlichen Vorgehen ändert sich jedoch nichts. Sind die beteiligten Unternehmen nicht börsennotiert, treten die Erwartungen der Eigentümer an die Stelle der Markterwartungen.

bb) Perspektive des Käufers

Das prinzipielle Vorgehen aus Sicht des Verkäufers lässt sich übertragen auf die Käuferperspektive. Auch hier geht es um den Abgleich des Wertes des Zielunternehmens mit dessen Preis (siehe Tabelle 2). Aus Sicht des Käufers gilt es zunächst, den Marktwert des eigenen Unternehmens zu bestimmen. Das Zielunternehmen (im Beispiel die Tochtergesellschaft des VICTORY-Konzerns) wird danach zunächst ohne Verbesserungspotenziale und ohne Verbundeffekte bewertet. Hierzu können eigene Prognosen erstellt und/oder die Kapitalmarkterwartungen benutzt werden. Nicht selten resultiert ein erheblicher Teil der Wertsteigerung aus operativen Verbesserungen, die prinzipiell auch ohne die Veränderung der Eigentümerstruktur möglich wären. Häufig bedarf es jedoch eines »exogenen Impulses«, der zu strukturellen Veränderungen führt und den Weg für Verbesserungen ebnet (siehe Tabelle 2).

Die Synergien, die keines der beiden Unternehmen eigenständig realisieren kann, lassen sich in drei Kategorien einteilen:

- Universelle Synergien, die mit jedem potenziellen Erwerber realisiert werden können, der über ein fähiges Management und geeignete Ressourcen verfügt. Dazu gehören »Economies of Scale«, z.B. im Verwaltungsbereich.
- Endemische Synergien, die nur mit wenigen Erwerbern realisiert werden können, welche in der Regel in derselben Branche wie das Zielunternehmen tätig sind. Dazu gehören »Economies of Scope«, wie etwa ein erweitertes geografisches Aktivitätsfeld, und bestimmte Rationalisierungspotenziale, z.B. im Vertrieb.
- Spezifische Synergien, die nur mit einem bestimmten Käufer realisiert werden können, wie z.B. eine Wachstumsoption, die nur auf Basis einer patentrechtlich geschützten Technologie genutzt werden kann.

	Position	Beispiel in Mio. Euro
	Wert des kaufenden Unternehmens	8.000
+	Wert des Zielunternehmens (Status quo)	2.500
+	Wert aus operativen Verbesserungen, die prinzipiell auch eigenständig realisiert werden könnten	600
+	Wert der Synergien A – universelle Synergien B – endemische Synergien C – spezifische Synergien	150 0 0
–	Integrationskosten	50
+/–	Sonstige Werteffekte (Steuern, Finanzierung, kartellrechtliche Anpassungen etc.)	(Noch zu quantifizieren)
=	**Wert des gemeinsamen Unternehmens**	**11.200**
–	Börsenwert des kaufenden Unternehmens	8.000
–	Kaufpreis für das Zielunternehmen	3.500
=	Wertänderung durch Akquisition	-300
→	**Potentielle Aktienkursreaktion bei Ankündigung**	**-3,75%**

Tab. 2: Wertänderung durch Akquisition

Neben den Werten aus Verbesserungen und Synergien sind die Integrationskosten ebenso wie potenzielle steuerliche oder finanzierungsbedingte Werteffekte zu erfassen. Die erwartete Wertänderung ergibt sich schließlich aus dem Wert des gemeinsamen Unternehmens abzüglich Börsenwert und Kaufpreis.

cc) Vorgehen bei Fusionen oder Joint Ventures

Das beschriebene Vorgehen zur Wirtschaftlichkeitsanalyse lässt sich auch bei Fusionen oder JVs anwenden. Ein wesentlicher Aspekt dabei ist die Bestimmung des Austauschverhältnisses, das eine Grundlage für die Wertänderung aus der Transaktion bildet. Beschließen z.B. der VICTORY-Konzern und die HOPE-AG die Verschmelzung und wird das Austauschverhältnis auf Basis der jeweiligen Börsenwerte bestimmt, ergeben sich folgende Resultate:

Wertänderung VICTORY-Aktionäre: $\dfrac{\frac{12}{20} \cdot (12.000 + 8.000 + 700)}{12.000} - 1 = 3,5\%$

Wertänderung HOPE-Aktionäre: $\dfrac{\frac{8}{20} \cdot 20.700}{8.000} - 1 = 3,5\%$

Berechnungsformel:

$$\Delta r = \frac{a \cdot V_{ges}}{V_0} - 1$$

mit:
Δr   durch Transaktion ausgelöste zusätzliche Aktienrendite
a   Anteil an dem neuen, gemeinsamen Unternehmen
V_{ges} Gesamtwert des gemeinsamen Unternehmens
V_0 Wert (= Preis) des eigenen Unternehmens vor Transaktion

Das Austauschverhältnis beträgt 3,33 zu 1, d.h. die HOPE-Aktionäre erhalten 3 neue VICTORY-Aktien für 10 (alte) HOPE-Aktien, wenn (wie hier angenommen) die HOPE-AG auf die VICTORY AG verschmolzen wird und die Aktienkurse 36,62 bzw. 11 Euro betragen.

Für die praktische Anwendung sind folgende Aspekte zu beachten:

- In Deutschland erfolgt die Berechnung des Austauschverhältnisses auf Basis von Wirtschaftsprüfer-Gutachten, denen regelmäßig nicht Börsenwerte, sondern Unternehmensbewertungen nach der Ertragswertmethode zu Grunde liegen. Am prinzipiellen Vorgehen ändert sich dadurch nichts; die zu erwartenden Wertänderungen hängen jedoch vom vereinbarten Austauschverhältnis ab.
- Häufig besitzt mindestens einer der Partner bereits vor der Transaktion Anteile an dem anderen Unternehmen. Dies ist bei der Berechnung des Austauschverhältnisses entsprechend zu berücksichtigen.
- Nicht selten wird eine Prämie geboten, um in unserem Beispiel etwa die HOPE-Aktionäre zum Umtausch ihrer Aktien zu bewegen. Dies hat ebenfalls Einfluss auf die Wertänderung, die aus der Transaktion resultiert.

Diese Aspekte sind regelmäßig nicht vernachlässigbar und entsprechend bei der Wertsteigerungsanalyse zu berücksichtigen.

d)   Ursachen für Unterschiede zwischen Wert und Preis

Auf perfekten Märkten besteht kein Unterschied zwischen Wert und Preis, wenn der Markt die Handlungen des Managements antizipiert, wenn das Resultat der Handlungen in entsprechende Notierungen übersetzt wird und wenn ein unbeschränkter, transaktionskostenfreier Handel möglich ist. Nun sind reale Märkte bekanntlich aus vielen Gründen nicht perfekt. Hierzu gehören asymmetrisch verteilte Informationen, z.B. bei Erstemissionen, unvorhergesehene Strategieänderungen und vom Gesetzgeber definierte Rahmenbedingungen (z.B. Steuern).

aa)   Asymmetrische Information

Asymmetrisch verteilte Informationen sind bei Börseneinführungen nicht auszuschließen. Den Alteigentümern und beratenden Banken stehen im Gegensatz zu anderen

Externen regelmäßig detailliertere Informationen über das Unternehmen zur Verfügung, dessen Anteile an die Börsen gebracht werden sollen. Hegen die potenziellen Käufer die Vermutung, dass es besser informierte »Insider« gibt, hat dies Einfluss auf den nachfrageseitig akzeptablen Emissionskurs.

Für den Börsengang der HOPE-AG, der kurz vor der Akquisition des Tochterunternehmens vom VICTORY-Konzern stattfindet, nehmen wir an, dass 80% aller Anleger ihre Informationen aus dem Börsenprospekt haben. Dieser Anlegergruppe ist der Unternehmenswert nicht genau bekannt. Sie vermuten mit einer Wahrscheinlichkeit von jeweils einem Drittel Unternehmenswerte von 4, 8 bzw. 12 Mrd. Euro. 20% der Anleger kennen den Unternehmenswert, der 8 Mrd. Euro betragen und sich im Handel unmittelbar nach der Börseneinführung einstellen möge. Wird nun der Emissionspreis unterhalb des Wertes von 8 Mrd. Euro angesetzt, werden 100% der Anleger die Aktie zeichnen und der daraus resultierende Vermögenszuwachs kommt ihnen gemeinsam zugute. Bei einem Emissionspreis oberhalb des Wertes zeichnet hingegen nur die weniger umfassend informierte Mehrheit, die den Vermögensverlust dann allein trägt. Rationale Marktteilnehmer antizipieren dies und akzeptieren nach dem Modell von K. Rock deshalb einen Emissionspreis nur bis zu folgender Höhe:

$$\frac{0{,}8 \cdot 12.000 \cdot \frac{1}{3} + 8.000 \cdot \frac{1}{3} + 4.000 \cdot \frac{1}{3}}{0{,}8 \cdot \frac{1}{3} + \frac{2}{3}} = 7.714$$

Berechnungsformel:

$$P_{max} = \frac{x \cdot P_1 \cdot q_1 + P_2 \cdot q_2 + P_3 \cdot q_3}{x \cdot q_1 + q_2 + q_3}$$

mit:

P_{max} Von den weniger umfassend Informierten maximal akzeptierter Preis
x   Anteil der nicht umfassend Informierten an der Gesamtheit aller Investoren
P_1 Emissionspreis, bei dem sich alle Investoren beteiligen
P_2, P_3 Emissionspreise, bei denen sich die umfassend Informierten nicht beteiligen
q   Wahrscheinlichkeiten

Auf Grund der Unsicherheit, die sich aus der asymmetrischen Informationsverteilung auf Seiten der Anleger ergibt, darf ein Emissionswert von 7.714 Mio. Euro nicht überschritten werden, wenn die unvollständig informierten Anleger zur Zeichnung gewonnen werden sollen. Im Handel wird sich jedoch der Unternehmenswert von 8.000 Mio. Euro einstellen, nachdem sich die Unsicherheit aufgelöst hat. Das Underpricing beträgt folglich 3,6%.[2]

---

2 Dieses Model vereinfacht stark, zeigt jedoch die Wirkung ungleicher Informationsstände.

bb) Unvorhergesehene Strategieänderungen und operative Verbesserungen

Vor dem Börsengang hatten Management und Alteigentümer der HOPE-AG verkündet, einen Teil der aus dem Börsengang erlösten Mittel zur Umsetzung einer Wachstumsstrategie einzusetzen. Kleinere Akquisitionen, die freilich seinerzeit noch nicht konkretisiert werden konnten, sollten Bestandteil dieser Strategie sein. Größere Transaktionen, wie der spätere Erwerb der VICTORY-Tochter, waren nicht denkbar. Die Gewinn-pro-Aktie-Schätzungen reflektierten diese dem Markt vermittelte Strategie sowie die Erwartung hinsichtlich der operativen Implementierung.

Das Management des VICTORY-Konzerns geriet zunehmend unter Druck, sich von so genannten Randaktivitäten zu trennen, für die das Unternehmen keine spezifischen Fähigkeiten zur Anwendung bringen konnte. Institutionelle Anleger sorgten dafür, dass die Strategie des VICTORY-Konzerns revidiert wurde. Der Verkauf der genannten Tochtergesellschaft war eine Maßnahme dieser Strategieänderung. Bis zu diesem Zeitpunkt ging der Markt davon aus, dass der Wert der Tochtergesellschaft innerhalb des Konzerns 2,5 Mrd. Euro betragen würde. Das Wertpotenzial aus operativen Verbesserungen von 600 Mio. Euro war führenden Analysten freilich nicht verborgen geblieben; die Wahrscheinlichkeit, dass dieses Potenzial innerhalb des VICTORY-Konzerns realisiert werden würde, wurde jedoch mit nahezu null beziffert. Mit anderen Worten: Der »Conglomerate Discount« des VICTORY-Konzerns belief sich auf 5% (= 600/12.000).

Sowohl der Kurs der HOPE-AG als auch derjenige des VICTORY-Konzerns spiegelte die Erwartungen des Marktes auf Basis der kommunizierten Strategien wider. Angebot und Nachfrage nach den Aktien der Unternehmen führte zu Preisen, die den fundamentalen Leistungserwartungen entsprachen. Erst die Revision der Markterwartungen bewirkte eine Anpassung der Aktienkurse. Mit der strategischen Neuausrichtung des VICTORY-Konzerns erhielt die Realisierung des Wertpotenzials von 600 Mio. Euro erstmals eine von null verschiedene Wahrscheinlichkeit. Darüber hinaus konnten Synergien nach Abzug von Transaktionskosten von 100 Mio. Euro realisiert werden, die in Unkenntnis der Transaktion nicht bekannt sein konnten. Die Änderung der Erwartungen führte damit zur Schaffung eines Werts von 700 Mio. Euro.

cc) Marktunvollkommenheiten

Marktunvollkommenheiten, wie z.B. steuerliche Barrieren, können ebenfalls zu Differenzen zwischen Wert und Preis führen. Der VICTORY-Konzern mag beispielsweise auch Gründe dafür gehabt haben, die Tochtergesellschaft nicht zu verkaufen. Die Besteuerung von Kapitalgewinnen in Deutschland wirkte in der Vergangenheit oft transaktionshemmend. Beträgt der Unternehmenssteuersatz z.B. 50% und der Buchwert des Eigenkapitals der Tochtergesellschaft 1,9 Mrd. Euro, bedarf es eines Angebots von mindestens 3,1 Mrd. Euro, um die Verkaufen-Option nach Steuern gegenüber der Halten-Option, die zu einem Wert nach Steuern von 2,5 Mrd. führt, zu bevorzugen. Die Steuer bei Veräußerung beträgt im Grenzfall 0,5 (3,1 − 1,9) = 0,6, der Verkaufspreis nach Steuern also 3,1 − 0,6 = 2,5 Mrd. Euro.

Zwar führt der Goodwill zu einer erhöhten Abschreibungsmasse bei der HOPE-AG, entsprechend hohe Gewinne vorausgesetzt. Der Barwert der Steuervorteile aus der Goodwill-Abschreibung ist jedoch im Allgemeinen kleiner als die Steuerzahlung des Verkäufers. Steuerliche Überlegungen können die Transaktion somit verteuern oder gänzlich verhindern.

Illiquidität ist eine weitere Quelle bedeutender Marktunvollkommenheiten. Gerät eine Branche in eine rezessive Phase, führt dies oft zu einem Überangebot an Produktionsfaktoren. Viele Unternehmen in der Branche versuchen, ihre Überkapazitäten abzubauen. Handelt es sich dabei z.B. um spezifische Technologien, die nicht in anderen Branchen, welche nicht gleichzeitig in der Rezession stecken, genutzt werden können, finden sich keine Käufer. In diesem Fall kommt es dann entweder zu keiner Transaktion oder es werden Preise realisiert, die unterhalb des Wertes der Produktionsfaktoren bei optimaler Verwendung liegen.

Auch ist die Effizienz des Kapitalmarktes nicht generell sichergestellt. Die Aktienkurse von Internet-Firmen basierten, wie aus heutiger Sicht offensichtlich erscheint, seinerzeit auf überzogenen Erwartungen, die sich letztlich nur selten durch fundamentale Cash-flows Zeit begründen ließen. Potenzielle Wachstumsoptionen, die jedoch regelmäßig nicht konkretisiert werden können, dienen als »Begründung« für das hohe Kursniveau. Potenzielle Käufer solcher Unternehmen schrecken vor der Bürde zurück, diese Erwartungen erfüllen zu müssen.

Diese und weitere Unvollkommenheiten des Marktes für Unternehmen und Unternehmensanteile machen eine sorgfältige Unternehmensbewertung nicht obsolet – das Gegenteil ist der Fall: Nur durch eine fundierte Analyse lassen sich Unvollkommenheiten identifizieren und ggf. sogar nutzen.

e) Wertsteigerung versus Gewinn pro Aktie: Herausforderung für die Investoren-Kommunikation

Im Rahmen einer kapitalmarktorientierten Perspektive hinsichtlich der Wirtschaftlichkeit von Unternehmenstransaktionen stellt die Analyse der potenziellen Wertänderung einen ersten wesentlichen Schritt dar. Im zweiten Schritt geht es um die Wahrnehmung der Transaktion durch Externe, d.h. Anleger, Analysten, institutionelle Investoren. Diese Wahrnehmung »von außen« ist von großer Bedeutung für die Übersetzung des Wertsteigerungspotenzials in faktische Aktienkursreaktionen. Die ermittelten Wertänderungen aus der Transaktion basieren auf Unternehmensbewertungen, die wiederum auf der Grundlage langfristiger Ergebnisprognosen erstellt werden. Die Details der Bewertungen können dem Markt nicht im Einzelnen vermittelt werden. Oft sind die zu Grunde liegenden Sachverhalte überaus komplex, z.B. wenn es um Joint Ventures im Forschungs- und Entwicklungsbereich geht. Gelegentlich können auch die Vorteile von Unternehmenstransaktionen nicht explizit kommuniziert werden, wenn dies beispielsweise den kartellrechtlichen Genehmigungsprozess verlängern oder behindern würde. Selbst wenn es gelänge, alle bewertungsrelevanten Details einer Transaktion zu kommunizieren, ist noch immer nicht sichergestellt, dass sich das in den Aktienkursen entsprechend niederschlägt: Das Management verfügt nicht immer über die erforderliche Glaubwürdigkeit, z.B. wenn die Erwartungen des Kapitalmarktes in der Vergangenheit nicht erfüllt wurden.

Angesichts dieser Unsicherheit und Unschärfe der Information legen Analysten bei der quantitativen Beurteilung von Transaktionen häufig die Entwicklung des Ergebnisses pro Aktie in den zwei bis drei Jahren nach der Transaktion zu Grunde. Steigt das Ergebnis pro Aktie wird von »Accretion«, fällt es, von »Dilution« gesprochen. Die Veränderung des Ergebnisses pro Aktie ist zwar kein generell geeigneter Indikator für die Wertänderung, da die Ergebnisse u.a. von buchhalterischen Einflüssen beeinflusst werden; darüber hinaus hat auch die Finanzierung einen Einfluss auf das Ergebnis pro Aktie. Es wird jedoch regelmäßig auf Grund der Unsicherheit als »stick in the fog« herangezogen. Führt eine Transaktion in den nächsten drei Jahren zu einer signifikanten Ergebnisverwässerung, ist – so die ggf. zu widerlegende Hypothese – Wertsteigerung eher unwahrscheinlich.

Im Beispiel der Akquisition der Tochtergesellschaft durch die HOPE-AG ergibt sich bei einem Buchwert von 1,9 Mrd. und einem Kaufpreis von 3,5 Mrd. ein Goodwill von 1,6 Mrd. Euro. Der Kaufpreis wird anteilig in bar (1,5 Mrd. Euro) und in Aktien der HOPE-AG erbracht, die für diesen Zweck eine Kapitalerhöhung durchführt (2 Mrd. Euro). Bei einem Aktienkurs von 11 Euro müssen 181.818.182 neue Aktien begeben werden, so dass nach der Transaktion 909.090.909 HOPE-Aktien vorliegen. Die Synergien können zu einer Ergebnisverbesserung von 70 Mio. Euro pro Jahr (Barwert 700 Mio.) führen, der Zinsaufwand für die Barkomponente der Kaufpreiszahlung beträgt 45 Mio. Euro pro Jahr (nach Abzug von Steuern). Damit ergibt sich für die Ergebnisse pro Aktie folgendes Bild (siehe Tabelle 3):

in Mio. Euro	1999	2000	2001
Ergebnis HOPE	800	800	800
Ergebnis VICTORY-Tochter	164	177	187
Summe	964	977	987
Synergien/Verbesserungen	70	70	70
Zinsaufwand	45	45	45
Ergebnis neu	**989**	**1002**	**1012**
Ergebnis pro Aktie neu	**1,09**	**1,10**	**1,11**
Ergebnis pro Aktie vorher	1,10	1,10	1,10
Dilution	-1,1%	0,2%	1,2%

Tab. 3: Berechnung Accretion/Dilution

In den ersten drei Jahren nach der Transaktion ergibt sich demnach keine signifikante Verwässerung des Gewinns pro Aktie. Im Beispiel liegt also eine Transaktion vor, die für die HOPE-Aktionäre zu Wertverlusten führt, wobei dies in den Ergebnissen pro Aktie nicht unmittelbar transparent wird.

Accretion/Dilution und Wertänderung führen nicht per se zu gleichen Aussagen hinsichtlich der wirtschaftlichen Attraktivität von Transaktionen. Deshalb bietet sich folgende Klassifikation an:

Accretive	Warnung angebracht	»Selbstläufer«
Dilutive	Auch durch Kommunikation nicht zu retten	Wertpotenzial gezielt kommunizieren
	Wertreduzierend	**Wertsteigernd**

Tab. 4: Klassifikation von Transaktionen

Die Vorteile, die mit einer Transaktion verbunden sind, müssen detailliert kommuniziert werden, wenn die Transaktion zwar zu einer Steigerung des Wertes führt, dies jedoch erst in einigen Jahren auch in der Gewinn- und Verlustrechnung sichtbar wird. Die eingangs zitierte Untersuchung über die Erfolgsaussichten von M&A-Transaktionen bezifferte den Anteil wertsteigernder Transaktionen aus Käufersicht mit 50%. Der überwiegende Anteil dieser Transaktionen führte aber zu einer Verwässerung des Ergebnisses pro Aktie. In der Regel kommt daher der Entwicklung einer geeigneten Kommunikationsstrategie eine erhebliche Bedeutung zu.

2. Unternehmensbewertung

Im Rahmen der Wirtschaftlichkeitsanalyse von M&A-Transaktionen spielt die Bewertung der an der Transaktion beteiligten Unternehmen eine zentrale Rolle. Im Folgenden wird eine Discounted-Cash-flow-Methode (die WACC- oder Entity-Methode) beschrieben, die ein robustes theoretisches Fundament hat und in der Praxis bereits vergleichsweise weit verbreitet ist. Im ersten Schritt sind die bewertungsrelevanten Cash-flows zu definieren und für einen Zeitraum von fünf bis zehn Jahren zu planen. Diese Cash-flows sind anschließend mit den durchschnittlichen Kapitalkosten (WACC = Weighted Average Cost of Capital) abzuzinsen (Schritt 2). In Schritt drei wird der Fortführungswert geschätzt, der die Cash-flows jenseits der Detailplanungsperiode erfasst. Schritt vier enthält die Berechnung des Bewertungsergebnisses und eine Sensitivitätsanalyse.

a) Definition und Planung der bewertungsrelevanten Cash-flows

Das zentrale Problem bei der Unternehmensbewertung besteht in der Erstellung eines Geschäftsplans, aus dem die zukünftigen Cash-flows des Unternehmens abgeleitet werden können. Dieser Geschäftsplan sollte für die Zwecke der Unternehmensbewertung eine vollständige Finanzflussrechnung ermöglichen. Dazu werden vereinfachte, aber dennoch vollständige und konsistente Bilanzen mit Gewinn- und Verlustrechnung benötigt. Allein mit der Planung von Finanzdaten ist es jedoch nicht getan. Es werden branchen- oder unternehmensspezifische Planungsmodelle benötigt, die z.B. die Erwartungen hinsichtlich der Umsatzerlöse und Kostenstrukturen mit der Entwicklung des Wettbewerbs in der Branche verknüpfen.

aa) Definition des Cash-flows

Prinzipiell bestehen Freiheitsgrade bei der Definition des Cash-flows. Wichtig ist der konsistente Aufbau des Bewertungskalküls. Wählt man eine Cash-flow-Definition, ist damit die Berechnung der Diskontierungsrate ebenso festgelegt wie die Überführung des Bewertungsresultats in den Wert des Eigenkapitals. Der hier primär betrachteten Discounted-Cash-flow-Methode liegt folgende Definition zu Grunde:

	Operatives Ergebnis (vor Zinsergebnis)
–	Unternehmenssteuern auf operatives Ergebnis
+	Abschreibungen
+/–	Veränderung der Rückstellungen
=	Operativer Brutto-Cash-flow
–	Investitionen
–/+	Veränderung des Netto-Umlaufvermögens (Working Capital)
=	Operativer freier Cash-flow
+	Nicht operativer Cash-flow
=	Freier Cash-flow insgesamt

Tab. 5: Definition des freien Cash-flows – operative Sicht

Der gesamte freie Cash-flow entspricht nach Abzug der Unternehmenssteuern stets den Zahlungen an die Kapitalgeber des Unternehmens. Den freien Cash-flow kann man aus finanzwirtschaftlicher Perspektive deshalb auch so berechnen:

	Zinszahlungen
−	Unternehmenssteuern auf Zinszahlungen
+	Tilgungen
−	Zuführung neuen Fremdkapitals
=	**Netto-Zahlungen an Gläubiger**
	Ausschüttungen
(+	Anrechenbare Körperschaftsteuer)
+	Aktienrückkäufe und andere Zahlungen an Eigentümer
−	Kapitalerhöhungen und andere Einzahlungen der Eigentümer
=	**Netto-Zahlungen an Eigentümer**
	Netto-Zahlungen an Gläubiger
+	Netto-Zahlungen an Eigentümer
=	**Freier Cash-flow insgesamt**

Tab. 6: Definition des freien Cash-flows – finanzwirtschaftliche Sicht

Beide Berechnungsweisen (Tabelle 5 und 6) müssen zum gleichen Resultat führen und sollten stets ausgeführt werden, um die Konsistenz der Cash-flow-Definition sicherzustellen.

bb) Entwicklung branchenspezifischer Planungsmodelle

Die Planung der bewertungsrelevanten Cash-flows stellt das zentrale Problem der Unternehmensbewertung und damit der Wertsteigerungsanalyse dar. Sie sollte im Zentrum der Überlegungen stehen, lässt sich jedoch nur schwer verallgemeinern. Ein Beispiel aus dem Pharmabereich soll das prinzipielle Vorgehen erläutern.

Die Entwicklung der zukünftigen Umsatzerlöse hat einen erheblichen Einfluss auf den Wert des Unternehmens, so dass eine möglichst fundierte Planung bezüglich aller relevanten Faktoren zu erstellen ist. Im Beispiel wird von der Bevölkerungsentwicklung ausgegangen. Im nächsten Schritt wird analysiert, mit welcher Geschwindigkeit sich die vorliegende Krankheit ausbreitet. Damit liegt die Anzahl der potenziellen

Patienten fest. Als Nächstes werden die Arztbesuchsrate und die Diagnoserate sowie die Arzneimittelbehandlungsrate analysiert. Dies führt schließlich zur potenziellen Zahl der medikamentös behandelten Patienten. Eine weitere zentrale Annahme muss in Bezug auf den »Marktanteil« formuliert werden. Diesbezüglich kann das breite Instrumentarium der strategischen Planung eingesetzt werden. Die Analyse der relativen Produkteigenschaft aus Kundensicht im Verhältnis zum relativen Preis bildet die Basis für die Begründung der Marktanteilserwartungen. Schließlich sind die Behandlungsdauer und der Preis pro Einheit festzulegen, um den Umsatz für das betreffende Jahr zu bestimmen.

Hierbei handelt es sich freilich um ein spezielles Beispiel; das Grundprinzip der Analyse der realwirtschaftlichen Faktoren sollte aber prinzipiell angewendet und auch auf die wichtigsten Kostenpositionen übertragen werden. Dies verbessert die Qualität der Planung, macht implizite Annahmen oft transparent und liefert Ansätze für Wertsteigerungsoptionen.

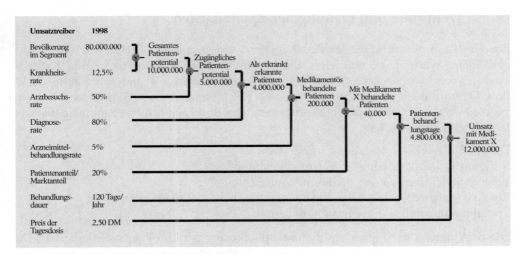

Abb. 2: Umsatzprognose für ein Medikament

cc) Festlegung des expliziten Planungszeitraums

Der Zeitraum, für den eine explizite und detaillierte Planung vorgenommen wird, wird als Detailplanungsperiode bezeichnet. Dieser Zeitraum beträgt regelmäßig fünf bis zehn Jahre, innerhalb derer explizite Annahmen getroffen werden sollen bezüglich der Zusammensetzung und des Verlaufs des operativen Brutto-Cash-flows, der Investitionen und der Veränderungen des Netto-Umlaufvermögens.

Bei der Festlegung der Länge der Detailplanungsperiode ist einerseits die Verfügbarkeit und Qualität der Daten von Bedeutung, die zur Modellierung des freien Cash-flows benötigt werden. Sind robuste Schätzungen für einen längeren Zeitraum möglich, sollte der Planungshorizont entsprechend definiert werden, um ein tieferes

Verständnis des Unternehmenswertes und seiner Einflussfaktoren zu ermöglichen. Bei geringer Verfügbarkeit bzw. Qualität des Datenmaterials führt eine lange Detailplanungsperiode jedoch zu Scheingenauigkeit, die zum Verständnis des Wertes wenig beiträgt.

Andererseits ist zu beachten, dass das Ende der Planungsperiode implizit einen Gleichgewichtszeitpunkt in Bezug auf das Umfeld und den wirtschaftlichen Zustand des zu bewertenden Unternehmens markiert. In diesem Sinne muss es also weit genug in der Zukunft liegen, so dass vorhersehbare Veränderungen von Wettbewerbsstruktur und institutionellen Rahmenbedingungen innerhalb der Periode als wahrscheinlich abgeschlossen gelten können. Gleichzeitig muss der Endzeitpunkt der Planungsperiode der Bedingung genügen, dass das Unternehmen in wirtschaftlicher Hinsicht einen Gleichgewichtszustand erreicht hat, insbesondere in Bezug auf Wachstum, Kostenstruktur und Investitionsverhalten.

b) Definition und Planung der Kapitalkosten

Die Verzinsungsansprüche der Kapitalgeber werden aus den Preisen für am Markt gehandelte Wertpapiere abgeleitet, die im Hinblick auf Risikostruktur und Kapitalbindung vergleichbar sind. Wählt man die in den Tabellen 4 und 5 gewählte Cashflow-Definition als Bezugspunkt, sind die gewichteten Verzinsungsansprüche von Eigentümern und Gläubigern heranzuziehen. Der durchschnittliche Kapitalkostensatz berechnet sich wie folgt:

Durchschnittlicher Kapitalkostensatz (WACC)
= Eigenkapitalkosten(satz) × Eigenkapitalanteil
+ Fremdkapitalkosten(satz) × Fremdkapitalanteil
Eigenkapitalanteil = Wert des Eigenkapitals ÷ Unternehmensgesamtwert
Fremdkapitalanteil = 1 − Eigenkapitalanteil

Die Bestimmung der Eigen- und Fremdkapitalkosten wird im Folgenden erläutert. Zu beachten ist, dass die Kapitalanteile auf Basis der Marktwerte berechnet werden, in denen sich die jeweils aktuellen Verhältnisse der Verzinsungsansprüche widerspiegeln. Querschnittsuntersuchungen, die auf Basis der börsennotierten Industrieunternehmen über den Zeitraum von 1987 bis 1998 durchgeführt wurden, ergaben durchschnittliche Kapitalkostensätze zwischen 8,7% und 11,6%, der Mittelwert über diesen Zeitraum lag bei 9,8%.[3]

---

3 Der Stichprobe liegen die Industrieunternehmen des CDAX zu Grunde, für die die erforderlichen Daten vollständig zur Verfügung standen. Es wurden insgesamt 295 Unternehmen berücksichtigt. Die Kapitalmarkt- und Bilanzdaten stammen aus Datastream, die Zinssätze wurde den Statistiken der Deutschen Bundesbank entnommen.

Danach ergibt sich ein mittlerer, auf den Unternehmensgesamtwert bezogener Kapitalkostensatz von 9,8%. Hierbei handelt es sich um einen nominalen Kapitalkostensatz nach Unternehmens- und vor persönlicher Besteuerung.[4] Trotz des rückläufigen Zinsniveaus in den Jahren 1996 und 1997 stiegen die durchschnittlichen Kapitalkostensätze auf Grund von Verschiebungen in den Kapitalstrukturen und 1997 außerdem wegen des Wegfalls der Substanzsteuern.

aa) **Kosten des Eigenkapitals**

Die Eigentümer erwarten für ihr Engagement eine Verzinsung, die mindestens dem Zins für risikolose Geldanlagen entspricht. Dieser Basiszinssatz lässt sich aus der Rendite langfristiger Bundesanleihen ableiten. Da die Rückflüsse aus der Beteiligung an einem Unternehmen aber unsicher sind, fordern die Eigentümer eine Kompensation für das übernommene Risiko. Unterstellt man, dass sie nicht nur Aktien eines Unternehmens halten, sondern ihr Portefeuille breit diversifizieren, um so einen Teil des Risikos abzubauen, gilt unter den idealisierten Bedingungen vollkommener Kapitalmärkte das bekannte und mit dem Nobelpreis prämierte Capital Asset Pricing Model (CAPM). Darin ist nur das *nicht* durch Portefeuille-Diversifikation eliminierbare Risiko zur Formulierung des Verzinsungsanspruchs von Bedeutung. Diese Risikomenge lässt sich aus der Korrelation der Aktienrenditen des betreffenden Unternehmens mit der Rendite des Marktportefeuilles ableiten. Mit dem CAPM lässt sich der Verzinsungsanspruch wie folgt schätzen:

Eigenkapitalkosten (»erwartete Rendite der Eigentümer«)
= Risikoloser Zinssatz
+ Korrelationskoeffizient × Standardabweichung der Aktienrendite
× (Marktrisikoprämie ÷ Standardabweichung der Rendite des
  Marktportefeuilles)

Der Korrelationskoeffizient stellt den Zusammenhang zwischen der Aktienrendite des Unternehmens und der Rendite des Marktportefeuilles her. Bei einem Koeffizienten von eins bewegen sich die Renditen im Gleichlauf, bei minus eins entwickeln sie sich gegenläufig, und bei einem Koeffizienten von null besteht kein (linearer) Zusammenhang. Dieser Korrelationskoeffizient ist zu multiplizieren mit der Standardabweichung als Maß für die Volatilität der Aktie. Schließlich ist noch der Marktpreis pro Einheit Risiko zu berücksichtigen.

Sichere Anlagen weisen eine Varianz von null und damit einen Verzinsungsanspruch in Höhe des risikolosen Zinses auf. Gleiches gilt bei einem Korrelationskoeffizienten von null. Die Renditen sind in diesem Fall zwar nicht mit Sicherheit bekannt, das Risiko kann aber im Rahmen der Portefeuille-Bildung ausgeschaltet werden.

---

4 Zu den Unternehmenssteuern werden hier die Gewerbeertragsteuer und die Körperschaftsteuer auf einbehaltene Gewinne gezählt. Zu den persönlichen Steuern der Kapitalgeber gehören die Einkommensteuer und die Körperschaftsteuer auf ausgeschüttete Gewinne.

Das Produkt aus Korrelationskoeffizient und Verhältnis der Standardabweichungen wird häufig zum so genannten Betafaktor[5] zusammengefasst, so dass man die Eigenkapitalkosten auch folgendermaßen ausdrücken kann:

Eigenkapitalkosten = Risikoloser Zinssatz + Beta × Marktrisikoprämie

Der durchschnittliche Betafaktor aller im Marktportefeuille enthaltenen Aktien beträgt eins. Unternehmen mit einem Risikofaktor größer als eins weisen ein überdurchschnittliches Risiko auf, Unternehmen mit Beta kleiner als eins ein unterdurchschnittliches Risiko.

In verschiedenen Veröffentlichungen finden sich Betas für Branchen, die nach Anpassung auch zur Bewertung von nicht notierten Unternehmen und Geschäftsbereichen benutzt werden können. Daneben existieren aber auch neuere Ansätze, mit deren Hilfe zukunftsgerichtete Betas bestimmt werden können, die nicht auf die Existenz historischer Renditen von vergleichbaren Unternehmen angewiesen sind.

Die Marktrisikoprämie belief sich in der Vergangenheit auf ca. 6 bis 8% pro Jahr. Die folgende Tabelle zeigt einige Untersuchungen, die diese Schätzung stützen.

Untersuchung	Zeitraum	Nominale Renditen	Risikoprämie
Stehle, R. (1998)	1948 – 1997	Aktien: 14,5% Renten: 6,7%	7,8%
Bimberg, L. (1993)	1954 – 1992	Aktien: 14,1% Renten: 6,8%	7,3%
Uhlir/Steiner (1991)	1953 – 1984	Aktien: 14,4% Renten: 7,9%	6,5%

Tab. 7: Risikoprämien am deutschen Aktienmarkt

In der Praxis werden häufig Risikoprämien von 3 bis 5% benutzt, die am unteren Ende des Spektrums der empirischen Beobachtungen liegen. Die Berechnung in der oben zitierten Untersuchung unterstellte eine Prämie von 5%. Der Grund für die Abweichung von den empirischen Daten liegt in statistischen Schätzproblemen. Die zu Grunde liegenden Indizes enthalten nicht das gesamte Portefeuille risikobehafteter Aktien. Unternehmen, die z.B. wegen Konkurs oder aus anderen Gründen aus dem Index ausscheiden, werden durch andere Unternehmen ersetzt. Damit wird – vereinfachend ausgedrückt – ein Index der erfolgreichen Unternehmen erzeugt, mit der Folge eines überhöhten Ausweises der Rendite. Erste empirische Analysen kommen zu dem Schluss, dass dieser »Survival Bias« in der Größenordnung von zwei Prozentpunkten pro Jahr liegen könnte.

---

5 Beta = Korrelationskoeffizient × Standardabweichung der Aktienrendite ÷ Standardabweichung der Rendite des Marktportefeuilles.

Wichtig ist auch, dass die auf Basis dieser Daten berechneten Eigenkapitalkosten Verzinsungsansprüche darstellen, die nach Unternehmenssteuern (Gewerbesteuer, Körperschaftsteuer auf thesaurierte Gewinne) berechnet sind, von denen die Einkommensteuer der Eigenkapitalgeber hingegen noch nicht abgezogen ist. Es handelt sich also um einen Verzinsungsanspruch nach Unternehmenssteuern und vor persönlicher Besteuerung. Auch diesbezüglich ist auf Konsistenz zwischen Cash-flow und Diskontierungsrate zu achten.

bb) Kosten des Fremdkapitals

Die Kosten des Fremdkapitals lassen sich aus den verfügbaren Statistiken der Bundesbank ableiten. Die Bundesbankstatistik weist Umlaufrenditen von Industrieobligationen auf. Der durchschnittliche Zins lag zwischen 87 und 97 mit 7,2% etwa um 0,4 Prozentpunkte über der Rendite von Bundesanleihen, die als risikolose Verzinsung zu Grunde gelegt wird. Bei diesen Renditen handelt es sich um nominale Zinssätze vor Berücksichtigung jeglicher Steuern. Für die Berechnung der *effektiven* Fremdkapitalkosten, die mit den Eigenkapitalkosten (nach Unternehmens-, vor persönlichen Steuern) kompatibel sind, müssen entsprechend die Unternehmenssteuern berücksichtigt werden. Die Fremdkapitalkosten nach Steuern betragen damit:

Fremdkapitalkosten
= Risikoloser Zinssatz
+ Risikozuschlag
− Steuersatz × (Risikoloser Zinssatz + Risikozuschlag)

Dabei wird unterstellt, dass der Risikozuschlag bereits in den Renditen der Industrieobligationen enthalten ist. Die nachstehende Tabelle zeigt die Risikozuschläge im August 1999, die für eine differenzierte Analyse genutzt werden können.

Fälligkeit	Rating			
	AAA	AA	A	BBB
Alle	33	45	68	92
1 – 5 Jahre	27	37	61	88
5 – 10 Jahre	38	52	73	97
über 10 Jahre	36	47	88	k.A.

Tab. 8: Euro Corporate Spreads in Basispunkten
Quelle: Handelsblatt

cc) Sonstige Finanzierungen: Beispiel Pensionsrückstellungen

Neben zinspflichtigem Fremdkapital nutzen Unternehmen weitere Finanzierungsquellen wie z.B. Pensionsrückstellungen, die in das Konzept auf unterschiedliche Weise integriert werden können:

- Auf Grund der gewählten Definition des freien Cash-flows im Sinne der Zahlungen an die Eigentümer und an die Gläubiger sind keine Anpassungen wegen des Vorhandenseins von Pensionsrückstellungen erforderlich. Der freie Cash-flow wird diskontiert mit den Alternativrenditen der Eigentümer und der Gläubiger. Das Ergebnis der Cash-flow-Berechnung nach Tabelle 5 entspricht dem Ergebnis nach Tabelle 6. In der Cash-flow-Definition aus finanzwirtschaftlicher Sicht gibt es keine Komponente »Zahlungen an Pensionäre«, so dass auch keine diesbezügliche Berücksichtigung im durchschnittlichen Kapitalkostensatz erfolgt.
- Die Definition des freien Cash-flows kann modifiziert werden, so dass dieser den Zahlungen an Eigentümer, Gläubiger und Pensionäre entspricht. Dabei sind freilich die steuerlichen Details der Rückstellungsbildung sowie deren Auflösung zu berücksichtigen. Die Berechnung des durchschnittlichen Kapitalkostensatzes stellt sich damit so dar:

Durchschnittlicher Kapitalkostensatz
= Eigenkapitalkosten × Eigenkapitalanteil
+ Fremdkapitalkosten × Fremdkapitalanteil
+ Kapitalkosten der Pensionsrückstellung vor Steuern × (1 − Steuersatz) × Anteil der Pensionsrückstellung

Die Schwierigkeit in der Anwendung dieses Ansatzes besteht insbesondere in der Festlegung des marktwertbasierten Anteils der Pensionsrückstellung, die nicht am Kapitalmarkt gehandelt wird. Als rechnerischer Marktwert müsste der Barwert der zukünftigen Rentenzahlungen angesetzt werden, der sich auf Basis von versicherungsmathematischen Gutachten ableiten ließe. Bei diesem Vorgehen wäre als Kapitalkostensatz die Diskontierungsrate zur Berechnung dieses Barwertes anzusetzen.

Bei korrekter Anwendung müssen beide Ansätze zum gleichen Resultat führen. Zur Anwendung des zweiten Ansatzes sind die Annahmen bezüglich der Pensionsverpflichtungen jedoch explizit zu formulieren. Hierfür benötigt man in der Regel interne Daten.

dd) Festlegung der Zielkapitalstruktur

In diesem Beitrag wird davon ausgegangen, dass die Unternehmensleitung die Finanzierungspolitik spezifiziert hat. Die Frage, wie eine ggf. optimale Kapitalausstattung festgelegt werden könnte, ist ein komplexes finanzwirtschaftliches Problem, das hier nicht diskutiert werden soll. Wichtig ist vielmehr, dass es sich bei der Kapitalstruktur um einen Zielparameter handelt, den die Unternehmensleitung definiert. Sieht die Finanzierungspolitik des Konzerns etwa ein AAA-Rating vor, müssen bestimmte Grenzwerte hinsichtlich verschiedener Kennzahlen und Relationen auch auf der Ebene der

Geschäftseinheiten eingehalten werden, um die Kriterien der Rating-Agenturen erfüllen zu können.

ee) »Zirkularitätsproblem« und periodenspezifische Kapitalkosten

Die Höhe der Kapitalkosten als Diskontierungsrate für die freien Cash-flows hat einen nicht unerheblichen Einfluss auf das Bewertungsergebnis, so dass insbesondere dieser Parameter häufig Gegenstand von Diskussionen ist. Dabei werden u.a. zwei Problembereiche in den Vordergrund gestellt:

- Bei der Berechnung des durchschnittlichen Kapitalkostensatzes müsse iterativ vorgegangen werden, da der WACC vom Verschuldungsgrad abhänge, und der Verschuldungsgrad wiederum vom Verhältnis des Fremdkapitals zum Unternehmensgesamtwert. Letzterer ist aber das Ergebnis der Bewertung.
- Veränderungen in der Kapitalstruktur, die sich auf Grund der in der Planbilanz dargestellten Fremdkapitalbestände im Verhältnis zum fortgeschriebenen Unternehmensgesamtwert ergeben, müssten zu einer Anpassung des durchschnittlichen Kapitalkostensatzes führen. Jener sei dann im Detailplanungszeitraum regelmäßig periodenspezifisch.

Beide Argumente sind nachvollziehbar, beruhen teilweise aber auf unrealistischen Annahmen und sind für die praktische Anwendung oft nicht relevant:

- Bei der Zielkapitalstruktur handelt es sich um einen Planungsparameter, der ebenso wie die erwartete Umsatzwachstumsrate, die Kostenstruktur, der Reinvestitionsbedarf und andere Parameter festgelegt wird. Die Ausschüttungspolitik des Unternehmens ist freilich so einzustellen, dass die Investitions- und Finanzierungspolitik auch realisiert werden kann. Der zum Bewertungszeitpunkt auf Basis des Börsenwertes beobachtete Verschuldungsgrad kann von der Zielkapitalstruktur abweichen. Für die Bewertung ist aber die zukünftige und nicht die aktuelle Finanzierung relevant. Ein Zirkularitätsproblem existiert folglich nicht.
- Veränderungen im Verschuldungsgrad sind zwar prinzipiell bei der Bestimmung der dann periodenspezifischen Kapitalkosten zu berücksichtigen. Dazu ist zunächst der Zusammenhang zwischen dem durchschnittlichen Kapitalkostensatz und dem Verschuldungsgrad herzustellen. Oft werden hierzu die Thesen von Modigliani und Miller herangezogen, die implizieren, dass die durchschnittlichen Kapitalkosten mit steigendem Verschuldungsgrad stetig sinken. Ursächlich hierfür sind die in der Analyse berücksichtigten steuerlichen Vorteile der Fremdfinanzierung gegenüber der Eigenfinanzierung. Dieser Ansatz beachtet jedoch nicht, dass mit steigendem Verschuldungsgrad die Wahrscheinlichkeit abnimmt, mit der die Unternehmen wegen des gestiegenen Verlustrisikos diese Steuervorteile auch realisieren können. Berücksichtigt man Verlust- und Insolvenzrisiken, zeigt sich eine vergleichsweise geringe Sensitivität der durchschnittlichen Kapitalkosten gegenüber kleineren Veränderungen des Verschuldungsgrades. Eine Anpassung ist daher vor dem Hintergrund der generellen Unsicherheit nur in Ausnahmen erforderlich.

Abschließend sei auf einen allgemeinen Ansatz zur Berücksichtigung finanzwirtschaftlicher Werteffekte hingewiesen: Die so genannte Adjusted-Present-Value-Methode erfasst u.a. die mit der Fremdfinanzierung verbundenen Steuervorteile in einem separaten Barwert. Auf diesem Weg können Veränderungen in der Finanzierungspolitik einfacher und ggf. transparenter erfasst werden.

c) Schätzung des Fortführungswertes

Der zu berechnende Unternehmenswert lässt sich grundsätzlich aufspalten in den Barwert der Cash-flows während der Detailplanungsperiode und den Barwert der Cash-flows nach der Detailplanungsperiode, der als Fortführungswert bezeichnet wird und dessen Schätzung Gegenstand der folgenden Anmerkungen ist.

Zur Schätzung des Fortführungswertes werden drei Methoden empfohlen: Lange Detailplanungsperiode, ewig konstant wachsende Cash-flows und ewig konstant wachsende Cash-flows unter expliziter Berücksichtigung der Reinvestition. Von diesen drei Methoden hat sich insbesondere die dritte bewährt.

aa) Lange Detailplanungsperiode

Eine Möglichkeit, den Fortführungswert einzubeziehen, besteht in einer langfristigen expliziten Modellierung des Cash-flows im Rahmen der Detailplanungsperiode, wobei durch den Diskontierungseffekt die weit in der Zukunft liegenden Cash-flows einen vergleichsweise niedrigen Beitrag zum Gesamtwert leisten. Der Vorteil der expliziten Herleitung des Unternehmenswertes besteht in der Vermeidung von Strukturbrüchen im Übergang von der Detailplanungsperiode auf den Zeitraum danach. Dabei kann der Detaillierungsgrad der Planung im Zeitablauf reduziert werden. So können z.B. die Cash-flows der ersten fünf Jahre auf Basis vollständiger Bilanzen mit GuV hergeleitet werden, die ihrerseits auf einer detaillierten Planung der Einzelpositionen beruhen. Danach kann die Planung auf die wesentlichen Faktoren wie Umsatzwachstum (g), Kapitalumschlag (CTO) und Umsatzrendite (ROS) beschränkt werden; folgende Definitionen liegen zugrunde:

Investiertes Kapital = IK = Sachanlagen + Working Capital

$$CTO = \frac{Umsatz}{IK} \qquad ROS = \frac{Operatives\ Ergebnis\ nach\ Steuern}{Umsatz}$$

$$IK_t = \frac{(1+g_t) \cdot Umsatz_{t-1}}{CTO_t}$$

Mit diesen drei Parametern – g, ROS, CTO – ist der freie Cash-flow (FCF) festgelegt:

$$FCF_t = ROS_t \cdot Umsatz_{t-1} \cdot (1+g_t) - g_t \cdot IK_{t-1}$$

Auf dieser Basis lässt sich der Unternehmensgesamtwert V dann so berechnen:

$$V = \underbrace{\frac{FCF_1}{1+WACC} + \frac{FCF_2}{(1+WACC)^2} + \frac{FCF_3}{(1+WACC)^3} + \frac{FCF_4}{(1+WACC)^4} + \frac{FCF_5}{(1+WACC)^5}}_{\text{Basis: Planbilanz mit GuV}}$$
$$+ \underbrace{\frac{FCF_6}{(1+WACC)^6} + ... + \frac{FCF_{150}}{(1+WACC)^{150}}}_{\text{Basis: Annahmen zu g, CTO, ROS}}$$

Bei diesem Vorgehen entfällt also die explizite Bestimmung des Fortführungswertes.

bb) Ewig konstant wachsende Cash-flows

Sind die Parameter Umsatzwachstum (g), Kapitalumschlag (CTO) und Umsatzrendite (ROS) jenseits der Detailplanungsperiode konstant, können die entsprechenden Cash-flows mit einer Formel aggregiert werden. Bezeichnet T = 5 das Ende der Detailplanungsperiode, gilt:

$$V = \underbrace{\frac{FCF_1}{1+WACC} + \frac{FCF_2}{(1+WACC)^2} + \frac{FCF_3}{(1+WACC)^3} + \frac{FCF_4}{(1+WACC)^4} + \frac{FCF_5}{(1+WACC)^5}}_{\text{Basis: Planbilanz mit GuV}}$$
$$+ \underbrace{\frac{FCF_5 \cdot (1+g)}{WACC - g} \cdot \frac{1}{(1+WACC)^5}}_{\text{Fortführungswert}}$$

In der zweiten Zeile ist die Berechnung des Fortführungswertes dargestellt. Der freie Cash-flow des fünften Jahres der Planung wird um das erwartete Wachstum erhöht. Die Diskontierung aller Cash-flows nach dem Jahr 5 erfolgt durch Kapitalisierung mit der Differenz aus Kapitalkosten und Wachstumsrate.[6] Damit ergibt sich der Fortführungswert zum Ende des fünften Jahres, der noch entsprechend auf den Bewertungszeitpunkt abzuzinsen ist.

Der Vorteil dieses Ansatzes besteht in seiner prinzipiellen Einfachheit; nachteilig ist hingegen, dass der Fortführungswert und damit der Unternehmenswert ganz wesentlich von der Annahme der langfristigen Wachstumsrate abhängt. In der Praxis wird für g häufig die langfristig erwartete Inflationsrate von 1 bis 3% pro Jahr angesetzt. In vielen Fällen führt dies jedoch zu einer erheblichen Unterschätzung des Unternehmenswertes. Dies wird deutlich, wenn man die langfristigen Wachstumserwartungen betrachtet, die in Aktienkursen implizit enthalten sind: Basierend auf den Aktienkursen im Juli 1998 ergaben sich für Unternehmen im Bereich Netzwerke langfristige

---

6 Diese Formel lässt sich nur auf den Fall anwenden, in dem $WACC > g$ gilt.

Wachstumsraten von 9%, für Pharmaunternehmen von ca. 7% und für Handelsunternehmen von 5%. Eine Möglichkeit, die Annahme über die langfristige Wachstumsrate zu konkretisieren, besteht also darin, die impliziten Kapitalmarkterwartungen von vergleichbaren Unternehmen zu analysieren.

cc) Ewig konstant wachsende Cash-flows unter expliziter Berücksichtigung der Reinvestitionrenditen

Ein weiterer Ansatz zur Konkretisierung langfristiger Wachstumserwartungen besteht in einer einfachen Modellierung der Auswirkungen eines uneingeschränkten Wettbewerbs auf Gütermärkten. Die Annahme lautet, dass Unternehmen auf Märkten mit intensivem Wettbewerb langfristig keine Erweiterungsinvestitionen durchführen können, die zu Renditen oberhalb der Kapitalkosten führen. Der Wettbewerb führt in diesem Szenario zu einem gleichgewichtigen Zustand, in dem die Grenzerlöse den Grenzkosten bzw. die Grenzrenditen den Grenzkapitalkosten entsprechen.

Um die Auswirkung dieser Annahmen zu sehen, sei unterstellt, dass das operative Ergebnis nach Steuern am Ende der Detailplanungsperiode konstant bleibt, wenn die darin nicht mehr enthaltenen Abschreibungen zur Reinvestition genutzt werden. Wachstum kann nur entstehen, indem über die Abschreibungen hinaus investiert wird. Das Wachstum der freien Cash-flows hängt dann von der Höhe der Erweiterungsinvestition und deren Rendite ab. Beträgt z.B. das operative Ergebnis nach Steuern 100 Mio. Euro und der durchschnittliche Kapitalkostensatz 10%, ergibt sich ein Unternehmenswert ohne Wachstum von 1 Mrd. Euro. Unterstellen wir nun eine Erweiterungsinvestition von 20% des operativen Ergebnisses, beträgt der Cash-flow in der ersten Periode 80 statt 100 Mio. Euro. Bei einer Rendite von 10% auf die Erweiterungsinvestition ergibt sich in der Folgeperiode ein Cash-flow von 102 Mio. Euro (Wachstum = 2%) und ein Unternehmenswert von ebenfalls 1 Mrd. Euro:

$$V = \frac{80}{10\% - 2\%} = \frac{100}{10\%} = 1.000$$

Das durch Erweiterungsinvestitionen induzierte Wachstum von 2% schafft offenbar keinen zusätzlichen Unternehmenswert. Die Ursache liegt in der Rendite der Erweiterungsinvestition, die genau dem Kapitalkostensatz entspricht. Damit beträgt der Kapitalwert der Investition null.

Diese Zusammenhänge lassen sich wie folgt verallgemeinern:

$$V = \frac{\text{Operatives Ergebnis nach Steuern} \cdot \left(1 - \frac{g}{r}\right)}{\text{WACC} - g}$$

mit:
g   Wachstum des operativen Ergebnisses und des investierten Kapitals
r   Rendite der Erweiterungsinvestitionen
WACC   Durchschnittlicher Kapitalkostensatz

Darin bezeichnet g die Wachstumsrate der freien Cash-flows unter der Annahme, dass das operative Ergebnis nach Steuern bei Reinvestition konstant bleibt und die Erweiterungsinvestitionen eine konstante Rendite von r erbringen.

In dem eingangs beschriebenen Wettbewerbsszenario gilt nun r = WACC, d.h. die Grenzrendite konvergiert langfristig gegen die Kapitalkosten. Damit reduziert sich die Bestimmung des Fortführungswertes auf V = operatives Ergebnis nach Steuern dividiert durch Kapitalkosten, und die Bewertung kann in diesem Ansatz so vorgenommen werden:

$$V = \overbrace{\frac{FCF_1}{1+WACC} + \frac{FCF_2}{(1+WACC)^2} + \frac{FCF_3}{(1+WACC)^3} + \frac{FCF_4}{(1+WACC)^4} + \frac{FCF_5}{(1+WACC)^5}}^{\text{Basis: Planbilanz mit GuV}}$$
$$+ \underbrace{\frac{\text{Operatives Ergebnis nach Steuern}_5 \cdot (1+g)}{WACC} \cdot \frac{1}{(1+WACC)^5}}_{\text{Fortführungswert bei r = WACC}}$$

Zu beachten ist, dass diese Berechnung des Fortführungswertes kein Nullwachstum unterstellt, sondern davon ausgeht, dass aus dem Wachstum langfristig kein zusätzlicher Wertbeitrag generiert werden kann.

Die Wahl zwischen den genannten Methoden sollte sich danach richten, über welche der relevanten Parameter leichter Annahmen getroffen werden können. Allgemein gültige Aussagen lassen sich diesbezüglich nicht formulieren. Für Unternehmen, bei denen die Annahme konvergierender Grenzrenditen zutrifft, ist keine explizite Formulierung der Wachstumserwartungen erforderlich. Tendenziell dürfte dies eher auf Unternehmen in reifen Märkten (z.B. Stahl, Chemie) zutreffen. Für Unternehmen in Hochtechnologiebereichen (z.B. Software, Internet, Pharma) wird der Zeitpunkt der Konvergenz demgegenüber wesentlich weiter in der Zukunft liegen, was tendenziell längere Detailplanungsperioden erfordert. Wichtig ist insbesondere bei den formelbasierten Ansätzen, dass die Ausgangshöhe des Cash-flows konsistent definiert wird. In zyklischen Industrien sollten phasenbereinigte Werte zu Grunde gelegt werden.

d) Zusammenfassung des Bewertungsergebnisses

Um die Bewertung abzuschließen, sind zwei finale Schritte notwendig.

Zum einen müssen die oben berechneten Wertkomponenten in den Eigenkapitalwert übergeleitet werden; das geschieht folgendermaßen: Der Barwert der freien Cash-flows während der Detailplanungsperiode und der auf den Bewertungszeitpunkt abgezinste Fortführungswert summieren sich zum Barwert der (operativen) freien Cash-flows. Wird diesem Betrag der Wert der nicht betriebsnotwendigen Vermögensgegenstände und überschüssigen liquiden Mittel zugefügt, ergibt sich der Unternehmensgesamtwert. Durch Abzug des Marktwertes des gesamten zu verzinsenden Kapitals, aller hybriden Wertpapiere, der Minderheitsbeteiligungen und ähnlicher Ansprüche, die vorrangig dem verbleibenden Eigenkapital zu bedienen sind, ergibt sich schließlich der Eigenkapitalwert des Unternehmens. Zu beachten ist dabei, dass mit der Definition des freien Cash-flows und der Kapitalkosten eindeutig festgelegt ist, welche Komponenten vom Unternehmensgesamtwert abzusetzen sind, um den Wert des Eigenkapitals herzuleiten. Die nachstehende Abbildung fasst den Zusammenhang zwischen den Cash-flows, Kapitalkosten und der Ergebnisberechnung zusammen.

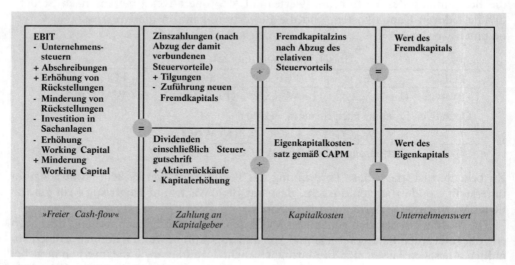

Abb. 3: Bewertung mit dem WACC-Ansatz

Zum anderen muss die so formal abgeschlossene Bewertung einer umfassenden Plausibilitätskontrolle unterworfen werden. Bei Unternehmen, die am Markt gehandelt werden, bietet die Marktkapitalisierung einen ersten Anhaltspunkt. Weicht der errechnete Wert signifikant von dieser ab, sollte nach den Ursachen geforscht werden.

Mit der vollendeten Bewertung ist eine Reihe von Kennzahlen verfügbar (z.B. die Rendite auf das investierte Kapital, Markt- zu Buchwert des Unternehmens, voraussichtliche Ergebnismargen, Kapitalumschlag etc.). Diese Kennzahlen liefern die Basis für eine Vielzahl von Vergleichen (z.B. Branchen- und Zeitreihenvergleiche), die zum Verständnis und zur Plausibilisierung der Bewertung unabdingbar sind. Schließlich kann eine Sensitivitätsanalyse, die den Einfluss sämtlicher Annahmen auf den Unternehmenswert quantifiziert, das Verständnis für die Zusammensetzung desselben vertiefen.

Nur wenn die formale Darstellung der Wertkomponenten mit einer umfassenden Plausibilitätskontrolle ergänzt wird, kann letztendlich die Bewertung als abgeschlossen bezeichnet werden.

e) Exkurs: Ertragswertmethode

Zwischen der im Wirtschaftsprüfer-Handbuch dokumentierten Ertragswertmethode und der oben diskutierten Discounted-Cash-flow-Methode bestehen Gemeinsamkeiten und Unterschiede. Die WACC- bzw. Entity-Methode führt zu gleichen Ergebnissen wie die so genannte Equity-Methode. Dabei wird die Definition des freien Cashflows erweitert um die Zahlungen an Gläubiger. Im Ergebnis erhält man die Cash-flows an die Eigentümer (deshalb Equity-Methode), die mit den Eigenkapitalkosten (und nicht mit WACC) abzuzinsen sind. Damit erhält man den Wert des Eigenkapitals ohne den »Umweg« über den Unternehmensgesamtwert.

Bei der Ertragswertmethode handelt es sich um eine Variante der Equity-Methode, da auch hier die Zahlungen an die Eigentümer diskontiert werden. Prinzipiell sollte damit kein Unterschied zwischen Ertragswert und Unternehmenswert nach Discounted Cash-flow bestehen. Unterschiede ergeben sich aber regelmäßig bei folgenden Detailfragen:

- *Berücksichtigung der Einkommensteuer:* Im Rahmen der Ertragswertmethode soll die Einkommensteuer der Eigentümer berücksichtigt werden, bei den Discounted-Cash-flow-Methoden unterbleibt dies regelmäßig. Prinzipiell ist der Ansatz von Einkommensteuern vor dem Hintergrund des deutschen Steuersystems nachvollziehbar. Es lassen sich jedoch nicht generell unrealistische Konstellationen nennen, in denen die Einkommensteuer nicht bewertungsrelevant ist. Dies ist z.B. der Fall, wenn das zu bewertende Unternehmen einen Betafaktor (siehe Eigenkapitalkosten) von eins aufweist und mit der gleichen Rate wächst, wie der Durchschnitt der übrigen Unternehmen im Marktportefeuille. Liegt ein Bewertungsfall mit prinzipieller Relevanz der Einkommensteuer vor, stellt sich die Frage nach der Quantifizierung des präferenzengewichteten, durchschnittlichen Grenzeinkommensteuersatzes der Eigentümer. Diesbezüglich fehlt es an empirischen Erkenntnissen.
- *Abbildung von Ausschüttungssperren:* Die Zahlungen an die Eigentümer werden im Rahmen der Ertragswertmethode oft aus dem Jahresüberschuss abgeleitet, der unter der Annahme einer Ausschüttungshypothese in potenzielle Dividendenzahlungen überführt wird. Die Ausschüttungen entsprechen aber regelmäßig nicht dem freien Cash-flow abzüglich der Zahlungen an die Gläubiger. Ursächlich hierfür sind Ausschüttungssperren, die z.B. durch Abschreibungen und Zuführungen zu Rückstellungen hervorgerufen werden. Im Rahmen der Discounted-Cash-flow-Methoden wird unterstellt, dass diese Ausschüttungssperren überwunden werden können (z.B. durch Aktienrückkäufe). Bei der Ertragswertmethode gelten die Ausschüttungssperren als unüberwindlich mit der Folge, dass auf Unternehmensebene noch verbleibende Zahlungsmittelüberschüsse entweder zur Tilgung von Fremdkapital oder für Investitionszwecke (z.B. in Wertpapiere) verwendet werden. Diese Modifikation des Finanzierungs- oder Investitionsprogramms kann Auswirkungen auf den Ertragswert haben, die im Rahmen der Discounted-Cash-flow-Methode bewusst ausgeblendet werden.

Unabhängig von diesen eher formalen Aspekten unterscheiden sich auch regelmäßig die Anwendungsgebiete und damit die Ausgestaltung der Bewertungen. Die Ertragswertmethode wird besonders häufig zur formaljuristischen Bestimmung von Austauschverhältnissen z.B. bei der Fusion von Aktiengesellschaften benutzt, die Discounted-Cash-flow-Methoden werden primär als Instrument der Entscheidungsfindung eingesetzt. Dementsprechend weisen Ertragswertgutachten regelmäßig rein »finanzwirtschaftliche« Bewertungen auf Basis von Gewinn- und Verlustrechnungen auf. Anwender der Discounted-Cash-flow-Methoden betonen demgegenüber die Planung der Cash-flows auf Basis von Industriemodellen als zentralen Aspekt. Vertreter der Ertragswertmethode wollen gelegentlich eine Abkopplung von der kapitalmarktorientierten Bewertung, da sie der Bewertungsleistung des Marktes skeptisch gegenüberstehen. Damit ist diese Methode – per definitionem sozusagen – für den vorliegenden Zweck nur bedingt geeignet.

3. Schätzung potenzieller Transaktionspreise mit Multiples

Im Rahmen der Wertsteigerungsanalyse von Transaktionen dienen Multiples der Schätzung von potenziellen Transaktionspreisen, die dem Unternehmenswert gegenübergestellt werden. Multiples basieren auf realisierten Preisen, die auf eine definierte Bezugsgröße bezogen werden. Hierzu werden Umsatzerlöse, Cash-flows, Ergebnis- oder Kapitalgrößen benutzt. Die zu Grunde liegenden Preise stammen dabei entweder aus Transaktionen der Vergangenheit oder aus Börsenwerten. Letztere sind ggf. um Transaktionsprämien zu erhöhen.

Zum einen können Multiples dahingehend unterschieden werden, ob der Preis des Eigenkapitals oder des Eigen- und Fremdkapitals zu Grunde liegt (Equity bzw. Entity oder Enterprise Multiples, siehe Tabelle 9). Zum anderen kann nach der Einheit der Bezugsgröße differenziert werden. Verwendet man Stromgrößen mit der Dimension Geldeinheiten pro Zeiteinheit, erlauben die Multiples eine Interpretation als »Payback«. Die auf Bestandsgrößen basierenden Multiples sind hingegen dimensionslos.

Bezugsbasis	Equity	Kurs-Gewinn-Verhältnis	Marktwert/Buchwert
	Entity/ Enterprise	Enterprise/Umsatz Enterprise/EBIT Enterprise/EBITDA	Enterprise/Buchwert des investierten Kapitals
		Basierend auf Stromgrößen[7]	*Basierend auf Bestandsgrößen*

Tab. 9: Kategorien und Beispiele von Multiples

---

7 EBIT = Earnings Before Interest and Taxes; EBITDA = Earnings Before Interest, Taxes, Depreciation and Amortization.

Zur Anwendung von Multiples muss zunächst eine Stichprobe vergleichbarer Unternehmen gebildet werden. Für die Unternehmen der Stichprobe werden dann die Multiples berechnet und auf den Median verdichtet. Auf diese Weise erhält man z.B. auf Basis von Börsenwerten im Dezember 1997 das häufigste Enterprise/Umsatz-Multiple von etwa 0,5.[8] Dieser Multiplikator kann ggf. unter Berücksichtigung einer Prämie auf den Umsatz des Unternehmens bezogen werden, das es im Rahmen einer Transaktion zu beurteilen gilt.

	1993	1994	1995	1996	1997
Mittelwert	0,5368	0,5541	0,6046	0,6141	0,7830
Median	0,3850	0,3644	0,3083	0,3865	0,5030
Standardabweichung	0,5350	0,8653	1,3072	0,9430	1,5247
Korrelation	0,7915	0,8018	0,7012	0,6847	0,6476

Tab. 10: Börsenwert-Umsatz-Multiplikatoren 1993 – 1997

Die Identifikation tatsächlich vergleichbarer Unternehmen stellt ein ganz wesentliches Problem dar. Ein Lösungsweg besteht darin, nur die Unternehmen heranzuziehen, die in der gleichen Branche aktiv sind wie das zu analysierende Zielunternehmen. »Vergleichbarkeit« wird also mit »Branchenzugehörigkeit« gleichgesetzt.

Eine fundierte Auswahl von Vergleichsunternehmen erhält man, wenn weitere Eigenschaften wie Profitabilität, Wachstum und Risiko berücksichtigt werden. Man könnte sogar argumentieren, dass die Branchenzugehörigkeit irrelevant ist, wenn die Vergleichsunternehmen hinsichtlich der wertbestimmenden Faktoren weitestgehend übereinstimmen. Diese wert- und damit preisbestimmenden Faktoren lassen sich auf Basis einfacher Bewertungsmodelle leicht isolieren. Auf Basis des Fortführungsmodells aus dem vorherigen Abschnitt lässt sich folgender Zusammenhang für das Enterprise/Umsatz-Multiple herleiten:

$$\frac{V}{U} = ROS \cdot (1+g) \cdot \left(1 - \frac{g}{r}\right) / (WACC - g)$$

mit:
V   Marktwert von Eigen- und Fremdkapital (Enterprise)
U   Umsatz
ROS   Umsatzrendite (Return on Sales, nach Steuern)
g   Langfristige Wachstumsrate
r   Rendite der Erweiterungsinvestitionen
WACC Durchschnittliche Kapitalkosten

---

8   Basis: deutsche börsennotierte Industrieunternehmen mit mehr als 5 Mrd. DM Umsatz, vollständigen Finanzdaten und kontinuierlicher Börsennotiz.

Unternehmen sollten danach ein vergleichbares Enterprise/Umsatz-Multiple aufweisen, wenn sie hinsichtlich der Umsatzrendite, Wachstumsrate, Reinvestitionsrendite und der durchschnittlichen Kapitalkosten übereinstimmen.

Die Abhängigkeit des Enterprise/Umsatz-Multiples von der Umsatzrendite (EBIT/Umsatz) ist auch empirisch nachvollziehbar, wie anhand von Abbildung 4 zu erkennen ist. Das Bild zeigt auch, dass die momentane Profitabilität nicht allein nicht ausreicht, um die Bewertung der Unternehmen zu erklären.

Die Anwendung der so genannten »Fundamental-Multiples« kann man sich nun wie folgt vorstellen: Zunächst werden die Daten aller verfügbaren, börsennotierten Unternehmen herangezogen. Für jedes dieser Unternehmen werden nun die Umsatzrenditen, Wachstumsraten, Reinvestitionsrenditen und Kapitalkosten bestimmt. Dabei werden idealerweise zukunftsgerichtete Daten auf Basis der Analystenerwartungen zu Grunde gelegt. Hinsichtlich der Reinvestitionsrendite könnte bei fehlenden Daten von der momentanen Rendite des Unternehmens ausgegangen werden. Sind alle wertrelevanten Parameter bestimmt, erfolgt dies im nächsten Schritt für das zu analysierende, ggf. nicht börsennotierte Unternehmen. Im darauf folgenden Schritt wird ein Toleranzfaktor festgelegt, der angibt, um wie viel Prozent die Ausprägung der wertrelevanten Faktoren voneinander abweichen darf.

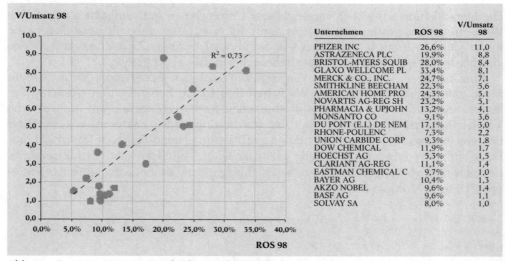

Abb. 4: Enterprise/Umsatz-Multiples in Abhängigkeit von der Umsatzrendite (Beispiel Chemie und Pharma);
Quelle: Bloomberg

Beträgt z.B. die Umsatzrendite unseres Zielunternehmens 12% und der Toleranzfaktor 20%, werden sämtliche Unternehmen aus der Grundgesamtheit *aller* am Markt notierten Unternehmen herausgefiltert, die eine Umsatzrendite zwischen 9,6 und

14,4% aufweisen. Dann werden die Unternehmen aus der Stichprobe entfernt, die nicht im Toleranzband der Wachstumsraten, Reinvestitionsrenditen und Kapitalkosten liegen. Am Ende erhält man eine Stichprobe von Unternehmen, die hinsichtlich aller wertrelevanten Faktoren tatsächlich vergleichbar sind. Nur diese Unternehmen werden dann zur Bestimmung des Multiple benutzt. Erste Erfahrungen mit diesem neuen Multiple-Ansatz zeigen, dass damit weitaus genauere Ergebnisse als auf Basis von Branchen-Multiples erreichbar sind.

Insgesamt betrachtet lässt sich festhalten, dass mit den heute vorhandenen, relativ weit entwickelten Discounted-Cash-flow-Methoden sowie verfeinerten Multiple-Ansätzen ein Instrumentarium zur Verfügung steht, das die Durchführung einer vergleichsweise zuverlässigen Wertsteigerungsanalyse ermöglicht und damit die Erfolgsaussichten von M&A-Transaktionen verbessern sollte.

Literatur

Ballwieser, W. (1993): Methoden der Unternehmensbewertung, in: Gebhardt/Gerke/Steiner (Hrsg.), Handbuch des Finanzmanagements, München;

Born, K. (1995): Unternehmensbewertung und Unternehmensanalyse, Stuttgart;

Copeland/Koller/ Murrin (1998): Unternehmenswert – Methoden und Strategien für eine wertorientierte Unternehmensführung; Frankfurt/Main;

Drukarczyk, J. (1998): Unternehmensbewertung, München;

Institut der Wirtschaftsprüfer (1998): Handbuch für Rechnungslegung, Prüfung und Beratung, Band II, Düsseldorf;

Modigliani/Miller (1963): Corporate Income, Taxes and the Cost of Capital, in: American Economic Review, 53. Jg., S. 433 – 443;

Moxter, A. (1983): Grundsätze ordnungsmäßiger Unternehmensbewertung, Wiesbaden;

Ollmann/ Richter (1999): Kapitalmarktorientierte Unternehmensbewertung und Einkommensteuer – Eine deutsche Perspektive im Kontext internationaler Praxis, in: Kleineidam, H.-J. (Hrsg.), Unternehmenspolitik und Internationale Besteuerung, Berlin, S. 159 – 178;

Richter, F. (1998): Unternehmensbewertung bei variablem Verschuldungsgrad, in: Zeitschrift für Bankrecht und Bankwirtschaft, 10. Jg., S. 379 – 389;

Rock, K. (1984): Why new issues are underpriced, in: Journal of Financial Economics, 15. Jg., S. 187 – 212;

Schwetzler, B. (1998): Gespaltene Besteuerung, Ausschüttungssperrvorschriften und bewertungsrelevante Überschüsse bei der Unternehmensbewertung, in: Die Wirtschaftsprüfung, 51. Jg., S. 695 – 705.

VII. Zusammenschlusskontrolle

1. Vorbemerkungen

Das Kartellrecht und insbesondere das Recht der Zusammenschlusskontrolle ist für die Planung und Durchführung von Mergers & Acquisitions von zentraler Bedeutung. Immer mehr Transaktionen müssen vor ihrem Vollzug bei den zuständigen Kartellbehörden angemeldet werden und ihre Durchführung ist häufig von der Genehmigung durch eine Vielzahl von Kartellbehörden abhängig. Deshalb ist es unerlässlich, bereits in einem frühen Planungsstadium eines Unternehmenskaufs, einer Fusion oder der Gründung eines Gemeinschaftsunternehmens kartellrechtliche Fragestellungen aufzuwerfen und in die Planung einzubeziehen. Dabei ist zunächst zu fragen, ob bzw. bei welchen Kartellbehörden die geplante Transaktion anzumelden und ob mit kartellrechtlichen Problemen bei der Prüfung des Zusammenschlusses zu rechnen ist. Führt ein Zusammenschluss etwa zur Entstehung oder Verstärkung einer marktbeherrschenden Stellung in einem oder mehreren Märkten, so ist frühzeitig zu überlegen, ob ein Verkauf von Teilen des zu übernehmenden Unternehmens oder bestimmter kritischer Geschäftsbereiche des Erwerbers erforderlich und möglich ist, um die Genehmigung zur Durchführung der Transaktion im übrigen zu erhalten. Auch bei der Bewertung des zu übernehmenden Unternehmens und der Bestimmung seines Kaufpreisangebots sollte der Käufer hinreichende Klarheit darüber haben, ob er Teile des Targets aus kartellrechtlichen Gründen nicht miterwerben darf bzw. nach dem Erwerb wieder veräußern muss. Dies gilt insbesondere dann, wenn zu besorgen ist, dass die fusionskontrollrechtliche Genehmigung gerade wegen eines für den Käufer besonders interessanten Geschäftsbereichs bzw. für sog. »crown jewels« versagt wird.

Umgekehrt sucht nicht selten der Verkäufer eines Unternehmens den Käufer auch unter kartellrechtlichen Gesichtspunkten aus. Ist bei einem bestimmten Käufer aufgrund hoher Marktanteilsadditionen mit Problemen bzw. Verzögerungen im Zusammenschlussverfahren zu rechnen oder ist die Erteilung einer Genehmigung sogar ungewiss, so wird ein Verkäufer häufig einen kartellrechtlich unbedenklichen Käufer vorziehen, auch wenn er in jedem Fall versuchen wird, die fusionskontrollrechtlichen Risiken soweit wie möglich auf den Käufer zu verlagern.

Seit Einführung der europäischen Fusionskontrolle im Jahr 1990 sind Zusammenschlüsse von gemeinschaftsweiter Bedeutung ausschließlich bei der Europäischen Kommission in Brüssel anzumelden. Die nationalen Kartellbehörden der EU-Mitgliedstaaten haben bei solchen Zusammenschlüssen grundsätzlich keine Prüfungskompetenz. Fallen Zusammenschlüsse nicht unter die europäische Fusionskontrolle, so müssen sie, wenn sie mehrere Mitgliedstaaten der EU betreffen, meist bei einer Vielzahl von nationalen Kartellbehörden angemeldet werden. Außerdem haben mittlerweile eine Reihe von Staaten in Osteuropa ebenfalls Fusionskontrollregeln nach westlichem Muster erlassen. Bei transatlantischen Transaktionen ist häufig eine enge Zusammenarbeit zwischen den Kartellrechtsberatern in den USA und in Europa sinnvoll und erforderlich, insbesondere wenn globale Märkte betroffen sind. Insgesamt verfügen heute weltweit mehr als 90 Staaten über Fusionskontrollvorschriften.

Die Zusammenschlusskontrolle hat in den letzten 15 Jahren zunehmend an Bedeutung gewonnen. Bis Mitte 2004 wurden 2.559 Zusammenschlussvorhaben bei der Europäischen Kommission angemeldet, wobei die Zahl förmlicher Zusammenschlussentscheidungen zunächst deutlich – von 7 im Jahr 1990 auf 345 im Jahr 2000 angestiegen ist. Mit 222 Entscheidungen ist deren Zahl jedoch 2003 wie auch in den Jahren zuvor wieder zurückgegangen (2001: 355, 2002: 279). Seit Inkrafttreten der europäischen Fusionskontrolle hat die Kommission lediglich 18 Zusammenschlussvorhaben untersagt, allerdings in mehr als 174 Fällen die Erteilung der Genehmigung von Auflagen oder Bedingungen abhängig gemacht. Seit Einführung der Fusionskontrolle in Deutschland 1973 hat das Bundeskartellamt weit über 30.000 Fälle geprüft, von denen bis Ende des Jahres 2003 lediglich 140 Transaktionen untersagt wurden. Die relativ niedrige Untersagungsrate darf jedoch nicht darüber hinwegtäuschen, dass allein das Bestehen einer Fusionskontrolle dazu führt, dass die beteiligten Unternehmen nicht selten von der Durchführung eines Vorhabens und der förmlichen Anmeldung Abstand nehmen. Dies ist insbesondere dann der Fall, wenn sich nach eingehender Prüfung durch Kartellanwälte und nach informellen Vorgesprächen mit der zuständigen Kartellbehörde herausstellt, dass die geplante Transaktion nicht genehmigungsfähig und die Veräußerung von Teilen des Unternehmens rechtlich, tatsächlich oder ökonomisch nicht machbar ist. Insofern kommt der Fusionskontrolle eine erhebliche präventive Wirkung zu.

Die nachfolgende Darstellung erläutert die wichtigsten Vorschriften des europäischen und des deutschen Fusionskontrollrechts, die bei der Planung und Durchführung von Mergers & Acquisitions von Bedeutung sind. Der Schwerpunkt liegt dabei auf den Voraussetzungen, unter denen Transaktionen bei der Kommission in Brüssel oder dem Bundeskartellamt in Bonn anzumelden sind, sowie auf der Darstellung der grundlegenden materiellen Vorschriften und der Grundzüge des Verfahrens in der EU und in Deutschland. Die Erläuterung anderer wichtiger Kartellrechtsordnungen, z.B. der USA und Kanada,[1] würde den Rahmen dieses Handbuches sprengen.

---

1 Vgl. zur Fusionskontrolle in den USA und Kanada *Rowley/Baker,* International Mergers, Band 1 und 3 sowie *Campbell/Davies,* Getting the deal through, S. 42 ff. und 219 ff.

2. Europäische Fusionskontrolle

a) Anwendungsbereich

Mergers & Acquisitions, die sich auf das Gebiet der Europäischen Union auswirken, unterliegen seit der Auflösung der Merger Task Force der Europäischen Kommission im Jahr 2003 der Kontrolle der in den jeweiligen Direktoraten der Generaldirektion Wettbewerb angesiedelten Fusionskontrollreferate, soweit der Anwendungsbereich der Europäischen Fusionskontrollverordnung[2] (nachfolgend »FKVO«) eröffnet ist. Insoweit genießt die FKVO Vorrang vor der jeweiligen nationalen Fusionskontrolle der EU-Mitgliedstaaten. Hat eine Konzentration Auswirkungen auf die zum Europäischen Wirtschaftsraum (EWR) gehörenden EFTA-Staaten (Norwegen, Island, Liechtenstein) und ist die FKVO anwendbar, ist die Kommission nach dem EWR-Abkommen grundsätzlich ebenfalls ausschließlich zuständig. Eine Ausnahme besteht lediglich für Mergers & Acquisitions, die bestimmte landwirtschaftliche Produkte zum Gegenstand haben.[3] Unternehmenstransaktionen fallen immer dann in den Anwendungsbereich der FKVO und dürfen erst nach Genehmigung durch die Europäische Kommission vollzogen werden, wenn sie als Zusammenschluss im Sinne von Art. 3 FKVO zu qualifizieren sind und die an dem Zusammenschluss beteiligten Unternehmen die Umsatzschwellen des Art. 1 FKVO erfüllen.

aa) Zusammenschlusstatbestände

(1) Allgemeines
Aufgabe der Fusionskontrolle ist es, strukturelle und dauerhafte Veränderungen der Wettbewerbssituation in den betroffenen Märkten zu überwachen und ggf. regulierend einzugreifen. Vereinbarungen, Absprachen oder sonstige Verhaltensweisen, die keine Veränderung der externen Unternehmensstrukturen herbeiführen, sind für die Zusammenschlusskontrolle genauso ohne Bedeutung wie bloßes internes Unternehmenswachstum.

Art. 3 FKVO nennt die Transaktionen, mit denen strukturelle Veränderungen verbunden sind. Die europäische Fusionskontrolle kennt – anders als das deutsche Recht – grundsätzlich nur zwei Zusammenschlusstatbestände: die Fusion und den Erwerb

---

2 Verordnung Nr. 139/2004 des Rates vom 20. Januar 2004 über die Kontrolle von Unternehmenszusammenschlüssen, ABl. 2004, L 24/1, die die Verordnung Nr. 4064/89 vom 21.12.1989 über die Kontrolle von Unternehmenszusammenschlüssen, ABl. 1990, L 257/13 (zuletzt geändert durch die Verordnung Nr. 1310/97 vom 30.06.1997, ABl. 1997, L 180, Berichtigung im ABl. 1998, L 40/17) zum 1. Mai 2004 abgelöst hat. Eine deutsche Fassung der Verordnung findet sich unter http://europa.eu.int/comm/competition/mergers/legislation/regulation«.
3 Nähere Einzelheiten hierzu ergeben sich aus den Art. 57 und 8 Abs. 3 des EWR-Abkommens (BGBl. II 1993, S. 267 ff.) sowie dem Protokoll Nr. 3 zum EWR-Abkommen (BGBl. II 1993, S. 286 ff.).

der Kontrolle über ein anderes Unternehmen. Die Kommission hat ihre bisherige Entscheidungspraxis zum Begriff des Zusammenschlusses in einer Bekanntmachung zusammengefasst.[4]

(2) Fusion

Der Zusammenschlusstatbestand der Fusion ist erfüllt, wenn sich zwei oder mehr bisher voneinander unabhängige Unternehmen zu einem neuen Unternehmen verschmelzen. Eine solche Verschmelzung kann durch Neugründung oder durch Aufnahme des einen durch das andere Unternehmen erfolgen. Darüber hinaus genügt nach Auffassung der Kommission auch, dass zuvor unabhängige Unternehmen ihre Aktivitäten zusammenlegen und sich auf Dauer einer gemeinsamen wirtschaftlichen Leitung unterstellen. Als Kriterien für eine solche faktische Verschmelzung sieht die Kommission den internen Gewinn- und Verlustausgleich zwischen den beteiligten Unternehmen, eine gesamtschuldnerische Haftung nach außen sowie Kapitalverflechtungen zwischen den Unternehmen an.

(3) Erwerb der Kontrolle

Der in der Praxis weitaus häufigere Fall des Zusammenschlusses ist der Erwerb der Kontrolle über ein anderes Unternehmen. Regelmäßig erfolgt der Kontrollerwerb durch ein oder mehrere Unternehmen bzw. eine oder mehrere Personen, die bereits mindestens ein Unternehmen kontrollieren, durch den Erwerb von Anteilsrechten (Share Deal) oder Vermögenswerten (Asset Deal). Daneben kann die Kontrolle auch in sonstiger Weise begründet werden, soweit unmittelbare oder mittelbare Einflussmöglichkeiten erlangt werden.

Ausschlaggebend für die Annahme eines Kontrollerwerbs sind Rechte, Verträge oder andere Mittel, die einzeln oder zusammen unter Berücksichtigung aller tatsächlichen oder rechtlichen Umstände die Möglichkeit gewähren, einen bestimmenden Einfluss auf die Tätigkeit eines Unternehmens auszuüben. Hierzu zählen insbesondere Eigentums- oder Nutzungsrechte an der Gesamtheit oder an Teilen des Vermögens des Unternehmens sowie Rechte oder Verträge, die einen bestimmenden Einfluss auf die Zusammensetzung, die Beratung oder Beschlüsse der Organe des Unternehmens ermöglichen.

Zu unterscheiden ist zwischen dem Erwerb der alleinigen Kontrolle (einschließlich des Übergangs von gemeinsamer zu alleiniger Kontrolle) einerseits und dem Erwerb der gemeinsamen Kontrolle durch mehrere Unternehmen (einschließlich des Übergangs von alleiniger zu gemeinsamer Kontrolle) andererseits. Maßgeblich für die Erlangung der Kontrolle ist der Übergang von einzelnen oder mehreren Unternehmen auf ein anderes bzw. mehrere andere Unternehmen. Eine interne Reorganisation innerhalb einer Unternehmensgruppe bzw. eines Konzerns ist daher kein Zusammenschluss und unterliegt nicht der europäischen Fusionskontrolle.

---

[4] Mitteilung über den Begriff des Zusammenschlusses, ABl. 1998, C 66/5.

Typischer Fall des Erwerbs der alleinigen Kontrolle ist die Begründung einer Mehrheitsbeteiligung an einem anderen Unternehmen, d.h. der Erwerb der Mehrheit der Stimmrechte in der Gesellschafterversammlung eines anderen Unternehmens.

Demgegenüber wird, anders als im deutschen Recht, eine bloße Minderheitsbeteiligung in der Regel nicht als Zusammenschluss gewertet, da diese dem Erwerber grundsätzlich nicht die Möglichkeit eröffnet, einen bestimmenden Einfluss auf ein anderes Unternehmen auszuüben. Ein solcher Einfluss ist beim Erwerb einer Minderheitsbeteiligung nur in Ausnahmefällen denkbar, in denen aus rechtlichen oder tatsächlichen Gründen eine entsprechende Einflussnahmemöglichkeit besteht. Typische Beispiele hierfür sind qualifizierte Rechte eines Minderheitsgesellschafters oder eine geringe Präsenz in der Gesellschafterversammlung bei breiter Streuung der Anteile, die dem Minderheitsgesellschafter eine so genannte »faktische Hauptversammlungsmehrheit« sichert. Die Kommission macht ihre Beurteilung, ob der Erwerber künftig über eine faktische Hauptversammlungsmehrheit verfügt, von den tatsächlichen Verhältnissen der letzten drei bis fünf Jahre abhängig.

Schon der Übergang von gemeinsamer zu alleiniger Kontrolle verändert bestehende Einflussmöglichkeiten in erheblicher Weise und erfüllt damit den Zusammenschlussbegriff der europäischen Fusionskontrolle. Typische Fälle für einen solchen Zusammenschluss sind der Erwerb von Gesellschaftsanteilen durch einen der (Mit-) Gesellschafter, wodurch der Erwerber die alleinige Kontrolle über das Unternehmen erwirbt, oder die Aufspaltung und Aufteilung eines Gemeinschaftsunternehmens unter den bisherigen Gesellschaftern in voneinander unabhängige Teile.

Von gemeinsamer Kontrolle spricht man, wenn mehrere Anteilsinhaber bei allen wichtigen Entscheidungen der Unternehmensführung zusammenwirken und Übereinstimmung erzielen müssen. Ein entsprechender Zwang zur Abstimmung, der eine gemeinsame Kontrolle begründen kann, ist bereits bei Stimmengleichheit gegeben. Er liegt aber auch dann vor, wenn ein Gesellschafter bei Entscheidungen, die nicht nur die alltäglichen Geschäfte, sondern das strategische Wirtschaftsverhalten des Unternehmens betreffen, ein Vetorecht besitzt. Entscheidend ist, dass seine Einflussmöglichkeiten über die Rechte hinausgehen, die in der Regel einem Minderheitsgesellschafter eingeräumt werden. Gemeinsame Kontrolle liegt daher dann vor, wenn ein Gesellschafter mit Hilfe seines Vetorechts Entscheidungen über die Finanzplanung, Investitionen und die Besetzung der Unternehmensleitung beeinflussen kann. Daneben können aber auch Vetorechte im Hinblick auf die Entwicklung neuer Produkte oder die Positionierung des Unternehmens einen kontrollierenden Einfluss vermitteln. Ob ein solcher Einfluss besteht, ist im Wege der Gesamtschau unter Berücksichtigung der tatsächlichen Entscheidungsprozesse zu beurteilen. Darüber hinaus können Stimmrechtsbindungen zwischen einzelnen oder mehreren Gesellschaftern eine gemeinsame Kontrolle begründen. Diese können das Ergebnis rechtsverbindlicher Vereinbarungen (Stimmen-Pooling) sein oder sich faktisch aus den bestehenden Einflussmöglichkeiten ergeben.

Ein Unterfall des Erwerbs der gemeinsamen Kontrolle stellt die Gründung eines Gemeinschaftsunternehmens dar, wenn dieses auf Dauer alle Funktionen einer selbstständigen wirtschaftlichen Einheit erfüllt. Solche Unternehmen werden als »Vollfunktions-Gemeinschaftsunternehmen« bezeichnet und unterliegen wegen der mit ihnen verbundenen dauerhaften Veränderungen in der Struktur der beteiligten Unternehmen ebenfalls der Fusionskontrolle.

Ob das Gemeinschaftsunternehmen darüber hinaus auch zu einer Koordinierung des Wettbewerbsverhaltens der Muttergesellschaften führt, ist seit der FKVO-Novelle 1998 für das Verfahren ohne Bedeutung. Vor der im März 1998 in Kraft getretenen Neufassung war die FKVO auf so genannte kooperative Gemeinschaftsunternehmen nicht anwendbar. Heute unterliegen kooperative und konzentrative Gemeinschaftsunternehmen gleichermaßen dem Verfahren nach der FKVO. Lediglich die materielle Prüfung unterscheidet sich insofern, als kooperative Gemeinschaftsunternehmen zusätzlich auch nach Maßgabe des Kartellverbots in Art. 81 EG-Vertrag zu beurteilen sind.[5]

Die Kommission hat die Kriterien, nach denen sie beurteilt, ob die Gründung eines Gemeinschaftsunternehmens in den Anwendungsbereich der europäischen Fusionskontrolle fällt, in ihrer Bekanntmachung über den Begriff des Vollfunktions-Gemeinschaftsunternehmens zusammengefasst.[6] Ausschlaggebend ist danach, ob das Gemeinschaftsunternehmen selbstständig und dauerhaft am Markt auftritt. Daran fehlt es, wenn das Gemeinschaftsunternehmen nur bestimmte Funktionen innerhalb der Geschäftätigkeiten seiner Mütter ausübt. Ein Vollfunktionsgemeinschaftsunternehmen verfügt über ein eigenes Management und ausreichende Ressourcen wie z.B. finanzielle Mittel, Personal sowie materielle und immaterielle Vermögenswerte.

Allein die starke Präsenz eines oder mehrerer Mutterunternehmen in vorgelagerten oder nachgeordneten Märkten des Gemeinschaftsunternehmens und ein umfangreicher vertikaler Waren- oder Dienstleistungsaustausch zwischen dem Gemeinschaftsunternehmen und seinen Müttern widersprechen dem Vollfunktionscharakter nach Ansicht der Kommission zumindest dann nicht, wenn diese Beziehungen auf eine Anlaufphase beschränkt bleiben. Ebenso kann das Gemeinschaftsunternehmen die Vertriebseinrichtungen der Muttergesellschaften nutzen, ohne seinen Charakter als Vollfunktionsgemeinschaftsunternehmen zu verlieren, solange die Mütter als Verkaufsvertreter des unternehmerisch allein verantwortlichen Gemeinschaftsunternehmens handeln.

(4) Ausnahmen vom Zusammenschlusstatbestand

Die FKVO kennt eine Reihe von Ausnahmen vom Zusammenschlusstatbestand. Erwerben Kreditinstitute, Finanzinstitute oder Versicherungsunternehmen Gesellschaftsanteile an einem anderen Unternehmen zum Zwecke der Weiterveräußerung an Dritte, so stellt dies gemäß Art. 3 Abs. 5 FKVO keinen Zusammenschluss dar, wenn die Veräußerung innerhalb eines Jahres erfolgt und bis dahin die mit den Anteilen ver-

---

5 Vgl. Art. 2 Abs. 4 FKVO.
6 ABl. 1998, C 66/1.

bundenen Stimmrechte nicht ausgeübt werden, um das Wettbewerbsverhalten des anderen Unternehmens zu bestimmen. Außerdem regelt Art. 3 Abs. 5 Buchstabe b) FKVO (so genannte »Insolvenzklausel«), dass kein Zusammenschluss vorliegt, wenn beispielsweise ein Insolvenzverwalter im Falle der Insolvenz die Kontrolle über ein Unternehmen erwirbt. Ein Zusammenschlusstatbestand ist auch dann nicht erfüllt, wenn Beteiligungsgesellschaften die Kontrolle über andere Unternehmen erwerben und ihr Stimmrecht lediglich zur Erhaltung des Wertes der getätigten Investition ausüben, ohne dabei auf das Wettbewerbsverhalten des betreffenden Unternehmens einzuwirken.

Weiter stellen reine unternehmens- bzw. konzerninterne Unternehmenstransaktionen regelmäßig keinen Zusammenschluss im Sinne der FKVO dar, da hiermit keine Veränderung der Wettbewerbsstrukturen einhergeht. Die Fusion oder der Kontrollerwerb zwischen Unternehmen, die jeweils von derselben Muttergesellschaft oder denselben Muttergesellschaften kontrolliert werden, unterliegen also nicht der Fusionskontrolle.

bb) Umsatzschwellen

Zusammenschlüsse im Sinne des Art. 3 FKVO unterliegen nur dann der europäischen Fusionskontrolle, wenn ihnen eine gemeinschaftsweite Bedeutung im Sinne des Art. 1 Abs. 2 und 3 FKVO zukommt. Maßgebliches Kriterium hierfür ist die Größe der an dem Zusammenschluss beteiligten Unternehmen, die anhand des Umsatzes bestimmt wird. Erst ab Erreichen bestimmter Umsatzschwellen wird der Zusammenschluss der europäischen Fusionskontrolle unterworfen. Sind diese Umsatzschwellen nicht erfüllt, so sind die jeweiligen nationalen Vorschriften zur Zusammenschlusskontrolle zu prüfen.

Nach Art. 1 Abs. 2 FKVO hat ein Zusammenschluss gemeinschaftsweite Bedeutung, wenn

- alle beteiligten Unternehmen zusammen einen weltweiten Gesamtumsatz von mehr als Euro 5 Mrd. erzielen und
- der Umsatz von mindestens zwei der an dem Zusammenschluss beteiligten Unternehmen in der Europäischen Union jeweils mehr als Euro 250 Mio. beträgt (so genannte »de-minimis«-Schwelle).

Daneben haben Zusammenschlüsse nach Art. 1 Abs. 3 FKVO auch dann gemeinschaftsweite Bedeutung, wenn zwar nicht die genannten Umsatzschwellen erfüllt sind, die beteiligten Unternehmen jedoch in mehreren Mitgliedstaaten der EU aktiv sind und dort bestimmte Mindestumsätze erreichen. Ein Zusammenschluss unterliegt danach auch dann der europäischen Fusionskontrolle, wenn

- der weltweite Gesamtumsatz aller beteiligten Unternehmen zusammen mehr als Euro 2,5 Mrd. beträgt,
- der Gesamtumsatz aller beteiligten Unternehmen in mindestens drei Mitgliedstaaten jeweils Euro 100 Mio. übersteigt,

- in jedem von mindestens drei der vorstehend erfassten Mitgliedstaaten der Gesamtumsatz von mindestens zwei beteiligten Unternehmen jeweils mehr als Euro 25 Mio. beträgt und
- der gemeinschaftsweite Gesamtumsatz von mindestens zwei beteiligten Unternehmen jeweils Euro 100 Mio. übersteigt.

Diese zusätzliche so genannte »Drei-Länder-Regel« wurde mit der Reform der FKVO von 1998 eingeführt, um Mehrfachanmeldungen in mehreren Mitgliedstaaten zu reduzieren. Ohne die Umsatzschwellen generell abzusenken, wurde hierdurch die europäische Fusionskontrolle auf jene Zusammenschlüsse erweitert, welche mit erheblichen Auswirkungen auf den Wettbewerb in mehreren Mitgliedstaaten verbunden sind.

Sind die in Art. 1 Abs. 2 oder die in Abs. 3 FKVO genannten Umsatzschwellen überschritten, unterliegen Zusammenschlüsse mit überwiegend nationalem Charakter ausnahmsweise dann nicht der europäischen Fusionskontrolle, wenn die beteiligten Unternehmen jeweils mehr als zwei Drittel ihres gemeinschaftsweiten Gesamtumsatzes in ein und demselben Mitgliedstaat erzielen (so genannte »Zwei-Drittel-Regel«). In einem solchen Fall ist die jeweilige nationale Fusionskontrolle anzuwenden.

Ausschlaggebend für die Berechnung der Umsatzschwellen sind die Umsätze der an dem Zusammenschluss beteiligten Unternehmen. Dieser Begriff wird in der Bekanntmachung der Kommission über den Begriff der beteiligten Unternehmen[7] näher erläutert. Welche der an der Transaktion beteiligten Unternehmen bei der Umsatzberechnung als »Beteiligte« berücksichtigt werden, hängt von der Art des jeweiligen Zusammenschlusstatbestandes ab. Bei Fusionen sind die miteinander fusionierenden Unternehmen Beteiligte. Im Fall des Erwerbs der alleinigen Kontrolle sind Beteiligte sowohl das die Kontrolle erwerbende als auch das zu übernehmende Unternehmen bzw. der zu übernehmende Unternehmensteil. Der Veräusserer ist nicht beteiligt, so dass seine Umsätze nicht berücksichtigt werden. Wird durch den Zusammenschluss eine gemeinsame Kontrolle durch mehrere Unternehmen begründet, sind neben dem erworbenen Unternehmen oder Unternehmensteil sämtliche die Kontrolle erwerbenden Unternehmen Beteiligte. Ähnlich sind bei der Gründung von Gemeinschaftsunternehmen sämtliche kontrollierenden Muttergesellschaften Beteiligte. Das neu zu gründende Gemeinschaftsunternehmen ist jedoch nicht beteiligt.

Für die Berechnung der Umsatzschwellen sind nach Art. 5 Abs. 1 FKVO die Gesamtumsätze aller beteiligten Unternehmen zusammenzurechnen. Dabei ist auf die im letzten Geschäftsjahr mit Waren oder Dienstleistungen erzielten Umsätze abzustellen, die dem normalen geschäftlichen Tätigkeitsbereich zuzuordnen sind. Von den in der Bilanz ausgewiesenen Umsätzen sind Erlösschmälerungen, Umsatz- bzw. Mehrwertsteuer und andere unmittelbar auf den Umsatz bezogene Steuern abzuziehen. Einzelheiten zur Umsatzberechnung hat die Kommission in ihrer Mitteilung über die Berechnung des Umsatzes[8] bekannt gegeben.

---

7 ABl. 1998, C 66/14.
8 ABl. 1998, C 66/25.

Bei der Umsatzberechnung werden die beteiligten Unternehmen ähnlich wie bei der materiellen Beurteilung nicht isoliert gesehen. Maßgeblich sind vielmehr die Umsätze des jeweiligen Konzerns, dem das beteiligte Unternehmen angehört. Dem beteiligten Unternehmen werden daher die Umsätze seiner Töchter-, Mutter- und Schwestergesellschaften sowie von Gemeinschaftsunternehmen zugerechnet.

Für die Berechnung gemeinschaftsweiter Umsätze und der Umsätze in einzelnen Mitgliedstaaten ist eine gebietsmäßige Zuordnung der Umsätze erforderlich. Hierfür wird auf den Umsatz abgestellt, der mit Waren und Dienstleistungen für Unternehmen oder Verbraucher in einem bestimmten Gebiet erzielt wird. Entscheidend ist daher nicht der Sitz des Unternehmens, das die Umsätze erzielt, sondern das Gebiet, in dem sich die Abnehmer befinden, mit denen die Umsätze erzielt werden.[9]

Sonderregeln gelten nach Art. 5 Abs. 3 FKVO für Kredit- und sonstige Finanzinstitute sowie Versicherungsunternehmen. Bei diesen werden die in der Richtlinie 86/635/EWG[10] im Einzelnen definierten Erträge bzw. bei Versicherungsunternehmen die Summe der Bruttoprämien berücksichtigt.

Sind die Umsatzschwellen in Art. 1 Abs. 2 bzw. Abs. 3 FKVO erfüllt und kommt einem Zusammenschluss gemeinschaftsweite Bedeutung zu, finden die Regeln der europäischen Fusionskontrolle auch bei außereuropäischen Zusammenschlüssen Anwendung. Damit unterliegen auch Unternehmen, die nicht innerhalb der Europäischen Union ansässig sind, der europäischen Fusionskontrolle, wenn sich ein Zusammenschluss innerhalb der Europäischen Union auswirkt (so genanntes »Auswirkungsprinzip«). Werden die Umsatzschwellen der FKVO überschritten, geht die Kommission regelmäßig davon aus, dass ein Zusammenschluss relevante Auswirkungen innerhalb der Europäischen Union hat.

Die europäische Fusionskontrolle kann zudem ausnahmsweise auch dann Anwendung finden, wenn die Umsatzschwellen nicht erreicht werden. Voraussetzung ist, dass ein den zwischenstaatlichen Handel beeinträchtigender Zusammenschluss von dem zunächst zuständigen Mitgliedstaat an die Kommission verwiesen wurde. Die Verweisung kann dabei gemäß Art. 22 FKVO auf Antrag des Mitgliedstaates erfolgen. Die Kommission informiert gegebenenfalls die weiteren betroffenen Kartellbehörden der anderen Mitgliedstaaten, die dem Verweisungsantrag beitreten können. Lehnt die Kommission den Verweisungsantrag nicht ab, so gilt dies als Annahme mit der Folge, dass der Zusammenschluss dem europäischen Fusionskontrollregime unterfällt. Um eine Vielzahl paralleler Prüfungen durch die Behörden verschiedener Mitgliedstaaten zu entgehen, kann es für die Unternehmen aber auch ratsam sein, bei den eigentlich zuständigen Mitgliedstaaten eine entsprechende Verweisung an die Kommission gemäß Art. 4 Abs. 5 FKVO selbst zu beantragen. Dies setzt voraus, dass der Zusammenschluss in mindestens drei Mitgliedstaaten in den Anwendungsbereich der jeweiligen nationalen Fusionskontrolle fällt. Ein entsprechender Antrag kann dann

---

9 Vgl. Art. 5 Abs. 1 und Abs. 2 FKVO.
10 ABl. 1986, L 372/1.

bei der Kommission bereits vor Einreichung der jeweiligen nationalen Anmeldungen gestellt werden. Die zuständigen Mitgliedstaaten haben sich dann innerhalb von 15 Arbeitstagen nach Erhalt des Antrags von der Kommission zu erklären. Nur wenn keiner der betroffenen Mitgliedstaaten der Verweisung widerspricht, fällt der Zusammenschluss in die Zuständigkeit der Kommission und damit unter die europäische Fusionskontrolle.[11]

b) Materielle Beurteilung von Zusammenschlüssen

Liegt ein Zusammenschlusstatbestand vor und erreichen die beteiligten Unternehmen die Umsatzschwellen der FKVO, wird das Zusammenschlussvorhaben von dem im Hinblick auf die betroffenen Märkte zuständigen Fusionskontrollreferat der Generaldirektion Wettbewerb der Europäischen Kommission auf seine Vereinbarkeit mit dem Gemeinsamen Markt überprüft. Während der bisherige Wortlaut der FKVO dabei ausschließlich auf die Begründung oder Verstärkung einer marktbeherrschenden Stellung abstellte, dient die Neubegründung oder Verstärkung der Marktbeherrschung unter der neuen FKVO nun nur noch als Regelbeispiel für eine Gefährdung wirksamen Wettbewerbs. Zentrales Kriterium bei dieser Prüfung ist seit der am 1. Mai 2004 in Kraft getretenen letzten Reform der europäischen Fusionskontrolle, ob durch den Zusammenschluss wirksamer Wettbewerb im Gemeinsamen Markt oder in einem wesentlichen Teil desselben erheblich behindert würde.[12]

Mit dieser Neuregelung der Prüfungskriterien der FKVO werden – nach Einschätzung der Kommission – nur geringe praktische Veränderungen verbunden sein, zumal die Entstehung oder Verstärkung einer marktbeherrschenden Stellung weiter im Zentrum der Prüfung stehen soll. Entscheidend ist, dass das Kriterium der erheblichen Behinderung wirksamen Wettbewerbs die Möglichkeiten externen Unternehmenswachstums begrenzt. Die Frage, ob der Zusammenschluss entsprechende Auswirkungen haben wird, ist daher bereits für die Planung, aber auch für die Durchführung von Mergers & Acquisitions von herausragender Bedeutung. Ihre Beantwortung entscheidet darüber, ob sich ein bestimmtes Vorhaben kartellrechtlich überhaupt realisieren lässt. Insbesondere wenn die Gefahr besteht, dass eine bereits vorhandene marktbeherrschende Stellung durch das Zusammenschlussvorhaben verstärkt oder erstmalig eine marktbeherrschende Stellung begründet wird, sollte bereits in der Planungsphase darüber nachgedacht werden, wie den daraus resultierenden wettbewerbsrechtlichen Bedenken Rechnung getragen werden kann. Es ist daher empfehlenswert, möglichst frühzeitig eine materielle Prüfung des Zusammenschlussvorhabens vorzunehmen, um mögliche Problemfelder zu identifizieren und bei der Planung und Durchführung des Vorhabens zu berücksichtigen.

---

11 Umfassende Informationen zum neuen Verweisungsregime lassen sich der dazu erlassenen Bekanntmachung der Kommission entnehmen, verfügbar unter http://europa.eu.int/comm/competition/mergers/legislation/regulation/#implementing
12 Art. 2 Abs. 2 und 3 FKVO.

aa) Marktabgrenzung

(1) Allgemeines

Für die Beurteilung von Zusammenschlussvorhaben ist der Begriff der marktbeherrschenden Stellung als Regelbeispiel einer erheblichen Behinderung wirksamen Wettbewerbs auch nach der letzten Reform der FKVO von zentraler Bedeutung. Im Rahmen der Prüfung, ob eine marktbeherrschende Stellung begründet oder verstärkt wird, grenzt die Kommission zunächst den sachlich und räumlich relevanten Markt ab, bevor sie in einem zweiten Schritt die auf dem relevanten Markt bestehenden Wettbewerbsverhältnisse näher untersucht.

Der Marktabgrenzung kommt bei der materiellen Beurteilung von Zusammenschlüssen eine besonders wichtige Rolle zu, da hierbei die Weichen für die kartellrechtliche Zulässigkeit eines Vorhabens gestellt werden. In der Regel sind die Marktanteile der beteiligten Unternehmen um so höher, je enger der relevante Markt in sachlicher und räumlicher Hinsicht abgegrenzt wird. Eine engere Marktabgrenzung kann aber auch dazu führen, dass der Zusammenschluss nicht zur Addition von Marktanteilen führt, weil die beteiligten Unternehmen auf unterschiedlichen relevanten Märkten tätig sind.

(2) Sachlich relevanter Markt

Nach der Bekanntmachung der Kommission über die Definition des relevanten Marktes[13] umfasst der sachlich relevante Produktmarkt sämtliche Erzeugnisse und/oder Dienstleistungen, die seitens der Verbraucher hinsichtlich ihrer Eigenschaften, Preise und ihres vorgesehenen Verwendungszwecks als austauschbar oder substituierbar angesehen werden. Wie auch in der deutschen Praxis stellt das europäische Recht damit in erster Linie auf die Substituierbarkeit aus der Sicht der Nachfrageseite ab. Daneben kann sich auch Angebotssubstituierbarkeit auf die Abgrenzung des sachlich relevanten Marktes auswirken. Dies ist insbesondere dann der Fall, wenn die Anbieter in der Lage sind, ihre Produktion kurzfristig ohne größere Kosten umzustellen. Bei entsprechender Angebotsumstellungsflexibilität können selbst solche Produkte, die aus der Sicht der Nachfrager für nicht austauschbar angesehen werden, in den relevanten Markt einbezogen werden.

Entscheidende Kriterien für die Abgrenzung des relevanten Marktes sind neben der Austauschbarkeit aus der Sicht der Nachfrager und der Angebotsumstellungsflexibilität die allgemeinen Wettbewerbsbedingungen, die Preise sowie die Preiselastizität der Nachfrage. Dabei steht in der Praxis der Kommission aus verfahrenstechnischen und praktischen Erwägungen bei der Marktabgrenzung die Preisreaktivität im Mittelpunkt. Entscheidend ist, ob die Kunden der beteiligten Unternehmen als Reaktion auf eine angenommene kleine, bleibende Erhöhung der relativen Preise (im Bereich zwischen 5% und 10%) für die betreffenden Produkte auf leicht verfügbare

---

13 ABl. 1997, C 372/5.

Substitute ausweichen würden. Ist die Substitution so stark, dass durch den damit einhergehenden Absatzrückgang eine Preiserhöhung nicht einträglich wäre, so werden in den sachlich und räumlich relevanten Markt so lange Produkte einbezogen, bis kleine, dauerhafte Erhöhungen der relativen Preise einen Gewinn einbrächten.

Den gleichen Test wendet die Kommission auch bei der Prüfung so genannter »Nachfragemacht« (Marktbeherrschung auf den Nachfragemärkten) an. Hierbei wird auf die Austauschbarkeit aus der Sicht des Anbieters abgestellt. Mit Hilfe des Preistests lässt sich ermitteln, welche alternativen Vertriebswege und Verkaufsstellen es für die Produkte des Anbieters gibt.[14]

Beispiele für relevante Produktmärkte, von denen die Kommission in ihrer bisherigen Entscheidungspraxis ausgegangen ist, sind Märkte für *Mineralwasser*[15], *Arzneimittel*, die dieselbe Indikation aufweisen, wobei die Kommission auf den dritten Level der Anatomical Therapeutic Classification der Weltgesundheitsorganisation abstellt[16], *Flugzeuge* nach Sitzplatzkapazitäten[17], *Stadtbusse-, Reisebusse-* und *Überlandbusse*[18], *Personenkraftwagen* nach Fahrzeugklassen[19], *Versandhandel*[20], *Pay-TV*[21], die Erzeugung und Verteilung von *Elektrizität*[22], *Versicherungen* gegen verschiedene Risiken[23], *Pflanzenschutzmittel* nach Pflanzenart, Schädlingen und Anwendungsart[24] oder für *Mauerwerkbaustoffe*[25].

(3) Räumlich relevanter Markt

Der räumlich relevante Markt umfasst nach Art. 9 Abs. 7 FKVO das Gebiet, auf dem die betroffenen Unternehmen als Anbieter oder Nachfrager von Waren oder Dienstleistungen auftreten, in denen die Wettbewerbsbedingungen hinreichend homogen sind und das sich von benachbarten Gebieten unterscheidet. Die Kommission stellt bei der Bestimmung des räumlich relevanten Marktes auf die Art und die Eigenschaften der betreffenden Waren oder Dienstleistungen sowie auf das Vorhandensein von Zutrittsschranken und Verbrauchergewohnheiten ab. Zudem berücksichtigt sie das Bestehen erheblicher Unterschiede bei den Marktanteilen der Unternehmen und nennenswerte Preisunterschiede in unterschiedlichen Gebieten.

---

14 Vgl. Tz. 17 der Bekanntmachung der Kommission über die Definition des relevanten Marktes (Fn. 12).
15 »Nestlé/Perrier«, WuW/E EV 1903, Rn. 19.
16 Z.B. »Ciba-Geigy/Sandoz«, ABl. 1997 L 201/1, Rn. 17.
17 »Aérospatiale-Alenia/de Havilland«, WuW/E EV 1675, Rn. 11.
18 »Mercedes-Benz/ Kässbohrer«, WuW 1995, 385, ABl. 1995 L 211/1.
19 »BMW/Rover«, WuW/E EV 2188, Rn. 10.
20 »Otto/Grattan«, WuW/E EV 1605, Rn. 10.
21 »Nordic Satellite Distribution«, ABl. 1996 L 53/20, Rn. 55.
22 »VIAG/Bayernwerk«, WuW/E EV 2139, Rn. 8.
23 »Winterthur/DBV«, WuW/E EV 2147, Rn. 5; »AG/AMEV« WuW/E EV 1547, Rn. 10.
24 »Bayer/Aventis Crop Science«, WuW 2002, 723.
25 »Haniel/Ytong«, WuW/E EU-V 781; »Haniel/Cementbouw/JV«, WuW/E EU-V 789.

In folgenden Fällen hat die Kommission etwa das Gebiet der Europäischen Union bzw. Westeuropa als räumlich relevanten Markt zugrunde gelegt: *Automobilzubehör*[26], *PVC*[27], *Elektronik, Metalle,*[28] *Kopiergeräte, Fotoapparate.*[29]

Insbesondere Preis- und Marktanteilsunterschiede zwischen verschiedenen Mitgliedstaaten sind ein deutliches Indiz dafür, dass trotz der zunehmenden Integration des Binnenmarktes nach wie vor von nationalen Märkten auszugehen ist. Nationale Märkte hat die Kommission beispielsweise für folgende Produkte angenommen: *Arzneimittel*[30], *Mineralwasser*[31], *Ersatzbatterien*[32], *Versandhandel,*[33] *Pflanzenschutzmittel.*[34]

Daneben sind lokale oder regionale Märkte nur insoweit von Bedeutung, als tatsächliche Marktschranken wie z.B. Transportkosten der Integration des Binnenmarktes entgegenstehen. Regionale bzw. lokale Märkte waren in folgenden Fällen relevant: *Lebensmitteleinzelhandel, Landhandel* für Agrarprodukte[35], *Ziegelsteine.*[36]

In Einzelfällen ist die Kommission auch von Weltmärkten ausgegangen, z.B. für *Flugzeuge*[37], *Platin*[38], *Rohöl*[39], für *Rückversicherungen*[40] oder für *Personalcomputer* und *mittelgroße Computer.*[41]

bb) Marktbeherrschung

Im Gegensatz zum deutschen existieren im europäischen Wettbewerbsrecht keine gesetzlichen Definitionen des Begriffs der Marktbeherrschung oder Vermutungstatbestände, bei deren Vorliegen von einer marktbeherrschenden Stellung auszugehen wäre. Nach der Rechtsprechung des Europäischen Gerichtshofs und des Gerichts Erster Instanz ist unter Marktbeherrschung eine wirtschaftliche Machtstellung zu verstehen,

---

26 »BTR/Pirelli«, WuW/E EV 2013, Rn. 9; »Bosch/Allied Signal«, WuW 1997, 126; »Torrington/NSK«, WuW 1995, 587; »Mannesmann/Boge«, WuW/E EV 1662.
27 »Hoechst/Wacker«, WuW 1993, 630.
28 »St. Gobain/Wacker-Chemie/NOM«, WuW 1997, 33.
29 »Konica/Minolta«, ABl. 2003, C 192/37
30 »Ciba-Geigy/Sandoz«, aaO, Rn. 47; »Glaxo/Wellcome«, WuW 1995, 585.
31 »Nestlé/Perrier«, aaO, Rn. 21 f.
32 »Magneti Marelli/CEAC«, WuW/E EV 1735, Rn. 11 f.; »Varta/Bosch«, WuW/E EV 1701, Rn. 17.
33 »Otto/Grattan«, aaO, Rn. 15.
34 »AstraZenec/Novartis«, WuW 2000, 870, »Bayer/Aventis Crop Science«, WuW 2002, 723.
35 »Cargill/Unilever«, WuW/E EV 1609.
36 »Steetley/Tarmac«, WuW/E EV 1814, Rn. 10.
37 »Aérospatiale-Alenia/de Havilland«, WuW/E EV 1675, Rn. 20.
38 »Gencor/Lonrho«, ABl. 1997 L 11/30, Rn. 70.
39 »Exxon/Mobil«, ABl. 2004, L 103/1 und »BP Amoco/Arco«, ABl. 2001, L 18/01.
40 »Schweizer Rück/Elvia« WuW/E EV 1824, Rn. 9.
41 »AT+T/NCR«, WuW/E EV 1663.

die es den beteiligten Unternehmen ermöglicht, sich ihren Wettbewerbern, Abnehmern und den Verbrauchern gegenüber in einem nennenswerten Umfang unabhängig zu verhalten. Eine marktbeherrschende Stellung ist immer dann gegeben, wenn die betreffenden Unternehmen über einen nicht hinreichend vom Wettbewerb kontrollierten Verhaltensspielraum verfügen.

In Art. 2 Abs. 1 Buchstaben a) und b) FKVO sind die Kriterien zur Beurteilung der Frage, ob durch einen Zusammenschluss eine marktbeherrschende Stellung begründet oder verstärkt wird, im Einzelnen aufgeführt:

- die Notwendigkeit, im Gemeinsamen Markt wirksamen Wettbewerb aufrechtzuerhalten und zu entwickeln, insbesondere im Hinblick auf die Struktur aller betroffenen Märkte und den tatsächlichen oder potenziellen Wettbewerb durch innerhalb oder außerhalb der Gemeinschaft ansässige Unternehmen;
- die Marktstellung sowie die wirtschaftliche Macht und Finanzkraft der beteiligten Unternehmen, die Wahlmöglichkeiten der Lieferanten und Abnehmer, ihren Zugang zu den Beschaffungs- und Absatzmärkten, rechtliche oder tatsächliche Marktzutrittsschranken, die Entwicklung des Angebotes und der Nachfrage bei den jeweiligen Erzeugnissen und Dienstleistungen, die Interessen der Zwischen- und Endverbraucher sowie die Entwicklung des technischen und wirtschaftlichen Fortschritts, sofern dieser dem Verbraucher dient und den Wettbewerb nicht behindert.

Ausgangspunkt für die Beurteilung einer marktbeherrschenden Stellung ist der Marktanteil auf dem zuvor sachlich und räumlich abgegrenzten Markt. Bei der Marktanteilsberechnung sind nicht nur die Umsätze der unmittelbar beteiligten Unternehmen, sondern, ähnlich wie bei der Umsatzberechnung, die konzernweiten Anteile am relevanten Markt zu berücksichtigen.

Die Kommission geht bei Marktanteilen von weniger als 25% von der Vereinbarkeit des Zusammenschlusses mit dem Gemeinsamen Markt aus.[42] Unterhalb 15% liegt kein betroffener Markt im Sinne des für die Anmeldung erforderlichen Formblatts vor mit der Folge, dass detaillierte Angaben zu diesen Märkten regelmäßig nicht vorzulegen sind.

Auch Marktanteile von über 25% werden von der Kommission nach ihrer bisherigen Entscheidungspraxis vielfach als unproblematisch eingestuft. Erst ab ungefähr 40% beginnt der kritische Bereich.[43] Werden durch den Zusammenschluss Marktanteile dieser Größenordnung erreicht, sollten kartellrechtliche Erwägungen möglichst frühzeitig in die Planungsphase einbezogen werden.

In einzelnen Fällen akzeptierte die Kommission allerdings auch erheblich höhere Marktanteile, wenn aufgrund besonderer Umstände weiterhin wesentlicher Wettbewerb auf den betroffenen Märkten bestand: Mercedes Benz/Kässbohrer[44], Tetra Pak/

---

42 Vgl. Erwägungsgrund 32 der FKVO, Leitlinien zur Bewertung horizontaler Zusammenschlüsse, ABl. 2004, C-31/5, Ziff. 18.
43 Leitlinien zur Bewertung horizontaler Zusammenschlüsse, ABl. 2004, C-31/5, Ziff. 17.
44 ABl. 1995 L 211/1, Rn. 65 ff.

Alfa-Laval[45], Mannesmann/Hoesch[46], Alcatel/Telettra.[47] Eine besondere Nachfragemacht der Abnehmer oder ein starker potenzieller Wettbewerb können mitunter verhindern, dass hohe Marktanteile zwangsläufig zu einer marktbeherrschenden Stellung führen.[48] Umgekehrt begünstigen eine zersplitterte Nachfrage und bestehende Marktzutrittsschranken die Feststellung einer marktbeherrschenden Stellung.

Bei der Prüfung einer eventuellen Marktbeherrschung sind die zukünftigen Entwicklungen der Wettbewerbsstrukturen zu berücksichtigen. In der Vergangenheit bestehende hohe Marktanteile können daher durch eine zu erwartende Marktöffnung und den damit verbundenen Zutritt neuer Wettbewerber relativiert werden. Von erheblicher Bedeutung ist neben der absoluten Höhe der Marktanteile der beteiligten Unternehmen auch die Anzahl an und der jeweilige Abstand zu den nächst kleineren Wettbewerbern.

Neben dem Marktanteil spielt zunehmend der Konzentrationsgrad eines Marktes vor und nach Durchführung des Zusammenschlusses eine Rolle bei der Prüfung der Kommission. Zur Ermittlung des Konzentrationsgrades bedient sich die Kommission dabei – ebenso wie die US-amerikanischen Kartellbehörden – des sog. Herfindahl-Hirschman-Indexes (HHI), der sich aus der Summe der quadrierten Marktanteile aller Marktteilnehmer ergibt und Hinweise auf die Marktstruktur vor bzw. nach dem Zusammenschluss liefern kann.[49] Andere Wettbewerbsfaktoren, die bei der Prüfung eine Rolle spielen können, sind z.B. die sonstige wirtschaftliche Macht und Finanzkraft, die zu Marktschließungseffekten durch die Abschreckung potenzieller Wettbewerber führen können, ein eventuell vorhandener technischer Vorsprung gegenüber den Wettbewerbern sowie die Höhe und Wirkung von Marktzutrittsschranken

cc) Begründung oder Verstärkung von Marktbeherrschung

Die Beurteilung, ob das Zusammenschlussvorhaben zur Begründung oder Verstärkung einer marktbeherrschende Stellung führt, erfolgt auf der Grundlage einer Analyse der bestehenden Wettbewerbsverhältnisse sowie einer Prognose der zukünftigen Entwicklung der Wettbewerbssituation. Bei dieser Prognose sind in erster Linie solche Entwicklungen zu berücksichtigen, die sich bereits abzeichnen oder zumindest

---

45 WuW/E EV 1644, unter 4.
46 ABl. 1993 L 114/34, Rn. 36 ff.
47 WuW/E EV 1616, Rn. 48 f.
48 Leitlinien zur Bewertung horizontaler Zusammenschlüsse, ABl. 2004, C-31/5, Ziff. 17.
49 Siehe Leitlinien zur Bewertung horizontaler Zusammenschlüsse, ABl. 2004, C-31/5, Ziff. 16. Der HHI berücksichtigt in besonderem Maße die Existenz stärkerer Marktteilnehmer. Befinden sich beispielsweise 10 Unternehmen mit einem Marktanteil von jeweils 10% auf dem Markt, so liegt der HHI bei 1000, einem von der Kommission als relativ unbedenklich eingestuften Wert (Ziff. 19). Handelt es sich dagegen um 5 Marktteilnehmer mit jeweils 20% Marktanteil, so ist bei einem HHI von 2000 die Marktkonzentration wettbewerblich bedenklich – eine Untersagung wird dann maßgeblich auch davon beeinflusst, inwieweit durch den Zusammenschluss die Konzentration erhöht wird (vgl. Ziff. 20).

in überschaubarer Zukunft, d.h. innerhalb eines Zeitraums weniger Jahre, mit hinreichender Sicherheit zu erwarten sind. Dabei erfolgt eine Gesamtwürdigung sämtlicher mit dem Zusammenschlussvorhaben verbundenen Auswirkungen auf den Wettbewerb.

Von der Begründung einer marktbeherrschenden Stellung geht die Kommission dann aus, wenn durch den Zusammenschluss für die beteiligten Unternehmen ein durch den Wettbewerb nicht mehr hinreichend kontrollierter Verhaltensspielraum entsteht. Von entscheidender Bedeutung ist die Unabhängigkeit der beteiligten Unternehmen bei der Bestimmung ihrer Preise. Weitere Faktoren sind Handlungsspielräume beim Qualitäts- und Innovationswettbewerb. Unbeachtlich ist das zukünftig zu erwartende Marktverhalten der beteiligten Unternehmen, da für die Fusionskontrolle allein die Verschlechterung der Wettbewerbsstrukturen maßgeblich ist.

Verfügt ein beteiligtes Unternehmen bereits vor dem Zusammenschluss über eine marktbeherrschende Stellung, kann es schon bei Zuwächsen von wenigen Prozent zu einer Verstärkung der Marktbeherrschung kommen. Daneben können so genannte Portfolio- oder Sortimentseffekte, also die Möglichkeit der beteiligten Unternehmen, durch das Angebot eines kompletten Sortiments zusätzliche Kunden an sich zu binden, die Marktstellung verstärken. In diesem Fall reichen selbst geringfügige Marktanteilszuwächse aus, um eine Verstärkung der marktbeherrschenden Stellung anzunehmen. Auch die bloße Verstärkung der Finanzkraft eines Unternehmens kann theoretisch dessen Marktstellung stärken.

Bei der Beurteilung der Entstehung oder Verstärkung einer marktbeherrschenden Stellung ist zwischen horizontalen, vertikalen und konglomeraten Zusammenschlüssen zu unterscheiden. Für die Beurteilung horizontaler Zusammenschlüsse kommt es vorrangig auf die jeweiligen Marktanteilszuwächse an. Wie bereits ausgeführt, spielen daneben bestehende Marktzutrittsschranken und die Nachfragemacht der Gegenseite eine erhebliche Rolle. Auf bereits stark konzentrierten Märkten kann der Kommission auch eine deutliche Verschlechterung des HHI als Hinweis auf die wettbewerblich bedenklichen Auswirkungen des Zusammenschlusses dienen.[50] Für vertikale Zusammenschlüsse, also Zusammenschlüsse zwischen Herstellern, Lieferanten oder Händlern auf verschiedenen Produktions- bzw. Vertriebsebenen, stehen Marktausschlusseffekte im Vordergrund. Entscheidend sind hierbei die Auswirkungen des Zusammenschlusses auf die Beschaffungs- oder Absatzmärkte zu Lasten aktueller oder potenzieller Wettbewerber. Demgegenüber können konglomerate Zusammenschlüsse nur bei Zusammentreffen besonderer Bedingungen zur Begründung oder Verstärkung einer marktbeherrschenden Stellung führen. Eine Ressourcenverstärkung allein wird dabei nur in Ausnahmefällen zur Annahme einer entsprechend veränderten Marktstruktur ausreichen. Sie kann daher regelmäßig nur im Zusammenhang mit anderen Faktoren zur marktbeherrschenden Stellung der beteiligten Unternehmen

---

50 Leitlinien zur Bewertung horizontaler Zusammenschlüsse, ABl. 2004, C-31/5, Ziff. 16, 18 ff.

beitragen, etwa wenn die Ressourcenverstärkung zur Abschreckung oder Entmutigung aktueller oder potenzieller Konkurrenten eingesetzt wird oder wenn durch den Zusammenschluss eine bereits bestehende Marktmacht auf andere eng benachbarte Märkte ausgedehnt würde.[51] Eine auf diese Überlegungen gestützte Untersagungsentscheidung der Kommission hat das Gericht erster Instanz allerdings kürzlich aufgehoben: Zwar seien entsprechende wettbewerbswidrige Auswirkungen grundsätzlich denkbar. Wegen der grundsätzlichen Vermutung, dass konglomerate Zusammenschlüsse in der Regel wettbewerblich neutral oder sogar positiv sind, sei an das Beweismaß einer Untersagung erhöhte Anforderungen zu stellen.[52] Insgesamt haben solche Zusammenschlüsse in der bisherigen Entscheidungspraxis der Kommission nur eine untergeordnete Rolle gespielt.

Eine Untersagung von Zusammenschlussvorhaben, die zur Begründung oder Verstärkung einer marktbeherrschenden Stellung führen, kommt nur in Betracht, wenn dadurch wirksamer Wettbewerb innerhalb der Gemeinschaft oder in einem wesentlichen Teil derselben erheblich behindert würde. Diese Auswirkungen sind nach der Neufassung der FKVO die eigentliche Untersagungsvoraussetzung. Demnach ist die Entstehung oder Verstärkung einer marktbeherrschenden Stellung nicht per se, sondern nur bei entsprechenden Wirkungen auf den Markt zu untersagen. Allerdings bestand diese Einschränkung in etwas anderer Form bereits unter der alten FKVO und hat bislang nur wenig praktische Bedeutung erlangt. Lediglich im Fall »Aérospatiale-Allenia/de Havilland«[53] hatte die Kommission noch nach altem Recht die Erheblichkeit der Auswirkungen vor dem Hintergrund einer nur vorübergehenden Marktbeherrschung in Frage gestellt. Ob aufgrund der im Rahmen der FKVO-Reform erfolgten Neufassung der Untersagungsvoraussetzungen nun eine andere Handhabung dieses Erfordernisses zu erwarten ist, lässt sich noch nicht absehen. Es ist allerdings denkbar, dass die Kommission die Umwandlung der Marktbeherrschung zum Regelbeispiel dazu nutzen wird, verstärkt Effizienzgewinne bei der Bewertung der Auswirkungen einer marktbeherrschenden Stellung zu berücksichtigen.[54] Der in den Leitlinien zur Bewertung horizontaler Zusammenschlüsse angedeutete Entschluss der Kommission, in bereits hoch konzentrierten Märkten Zusammenschlüsse in der Regel nicht zu untersagen, wenn sie den Konzentrationsgrad nur geringfügig erhöhen, spricht zudem für eine verstärkte Überprüfung der Erheblichkeit der Wettbewerbsbehinderung.[55]

---

51 »Tetra Laval/Sidel«, WuW EU-V 711.
52 Urteil vom 25.10.2002 in der Rechtssache T-5/02 »Tetra Laval/Kommission«, Slg. 2002 II-04381.
53 AaO. (Fn. 32).
54 Die Berücksichtigung der Effizienzgewinne ist auch in Erwägungsgrund 29 der neuen FKVO angesprochen.
55 Leitlinien zur Bewertung horizontaler Zusammenschlüsse, ABl. 2004, C-31/5, Ziff. 20.

dd) Oligopolmarktbeherrschung

Anders als im deutschen Recht ist in der FKVO keine ausdrückliche »Oligopolklausel« vorgesehen, nach der ein Zusammenschluss auch dann zu untersagen ist, wenn er zur Begründung oder Verstärkung einer beherrschenden Stellung durch mehrere Unternehmen führt. Dennoch greift die europäische Fusionskontrolle nach der ständigen Praxis der Kommission[56], die inzwischen sowohl durch den Europäischen Gerichtshof als auch durch das Gericht Erster Instanz bestätigt wurde, auch bei oligopolistischer Marktbeherrschung ein. Ein marktbeherrschendes Oligopol ist grundsätzlich dann gegeben, wenn zwischen den Mitgliedern des Oligopols kein wirksamer Wettbewerb besteht und das Oligopol selbst im Außenverhältnis keinem hinreichenden Wettbewerb durch Dritte ausgesetzt ist. Nach dem Urteil des Gerichts Erster Instanz in Sachen »Gencor/Lonrho«[57] sind vor allem die nachfolgenden Kriterien für die Feststellung eines marktbeherrschenden Oligopols maßgeblich:

- hohe Marktkonzentration;
- stabile und symmetrische Marktanteile der Mitglieder der Oligopolgruppe;
- homogene Produkte und hohe Markttransparenz;
- ähnliche Kostenstrukturen;
- stagnierende und unelastische Nachfrage;
- geringe technologische Veränderung;
- hohe Marktzutrittschranken.

In der Entscheidung »Airtours« hat das Gericht erster Instanz die Voraussetzung für das Vorliegen einer kollektiv beherrschenden Stellung weiter konkretisiert: Die gemeinsame Marktbeherrschung sei nur denkbar, wenn aufgrund der Markttransparenz jedes Oligopolmitglied jederzeit überprüfen könne, ob die anderen Oligopolmitglieder dieselbe Strategie verfolgen. Dabei müssen genug Abschreckungsmittel bestehen, um das Abweichen eines Unternehmens von dem gemeinsamen Vorgehen zu verhindern. Zudem sei die Koordinierung nur stabil, wenn die voraussichtliche Reaktion der aktuellen und potenziellen Wettbewerber und Verbraucher nicht in der Lage sei, die zu erwartenden Ergebnisse des gemeinsamen Vorgehens in Frage zu stellen.[58] Besondere Bedeutung kommt dem infolge des kollektiven Parallelverhaltens nicht hinreichend kontrollierbaren Verhaltensspielraum der Mitglieder des Oligopols gegenüber Wettbewerbern und Abnehmern zu.

Angesichts der überaus strengen Anforderungen, die das Gericht erster Instanz an die »koordinierten Effekte« kollektiver Marktbeherrschung stellt, enthält Erwägungsgrund 25 der neuen FKVO nun allerdings die Klarstellung, dass mit Hilfe des neuen

---

56 Vgl. z.B. »Nestlé/Perrier«, aaO., Rn. 110 ff. (Fn. 27).
57 Urteil vom 25.03.1999 in der Rechtssache T-102/96, Slg. 1999, II-753, 815 ff.
58 Urteil vom 6.6.2002 in der Rechtssache T-342/99 »Airtours plc/Kommission«; Slg. 2002 II-02585; Aufhebung der Komm.E. vom 22.9.1999 »Airtours/First Choice«, ABl. 1999, Nr. L 93/1. Diese Grundsätze finden sich nunmehr auch in den Leitlinien der Kommission zur Bewertung horizontaler Zusammenschlüsse, Rz. 39 ff.

Untersagungstatbestandes (»erhebliche Behinderung wirksamen Wettbewerbs«) nunmehr auch solche Wettbewerbsbeschränkungen auf oligopolistischen Märkten erfasst werden können, die zwar infolge des Zusammenschlusses, nicht aber aufgrund der einer gemeinsamen Marktbeherrschung inhärenten (wenn auch unter Umständen stillschweigenden) Koordination der Oligopolisten zustande kommen. In der konsequenten Erfassung auch solcher »nicht-koordinierter Effekte« (»unilateral effects«), also einer auf dem oligopolistischen Markt nach dem Zusammenschluss auch ohne vorherige Verhaltensabstimmung der Unternehmen verstärkt auftretenden Wechselbezüglichkeit ihres Verhaltens und dem damit einhergehenden Abfall des Wettbewerbsdrucks, liegt in der Tat die entscheidende Neuerung, die mit der Abkehr von der Marktbeherrschung als grundlegender Untersagungsvoraussetzung verbunden sein wird.[59] Insofern dürfte das auf gezielte Koordination bezogene Erfordernis des Bestehens von Abschreckungsmitteln, wie es im »Airtours«-Urteil gefordert ist, unter der neuen FKVO wohl an Bedeutung verlieren.

ee) Nebenabreden

Die Prüfung des Zusammenschlussvorhabens erstreckt sich nach Art. 8 Abs. 1 Unterabs. 2, Abs. 2 Unterabs. 2 Satz 2 FKVO bzw. Art. 6 Abs. 1 Buchstabe b) Satz 2 FKVO auch auf die mit der Durchführung des Zusammenschlusses unmittelbar verbundenen und für diesen notwendigen Einschränkungen (so genannte »ancillary restraints«). Hintergrund dieser Bestimmung war ursprünglich die Absicht, auf diese Weise diejenigen Nebenabreden wie z.B. Wettbewerbsverbote zu erfassen, die grundsätzlich in den Anwendungsbereich des Kartellverbots des Art. 81 EG-Vertrag fallen und damit nach der alten Verordnung Nr. 17 in einem gesonderten Verfahren zu prüfen waren. Um eine umständliche Doppelkontrolle zu vermeiden, sollten entsprechende Nebenabreden innerhalb des Fusionskontrollverfahrens geprüft und ggf. zusammen mit dem Zusammenschluss freigegeben werden. Mit der Neuordnung des Kartellverfahrensrechts durch die Verordnung 1/2003 ist eine obligatorische Anmeldung von entsprechenden Abreden außerhalb der Fusionskontrolle jedoch zugunsten einer eigenverantwortlichen Prüfung der Abreden durch die Unternehmen abgeschafft worden. Das Verfahren der Administrativfreistellung existiert nicht mehr. Im Hinblick auf diese geänderte Rechtslage soll die Kommission, dies lässt sich Erwägungsgrund 21 der neuen FKVO sowie der kürzlich erlassenen Bekanntmachung zu Nebenabreden[60] entnehmen, Nebenabreden nun nicht mehr in jedem Fall prüfen müssen. Sie unterliegen grundsätzlich wie auch im Bereich des Art. 81 EG-Vertrag der eigenverantwortlichen Kontrolle durch die beteiligten Unternehmen, denen allerdings die Mög-

---

59 Näheres zu Ermittlung »nicht-koordinierter« Wirkungen kann man den Leitlinien der Kommission zur Bewertung horizontaler Zusammenschlüsse, Rz 24 ff. entnehmen.
60 Bekanntmachung der Kommission über Nebenabreden zu Zusammenschlüssen, verfügbar unter http://europa.eu.int/comm/competition/mergers/legislation/regulation/#implementing.

lichkeit eröffnet wurde, Nebenanreden dann zur gesonderten Prüfung im Rahmen der Zusammenschlusskontrolle anzumelden, wenn sie neue und ungelöste Fragen aufwerfen, die – sollte die Kommission nicht anlässlich des Zusammenschlusses explizit über sie entscheiden – zu Rechtsunsicherheit führen können. Nach Erwägungsgrund 21 der FKVO soll dies dann der Fall sein, wenn die Nebenabrede nicht Gegenstand der Kommissions-Bekanntmachung über Nebenabreden oder einer veröffentlichten Entscheidung der Kommission war.

Voraussetzung für die Behandlung entsprechender Wettbewerbsbeschränkungen als Nebenabrede ist die unmittelbare Verbundenheit mit dem Zusammenschlussvorhaben und die Notwendigkeit für die Durchführung des Zusammenschlusses. Wie diese Voraussetzungen zu verstehen sind, ist in der besagten Bekanntmachung über Nebenabreden zu Zusammenschlüssen niedergelegt. Von zentraler Bedeutung sind im Bereich der Nebenabreden vor allem Wettbewerbsverbote, die gewährleisten sollen, dass der Erwerber den vollständigen Wert des übertragenen Vermögens erhält, zu dem im Allgemeinen sowohl materielle als auch immaterielle Werte wie der Kundenstamm oder das Know-how des Veräußerers zählen.[61] Entsprechende Verbote sind zur Durchführung des Zusammenschlusses erforderlich, weil ansonsten der Verkauf des Unternehmens oder des Unternehmensteils nicht in zufrieden stellender Weise vollzogen werden könnte. Denn nur bei einem gewissen Schutz vor Wettbewerbshandlungen durch den Veräußerer ist die vollständige Übernahme der übertragenen Vermögenswerte gewährleistet.

Nach der Bekanntmachung der Kommission über Nebenabreden werden Wettbewerbsverbote für einen Zeitraum von bis zu drei Jahren als angemessen angesehen, wenn die Übertragung des Unternehmens den Kundenstamm und das Know-how mit einschließt. Wird hingegen kein Know-how, sondern nur der Kundenstamm übertragen, gilt ein Zeitraum von höchstens zwei Jahren als ausreichend.[62] In räumlicher und sachlicher Hinsicht ist das Wettbewerbsverbot auf die Bereiche zu begrenzen, in denen der Veräußerer tätig war.

Zusammen mit dem Unternehmen oder einzelnen Unternehmensteilen werden regelmäßig auch gewerbliche oder kommerzielle Eigentumsrechte oder Know-how übertragen. Soweit der Veräußerer Eigentümer dieser Rechte bleiben will, sind Lizenzverträge erforderlich, die auf bestimmte Anwendungsbereiche beschränkt werden können. Entsprechende Lizenzen sind für die gesamte Schutzdauer von Patenten oder verwandten Rechten bzw. für die normale wirtschaftliche Lebenszeit des Know-hows zulässig. Gebietsbeschränkungen für die Herstellung werden regelmäßig nicht akzeptiert und sollten daher in die Lizenz nicht aufgenommen werden.

Auch Liefer- und Bezugspflichten zwischen dem Veräußerer und dem Erwerber des Unternehmens oder Unternehmensteils können zulässige Nebenabreden darstellen. Sie werden jedoch nur für einen Übergangszeitraum anerkannt, der selbst bei aufwändigen Industrieerzeugnissen in der Regel drei Jahre nicht überschreiten darf.

---

61 Ebenda, Rn. 18.
62 Ebenda, Rn. 20.

Alleinbelieferungs- oder Alleinbezugspflichten lassen sich dagegen in der Regel als Nebenabreden nicht rechtfertigen.

c) Verfahren

aa) Vorherige Anmeldung

Zusammenschlüsse mit gemeinschaftsweiter Bedeutung sind gemäß Art. 4 Absatz 1 FKVO grundsätzlich nach dem bindenden Vertragsabschluss, der Veröffentlichung des Kauf- oder Tauschangebots oder des Erwerbs einer die Kontrolle begründenden Beteiligung bei der Europäischen Kommission in Brüssel anzumelden. Die ursprüngliche Wochenfrist, innerhalb derer die Anmeldung zu erfolgen hatte, wurde 2004 abgeschafft. Es ist häufig ratsam, bereits in der Planungsphase einer Transaktion mit der Vorbereitung der Anmeldung zu beginnen. Insbesondere dann, wenn die beteiligten Unternehmen daran interessiert sind, bereits in der ersten Phase des Verfahrens zu einer Freigabe des Zusammenschlussvorhabens zu kommen, ist es sinnvoll, bereits frühzeitig den Kontakt mit der Kommission herzustellen – auch, um den Inhalt der Anmeldung mit der Kommission abzustimmen (so genanntes »informelles Vorverfahren«). Mit Blick auf das Bedürfnis an einer frühzeitigen Einleitung des Prüfungsverfahrens erlaubt es die neugefasste FKVO den Unternehmen jetzt auch, die Anmeldung bereits zu einem früheren Zeitpunkt als bisher vorzunehmen. Eine Anmeldung kann nun bereits auf der Grundlage einer glaubhaft gemachten *Absicht* zum Vertragsschluss oder im Hinblick auf die öffentlich geäußerte *Absicht* zur Abgabe eines Übernahmeangebots eingereicht werden. In der Praxis sind die Unternehmen jedoch häufig wegen der Wahrung der Vertraulichkeit an einer sehr frühzeitigen Anmeldung der Transaktion gehindert.

Einzelheiten zu Anmeldung, Fristen und Anhörung sind in der Verordnung der Kommission Nr. 802/04 vom 21. April 2004[63] geregelt (»DVO«). Gemäß Art. 2 DVO ist zur Anmeldung von Zusammenschlüssen das so genannte »Formblatt CO« zu verwenden und in 35facher Ausfertigung bei der Kommission in Brüssel einzureichen. Das Formblatt CO besteht aus einem umfangreichen Fragenkatalog, der neben Angaben zu den Anmeldern und zu dem Zusammenschlussvorhaben (Abschnitte 1, 2 und 3), zu Eigentums- und Kontrollverhältnissen sowie Verflechtungen der beteiligten Unternehmen (Abschnitt 4), zu den mit der Anmeldung vorzulegenden Unterlagen (Abschnitt 5) auch detaillierte Informationen zu den von dem Zusammenschluss betroffenen Märkten einschließlich Umsatz-, Marktanteils- und Wettbewerberinformationen sowie Aufstellungen über Zulieferer und Kunden und Marktdaten für konglomerate Zusammenschlüsse (Abschnitt 6–9), Angaben zu kooperativen Wirkungen eines Gemeinschaftsunternehmens (Abschnitt 10) sowie eine Erklärung über die Richtigkeit und Vollständigkeit der Angaben (Abschnitt 11) enthält. Im Rahmen des infor-

---

63 ABl. 2004, L 133/1, nachfolgend »DVO«.

mellen Vorverfahrens lässt sich dieser Katalog auf den anzumeldenden Zusammenschluss anpassen und ein Teil der Fragen ausscheiden, deren Beantwortung von der Kommission nicht gefordert wird. Unter Umständen kommt außerdem für Gemeinschaftsunternehmen mit kleinen oder nur geringfügigen Aktivitäten in Europa eine Kurzform-Anmeldung in Betracht.[64]

Der Anmeldepflicht unterliegen sämtliche an der Fusion oder der Begründung einer gemeinschaftlichen Kontrolle beteiligten Unternehmen gemeinsam bzw. im Fall des Kontrollerwerbs die jeweiligen Erwerber der Kontrolle (Art. 4 Abs. 2 FKVO). Der Veräußerer ist nicht anmeldepflichtig. Grundsätzlich besteht die Möglichkeit, für einzelne oder sämtliche Beteiligte eine gemeinsame Anmeldung durch einen gemeinsamen Vertreter einreichen zu lassen.

Die Tatsache der Anmeldung wird im Amtsblatt veröffentlicht und Dritten Gelegenheit zur Stellungnahme gegeben.

Unrichtige oder entstellte Angaben in der Anmeldung können von der Kommission mit einem Bußgeld von bis zu 1 %, Verstöße gegen die Anmeldepflicht mit einem Bußgeld von bis zu 10 % des von dem beteiligten Unternehmen erzielten Gesamtumsatzes geahndet werden (Art. 14 Abs. 1 Buchstabe a), Abs. 2 Buchstabe a) FKVO). Unrichtige oder entstellte Angaben in der Anmeldung hemmen zudem den Ablauf der der Kommission gesetzten Fristen, wenn deswegen ein Auskunftsverlangen oder Nachprüfungen erforderlich werden. Gemäß Art. 5 Abs. 3 DVO in Verbindung mit Art. 9 Abs. 1 Buchstabe d) DVO gilt dies auch, wenn die Anmelder Änderungen nicht der Kommission mitteilen, die nach Anmeldung eingetreten sind und, hätten sie bei Anmeldung schon vorgelegen, anmeldepflichtig gewesen wären.

bb) Vollzugsverbot

Vor Anmeldung des Zusammenschlussvorhabens und der auf Grundlage einer solchen Anmeldung erfolgten Freigabe dürfen Zusammenschlüsse mit gemeinschaftsweiter Bedeutung gemäß Art. 7 Abs. 1 FKVO grundsätzlich nicht vollzogen werden. Eine Ausnahme gilt nach Art. 7 Abs. 2 FKVO für öffentliche Übernahme- oder Tauschangebote, soweit diese vollständig angemeldet wurden und der Erwerber die mit den Anteilen verbundenen Stimmrechte nicht oder nur zur Erhaltung des vollen Wertes seiner Investition und aufgrund einer besonderen Befreiung durch die Kommission ausübt. Darüber hinaus kann die Kommission auf Antrag Befreiungen vom Vollzugsverbot erteilen. Bei der Befreiung sind die möglichen Auswirkungen des Aufschubs des Vollzugs auf ein oder mehrere an dem Zusammenschluss beteiligte Unternehmen oder auf Dritte sowie die mögliche Gefährdung des Wettbewerbs durch den Zusammenschluss zu berücksichtigen. Bei der Gewährung entsprechender Befreiungen ist die Kommission eher zurückhaltend. Grundsätzlich kann eine solche Befreiung auch bereits vor der Anmeldung beantragt und erteilt werden. Die Befreiung kann unter

---

64 Vereinfachtes Formblatt zur Anmeldung eines Zusammenschlusses, Anhang II zu VO 802/2004 (»DVO«).

Bedingungen oder Auflagen erfolgen, um die Voraussetzungen für einen wirksamen Wettbewerb zu sichern.

Verstöße gegen das Vollzugsverbot führen nach Art. 7 Abs. 4 FKVO zur schwebenden Unwirksamkeit der betreffenden Rechtsgeschäfte. Erst mit der Freigabe des Zusammenschlusses durch die Kommission werden diese Geschäfte wirksam. Ausnahmsweise uneingeschränkt wirksam bleiben Rechtsgeschäfte über Wertpapiere, soweit diese Wertpapiere zum Handel auf dem Markt eines oder mehrerer Mitgliedstaaten zugelassen sind. Geschützt ist allerdings nur der hinsichtlich des Verstoßes gegen das Vollzugsverbot gutgläubige Erwerber. Die Kommission kann Verstöße gegen das Vollzugsverbot ferner mit Geldbußen von bis zu 10% des von den beteiligten Unternehmen erzielten Gesamtumsatzes ahnden.

cc) **Verfahrensablauf**

Mergers & Acquisitions, die Zusammenschlüsse mit gemeinschaftsweiter Bedeutung darstellen, sind bei dem jeweils zuständigen Fusionskontrollreferat der Generaldirektion Wettbewerb bei der Europäischen Kommission anzumelden und werden dort auf ihre Vereinbarkeit mit dem Gemeinsamen Markt überprüft. Bei diesem Prüfverfahren sind grundsätzlich zwei Phasen zu unterscheiden. In einer ersten Phase, die seit der Reform der FKVO 25 bzw. – bei von den Unternehmen zur Beseitigung der wettbewerbsrechtlichen Bedenken angebotenen Zusagen[65] – 35 Arbeitstage umfasst, prüft das zuständige Fusionskontrollreferat, ob sie den angemeldeten Zusammenschluss freigeben oder wegen erheblicher Bedenken hinsichtlich der Vereinbarkeit des Zusammenschlusses mit dem Gemeinsamen Markt die zweite Phase des Prüfungsverfahrens eröffnen will. Nach Eröffnung der zweiten Phase steht der Kommission eine Prüfungsfrist von weiteren 90 Arbeitstagen zur Verfügung, um endgültig über den Zusammenschluss zu entscheiden. Bieten die Unternehmen Zusagen an, so verlängert sich diese Frist automatisch um 15 Arbeitstage. Zusätzlich besteht für die Unternehmen zu Beginn der zweiten Prüfungsphase die Möglichkeit, die Frist einseitig um 20 Arbeitstage zu verlängern. Sowohl die Kommission als auch die beteiligten Unternehmen können zudem zu jedem anderen Zeitpunkt einvernehmlich eine solche Verlängerung vereinbaren.

Ein Großteil der Verfahren wird bereits in der ersten Phase entschieden. Selbst bei problematischen Fällen wird regelmäßig versucht, durch frühzeitige Zusagen (dazu unten) die Bedenken der Kommission zu beseitigen, um eine detaillierte Prüfung des Zusammenschlusses in der zweiten Phase und die damit für die Transaktion verbun-

---

65 Entsprechende Zusagen, die noch in der ersten Phase berücksichtigt werden sollen, müssen der Kommission jedoch bis spätestens 20 Arbeitstage nach der Anmeldung vorliegen, Art. 19 Abs. 1 DVO. Nach diesem Zeitpunkt steht die Berücksichtigung der Zusagen im Ermessen der Kommission (siehe dazu auch das Urteil des Gerichts erster Instanz vom 3. April 2003 in der Rechtssache T-114/02 »BaByliss«, Slg. 2003, II-1279).

denen Verzögerungen zu vermeiden. Die Chancen für eine Freigabe in der ersten Phase lassen sich durch frühzeitige Kontakte mit der Kommission erhöhen. Insofern bietet es sich an, der Kommission frühzeitig einen Entwurf der Anmeldung zuzuleiten, damit diese noch vor der endgültigen Anmeldung über die benötigten Informationen verfügt und sich auf diese Weise bereits ein Bild über die Wettbewerbssituation machen kann.

Gelingt es den beteiligten Unternehmen innerhalb der ersten Phase nicht, die Kommission davon zu überzeugen, dass der Zusammenschluss nicht zu einer erheblichen Behinderung wirksamen Wettbewerbs führt, so stellt die Kommission in einer förmlichen Entscheidung fest, dass der Zusammenschluss Anlass zu ernsten Bedenken hinsichtlich seiner Vereinbarkeit mit dem Gemeinsamen Markt gibt und leitet das Hauptverfahren ein. Ergeht eine entsprechende Entscheidung nicht fristgemäß, so gilt der Zusammenschluss als mit dem Gemeinsamen Markt für vereinbar erklärt.[66]

Eine Verlängerung der ersten Phase auf 35 Arbeitstage ist außer für den Fall von Zusagen der Unternehmen auch dann vorgesehen, wenn eine nationale Wettbewerbsbehörde die Verweisung des Verfahrens an sich beantragt. Eine solche Verweisung ist insbesondere dann möglich, wenn zu befürchten ist, dass der Zusammenschluss den Wettbewerb auf einem Markt in diesem Mitgliedstaat erheblich beeinträchtigen wird. Wird dem Antrag stattgegeben, entscheiden die betreffenden nationalen Wettbewerbsbehörden über das Zusammenschlussvorhaben nach ihrem jeweiligen nationalen Recht.

Entscheidet die Kommission und hat sie die zweite Prüfungsphase eröffnet, so wird die Eröffnung des Hauptverfahrens im Amtsblatt veröffentlicht und Dritten Gelegenheit zur Stellungnahme gegeben. Bestätigen sich in der Hauptprüfungsphase die Bedenken der Kommission, so werden diese als so genannte »Beschwerdepunkte« den beteiligten Unternehmen mitgeteilt und diese zur Stellungnahme aufgefordert. Nur auf die in den Beschwerdepunkten geäußerten Bedenken kann die Kommission ihre spätere Entscheidung stützen.

Im Hauptverfahren haben die beteiligten Unternehmen Gelegenheit zur Akteneinsicht.[67] Darüber hinaus besteht die Möglichkeit der mündlichen Anhörung.[68] Zu solchen Anhörungen können auch dritte Unternehmen, beispielsweise Wettbewerber oder Kunden der beteiligten Unternehmen, geladen werden.

Zur Prüfung des Zusammenschlussvorhabens stehen der Kommission umfangreiche Ermittlungsbefugnisse zur Verfügung. So kann die Kommission formelle und informelle Auskunftsverlangen an Unternehmen, die zuständigen Behörden der Mitgliedstaaten oder Regierungen richten. Hiervon macht die Kommission regelmäßig intensiven Gebrauch, indem sie vor allem an die wichtigsten Kunden und Lieferanten sowie an die wichtigsten Wettbewerber der beteiligten Unternehmen in allen betroffenen Märkten umfangreiche Fragenkataloge zur kurzfristigen Beantwortung

---

66 Vgl. Art. 10 Abs. 6 FKVO.
67 Art. 18 Abs. 3 Satz 3 FKVO.

übermittelt. Sie kann auch selbst Nachprüfungen vornehmen bzw. durch die Wettbewerbsbehörden der Mitgliedstaaten vornehmen lassen. Zu diesem Zweck ist die Kommission berechtigt, sämtliche Räumlichkeiten, Grundstücke und Transportmittel zu betreten, Bücher und sonstige Geschäftsunterlagen zu prüfen, Kopien anzufertigen oder anzufordern sowie mündliche Erklärungen an Ort und Stelle zu verlangen. Seit der letzten Reform der FKVO im Jahr 2004 hat die Kommission dabei auch erstmals das Recht, Geschäftsräume und -unterlagen für bis zu 48 Stunden zu versiegeln.

Weiterhin ungeklärt und in der neuen Verordnung ebenso wie im neuen Kartellverfahrensrecht bewusst nicht entschieden ist dabei die Frage, inwieweit bei Ermittlungen der europäischen und nationalen Kartellbehörden Unterlagen aufgrund eines sog. »legal privilege« dem Zugriff entzogen sind. Anerkanntermaßen gilt dieser Schutz bisher nur für die Korrespondenz des Unternehmens mit externem Rechtsbeistand. Eine Ausdehnung des Anwaltsprivilegs auf unternehmensinterne Korrespondenz mit dem Hausjuristen war bisher abgelehnt worden. Die Frage ist allerdings gegenwärtig Gegenstand eines Gerichtsverfahrens vor dem Gericht Erster Instanz.[69]

Gegen Ende der zweiten Phase bereitet die Generaldirektion Wettbewerb einen Entscheidungsentwurf vor, zu dem der Beratende Ausschuss, ein aus Vertretern der Wettbewerbsbehörden der Mitgliedstaaten bestehendes Gremium, Stellung nimmt. Anschließend entscheidet die Kommission als Kollegialorgan mehrheitlich, ob das Zusammenschlussvorhaben freigegeben oder untersagt wird.

dd) Zusagen, Auflagen und Bedingungen

In einer Reihe problematischer Fälle konnte in der Vergangenheit die Untersagung des Zusammenschlussvorhabens durch Zusagen der beteiligten Unternehmen abgewendet werden. Solche Zusagen sind in der ersten Phase bis spätestens drei Wochen nach Anmeldung und in der zweiten Phase bis spätestens drei Monate nach Einleitung des Hauptverfahrens vorzulegen. Mit entsprechenden Zusagen sollen die Bedenken hinsichtlich der Vereinbarkeit des Zusammenschlusses mit dem Gemeinsamen Markt beseitigt und die Kommission zur Freigabe bewegt werden. In der Regel empfiehlt es sich, den Inhalt von Zusagen bereits vorher mit der Kommission zu besprechen und abzustimmen, um dadurch die Wahrscheinlichkeit zu erhöhen, dass die vorzulegende Zusage aus Sicht der Kommission ausreicht, um das wettbewerbliche Problem zu beseitigen.

Es soll noch einmal betont werden, dass es bei kartellrechtlich problematischen Transaktionen sinnvoll ist, schon in der Planungsphase über mögliche Modifikationen

---

68 Vgl. Art. 14 – 16 DVO.
69 Verbundene Rechtssachen T-125/03 und T-253/03 – »Akzo Nobel Chemicals und Akcros/Kommission«, bisher ist in dieser Sache nur eine einstweilige Verfügung ergangen (Beschluss des Gerichts erster Instanz im einstweiligen Rechtsschutz vom 30.10.2003), die vom Gerichtshof inzwischen jedoch wieder aufgehoben wurde (Beschluss vom 27. September 2004 in der Rechtssache C-7/04).

der Transaktion nachzudenken. Entsprechende Rückfallpositionen können dazu beitragen, das Scheitern der Transaktion für den Fall zu verhindern, dass kartellrechtliche Probleme auftreten. Ihre frühzeitige Berücksichtigung ermöglicht es den beteiligten Unternehmen, innerhalb der kurzen Verfahrensfristen angemessen auf die Bedenken der Kommission zu reagieren.

Zur näheren Erläuterung ihrer Zusagenpraxis hat die Kommission eine Mitteilung erlassen. Als untersagungsabwendende Zusagen kommen danach Veräußerungs- oder Entflechtungszusagen in Betracht, durch die Tochtergesellschaften oder Unternehmensteile in kritischen Märkten an dritte Unternehmen veräußert werden. Dabei steht es den beteiligten Unternehmen frei, die betreffenden Unternehmensteile bereits vor der Genehmigungsentscheidung der Kommission an Dritte zu veräußern oder erst nach Erteilung der Genehmigung innerhalb einer von der Kommission festgesetzten Frist. Neben so genannten »strukturellen Zusagen« kommen in Ausnahmefällen auch »verhaltensbezogene Zusagen« in Betracht, durch die sich die beteiligten Unternehmen zu einem bestimmten Verhalten verpflichten, durch das der Wettbewerb auf den betroffenen Märkten aufrecht erhalten werden soll. Mitunter hat die Kommission auch die Verpflichtung der beteiligten Unternehmen akzeptiert, bestimmte Schlüsseltechnologien an interessierte dritte Unternehmen zu marktüblichen Bedingungen zu lizensieren[70].

Um sicherzustellen, dass die im Zusammenschlussvorhaben gegebenen Zusagen auch eingehalten werden, hat die Kommission die Möglichkeit, ihre Freigabeentscheidung mit Bedingungen und Auflagen zu versehen. Dies ist inzwischen in beiden Prüfungsphasen möglich. Halten die beteiligten Unternehmen Auflagen nicht ein, so kann die Kommission ihre Erfüllung mit Hilfe von Zwangsgeldern durchsetzen und erforderlichenfalls die Genehmigung des Zusammenschlusses widerrufen.[71] In ihrer neueren Praxis verlangt die Kommission vor allem bei Veräußerungszusagen häufig die Bestellung eines Treuhänders, der die Erfüllung der Verpflichtungen aus den Zusagen überwacht.

ee) Rücknahme der Anmeldung

Wird deutlich, dass die Kommission das Zusammenschlussvorhaben endgültig untersagen wird, so kann es unter Umständen ratsam sein, die Anmeldung zurückzuziehen, um den Erlass einer entsprechenden Entscheidung zu vermeiden. Gem. Art. 6 Abs. 1 Buchstabe c) Satz 2 FKVO müssen die beteiligten Unternehmen dabei glaubhaft machen, dass sie den Zusammenschluss aufgegeben haben – im Falle einer bloßen Rücknahme ohne ein Abstandnehmen von dem Zusammenschluss ist die Kommission dagegen verpflichtet, das Verfahren trotz Rücknahme der Anmeldung mit

---

70 Z.B. »Hoffmann La Roche/Boehringer Mannheim«, ABl. 1998, L 234/14 oder »Dow Chemical/Union Carbide«, ABl. 2001, L 245/1.
71 Art. 6 Abs. 3 Buchstabe b) und Art. 8 Abs. 5 Buchstabe b) FKVO.

einer förmlichen Entscheidung zu Ende zu führen. Nach dem Urteil des Gerichts Erster Instanz in der Sache »MCI/Kommission« muss allerdings davon ausgegangen werden, dass darunter nur der Zusammenschluss »in der in der Anmeldung geschilderten Form« zu verstehen sein kann. Die bloße *Absicht*, den Zusammenschluss zu einem späteren Zeitpunkt in einer anderen Form doch durchzuführen, kann – ohne dass sich diese Absicht in irgendeiner Form objektiv manifestiert hätte – keine Befugnis der Kommission begründen, den angemeldeten Zusammenschluss trotz Rücknahme der Anmeldung formell zu untersagen.[72]

ff) Rechtsmittel und Rechte Dritter

Gegen Untersagungsentscheidungen der Kommission oder Entscheidungen unter Auflagen und Bedingungen kann von den beteiligten Unternehmen binnen zwei Monaten Nichtigkeitsklage vor dem Gericht Erster Instanz erhoben werden. Daneben steht auch gegen förmliche Auskunftsentscheidungen, Nachprüfungsanordnungen sowie Geldbuße- und Zwangsgeldfestsetzungen der Rechtsweg gemäß Art. 16, Art. 11 Abs. 5 und Art. 13 Abs. 3 FKVO offen.

Soweit Dritte ein hinreichendes Interesse an dem Verfahrensausgang darlegen können, wie dies z.B. bei Wettbewerbern, Lieferanten oder Abnehmern, aber auch Mitgliedern der Leitungsorgane oder Arbeitnehmervertretern der Fall sein kann, stehen ihnen im Hauptverfahren bestimmte Informations- und Anhörungsrechte zu. Wirtschaftlich betroffene Wettbewerber, Abnehmer oder Lieferanten können außerdem die Freigabeentscheidung der Kommission vor dem Gericht Erster Instanz anfechten.

gg) Entflechtung vollzogener Zusammenschlüsse

Wird ein Zusammenschluss vollzogen, ohne dass er angemeldet und von der Kommission freigegeben wurde oder wurde er unter Verstoß gegen eine Bedingung vollzogen, unter der die Freigabe erfolgt ist, so besteht nach Art. 8 Abs. 4 FKVO die Möglichkeit, bei Vorliegen der Untersagungsvoraussetzung die Entflechtung des Zusammenschlusses anzuordnen. Eine solche Entscheidung unterliegt zwar dem Grundsatz der Verhältnismäßigkeit. Angesichts der nun eindeutig formulierten Zielvorgabe einer Rückkehr zum »Zustand vor dem Vollzug des Zusammenschlusses« wird die Kommission nun in der Wahl der Entflechtungsmaßnahmen jedoch deutlich stärker als bisher eingeschränkt sein. So wird etwa die Aufgabe der erworbenen Anteile nur bis zum Verlust der Kontrolle, aber unter Beibehaltung einer Minderheitsbeteiligung, künftig nicht mehr ausreichend sein.[73] Zur Durchsetzung entsprechender Anordnungen können Geldbußen bzw. Zwangsgelder verhängt werden.[74]

---

72 Urteil vom 28.9.2004 in der Rechtssache T-310/00 »MCI/Kommission«.
73 So etwa noch in der Entscheidung der Kommission vom 30.01.2002 M.2283 »Schneider/Legrand«.
74 Art. 14 Abs. 2 lit. c) bzw. Art. 15 Abs. 1 lit. d) FKVO.

hh) Verhältnis zu Art. 81 und 82 EG-Vertrag und zur nationalen Fusionskontrolle

Auf Mergers & Acquisitions, die Zusammenschlüsse im Sinne von Art. 3 FKVO mit gemeinschaftsweiter Bedeutung im Sinne von Art. 1 FKVO darstellen, findet allein die FKVO Anwendung. Wie bereits dargestellt, unterliegt damit auch die Gründung von Gemeinschaftsunternehmen der Fusionskontrolle. Soweit die Gründung eines der Fusionskontrolle unterliegenden Gemeinschaftsunternehmens eine Koordinierung des Wettbewerbsverhaltens der an diesem Gemeinschaftsunternehmen beteiligten Muttergesellschaften bewirkt, wird im Rahmen des Fusionskontrollverfahrens auch die Anwendbarkeit des Kartellverbots in Art. 81 EG-Vertrag geprüft. Dies hat jedoch keine Auswirkungen auf das Verfahren. Es ändert sich lediglich der Umfang der materiellen Prüfung.

Da die FKVO nur auf Vollfunktionsgemeinschaftsunternehmen Anwendung findet, werden Gemeinschaftsunternehmen, die nicht auf Dauer alle Funktionen einer selbstständigen wirtschaftlichen Einheit erfüllen, nach Art. 81 und 82 EG-Vertrag beurteilt. Dies gilt z.B. für Gemeinschaftsunternehmen, die auf Forschung und Entwicklung oder auf die Produktion beschränkt sind. Das Gleiche gilt für kooperative Gemeinschaftsunternehmen, die mangels gemeinschaftsweiter Bedeutung nicht der FKVO unterliegen.

Ansonsten ist für Mergers & Acquisitions außerhalb des Anwendungsbereichs der FKVO die Anwendbarkeit der Fusionskontrollvorschriften der Mitgliedstaaten zu prüfen. Bestimmte Mergers & Acquisitions, die entweder keinen Zusammenschluss im Sinne der FKVO darstellen (z.B. bei bestimmten Minderheitsbeteiligungen) oder die keine gemeinschaftsweite Bedeutung haben, unterliegen möglicherweise der Anwendung nationaler Fusionskontrollvorschriften. Nur innerhalb des Anwendungsbereichs der FKVO sind die mitgliedstaatlichen Wettbewerbsordnungen ausgeschlossen (sog. »One-stop-shop«-Prinzip).[75]

Zur Zuständigkeit der Mitgliedstaaten bei Zusammenschlüssen mit gemeinschaftsweiter Bedeutung kann es nur dann kommen, wenn die Kommission das Verfahren auf Antrag der Wettbewerbsbehörde eines Mitgliedstaats an diese verweist.[76] Eine solche Verweisung kommt insbesondere dann in Betracht, wenn ein Zusammenschluss den Wettbewerb auf einem Markt in diesem Mitgliedstaat, der alle Merkmale eines gesonderten Marktes aufweist, erheblich beeinträchtigen würde (Art. 9 Abs. 2 FKVO). Neben den nationalen Wettbewerbsbehörden können gemäß Art. 4 Abs. 4 auch die Unternehmen selbst die Verweisung an die Behörde des Mitgliedstaats beantragen. Das Ersuchen kann dabei schon vor Anmeldung bei der Kommission an diese Behörde gerichtet werden. Lehnt sie den Antrag nicht ab und sind die sachlichen Voraussetzungen erfüllt, so verweist die Kommission den Zusammenschluss noch vor einer Anmeldung an den Mitgliedstaat. Im Falle einer Verweisung an die Wettbewerbsbe-

---

75 Art. 21 Abs. 2 FKVO.
76 Art. 9 FKVO.

hörde des Mitgliedstaats wird über das Zusammenschlussvorhaben oder den verwiesenen Teil des Vorhabens von den jeweiligen nationalen Behörden entschieden.

3. Deutsche Fusionskontrolle

a) Anwendungsbereich

Zusammenschlüsse, die nicht in den Anwendungsbereich der europäischen Fusionskontrolle fallen und nicht vor ihrer Anmeldung im Inland an die Kommission verwiesen wurden, sind vor ihrem Vollzug beim Bundeskartellamt in Bonn anzumelden, wenn die Aufgreifkriterien des deutschen Fusionskontrollrechts erfüllt sind. Die Kontrolle von Zusammenschlüssen wurde in Deutschland bereits 1973 eingeführt und hat damit eine mehr als 15 Jahre längere Geschichte als die europäische Zusammenschlusskontrolle nach der FKVO. Seit 1973 sind die deutschen Regelungen zur Fusionskontrolle mehrmals verschärft und bestehende Schlupflöcher im Gesetz geschlossen worden.

Durch die am 1. Januar 1999 in Kraft getretene Sechste Novelle zum Gesetz gegen Wettbewerbsbeschränkungen (GWB) wurde die deutsche Fusionskontrolle grundlegend überarbeitet und teilweise dem europäischen Recht angepasst. Zugleich wurde ihr Anwendungsbereich durch das Absenken der Umsatzschwellen für die vorherige Anmeldepflicht ausgedehnt. Entgegen der vorherigen Rechtslage sind nunmehr alle vom GWB erfassten Zusammenschlüsse, die die Umsatzschwellen erreichen, vor ihrem Vollzug anzumelden. Die früher für Zusammenschlüsse von geringerer Bedeutung vorgesehene nachträgliche Vollzugsanzeige genügt nicht mehr.

Die 7. GWB-Novelle, die ursprünglich zusammen mit dem reformierten europäischen Wettbewerbsrecht am 1. Mai 2004 in Kraft treten sollte und deren Verabschiedung sich im Zusammenhang mit der angestrebten umstrittenen Überarbeitung des Pressefusionsrechts jedoch verzögert hat, wird demgegenüber nur kleinere Änderungen im Rahmen des einstweiligen Rechtsschutzes, geringfügige Änderungen des Verfahrensrechts und eine zum jetzigen Zeitpunkt noch nicht endgültig abzusehende Umgestaltung des Pressefusionsrechts mit sich bringen, durch die vor dem Hintergrund der gescheiterten Übernahme des Berliner Verlages durch den Holtzbrinck-Konzern[77] zukünftige Pressefusionen erleichtert werden sollen.[78]

---

77 »Holtzbrinck/Berliner Verlag«, Entscheidung des BKartA vom 10.12.2002, AG 2003, 495; Sondergutachten der Monopolkommission zum Zusammenschlussvorhaben Holtzbrinck/Berliner Verlag WuW 2003, 1009; »Holtzbrinck/Berliner Verlag«, Entscheidung des BKartA vom 2.2.2004, B6 – 120/03; Beschluss des OLG Düsseldorf vom 27. Oktober 2004, VI-Kart 7/04 (V).

78 Zum Zeitpunkt des Redaktionsschlusses dieser Auflage sind die Einzelheiten der Siebten GWB-Novelle noch umstritten, so dass die endgültige Fassung der Novelle noch nicht abzusehen ist. Die folgenden Ausführungen erläutern die für die Zusammenschlusskontrolle

Die Vorschriften zur Zusammenschlusskontrolle sind im siebten Abschnitt des ersten Teils des GWB enthalten. Mergers & Acquisitions, die Gründung von Gemeinschaftsunternehmen und andere Unternehmenstransaktionen müssen nur dann beim Bundeskartellamt angemeldet werden, wenn sie einen der gesetzlich geregelten Zusammenschlusstatbestände erfüllen und die an dem Zusammenschluss beteiligten Unternehmen bestimmte Umsatzschwellen erreichen.

aa) Zusammenschlusstatbestände

(1) Allgemeines

Auch nach dem GWB unterliegen nur strukturelle Veränderungen der Wettbewerbsbedingungen der Zusammenschlusskontrolle. Im Rahmen der Sechsten GWB-Novelle wurden die in § 37 GWB definierten Zusammenschlusstatbestände neu gefasst und dem europäischen Recht insoweit angeglichen, als der Tatbestand des Erwerbs der Kontrolle über ein anderes Unternehmen auch in das GWB Eingang gefunden hat. An den anderen Zusammenschlusstatbeständen, die zum Teil weiter sind als die Zusammenschlusstatbestände des europäischen Rechts, wurde festgehalten. Im Einzelnen sind folgende Zusammenschlusstatbestände zu unterscheiden:

- Vermögenserwerb (§ 37 Abs. 1 Nr. 1 GWB);
- Kontrollerwerb (§ 37 Abs. 1 Nr. 2 GWB);
- Kapitalanteils- oder Stimmrechtserwerb (§ 37 Abs. 1 Nr. 3 GWB);
- Erwerb eines wettbewerblich erheblichen Einflusses (§ 37 Abs. 1 Nr. 4 GWB).

Die deutsche Fusionskontrolle gilt nur für Unternehmen. Als Unternehmen werden grundsätzlich alle natürlichen oder juristischen Personen angesehen, die Waren oder gewerbliche Leistungen herstellen oder vertreiben und diese Tätigkeit nicht ausschließlich der rein privaten Lebensführung oder der abhängigen Arbeit zuzurechnen ist bzw. hoheitliches Handeln der öffentlichen Hand darstellt. Regelmäßig erfüllen Handelsgesellschaften, BGB-Gesellschaften, Vereine und Verbände den Unternehmensbegriff, soweit sie am marktwirtschaftlichen Leistungsaustausch teilnehmen. Ehemals öffentlich-rechtlich organisierte Aktivitäten in den Bereichen Bahn, Post und Telekommunikation sind inzwischen privatisiert und unterliegen damit ohne weiteres der Fusionskontrolle. Daneben sind öffentlich-rechtliche Körperschaften dann als Unternehmen im Sinne des GWB anzusehen, wenn sie unternehmerisch tätig werden, d.h. am Markt auftreten. Auch natürliche Personen gelten als Unternehmen, wenn sie selbst oder durch eine Beteiligung an einem Unternehmen unternehmerisch tätig werden oder freiberuflichen Tätigkeiten nachgehen.

---

maßgeblichen Änderungen daher auf der Grundlage des Kabinettsentwurfs zur Siebten GWB-Novelle vom 12.08.2004 (BT-Drucks. 15/3640), der allerdings insbesondere hinsichtlich der Bestimmungen im Bereich der Pressefusion noch späteren Änderungen unterliegen kann.

(2) Vermögenserwerb

Den Zusammenschlusstatbestand des Vermögenserwerbs erfüllen Transaktionen, bei denen ein Unternehmen das Vermögen eines anderen Unternehmens ganz oder zu einem wesentlichen Teil erwirbt (Asset Deal). Als Vermögen im Sinne dieses Tatbestandes kommen sämtliche unternehmerisch genutzten Vermögensgegenstände in Betracht, wie z.B. Produktionsanlagen, dingliche Rechte und Forderungen, aber auch Immaterialgüterrechte, wie der Goodwill eines Unternehmens, Kundenkarteien, Betriebsgeheimnisse, gewerbliche Schutzrechte (z.B. Warenzeichen) oder Knowhow.

Als »wesentlich« sieht die Rechtsprechung jede betriebliche Teileinheit an, die eine gewisse eigenständige Bedeutung aufweist und der Umsätze zuzuordnen sind. Das gilt ohne weiteres für gesamte Geschäftsbereiche, kann aber auch für die isolierte Übertragung von Warenzeichen oder anderen Vermögenswerten gelten, wenn dadurch die Stellung des Erwerbers auf dem betroffenen Markt beeinflusst werden kann.[79]

(3) Erwerb der Kontrolle

Um eine Harmonisierung der deutschen mit der europäischen Fusionskontrolle herbeizuführen, ist der Zusammenschlusstatbestand des Kontrollerwerbs 1999 in § 37 Abs. 1 Nr. 2 GWB eingefügt worden. Nach der Gesetzesbegründung der Bundesregierung soll sich die Auslegung dieses Tatbestands an der Entscheidungspraxis der Kommission und der Europäischen Gerichte orientieren. Wie bereits oben unter 2. a) aa) (3) ausgeführt, ist Kontrolle als Möglichkeit zu verstehen, einen bestimmenden Einfluss auf die Tätigkeiten eines anderen Unternehmens auszuüben. Die Kontrolle kann durch Rechte, Verträge oder andere Mittel begründet werden. In § 37 Abs. 1 Nr. 2 GWB werden Eigentums- oder Nutzungsrechte an der Gesamtheit oder Teilen des Vermögens eines Unternehmens sowie Rechte oder Verträge genannt, die einen bestimmenden Einfluss auf die Zusammensetzung, die Beratung oder Beschlüsse der Organe des Unternehmens gewähren. Unabhängig von der Art der Transaktion wird jeder Übergang unternehmerisch genutzter Ressourcen von einem oder mehreren Unternehmen auf ein oder mehrere andere Unternehmen erfasst, durch die der bzw. die Erwerber neue Einflussmöglichkeiten erlangen.

Der Zusammenschlusstatbestand des Kontrollerwerbs kann damit sowohl durch einen Asset Deal als auch durch einen Share Deal erfüllt werden. Praktisch wichtigster Fall des Kontrollerwerbs ist der Erwerb einer mehr als 50%-igen Beteiligung an einem anderen Unternehmen. Daneben kann auch bei Beteiligung unter 50% ein Kontrollerwerb vorliegen, wenn der Erwerber über eine dauerhafte faktische Hauptversammlungsmehrheit verfügt.

---

[79] Zuletzt hat das BKartA etwa den Erwerb der Lizenz zur Herausgabe einer deutschen Ausgabe der Zeitschrift »National Geographic« als Vermögenserwerb eingestuft, da aufgrund der großen Verbreitung der Marke für englische Ausgaben durch die Lizenzierung eine relevante Marktposition selbst für eine deutsche Erstausgabe übertragen wurde, Entscheidung des BKartA vom 2.8.2004, B6 – 26/04.

Unabhängig von der Höhe der gesellschaftsrechtlichen Beteiligung ist der Erwerb der Kontrolle auch durch den Erwerb von Eigentums- und Nutzungsrechten an der Gesamtheit oder einem Teil eines Unternehmens, z.B. durch Betriebspacht- oder Betriebsüberlassungsverträge denkbar. Außerdem können die in § 37 Abs. 1 Nr. 2 b) GWB genannten Rechte und Verträge, z.B. Konzernverträge, oder personelle Verflechtungen den für den Tatbestand des Kontrollerwerbs erforderlichen bestimmenden Einfluss vermitteln.

Die Kontrolle im Sinne von § 37 Abs. 1 Nr. 2 GWB kann nicht nur durch ein einzelnes, sondern auch durch mehrere Unternehmen gemeinsam erworben werden. Eine gemeinsame Kontrolle setzt einen dauerhaften Interessengleichklang voraus, der mit hinreichender Wahrscheinlichkeit eine gleichgerichtete Einflussnahme erwarten lässt, die über eine allgemeine gemeinsame Interessenlage hinausgeht. Die Koordinierung der Einflussnahme der gemeinsam kontrollierenden Muttergesellschaften kann vertraglich abgesichert sein oder auf tatsächlichen Umständen beruhen. Die Möglichkeit wechselnder Mehrheiten spricht zwar gegen eine gemeinsame Kontrolle, kann aber durch faktische Gleichförmigkeit der Einflussnahme entkräftet werden.

(4)   Kapitalanteils- oder Stimmrechtserwerb

Nach § 37 Abs. 1 Nr. 3 GWB liegt ein Zusammenschluss vor, wenn ein Unternehmen Anteile an einem anderen Unternehmen erwirbt und dadurch insgesamt eine Beteiligung von 25% oder 50% des Kapitals oder der Stimmrechte erwirbt. Mit jedem Erwerbsvorgang, durch den die vorgenannten Beteiligungsschwellen erreicht werden, liegt ein neuer Zusammenschlusstatbestand vor, der beim Bundeskartellamt anzumelden ist, wenn die entsprechenden Umsatzschwellen erreicht werden. Bei dem Erwerb einer Beteiligung von über 50% wird regelmäßig auch ein Kontrollerwerb im Sinne von § 37 Abs. 1 Nr. 2 GWB gegeben sein.

Nach § 37 Abs. 1 Nr. 3 GWB stellt der Erwerb von 25% oder 50% der Anteile einen vertikalen Zusammenschluss zwischen dem Erwerber und dem zu erwerbenden Unternehmen dar. Darüber hinaus fingiert § 37 Abs. 1 Nr. 3 Satz 3 GWB gleichzeitig einen horizontalen Zusammenschluss zwischen sämtlichen Unternehmen, die jeweils mehr als 25% der Anteile des betreffenden Unternehmens halten. Erwerben daher mehrere Unternehmen gleichzeitig oder nacheinander Anteile von 25% oder mehr, so gilt dies zumindest hinsichtlich der Märkte, auf denen das Unternehmen tätig ist, an dem die betreffende Beteiligung erworben wird, auch als Zusammenschluss der sich mit 25% oder mehr beteiligenden Unternehmen untereinander. Hierdurch soll den Auswirkungen einer solchen Transaktion auf den Wettbewerb zwischen den Müttern eines Gemeinschaftsunternehmens (so genannter »Gruppeneffekt«) Rechnung getragen werden.

Bei der Berechnung der Beteiligungsschwellen werden die bereits gehaltenen Anteile und die neu hinzu erworbenen Anteile zusammengerechnet. Dem erwerbenden Unternehmen werden außerdem die Beteiligungen anderer Gesellschaften zugerechnet, die zu demselben Konzern gehören. Schließlich werden sämtliche Anteile, die von einem anderen Unternehmen treuhänderisch für Rechnung des Erwerbers gehalten werden, mit einbezogen.

(5) Erwerb eines wettbewerblich erheblichen Einflusses

Auch der Erwerb eines wettbewerblich erheblichen Einflusses stellt nach § 37 Abs. 1 Nr. 4 GWB einen Zusammenschluss dar. Dadurch werden vor allem Minderheitsbeteiligungen unterhalb der 25%-Schwelle erfasst, aufgrund derer unter Berücksichtigung des zwischen den Unternehmen bestehenden gesamten Beziehungsgeflechts zu erwarten ist, dass der Wettbewerb zwischen den beteiligten Unternehmen so wesentlich eingeschränkt wird, dass die Unternehmen nicht mehr unabhängig auf dem Markt auftreten. Dieser Auffangtatbestand findet in der Regel auf Umgehungstatbestände und auf Transaktionen Anwendung, die dem Erwerber einer Beteiligung unter 25% eine Rechtsstellung verschafft, die normalerweise nur einem qualifizierten Minderheitsgesellschafter zukommt. Nach der Praxis des Bundeskartellamts ist dies etwa dann der Fall, wenn dem Gesellschafter bestimmte Entsendungsrechte,[80] Mitwirkungsrechte bei wichtigen geschäftspolitischen Entscheidungen oder die Übernahme der Leitung einzelner Unternehmensteile übertragen werden. Nicht erforderlich ist allerdings, dass die gesellschaftsrechtliche Stellung einem Unternehmen die *rechtliche* Position eröffnet, seine Vorstellungen in einem anderen Unternehmen durchzusetzen. Es genügt vielmehr, dass ein Unternehmen die tatsächliche Möglichkeit erlangt, über seine gesellschaftsrechtliche Stellung in seinem Sinne auf das Wettbewerbsgeschehen einzuwirken.[81] Ein wettbewerblich erheblicher Einfluss kann nach der Praxis des Bundeskartellamts auch dann entstehen, wenn zu erwarten ist, dass der Mehrheitsgesellschafter aufgrund von rein tatsächlichen Umständen auf die Interessen des Minderheitsgesellschafters Rücksicht nehmen wird.[82] In der Praxis wird die Reichweite des Zusammenschlusstatbestandes »wettbewerblich erheblicher Einfluss« häufig unterschätzt. Zur Vermeidung rechtlicher Risiken empfiehlt sich bei Minderheitsbeteiligungen unter 25% in jedem Fall eine sorgfältige juristische Einzelfallprüfung.

(6) Ausnahmen vom Zusammenschlusstatbestand

Rein unternehmens- oder konzerninterne Umstrukturierungen oder Transaktionen sind ebenso wie im europäischen Recht kein Zusammenschluss im Sinne des § 37 GWB. Ein kontrollpflichtiger Zusammenschluss liegt auch dann nicht vor, wenn die beteiligten Unternehmen bereits vorher zusammengeschlossen waren und der Zusammenschluss nicht zu einer wesentlichen Verstärkung der bestehenden Unternehmensverbindung führt (§ 37 Abs. 2 GWB a.E.). Dies gilt insbesondere für unbedeutende Anteilsaufstockungen, durch die die Einflussmöglichkeiten des erwerbenden Unternehmens nicht entscheidend verändert werden, und für den Erwerb von Anteilen durch Unternehmen, die bereits über eine Mehrheitsbeteiligung verfügen. Führt eine

---

80 »Deutsche Post/trans-o-flex«, BKartA WuW/E DE-V 501: gesteigerte Einflussnahmemöglichkeiten durch das vertragliche Recht zur Entsendung einer bestimmten Zahl von Aufsichtsratsmitgliedern.
81 »Minderheitenbeteiligung im Zeitschriftenhandel«, BGH AG 2001, 411.
82 »VNG/EMB/Gasmarkt«, BKartA WuW/E DE-V 786, »E.ON/Versorgungsgesellschaft Straubing«, Entscheidung des BKartA vom 25.2.2003, B 8-144/02.

– für sich genommen – geringfügige Aufstockung jedoch zum Erreichen der gesetzlichen Beteiligungsschwellen (25 % oder 50 %), liegt in jedem Fall ein Zusammenschluss vor. Auch die Erhöhung einer Mehrheitsbeteiligung kann eine wesentliche Verstärkung bedeuten, wenn dabei qualifizierte Minderheitsgesellschafter ihre Einflussmöglichkeiten verlieren.

Eine weitere Ausnahme vom Zusammenschlusstatbestand gilt für den Erwerb von Beteiligungen durch Kreditinstitute, Finanzinstitute oder Versicherungsunternehmen. Werden entsprechende Beteiligungen zum Zwecke der Veräußerung erworben, so liegt kein Zusammenschluss vor, wenn die mit dem Erwerb verbundenen Stimmrechte nicht ausgeübt werden und die Weiterveräußerung innerhalb eines Jahres erfolgt (§ 37 Abs. 3 GWB). Die Jahresfrist kann vom Bundeskartellamt auf Antrag verlängert werden.

bb) Umsatzschwellen

Auch die deutschen Vorschriften über die Zusammenschlusskontrolle finden nur dann Anwendung, wenn die an dem Zusammenschluss beteiligten Unternehmen bestimmte Umsatzschwellen erreichen. Die Umsatzschwellen sind in § 35 GWB geregelt. Beim Bundeskartellamt sind jene Zusammenschlüsse anzumelden, bei denen die beteiligten Unternehmen im letzten abgeschlossenen Geschäftsjahr vor dem Zusammenschluss insgesamt weltweite Umsatzerlöse von mehr als Euro 500 Mio. erzielt haben und gleichzeitig mindestens eines der beteiligten Unternehmen im Inland Umsatzerlöse von mehr als Euro 25 Mio. erzielt hat. Durch die mit der Sechsten GWB-Novelle neu eingeführte »de-minimis-Schwelle« von Euro 25 Mio. sollen Auslandszusammenschlüsse mit nur geringfügigen Auswirkungen im Inland der Fusionskontrolle entzogen werden.

Sind die vorgenannten Umsatzschwellen erfüllt, ist die deutsche Fusionskontrolle regelmäßig auch auf Auslandszusammenschlüsse anzuwenden. Zwar sind die Vorschriften über die Zusammenschlusskontrolle nach § 130 Abs. 2 GWB nur anwendbar, wenn sich eine Transaktion spürbar im Inland auswirkt (so genanntes »Auswirkungsprinzip«). Spürbare inländische Auswirkungen liegen nach Auffassung des Bundeskartellamtes aber immer dann vor, wenn zumindest eines der beteiligten Unternehmen auch im Inland tätig ist und dabei Inlandsumsätze von mindestens Euro 25 Mio. erzielt.

Etwas anderes gilt nur für den Fall, dass der Zusammenschluss selbst in keinem Zusammenhang mit den Inlandsaktivitäten der beteiligten Unternehmen steht und folglich mittelbare Auswirkungen auf den Wettbewerb in der Bundesrepublik ausgeschlossen werden können. Wegen des bestehenden Bußgeldrisikos sowie des Risikos der Unwirksamkeit des Zusammenschlusses nach deutschem Recht ist es in Zweifelsfällen sinnvoll, das Zusammenschlussvorhaben rein vorsorglich beim Bundeskartellamt anzumelden bzw. erst nach Absprache mit dem Bundeskartellamt von einer Anmeldung abzusehen.

Gesetzliche Ausnahmen hinsichtlich der Anwendung der deutschen Fusionskontrolle finden sich in § 35 Abs. 2 GWB für so genannte Anschluss- und Bagatellmarkt-Fälle. Um kleinen und mittelständischen Unternehmen die Verwertung des Unternehmensvermögens zu erleichtern, unterfallen Zusammenschlüsse von unabhängigen, nicht konzernangehörigen Unternehmen mit Umsatzerlösen unter Euro 10 Mio. nicht der Fusionskontrolle (§ 35 Abs. 2 Nr. 1 GWB). Dies galt jedoch bisher nicht für Zusammenschlüsse, die den Wettbewerb unter Verlagen bei der Herstellung oder dem Vertrieb von Zeitungen oder Zeitschriften oder deren Bestandteile betreffen. Diese Rückausnahme soll nach dem Kabinettsentwurf für die 7. GWB-Novelle vom 12. August 2004 künftig entfallen. Die Anschlussklausel würde danach auch für Pressefusionen gelten. Der Kabinettsentwurf sieht allerdings vor, dann den maßgeblichen Schwellenwert für Presseerzeugnisse auf Euro 2 Mio. abzusenken.

Des Weiteren sind Zusammenschlüsse von der Kontrolle ausgenommen, die Märkte betreffen, auf denen seit mindestens fünf Jahren Waren oder gewerbliche Leistungen angeboten werden und auf denen im letzten Kalenderjahr weniger als Euro 15 Mio. umgesetzt wurden (§ 35 Abs. 2 Nr. 2 GWB). Ob die Voraussetzung dieser Bagatellmarktklausel gegeben sind, hängt vor allem von der Abgrenzung der sachlich und räumlich relevanten Märkte ab. Die Prüfung dieser Ausnahme ist daher häufig mit Unsicherheiten verbunden. Darüber hinaus reichen bereits Auswirkungen auf einzelne andere, nicht der Bagatellmarktklausel unterfallende Märkte aus, um den Anwendungsbereich der Fusionskontrolle zu bejahen. Wenn der betroffene Markt nicht mit hinreichender Sicherheit abgegrenzt werden kann, sollte wegen des mit der Nichtanmeldung verbundenen Bußgeld- und Unwirksamkeitsrisikos vorsorglich eine Anmeldung vorgenommen werden oder erst nach Absprache mit dem Bundeskartellamt von einer Anmeldung abgesehen werden.

Für die Umsatzberechnung ist der Zeitpunkt der Anmeldung maßgeblich, so dass regelmäßig die Umsatzerlöse für das letzte abgeschlossene Geschäftsjahr zu Grunde zu legen sind. Dabei sind Umsätze in Fremdwährungen auf der Grundlage des von der Deutschen Bundesbank ermittelten und veröffentlichten amtlichen Durchschnittskurses für das betreffende Jahr umzurechnen. Ausschlaggebend sind, wie auch in der europäischen Fusionskontrolle, die Konzernumsätze der jeweils beteiligten Unternehmen, d.h. Umsätze der Tochter- und Muttergesellschaften der beteiligten Unternehmen einschließlich deren Töchter sind in die Umsatzberechnung einzubeziehen. Demgegenüber sind Umsatzerlöse zwischen miteinander verbundenen Unternehmen wie auch die Mehrwertsteuer oder Verbrauchsteuern nicht zu berücksichtigen.

Sonderregelungen gelten für Handelsumsätze, die nur zu drei Vierteln in Ansatz zu bringen sind (§ 38 Abs. 2 GWB). Außerdem ist für Verlage, die Herstellung und den Vertrieb von Zeitungen, Zeitschriften und deren Bestandteile, die Herstellung, den Vertrieb und die Veranstaltung von Rundfunkprogrammen und den Absatz von Rundfunkwerbezeiten bisher das zwanzigfache der Umsatzerlöse bei der Berechnung der Umsatzschwellen maßgeblich, um so zur Absicherung der verfassungsrechtlich verankerten Pressefreiheit auch Zusammenschlüsse kleinerer Unternehmen der Fusionskontrolle zu unterwerfen. Im Zuge der avisierten Reform des Pressefusionsrechts sieht der Kabinettsentwurf für die 7. GWB-Novelle vom 12.8.2004 allerdings vor, diesen Wert für Presseerzeugnisse auf das 10fache des tatsächlichen Umsatzes herabzusetzen. Im Rundfunksektor soll dagegen weiterhin der 20fache Umsatz in Ansatz gebracht werden.

Bei Kreditinstituten, Finanzinstituten und Bausparkassen tritt nach § 38 Abs. 4 an die Stelle der Umsatzerlöse der Gesamtbetrag der in § 34 Abs. 2 Satz 1 Nr. 1 a) – e) der Verordnung über die Rechnungslegung der Kreditinstitute vom 10.02.1992[83] genannten Erträge abzüglich der Umsatzsteuer und sonstiger direkt auf die Erträge erhobenen Steuern. Einzubeziehen sind Zinserträge, laufende Erträge aus Aktien und anderen nicht festverzinslichen Wertpapieren, Beteiligungen sowie Anteile an verbundenen Unternehmen, Provisionserträge, Nettoerträge aus Finanzgeschäften und sonstige betriebliche Erträge. Des weiteren sind bei Versicherungsunternehmen die Prämieneinnahmen des letzten abgeschlossenen Geschäftsjahres maßgeblich. Prämieneinnahmen werden definiert als Einnahmen aus dem Erst- und Rückversicherungsgeschäft einschließlich der in Rückdeckung gegebenen Anteile.

Für die Berechnung der Umsatzschwellen kommt es auf die Umsätze der jeweils beteiligten Unternehmen an. Welche Unternehmen im Einzelnen an einem bestimmten Zusammenschluss beteiligt sind, richtet sich nach der Art des Zusammenschlusses. Beim Vermögenserwerb nach § 37 Abs. 1 Nr. 1 GWB sind das erwerbende Unternehmen und das zu erwerbende Unternehmen oder der Unternehmensteil, nicht aber der Veräußerer beteiligt. Da das zu erwerbende Vermögen selbst regelmäßig nicht handlungsfähig ist, werden die im Zusammenhang mit dem Zusammenschlussverfahren stehenden Rechte und Pflichten des zu erwerbenden Vermögens regelmäßig durch den Veräußerer wahrgenommen.

Beim Kontrollerwerb nach § 37 Abs. 1 Nr. 2 GWB sind das bzw. die erwerbenden Unternehmen sowie das zu erwerbende bzw. die zu erwerbenden Unternehmen beteiligt. Das gleiche gilt für den Anteilserwerb nach § 37 Abs. 1 Nr. 3 GWB, bei dem sowohl der Erwerber als auch das Unternehmen, dessen Anteile erworben werden sollen, beteiligt sind.

Nicht beteiligt ist beim Anteilserwerb der Veräußerer der Anteile. Nur wenn dieser auch nach der Transaktion mit mindestens 25% an dem zu erwerbenden Unternehmen beteiligt bleibt, ist er ebenfalls Beteiligter des Zusammenschlussverfahrens. Dies folgt aus der Fiktion des § 37 Abs. 1 Nr. 3 Satz 3 GWB, nach der gleichzeitig ein horizontaler Zusammenschluss zwischen allen mit mindestens 25% an dem zu erwerbenden Unternehmen beteiligten Unternehmen angenommen wird.

Im Fall des Erwerbs eines wettbewerblich erheblichen Einflusses sind sowohl das diesen Einfluss erwerbende als auch das Unternehmen beteiligt, an dem ein entsprechender Einfluss begründet wird. Ein horizontaler Zusammenschluss zwischen dem den wettbewerblich erheblichen Einfluss erwerbenden Unternehmen und anderen Gesellschaften, die mit mindestens 25 % an dem Unternehmen beteiligt sind, hinsichtlich dessen der Einfluss erworben wird, besteht nicht, mit der Folge, dass die bisherigen Gesellschafter auch nicht Beteiligte sind.

---

[83] BGBl. I S. 203.

b) Materielle Bewertung von Zusammenschlüssen

Nach § 36 Abs. 1 GWB ist ein Zusammenschluss vom Bundeskartellamt zu untersagen, von dem zu erwarten ist, dass er eine marktbeherrschende Stellung begründet oder verstärkt, es sei denn, die beteiligten Unternehmen weisen nach, dass durch den Zusammenschluss auch Verbesserungen der Wettbewerbsbedingungen eintreten und dass diese Verbesserungen die Nachteile der Marktbeherrschung überwiegen. Anders als in der europäischen Zusammenschlusskontrolle, wo die Begründung oder Verstärkung einer marktbeherrschenden Stellung nur noch als Regelbeispiel für eine erheblichen Behinderung wirksamen Wettbewerbs fungiert, soll der Begriff der Marktbeherrschung damit auch nach der Novellierung des GWB das für die materielle Beurteilung maßgebliche Kriterium bleiben. Hintergrund ist die insbesondere vom Bundeskartellamt vertretene Ansicht,[84] dass der Marktbeherrschungstest ausreiche, um auch so genannte »nicht koordinierte Wirkungen« auf oligopolistischen Märkten zu erfassen, und eine Umstellung des Prüfungskriteriums daher nicht erforderlich sei. Die vollständige Angleichung des GWB an das europäische Wettbewerbsrecht, die das erklärte Ziel der 7. GWB-Novelle war, wird daher zumindest auf diesem Gebiet wohl nicht erreicht werden.

Wie bereits zur europäischen Fusionskontrolle ausgeführt, sollte der angestrebte Zusammenschluss bereits im Vorfeld der Anmeldung materiell geprüft werden, um eventuelle kartellrechtliche Schwierigkeiten im Hinblick auf die spätere Durchführung schon in der Planungsphase berücksichtigen zu können. Dies erlaubt es, möglichen kartellrechtlichen Bedenken frühzeitig und effektiv zu begegnen und die geplante Transaktion kartellrechtskonform zu gestalten.

aa) Marktabgrenzung

(1) Allgemeines

Ausgangspunkt der Beurteilung der Marktbeherrschung ist die Abgrenzung des sachlich und räumlich relevanten Marktes. Wie bereits ausgeführt (vgl. oben 2. b) aa) (1)), beeinflusst die Marktabgrenzung in erheblichem Umfang die Beantwortung der Frage, ob auf dem relevanten Markt eine beherrschende Stellung vorliegt. Nicht selten ist die Frage der Marktabgrenzung der Schlüssel zur Genehmigung von Transaktionen durch das Bundeskartellamt.

(2) Sachlich relevanter Markt

Nach dem allgemein anerkannten Bedarfsmarktkonzept richtet sich die Abgrenzung des sachlich relevanten Marktes nach der Austauschbarkeit der Produkte oder Dienstleistungen aus der Sicht der Nachfrageseite. Das Kammergericht hat in seiner rich-

---

84 Böge, WuW 2004, 138.

tungsweisenden »Handpreisauszeichner«-Entscheidung festgestellt, dass der sachlich relevante Markt »sämtliche Erzeugnisse« umfasst, »die sich nach ihren Eigenschaften, ihrem wirtschaftlichen Verwendungszweck und ihrer Preislage so nahe stehen, dass der verständige Verbraucher sie als für die Deckung eines bestimmten Bedarfs geeignet in berechtigter Weise abwägend miteinander vergleicht und als gegeneinander austauschbar ansieht«.[85]

Das maßgebliche Kriterium der funktionellen Austauschbarkeit für einen bestimmten spezifischen Bedarf darf jedoch nicht dahingehend missverstanden werden, dass nur in ihren Eigenschaften identische Produkte miteinander austauschbar sind. Vielmehr kommt es auf einen typischen Bedarf an, der regelmäßig durch eine ganze Gruppe von Produkten oder Dienstleistungen abgedeckt werden kann. Eine zu enge Interpretation des Bedarfsmarktkonzepts würde zu Märkten führen, die sich auf einzelne Produkte oder Dienstleistungen beschränken, hinsichtlich derer einzelne Unternehmen die einzigen Anbieter und damit marktbeherrschend wären. Ausschlaggebend sind gleichermaßen der Verwendungszweck und die jeweiligen Produkteigenschaften.[86] Daneben spielt in der Praxis auch der Preis eine große Rolle, da erhebliche Preisunterschiede die Austauschbarkeit der betreffenden Produkte/Dienstleistungen grundsätzlich beschränken können.

Des Weiteren berücksichtigt das Bundeskartellamt in Anlehnung an die Entscheidungspraxis der Europäischen Kommission zunehmend Angebotsumstellungsflexibilitäten. Auf die individuellen Bedürfnisse eines Abnehmers zugeschnittene Produkte einer bestimmten Produktgattung (z.B. Kupplungen für einen konkreten Kfz-Hersteller), die aus der Sicht anderer Nachfrager nicht unmittelbar in Austauschbeziehungen stehen, können demnach einem einheitlichen sachlich relevanten Markt zugeordnet werden, wenn seitens der Anbieter die Möglichkeit besteht, die Produktion kurzfristig und ohne größere Kosten auf andere Produkte derselben Gattung (z.B. Kupplungen für andere Kfz- oder gar LKW-Hersteller) umzustellen. Auch Produktsortimente, die üblicherweise von sämtlichen Herstellern angeboten und von der Nachfrageseite sortimentsweise abgenommen werden, werden häufig zu einheitlichen Märkten zusammengefasst. Maßgeblich ist danach nicht das einzelne durch seine Eigenschaften und den jeweiligen Verwendungszweck definierte Produkt, sondern das anhand typischer Eigenschaften bestimmbare Sortiment.

Beispiele für sachlich relevante Märkte in der deutschen Praxis der Fusionskontrolle sind: *Aluminium-, Frischhaltefolie und Gefrierbeutel*[87]; *Autoradios*[88]; *chemische*

---

85 Kammergericht, WuW/E OLG 995, 996.
86 Zusammenfassend zu den Grundsätzen der Marktabgrenzung: »trans-o-flex«, OLG Düsseldorf, WuW/E DE-R 1149. Soweit der Nachfrager mit der Anschaffung das Kernbedürfnis seines Bedarfs befriedigen kann und so die anderen Angebote verdrängt werden, sind die Güter demselben Bedarfsmarkt zuzuordnen.
87 »Melitta-Kraft«, WuW/E BKartA 2370.
88 »Blaupunkt«, WuW/E OLG 4047.

Grundstoffe mit bestimmten Qualitätsmerkmalen[89]; *Edelstahlbestecke*[90]; *Nassfertiggerichte*[91]; *Roh-, Röst- und Instantkaffee*[92]; *Vergaserkraftstoff*[93]; *Zeitungsdruckpapier*[94], *öffentlicher Personennahverkehr*[95], *Hardcover-, Paperback- und Taschenbücher*[96], *regionale und überregionale Tageszeitungen*, sowie *Straßenverkaufszeitungen*.[97]

Bei der Beurteilung der Marktmacht der Nachfrageseite wird ähnlich verfahren wie auf der Angebotsseite. Für die Abgrenzung der sachlich relevanten Beschaffungsmärkte legt das Bundeskartellamt im Bereich des Einzelhandels das gesamte typische Einzelhandelssortiment der Abgrenzung zugrunde.[98] Nach Auffassung des Kammergerichts ist dieser Markt hingegen enger, d.h. nach bestimmten Produktgruppen abzugrenzen.[99] Einzelfragen der Marktabgrenzung bei Beschaffungsmärkten sind in der Praxis noch nicht abschließend geklärt.

(3) Räumlich relevanter Markt

Für die räumliche Marktabgrenzung ist ebenfalls auf die funktionelle Austauschbarkeit aus der Sicht des Nachfragers abzustellen. Untereinander austauschbar sind aus der Sicht der Nachfrageseite diejenigen Angebote, die für den jeweiligen Abnehmer erreichbar sind. Ausgangspunkt ist daher in der Praxis häufig das Tätigkeitsgebiet der betroffenen Unternehmen.

In einem Großteil der Fälle ist der räumlich relevante Markt dabei aus rein tatsächlichen Gründen identisch mit dem gesamten Bundesgebiet. Der Bundesgerichtshof hatte in seinem so genannten »Backofenmarktbeschluss«[100] zudem entschieden, dass das Gebiet der Bundesrepublik auch aus rechtlicher Sicht immer die Obergrenze der räumlichen Marktabgrenzung bilde. Mit seinem Grundsatzurteil in der Rechtsache »Melitta/Schultink«[101] hat der Bundesgerichtshof diese Rechtsprechung nun jedoch zugunsten einer an rein ökonomischen Kriterien orientierten Betrachtung aufgegeben und anerkannt, dass der relevante Markt auch größer sein kann als das Bundesgebiet. Diesem Urteil kommt erhebliche praktische Bedeutung zu. Ausländische Wettbewerber sind hiernach nicht mehr zwangsläufig außerhalb des räumlich relevanten

---

89 »Chemische Grundstoffe II«, WuW/E OLG 1507.
90 »Rheinmetall-WMF«, WuW/E OLG 3137.
91 »Pillsbury-Sonnen-Bassermann«, WuW/E OLG 3759.
92 Tätigkeitsbericht des Bundeskartellamts 1985/86, S. 74.
93 »Agip«, WuW/E BKartA 1494.
94 »Haindl-Holtzmann«, WuW/E BKartA 1475.
95 »OPNV Göttingen«, BKartA WUW/E DE-V 805; »ÖPNV Hannover«, BKartA WuWE DE-V 891; »ÖPNV Saarlouis«, BKartA WuW/E DE-V 937.
96 »Random House/Heyne«, BKartA WUW/E DE-V 918.
97 »Tagesspiegel/Berliner Zeitung«, BKartA WUW/E DE-V 695.
98 »Metro-Kaufhof«, WuW/E BKartA 2060.
99 »Coop-Wandmaker«, WuW/E OLG 3917.
100 BGH WuW/E 3026, 3029.
101 »Melitta/Schultink«, Beschluss des Bundesgerichtshofs vom 5. Oktober 2004 – KVR 14/03.

Marktes tätig und müssen nach § 19 Abs. 2 Satz 1 Nr. 2 GWB nicht mehr nur als potenzielle Wettbewerber im Rahmen der Beurteilung der Marktbeherrschung berücksichtigt werden. Eine über das Bundesgebiet hinausgehende Abgrenzung des räumlich relevanten Marktes stößt in der Praxis jedoch nicht selten auf erhebliche Schwierigkeiten, da die Ermittlungsbefugnisse des Bundeskartellamtes auf das Bundesgebiet beschränkt sind.

Engere regionale oder lokale Märkte können sich aufgrund gesetzlicher Bestimmungen oder tatsächlicher Umstände ergeben. Beispiele hierfür sind das Gesetz über die technischen Überwachungsvereine, das bestimmte räumliche Tätigkeitsbereiche festschreibt, oder die begrenzten Transportradien für *Zement*.[102] Daneben können die beschränkten Möglichkeiten der Abnehmerseite bzw. Verbrauchergewohnheiten zu engeren Märkten führen, wie dies z.B. hinsichtlich des Einzugsbereichs von *Supermärkten*[103], bei lokalen *Abonnementszeitungen*[104] oder bei *öffentlichem Personennahverkehr*[105] der Fall ist.

bb) Marktbeherrschung

Anders als die europäische Fusionskontrolle enthält das GWB in § 19, also außerhalb des Abschnitts zur Fusionskontrolle, eine ausdrückliche Legaldefinition der Marktbeherrschung. Danach ist ein Unternehmen auf dem zuvor abgegrenzten relevanten Markt marktbeherrschend,

- soweit es ohne Wettbewerber ist oder keinem wesentlichen Wettbewerb ausgesetzt ist (§ 19 Abs. 2 Satz 1 Nr. 1 GWB), also über eine rechtliche oder tatsächliche Monopolstellung verfügt;
- wenn es im Verhältnis zu seinen Wettbewerbern über eine überragende Marktstellung verfügt (§ 19 Abs. 2 Satz 1 Nr. 2 GWB). Zu berücksichtigen sind insbesondere der Marktanteil, die Finanzkraft, der Zugang zu den Beschaffungs- oder Absatzmärkten, Verflechtungen mit anderen Unternehmen, rechtliche oder tatsächliche Schranken für den Marktzutritt anderer Unternehmen, der tatsächliche oder potenzielle Wettbewerb durch innerhalb oder außerhalb des Geltungsbereichs dieses Gesetzes ansässige Unternehmen, die Fähigkeit, sein Angebot oder seine Nachfrage auf andere Waren oder gewerbliche Leistungen umzustellen sowie die Möglichkeit der Marktgegenseite, auf andere Unternehmen auszuweichen;
- wenn zwischen zwei oder mehreren Unternehmen für eine bestimmte Art von Waren oder gewerblichen Leistungen ein wesentlicher Wettbewerb nicht besteht und soweit diese Unternehmen in ihrer Gesamtheit entweder keinem wesentlichen

---

102 »Zementmahlanlage II«, WuW/E BGH 1655.
103 »Tengelmann-Gottlieb«, WuW/E BKartA 2441.
104 »Sarstedter Kurier-Kreisanzeiger«, WuW/E BKartA 2641.
105 »OPNV Göttingen«, BKartA WUW/E DE-V 805; »ÖPNV Hannover«, BKartA WuWE DE-V 891.

Wettbewerb ausgesetzt sind oder im Verhältnis zu den übrigen Wettbewerbern eine überragende Marktstellung haben (§ 19 Abs. 2 Satz 2 GWB; Oligopolmarktbeherrschung).

Die Beurteilung der Marktbeherrschung erfolgt anhand der in der Legaldefinition genannten Kriterien. Im Wege einer Gesamtbetrachtung sind alle maßgeblichen Umstände unter besonderer Berücksichtigung der auf dem relevanten Markt herrschenden Wettbewerbsverhältnisse in die Beurteilung einzubeziehen. Neben den für die Fusionskontrolle maßgeblichen Marktstrukturelementen kann auch das aktuelle Wettbewerbsverhalten der auf dem relevanten Markt tätigen Unternehmen Rückschlüsse auf die Wettbewerbsverhältnisse zulassen. Eine überragende Marktstellung ist dann gegeben, wenn nach dem Gesamtbild des Marktes vorhandene Verhaltensspielräume nicht mehr hinreichend durch den Wettbewerb kontrolliert werden und ein funktionsfähiger Wettbewerb nicht besteht.

Besondere Aussagekraft kommt dabei dem Marktanteil des betreffenden Unternehmens zu. Die Bedeutung der Marktanteile wird insbesondere durch die in § 19 Abs. 3 GWB enthaltenen Marktbeherrschungsvermutungen deutlich verstärkt, die an konkrete Marktanteile anknüpfen. Nach § 19 Abs. 3 Satz 1 GWB wird vermutet, dass ein Unternehmen marktbeherrschend ist, wenn es einen Marktanteil von mindestens einem Drittel hat (Einzelmarktbeherrschung). Darüber hinaus gelten mehrere Unternehmen gemeinsam als marktbeherrschend, wenn drei oder weniger Unternehmen zusammen einen Marktanteil von 50% erreichen oder wenn fünf oder weniger Unternehmen zusammen einen Marktanteil von zwei Dritteln innehaben (Oligopolmarktbeherrschung).

Die vorstehenden Vermutungsregeln ermöglichen eine erste Einschätzung, welche Marktanteile als kartellrechtlich problematisch einzustufen sind. Allerdings ist die praktische Bedeutung dieser Vermutungstatbestände dadurch eingeschränkt, dass sie weder das Bundeskartellamt noch die Gerichte von einer umfassenden Prüfung der Wettbewerbsverhältnisse entbinden. Auch bei Vorliegen der Voraussetzungen der Vermutungstatbestände besteht die Möglichkeit nachzuweisen, dass die Wettbewerbsbedingungen wesentlichen Wettbewerb erwarten lassen und die betreffenden Unternehmen im Verhältnis zu ihren Wettbewerbern über keine überragende Marktstellung verfügen. Im Verwaltungsverfahren obliegt der Nachweis der Marktbeherrschung grundsätzlich den Kartellbehörden. Ist jedoch nach Ausschöpfung aller Erkenntnismittel und entsprechender Würdigung des gesamten Verfahrensergebnisses eine marktbeherrschende Stellung weder auszuschließen noch zu bejahen, haben die betroffenen Unternehmen den Gegenbeweis zu führen. Gelingt ihnen dies nicht, gelten sie als marktbeherrschend. In Kartell-Zivilverfahren kommt der Vermutung nach herrschender Ansicht lediglich eine Indizwirkung zu. Eine Beweislastumkehr zulasten der Unternehmen ist damit nicht verbunden. Kriterien, die die Marktbeherrschungsvermutungen widerlegen können, sind z.B. niedrige Marktzutrittsschranken, dauerhafte Überkapazitäten, technologische Veränderungen sowie erhebliche Nachfragemacht der Kunden, die ein Gegengewicht zur Marktmacht auf der Anbieterseite darstellt.

Bei einem Oligopol ist darüber hinaus der Binnenwettbewerb in erheblichem Maße von den Kräfteverhältnissen innerhalb des Oligopols abhängig. Auch die Anzahl der am Oligopol beteiligten Unternehmen und sonstigen Wettbewerber hat entscheidenden Einfluss auf die Wettbewerbsverhältnisse. Da inzwischen überwiegend davon ausgegangen wird, dass ein Oligopol mit geringen Marktanteilsabständen der Unternehmen untereinander, vergleichbaren Ressourcen und einem ähnlich guten Zugang zu Beschaffungs- oder Absatzmärkten eher zur Wettbewerbslosigkeit neigt, weil wettbewerbliche Vorstöße für alle Unternehmen gleich spürbar, wegen der Transparenz leicht erkennbar und aufgrund von Vergeltungspotenzialen wenig Erfolg versprechend sind, werden auch Asymmetrien in der Wettbewerbsstruktur beseitigende Aufholfusionen vom Bundeskartellamt kritisch beurteilt.[106]

cc) Begründung oder Verstärkung von Marktbeherrschung

Die Beurteilung, ob durch einen Zusammenschluss eine marktbeherrschende Stellung begründet oder verstärkt wird, ist anhand einer Zukunftsprognose zu treffen. Bei dieser Prognose sind die strukturellen Wettbewerbsbedingungen vor dem Zusammenschluss mit den zusammenschlussbedingt veränderten Wettbewerbsbedingungen zu vergleichen. Zukünftige Änderungen der Marktbedingungen sind zumindest dann zu berücksichtigen, wenn diese bereits hinreichend konkret und ausreichend wahrscheinlich erscheinen. Zukünftige Markteintritte oder technische Entwicklungen können sich daher auf die Beurteilung eines Zusammenschlussvorhabens auswirken.

§ 36 Abs. 1 GWB fordert, dass der Zusammenschluss für die Begründung oder Verstärkung der marktbeherrschenden Stellung ursächlich ist. Veränderungen, die unabhängig von der Durchführung des Zusammenschlusses eintreten, vermögen daher eine Untersagung eines Zusammenschlussvorhabens nicht zu begründen.

Die Verstärkung einer beherrschenden Stellung ist insbesondere bei spürbaren Marktanteilszuwächsen gegeben. Auch ohne Marktanteilszuwächse kommt eine Verstärkung dann in Betracht, wenn bisherige Wettbewerber durch den Ressourcenzuwachs bei dem beherrschenden Unternehmen oder durch aggressive Wettbewerbspraktiken abgeschreckt und potenzielle Konkurrenten vom Marktzutritt abgehalten werden. Nach der Praxis des Bundeskartellamts sind bei erheblichen Marktanteilen bereits geringfügige Beeinträchtigungen des Restwettbewerbs ausreichend, um eine Untersagung zu rechtfertigen. Daneben können unabhängig von Marktanteilsveränderungen besonderes Know-how oder neue technische Entwicklungen sowie der Erwerb von Warenzeichen oder Marken zur Verstärkung einer bereits vorhandenen marktbeherrschenden Stellung des Erwerbers beitragen. Da bei der erforderlichen Gesamtbetrachtung immer auf den Einzelfall abzustellen ist, verbietet sich jede Pauschalierung oder formelhafte Beurteilung. Bereits im Rahmen der Planungsphase von Mergers & Acquisitions sollte eine detaillierte Analyse der Wettbewerbssituation

---

106 Vgl. z.B. »Agrana/Atys«, BKartA WuW/E DE-V 923.

durchgeführt werden, um auf dieser Grundlage eine wettbewerbsrechtliche Beurteilung vornehmen zu können.

Im Hinblick auf die Beurteilung der Entstehung oder Verstärkung einer marktbeherrschenden Stellung ist zwischen horizontalen, vertikalen und konglomeraten Zusammenschlüssen zu unterscheiden.

Bei horizontalen Zusammenschlüssen zwischen unmittelbaren Wettbewerbern stehen Marktanteilsadditionen, gegenseitige Ergänzungen des Produktsortiments sowie der Zugang zu gewerblichen Schutzrechten, Know-how, Warenzeichen und Marken im Vordergrund. Der Wegfall aktueller oder potenzieller Wettbewerber führt zu einer Verschlechterung der Wettbewerbssituation. Gleichzeitig sind jedoch mögliche Marktreaktionen und Abschmelzungseffekte zu berücksichtigen, welche die Marktanteilsadditionen erheblich relativieren können.

Bei vertikalen Zusammenschlüssen zwischen Unternehmen verschiedener Marktstufen spielt der Zugang zu den Beschaffungs- bzw. Absatzmärkten eine entscheidende Rolle. Für die Begründung oder Verstärkung einer marktbeherrschenden Stellung sind die mit dem Zusammenschluss verbundenen Ausschlusseffekte zu Lasten der verbleibenden Wettbewerber und die langfristige Absicherung von Lieferbeziehungen von entscheidender Bedeutung.

Bei konglomeraten Zusammenschlüssen von Unternehmen, die auf völlig verschiedenen Märkten tätig sind, kommt es vor allem auf den Zuwachs der Finanzkraft an, von der nach Auffassung des Bundeskartellamts eine Abschreckungswirkung auf kleinere Wettbewerber ausgehen kann. In der Entscheidungspraxis des Bundeskartellamts haben konglomerate Zusammenschlüsse bislang jedoch kaum eine Bedeutung gehabt.

dd) Abwägungsklausel

Nach § 36 Abs. 1 GWB ist ein Zusammenschluss, auch wenn er zur Begründung oder Verstärkung einer marktbeherrschenden Stellung führt, vom Bundeskartellamt dann nicht zu untersagen, wenn nachgewiesen wird, dass durch den Zusammenschluss auch Verbesserungen der Wettbewerbsbedingungen eintreten und dass diese Verbesserungen die Nachteile der Marktbeherrschung überwiegen.[107] Da Gegenstand der Fusionskontrolle nur strukturelle Veränderungen der Wettbewerbsbedingungen sind, kommt eine Kompensation der nachteiligen Auswirkungen auf den Wettbewerb, die von der Begründung oder Verstärkung einer marktbeherrschenden Stellung ausgehen, nur dann in Betracht, wenn mit dem Zusammenschluss marktstrukturelle Verbesse-

---

107 Die Abwägungsklausel war gerade in den letzten Jahren wiederholt Gegenstand der fusionskontrollrechtlichen Prüfung (Das Überwiegen der Verbesserungen bejahend: »RWE/VEW«, BKartA WuW/E DE-V 301; »HeinGas«, BKartA WuW/E DE-V 360; »NetCologne«, BKartA WuW/E DE-V 413; »ZEAG«, BKartA WuW/E DE-V 685; – ablehnend: »Liberty/KDG«, BKartA WuW/E DE-V 558; »Holtzbrinck/Berliner Verlag«, BKartA AG 2003. 495; siehe auch »NetCologne«, OLG Düsseldorf WuW/E DE-V 665).

rungen einhergehen. Insbesondere Rationalisierungspotenziale sind daher nur bei strukturellen Auswirkungen auf den Markt zu berücksichtigen.

Bedeutung hat diese Abwägungsklausel vor allem dann, wenn ein sich insgesamt positiv auf den Wettbewerb auswirkender Zusammenschluss auf einzelnen unbedeutenden Märkten eine marktbeherrschende Stellung begründet oder verstärkt. Die Vorteile, die auf Drittmärkten eintreten, können hier die Nachteile durch die Begründung oder Verstärkung einer beherrschenden Stellung auf einem bestimmten Markt überwiegen. Allerdings müssen die Wettbewerbsvorteile auf den Drittmärkten ebenfalls auf den Zusammenschluss zurückgeführt werden können.

Gesamtwirtschaftliche Vorteile, z.B. die Verbesserung der Arbeitsmarktlage oder der Regionalstruktur, sind im Rahmen der Fusionskontrolle nicht zu berücksichtigen. Entsprechende Gesichtspunkte sind nach § 42 GWB der Ministererlaubnis vorbehalten. Auch Sanierungsfusionen lassen sich nur in Ausnahmefällen durch die Abwägungsklausel rechtfertigen, da die Übernahme eines konkursreifen Unternehmens durch einen starken Wettbewerber regelmäßig nicht zu einer Verbesserung der Wettbewerbsbedingungen führt. Soweit die betreffenden Marktanteile jedoch in jedem Fall dem Erwerber zufallen würden, fehlt es möglicherweise bereits an der Kausalität des Zusammenschlusses für den betreffenden Marktanteilszuwachs.[108]

ee) Ausnahme für Pressefusionen

Nach dem Kabinettsentwurf zur 7. GWB Novelle sollen Pressefusionen selbst bei Entstehung oder Verstärkung einer marktbeherrschenden Stellung nicht zu untersagen sein, wenn sicher gestellt ist, dass die erworbenen Einheiten trotz des Zusammenschlusses ihre publizistische Unabhängigkeit bewahren, der Zusammenschluss für die langfristige Sicherung der wirtschaftlichen Grundlage der erworbenen oder zu erwerbenden Zeitung erforderlich ist und die Fusion nicht auf räumlich benachbarten Märkten marktbeherrschende Stellungen derselben Unternehmen begründet oder verstärkt. Ob dieser äußerst umstrittene Vorschlag jedoch so umgesetzt wird, ist gegenwärtig noch nicht abzusehen.

c) Verfahren

aa) Vorherige Anmeldung

Seit Inkrafttreten der 6. GWB-Novelle 1999 sind sämtliche Zusammenschlüsse, die der deutschen Fusionskontrolle unterliegen, vor ihrem Vollzug beim Bundeskartellamt anzumelden (System präventiver Fusionskontrolle). Hierzu sind alle an dem Zusammenschluss beteiligten Unternehmen verpflichtet, d.h. im Fall der Fusion die miteinander fusionierenden Unternehmen, bei Vermögens- oder Anteilserwerb der Erwerber

---

108 Zuletzt so entschieden in »Imation/EMTEC«, BKartA WuW/E DE-V 848.

und das zu erwerbende Unternehmen. Daneben ist in den Fällen des Vermögens- und Anteilserwerbs auch der Veräußerer zur Anmeldung verpflichtet. Regelmäßig wird die Anmeldung von einem der Beteiligten für sämtliche Zusammenschlussbeteiligte abgegeben. Die Anmeldung ist möglich, sobald das Zusammenschlussvorhaben hinreichend konkretisiert ist, um dem Bundeskartellamt eine Beurteilung zu ermöglichen. Sie kann bereits frühzeitig vor Abschluss der den Zusammenschluss begründenden Verträge, muss aber vor Vollzug beim Bundeskartellamt eingereicht werden.

Ein Formblatt, in dem die für die Anmeldung erforderlichen Angaben im Einzelnen aufgelistet sind, oder besondere Formvorschriften kennt das GWB im Gegensatz zur europäischen Fusionskontrolle nicht. Der Mindestinhalt der Anmeldung ist in § 39 Abs. 3 GWB genannt. Danach sind neben einer Beschreibung der Form des Zusammenschlusses für jedes der beteiligten Unternehmen die folgenden Angaben erforderlich:

- Firma oder sonstige Bezeichnung des beteiligten Unternehmens;
- Ort der Niederlassung oder Sitz der Gesellschaft;
- Art des Geschäftsbetriebes;
- Umsatzerlöse im Inland, in der Europäischen Union und weltweit;
- an Stelle der Umsatzerlöse sind bei Kreditinstituten, Finanzinstituten und Bausparkassen der Gesamtbetrag der Erträge und bei Versicherungsunternehmen die Prämien anzugeben;
- die Marktanteile einschließlich der Grundlagen für ihre Berechnung oder Schätzung, soweit ein Anteil von mind. 20% auf irgendeinem Markt innerhalb Deutschlands erreicht wird.

Im Fall des Anteilserwerbs ist die Höhe der erworbenen und die insgesamt gehaltene Beteiligung zu nennen. Außerdem ist eine zustellungsbevollmächtigte Person im Inland zu bezeichnen, sofern der Sitz des Unternehmens außerhalb der Bundesrepublik liegt. Angaben zur Firma, Sitz und Art des Geschäftsbetriebs müssen nicht nur zu den Beteiligten, sondern auch zu den mit diesen verbundenen Unternehmen erfolgen. Außerdem sind die oben beschriebenen Angaben zu den Umsatzerlösen und Marktanteilen für die beteiligten Unternehmen und die mit ihnen verbundenen Unternehmen insgesamt zu machen. Konzernbeziehungen sowie Abhängigkeits- und Beteiligungsverhältnisse zwischen den Beteiligten und den mit ihnen verbundenen Unternehmen sind mitzuteilen. Unrichtige, unvollständige oder nicht rechtzeitige Anmeldungen können mit einem Bußgeld von bis zu Euro 25.000 geahndet werden. Der Entwurf zur 7. GWB Novelle sieht eine Anhebung auf Euro 100.000 vor.

Eine Anmeldung nach § 39 GWB ist dann nicht erforderlich, wenn der Zusammenschluss zunächst nach der FKVO bei der Europäischen Kommission angemeldet wurde und diese das Vorhaben auf Antrag des Bundeskartellamts dorthin zurückverwiesen hat. Eine Ausnahme gilt für den Fall, dass die Anmeldung bei der Kommission nicht in deutscher Sprache erfolgt ist. In diesem Fall ist eine zusätzliche Anmeldung in deutscher Sprache mit den für die deutsche Fusionskontrolle erforderlichen Angaben nachzureichen.

bb) Verfahrensablauf

Mit Einreichen der vollständigen Anmeldung beim Bundeskartellamt beginnt das so genannte »Vorverfahren« (erste Phase der kartellrechtlichen Prüfung), in dem die zuständige Beschlussabteilung des Bundeskartellamts prüft, ob eine eingehende Untersuchung des Zusammenschlusses im Hauptprüfverfahren (zweite Phase der kartellrechtlichen Prüfung) erforderlich ist. Soweit sich keine Anhaltspunkte ergeben, dass durch den Zusammenschluss eine marktbeherrschende Stellung begründet oder verstärkt wird, gibt das Bundeskartellamt das Zusammenschlussvorhaben durch eine formlose Mitteilung frei. Da es sich hierbei um eine nicht förmliche Verwaltungsentscheidung handelt, kann diese weder mit Auflagen noch mit Bedingungen verbunden werden.

Hat das Bundeskartellamt Bedenken gegen den Zusammenschluss, eröffnet es das Hauptprüfverfahren, da nur im Hauptprüfverfahren eine Untersagungsverfügung ergehen darf. Die Mitteilung über die Eröffnung des Hauptprüfverfahrens (so genannter »Monatsbrief«) ist den anmeldenden Unternehmen innerhalb eines Monats seit Eingang der vollständigen Anmeldung mitzuteilen. Andernfalls gilt der angemeldete Zusammenschluss als genehmigt.

Im Hauptprüfverfahren erfolgt eine detaillierte Prüfung des Zusammenschlusses. Diese Prüfung muss innerhalb von vier Monaten nach Eingang der vollständigen Anmeldung durch eine förmliche Verfügung abgeschlossen werden. Ansonsten gilt der Zusammenschluss als freigegeben. Ist das Bundeskartellamt innerhalb der Vier-Monats-Frist nicht zu einer abschließenden Beurteilung in der Lage, kann die Untersagungsfrist mit Zustimmung aller Beteiligten verlängert werden.

Im Rahmen der materiellen Prüfung stehen dem Bundeskartellamt umfassende Ermittlungsbefugnisse zu. Es kann nach § 39 Abs. 5 GWB von jedem beteiligten Unternehmen Auskünfte über Marktanteile einschließlich der Grundlagen für die Berechnung oder Schätzung sowie über Umsatzerlöse verlangen. Daneben können, soweit es zur Durchführung der materiellen Fusionskontrolle erforderlich ist, nach § 59 GWB auch von dritten Unternehmen oder Unternehmensvereinigungen Auskünfte über deren wirtschaftliche Verhältnisse verlangt sowie geschäftliche Unterlagen eingesehen und deren Herausgabe verlangt werden. Das Bundeskartellamt ist befugt, Beweis durch Augenschein, Zeugen oder Sachverständige zu erheben (§ 57 GWB) und Durchsuchungen (§ 59 Abs. 4 GWB) und Beschlagnahmen durchzuführen (§ 58 GWB). Während des Fusionskontrollverfahrens ist den Beteiligten Gelegenheit zur Stellungnahme zu geben (§ 56 Abs. 1 GWB). Die bisher bestehende Verpflichtung, auf Antrag eines Beteiligten andere Beteiligte zur mündlichen Verhandlung zu laden, soll dagegen mit der Novellierung des GWB für das Verfahren vor der Kartellbehörde abgeschafft werden.

Nach § 41 Abs. 1 GWB dürfen Zusammenschlüsse, solange sie nicht vom Bundeskartellamt freigegeben wurden oder die Untersagungsfristen abgelaufen sind, nicht vollzogen werden (Vollzugsverbot). Das Vollzugsverbot gilt auch für die Mitwirkung am Vollzug des Zusammenschlusses. Als Vollzugshandlung sind alle Maßnahmen anzusehen, durch die der Zusammenschluss bewirkt und dem erwerbenden Unternehmen entsprechende Einflussmöglichkeiten auf das zu erwerbende Unternehmen bzw. den zu erwerbenden Unternehmensteil ermöglicht werden. Vollzugshandlungen sind insbesondere die endgültige Übertragung des betreffenden Vermögens oder der Gesellschaftsanteile, die Ausübung von Stimmrechten (z.B. die Abberufung und Neubestellung von Geschäftsführern) oder jede sonstige Einflussnahme auf das Verhalten des Target-Unternehmens im Wettbewerb. Vorbereitungsmaßnahmen, wie insbesondere der Abschluss der obligatorischen Vereinbarungen, stellen noch keinen Vollzug dar. Üblicherweise werden in die betreffenden Verträge Bedingungen aufgenommen, die den Vollzug von der Genehmigung durch die Kartellbehörden bzw. dem Verstreichen der Untersagungsfristen abhängig machen, um auf diese Weise dem kartellrechtlichen Vollzugsverbot Rechnung zu tragen.

Gemäß § 41 Abs. 2 GWB kann das Bundeskartellamt auf Antrag Befreiungen vom Vollzugsverbot erteilen, wenn die beteiligten Unternehmen hierfür wichtige Gründe geltend machen, insbesondere um schweren Schaden von einem beteiligten Unternehmen oder von Dritten abzuwenden. Wegen der besonderen Begründungsanforderungen ist die bisherige Praxis des Bundeskartellamts bei der Erteilung von Befreiungen vom Vollzugsverbot äußerst restriktiv. Im Ergebnis kommt es auf eine einzelfallbezogene Abwägung zwischen dem öffentlichen Interesse an der Aufrechterhaltung des Vollzugsverbots und dem drohenden Schaden der beteiligten Unternehmen oder von Dritten im Falle der Versagung des Vollzugs an. Bei geringer Untersagungswahrscheinlichkeit reichen bereits geringe Schäden für die beteiligten Unternehmen oder Dritte oder die Gefahr eines Schadenseintritts aus, um eine Ausnahme vom Vollzugsverbot zu begründen. Befreiungen können jederzeit, auch vor der Anmeldung, erteilt und mit Bedingungen und Auflagen verbunden werden.

Ein anmeldepflichtiger Zusammenschluss wird erst dann wirksam, wenn das Fusionskontrollverfahren durchgeführt und durch Freigabe bzw. Fristablauf ohne Untersagung abgeschlossen wurde. Rechtsgeschäfte, die unter Verstoß gegen das Vollzugsverbot vollzogen werden, sind nach § 41 Abs. 1 Satz 2 GWB unwirksam. Ausgenommen von der Unwirksamkeitsfolge sind Verträge über die Umwandlung, Eingliederung oder Gründung eines Unternehmens oder Unternehmensverträge, die durch Eintragung in das Handelsregister rechtswirksam geworden sind.

Der Verstoß gegen das Vollzugsverbot bzw. die Mitwirkung am Vollzug ist bußgeldbewehrt. Nach § 81 Abs. 1 Nr. 1 GWB handelt ordnungswidrig, wer sich vorsätzlich oder fahrlässig über das Vollzugsverbot hinwegsetzt. Diese Ordnungswidrigkeit kann bisher mit einer Geldbuße bis zu Euro 500.000 geahndet werden. Auch hier sieht der Kabinettsentwurf zur 7. GWB-Novelle allerdings eine deutlich Anhebung auf bis zu Euro 1 Mio. vor. Darüber hinaus kann die Geldbuße bis zur dreifachen Höhe des durch die Zuwiderhandlung erlangten Mehrerlöses betragen.

Das Hauptprüfverfahren wird durch eine Entscheidung des Bundeskartellamts abgeschlossen, durch die der Zusammenschluss freigegeben oder untersagt wird (§ 40 Abs. 2 Satz 1 GWB). Die Freigabe kann mit Bedingungen oder Auflagen verbunden werden (§ 40 Abs. 3 Satz 1 GWB). Aufgrund der Neuregelung in § 40 Abs. 2 Satz 1 GWB durch die 6. GWB-Novelle 1999 ergehen Entscheidungen zum Abschluss des Hauptprüfverfahrens unabhängig davon, ob es sich um eine Untersagung oder eine

Freigabe handelt, als anfechtbarer Verwaltungsakt. Dieser ist gemäß § 61 GWB zu begründen, den Beteiligten zuzustellen und gemäß § 43 Satz 1 Nr. 2 GWB im Bundesanzeiger bekannt zu machen. Durch diese Begründungs- und Veröffentlichungspflicht soll die Transparenz der Amtsentscheidungen des Bundeskartellamts erhöht werden. Inzwischen werden die in der zweiten Phase ergangenen Entscheidungen des Bundeskartellamts auch auf der Homepage der Behörde veröffentlicht.[109]

Wird das Zusammenschlussvorhaben durch das Bundeskartellamt freigegeben oder gilt es nach Ablauf der Ein-Monats- bzw. Vier-Monatsfrist als genehmigt, so darf der Zusammenschluss von den beteiligten Unternehmen vollzogen werden. Der Vollzug des Zusammenschlusses ist nach § 39 Abs. 6 GWB dem Bundeskartellamt unverzüglich anzuzeigen. Bei dieser Anzeige kann auf die im Rahmen der Anmeldung eingereichten Unterlagen Bezug genommen werden. Nach Anzeige des Vollzugs des Zusammenschlusses wird dieser im Bundesanzeiger bekannt gemacht.

cc) Zusagen, Auflagen und Bedingungen

Um kartellrechtliche Bedenken zu beseitigen, können die beteiligten Unternehmen gegenüber dem Bundeskartellamt Zusagen abgeben, die geeignet sind, die Begründung oder Verstärkung einer marktbeherrschenden Stellung zu verhindern oder zu einer Verbesserung der Wettbewerbsbedingungen beizutragen, die die Nachteile der Marktbeherrschung überwiegen. Mit der 6. GWB-Novelle 1999 ist die bislang ohne gesetzliche Grundlage geübte Zusagenpraxis des Bundeskartellamts durch den Gesetzgeber geregelt worden. Nach der Neufassung von § 40 Abs. 3 GWB können Zusammenschlüsse nunmehr nicht nur in ihrer Gesamtheit untersagt oder freigegeben werden, sondern Freigabeentscheidungen auch unter Bedingungen und Auflagen erteilt werden. § 40 Abs. 3 Satz 2 GWB stellt klar, dass nur strukturelle Maßnahmen in Betracht kommen, da die beteiligten Unternehmen nicht einer laufenden Verhaltenskontrolle unterstellt werden dürfen. Zu den denkbaren Maßnahmen zählen Entflechtungs- bzw. Veräußerungszusagen, durch die sich die beteiligten Unternehmen verpflichten, bestimmte Beteiligungen, Unternehmen oder Unternehmensteile, wie zum Beispiel einzelne Betriebsstätten, an Dritte zu veräußern, weiter Öffnungszusagen, die Dritten durch Gewährung von Beteiligungen oder Lizenzen den Zugang zum Markt eröffnen, oder Einflussbegrenzungszusagen, wie zum Beispiel Stimmrechtsbeschränkungen, die die Einflussmöglichkeiten auf das Wettbewerbsverhalten anderer Unternehmen begrenzen.

Die gesetzliche Neufassung der Zusagenpraxis soll die in der Vergangenheit (z.B. in dem Verfahren »Krupp/Hoesch«) bei der Durchsetzung der Zusagen entstandenen

---

[109] http://www.bundeskartellamt.de/wDeutsch/entscheidungen/fusionskontrolle/Entschfusion.shtml?navid=14 für die Entscheidungen des laufenden Jahres; http://www.bundeskartellamt.de/wDeutsch/archiv/EntschFusArchiv/ArchivFusion.shtml für Entscheidungen seit 1999.

Schwierigkeiten beseitigen. Die Möglichkeiten der Durchsetzung hängen von der Art der Zusage ab. Bei Bedingungen wird es sich überwiegend um aufschiebende Bedingungen handeln, so dass die Wirkungen der Freigabeentscheidung durch das Bundeskartellamt erst mit Erfüllung der Bedingungen eintreten.

Ein entsprechender Automatismus besteht bei Freigaben unter Auflagen nicht. Das Bundeskartellamt hat jedoch die Möglichkeit, bei Nichterfüllung einer Auflage die Freigabeverfügung zu widerrufen oder durch Anordnung von Bedingungen abzuändern oder mit erneuten Auflagen zu versehen. Ähnlich wie bei Freigaben, die auf unrichtigen oder unvollständigen Angaben der beteiligten Unternehmen beruhen, besteht die Möglichkeit, das Verfahren durch Widerruf der Freigabe erneut zu eröffnen und hiernach ggf. den Zusammenschluss zu untersagen.

d) Rechtsmittel und Rechte Dritter

Gegen eine Untersagungsverfügung kann innerhalb eines Monats nach Zustellung Beschwerde beim Oberlandesgericht (OLG) Düsseldorf eingelegt werden. Die Beschwerde entfaltet keine aufschiebende Wirkung, sodass die beteiligten Unternehmen aufgrund der Untersagung weiter gehindert sind, den betreffenden Zusammenschluss zu vollziehen. Im Wege der einstweiligen Anordnung kann jedoch der Vollzug des Zusammenschlussvorhabens gestattet werden (§ 64 Abs. 3, 60 Nr. 3 GWB). Im Beschwerdeverfahren beim OLG können sowohl Tatsachen- als auch Rechtsfragen überprüft werden.

Gegen die Hauptsacheentscheidung des OLG kann Rechtsbeschwerde beim Bundesgerichtshof eingelegt werden (§ 74 Abs. 1 GWB). Die Rechtsbeschwerde, es sei denn, sie wird allein auf Verfahrensmängel gestützt (§ 74 Abs. 4 GWB), bedarf der Zulassung durch das OLG. Die Überprüfung durch den BGH ist auf Rechtsfragen beschränkt und daher an die Tatsachenfeststellungen des OLG gebunden. Für die Rechtsbeschwerde gilt die Ein-Monatsfrist gemäß § 76 Abs. 3 GWB.

Dritte, die durch eine Freigabe des Bundeskartellamts betroffen sind, haben ebenfalls die Möglichkeit, Beschwerde nach § 63 Abs. 1 GWB einzulegen. Dies gilt nach der Neufassung des GWB seit 1999 zumindest für förmliche Freigabeentscheidungen, die im Hauptprüfverfahren ergehen (§ 40 Abs. 2 GWB). Entsprechende Beschwerdemöglichkeiten stehen hier insbesondere den am Verfahren Beteiligten, also beigeladenen Wettbewerbern, Lieferanten, Abnehmern oder sonstigen Personen oder Personenvereinigungen zu, deren Interessen durch die Entscheidung erheblich berührt werden (§ 54 Abs. 2 GWB). Ob darüber hinaus auch eine Beschwerdebefugnis für Beteiligte besteht, die im Hauptprüfverfahren nicht beigeladen waren, ist bislang nicht geklärt. Grundsätzlich kann jedes Unternehmen, dessen Interessen durch die Entscheidung in einem Fusionskontrollverfahren erheblich berührt werden, auf Antrag zu dem Verfahren beigeladen werden (§ 54 Abs. 2 Nr. 3 GWB). Über einen entsprechenden Antrag entscheidet das Bundeskartellamt nach pflichtgemäßem Ermessen und berücksichtigt neben rechtlichen auch wirtschaftliche Interessen des Antragstellers. Nach ihrer Beiladung haben die betreffenden Unternehmen die gleichen Rechte wie die übrigen Verfahrensbeteiligten. Nicht selten intervenieren Dritte, wie z.B. Wettbewerber oder Kunden der beteiligten Unternehmen, informell gegen den Zusammenschluss, und versuchen, das Bundeskartellamt von der Unzulässigkeit des Vorhabens zu überzeugen. Eine solche informelle Intervention hat den Vorteil, dass die an dem Zusammenschluss beteiligten Unternehmen die Identität der Beschwerdeführer nicht erfahren.

Wird eine Beschwerde gegen eine Freigabeentscheidung oder eine Ministererlaubnis eingelegt, so kommt dieser grundsätzlich keine aufschiebende Wirkung zu. Dritte, die den Vollzug eines Zusammenschlusses vorläufig aufhalten wollen, müssen zusätzlich einen Antrag auf Wiederherstellung der aufschiebenden Wirkung stellen. Angesichts der langwierigen prozessualen Auseinandersetzungen im Zusammenhang mit der Erteilung der Ministererlaubnis[110] für die vorher vom BKartA untersagten Zusammenschlüsse »E.ON/Gelsenberg«[111] und »E.ON/Bergemann«[112] und als Reaktion auf die großzügige Gewährung einstweiligen Rechtschutzes durch das OLG Düsseldorf soll nach dem Kabinettsentwurf zur 7. GWB Novelle ein solcher Antrag allerdings nur dann zulässig sein, wenn der Dritte geltend machen kann, durch die Verfügung oder die Erlaubnis in seinen Rechten verletzt zu sein. Diese Änderung hätte zur Folge, dass im Rahmen des einstweiligen Rechtsschutzes künftig höhere Anforderungen an die Zulässigkeit eines Antrages gestellt werden als im Hauptsacheverfahren, wo der am Kartellverfahren Beteiligte weiterhin nur die Verletzung seiner wettbewerblichen Interessen geltend machen muss. Angesichts der Tatsache, dass sich die Freigabe eines Zusammenschlusses meist nur auf wirtschaftliche Belange, kaum aber auf Rechtspositionen Dritter auswirken wird, dürfte diese Änderung eine deutliche Hürde für die Erlangung einstweiligen Rechtsschutzes bedeuten und zu einer spürbaren Abnahme solcher Verfahren führen. Diese Entwicklung ist aus der Sicht von an Zusammenschlüssen beteiligten Unternehmen zu begrüßen.

e) Ministererlaubnis

Wird ein Zusammenschlussvorhaben durch das Bundeskartellamt untersagt, weil es zur Begründung oder Verstärkung einer marktbeherrschenden Stellung führt, kann der Zusammenschluss dennoch vom Bundeswirtschaftsminister erlaubt werden (§ 42 GWB). Eine entsprechende Erlaubnis ist möglich, wenn im Einzelfall die Wettbewerbsbeschränkung von gesamtwirtschaftlichen Vorteilen des Zusammenschlusses aufgewogen wird oder der Zusammenschluss durch ein überragendes Interesse der

---

110 1. Entscheidung des Bundesministers WuW DE-V 573; Urteile des OLG Düsseldorf WuW DE-R 885 (vorläufiger Rechtsschutz); 926 (Hauptverfahren) und 943 (Aufrechterhaltung der einstweiligen Anordnung für eine 2. Ministerentscheidung); 2. Entscheidung des Bundesministers WuW DE-V 643.
111 BKartA, WuW/E DE-V 511.
112 BKartA, WuW/E DE-V 533.

Allgemeinheit gerechtfertigt ist (§ 42 Abs. 1 Satz 1 GWB). Bei der Entscheidung über die Erlaubnis steht dem Wirtschaftsminister ein weiter Beurteilungsspielraum zu. Wegen dieser besonderen Anforderungen hat die Ministererlaubnis bislang nur wenig praktische Bedeutung erlangt. Sie wurde nur 18 mal beantragt und erst 7 mal erteilt. Im Zuge des Zusammenschlussverfahrens »E.ON/Ruhrgas« ist das Verfahren der Ministererlaubnis jedoch wieder in den Mittelpunkt des Interesses gerückt.

Die Erlaubnis muss innerhalb einer Frist von einem Monat nach Zustellung der Untersagung schriftlich beim Bundesministerium für Wirtschaft beantragt werden (§ 42 Abs. 3 GWB). Die Entscheidung über die Erlaubnis soll dann innerhalb von vier Monaten erfolgen (§ 42 Abs. 4 GWB). Vor der Entscheidung ist eine Stellungnahme der Monopolkommission einzuholen und den obersten Landesbehörden, in deren Gebiet die beteiligten Unternehmen ihren Sitz haben, Gelegenheit zur Stellungnahme zu geben.

Gegen die Entscheidung des Bundeswirtschaftsministers kann ebenfalls Beschwerde beim OLG Düsseldorf eingelegt werden (§ 63 Abs. 4 GWB). Allerdings ist eine Überprüfung des Beurteilungsspielraums des Wirtschaftsministers und dessen Würdigung der gesamtwirtschaftlichen Lage durch das Gericht nur eingeschränkt möglich (§ 71 Abs. 5 Satz 2 GWB). Die Einhaltung verfahrensrechtlicher Anforderungen kann dagegen Gegenstand der gerichtlichen Überprüfung sein und stand insbesondere im Zentrum der Entscheidungen des OLG Düsseldorf zu den zwei Ministererlaubnissen im Fall »E.ON/Ruhrgas«.

f) Entflechtung vollzogener Zusammenschlüsse

Ist ein Zusammenschluss bereits vollzogen worden, ohne dass eine Freigabe erteilt wurde, und untersagt das Bundeskartellamt den Zusammenschluss und verweigert der Bundeswirtschaftsminister die Erlaubnis, so ist der Zusammenschluss nach § 41 Abs. 3 Satz 1 GWB aufzulösen. Die zur Auflösung des Zusammenschlusses erforderlichen Maßnahmen werden vom Bundeskartellamt angeordnet (§ 41 Abs. 3 Satz 2 GWB). Eine entsprechende Auflösung ist nach der Rechtsprechung allerdings nur so lange zulässig, wie die materiellen und formellen Untersagungsvoraussetzungen vorliegen.

Ziel der Entflechtung ist die Beseitigung der von dem Zusammenschluss ausgehenden Wettbewerbsbeschränkungen. Diese können auch auf andere Weise als durch Wiederherstellung des früheren Zustandes beseitigt werden (§ 41 Abs. 3 Satz 3 GWB). Nach dem Grundsatz der Verhältnismäßigkeit sind jedoch nur solche Maßnahmen zulässig, die die beteiligten Unternehmen nur soweit belasten, wie dies zur Beseitigung der Wettbewerbsbeschränkung unbedingt erforderlich ist. Vielfach kann den mit dem Zusammenschluss verbundenen kartellrechtlichen Bedenken bereits durch Teilentflechtungen begegnet werden.

Die Auflösungsanordnungen des Bundeskartellamts können durch Zwangsgelder in Höhe von Euro 5.000 bis Euro 500.000 , durch Untersagung oder Einschränkung der Ausübung von Stimmrechten oder durch die Bestellung von Treuhändern, die die

Auflösung des Zusammenschlusses herbeiführen, durchgesetzt werden (§ 41 Abs. 4 GWB). Die möglichen Zwangsgelder sollen im Zuge der GWB-Reform deutlich erhöht werden.

Bei Auslandszusammenschlüssen beschränken sich die Möglichkeiten des Bundeskartellamts zur Untersagung und Entflechtung auf die jeweiligen Inlandsauswirkungen des Auslandszusammenschlusses. Als Adressaten von Entflechtungsanordnungen kommen daher nur inländische Töchter der Zusammenschlussbeteiligten in Betracht.

g) Verhältnis zu § 1 GWB

aa) Gemeinschaftsunternehmen

Gemeinschaftsunternehmen können nach deutschem Recht, ähnlich wie nach Europäischem Recht, neben der Fusionskontrolle auch dem Kartellverbot in § 1 GWB unterliegen, soweit mit ihrer Gründung eine Koordinierung des Wettbewerbsverhaltens der Muttergesellschaften verbunden ist (so genannter »Gruppeneffekt«). Insbesondere kooperative Gemeinschaftsunternehmen unterliegen daher einer Doppelkontrolle nach den fusionskontrollrechtlichen Vorschriften einerseits und dem Kartellverbot andererseits. Im Rahmen des Fusionskontrollverfahrens prüft das Kartellamt daher gemäß § 1 GWB, ob zwischen den jeweiligen Muttergesellschaften eine spürbare wettbewerbsbeschränkende horizontale Verhaltenskoordinierung stattfindet.

Vor allem Verkaufsgemeinschaften können, auch wenn sie keine ausdrückliche Andienungspflicht vorsehen, gegen § 1 GWB verstoßen, da sie der Koordination der Verkaufstätigkeiten der Mütter dienen. Nach der Praxis des Bundeskartellamtes unterliegen weiter Einkaufsgemeinschaften mit besonders großem Einkaufsvolumen oder rechtlichem bzw. faktischem Bezugszwang der Mitglieder dem Kartellverbot, auch wenn Einkaufskooperationen selbstständiger kleiner und mittlerer Handelsunternehmen wettbewerblich grundsätzlich positiv beurteilt werden.

Daneben unterfallen Gemeinschaftsunternehmen, die als Instrumente zur Abstimmung des Marktverhaltens der beteiligten Unternehmen gegründet werden, ausschließlich § 1 GWB. Insoweit handelt es sich um reine Kartellorgane, die genauso wie Kartellvereinbarungen nach § 1 GWB zu beurteilen sind.

Demgegenüber unterliegen konzentrative Gemeinschaftsunternehmen ausschließlich der Fusionskontrolle. Ein Gemeinschaftsunternehmen hat nach Auffassung des Bundeskartellamtes konzentrativen Charakter, wenn

- es sich um ein funktionsfähiges Unternehmen mit den wesentlichen Unternehmensfunktionen handelt;
- es marktbezogene Leistungen erbringt und nicht ausschließlich auf einer vor- oder nachgelagerten Stufe für die Muttergesellschaft tätig ist;
- nicht mehr als eine der Muttergesellschaften noch selbst auf dem sachlichen Markt des Gemeinschaftsunternehmen tätig ist.

Sind diese Voraussetzungen erfüllt, so wird die Gründung bzw. Beteiligung an einem Gemeinschaftsunternehmen nicht mehr nach § 1 GWB geprüft. Lediglich überschießende Wettbewerbsbeschränkungen, also solche Beschränkungen, die für das Funktionieren des Gemeinschaftsunternehmens nicht erforderlich sind, unterfallen § 1 GWB.

bb) Wettbewerbsverbote[113]

Obwohl Wettbewerbsverbote grundsätzlich unter das Kartellverbot nach § 1 GWB fallen, sind Wettbewerbsverbote in Unternehmenskaufverträgen nicht generell unzulässig. Für ihre Zulässigkeit kommt es darauf an, ob sie in gegenständlicher, örtlicher und zeitlicher Hinsicht erforderlich sind, um die Übertragung des Unternehmens auf den Käufer einschließlich der mit ihm verbundenen immateriellen Werte, insbesondere des Kundenkreises, dauerhaft abzusichern. Die Erforderlichkeit und Verhältnismäßigkeit eines entsprechenden Wettbewerbsverbotes hängt vom Einzelfall ab. Regelmäßig geht die Rechtsprechung davon aus, dass bei Wettbewerbsverboten von bis zu fünf Jahren die Erforderlichkeit für die Übertragung des Unternehmens gegeben ist. Längerfristige Wettbewerbsverbote werden nur unter besonderen Umständen anerkannt.

Literatur

Alonso, Market Definition in the Community's Merger Control Policy, ECLR 1994, 195.
Bechtold, Kartellgesetz, 3. Auflage 2002.
Bergmann, Settlements in EC Merger Control Proceedings, Antitrust Law Journal 62/1993, 47.
Bergman/Burholt, Nicht Fisch und nicht Fleisch – zur Änderung des materiellen Prüfkriteriums in der europäischen Fusionskontrollverordnung, EuZW 2004, 161.
Bergau/Müller-Tautphaeus, Europäische Fusionskontrolle, Sonderheft European Law Reporter 9/1999, 370.
Böge, Reform der Europäischen Fusionskontrolle, WuW 2004, 138
Campbell/Davies (Hrsg.), Getting the deal through, Merger Control 2005.
Canenbley, Der Zusammenschlußbegriff in der deutschen und europäischen Fusionskontrolle, am Beispiel des Anteilserwerbs, in: Festschrift für Otfried Lieberknecht, 1997, S. 277.
Cook/Kerse, E.C. Merger Law, 4. Auflage 2004.
Dittert, Verfahrensreform in der neuen EG-Fusionskontrollverordnung, WuW 2004, 148
Emmerich, Kartellrecht, 9. Auflage 2001.
Groeben/Schwarze, EU-/EG-Vertrag, Kommentar, Band 2, 6. Auflage 2003.
Berg, Zusagen in der Europäischen Fusionskontrolle, EuZW 2003, 362.

---

113 Siehe oben B. IV. 3. g). sowie B. VII. 2. b) ee).

Hirsbrunner, Neue Entwicklungen der Europäischen Fusionskontrolle, EuZW 2003, 709.
Immenga/Mestmäcker, EG-Wettbewerbsrecht, Kommentar, 1997.
Immenga/Mestmäcker, GWB, Kommentar, 3. Auflage 2001
Kahlenberg/Haellmigk, Referentenentwurf der 7. GWB-Novelle: Tief greifende Änderungen des deutschen Kartellrechts, BB 2004, 389.
Langen/Bunte, Kommentar zum deutschen und europäischen Kartellrecht, 9. Auflage 2001.
Montag, Strukturelle kooperative Gemeinschaftsunternehmen, RIW 1994, 918.
Montag, Kartellrecht, in: Picot, Unternehmenskauf und Restrukturierung, 4. Auflage 2004.
Montag/Leibenath, Aktuelle Probleme in der Europäischen Fusionskontrolle, WuW 2000, 852.
Rowley/Baker, International Mergers. The Antitrust Process, 3. Auflage 2001.
Schröter/Jakob/Mederer, Kommentar zum Europäischen Wettbewerbsrecht, 2003
Hossenfeld/Töllner/Ost Kartellrechtspraxis und Kartellrechtsprechung 2003/2004.
Schultz/Wagemann, Kartellrechtspraxis und Kartellrechtsprechung, 2000/2001.
Stockmann/Schultz, Kartellrechtspraxis und Kartellrechtsprechung 1997/98.
Sedemund, Fusionskontrolle, in: Hölters, Handbuch des Unternehmens- und Beteiligungskaufs, 6. Auflage 2005.
Wiedemann, Handbuch des Kartellrechts, 1999.
Zimmer, Significant Impediment to Effective Competition, ZWer 2004, 250
Zöttl, Drittschutz nach der 7. GWB Novelle, WuW 2004, 474

C. Integration bzw. Implementierung der Mergers & Acquisitions

VIII. Post-Merger-Management

Einleitung

Fusionen und Akquisitionen sind Standardstrategien vieler Unternehmen, um durch Wachstum Wert zu generieren. Wenn nach oft monatelangen Verhandlungen die beteiligten Parteien ihre Einigung bekannt geben und den Kaufpreis nennen, liegt der Maßstab fest, an dem sich später der Erfolg der Transaktion messen lassen muss. Der Kaufpreis mit der gezahlten strategischen Prämie spiegelt die Verhandlungsstärke beider Parteien und ihre Erwartungen an die zu erzielenden Synergien wider.

Die Post-Merger-Integration kann aus einem schlechten Deal keinen guten Deal machen. Richtig durchgeführt ermöglicht sie es jedoch, die in die Transaktionsprämie eingepreisten Synergien zu realisieren und noch weiter gehende Potenziale zu identifizieren. Zudem stabilisiert eine gelungene Post-Merger-Integration die Organisation und sichert das laufende Geschäft ab – sie verhindert so, dass der Zusammenschluss kurzfristig zu Ertragseinbußen führt, die möglicherweise mehr Wert vernichten als durch Synergien geschaffen werden.

Ein Patentrezept für das Vorgehen bei einer Post-Merger-Integration gibt es nicht. Jedes Unternehmen muss seinen eigenen Weg finden, der vor allem vom Industriekontext, von den rechtlichen Rahmenbedingungen und von der Ausgangslage der betroffenen Unternehmen bestimmt wird. Eine sorgfältige Planung und ein langer Atem sind in jedem Fall unverzichtbar.

Der Integrationsprozess lässt sich typischerweise in zwei Phasen unterteilen: In der ersten Phase, der Designphase, trifft das Management alle Grundsatzentscheidungen zur künftigen Ausrichtung des neuen Unternehmens und plant die Schritte für die Durchführung der Integration. Diese erste Phase dauert je nach Umfang und Komplexität des Vorhabens zwischen zwei und drei Monaten. In der zweiten Phase, der Umsetzungsphase, geht es dann darum, die einzelnen Integrationsmaßnahmen zu konkretisieren und zu implementieren. Die zweite Phase dauert in der Regel ein bis zwei Jahre.

Die erfolgskritische Phase ist die Designphase – meist entscheiden die ersten hundert Tage über den Erfolg oder den Misserfolg des Zusammenschlusses. In dieser Zeit ist zu klären, wie die Integration im Prinzip auszugestalten ist: (1) als Bolt-on – die übernommene Firma wird unter weitgehender Beibehaltung ihrer Strukturen an die übernehmende Firma angegliedert, (2) als Übernahme – die übernommene Firma wird in die übernehmende Firma hinein integriert, (3) als Best-of-Both – das Beste aus beiden Organisationen wird kombiniert oder (4) als Transformation – zwei Organisationen verschmelzen so miteinander, dass etwas vollständig Neues entsteht[1]. Diese ers-

---

1 Ciba und Sandoz z.B. setzten bei ihrem Zusammenschluss bewusst auf eine Transforma-

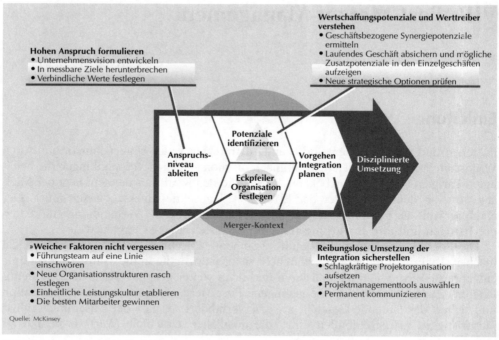

Abb. 1: Hauptaufgaben in der Designphase

ten zwei, drei Monate sind zudem ein natürliches Zeitfenster, um die Unterstützung der betroffenen Mitarbeiter zu gewinnen. Die Fusion muss überzeugend begründet werden, Aufbruchstimmung muss entstehen.

Häufig wird diese erste Phase jedoch gar nicht oder nur unzureichend durchlaufen. Oft ist das Topmanagement noch mit dem Abschluss der Transaktion selbst beschäftigt oder beginnt direkt mit der Umsetzung einzelner Integrationsmaßnahmen. Die Erfahrung zeigt aber, dass viele der typischen Probleme, die in Fusionsprozessen auftreten, auf eine unvollständige erste Designphase zurückzuführen sind. Umso wichtiger ist es, bei der Integrationsplanung systematisch und konzentriert vorzugehen.

---

tion, um mit Novartis ein ganz neues Leistungsniveau erreichen zu können. ChaseManhattan und Chemical Bank, die in ihren jeweiligen Produktnischen bereits Marktführer waren, entschlossen sich, die vorhandenen Stärken über eine Best-of-Both-Integration zu kombinieren. Cisco verfolgt in der Regel eine Strategie des Bolt-on. Das akquirierte Unternehmen kann zunächst ohne größere Veränderungen weiterarbeiten, während sich Cisco auf den größten Wertschaffungshebel, das Cross-Selling, konzentriert – den Verkauf der Produkte des akquirierten Unternehmens über die Vertriebskanäle von Cisco. Der vorliegende Beitrag bezieht sich vor allem auf Übernahmen und Transformationen. Einige der vorgestellten Elemente können jedoch direkt auch auf die Integrationsformen Bolt-on und Best-of-Both bezogen werden.

Das Topmanagement sollte in den ersten Wochen vor allem vier Hauptaufgaben rasch abarbeiten (Abbildung 1):

- Ableitung des Anspruchsniveaus des neuen Unternehmens und Übersetzung in verbindliche Ziele und Werte,
- Identifikation aller kurz-, mittel- und langfristig erschließbaren Wertschaffungspotenziale,
- Bestimmung der Eckpfeiler der künftigen Organisation und
- Aufstellung des Integrationsplans.

In der zweiten Phase gilt es dann, die Integration diszipliniert umzusetzen. Da hier im Wesentlichen dieselben Erfolgsfaktoren gelten wie in anderen großen Veränderungsprozessen, Sanierungen oder Restrukturierungen, konzentriert sich dieser Beitrag im Folgenden auf die Hauptaufgaben der Designphase.

1. Anspruchsniveau ableiten und kommunizieren

Das schnelle Verkünden des Anspruchsniveaus des neuen Unternehmens ist in zweierlei Hinsicht von Bedeutung: Zum einen vermeidet eine klare Vision Unsicherheiten bei Führungskräften und Mitarbeitern; sie gibt die Prioritäten für die nächsten Jahre vor und dient als Richtschnur für anstehende Entscheidungen. Zum anderen kann das Management auf diese Weise gegenüber dem Kapitalmarkt den festen Willen zu einer Neuorientierung deutlich machen. Veba AG und Viag AG z.B. haben bei ihrer Fusion bewusst einen solchen Anspruch formuliert. Am Tag der Bekanntgabe der Fusion legte das Management für die beiden Kerngeschäfte Energie und Chemie eine klare Perspektive vor: Der Energiebereich soll langfristig zu einem europäisch agierenden Multi-Utility-Unternehmen ausgebaut werden. Der Chemiebereich soll durch eine intensive Portfoliobereinigung weiter auf die Spezialitätenchemie ausgerichtet und ebenfalls ausgebaut werden.

Der Anspruch des Unternehmens muss dann in messbare Ziele heruntergebrochen werden. Dazu bieten sich z.B. spezielle Prozesse der Kaskadierung an, bei denen – von der Unternehmensleitung getrieben – die Ziele über die verschiedenen Hierarchieebenen in die breite Organisation getragen werden. Beim Zusammenschluss der Westpac Banking Corporation und der Melbourne Bank z.B. wurden im Vertrieb u.a. ehrgeizige Ziele für die Kundenzufriedenheit, den Anteil an ertragreichen Kunden und die Cross-Selling-Quote abgeleitet. Diese Ziele wurden dann für jede Filiale und jedes Verkaufsteam noch einmal explizit aufgeschlüsselt. Solche konkreten Ziele schaffen einen direkten Bezug zwischen dem Anspruch des Unternehmens und dem täglichen Arbeitsbereich; die Erwartungen werden für alle Mitarbeiter verständlich und greifbar.

Neben dem Anspruch und den Zielen sollte das Führungsteam auch einen Satz von verbindlichen Werten für das neue Unternehmen festlegen und kommunizieren. Diese Werte reflektieren die Ausrichtung des neuen Unternehmens und führen die Organisation zu konsistentem Verhalten. Bei der Fusion der Westpac Bank of Melbourne z.B. wurde ein überlegener Kundenservice bestimmender Leitgedanke. Als Ford bei Volvo einstieg, machte Jacques Nasser, CEO von Ford, von Anfang an klar, dass das »Schwedische« der Marke Volvo in jedem Fall erhalten bleiben solle – und ließ dokumentieren, was dies für das Produkt- und Serviceangebot sowie die Unternehmenskultur bedeutet.

Anspruch, Ziele und Werte zu formulieren und in der gesamten Organisation zu kommunizieren, ist in der Regel ein iterativer Prozess, der immer wieder Korrekturen und Anpassungen erfordert (vgl. auch Kapitel 4.3). Der Aufwand lohnt sich jedoch. Die Vorgabe eines klaren Anspruchsniveaus hilft, die Aufmerksamkeit der Belegschaft stärker auf die Chancen als auf die möglichen Schwierigkeiten bei der Zusammenführung der Unternehmen zu lenken. Der gesamte Integrationsprozess gewinnt so vom ersten Tag an Stabilität und Zielorientierung.

2. Wertschaffungspotenziale vollständig identifizieren

Der Erfolg einer Fusion wird letztlich an der Höhe der Wertgenerierung gemessen. Vor der Verkündigung der Transaktion haben die beteiligten Unternehmen typischerweise die Synergien, die zwischen den beiden Organisationen bestehen, abgeschätzt und damit die Transaktionsprämie und die Integrationsrisiken gerechtfertigt. Bei der anschließenden Zusammenführung der Unternehmen steht die Realisierung dieser Synergien im Mittelpunkt. Häufig wird dabei jedoch übersehen, dass eine Integration meist noch viel weiter gehende Möglichkeiten zur Wertschaffung bietet.

Grundsätzlich lassen sich drei Arten von Wertschaffungspotenzialen unterscheiden:

- Geschäftsbezogene Synergiepotenziale, die sich direkt aus dem Zusammenschluss der zwei Unternehmen ergeben,
- Potenziale in den Einzelgeschäften, die ohnehin erschlossen werden sollten oder sich einmalig durch Nutzung der Diskontinuität einer Fusion bieten,
- Potenziale, die sich aus neuen strategischen Möglichkeiten ergeben, die durch Kombination der Stärken beider Unternehmen entstehen.

Nach unserer Erfahrung ist ein tiefes und erschöpfendes Verständnis dieser Potenziale schon in der Designphase unverzichtbar. Denn nur so kann der Integrationsprozess konsequent auf die Erschließung dieser Potenziale ausgerichtet werden.

Bei der Quantifizierung der Potenziale hat sich ein iteratives Top-down- und Bottom-up-Verfahren als erfolgreich erwiesen: Abgeleitet aus dem Anspruch des neuen Unternehmens und Vergleichen mit den leistungsstärksten Firmen der eigenen Branche (oder auch anderer Branchen) macht die Unternehmensführung top-down anspruchsvolle, aber realistische Vorgaben. Diese Vorgaben senden ein deutliches Signal an die Organisation: Die Integration ist kein »business as usual«, Außergewöhnliches ist möglich und wird erwartet. Die Top-down-Vorgaben sind dann bottom-up auf granulärem Niveau von der Organisation zu untermauern: Einzelanalysen müssen konkrete Werttreiber aufdecken und zeigen, welche Projekte umzusetzen sind. Auf diese

Weise werden die zunächst abstrakten Top-down-Vorgaben für das Linienmanagement schnell greifbar, die Veränderungsbereitschaft steigt. Dieser Top-down- und Bottom-up-Prozess kann – sofern Restriktionen den Austausch von Informationen vor dem offiziellen Closing der Transaktion nicht beschränken[2] – bereits in der Designphase anlaufen. Ein typisches Vorgehen bei der Identifikation von Werttreibern zeigt Abbildung 2.

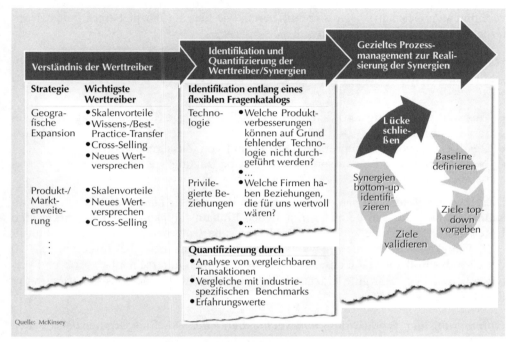

Abb. 2: Identifikation und Aktivierung der Werttreiber

a) Bestimmung der direkt geschäftsbezogenen Synergiepotenziale

Der Zusammenschluss von Unternehmen führt in der Regel zu erheblichen Synergien – redundante Kosten lassen sich reduzieren und Umsätze durch einen erweiterten Kundenstamm steigern. Zusätzlicher Wert entsteht zudem durch gezielten Know-how-

---

[2] Die Ermittlung des geschäftsbezogenen Synergiepotenzials kann in der Planungsphase, insbesondere bei länger andauernden Genehmigungsverfahren, dadurch erschwert werden, dass der Austausch von wettbewerbsrechtlich sensibler Information nicht zulässig ist. Die Einschaltung eines neutralen Clean-Teams (ohne Mitarbeiter der betroffenen Unternehmen), das die unternehmensspezifischen Daten in eine aggregierte, vergleichbare Form bringt und auswertet, kann hier große Zeitvorteile schaffen.

Austausch: Die beiden bisher getrennt – oft sogar als Wettbewerber – agierenden Unternehmen tauschen Best-Practice-Erfahrungen aus und können so ihre Leistungsfähigkeit noch einmal steigern. Gehen z.B. zwei Banken zusammen, nehmen Prognosefähigkeit und -genauigkeit der verwendeten Risikomodelle häufig allein durch das Zusammenlegen der beiden Risikomanagementteams mit ihren jeweiligen Erfahrungen und Datensätzen zu.

Das geschäftsbezogene Synergiepotenzial lässt sich in der Regel gut entlang eines vereinfachten Geschäftssystems identifizieren, wie hier am Beispiel eines Industrieunternehmens verdeutlicht werden soll.

Stärkung der Einkaufskompetenz: Im Einkauf lassen sich nach einem Zusammenschluss in der Regel rasch deutliche Einsparungen erzielen. Die wesentlichen Hebel sind:

- Auswahl des günstigsten Lieferanten bei gleichzeitiger Konsolidierung des Lieferantenportfolios,
- Realisierung von Mengenrabatten auf Grund von Zusatzmengen,
- Neudefinition der Einkaufsprozesse und Übertragung von Best Practice auf das neue Unternehmen.

Die Höhe des Potenzials hängt sehr stark von der Materialklasse, der Größe der Einkaufsvolumina und den bereits vorhandenen Einkaufsfähigkeiten der fusionierenden Unternehmen ab. Schließen sich zwei gleich große Unternehmen mit durchschnittlichen Fähigkeiten zusammen, liegt das Einsparpotenzial meist bei insgesamt ca. 10 bis 20% des Einkaufsvolumens. Sind die Unternehmen unterschiedlich groß und verfügen bereits über sehr gute Einkaufsfähigkeiten, beschränkt sich das Potenzial in der Regel auf ca. 4 bis 6%.

Optimierung der Produktions- und Technikbereiche: Die Einsparpotenziale in den operativen Bereichen resultieren im Wesentlichen aus drei Ansätzen:

- *Entwicklung einer langfristigen Standortstrategie:* Mit der Fusion von gleich großen Unternehmen verdoppelt sich in der Regel die Anzahl der Produktionsstandorte und damit die Komplexität. Zu prüfen ist daher, inwieweit Einsparungen durch Standortschließungen möglich sind. Indikatoren für ein hohes Potenzial sind gleichartige Produktionsanlagen mit Überkapazitäten, hohe Verwaltungskosten pro Standort und redundante Forschungseinrichtungen.
- *Optimierung von Produktionsanlagen durch Übertragung von Know-how:* Verfügen beide Unternehmen über vergleichbare Produktionsanlagen bzw. -prozesse, bietet sich ein Benchmarking auf Basis einer »virtuellen Anlage« an. Diese ergibt sich aus der Summe von Kostenführern in den einzelnen Prozessschritten (Best-of-Best).
- *Einführung von neuen Dienstleistungskonzepten:* Die Restrukturierung von Produktsortimenten und Produktionsstandorten wirft meist die Frage auf, inwieweit Dienstleistungen ausgelagert werden können. In der Chemieindustrie z.B. haben viele Firmen in den letzten Jahren Aufgaben wie Energieversorgung, Instandhal-

tung oder Logistik in eigenständigen Unternehmen mit ausgeprägter Servicementalität gebündelt. Im Gegenzug können sich die Geschäftsbereiche auf ihr eigentliches Kerngeschäft konzentrieren.

Stärkung von Marketing und Vertrieb: Die Zusammenlegung der Marketing- und Vertriebsaktivitäten stellt den sensibelsten Bereich der gesamten Fusion dar, da diese Aktivitäten den Kunden direkt betreffen. Wertsteigerungspotenziale ergeben sich vor allem aus einer weltweiten Konsolidierung des Kundenportfolios und der Vertriebsorganisationen. Dabei sollten die Unternehmen nicht nur das Beste der bereits bestehenden Systeme übernehmen, sondern ggf. auch neue Vertriebsstrukturen wie z.B. die Reorganisation nach Markt- bzw. Kundensegmenten prüfen. Ein weiterer Werttreiber kann der Preis sein – vor allem in Märkten, in denen hohe Überkapazitäten zu einer großen Wettbewerbsintensität geführt haben. Darüber hinaus lassen sich über den erweiterten Kundenstamm ggf. Cross-Selling-Potenziale nutzen.

Verschlankung der Verwaltungsbereiche: Die Redimensionierung der Konzernverwaltungen ist das wohl offensichtlichste Wertschaffungspotenzial. Zu klären ist zunächst, welchen Wertbeitrag das Corporate Center künftig leisten soll – soll es sich z.B. auf die Rolle einer Finanzholding beschränken oder soll es, im anderen Extrem, die Geschäftsbereiche auch operativ steuern. Darauf aufbauend sind dann Aufgaben, Kompetenzen und Umfang des Corporate Center neu festzulegen.

b) Absicherung des laufenden Geschäfts und Freilegung zusätzlicher Potenziale in den Einzelgeschäften

Mit dem Zusammenschluss von Unternehmen verbinden sich bekanntermaßen nicht nur Chancen im Sinne von Synergien, sondern auch erhebliche Risiken. Häufig ist in den ersten Monaten nach einer Fusion zu beobachten, dass die Leistungsfähigkeit der Organisation zurückgeht. Bereits vor der Fusion gesetzte Planziele werden verfehlt, laufende Verbesserungsinitiativen versanden. Die Ursachen liegen in einer Vernachlässigung des Tagesgeschäfts: Die Aufmerksamkeit des Managements wird von der Planung der Integration absorbiert, die bisherigen Entscheidungsprozesse geraten ins Stocken, aus Angst vor möglichen Rationalisierungen sinkt die Motivation der Belegschaft. Untersuchungen von McKinsey zeigen, dass Produktivitätseinbußen von 5 bis 10% während der Integrationsphase nicht untypisch sind.

Schon in der Designphase sollte das Management bewusst einer solchen Entwicklung gegensteuern. Dazu gehören die Bekräftigung der bestehenden Budgets und Ziele sowie ein enges Controlling der Zielerreichung. Auch sollten Markt und Wettbewerber genau beobachtet werden. Gerade die starke »Innenorientierung« der Organisation während einer Fusion kann dazu führen, dass Kunden vernachlässigt werden und verloren gehen – zumal Wettbewerber in solchen Situationen nicht selten versuchen, attraktive Kunden abzuwerben. Gezielte Maßnahmen zur Kundenbindung können dieses Risiko senken.

Neben der Absicherung des laufenden Geschäfts geht es in der Designphase aber auch darum, mögliche zusätzliche Wertschaffungsquellen in den Einzelgeschäften aufzuzeigen. Die Mitarbeiter wissen, dass eine Fusion meist einen grundlegenden Wandel mit sich bringt. Die Unternehmensleitung sollte diese allgemeine Aufbruchstimmung nutzen, auch »Altlasten« anzugehen, die nicht direkt mit der Integration zusammenhängen: Die Diskontinuität einer Fusion ist eine einmalige Chance, auch solche Veränderungen durchzusetzen, die bisher am Beharrungsvermögen der Organisation scheiterten (»Unfreezing«). Das kann z.B. die Neugestaltung eingefahrener Prozesse sein, die Zentralisierung von Aufgaben, die schon seit Jahren ergebnislos diskutiert wurde, oder auch die Neubesetzung von Schlüsselpositionen. Erfahrungsgemäß lassen sich gerade radikale Maßnahmen im Zuge ohnehin anstehender Veränderungen viel leichter durchsetzen als im Alltagsbetrieb.

Das Topmanagement sollte schon in der Designphase versuchen, auch dieses zusätzliche Potenzial im Top-down- und Bottom-up-Prozess zu quantifizieren – auch wenn es meist weit weniger offensichtlich ist als das direkte geschäftsbezogene Synergiepotenzial. Der Einsatz funktionsübergreifender Teams, externe Benchmarkingvergleiche und die systematische Überprüfung der strategischen Planungen beider Unternehmen sind dabei typische Hilfsmittel.

c) Bestimmung des Potenzials aus Nutzung neuer strategischer Möglichkeiten

Das Zusammengehen zweier Unternehmen kann neue strategische Möglichkeiten eröffnen, die beide Unternehmen allein auf sich gestellt nicht hätten nutzen können. Als z.B. das traditionsreiche Versicherungsunternehmen Colonial in den 90er-Jahren die State Bank of New South Wales übernahm, wurden die erwarteten Kostenpotenziale schnell erschlossen. Viel wichtiger für den nachhaltigen Erfolg war aber etwas anderes: Der Zusammenschluss hatte ein Allfinanz-Unternehmen geschaffen, das mit seiner neuen breiten Produkt- und Dienstleistungspalette die Kundenausschöpfung deutlich erhöhen konnte. Innerhalb von drei Jahren stieg der Anteil der Kunden, die sowohl Versicherungs- als auch Bankprodukte kaufen, von 3 auf 30% – ein Erfolg, der ohne den Zusammenschluss nicht möglich gewesen wäre.

Andere Unternehmen haben durch ihre Fusion erst die kritische Masse erreicht, um in einem Markt oder einer Region zu einem dominierenden, profitablen Spieler aufzusteigen. Auch kann ein Zusammenschluss von zwei Unternehmen die Basis für weitere Akquisitionen oder die Entwicklung neuer Technologien schaffen.

Die Potenziale solcher strategischer Optionen schon in der Designphase abzuschätzen, ist sehr schwierig, aber unbedingt notwendig. Denn das Ergebnis kann einen entscheidenden Einfluss darauf haben, wie sich das neue Unternehmen aufstellen und wo der Schwerpunkt des Integrationsprogramms liegen muss. Für diese Aufgabe sollte die Unternehmensleitung daher möglichst früh ein eigenes Team einsetzen.

3. Eckpfeiler einer effektiven Organisation festlegen

Das neue Unternehmen muss so schnell wie möglich funktionsfähig sein. Dazu gehört, schon in der Designphase die Eckpfeiler der künftigen Organisation festzulegen. Die Praxis zeigt, dass die Unternehmensführung dabei vor allem vier eng miteinander verbundene Themen angehen muss (Abbildung 3): Einschwören des Führungsteams auf eine gemeinsame Linie, schnelles Festlegen der organisatorischen Strukturen, Etablieren einer Leistungskultur und Managen der Toptalente. Eine Vernachlässigung dieser »weichen« Themen kann den Fusionserfolg gefährden (Abbildung 4).

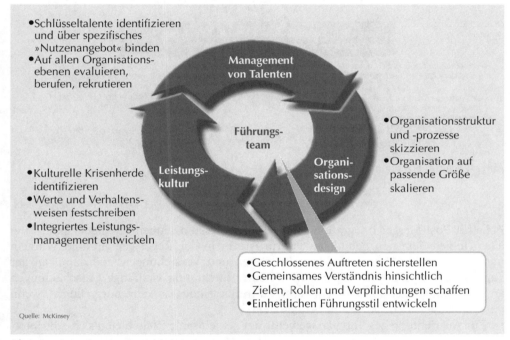

Abb. 3: Eckpfeiler einer effektiven Organisation

a) Das Führungsteam auf eine Linie einschwören

Auf vielen Führungsetagen mangelt es schon im Alltagsgeschäft an Geschlossenheit. Nur selten vertreten alle Topmanager eines Unternehmens eine einheitliche Linie. Die Gründe dafür sind vielfältig. Sie reichen von divergierenden persönlichen Zielen bis hin zu unklaren Geschäftsprioritäten. Das Ergebnis ist jedoch immer dasselbe: mangelnde Abstimmung, langwierige Entscheidungsprozesse, unzureichendes Leistungsniveau.

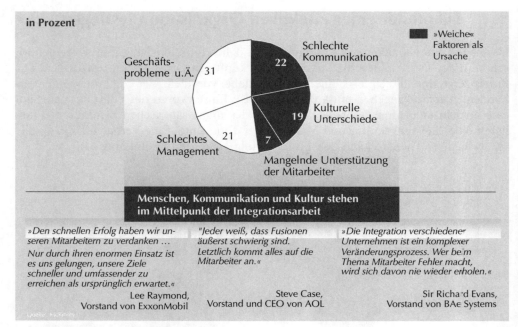

Abb. 4: Warum Fusionen missglücken

Bei einer Post-Merger-Integration ist das Thema Geschlossenheit besonders akut. Zum einen fehlen dem neu gebildeten Führungsteam in der Regel gemeinsame Wurzeln und Erfahrungen. Unterschiedliche Interessen und Vorstellungen sind damit an der Tagesordnung. Zum anderen stehen bei einer Integration vielfältige Entscheidungen an, die häufig dezentral und sehr rasch zu treffen sind. Das kann nur gelingen, wenn das Topmanagement an einem Strang zieht.

Zur Ausrichtung des Topmanagements auf gemeinsame Ziele bieten sich z.B. Interviewrunden und Konsensworkshops an. Vorgehen, Umfang und Zeitbedarf hängen nicht zuletzt davon ab, wie unterschiedlich die Vorstellungen der Führungskräfte anfänglich sind. Am Ende muss ein Ergebnis erreicht sein: Das neue Unternehmen kann sich auf ein eingeschworenes Managementteam stützen, das dieselben Ziele verfolgt. Jedes Mitglied kennt seine Rolle im Team und weiß, welchen Beitrag zur Zielerreichung es zu leisten hat.

b) Neue Organisationsstrukturen rasch festlegen

Die Organisationsstrukturen des neuen Unternehmens festzulegen, ist in der Regel keine leichte Aufgabe. Schon eine »normale« Reorganisation ist häufig ein politisches Minenfeld – auch ohne den erhöhten Zeitdruck, wie er für Unternehmenszusammenschlüsse typisch ist. Die Gefahr, sich bei diesem Thema in Detaildiskussionen zu verlieren, ist zudem groß. In der Designphase sollte sich das Management auf einige Schlüsselentscheidungen zur künftigen Struktur konzentrieren. Dazu gehören:

- *Schaffung eines gemeinsamen Verständnisses hinsichtlich der Organisationsprinzipien* des neuen Unternehmens, die Aufteilung der Verantwortlichkeiten entlang der Kernprozesse sowie die wichtigsten Leistungsindikatoren
- *Abgrenzung der Aufgaben und Verantwortlichkeiten* von Corporate Center, (Shared-) Service-Einheiten und Geschäftsbereichen,
- *Festlegung der obersten Organisationsebene*, so dass der Vorstand rasch Kontrolle über alle kritischen Funktionen gewinnt,
- Ableitung der *Personalstärke der einzelnen Einheiten*, am besten auf Basis eines Businessplans.

Liegen diese Eckpunkte fest, können dann in der zweiten Phase die Strukturen verfeinert und die Schlüsselprozesse detailliert werden. Dazu bietet sich u.a. ein zeitlich gestaffeltes Vorgehen an, das nach Organisationsebenen differenziert: Sukzessive von oben nach unten legen alle berufenen Manager die jeweils relevanten Berichtsstrukturen fest. Dieses Vorgehen spart nicht nur Zeit, sondern hilft auch, die Manager mit ins Boot zu holen.

c) Eine einheitliche Leistungskultur etablieren

Integration stellt sich nicht von alleine ein. Die Erfahrung zeigt: Selbst wenn alle anderen Erfolgsfaktoren erfüllt werden, kann eine Fusion noch immer am Fehlen einer neuen, gemeinsamen Kultur scheitern. Kurzfristig muss die Unternehmensführung vor allem potenzielle »kulturelle Krisenherde« identifizieren und adressieren. Das können z.B. Form und Umfang der Kommunikation sein, aber auch die Entscheidung über den gemeinsamen Unternehmenssitz. Bei einem Merger in der Chemieindustrie etwa ging mit der Verlagerung des Unternehmenssitzes ein rapider Verfall der Leistungskultur einher. Mitarbeiter, die es gewohnt waren, in der Schaltzentrale der Macht zu arbeiten, fühlten sich plötzlich zu Nebenfiguren degradiert. Und selbst Mitarbeiter in Funktionen, die von der Verlagerung nicht direkt betroffen waren, verließen nach der Entscheidung in Scharen das Unternehmen.

Überschreitet die Fusion Ländergrenzen, ist die Aufgabe umso schwieriger. Die Probleme bei der Fusion von Sony mit Columbia Pictures und von der Deutschen Bank mit Morgan Grenfell sind nicht zuletzt auf erhebliche Unterschiede zwischen den Gepflogenheiten in Japan bzw. Deutschland und den USA zurückzuführen. Als erfolgreiches Beispiel gilt die Integration der Pharmaunternehmen SmithKline und Beecham. Das Thema kulturelle Integration wurde hier von Anfang an systematisch angegangen.

Schon in der Designphase muss das Topmanagement die Etablierung der gemeinsamen künftigen Unternehmenskultur aktiv steuern. Dabei sind vor allem folgende Punkte zu berücksichtigen:

- *Faktenbasierte Entscheidungen:* Um kritische Unterschiede zwischen den zu integrierenden Unternehmen adressieren zu können, müssen diese Unterschiede zunächst transparent gemacht werden. Mögliche Ansätze reichen von Tiefeninterviews mit Führungskräften bis hin zu breit angelegten Mitarbeiterbefragungen.
- *Berücksichtigung interner Unterschiede:* Auch innerhalb eines Unternehmens zeigen sich häufig kulturelle Unterschiede; für den Vertrieb etwa gelten typischerweise ganz andere Arbeitsweisen und Anforderungen als für das Back Office. Auch solche Unterschiede müssen aufgezeigt werden.
- *Vorbildfunktion des Führungsteams:* Das Führungsteam muss sich die kulturelle Integration auf seine Fahnen schreiben und immer wieder neu zum Thema machen. Dabei treibt das Team die erforderlichen Veränderungen nicht nur selbst aktiv voran, sondern dient auch als Rollenmodell für die gesamte Organisation.
- *Kommunikation:* Die Kommunikation der neuen Kultur in der gesamten Organisation ist ein weiterer wichtiger Punkt. Dazu können auch Aktionen mit Symbolcharakter gehören, wie die Einführung neuer Abteilungsbezeichnungen und Titel (vgl. auch Kapitel 4.3).

Langfristig geht es dann um die Etablierung einer Leistungskultur, die das Erreichen der Unternehmensziele unterstützt. Oft müssen dazu z.B. Management- und Evaluierungsprozesse komplett neu gestaltet werden.

d)   Toptalente managen

Steht eine Fusion an, sind die Mitarbeiter verunsichert. Die berufliche Zukunft ist ungewiss, nicht wenige im übernommenen Unternehmen fühlen sich im Stich gelassen. Wettbewerber nutzen diese Situation gern, um die besten Talente abzuwerben. Auch hier gilt daher: nicht abwarten, sondern handeln. Wichtig sind vor allem folgende Maßnahmen:

- *Frühe Identifikation der Schlüsseltalente* – sei es im Topmanagement oder auf anderen Ebenen der Organisation, etwa in kritischen Bereichen wie Forschung und Entwicklung, IT oder Außendienst.
- *Bindung der Mitarbeiter,* z.B. durch finanzielle Anreize, Einbeziehung in die Integrationsarbeiten oder spezielle Weiterentwicklungsprogramme.
- *Schnelle Besetzung der wichtigsten Positionen*, um Unsicherheiten zu begrenzen. Beim Zusammenschluss von BP und Amoco z.B. waren nur wenige Wochen nach Bekanntgabe des Mergers bereits mehrere hundert Positionen im gehobenen Management besetzt.

Darüber hinaus gilt es zu prüfen, inwieweit Kräfte von außen rekrutiert werden müssen. Erfahrungsgemäß sind viele Vorstände in diesem Punkt eher zögerlich. Dabei entsteht im Zuge einer Fusion ein neues Unternehmen, das meist nicht nur deutlich größer ist, sondern auch andere Schwerpunkte und Aufgaben hat – und damit auch teilweise andere Fähigkeiten benötigt. Ein systematischer Review des vorhandenen

Talentpools unter Hinzuziehung eines externen Personalberaters kann hier eine objektive Entscheidungsbasis schaffen.

4. Integrationsvorgehen maßschneidern

Sind alle Startparameter – Anspruchsniveau, Wertschaffungspotenziale und organisatorische Eckpunkte – des neuen Unternehmens bestimmt, muss das weitere Vorgehen bei der Integration im Detail geplant werden. Dazu gehört vor allem, die Projektorganisation festzulegen, die Projektmanagementtools auszuwählen und die Kommunikation zu steuern.

a) Schlagkräftige Projektorganisation aufsetzen

Um die Vielzahl und auch die Komplexität der einzelnen Integrationsaufgaben bewältigen zu können, muss eine klar strukturierte Projektorganisation geschaffen werden. Sie besteht typischerweise aus drei Ebenen: (1) einem Steuerungsgremium, das für die Vorgabe von Richtlinien, die Bereitstellung personeller und finanzieller Ressourcen sowie die Verabschiedung der Integrationsmaßnahmen zuständig ist, (2) einem Integrationsoffice mit einem Integrationsmanager, das die Projektteams übergreifend unterstützt und leitet sowie (3) den Projektteams, die die einzelnen Integrationsmaßnahmen erarbeiten und verantwortlich umsetzen. Bei Mega-Fusionen mit sehr vielen Projektteams werden meist zusätzlich spezielle Lenkungsausschüsse für die Verabschiedung von Maßnahmen in Teilprojekten eingesetzt.

Wie die einzelnen Elemente auszugestalten und die Aufgaben zu verteilen sind, hängt vom speziellen Kontext der Integration ab. Zu klären sind dabei u.a. folgende Punkte:

Rolle des CEO und des Integrationsmanagers: Die Unternehmensleitung kann die Integration selbst durchführen oder ein eigenes Team mit einem Integrationsmanager dafür einsetzen. Bei einer Best-of-Both-Integration oder einer Transformation wird der CEO in der Regel selbst eine sehr aktive, für alle sichtbare Rolle spielen – wie etwa Daniel Vasella bei Novartis. Der Integrationsmanager beschränkt sich dann im Wesentlichen auf die Prozesssteuerung, wobei ihn das Integrationsoffice unterstützt. Bei einem Bolt-on oder einer Übernahme liegt die Führungsaufgabe in der Regel beim Integrationsmanager, während sich der CEO und sein Managementteam auf die Steuerung des Geschäfts konzentrieren. Wichtig ist in jedem Fall die Wahl des Integrationsmanagers. Er sollte beide Organisationen gut kennen, umfangreiche Erfahrung im Projektmanagement mitbringen und exzellente, so genannte Soft Skills haben, wie etwa Kommunikations- und Motivationsfähigkeit.

Die Frage, welche Form der Entscheidungsfindung für die Integration angemessen ist, lässt sich ebenfalls nicht pauschal beantworten. Integrationen, die einen großen

Teil des Wertpotenzials über operative Verbesserungen erschließen, brauchen dafür die Unterstützung der Mitarbeiter vor Ort – hier empfiehlt sich eine stark bottom-up-getriebene Entscheidungsfindung. Strukturelle Synergien hingegen lassen sich schneller über Top-down-Entscheidungen realisieren.

Rolle des Integrationsoffices: Auch für das Integrationsoffice sind grundsätzlich zwei Rollen denkbar. Es kann die Integration selbst aktiv vorantreiben oder die Arbeiten lediglich koordinieren. In den meisten Fällen wird das Integrationsoffice die Integrationsarbeiten selbst forcieren. Eine der wichtigsten Aufgaben ist dabei die Gesamtsteuerung der Fusion. Dies bedeutet die Entwicklung und Führung eines Masterplans, der sämtliche Projekte, ihre Ziele, die Verantwortlichkeiten, den aktuellen Status der Maßnahmenerarbeitung bzw. -umsetzung sowie Fälligkeitstermine enthält. Mit Hilfe des Masterplans hält das Integrationsoffice den Fortschritt und die Qualität der Integrationsarbeiten nach. Es bereitet außerdem entscheidungsreife Vorlagen für das Steuerungsgremium vor.

Neben der Prozesssteuerung übernimmt das Integrationsoffice darüber hinaus oftmals eine Schiedsgerichtsfunktion bei der Moderation schwieriger Sachverhalte, z.B. der Ableitung einer optimalen Organisationsform für die Einzelbereiche. Es kann aber auch weiter gehende Aufgaben wie die Entwicklung der Kommunikationsstrategie oder die Klärung von Personalfragen haben.

Eine derart aktive Rolle des Integrationsoffices bietet sich vor allem bei umfangreichen Integrationsarbeiten an und/oder, wenn die betroffenen Unternehmen bisher wenig Erfahrung mit Fusionen und Akquisitionen haben. Bei einem Merger in der Automobilindustrie dagegen wurde dem Integrationsoffice bewusst lediglich eine Koordinationsrolle übertragen: Die Integrationsarbeiten wurden weitgehend im Rahmen des Tagesgeschäfts durchgeführt, der Umfang der Veränderungen war überschaubar und beide Unternehmen hatten bereits Fusionen erlebt. Die Mitglieder des Integrationsoffices sollten in jedem Fall Führungskräfte mit hohem Ansehen in beiden Organisationen sein.

Rolle der Projektteams: Die individuellen Projektteams sind die »Zellen der Fusion«. Sie entwickeln alle erforderlichen Maßnahmen zur Sicherstellung der Funktionsfähigkeit des neuen Unternehmens und zur Erschließung der Wertschaffungspotenziale. Die Zahl der Projektteams kann sehr unterschiedlich sein. Meist sind es zunächst acht oder zwölf Teams, bei großen globalen Fusionen können auch mehr als 70 Teams gleichzeitig im Einsatz sein. Die Projektteams lassen sich nach Wertschaffungsquellen, Geschäftsbereichen, Funktionen, Regionen, Standorten oder Sonderaufgaben wie Kommunikation zuschneiden. In der Regel hat jedes Team einen Projektleiter; eine doppelte Führungsspitze ist nur in Ausnahmefällen sinnvoll, etwa um auf diese Weise Zugang zu Informationen sicherzustellen. Die Teams selbst sind so aufzustellen, dass beide Unternehmen vertreten sind. Dabei ist darauf zu achten, dass nur die besten Leute als Teammitglieder ausgewählt werden – und nicht die, die gerade verfügbar sind. Die Nominierung für ein Projekt ist gleichzeitig eine gute Möglichkeit, Leistungsträger zu binden.

Jedes Team erhält eine so genannte »Team-Charter«: Sie beschreibt die Ziele, Aufgaben und Ressourcen des Teams, listet die zu erstellenden Endprodukte auf und enthält einen ersten groben Zeitplan. Mit dem Team-Kick-off fällt dann der Startschuss für die Abarbeitung der Aufgaben.

b) Projektmanagementtools auswählen

Die Steuerung eines Integrationsprogramms ist in der Regel eine Herkulesaufgabe. Parallel laufende Projekte (und Subprojekte) sowie unzählige Einzelmaßnahmen, die mit konkreten Endprodukten, Verantwortlichkeiten und Fälligkeitszeitpunkten dokumentiert sind, sorgen für eine hohe Komplexität. Hinzu kommt, dass die einzelnen Projektteams oft an unterschiedlichen Standorten in unterschiedlichen Ländern arbeiten.

Umso wichtiger ist es, den Fortschritt der Integrationsarbeiten und das Erreichen der gesteckten Ziele konsequent nachzuhalten. Dabei sind insbesondere zwei Instrumente zu unterscheiden: Zum einen ist mit Hilfe eines Umsetzungscontrollings zu verfolgen, ob alle Maßnahmen zeitlich wie geplant umgesetzt werden: Werden die Maßnahmen mit der notwendigen Konsequenz vorangetrieben? Liegen einzelne Maßnahmen, Projekte oder das gesamte Programm im Zeitplan? Wann sind welche Maßnahmen realisiert? Zum anderen muss ein Effektcontrolling eingerichtet werden, das den monetären Ergebniseffekt jeder einzelnen Maßnahme (im Kostenstellenplan des Unternehmens) nachvollziehbar macht: Haben sich Synergieeffekte wie geplant eingestellt? Wann wird eine einzelne Maßnahme ergebniswirksam?

Spezielle Softwarelösungen können helfen, diese Aufgaben zu bewältigen. Über standardisierte Reportingstrukturen z.B. meldet jedes Team regelmäßig den Projektstatus an das Integrationsoffice. Ein automatisierter Abgleich mit dem Masterplan zeigt mögliche Abweichungen auf und macht Schnittstellen und Abhängigkeiten zwischen Maßnahmen transparent.

Aus Gründen der Akzeptanz sollten, soweit möglich, vorhandene Instrumente genutzt bzw. entsprechend angepasst werden. Dabei bieten sich vor allem Web-basierte Tools an (Abbildung 5). Ist der Einsatz neuer Instrumente notwendig, müssen frühzeitig Testläufe und Trainingsprogramme eingeplant werden. Grundsätzlich ist schnellen, pragmatischen (Einzel-)Lösungen der Vorzug zu geben. Bei einem Merger in der Petrochemie waren die beiden Unternehmen bereits vollständig integriert, als das neu entwickelte Best-Practice-Monitoringtool endlich einsatzbereit war.

c) Permanent kommunizieren

Die Bedeutung kontinuierlicher Kommunikation für den Erfolg einer Fusion kann nicht überschätzt werden. Kommunikation erfordert Aufmerksamkeit vom Tag null an: Schon bei Aufnahme erster Verhandlungen muss z.B. klar sein, wie die betroffenen Unternehmen reagieren, falls über eine undichte Stelle Gerüchte nach außen drin-

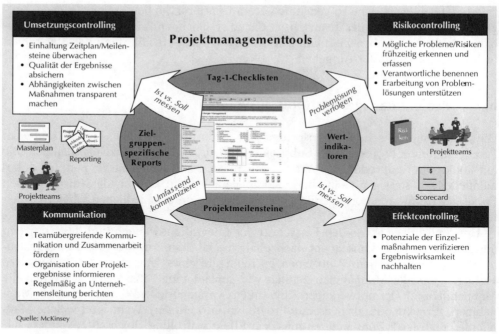

Abb. 5: Nutzung web-basierter Tools

gen. Wird die Fusion verkündet, muss klar sein, was verunsicherten Aktionären, Kunden und Mitarbeitern gesagt werden soll. Laufen die Integrationsarbeiten an, muss klar sein, wie die Belegschaft für eine Mitarbeit motiviert werden kann. Darüber hinaus sind bei der Kommunikation rechtliche Bestimmungen zu berücksichtigen (z.B. Publikationspflichten bei börsennotierten Unternehmen).

Wichtig ist, möglichst früh zu entscheiden, wer für die Erarbeitung der Kommunikationsstrategie zuständig ist und wer die Kommunikationsinhalte im Einzelnen freigibt. Bewährt hat sich auch, schon frühzeitig eine einheitliche Sprachregelung zu treffen und einige wenige klare Kernbotschaften festzulegen: Warum ist die Fusion sinnvoll? Was bringt sie den beteiligten Unternehmen? Was wird sich für die Stakeholder ändern?

Zur Erarbeitung der Kommunikationsstrategie gehört dann, alle relevanten internen und externen Zielgruppen zu bestimmen und sie nach ihrem Kommunikationsbedarf zu priorisieren. Für jede Zielgruppe ist ein detaillierter Kommunikationsplan zu erstellen: Er beschreibt das Kommunikationsziel, die spezifischen Botschaften, die einzusetzenden (bestehenden oder neuen) Medien, das Timing der einzelnen Kommunikationsmaßnahmen und die Verantwortlichen. Über Feedbackmechanismen, wie regelmäßige Mitarbeiterbefragungen, ist immer wieder zu überprüfen, ob die Botschaften bei den Zielgruppen auch angekommen sind. Die Kommunikationspläne sind ggf. entsprechend zu überarbeiten und anzupassen. Dabei ist auch darauf zu achten, dass die Kommunikationspläne für die einzelnen Zielgruppen inhaltlich und zeitlich aufeinander abgestimmt sind, um z.B. widersprüchliche Botschaften zu vermeiden.

* * *

Fusionen und Akquisitionen haben die Unternehmenslandschaft in den letzten Jahren verändert. Doch nicht immer bringen die Transaktionen den gewünschten Wertzuwachs mit sich. Voraussetzung für den Erfolg ist zunächst, dass der »richtige« Deal geschlossen wird. Haben sich die passenden Unternehmen gefunden, kommt es auf das Gelingen der Integration an. Kritisch ist vor allem die erste Phase des Integrationsprozesses: Schon in den ersten 100 Tagen muss die Unternehmensleitung alle wichtigen Entscheidungen zur künftigen Aufstellung des Unternehmens treffen und ein maßgeschneidertes Post-Merger-Integrationsprogramm aufsetzen. Trotz aller Unterschiede sind dabei, wie die Praxis zeigt, vor allem folgende Erfolgsfaktoren zu berücksichtigen: (1) Wertschaffung als Triebkraft der Integration verstehen, (2) ehrgeizige Ziele setzen, ohne dabei den Sinn für das Machbare zu verlieren, (3) das laufende Geschäft nicht vernachlässigen, (4) kulturelle Unterschiede frühzeitig berücksichtigen, (5) Ängste und Widerstände der Mitarbeiter ernst nehmen sowie (6) umfassend und anhaltend mit allen Stakeholdern kommunizieren. In der zweiten Phase des Integrationsprozesses ist das entwickelte Integrationsprogramm dann ohne Abstriche diszipliniert umzusetzen.

IX. Rechtliche Parameter der Integrations- bzw. Implementierungsmaßnahmen, insbesondere der Restrukturierungsmaßnahmen

Vielfach sind bei Transaktionen bereits auf Seiten des Verkäufers oder Joint-Venture-Partners Maßnahmen erforderlich, um ein Unternehmen, einen Betrieb oder einen Betriebsteil transaktionsfähig oder (noch) attraktiver zu machen. Andererseits bedarf es auch auf Seiten des Käufers der Überlegung, welche Integrations- und Implementierungsmaßnahmen notwendig sind, welchen finanziellen Aufwand sie erfordern und in welchem zeitlichen Rahmen sie realisiert werden können.

Der nachfolgende Beitrag wendet sich daher zunächst den rechtlichen Grundlagen der Integrations- und Implementierungsmaßnahmen zu. Es folgt eine Darstellung der Unternehmenszusammenschlüsse, der Betriebsänderungen und der Massenentlassungen. Zur Abrundung des Beitrages werden auch die unternehmenswertorientierten Vergütungsmodelle dargestellt.

1. Rechtliche Grundlagen

Nicht zuletzt bei der Unternehmensbewertung und bei der Erstellung der Business-Pläne werden die dabei zu beachtenden arbeits- und betriebsverfassungsrechtlichen Aspekte vielfach übersehen, falsch eingeschätzt oder zumindest unterschätzt.[1] Geschieht dies, so können sich die erarbeiteten Geschäfts- und Steuer-Konzepte als nicht umsetzbar erweisen oder es kann zumindest die Erreichung des wirtschaftlichen Zieles einer Transaktion empfindlich erschwert oder verzögert werden.

Folgende Aspekte sind für die Integration bzw. Implementierung und für die Restrukturierungsmaßnahmen von besonderer Bedeutung:

- Festlegung der unternehmerischen Zielvorstellung für die Integration bzw. Implementierung und für die Restrukturierungsmaßnahme
- Prüfung der Gestaltungsmöglichkeiten unter Berücksichtigung ihrer unternehmerischen und rechtlichen Vorgaben und Auswirkungen
- Entwicklung der betriebswirtschaftlich erforderlichen Integrations- bzw. Implementierungs- und Restrukturierungsstrategie

---

1 Eingehend dazu Gerhard Picot/Schnitker, Arbeitsrecht bei Unternehmenskauf und Restrukturierung, 2001.

- Bestimmung der rechtlichen Rahmenbedingungen für die Umsetzung des Transaktions- oder Restrukturierungskonzeptes
- Analyse der Struktur des Managements sowie der betroffenen Belegschaft und Erfassung der konkret betroffenen Arbeitnehmer, insbesondere hinsichtlich Betriebszugehörigkeit und Lebensalter, Familienstand, Mutterschutz, Mitgliedschaft im Betriebsrat, Schwerbehinderung
- Festlegung der im Planungszeitraum und nach der Transaktion bzw. Restrukturierung benötigten Personal-, Fertigungs- und Verwaltungskapazität
- Kalkulation der für die Übertragung und Restrukturierung aufzuwendenden internen und externen Kosten, einschließlich der Sozialplan-Kosten
- Aufstellung eines unternehmenswertorientierten Vergütungsmodells
- Aufstellung eines detaillierten Zeit- und Ablauf-Planes für die Integration bzw. Implementierung und Restrukturierung unter besonderer Berücksichtigung der betriebsverfassungsrechtlichen Bestimmungen sowie
  – der Dienst- (Organmitglieder der Gesellschaft) und Arbeitsverträge, einschließlich individueller und kollektiver arbeitsrechtlicher Bestimmungen,
  – der eventuell erforderlichen begleitenden Sozialmaßnahmen, wie z.B. Umschulung, Outplacement etc.

2. Unternehmenszusammenschlüsse

Bei Unternehmenszusammenschlüssen stellen sich grundlegende rechtliche Fragen bereits bei der Durchführung der Transaktionen. Aus Gründen der Einheitlichkeit der Darstellung befinden sich deshalb die auch für die Integration und Implementierung von Unternehmenszusammenschlüssen maßgeblichen Ausführungen zum Betriebsübergang gemäß § 613 a BGB sowie zu den umwandlungsfähigen Unternehmen und Umwandlungs-Arten (Verschmelzung, Spaltung, Vermögensübertragung und Formwechsel) und zu dem Verfahren bei Umwandlungen bereits oben unter Teil B.IV.[2]

3. Betriebsänderungen gemäß §§ 111 ff. BetrVG

Hinsichtlich geplanter Betriebsänderungen ist grundsätzlich zu unterscheiden, ob der Betrieb oder Betriebsteil, der übertragen wird, in seiner Identität unverändert bleibt oder in seinen Strukturen geändert wird.

Nur die Übertragung eines im Wesentlichen unverändert bleibenden Betriebes unterliegt nicht der Mitbestimmung der Arbeitnehmervertreter nach dem Betriebsver-

---

[2] Siehe oben B.IV.4.

fassungsgesetz (BetrVG)[3]. Bei der Übertragung eines Betriebsteiles oder bei geplanten Betriebsänderungen (§ 111 BetrVG) ist der Unternehmer eines Unternehmens mit in der Regel mehr als zwanzig wahlberechtigten Arbeitnehmern dagegen verpflichtet, den Wirtschaftsausschuss und den Betriebsrat über geplante Betriebsänderungen oder Restrukturierungen, die wesentliche Nachteile für die Belegschaft oder erhebliche Teile der Belegschaft zur Folge haben können, rechtzeitig und umfassend zu unterrichten und die geplanten Betriebsänderungen mit dem Betriebsrat zu beraten.

Ziel der Konsultation ist die Vereinbarung eines Interessenausgleiches und der Abschluss eines Sozialplanes (§§ 112, 113 BetrVG). Dabei handelt es sich um zwei rechtlich unterschiedliche Vereinbarungen, zwischen denen jedoch enge Wechselwirkungen bestehen und die deshalb oftmals gemeinsam verhandelt werden.

Bei dem Interessenausgleich geht es um die Fragen,

- ob
- wann
- und wie

die geplanten Maßnahmen durchgeführt werden.

Der Sozialplan soll demgegenüber wirtschaftliche Nachteile mildern, die den Arbeitnehmern infolge der Betriebsänderung entstehen.

a) Die von §§ 111 ff. BetrVG erfassten Unternehmen

Mit dem am 28.07.2001 in Kraft getretenen »Gesetz zur Reform des Betriebsverfassungsgesetzes« hat der Gesetzgeber zahlreiche Änderungen des Betriebsverfassungsgesetzes 1972 (BetrVG) vorgenommen. Diese betreffen unter anderem die Mitwirkung bzw. Mitbestimmung des Betriebsrates bei Betriebsänderungen im Sinne der §§ 111 ff. BetrVG. Danach ist (nunmehr) in *Unternehmen* (und nicht mehr wie vorher: *Betrieben*) mit in der Regel mehr als zwanzig »wahlberechtigten Arbeitnehmern« der Versuch zu unternehmen, mit dem Betriebsrat einen Interessenausgleich über die geplante Betriebsänderung herbeizuführen.

---

[3] Das Betriebsverfassungsgesetz regelt die Betriebsverfassung für die Privatwirtschaft. Das Betriebsverfassungsgesetz vom 11.10.1952 ist durch das Betriebsverfassungsgesetz vom 15.01.1972 (BGBl. I S. 13) abgelöst worden, das die Rechtsstellung der Arbeitnehmerrepräsentanten im Betrieb verbessert und die Beteiligungsrechte erheblich erweitert hat. Das Gesetz zur Reform des Betriebsverfassungsgesetzes vom 23.07.2001 (BGBl. I S. 1852), das in einer Neufassung vom 25.09.2001 bekannt gemacht wurde, ist mit Wirkung vom 28.07.2001 in Kraft getreten. Es hat vor allem für die Organisation der Arbeitnehmervertretung ergänzende Regelungen getroffen; es hat aber nicht die Struktur der Betriebsverfassung verändert.

Bei juristischen Personen des Privatrechts ist die Verfassung des Unternehmens mit der juristischen Person identisch, sodass eine Kapitalgesellschaft oder Genossenschaft nur ein Unternehmen bildet und auch betriebsverfassungsrechtlich nicht in mehrere Unternehmen zerlegt werden kann.[4] Das gleiche gilt für eine OHG, eine KG oder eine BGB-Gesellschaft mit wirtschaftlich-unternehmerischer Zielsetzung. Nur wenn eine natürliche Person oder eine Gesamthand Träger des Unternehmens ist, erschöpft sich deren Tätigkeit nicht in der wirtschaftlich-unternehmerischen Zielsetzung; sie kann daher nach überwiegender Ansicht mehrere Unternehmen haben.

Die Neufassung des § 111 S. 1 BetrVG führt mit ihrer Erstreckung auf Unternehmen mit in der Regel mehr als zwanzig wahlberechtigten Arbeitnehmern dazu, dass nunmehr auch Betriebsänderungen von Kleinbetrieben größerer Unternehmen dem Mitwirkungs- und Mitbestimmungsverfahren der §§ 111 ff. BetrVG unterstellt werden; dies kann eine Transaktion in zeitlicher, organisatorischer und finanzieller Hinsicht erheblich belasten. Nicht erfasst werden lediglich Arbeitnehmer in nicht betriebsratsfähigen Kleinstbetrieben, die nicht im Sinne des § 4 Abs. 2 BetrVG einem Hauptbetrieb zuzuordnen sind, und zwar auch dann, wenn sie einem größeren Konzern angehören.

In diesem Zusammenhang sind auch die neu eingeführten §§ 14a und 17a BetrVG von Bedeutung, die für Kleinbetriebe mit in der Regel fünf bis fünfzig wahlberechtigten Arbeitnehmern ein vereinfachtes Verfahren für die Wahl eines Betriebsrats und die Bestellung des Wahlvorstands im vereinfachten Wahlverfahren vorsehen. Dieses Wahlverfahren ermöglicht es den Arbeitnehmern von Kleinbetrieben, in denen in der Praxis bislang vielfach kein Betriebsrat besteht, einen solchen innerhalb kürzester Zeit zu wählen. Bei der Vorbereitung einer in Aussicht genommenen Transaktion gewinnt daher die Vertraulichkeit auch im Hinblick auf Kleinbetriebe zusätzlich an Bedeutung. Denn der Arbeitnehmerschaft ist es nunmehr ohne Weiteres möglich, aus Anlass der geplanten Transaktion einen Betriebsrat zu wählen und so die in Aussicht genommene Maßnahme gemäß §§ 111 ff. BetrVG und nicht zuletzt auch aufgrund des besonderen Kündigungsschutzes im Rahmen der Betriebsverfassung und Personalvertretung rechtlich und wirtschaftlich zu beeinflussen. Zwar bestand diese Möglichkeit auch nach dem alten Recht, jedoch führte das aufwändige Wahlverfahren der §§ 14 ff. BetrVG in der Regel dazu, dass die Transaktion und die Betriebsänderung bereits durchgeführt war, bevor sich der Betriebsrat konstituiert hatte.

b) Die Arten der Betriebsänderungen

Die Mitbestimmungsrechte des Betriebsrates gemäß den §§ 111 ff. BetrVG sind bei den Integrations- und Implementierungsmaßnahmen dann zu beachten, wenn die beabsichtigten Maßnahmen eine Betriebsänderung im Sinne des § 111 S. 1 BetrVG darstellen. Als Betriebsänderung gelten gemäß § 111 Satz 3 BetrVG:

---

4 Vgl. BAGE 27, 359, 363.

- Einschränkung und Stillegung des ganzen Betriebs oder von wesentlichen Betriebsteilen,
- Verlegung des ganzen Betriebes oder von wesentlichen Betriebsteilen,
- Zusammenschluss mit anderen Betrieben oder die Spaltung von Betrieben,
- grundlegende Änderungen der Betriebsorganisation, des Betriebszwecks oder der Betriebsanlagen,
- Einführung grundlegend neuer Arbeitsmethoden und Fertigungsverfahren.

Dabei wird auch nach dem Inkrafttreten des Reformgesetzes auf den konkreten, dem Unternehmen angehörenden Betrieb und nicht auf das Unternehmen als ganzes abzustellen sein.[5] Dies führt dazu, dass der Katalog des § 111 S. 3 BetrVG nunmehr auch auf Kleinbetriebe mit nur fünf Arbeitnehmern Anwendung finden kann. Im Hinblick auf §§ 111 ff. BetrVG ist daher schon bei der Planung einer Transaktion die Frage zu klären, ob für die Integration bzw. Implementierung erhebliche Eingriffe in die bestehenden betrieblichen Strukturen (auch kleinerer Betriebe eines Unternehmens) erforderlich sind.

aa) Einschränkung und Stillegung des ganzen Betriebs oder von wesentlichen Betriebsteilen

Unter einer Stillegung versteht man die Aufgabe des Betriebszwecks unter Auflösung der betriebsorganisatorischen Einheit und die Entlassung der Belegschaft aufgrund eines ernsthaften und endgültigen Entschlusses des Unternehmers. Die Stilllegung muss für eine der Dauer nach unbestimmte und wirtschaftlich nicht unerhebliche Zeit erfolgen.[6] Wird der Betrieb nach einer verhältnismäßig nicht erheblichen Zeit von dem bisherigen oder einem neuen Inhaber wieder eröffnet, so liegt keine Stilllegung, sondern eine Betriebsunterbrechung sowie gegebenenfalls ein Betriebsübergang gemäß § 613a BGB vor.[7]

Ein reiner Personalabbau unter Beibehaltung der Betriebsmittel kann ebenfalls eine Betriebsänderung darstellen. Dies wird stets dann anzunehmen sein, wenn der Umfang des Personalabbaus die Richtgrößen des § 17 Kündigungsschutzgesetz (KSchG) erreicht und demgemäß erhebliche Teile der Belegschaft betroffen sind. Der Zeitrahmen des § 17 KSchG (30 Tage) bleibt freilich bei der Beurteilung einer Betriebsänderung außer Betracht.

In Kleinbetrieben mit weniger als 20 Arbeitnehmern, die seit der am 28.07.2001 in Kraft getretenen Reform des BetrVG auch von §§ 111 ff. BetrVG erfasst werden können, kann nicht auf die Schwellenwerte des § 17 KSchG zurückgegriffen werden, da diese Vorschrift erst auf Betriebe mit mehr als 20 Arbeitnehmern anzuwenden ist.

---

5 Vgl. die Begründung des RegE BT-Drucks. 14/5714, S. 72.
6 Siehe dazu BAG, AP Nr. 8 zu § 13 KSchG; BAG, AP Nr. 39 zu § 613a BGB.
7 Vgl. BAG, NZA 1985, 493.

Gleichwohl kann eine Betriebsänderung im Sinne des § 111 S. 1 BetrVG nach der jetzigen Gesetzesfassung in einem Betrieb mit nur fünf Arbeitnehmern unter Umständen bereits dann vorliegen, wenn nur ein Arbeitnehmer betriebsbedingt entlassen wird.[8] Denn je kleiner die Einheit, umso wesentlicher ist der einzelne Arbeitnehmer für die Betriebsstruktur. Allerdings erscheint es als unangemessen, wegen der Entlassung einzelner Arbeitnehmer das aufwändige Verfahren der §§ 111 ff. BetrVG durchzuführen. Dies gilt vor allem angesichts der Tatsache, dass die Unterrichtungs- und Beratungspflicht des Arbeitgebers gemäß § 111 BetrVG nur dann besteht, wenn die geplante Betriebsänderungen wesentliche Nachteile »für die Belegschaft oder erhebliche Teile der Belegschaft« zur Folge haben kann.

Von der Frage, wann ein Personalabbau eine Betriebsänderung darstellt, ist die Frage zu unterscheiden, ob ein Sozialplan aufzustellen ist, wenn eine geplante Betriebsänderung allein in der Entlassung von Arbeitnehmern besteht. Insoweit gilt § 112a BetrVG, der höhere Entlassungs-Zahlen als § 17 KSchG vorsieht.

bb) Verlegung des ganzen Betriebs oder von wesentlichen Betriebsteilen

Eine Betriebsverlegung ist anzunehmen, wenn eine wesentliche Veränderung der örtlichen Lage geplant ist. Wesentlich ist die Veränderung dann, wenn erhebliche Nachteile für die Mitarbeiter eintreten können. Dabei ist es unerheblich, ob die Veränderungen individualrechtlich auf Grundlage des Direktionsrechts oder einer Änderungskündigung durchgesetzt werden können. Die Rechtsprechung hat eine Betriebsänderung bereits bei der Verlegung eines Betriebes an einen 4,3 km entfernten Standort angenommen.[9] Eine Verlegung kann auch zu einer Stilllegung führen, wenn die Produktionsgemeinschaft aufgelöst wird und wesentliche Teile der Belegschaft an dem neuen Standort nicht mehr weiterbeschäftigt werden.[10] Ob in diesem Fall für die Arbeitnehmer, die an dem neuen Standort arbeiten wollen, ein Betriebsübergang anzunehmen ist, wenn zugleich der Inhaber wechselt, ist zweifelhaft.[11]

cc) Zusammenschluss mit anderen Betrieben oder die Spaltung von Betrieben

Ein Zusammenschluss bzw. die Spaltung von *Betrieben* ist nicht gleichzusetzen mit dem Zusammenschluss (der Verschmelzung) oder der Spaltung von *Unternehmen* (siehe dazu B.IV.4.). Bleibt die Identität der Betriebe, die zu den verschmolzenen bzw. gespaltenen Unternehmen gehören, unberührt, so liegt keine Betriebsänderung vor.

Umstritten ist die Frage, ob die Vorschrift auch dann eingreift, wenn es sich bei dem abgespaltenen Betriebsteil nicht um einen wesentlichen Betriebsteil handelt. Der

---

8 Annuß, Mitwirkung und Mitbestimmung der Arbeitnehmer im Regierungsentwurf eines Gesetzes zur Reform des BetrVG, NZA 2001, 367, 369.
9 BAG, DB 1983, 344.
10 BAG, AP Nr. 15 zu § 13 KSchG.
11 Vgl. BAG, NZA 88, 170; BAG, DB 1989, 2334.

Wortlaut des § 111 Satz 3 Nr. 3 BetrVG spricht dafür, der Sinn und Zweck der Norm jedoch dagegen. Würden auch nicht wesentliche Betriebsteile von der Bestimmung erfasst, so entstünde ein nicht gerechtfertigter Wertungswiderspruch innerhalb des § 111 BetrVG. Der Betriebsteil könnte nämlich mitbestimmungsfrei gemäß § 111 Satz 3 Nr. 1 BetrVG stillgelegt, nicht jedoch gemäß Nr. 3 abgespalten und verselbstständigt werden.

dd) **Grundlegende Änderung der Betriebsorganisation, des Betriebszwecks oder der Betriebsanlagen sowie Einführung grundlegend neuer Arbeitsmethoden und Fertigungsverfahren**

Die in § 111 Satz 3 Nr. 4 und 5 geregelten Fälle der grundlegenden Änderung der Betriebsorganisation, des Betriebszwecks oder der Betriebsanlagen sowie der Einführung grundlegend neuer Arbeitsmethoden und Fertigungsverfahren sind im Rahmen von Transaktionen regelmäßig von eher untergeordneter Bedeutung. Sofern Änderungen in der Organisationsstruktur vorgenommen werden, sind diese zumeist nur Folgen der oben beschriebenen anderen Formen der Betriebsänderung.

c) **Die Rechtsfolgen der Betriebsänderung: Unterrichtung, Information und Beratung, insbesondere Interessenausgleich und Sozialplan**

Hinsichtlich der Rechtsfolgen einer Betriebsänderung ist zu unterscheiden zwischen der Unterrichtung und Information des Betriebsrats und des Wirtschaftsausschusses und der Beratung mit dem Betriebsrat, insbesondere der Verhandlung und Vereinbarung eines Interessenausgleichs und eines Sozialplans.

Mit den genannten Instrumentarien wird den Arbeitnehmervertretern bei Betriebsänderungen die Möglichkeit gegeben, auf die Entscheidungsfindung des Unternehmers einzuwirken. Letztlich verbleibt dem Unternehmer zwar die Entscheidung über die Durchführung der Integration, Implementierung und Restrukturierung und der Betriebsrat kann den Abschluss eines Interessenausgleiches – im Unterschied (mit Ausnahme des § 112a BetrVG) zur Aufstellung eines Sozialplans durch die Einigungsstelle – nicht erzwingen. Allerdings darf der Unternehmer mit der vollständigen oder auch nur teilweisen Umsetzung der Betriebsänderung nur beginnen, nachdem er den Abschluss eines Interessenausgleichs (ernsthaft) »versucht« hat. Ein solch ernsthafter Versuch ist erst dann gegeben, wenn der Unternehmer das gesamte gesetzlich vorgesehene Interessenausgleichs-Verfahren mit sämtlichen Verhandlungsstadien – wenn auch möglicherweise ohne Erfolg – durchlaufen hat.[12]

---

[12] Siehe BAG v. 18.12.1984, AP Nr. 11 zu § 113 BetrVG 1972; Picot/Schnitker, Arbeitsrecht bei Unternehmenskauf und Restrukturierung, S. 263 f.

aa) Rechtzeitige und umfassende Unterrichtung über die Planungen

Die Annahme einer Betriebsänderung hat zunächst zur Folge, dass der Unternehmer gemäß § 111 BetrVG den Betriebsrat rechtzeitig und umfassend über die Planungen zu unterrichten hat, sobald der Unternehmer auf der Grundlage der Vorüberlegungen und Analysen plant, eine konkrete Maßnahme durchzuführen. Ist in dem Unternehmen überdies ein Wirtschaftsausschuss vorhanden, ist auch dieser gemäß § 106 Abs. 2 BetrVG zu unterrichten. Die Pflicht zur Unterrichtung ist nicht von einem entsprechenden Verlangen des Betriebsrats abhängig.

Betreffend den Zeitpunkt und Umfang der Unterrichtung soll der Begriff »*geplante* Betriebsänderungen« sicherstellen, dass der Betriebsrat zum frühestmöglichen Zeitpunkt an der Planung beteiligt wird. Das in den §§ 111 ff. BetrVG vorgesehene rechtzeitige und umfassende Unterrichtungs- und Beratungsverfahren, einschließlich des Versuches des Interessenausgleiches, muss demgemäß noch in einem Zeitraum abgewickelt werden, in dem noch keine abschließende Entscheidung gefallen ist. Der Betriebsrat muss die Möglichkeit haben, auf den Beschluss des Unternehmers einzuwirken. Dies wäre unmöglich, wenn der Unternehmer bereits eine abschließende Entscheidung bezüglich der Frage getroffen hat, ob eine Betriebsänderung durchgeführt wird und wie die inhaltlichen und zeitlichen Modalitäten der Durchführung gestaltet werden. Erst recht darf der Unternehmer noch nicht mit der Durchführung der Betriebsänderung beginnen.

Die Unterrichtung muss umfassend sein. Dies bedeutet, dass sämtliche Beweggründe für die Betriebsänderung dargelegt werden müssen. Das gleiche gilt für die Folgen der Maßnahmen für die Arbeitnehmer und den beabsichtigen Zeitplan für die Durchführung. Hat der Arbeitgeber mehrere Alternativen erwogen, muss er darlegen, aus welchen Gründen er sich für eine der Möglichkeiten entschieden hat. Auf Verlangen sind dem Betriebsrat die zur Durchführung der Aufgaben erforderlichen Unterlagen zur Verfügung zu stellen (§ 80 Abs. 2 Satz 2 BetrVG).

bb) Recht des Betriebsrates zur Beratung mit dem Arbeitgeber

Gemäß § 111 S. 1 BetrVG hat der Betriebsrat im Fall einer Betriebsänderung das Recht, über die geplante Betriebsänderung mit dem Arbeitgeber zu beraten.

Ziel dieser Beratung ist der Abschluss eines Interessenausgleichs. Dabei soll der Betriebsrat die Möglichkeit haben, die Entscheidung des Arbeitgebers zu beeinflussen, ob, wann und in welchem Umfang die geplante Betriebsänderung durchgeführt wird, und das Ergebnis in einer Interessenausgleichs-Vereinbarung festzuhalten. Daneben werden regelmäßig Verhandlungen über den Abschluss einer Sozialplan-Vereinbarung geführt, der die wirtschaftlichen Nachteile für die betroffenen Arbeitnehmer finanziell und sozial abmildern soll.

Zwar kann der Betriebsrat den Abschluss eines Interessenausgleiches nicht erzwingen, sodass dem Unternehmer letztlich die Entscheidung über die Durchführung der Maßnahme verbleibt. Allerdings darf der Arbeitgeber erst *nach* der Durchführung des gesetzlich vorgeschriebenen Verfahrens für den Versuch eines Interessenausgleichs mit der Umsetzung der Betriebsänderung wie z.B. einer Spaltung, Verschmelzung oder der Einführung neuer Arbeitsmethoden beginnen. Beachtet der Unternehmer diese Regelung nicht, so drohen ihm neben der Pflicht zum Ausgleich der den betroffenen Arbeitnehmern entstehenden wirtschaftlichen Nachteile (§ 113 BetrVG) und einem Bußgeld (§ 121 BetrVG) nach der Rechtsprechung zahlreicher Instanzgerichte auch eine auf die Unterlassung der Maßnahme gerichtete einstweilige Verfügung.

Die zwingend vorgeschriebene Pflicht des Arbeitgebers, mit dem Betriebsrat einen Interessenausgleich zu beraten und zu verhandeln, hat somit aufgrund ihrer Wirkung als Sperre für die Umsetzung der Betriebsänderung eine zentrale zeitliche und finanzielle Bedeutung für den Ablauf der beabsichtigten Änderung der Unternehmensstruktur. Der Arbeitgeber darf nämlich – wie bereits gesagt – mit der vollständigen oder auch nur teilweisen Umsetzung der Betriebsänderung keinesfalls beginnen, bevor er nicht den Abschluss eines Interessenausgleichs ernsthaft »versucht« hat. Dies ist aber erst dann der Fall, wenn er das gesamte gesetzlich vorgesehene Interessenausgleichs-Verfahren und -Verhandlungsstadien – wenn auch möglicherweise ohne Erfolg – durchlaufen hat.[13]

Dies bedeutet, dass die Betriebspartner zunächst über den Interessenausgleich zu verhandeln haben. Kommt ein Interessenausgleich nicht zustande, so können sie den Präsidenten des Landesarbeitsamtes um Vermittlung ersuchen. Geschieht dies nicht oder bleibt der Vermittlungsversuch ergebnislos, so können sie die Einigungsstelle anrufen, wobei auch die Verhandlung vor der Einigungsstelle auf den Versuch einer freiwilligen Einigung beschränkt ist. Erst, wenn auch dieser Versuch einer freiwilligen Einigung gescheitert ist, hat das Unternehmen den Abschluss eines Interessenausgleichs ernsthaft »versucht« und kann mit der Umsetzung der geplanten Änderungsmaßnahme beginnen.

Gleichwohl zögern zahlreiche Unternehmen, die Arbeitnehmer bereits in einem frühen Zeitpunkt über geplante Veränderungen zu informieren und in die Planungsprozesse einzubeziehen. Vor allem unterbleibt dies, weil die Ankündigung geplanter Veränderungen in der Regel eine erhebliche Unruhe in der Belegschaft und gravierende Reaktionen des Marktes auslösen kann. Zudem ist es oftmals aufgrund der vom Verkäufer aufgestellten Regeln des Bietungsverfahrens unabdingbar, eine geplante Transaktion und die sich daraus ergebenden Restrukturierungsmaßnahmen so lange wie möglich geheim zu halten. In der Praxis ist es deshalb oftmals schwierig, die Balance zwischen einer vertrauensvollen Zusammenarbeit mit den Arbeitnehmervertretern und den berechtigten Belangen des Unternehmens zu finden.

Um die Schaffung schlanker, kostensparender und zugleich flexibler betrieblicher Strukturen planbarer und kalkulierbarer zu machen, hatte sich der Gesetzgeber 1996 bemüht, Restrukturierungsmaßnahmen durch eine Verkürzung und Befristung des Interessenausgleichsverfahrens durch das »Arbeitsrechtliche Beschäftigungsförderungsgesetz« deutlich zu beschleunigen. Nach der seinerzeit als Sätze 2 und 3 in § 113

---

13 BAG v. 18.12.1984, AP Nr. 11 zu § 113 BetrVG 1972; Picot/Schnitker, Arbeitsrecht bei Unternehmenskauf und Restrukturierung, S. 263 f.

Absatz 3 des Betriebsverfassungsgesetzes eingefügten Regelung hatte der Arbeitgeber den Interessenausgleich bereits »versucht«, wenn er den Betriebsrat ordnungsgemäß an der Planung beteiligt hatte und nicht innerhalb von zwei Monaten nach Beginn der Beratungen oder schriftlicher Aufforderung zur Aufnahme der Beratungen ein Interessenausgleich zustande gekommen war. Wurde innerhalb dieser 2-Monats-Frist die Einigungsstelle angerufen, endete die Frist einen Monat nach Anrufung der Einigungsstelle, wenn dadurch die 2-Monats-Frist überschritten wurde. Spätestens mit dem Ablauf von 3 Monaten nach der Aufnahme der Verhandlungen entfiel die in § 113 BetrVG vorgesehene Sanktion des Nachteilsausgleichs und damit auch die Umsetzungssperre. Dadurch konnte verhindert werden, dass die zeitliche Planung, die Durchführung und die Kosten der geplanten Unternehmensänderung über Monate oder gar Jahre aus dem Ruder liefen.

Diese zeitliche Begrenzung des Interessenausgleichs-Verfahrens ist durch Art. 9 des »Gesetzes zu Korrekturen in der Sozialversicherung und zur Sicherung der Arbeitnehmerrechte« mit Wirkung vom 01.01.1999 wieder vollständig beseitigt worden, anstatt z.B. lediglich eine gewisse Verlängerung der Verfahrensfrist vorzusehen. Den Unternehmen ist damit die Steuerungsmöglichkeit für das »Timing« von Integrations- und Implementierungsmaßnahmen, die eine Betriebsänderung im Sinne des § 111 BetrVG zum Gegenstand haben, wieder weitgehend aus den Händen genommen worden. Dies hat erheblich nachteilige Auswirkungen auf die Unternehmensbewertung und die Einschätzung notwendiger Integrations- bzw. Implementierungskosten.

Zur Beschleunigung der Beratungen über einen Interessenausgleich ist allerdings nun durch das am 28.07.2001 in Kraft getretene »Gesetz zur Reform des Betriebsverfassungsgesetzes« ein neuer Satz 2 in § 111 BetrVG eingefügt worden. Da es beim Interessenausgleich in der Regel um komplexe Fragestellungen geht, ist der Betriebsrat nunmehr berechtigt, in Unternehmen mit mehr als 300 Arbeitnehmern zu seiner Unterstützung bei der Beratung über die geplanten Betriebsänderungen einen externen, zur Geheimhaltung (§ 80 Abs. 4 BetrVG) verpflichteten Berater hinzuziehen. Auf diese Weise soll sichergestellt werden, dass der Betriebsrat schneller und kompetenter auf die in Aussicht genommene Maßnahme reagieren kann. Zwar konnte auch vor Einführung des § 111 S. 2 BetrVG n.F. unter den Voraussetzungen des § 80 Abs. 3 BetrVG ein externer Berater zu Hilfe gezogen werden; hierzu bedurfte es aber einer näheren Vereinbarung mit dem Arbeitgeber. Bei Verweigerung des Einverständnisses zur Hinzuziehung eines Experten war der Betriebsrat darauf angewiesen, dieses Einverständnis durch eine arbeitsgerichtliche Entscheidung ersetzen zu lassen. Selbst bei einer im Wege des einstweiligen Verfügungsverfahrens zu treffenden Entscheidung kam es somit zu einer Verzögerung des Beratungsprozesses.

Ferner sieht der neu gefasste Abs. 5 des § 1 KSchG vor, dass im Rahmen eines Interessenausgleichs die Betriebsparteien eine Namensliste der Arbeitnehmer erstellen können, denen infolge einer Betriebsänderung gekündigt werden soll. Für den Abschluss des Interessenausgleichs sind möglicherweise – je nach Fallgestaltung – auf Arbeitnehmerseite verschiedene »Betriebsratsebenen« (Betriebsrat vor Ort, Gesamtbetriebsrat, Konzernbetriebsrat) zuständig. Durch diese Bestimmung wird es den Betriebsparteien ermöglicht, den Interessenausgleichsversuch auch im Lichte einer

Namensliste zu unternehmen. Ist jedoch nach der zu Grunde liegenden Betriebsänderung der Gesamt- oder Konzernbetriebsrat für den Interessenausgleich zuständig, kommt eine Namensliste nicht in Betracht, weil die Namensliste nur betriebsbezogen, nicht aber unternehmensbezogen aufgestellt werden kann. Allerdings ist es möglich, dass einem vom Gesamt- oder Konzernbetriebsrat abgeschlossenen Interessenausgleich auf betrieblicher Ebene eine Namensliste hinzugefügt wird.

Wie oben bereits erwähnt, tritt neben die Verhandlungen über den Interessenausgleich in allen Fällen der Betriebsänderung – mit Ausnahme des Personalabbaus nach § 112a BetrVG – der Abschluss eines Sozialplans gemäß § 112 BetrVG. Der Sozialplan hat die Wirkung einer Betriebsvereinbarung. Ziel des Sozialplanes ist es, die wirtschaftlichen Nachteile zu kompensieren, welche die Arbeitnehmer infolge einer Betriebsänderung erleiden. Leitende Angestellte werden von dem Sozialplan allerdings nicht erfasst. Im Gegensatz zum Interessenausgleich ist der Sozialplan erzwingbar. Der Betriebsrat kann die Einigungsstelle anrufen, die eine Entscheidung mit bindender Wirkung treffen kann. Allerdings kann mit der Betriebsänderung bereits vor dem Abschluss des Sozialplanes begonnen werden.

Inhalt und Umfang des Sozialplans sind grundsätzlich allein von den Verhandlungen mit dem Betriebsrat abhängig. Konkrete Vorgaben enthält insoweit die Regelung des § 112 Abs. 5 BetrVG, der die Grundsätze aufstellt, von denen sich die Einigungsstelle im Rahmen ihrer billigen Ermessenausübung leiten lassen muss. Bei der Verteilung der Leistungen ist insbesondere der Gleichbehandlungsgrundsatz zu beachten. In der Rechtsprechung ist jedoch anerkannt, dass Arbeitnehmer, die einen zumutbaren Arbeitsplatz ablehnen, von Leistungen aus dem Sozialplan ausgenommen werden können. Die Höhe des Gesamtvolumens hängt von der Leistungsfähigkeit des Unternehmens ab und ist von der Einigungsstelle so zu bemessen, dass der Fortbestand des Unternehmens und die nach der Betriebsänderung verbleibenden Arbeitsplätze nicht gefährdet werden.

Der Sozialplan sollte in jedem Fall eine klare Regelung über die Fälligkeit der Abfindungen, insbesondere im Fall der Erhebung von Kündigungsschutzklagen enthalten. Sozialplanabfindungen sind nach der geltenden Rechtslage bis zu einer Höhe von maximal € 12.271 gemäß § 3 Ziff. 9 Einkommensteuergesetz (EStG) steuerfrei. Der über den Freibetrag hinaus gehende Betrag unterliegt – anders als nach der früheren Regelung in §§ 24, 34 EStG – nicht mehr dem halben Steuersatz. An die Stelle jener Regelung ist das wesentlich ungünstigere sog. Fünftelungsprinzip getreten, wonach lediglich Erleichterungen bei den Progressionsstufen geschaffen werden. Auf Leistungen aus Sozialplänen sind grundsätzlich keine Sozialversicherungsbeiträge zu erheben, da es sich nicht um Arbeitsentgelt handelt. Ebensowenig führt die Zahlung einer Sozialplanabfindung zu einem Ruhen des Anspruchs auf Arbeitslosengeld, soweit die Kündigungsfristen eingehalten worden sind (vgl. § 143a SGB III).

4. Massenentlassungen

a) Anzeigepflicht

Im Fall betriebsbedingter Kündigungen ist gemäß § 17 KSchG[14] eine Massenentlassungsanzeige beim zuständigen Arbeitsamt erforderlich. Nach der genannten Bestimmung ist der Arbeitgeber verpflichtet, dem Arbeitsamt Anzeige zu erstatten, bevor er

1. in Betrieben mit in der Regel mehr als 20 und weniger als 60 Arbeitnehmern mehr als 5 Arbeitnehmer,
2. in Betrieben mit in der Regel mindestens 60 und weniger als 500 Arbeitnehmern 10 vom Hundert der im Betrieb regelmäßig beschäftigten Arbeitnehmer oder aber mehr als 25 Arbeitnehmer,
3. in Betrieben mit in der Regel mindestens 500 Arbeitnehmern mindestens 30 Arbeitnehmer innerhalb von 30 Kalendertagen entlässt. Dabei kommt es nicht auf den Ausspruch der Kündigung an, sondern auf den Zeitpunkt, in dem die Kündigungen nach Ablauf der Kündigungsfrist wirksam werden. Den Entlassungen stehen andere Beendigungen des Abeitsverhältnisses gleich, die vom Arbeitgeber veranlasst werden.

Gemäß § 17 Abs. 2 KSchG ist der Betriebsrat über die Massenentlassung unter Angabe der dort vorgesehenen Informationen zu unterrichten. Der Anzeige an das Arbeitsamt ist die Mitteilung an den Betriebsrat sowie die Stellungnahme des Betriebsrats gemäß § 17 Abs. 3 KSchG beizufügen. In der Praxis wird die Information und Konsultation des Betriebsrats nach § 17 KSchG in das Interessenausgleichsverfahren nach §§ 111 ff. BetrVG (siehe oben) eingebunden.

Der Arbeitgeber hat die in § 17 KSchG geregelten Auskunfts-, Beratungs- und Anzeigepflichten gemäß Abs. 3a der Bestimmung auch dann zu beachten, wenn die Entscheidung über die Entlassungen von einem den Arbeitgeber beherrschenden Unternehmen getroffen wurde. Der Arbeitgeber kann sich nicht darauf berufen, das für die Entlassungen verantwortliche Unternehmen habe nicht die notwendigen Auskünfte übermittelt.

Wird die nach § 17 KSchG notwendige Anzeige versäumt, so sind die Entlassungen unwirksam, sofern sich die Arbeitnehmer darauf berufen. Im Rahmen der Massenentlassungsanzeige ist ferner darauf zu achten, dass nach Eingang der Anzeige beim Arbeitsamt eine Sperrfrist von einem Monat eintritt, binnen derer die Entlassungen nicht durchgeführt werden dürfen. Diese Sperrfrist kann vom Arbeitsamt um einen weiteren Monat verlängert werden. Im Anschluss an die Sperrfrist müssen die

---

14 Vgl. EG Massenentlassungsrichtlinie 98/59/EG des Rates der EG vom 20.07.1998, ABl. 1998 L 225, 16 ff.

Entlassungen gemäß § 18 KSchG innerhalb einer Freifrist von 90 Tagen durchgeführt werden. Der Zeitpunkt der Abgabe der Massenentlassungszeige ist somit vorab genauestens zu planen, da die Anzeige wiederholt werden muss, wenn die Entlassungen nicht innerhalb der Freifrist wirksam werden. Die Bildung von Kündigungs-Wellen unterhalb der Schwellenwerte des § 17 KSchG ist zulässig. Es handelt sich nicht um eine Umgehung der Vorschrift, sondern vielmehr um das vom Gesetz zur Entlastung des Arbeitsmarktes bezweckte Vorgehen.[15]

b) Die individualrechtliche Wirksamkeit der Kündigung

Von der Anzeigepflicht ist die Frage der individualrechtlichen Wirksamkeit der Kündigung zu unterscheiden.

Soweit das Arbeitsverhältnis vom Geltungsbereich des allgemeinen Kündigungsschutzes umfasst ist, ist die Kündigung gegenüber einem Arbeitnehmer, dessen Arbeitsverhältnis in demselben Betrieb (nicht: Kleinbetrieb) oder Unternehmen ohne Unterbrechung länger als sechs Monate bestanden hat, rechtsunwirksam, wenn sie nicht sozial gerechtfertigt ist (§ 1 KSchG). Der Arbeitgeber muss also einen Kündigungsgrund haben, der entweder in der Person oder im Verhalten des Arbeitnehmers liegt oder durch dringende betriebliche Erfordernisse bedingt ist, die einer Weiterbeschäftigung entgegenstehen; im letzteren Falle muss der Arbeitgeber bei der Auswahl des Arbeitnehmers nach § 1 Abs. 3 KSchG soziale Gesichtspunkte ausreichend berücksichtigen.

Im Falle einer betriebsbedingten Kündigung setzt die soziale Rechtfertigung voraus, dass der Arbeitsplatz infolge der unternehmerischen Restrukturierungsentscheidung dauerhaft entfallen ist. Die Unternehmerentscheidung selbst ist gerichtlich nicht überprüfbar, es sei denn, es liegt ein Fall von Willkür vor. Eine Sozialauswahl ist stets dann erforderlich, wenn nicht alle der vergleichbaren Arbeitsplätze, sondern nur ein Teil dieser Arbeitsplätze entfallen. In diesem Fall hat der Unternehmer bei der Entscheidung, welcher Arbeitnehmer entlassen wird, unter sozialen Gesichtspunkten abzuwägen, welchen Arbeitnehmer die Entlassung am wenigsten hart trifft. Mit Wirkung zum 01.01.1999 hat der Gesetzgeber die durch das Arbeitsrechtliche Beschäftigungsförderungsgesetz 1996 eingeführte Begrenzung der sozialen Gesichtspunkte auf die drei sozialen Grunddaten, d.h. die Dauer der Betriebszugehörigkeit, das Lebensalter und die Unterhaltspflichten des Arbeitnehmers, aufgehoben. Dies bedeutet, dass nunmehr auch wieder sämtliche anderen sozialen Kriterien, die im Einzelfall vorliegen, berücksichtigt werden müssen.

Es bedarf keiner weiteren Erläuterung, dass die Frage der Wirksamkeit einer Kündigung deshalb mit erheblichen Rechtsunsicherheiten belastet ist.

---

15 Gerhard Picot/Schnitker, Arbeitsrecht bei Unternehmenskauf und Restrukturierung, S. 389.

Hinzu kommt, dass auch die bislang in § 1 Abs. 5 KSchG enthaltene Regelung wieder entfallen ist, wonach die Kündigung von Arbeitnehmern, die in einem zwischen Arbeitgeber und Betriebsrat vereinbarten Interessenausgleich namentlich bezeichnet waren, von den Gerichten nur auf grobe Fehlerhaftigkeit überprüft werden konnte. Diese Regelung, die bei den Betriebsräten infolge der mit der Entscheidung verbundenen Verantwortung auf durchaus geteilte Reaktionen stieß, ermöglichte es den Betriebspartnern, die Rechtsunsicherheiten der Sozialauswahl erheblich zu reduzieren. Diese Möglichkeit ist nun wieder entfallen. Um gleichwohl ein Mindestmaß an Rechtssicherheit zu erlangen, kann es sich allerdings empfehlen, zumindest Auswahlrichtlinien für die Sozialauswahl gemäß § 1 Abs. 4 KSchG i.V.m. § 95 BetrVG mit dem Betriebsrat zu vereinbaren. Ist nämlich in einem Tarifvertrag, in einer Betriebsvereinbarung nach § 95 BetrVG oder in einer entsprechenden Richtline nach den Personalvertretungsgesetzen festgelegt, welche sozialen Gesichtspunkte nach § 1 Abs. 3 Satz 1 KSchG zu berücksichtigen sind und wie diese Gesichtspunkte im Verhältnis zueinander zu bewerten sind, so kann die soziale Auswahl der Arbeitnehmer nur auf grobe Fehlerhaftigkeit überprüft werden (§ 1 Abs. 4 KSchG).

Da im Ergebnis jedoch mit jeder Kündigung unausräumbare Rechtsunsicherheiten verbunden sind, ist es durchaus empfehlenswert, sich mit den Arbeitnehmern soweit möglich anstelle einer Kündigung auf Aufhebungsverträge zu verständigen. Der Abschluss eines Aufhebungsvertrages hat zudem noch den weiteren Vorteil, dass zusätzliche Aspekte, die die Kündigungen erschweren, wie z.B. der Sonderkündigungsschutz für Betriebsratsmitglieder, Schwangere, Mitarbeiter im Erziehungsurlaub etc., nicht zum Tragen kommen. Ferner entfällt bei Aufhebungsverträgen die im Falle der Kündigung erforderliche individuelle Anhörung des Betriebsrats zu jeder Kündigung nach § 102 BetrVG. Diese Anhörung muss im Fall einer Kündigung vor Ausspruch der Kündigung ordnungsgemäß durchgeführt werden. Geschieht dies nicht, so ist die Kündigung nichtig. Dies gilt auch dann, wenn über die Kündigungen ein Interessensausgleich nach §§ 111 ff. BetrVG abgeschlossen worden ist.

5. Unternehmenswertorientierte Vergütungsmodelle

a) Einleitung

Im Zusammenhang mit grenzüberschreitenden und globalen Unternehmensübernahmen und -zusammenschlüssen sowie nicht zuletzt seit der öffentlichen Diskussion über die Angemessenheit hoher Bezüge ehemaliger Chrysler-Manager und die erforderliche Anpassung der Gehälter im fusionierten DaimlerChrysler-Konzern gewinnen Stock-Options und andere unternehmenswertorientierte Mitarbeitervergütungen auch hierzulande an Bedeutung. Musste man Deutschland insoweit vor einigen Jahren z.B. gegenüber den USA und Großbritannien noch als Entwicklungsland bezeichnen, so greifen heute immer mehr Großunternehmen angesichts der fortschreitenden Internationalisierung und Globalisierung der Kapital- und Arbeitsmärkte bei der Gestaltung ihrer Vergütungsmodelle auf Aktien-Optionspläne zurück. So verfügten bereits 1998 etwa 20 Prozent der deutschen Großunternehmen, wie z.B. DaimlerChrysler, Volkswagen, Deutsche Bank, Hoechst, Siemens oder Veba, über derartige Optionspläne.

Nicht nur ausländische Führungskräfte, sondern verstärkt auch inländische Top-Manager erwarten derartige Vergütungskomponenten. Gehaltsbestandteile wie Dienstwagen oder Versicherungspolicen werden weitgehend als selbstverständlich hingenommen. Insofern verwundert es nicht, dass auch die Mehrzahl der am Neuen Markt notierten Unternehmen sowie immer mehr mittelständische und Start-up-Unternehmen ihren Mitarbeitern durch performance-orientierte Vergütungsmodelle besondere Leistungsanreize gewähren.

Derartige Vergütungsmodelle fördern nämlich nicht nur die Motivation und Kreativität der Manager und übrigen Mitarbeiter, sondern auch ihre mitverantwortliche Verbundenheit und Identifikation mit »ihrem« Unternehmen, da die Begünstigten natürlicherweise in erhöhtem Maße an einer überdurchschnittlichen Geschäftsentwicklung ihrer Unternehmen interessiert sind. Die Koppelung der Vergütung an die Effizienz der Mitarbeiter und der Unternehmen erweist sich damit für viele Gesellschaften als wichtiger Baustein einer partnerschaftlichen und zukunftsorientierten Unternehmenskultur.

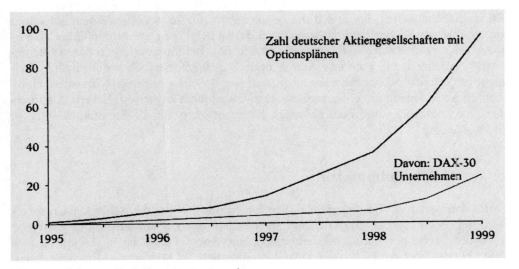

Abb. 1: Aktiengesellschaften mit Optionsplänen
Quelle: Löwe/Sieber in Achleitner/Wollmert (Hrsg.), Stock Options, 2000, S. 50.

b) Überblick

Allgemein wird die Mitarbeiterbeteiligung als Teilhabe des Arbeitnehmers am Kapital des arbeitgebenden Unternehmens verstanden. Dabei ist die Beteiligung auf gesellschafts- oder schuldrechtlicher Ebene einerseits von der Erfolgsbeteiligung in Form einer Ertrags-, Gewinn-, oder Leistungsbeteiligung andererseits zu unterscheiden.

Bei der erstgenannten gesellschafts- oder schuldrechtlichen Mitarbeiterbeteiligung (im engeren Sinne) werden die Mitarbeiter in der Regel als Aktionäre (z.B. Stock-Options, Belegschaftsaktien), Mitgesellschafter (z.B. GmbH-Anteile) oder Fremdkapitalgeber (z.B. Stille Gesellschaft, Mitarbeiterdarlehen) am Kapital des arbeitgebenden Unternehmens beteiligt. Die anderen Erfolgsbeteiligungen werden den Mitarbeitern hingegen als »normale« zusätzliche Vergütungen in Form von z.B. Tantiemen oder Boni ausgezahlt. Die fixen Vergütungen der Manager werden dabei zunehmend zugunsten höherer variabler Bestandteile verringert.

Bei den variablen Vergütungsmodellen haben die Belegschaftsaktien, deren geldwerter Vorteil gemäß § 19 a Einkommensteuergesetz (EStG) unter den dort genannten Voraussetzungen bis zu einem Betrag von € 154,— jährlich steuerfrei ist, seit langem ihren festen Platz. Ein Nachteil dieser Beteiligungsform ist es, dass die Mitarbeiter, die die Belegschaftsaktien erhalten haben, sich nicht dem Kursrisiko entziehen können und im Falle eines Absinken des Kurses oder im Insolvenzfall einen entsprechenden Verlust erleiden.

Anders verhält es sich bei den sog. Phantom-Stocks (auch Stock-Appreciation-Rights/SAR genannt), bei denen die Begünstigten nur so gestellt werden, als wären sie Inhaber von Aktien ihrer Unternehmen. Diese Beteiligungen werden daher als virtuelle oder synthetische Aktienmodelle bezeichnet. Bei ihnen erhalten die begünstigten Mitarbeiter keine »echten« Aktien und sie nehmen deshalb grundsätzlich auch nicht unmittelbar an etwaigen Kursverlusten teil. Bei einer positiven Kursentwicklung werden ihnen jedoch die Differenzbeträge zwischen dem zuvor festgelegten Basispreis der Phantom-Stocks und dem aktuellen Kurswert zu einem bestimmten Stichtag in bar ausgezahlt.

c) Aktien-Optionsplan

Unter den variablen Vergütungsmodellen für Führungskräfte deutscher Unternehmen wird der (echte) Aktien-Optionsplan immer bedeutsamer. Während Anfang 1998 erst 17% der Großunternehmen Aktienoptionspläne eingesetzt hatten, verfügten im Jahr 2000 bereits über die Hälfte der DAX-Unternehmen über derartige Mitarbeiterbeteiligungsmodelle.

Die im Auftrag des Bundesforschungsministeriums erstellte Delphi-Studie prognostiziert, dass die Unternehmen ihre Mitarbeiter in den Jahren 2003 bis 2010 mehrheitlich mit Aktien entlohnen werden, da sich dies als »motivations- und produktionserhöhend« herausgestellt habe. Vor allem in den boomenden Branchen der Telekommunikation, der Informationstechnologie und Biotechnik werden Führungskräfte verstärkt durch Stock-Option-Programme an die Unternehmen gebunden, in denen das Recht, die Option auszuüben, an eine mehrjährige Wartezeit oder an die Firmenzugehörigkeit (z.B. ersatzloser Wegfall des Optionsrechts bei Ausscheiden) gekoppelt wird. Auffällig ist auch, dass ca. 70 Prozent aller am Neuen Markt im Jahr 2000 notierten Unternehmen ihre Mitarbeiter durch Vergütungsmodelle am Kapital beteiligt haben. Insbesondere der Softwarehersteller SAP hat 1999 ein millionenschweres Aktien-Optionsprogramm für seine Führungskräfte eingeführt, das die Gesellschaft allein bis Juni 2001 rund 510 Millionen € gekostet hat. Um die Mitarbeiter längerfristig an das Unternehmen binden zu können, nimmt man die entsprechend hohen Rückstellungskosten in Kauf.

Vergütungssysteme mit hohen Optionsanteilen erfreuen sich insbesondere bei jungen innovativen Unternehmen, die nur über eine dünne Kapitaldecke verfügen, im Wettbewerb um hoch qualifizierte Führungskräfte einer zunehmenden Beliebtheit, da auf diese Weise gerade in der Anlaufphase hohe – die Gesellschaft belastende – Fixgehälter vermieden werden können. Bei Börsengängen kann mit der Emissionsbank vereinbart werden, dass ein Teil des Emissionsvolumens für Mitarbeiter reserviert wird.

Im Rahmen eines Stock-Option-Plans werden den Begünstigten Optionen eingeräumt, eine bestimmte Anzahl von Aktien zu einem festgelegten Basispreis (Strike Price) innerhalb eines vorgegebenen Zeitraums zu beziehen. Der Basispreis ist dabei oftmals geringer als der Börsenwert der Aktien im Zeitpunkt der Einräumung der Option. Der Stock-Option-Plan kann vorsehen, dass die Ausübung der Option nur während des Bestehens des Anstellungsverhältnisses und erst nach dem Ablauf einer bestimmten Bindefrist (Vesting Period) oder einer weiteren Wartezeit zulässig ist. Ist der Kurswert der Aktien in der Zwischenzeit durch den Erfolg des Unternehmens bzw. der Mitarbeiter gestiegen, so kann der Begünstigte die Differenz zwischen dem Strike Price und dem aktuellen Kurswert durch die Veräußerung der Aktien als Gewinn realisieren, oder anderenfalls auf die Veräußerung verzichten.

aa) Gesellschaftsrecht

Die gesellschaftsrechtlichen Rahmenbedingungen für die Implementierung von Stock-Option-Plänen haben sich durch das am 01.05.1998 in Kraft getretene Gesetz zur Kontrolle und Transparenz im Unternehmensbereich (KonTraG) entscheidend verbessert. Nunmehr ermöglicht § 192 Abs. 2 Nr. 3 Aktiengesetz (AktG) den Unternehmen, sich auch die für Aktien-Optionen von Organmitgliedern benötigten finanziellen Mittel im Wege einer bedingten Kapitalerhöhung zu verschaffen. Damit ist die Ausgabe isolierter Optionen (sog. naked warrants) durch die Gesellschaft möglich, sodass ein Rückgriff auf Wandel- oder Optionsanleihen (§ 221 Abs. 1 AktG) in Verbindung mit einer bedingten Kapitalerhöhung nach § 192 Abs. 2 Nr. 1 AktG nicht mehr erforderlich ist.

Nach Auffassung des Gesetzgebers haben die Alt-Aktionäre naturgemäß kein Bezugsrecht bei der Bereitstellung bedingten Kapitals zur Bedienung der Optionsinhaber. Die Gewährung von Bezugsrechten an Mitarbeiter hat der Gesetzgeber als zulässigen Zweck einer bedingten Kaptialerhöhung normiert. Daher entfällt nunmehr die ansonsten im Rahmen einer bedingten Kapitalerhöhung erforderliche Abwägung zwischen den Belangen der Aktionäre einerseits und der Gesellschaft andererseits, und es erübrigt sich ein ausdrücklicher Bezugsrechtsausschluss für die Alt-Aktionäre. Die Neuregelung sieht diesbezüglich auch keinen Vorstandsbericht im Sinne von § 186 Abs. 4 S. 2 AktG vor, zumal der Vorstand den Beschluss über die bedingte Kapitalerhöhung selbst vorschlagen und gegenüber den Aktionären ausführlich begründen wird, damit diese den Aktien-Optionsplan bewilligen. Eine gerichtliche Inhaltskontrolle der Optionspläne mittels einer Anfechtungsklage im Zusammenhang mit dem Bezugsrechtsausschluss ist daher nicht mehr möglich, da es eines diesbezüglichen Beschlusses der Hauptversammlung nicht mehr bedarf.

Für die bedingte Kapitalerhöhung ist gemäß § 193 Abs. 1 AktG ein Beschluss der Hauptversammlung mit einer Mehrheit von 3/4 des bei der Beschlussfassung vertretenen Kapitals erforderlich, wobei der Nennbetrag des beschlossenen bedingten Kapitals 10% des Grundkapitals nicht übersteigen darf (§ 192 Abs. 3 S. 1 AktG). Die Aktionäre haben über den Hauptversammlungsbeschluss umfassende Informations- und Zustimmungsrechte hinsichtlich der Grundzüge eines Aktien-Optionsplanes, insbesondere betreffend den Zweck, Kreis der Berechtigten, Basispreis, Aufteilung auf Geschäftsführung und Arbeitnehmer, Erfolgsziele, Erwerbs- und Ausübungszeiträume sowie die Festlegung einer mindestens zweijährigen Wartezeit (§ 193 Abs. 2 Nr. 1 – Nr. 4 AktG). Allerdings verbleibt dem Unternehmen ein weiter Beurteilungsspielraum, der gerichtlich nur einer gewissen Plausibilitätskontrolle unterliegt. Eine bedingte Kapitalerhöhung ist für die Gesellschaft insofern vorteilhaft, als ihre Liquidität durch den Aktien-Optionsplan nicht belastet wird. Allerdings kann später eine Kapitalverwässerung eintreten, wenn der Kurswert bei der Ausübung der Option höher ist, als der – oftmals unterhalb des Marktwertes ausgegebene – Basispreis zum Zeitpunkt der Gewährung der Option.

Neben der bedingten Kapitalerhöhung kann das Unternehmen nach § 71 Abs. 1 Nr. 8 AktG auch eigene Aktien erwerben, um das Stock-Option-Programm zu bedienen. Vor Inkrafttreten des KonTraG war dieser Weg insbesondere nicht zugunsten von Organmitgliedern eröffnet. Auch bei dieser Finanzierungsart ist ein Ermächtigungsbeschluss der Hauptversammlung mit einer Dreiviertelmehrheit erforderlich, welcher dieselben Angaben wie bei einer bedingten Kapitalerhöhung zu enthalten hat. Ferner ist die Begrenzung des § 71 Abs. 2 AktG zu beachten, wonach die eigenen Aktien nicht mehr als 10% des Grundkapitals ausmachen dürfen. Zudem muss der Rückkaufpreis für die eigenen Aktien durch Gewinnrücklagen gedeckt sein, sodass das Unternehmen auf vergangene Gewinne zurückgreifen muss und nicht die während der Laufzeit des Aktien-Optionsprogrammes zu erwartenden Kursgewinne einsetzen kann. Wegen der weiteren Liquiditätsbelastung, die durch die Differenz zwischen Kaufpreis und Basispreis entsteht, empfiehlt sich eine Finanzierung durch den Erwerb eigener Aktien in der Regel nur für solche Unternehmen, die über überschüssiges Kapital verfügen.

bb) Arbeitsrecht[16]

Bei der Ausgestaltung von Optionsplänen spielt ferner das Arbeitsrecht eine wichtige Rolle. Als Rechtsgrundlage eines solchen Vergütungsmodelles kommen insbesondere freiwillige Betriebsvereinbarungen als Maßnahme zur Förderung der Vermögensbildung im Sinne von § 88 Betriebsverfassungsgesetz (BetrVG) in Betracht. Bei leitenden Angestellten oder Organmitgliedern, für die Betriebsvereinbarungen in der Regel nicht gelten, bieten sich individualvertragliche Vereinbarungen an.

Die grundsätzliche Entscheidung darüber, ob ein Beteiligungsmodell eingeführt werden soll sowie die Festlegung seiner Grundstrukturen, also des Teilnehmerkreises, der Laufzeit und des finanziellen Volumens, kann ein Unternehmen mitbestimmungsfrei treffen. Ebenso frei kann es die Vergütungen mit den Organmitgliedern und leitenden Angestellten vereinbaren. Bei der Festlegung der Verteilungsgrundsätze, d.h. des Umfangs der Bezugsrechte der verschiedenen Mitarbeitergruppen haben die Betriebsräte jedoch gemäß § 87 Abs. 1 Nr. 10 BetrVG ein Mitbestimmungsrecht, soweit es sich nicht um Optionspläne für Organmitglieder oder leitende Angestellte der Gesellschaft handelt. Verfall- oder Rückzahlungsklauseln, nach denen den Mitarbeitern im Falle ihres Ausscheidens aus der Gesellschaft keinerlei Rechte mehr aus dem Aktienoptionsplan zustehen, binden die Arbeitnehmer in verstärktem Maße an ihren Arbeitgeber und können einen Arbeitsplatzwechsel erschweren. Insofern darf nicht gegen die zivilrechtlichen Generalklauseln der §§ 138, 242 Bürgerliches Gesetzbuch (BGB) sowie gegen Art. 12 Grundgesetz (Berufsfreiheit) mit der Folge verstoßen werden, dass der Mitarbeiter durch seinen Arbeitgeber »geknebelt« wird. Zulässig sind Verfall- oder Rückzahlungsklauseln daher nur dann, wenn sie hinsichtlich Befristung, zeitanteiliger Anrechnung etc. ausgewogen gestaltet sind.

Durch die wiederholte und vorbehaltslose Gewährung von Aktien-Optionen kann ein arbeitsrechtlicher Anspruch der Begünstigten aufgrund betrieblicher Übung entstehen. Ferner können die Mitarbeiter Rechte aus dem arbeitsrechtlichen Gleichbehandlungsgrundsatz herleiten. Bei der Gewährung kann unter einzelnen Mitarbeitern oder Mitarbeitergruppen nur differenziert werden, wenn dies nach der Zielsetzung des Beteiligungsmodells sachlich geboten bzw. gerechtfertigt ist; zulässig ist beispielsweise die Differenzierung nach Hierachie-Ebenen oder eine Beschränkung der Optionszusage auf die Führungsebene, wenn diese Zusage – anders als bei der Belegschaft – einen wesentlichen Vergütungsbestandteil des Managements darstellt.

cc) Insiderrecht

Die Begünstigten von Aktien-Optionsplänen finden sich oftmals im Bereich des Top-Managements. Diese Entscheidungsträger sind aufgrund ihrer exponierten beruflichen Stellung in der Regel im Besitz von Informationen, die für den Aktienkurs bedeut-

---

16 Eingehend dazu Gerhard Picot/Schnitker, Arbeitsrecht bei Unternehmenskauf und Restrukturierung, S. 60 ff.

sam sein können. Vorstands- und Aufsichtsratsmitglieder sowie weitere Führungskräfte eines Unternehmens sind – soweit sie bestimmungsgemäß von Insidertatsachen Kenntnis erlangt haben – sog. Primärinsider im Sinne von § 13 Abs. 1 Wertpapierhandelsgesetz (WpHG). Die Vorschrift des § 14 WpHG verbietet den betreffenden Personen, Wertpapiere unter Ausnutzung der Kenntnis von Insidertatsachen zu erwerben oder zu veräußern. Dieses Verbot ist gemäß § 38 WpHG strafbewehrt.

Bei der Ausgestaltung von Aktien-Optionsplänen ist daher der Zeitpunkt für die Ausübung der Option so festzulegen, dass jeglicher Konflikt mit diesen Vorschriften von vornherein vermieden wird. Es empfiehlt sich in diesem Zusammenhang die Einrichtung sog. Trading-Windows (Handels-Zeiträume), um sicherzustellen, dass neben den Führungskräften auch allen übrigen Marktteilnehmern die jeweils kursrelevanten Tatsachen gleichzeitig zur Verfügung stehen. In der Praxis hat sich die Öffnung dieser Trading-Windows jeweils zwei bis drei Wochen nach der turnusmäßigen Veröffentlichung der Quartals- oder Jahresabschlussergebnisse des Unternehmens bewährt. Durch eine derartige zeitlich eingeschränkte Ausübungsmöglichkeit wird nicht nur der Anschein verbotener Insidergeschäfte, sondern auch die unzulässige Kursmanipulation durch Führungskräfte ausgeschlossen und gleichzeitig die öffentliche Akzeptanz von Aktien-Optionsplänen verbessert.

dd) Steuerrecht

Steuerrechtlich zählen Aktien-Optionsrechte, die Vorstandsmitgliedern oder Arbeitnehmern eingeräumt werden, zu den Einkünften aus nichtselbstständiger Arbeit im Sinne des § 19 Einkommensteuergesetz (EStG) und sind als solche erst im Zeitpunkt des Zuflusses (§§ 8, 11 EStG), also objektiver Bereicherung des Begünstigten, zu versteuern. Nach derzeitiger Auffassung des Bundesfinanzhofes (BFH) und der Finanzverwaltung erfolgt der Zufluss und somit die Besteuerung nicht bereits bei der Gewährung der Option (Anfangsbesteuerung – »*up-front-taxation*«), da der Begünstigte in diesem Zeitpunkt wegen der regelmäßig vorgesehenen Binde- oder Wartefristen noch nicht über ein verkehrsfähiges, frei handelbares (fungibles) Wirtschaftsgut verfügt, sondern erst bei der Ausübung der Option (Endbesteuerung – »*back-end-taxation*«).

Der 1. Senat des BFH hat in zwei Entscheidungen[17] vom 24.01.2001 die ständige Rechtsprechung des 6. Senats bestätigt, nach der bei Ansprüchen aus einem Optionsrecht – wie bei anderen noch nicht erfüllten Ansprüchen aus dem Arbeitsverhältnis – grundsätzlich auf den Zufluss abzustellen ist. Bei der Einräumung des Optionsrechts handele es sich in der Regel lediglich um eine vage Chance zu einem späteren preisgünstigen Vermögenserwerb. Die Zusage des Arbeitgebers, dem Mitarbeiter künftig gewisse Leistungen zu gewähren, sei selbst dann nicht als Zufluss anzusehen, wenn der Arbeitgeber interne Maßnahmen getroffen hat, mittels derer der Anspruch,

---

17 DB 2001, 1173 f.; DB 2001, 1176 f.

der dem Mitarbeiter eingeräumt wurde, finanziell abgesichert wird. Im Übrigen würde bei Anwendung der Anfangsbesteuerung die Gefahr bestehen, dass zunächst die Einkommen- bzw. Lohnsteuer auf den gewährten Optionsvorteil abgeführt werden müsste, möglicherweise aber die Option später wegen einer negativen Kursentwicklung gar nicht ausgeübt werden könnte. Gegenüber dem Basispreis eingetretene vorteilhafte Kursentwicklungen sind im Zeitpunkt der Ausübung der Option grundsätzlich mit zu versteuern. Als zu versteuernder Arbeitslohn ist nicht der Wert des Optionsrechts bei dessen Gewährung, sondern die Differenz zwischen Kurswert und Übernahmepreis bei Ausübung der Option zugrunde zu legen. Weitere Gewinne aus Veräußerungen (capital gains), die unter EURO 512,- liegen oder die erst nach Ablauf der Spekulationsfrist von einem Jahr (§§ 22, 23 EStG) realisiert werden, sind gänzlich steuerfrei, sofern die Beteiligung am Kapital der Gesellschaft im Sinne von § 17 EStG geringer als 1% ist.

Das steuerrechtlich geltende Zuflussprinzip soll nach Auffassung der Spitzenverbände der Sozialversicherungsträger[18] auch für das Beitragsrecht der Sozialversicherung gelten. Etwaige Sozialversicherungsbeiträge sind daher ebenfalls erst im Zeitpunkt des Zuflusses, mithin bei Ausübung der Option zu entrichten.

Bei der Einführung eines Aktien-Optionsplans existieren nicht nur im Hinblick auf den Besteuerungszeitpunkt steuerrechtliche Gestaltungsmöglichkeiten, sondern auch hinsichtlich des zuständigen Besteuerungsstaates, z.B. im Falle der Gewährung von Optionen an eine inländische Führungskraft, die in einem Dienst- oder Anstellungsverhältnis mit einer ausländischen Muttergesellschaft (oder umgekehrt) steht. Hier sind die Regelungen eines etwaig einschlägigen Doppelbesteuerungsabkommens (DBA) oder das in Artikel 15 OECD-Musterabkommen verankerte Prinzip der Besteuerung im Tätigkeitsstaat zu beachten. Es empfiehlt sich generell bei Zweifelsfragen im Zusammenhang mit der steuerlichen Behandlung eines Stock-Option-Plans eine Anrufungsauskunft bei dem zuständigen Betriebsstätten-Finanzamt einzuholen.

d) Zusammenfassung

Festzuhalten bleibt, dass Unternehmenswert- bzw. Performance-orientierte Vergütungssysteme, wie z.B. Stock-Option-Pläne, Führungskräfte und andere Mitarbeiter in besonderer Weise motivieren und dazu beitragen können, den Unternehmenswert nachhaltig zu steigern. Erforderlich hierfür ist allerdings ein auf das jeweilige Unternehmen und seine wirtschaftliche Situation maßgeschneidertes Modell, welches ausgewogen die Interessen aller Beteiligten berücksichtigt.

---

18 Vgl. BB 1999, 1714.

Literatur

Achleitner/Wollmert (Hrsg.), Stock Options, 2000
Annuß, Mitwirkung und Mitbestimmung der Arbeitnehmer im Regierungsentwurf eines Gesetzes zur Reform des BetrVG, in: NZA 2001, 367, 369.
Bauer/von Steinau-Steinrück, in: Hölters (Hrsg.), Handbuch des Unternehmens- und Beteiligungskaufs, 5. Auflage, 2002, 321 ff.
Baeck/Diller, Arbeitsrechtliche Probleme bei Aktienoptionen und Belegschaftsaktien, in: DB 1998, 1405 ff.
Bertelsmann-Stiftung, Mitarbeiter am Kapital beteiligen – Leitfaden für die Praxis, Gütersloh, 1997.
Bruse, Aktuelle Entwicklungen bei der Besteuerung von Stock Options, in: M & A Review 1999, 473 ff.
Feddersen, Aktienoptionsprogramme für Führungskräfte aus kapitalmarktrechtlicher und steuerlicher Sicht, in: ZHR 161, 1997, 269, 287 ff.
Herzig, Steuerliche und bilanzielle Probleme bei Stock Options und Stock Appreciation Rights, in: DB 1999, 1 ff.
Hoffmann-Becking, Gestaltungsmöglichkeiten bei Anreizsystemen, in: NZG 1999, 797 ff.
Jäger, Aktienoptionspläne in Recht und Praxis – eine Zwischenbilanz, in: DStR 1999, 28 ff.
Kallmeyer, Aktienoptionspläne für Führungskräfte im Konzern, in: AG, 97 ff.
Kau/Leverenz, Mitarbeiterbeteiligung und leistungsgerechte Vergütung durch Aktien-Options-Pläne, in: BB 1998, 2269 ff.
Kroschel, Zum Zeitpunkt der Besteuerung von Arbeitnehmer-Aktienoptionen, in: BB 2000, 176 ff.
Kühnberger/Keßler, Stock Option Incentives – Betriebswirtschaftliche und rechtliche Probleme eines anreizkompatiblen Vergütungssystems, in: AG 1999, 453 ff.
Neyer, Steuerliche Behandlung von Arbeitnehmer-Aktienoptionen, in: BB 1999, 130 ff.
Picot, Arnold/Freudenberg/Gassner, Management von Reorganisationen, Maßschneidern als Konzept für den Wandel, 1999.
Picot, Gerhard, Unternehmenskauf und Restrukturierung, Handbuch zum Wirtschaftsrecht, 2. Auflage, 1998.
Teil 2: Gesellschaftsrecht (*Picot/Müller-Eising*).
Teil 3: Arbeitsrecht (*Picot*).
Picot, Gerhard, Mergers & Acquisitions in Germany, Handbook, Second Edition, 2000
Picot, Gerhard, Closure of Plants and Other Operational Changes of Companies in West Germany, in: International Business Lawyer (IBL) 1988, S. 59 ff.
Picot, Gerhard, Reorganization of Companies in Germany, in: International Business Lawyer (IBL) 1994, 223 ff.
Picot, Gerhard/Aleth, Unternehmenskrise und Insolvenz – Vorbeugung, Turnaround, Sanierung, Handbuch zum Wirtschaftsrecht, 1999.
Picot, Gerhard/Edelkötter, Fusionen bringen oft neue Vergütungssysteme, in: Handelsblatt v. 25./26.06.1999, Nr. 120, K 3.
Picot, Gerhard/Schnitker, Arbeitsrecht bei Unternehmenskauf und Restrukturierung, 2001.
Schaefer, Aktuelle Probleme der Mitarbeiterbeteiligung nach Inkrafttreten des KonTraG, in: NZG 1999, 531 ff.
Willemsen/Hohenstatt/Schweibert, Umstrukturierung und Übertragung von Unternehmen, Arbeitsrechtliches Handbuch, 1999.
Weiß, Aktienoptionspläne für Führungskräfte, 1999.

X. Personelle und kulturelle Integration*

1. Die Bedeutung der Human Resources bei Mergers & Acquisitions

Die Personalstrategie und die Personalpolitik sind von wesentlicher strategischer Bedeutung für den Erfolg von Mergers & Acquisitions. Diese Tatsache wird jedoch häufig verkannt, denn bei der Entscheidung für oder gegen eine Fusion oder einen Kauf geben in der Regel Marktanteile oder Marktzugang, Produktstrategie und finanzwirtschaftliche Aspekte den Ausschlag. Anstatt die Personalfachleute im Vorfeld der Entscheidung einzubeziehen, beginnt man den ›human aspect‹ meist erst dann intensiver zu betrachten, wenn Schwierigkeiten bei der Integration auftreten. Vielfach ist es dann jedoch zu spät. Dies lässt sich statistisch belegen: 50% aller Zusammenschlüsse in den USA scheitern innerhalb von fünf Jahren.[1] Die Gründe sind fast ausschließlich auf die Einstellungen und das Verhalten von Mitarbeitern und Führungskräften zurückzuführen – und zwar sowohl im Käuferunternehmen als auch im gekauften Unternehmen. Aus dem häufig nur unterschwellig vorhandenen und deshalb auch so gefährlichen Widerstand gegen Veränderungen ergibt sich dann leicht eine kulturelle und organisatorische Inkompatibilität, sinkende Produktivität oder gar Massenflucht hochkarätiger Fach- und Führungskräfte zu Wettbewerbern. Das Gefährliche an dieser Situation sind ihre schwer zu erfassenden Ursache-Wirkung-Beziehungen; denn in der Regel erfolgt die Negativentscheidung der Mitarbeiter und Führungskräfte stillschweigend und ist nur zeitverzögert am Scheitern zu messen.

Einer der wesentlichen Gründe für die Reaktionen der Mitarbeiter liegt darin, dass sich mehr als die Hälfte aller Mergers & Acquisitions schließlich für die Mitarbeiter als finanzielle Enttäuschung darstellt.[2] Dabei ist es unerheblich, ob sich die Mitarbeiter verängstigt mit sich selbst beschäftigen, frustriert die innere Kündigung vollziehen, in Kleinkämpfen gegeneinander agieren oder gar zu Wettbewerbern wechseln. Die Wirkung ist dieselbe: Die Kundenorientierung leidet und die Produktivität sinkt – mit fatalen Konsequenzen.

---

* Dieser Beitrag wurde in der ersten und zweiten Auflage dieses Handbuches von dem im vergangenen Jahr verstorbenen Herrn Professor Peter H. Pribilla (Mitglied des Zentralvorstandes der Siemens AG mit dem Zuständigkeitsbereich »Personal«) verfasst. Ihm und seinen Angehörigen gilt mein herzliches Gedenken. Ich wünsche mir, dass die von mir vorgenommene Aktualisierung des Beitrages dem wohlverstandenen Denken von Professor Pribilla entspricht. Gerhard Picot
1 Kearny, 1999, S. 8.
2 Hubbard, 1999, S. 16.

Inzwischen glauben 85% der amerikanischen Topmanager, dass Personalprobleme einen größeren Einfluss auf den Akquisitionserfolg haben, als Probleme im Finanzbereich.[3] Mit anderen Worten bedeutet dies, dass Unternehmenszusammenschlüsse nur dann Aussicht auf Erfolg haben, wenn die Mitarbeiter die getroffenen Entscheidungen akzeptieren und bereit sind, mit den neuen Kollegen zusammenzuarbeiten.

Die Wichtigkeit des Faktors »Mensch« wird besonders deutlich bei der Betrachtung des Marktwertes von Hightech-Firmen: Das Finanzvermögen macht oft nur einen geringen Teil ihres Marktwertes aus. Der weitaus größte Teil wird durch das »Structural Capital«, d.h. durch Markennamen, Wettbewerbsposition, Kundenstamm, Patente, etc. und ganz besonders durch das »Human Capital« – also durch die Mitarbeiter im Unternehmen – bestimmt. »Gute« Mitarbeiter sind nicht leicht verfügbar, schwer ersetzbar und stellen in letzter Konsequenz den entscheidenden, langfristigen Wettbewerbsfaktor dar. Von ihrem Wissen und Können, von ihrer Veränderungsbereitschaft, Motivation, von ihren Kompetenzen und Potenzialen, aber auch von den Fähigkeiten des Managements zu Leadership hängt es ab, ob die Wettbewerbsvorteile gegenüber der Konkurrenz umsetzbar sind und die Unternehmensziele erreicht werden können.

Die große Bedeutung des ›Human Capital‹ als Wettbewerbsvorteil für ein Unternehmen resultiert aus seiner Einzigartigkeit: Es ist schwer imitierbar, zumal sich seine Wirkung erst in der täglichen Interaktion zwischen den Individuen zeigt, beispielsweise in der Zusammenarbeit zwischen Kollegen unterschiedlichster Fachbereiche und Aufgabengebiete, zwischen Führungskräften und Mitarbeitern, zwischen Mitarbeitern und Kunden sowie Lieferanten. In diesem verzweigten Netzwerk entfaltet sich das ›Human Capital‹ und es wird Wertschöpfung generiert. Es kann jedoch nur funktionieren, wenn jeder Einzelne seine Aufgabenstellung erkennt, akzeptiert und realisiert, unabhängig davon, wo diese im (weltweiten) Netzwerkverbund angesiedelt ist.

Im Rahmen eines Mergers oder einer Akquisition treffen nun zwei solcher Netzwerke aufeinander. Jedes dieser Netzwerke funktioniert nach seinen eigenen Regeln und Ritualen, die sich im Laufe der Jahre als erfolgreich bewährt und eingespielt haben. Diese Regeln sind meistens nicht niedergeschrieben und doch wissen die Mitarbeiter, wie sie sich zu verhalten haben, um bestimmte Dinge zu erreichen: wie direkt oder indirekt Probleme anzusprechen sind, wie offen man über die Hierarchien hinweg zusammenarbeitet, wie viel Handlungsspielraum der Einzelne hat, wie man mit Fehlern umgeht oder ob man den Kunden als wichtigsten Partner begreift. In dieser ›tacit knowledge‹ liegt zugleich die strategisch bedeutsamste Ressource eines jeden Unternehmens, denn sie macht dieses Unternehmen einzigartig und unterscheidet es von allen übrigen. Der Grund dafür liegt auf der Hand: Jedes Unternehmen ist ein sozio-technisches System, in dem soziale Faktoren wie Leistungsbereitschaft und Motivation, Kooperations- und Kommunikationsfähigkeit in enger Wechselwirkung mit technischen Gegebenheiten sowie Arbeits- und Organisationsstrukturen stehen. Füh-

---

3 Hubbard, 1999, S. 16.

rungsstil und Unternehmenskultur spielen deshalb eine Schlüsselrolle bei der Umsetzung von Geschäftsstrategie in wirtschaftliche Erfolge.

Dabei hat der Faktor Wissen längst die klassischen Produktionsfaktoren Boden, Kapital und Arbeit an Bedeutung überholt. Mit zunehmender Ausweitung des Dienstleistungssektors gibt es immer mehr Unternehmen, deren gesamter Marktwert auf dem Wissen der Mitarbeiter beruht. Man denke nur an Softwarefirmen oder Unternehmensberatungen. Solche Unternehmen sind über traditionelle Hierarchien nicht mehr zu führen, es bilden sich ganz eigene Führungsstrukturen und Unternehmenskulturen heraus.

2. Die Rolle der Unternehmenskultur bei Mergers & Acquisitions

Jeder Merger und jede Akquisition führt dazu, dass zwei bisher autonome Unternehmenskulturen aufeinandertreffen. Spannend wird es dann, wenn traditionelle hierarchische Strukturen mit flachen Hierarchien aufeinandertreffen, wie dies häufig beim Kauf junger Start-up-Unternehmen der Fall ist.

Die Ausprägung der jeweils anderen Kultur wird dabei von den Mitarbeitern in der Regel zunächst als ›externer Einfluss‹ empfunden und häufig – bewusst oder unbewusst – als Störfaktor abgelehnt. Die Mitarbeiter des größeren Unternehmens empfinden die eigene Kultur als überlegen. Als abschreckendes Beispiel sei ein amerikanischer Topmanager zitiert, der gegenüber den Mitarbeitern einer übernommenen Firma sagte: »You're all frogs, and we're going to see if you can learn to be princes«.[4] Der ›Erfolg‹ dieser Akquisition ist vorprogrammiert ....

Doch was verbirgt sich hinter dem Begriff ›Unternehmenskultur‹? Sie ist gewissermaßen der Charakter oder auch die Persönlichkeit eines Unternehmens und unterscheidet dieses Unternehmen von allen übrigen. Es gibt inzwischen unzählige Definitionen für den Begriff ›Unternehmenskultur‹, die fast alle auf soziologischen, verhaltenswissenschaftlichen und kulturhistorischen Grundlagen aufbauen. So beinhaltet der Begriff beispielsweise »sämtliche kollektiv geteilten, impliziten oder expliziten Verhaltensnormen, Verhaltensmuster, Verhaltensäußerungen und Verhaltensresultate, die von den Mitgliedern einer sozialen Gruppe erlernt und mittels Symbolen von Generation zu Generation weitervererbt werden.«[5] Diese Verhaltensmuster bilden erst die Grundlage für den inneren und äußeren Zusammenhalt und damit die Handlungsfähigkeit der Belegschaft.

Die Unternehmenskultur besteht aus sichtbaren und unsichtbaren Elementen. Wie bei einem Eisberg stellen die sichtbaren Teile nur einen kleinen Teil des Ganzen dar

---

4 Hermsen, 1994, S. 79.
5 Keller, 1982, S.18 ff.

(siehe Abb. 1). Sie werden getragen und geprägt von dem, was unter der Oberfläche existiert. Hier finden sich Werte, Einstellungen und Denkmuster, deren Wurzeln in den verschiedenen Stadien der individuellen Sozialisation liegen. Hier finden sich aber auch gemeinsame betriebliche Erfahrungen und Handlungsschemata, die in verschiedenen Situationen wiederholt zum Erfolg geführt haben. Diese Erfolgsmuster beeinflussen – häufig sicherlich unbewusst – das aktuelle Verhalten der Mitarbeiter und Führungskräfte, das sich dann im sichtbaren Teil des Eisberges äußert. In jedem Unternehmen sind zu beaobachten:

- bestimmte Rituale (z.B., dass man auch unbekannte Kollegen grüßt, wenn man ihnen auf dem Flur begegnet),
- gemeinsame Symbole (etwa ein unausgesprochener Dresscode wie dunkler Anzug mit Krawatte oder Jeans),
- eine verbindende Arbeitssprache (in jedem Unternehmen bildet sich im Laufe der Zeit ein gemeinsamer Jargon),
- von allen akzeptierte Tabus (etwa dass man seinen Vorgesetzten nicht übergeht).

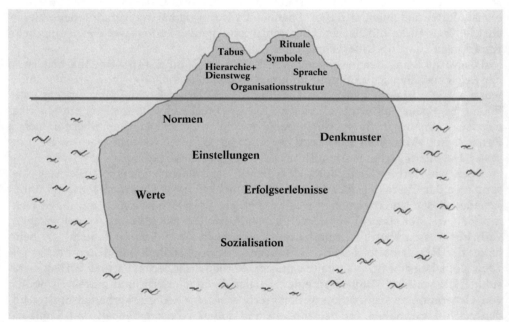

Abb. 1: Die Unternehmenskultur als Eisberg

Die Unternehmenskultur ist somit ganzheitlich, historisch bedingt, hat eine soziale Struktur und ist nur schwer zu verändern, denn soziologisch gesehen festigen sich bestimmte Verhaltensweisen um so stärker, je erfolgreicher die Gruppe über längere Zeiträume hinweg mit ihnen war. Insofern spricht man in diesem Zusammenhang von einer »kollektiven Programmierung des Geistes, die die Mitglieder einer Organisation von anderen unterscheidet«.[6] Dieses ›Traditionsverhalten‹ kann jedoch in Unternehmen auch zum Handicap werden, insbesondere dann, wenn aufgrund sich rasch verändernder technischer oder ökonomischer Rahmenbedingungen völlig neue Handlungs- und Verhaltensmuster gefragt sind. Der Erfolg von Unternehmen hängt heutzutage stark davon ab, wie rasch und flexibel sie auf Veränderungen der ökonomischen, politischen und sonstigen Umweltbedingungen reagieren. Unternehmen sind somit offene Systeme, die sich kontinuierlich verändern und neuen Gegebenheiten anpassen müssen. Aus diesen Anforderungen resultiert dann die hohe Bedeutung der Unternehmenskultur.

Unternehmenskulturen sind aus folgenden Gründen so bedeutsam:

- Sie geben Orientierung und haben damit eine gewisse Koordinierungsfunktion.
- Sie prägen das gemeinsame Verhalten der Mitarbeiter und Führungskräfte, die Art der Zusammenarbeit, den Führungsstil und das gegenseitige Vertrauen.
- Gemeinsame Wertevorstellungen sind eine wichtige Basis für die Identifikation der Mitarbeiter, für das WIR-Gefühl, aber auch für die Sinngebung in der Arbeit.

Die Erfolgsfaktoren für sad Gelingen der Mergers & Acquisitions – wie gute Zusammenarbeit, gemeinsame Ressourcennutzung, Transfer von Managementkompetenz oder Fähigkeiten wie Entwicklungs-Know-how oder Kundenorientierung – lassen sich um so leichter realisieren, je größer das gegenseitige Vertrauen und das gemeinsame Verständnis über das Ziel ist.

Alle diese Faktoren werden durch die Unternehmenskultur wesentlich geprägt. Haben die zusammenarbeitenden Partner eine ähnliche Kultur (z.B. offen, lernorientiert, partnerschaftlich), dann gibt es kaum Hindernisse. Anders bei kulturellen Differenzen: Hier stellen sich leicht Blockaden in der Zusammenarbeit ein, deren negative Auswirkungen sich häufig erst nach längeren Zeiträumen zeigen. Fachleute sprechen dabei von den ›hidden costs‹ der Mergers & Acquisitions.

Jedoch kann es beispielsweise bei einer Neuakquisition durchaus erwünscht und sinnvoll sein, Differenzen in den Unternehmenskulturen beizubehalten, wenn sich das Management von »cultural diversity« einen belebenden Effekt verspricht. Daraus können sich dann enorme Chancen ergeben, vorausgesetzt man begreift Unterschiede als Bereicherung und geht souverän mit ihnen um. Man darf die Dinge nur nicht dem Zufall überlassen, sondern muss von der Personalseite her sowohl die Transaktions- als auch die Integrationsphase sorgfältig strategisch planen und effizient steuern.

Der Zusammenschluss wird um so rascher gelingen, je größer die Gemeinsamkeiten in den Kulturen der verschmelzenden Unternehmen sind. Doch auch bei Divergenzen lohnt sich der Aufwand der Integration, denn das Human Capital ist die einzige Unternehmensressource, die aus sich selbst heraus erneuer- und entwickelbar ist.

Mergers & Akquisitionen durchlaufen – wie in diesem Handbuch eingehend dargestellt – im Wesentlichen folgende 3 Phasen:

---

6 Hofstede, 1997, S. 249.

- Voranalyse/Konzeptphase
- Transaktionsphase
- Integrationsphase.

In jeder dieser Phasen übernimmt das Personalmanagement sehr unterschiedliche Rollen. Unter dem Begriff ›Personalmanagement‹ soll im Folgenden alles verstanden werden, was »um die Mitarbeiter herum« in den einzelnen Phasen gemanagt wird, sowohl von den Führungskräften als auch von der Personalorganisation.

Jeder Merger und jede Akquisition läuft in jeweils individueller Weise ab und ist in vielen Aspekten gewissermaßen einzigartig. Dabei gibt es jedoch bestimmte, immer wiederkehrende und damit vorhersehbare Probleme, auf die sich die Unternehmen im Vorhinein einstellen können. Diese Probleme sollen im Folgenden näher beleuchtet und Lösungswege aufgezeigt werden. Im Wesentlichen konzentriert sich dieser Beitrag auf die Transaktionsphase und die Integrationsphase und gibt Empfehlungen aus der und für die Praxis.

3. Entwicklung der Personalstrategie bei einer Transaktion

Voraussetzung für eine fundierte Personalstrategie im Zuge von Transaktionen ist, dass die verantwortliche Personalleitung rechtzeitig alle relevanten Informationen erhält. Im Idealfall hat sie ein Mitspracherecht bei der Evaluation des potenziellen Targets und die Gelegenheit, bereits in der Planungsphase, während Technologien, Kunden, Märkte und Finanzen beurteilt werden, eine Personal-Due-Diligence durchzuführen.

Hier zeichnet sich jedoch meistens ein doppeltes Handicap ab:

Zum einen wird die HR-Abteilung der übernehmenden Gesellschaft meistens erst in die Beratungen eingebunden, wenn die Entscheidung zugunsten einer Transaktion bereits gefallen ist. Aufgabe der Personalorganisation ist es dann, diese nachzuvollziehen und sämtliche Personalangelegenheiten abzuwickeln.

Zum anderen legen die Targets ihre Personal-Details nur selten mit allen Stärken und Schwächen offen dar. Insbesondere bei kleinen und mittleren Unternehmen ist teilweise gar kein aussagekräftiges Personalberichtswesen vorhanden.

Die Personalleitung steht also in der Regel vor der großen Herausforderung, eine Personal-Integrationsstrategie zu entwickeln, ohne einen genauen Überblick über die Sachlage zu haben. Es bietet sich deshalb an, so früh wie möglich ein HR-Integrationsteam zu bilden, das sich aus HR-Professionals beider Unternehmen zusammensetzt. Auf diese Weise erhält das erwerbende Unternehmen rasch einen fundierten Überblick über das HR-Potenzial des Targets. Außerdem kann eine gemeinsame Strategie für die erforderlichen Veränderungen entwickelt werden, denn fast jeder Zusammenschluss hat zur Folge, dass bestimmte Unternehmensteile zusammengelegt, eingeschränkt oder stillgelegt werden, um Kompetenzen und Kapazitäten zu optimieren. Diese Veränderungen können am besten von Partnern gemanagt werden, welche die Bedürfnisse, Einstellungen und Verhaltensweisen der betroffenen Mitarbeiter gut kennen.

Bei der Entwicklung der Personalstrategie nach einem Zusammenschluss dominieren zwei Aspekte: Kompetenzmanagement und Kulturmanagement.

Diese bilden die Voraussetzung dafür, dass Optimierungspotenziale genutzt und die ›Human Resources‹ konsequent und effizient zur Erreichung der Unternehmensziele eingesetzt werden. Hauptziel des Kompetenzmanagements sind optimale Stellenbesetzungen – und zwar sowohl in quantitativer als auch in qualitativer Hinsicht. Die Grundlage dafür bildet eine systematische Erfassung und Weiterentwicklung der Mitarbeiterkompetenzen und -potenziale. Diese sind messbar und beeinflussbar. Schwieriger gestaltet sich dieser Prozess beim Kulturmanagement, denn die Unternehmenskultur lässt sich – wie bereits dargestellt – nicht leicht beeinflussen, steuern oder gar verordnen. Die Herausforderung des Kulturmanagements liegt deshalb darin, Voraussetzungen dafür zu schaffen, dass sich die Stärken des Unternehmens mit den Stärken der Mitarbeiter und den gesellschaftlichen Anforderungen in Einklang befinden.

Es lassen sich 4 Haupt-Anforderungen an HR-Professionals formulieren[7]:

- ›Strategic partner‹ der Unternehmensleitung
- ›Administrative expert‹ für HR-Geschäftsprozesse
- ›Employee champion‹ in Bezug auf Bedürfnisse der Mitarbeiter
- ›Change agent‹ für Veränderungsprozesse

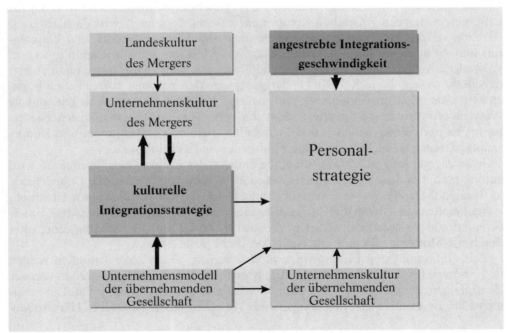

Abb. 2: Entwicklung der Personalstrategie bei Mergers & Acquisitions

---

7 Gut-Villa, 1997, S. 123

Im Wesentlichen müssen beim Kompetenzmanagement, Kulturmanagement aber auch bei der Etablierung effizienter gemeinsamer HR-Geschäftsprozesse vier Kategorien, berücksichtigt werden müssen, da sich ihre Ausgestaltung jeweils entscheidend auf die zu wählende Strategie auswirkt:

1. Das grundsätzliche Unternehmensmodell: Aus diesem leitet sich die Integrationsintensität und Führungsphilosophie ab.
2. Das Ausmaß an internationalen Aktivitäten: Besonders bei grenzüberschreitenden Akquisitionen üben auch die Landeskulturen Einfluss auf Wertesysteme, Denk- und Verhaltensweisen der Mitarbeiter aus.
3. Die angestrebte kulturelle Integrationsstrategie: Sie wirkt sich ganz entscheidend auf das Kulturmanagement und das Führungssystem aus.
4. Die gewünschte Integrationsgeschwindigkeit: Eine zügige Integration wird nur dann gelingen, wenn alle Personalthemen intensiv beleuchtet und gesteuert werden.

a) Der Einfluss des Unternehmensmodells auf die Personalstrategie bei einer Transaktion

Global agierende Unternehmen müssen sich – zunehmend entsprechend ihrer Größe – mit einem steigenden Grad an Komplexität auseinandersetzen, denn die Leistungserstellung erfolgt an verschiedenen Orten, über Abteilungs-, Standort- und Zeitgrenzen hinweg in einem fein verästelten Netz von Abläufen und Entscheidungswegen. Wo welche Aufgabe im globalen Wertschöpfungsnetz gelöst wird, hängt nicht zuletzt davon ab, wo das beste Know-how, der geeignete Marktzugang, ausreichende Kapazitäten, eine effiziente Umsetzung und niedrige Kosten zu finden sind. Die globale Wertschöpfungsstrategie integriert somit die nationalen und internationalen Niederlassungen und Werke, Kunden und Lieferanten, Berater, Logistikfirmen und Kooperationspartner und nicht zuletzt alle Mitarbeiter und Führungskräfte.

Jeder Merger und jede Akquisition, die ein globales Unternehmen vornimmt, wird automatisch Teil dieses (weltweiten) Netzwerkes. Jedoch gibt es starke Unterschiede in Bezug auf Handlungs- und Entscheidungsspielräume der verschiedenen Unternehmenseinheiten und damit die Integrationsintensität. Diesbezüglich sind drei Unternehmensmodelle entwickelt worden, die sich in Bezug auf die Steuerungsintensität durch die Muttergesellschaft unterscheiden (siehe Abb. 3).[8]

Das *ethnozentrische Unternehmensmodell* verfolgt einen zentralistischen Ansatz und ist stark headquarter-orientiert. Alle relevanten Entscheidungen werden von der Zentrale getroffen und alle Ressourcen werden von dort zugewiesen. Die Unternehmensführung erfolgt nach dem Prinzip von Anweisung und Kontrolle. Die ›Außen-

---

8 Perlmutter, 1969, S. 9 ff.

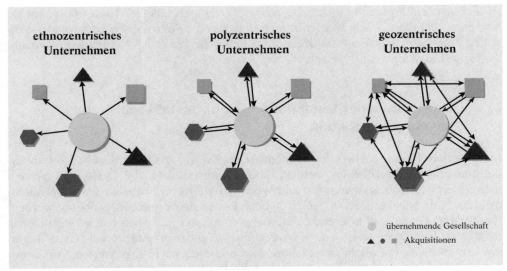

Abb. 3: Entscheidungsstrukturen in unterschiedlichen Unternehmensmodellen

stellen< und Tochtergesellschaften haben nur eingeschränkte Einflussmöglichkeiten auf Entscheidungen.

Das *polyzentrische Unternehmensmodell* hingegen ist geprägt durch verstärkte Interaktionsbeziehungen zwischen der Zentrale und den einzelnen Unternehmensteilen. Die Dezentralisierung von Entscheidungskompetenzen spiegelt sich auch in der Personalstrategie und praktischen Personalarbeit wider. Die einzelnen Einheiten haben weitgehende Freiheiten. Um länderübergreifende Optimierungspotenziale zu nutzen, ist es jedoch unerlässlich, eine weltweit verbindliche Personalstrategie und ein globales Führungskonzept zu etablieren. Hierdurch werden Standards definiert, wobei die einzelnen Einheiten bei deren Umsetzung weitgehende Freiräume haben, sodass lokale Gegebenheiten angemessen berücksichtigt werden können. Diese Standards gewährleisten eine weltweite Vergleichbarkeit von Leistungen und bilden die Basis für den internationalen Personalaustausch. Sie richten die Human Resources konsequent auf die Erreichung der Unternehmensziele aus.

Das *geozentrische Unternehmensmodell* repräsentiert den Idealfall des virtuellen Unternehmens, bei dem sämtliche Entscheidungen rein rational unter Optimierungsgesichtspunkten getroffen werden. Die Zentrale und die peripheren Unternehmensteile sind prinzipiell bei sämtlichen relevanten Entscheidungen gleichberechtigt. Dieses Modell ist in seiner Reinform heute, also 30 Jahre nach seiner Publikation, in der Praxis noch kaum zu finden. Gleichwohl geht der Trend in diese Richtung: Entscheidungen werden jeweils auf der Ebene und an dem Ort getroffen, wo die relevanten Informationen zusammenfließen und wo am besten für ihre Durchführung gesorgt werden kann. Es geht also um eine gleichberechtigte Zusammenarbeit, um durch verteilte Entscheidungszentren Vorteile aus gleichzeitiger Lokalität und Globalität zu schöpfen. Auf diese Weise werden Integrationsvorteile systematisch genutzt und Synergien aufgebaut. Die Zentrale übernimmt dabei die Rolle des Kommunikationszentrums und koordiniert die verschiedenen Aktivitäten.

b) Der Einfluss der Landeskulturen auf die Personalstrategie bei einer Transaktion

Insbesondere bei grenzüberschreitenden Mergers & Acquisitions dürfen die Landeskulturen nicht vernachlässigt werden, denn sie beeinflussen die Denk- und Verhaltensweisen, Motivationsstrukturen und Wertesysteme der Mitarbeiter im entsprechenden Land. Sie müssen deshalb bei der lokalen Personalstrategie berücksichtigt werden. Zwar entwickeln global agierende Unternehmen mit der Zeit auch eine globale Unternehmenskultur. Diese weist jedoch landesspezifische Ausprägungen auf. Dabei liegen die Unterschiede vor allem in den Praktiken und weniger in den Werten,[9] denn mit der Zeit bilden sich einheitliche Werte-Strukturen heraus.

Dabei handelt es sich im Wesentlichen um fünf landesspezifische Kulturdimensionen aus, deren Ausprägungsformen das Verhalten von Mitarbeitern im Unternehmen nachhaltig beeinflussen:

- Hohe/geringe Machtdistanz
- Individualismus/Kollektivismus
- Maskulinität/Femininität
- Starke/schwache Unsicherheitsvermeidung
- Langfristige/kurzfristige Orientierung.

Bei der Akquisition eines national fokussierten Unternehmens durch ein globales Unternehmen empfiehlt es sich deshalb dringend, sich vorher mit den landeskulturellen Besonderheiten des Neuerwerbs auseinander zu setzen, denn sowohl die Unternehmens- als auch die Personalführung können nur dann erfolgreich sein, wenn sie im Einklang mit sozialen Verhaltensmustern stehen, die häufig landeskulturell geprägt sind. Anreizsysteme müssen sich an vorhandenen Motivationsstrukturen orientieren. Insbesondere bei einem internationalen Zusammenschluss kann eine effiziente Zusammenarbeit und wirkliche Integration erst dann stattfinden, wenn lokale Besonderheiten gebührend berücksichtigt werden. Dazu müssen die Mitarbeiter des stärkeren Unternehmens für die Unterschiede in den Landeskulturen sensibilisiert und motiviert werden, einen gemeinsamen Nenner zu finden. Nur dann werden sie Verständnis für ›befremdliche‹ Verhaltensweisen zeigen und sich selbst in einer Weise verhalten, welche die neuen Kollegen auch akzeptieren. Dies ist besonders bei massiven Einschnitten in die Unternehmensstrukturen zu berücksichtigen.

---

9 Hofstede, 1997

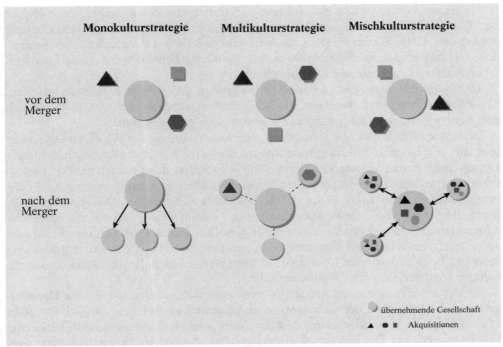

Abb. 4: Typen der Kulturintegration

c) Auswirkungen der kulturellen Integrationsstrategie auf die Personalstrategie

Jeder Merger und jede Akquisition führt dazu, dass zwei bisher autonome Unternehmenskulturen aufeinander treffen. Das übernehmende Unternehmen kann dabei drei verschiedene Strategien zum Kulturtransfer verfolgen, die jeweils charakteristische Auswirkungen auf die Personalstrategie, die Personalführung und praktische Personalarbeit haben:[10]

Monokulturstrategie: Die Unternehmenskultur des mächtigeren Unternehmens wird dem kleineren Unternehmen in einer regelrechten »Kultur-Kolonialisierung« mehr oder weniger übergestülpt. Diese Vorgehensweise ruft häufig Widerstände in der Belegschaft des akquirierten Unternehmens hervor, sodass die Integration entsprechend sensibel und intensiv vorgenommen werden muss.

---

10 Scholz, 1993, S. 807 ff.

Multikulturstrategie: Das akquirierende Unternehmen behält seine eigene Kultur bei. Das friedliche Nebeneinander wird als positiv bewertet und als Bereicherung empfunden. Diese Strategie setzt jedoch ein grundsätzliches Verständnis über wesentliche Belange und Grundwerte voraus. Sie ist häufig beim Erwerb junger, dynamischer Start-up-Unternehmen zu beobachten.

Mischkulturstrategie: Sie ist vor allem bei großen ›Mergers of Equals‹ anzutreffen. Beide Unternehmen verschmelzen, die Belegschaften werden vermischt. Es bildet sich eine neue gemeinsame Kultur heraus, die von allen getragen wird.

Jede dieser Strategien hat ganz bestimmte *Auswirkungen auf die Personalführung* und die eingesetzten Führungsinstrumente. So wird bei der *Monokulturstrategie* zwangsläufig immer ein starkes Controlling von Seiten der übernehmenden Gesellschaft stattfinden. In der Regel versucht man, bewährte Steuerungssysteme und Führungspraktiken »eins zu eins« auf die Akquisition zu übertragen. Dies geschieht z.B. durch Besetzung von Schlüsselpositionen mit ›Stammhaus-Mitarbeitern‹. Sämtliche relevanten Entscheidungen werden zentral getroffen. Handelt es sich um die Akquisition eines ausländischen Unternehmens, so werden nationale Kulturunterschiede ignoriert. Beim akquirierten Unternehmen kann dies zu einem Kulturschock und nachhaltiger Demotivation der Mitarbeiter führen.

Bei der *Multikulturstrategie* hingegen wird man sich auf eine fokussierte Dachkultur verständigen, unter der sich dann so viel Eigenständigkeit wie möglich entfalten kann. Die große Herausforderung besteht darin, Vielfalt zuzulassen und gleichzeitig Einheit zu erzielen. Der Merger erhält weitgehende Autonomie. Entscheidungen werden weitgehend dezentral getroffen. Somit erfolgt auch die Personalanwerbung vor Ort im jeweiligen Land. Führungspositionen werden überwiegend mit Locals besetzt und Leistungen nach landesüblichen Kriterien beurteilt.

Die größte Herausforderung an das Personalmanagement ergibt sich aus der *Mischkulturstrategie*. Hier ist regelrechte Aufbauarbeit zu leisten, denn die Zentrale kann ihre Koordinationsfunktion nur wahrnehmen, wenn die lokalen Bedingungen und Besonderheiten hinreichend bekannt sind und berücksichtigt werden. In sämtliche relevanten Entscheidungen sollten deshalb die HR-Manager vor Ort möglichst von Anfang an eingebunden werden. Dies geschieht am besten in international zusammengesetzten Führungsteams. Dadurch werden die Vorteile der ›Cultural Diversity‹ intensiv genutzt und die Stärken der einzelnen Unternehmensteile in Unternehmenserfolg transformiert. Ein solches Vorgehen kann nur gelingen, wenn auch weltweit einheitliche Kriterien für die Leistungsmessung vorhanden sind und wenn weltweit nach den gleichen Prinzipien geführt wird. Zu diesem Zweck sind gemeinsame Führungsstandards zu entwickeln.

d) Der Einfluss der Integrationsgeschwindigkeit auf die Personalstrategie

Der vierte Aspekt, der die Personalstrategie bei einer Transaktion entscheidend prägt, ist der angestrebte Zeithorizont. Sowohl eine langsame als auch eine zügige Integration haben ihre Vorteile: So erlaubt es eine langsame Integration, das akquirierte Unternehmen zunächst intensiv im Hinblick auf Produkte, Kunden, Märkte zu analysieren; ebenfalls können Mitarbeiterpotenzial und Führungssysteme. Mitarbeiter und Führungskräfte intensiv in den Integrationsprozess eingebunden werden und sich mit anstehenden Veränderungen auseinander setzen. Dadurch entsteht ein fließender Übergang in die neuen Besitzverhältnisse. Ein schwer wiegender Nachteil dieser Vorgehensweise ist es jedoch, dass die Mitarbeiter diese Zeit als extreme Unsicherheitsphase empfinden und mit entsprechender Leistungsminderung reagieren.

Diesen Nachteile versucht die rasche Integration entgegen zu wirken. Sie macht sich die Veränderungserwartungen der Mitarbeiter zunutze und schafft zügig klare Verhältnisse. Führungspositionen werden umgehend neu besetzt, sodass klare Führungsverhältnisse herrschen und langwierige Machtkämpfe vermieden werden. Dies bildet die Voraussetzung, dass sich das Unternehmen rasch wieder auf die Marktanforderungen konzentriert und die Reibungsverluste gering gehalten werden.

4. Strategisches und operatives Personalmanagement

Die Personalstrategie muss für jeden Merger und für jede Akquisition neu entwickelt werden. Je nach Unternehmensmodell, zu berücksichtigenden Landeskulturen, gewählter Integrationsstrategie und anvisiertem Zeitraum wird sie deshalb zwangsläufig von Fall zu Fall anders ausfallen.

Im Zentrum der Integration nach einem Merger oder einer Akquisition steht jedoch immer die Personalführung mit allen ihren Facetten.

Die Definitionen für Führung sind vielfältig. Sie reichen vom militärisch kurzen

- »Ziele setzen, planen, entscheiden, realisieren und kontrollieren« über
- »Erfolgsfaktoren so managen, dass übergeordnete Ziele erreicht werden – und zwar unter Einbeziehung der Mitarbeiter« bis hin zu
- »Ziele setzen und kommunizieren, Prozesse gestalten, Zusammenarbeit intern und extern fördern, motivieren, Feedback geben, die Vision vermitteln und die Unternehmenskultur prägen«.

Diese Anforderungen können prägnant auf den Punkt gebracht werden, indem ›Führen‹ definiert wird als: »Ziele setzen, Aufgaben und Beziehungen koordinieren«.[11] Diese Definition vereinigt die Anforderungen, die sich aus den geschäftlichen Zielen

---

11 Reichwald/Möslein/Sachenbacher/Englberger/Oldenburg, 1998.

ergeben, mit den daraus resultierenden Anforderungen an die Führung. Erst das Lenken dieser beiden Aspekte in dieselbe Richtung bildet die Grundlage für eine erfolgreiche Unternehmensführung. Im Vordergrund stehen dabei eine klare Strategie, eine offene Kommunikation, eindeutige Zielvorgaben sowie die Kontrolle deren Einhaltung. Das Top-Management hat vor allem die Aufgabe, aus der Unternehmensvision die strategischen Unternehmensziele abzuleiten, die dann von den übrigen Führungskräften auf Business-Ebene operationalisiert und gemeinsam mit den Mitarbeitern realisiert werden. Vor diesem Hintergrund ist Führen – unabhängig vom Verantwortungsgrad – in erster Linie geschäftsbezogene Kommunikationsarbeit. Dies gilt für sämtliche Unternehmensmodelle gleichermaßen. Unterschiede bestehen lediglich in den Handlungs- und Entscheidungsspielräumen, welche die Mitarbeiter vor Ort, sei es in Tochterunternehmen oder Landesgesellschaften, haben.

Standen bisher in der Industrie traditionell mehr oder weniger rigide hierarchische Organisationsstrukturen mit starren Verhaltensregeln im Vordergrund, so erfolgt die Führung in geozentrischen, aber auch in polyzentrischen Unternehmen heute über

- *Vision und Zielvorgaben,*
- *Kulturmanagement,*
- *Kompetenzmanagement.*

Diese drei Elemente stellen den Kern des Personalmanagements dar. Unter Personalmanagement sollen deshalb im Folgenden alle Personalfunktionen, Personalprozesse, Personalsysteme und Personalinstrumente verstanden werden, die entwickelt, implementiert und kontrolliert werden müssen, um ein Unternehmen erfolgreich zu führen. Dabei sind Personalführung und Administration gleichermaßen von Bedeutung.

Den *Personalführungsinstrumenten* kommt bei jedem Zusammenschluss eine Schlüsselrolle zu, denn nur mit einer dialog-orientierten Führung wird sich seitens der Mitarbeiter ein Commitment einstellen. Es ist deshalb oberste Aufgabe der Personalführung

- die langfristigen Unternehmensziele,
- die Realität im Unternehmen sowie
- die gemeinsamen Werte der Mitarbeiter

in Einklang zu bringen. In Unternehmen, in denen jeder Mitarbeiter die Ziele verinnerlicht hat und darauf hinarbeitet, entsteht eine enorme Energie, die sich dann in wirtschaftlichen Erfolg transformieren lässt.

Dabei sind vier Kriterien hervorzuheben, welche die Arbeitsleistung eines jeden Mitarbeiters bestimmen:[12]

- individuelles Können,
- persönliches Wollen,
- soziales Dürfen,
- situative Ermöglichung im Unternehmen.

---

12 Rosenstiel, in Gut-Villa, 1997, S. 123

Alle vier Kategorien werden durch die Art der Personalführung entscheidend beeinflusst.

Die Personalstrategie bei einem Merger gibt deshalb Anwort auf die Fragen:

- Welche Anzahl von Mitarbeitern mit welchen Kompetenzen werden benötigt, damit der Merger erfolgreich ist und die Unternehmensziele realisiert werden können?
- Wie trennt man sich von überzähligen Mitarbeitern?
- Wie geht man mit kulturellen Unterschieden zwischen Käufer und Akquisition – sei es in der Unternehmens- oder Landeskultur – um?
- Wie ist die Personalführung zu gestalten, damit Synergien aus beiden Mitarbeiterstämmen entstehen?
- Sofern eine kulturelle Integration gewünscht ist: Wie lassen sich beide Mitarbeiterstämme zu einer Einheit verbinden?

Um hier fundierte Antworten zu geben, ist zunächst eine analytische Bestandsaufnahme unerlässlich. Dies geschieht in der Praxis regelmäßig in der Transaktionsphase.

a) Strategisches Personalmanagement in der Transaktionsphase

aa) Personal Dilligence

Die Voranalyse- und Konzeptphase findet meist »hinter verschlossenen Türen« statt. Im Idealfall ist die Personalfunktion bereits eingebunden, im Regelfall jedoch nicht. In der Mehrzahl der Fälle wird nach wirtschaftlichen Hard-Facts wie Marktposition, Produktspektrum, regionalem Marktzugang oder Rendite für oder gegen einen Merger oder eine Akquisition entschieden. Soft-Facts wie das ›Human Capital‹ finden in dieser Phase allenfalls dann Beachtung, wenn beim Erwerb vor allem das Know-How des Targetunternehmens im Vordergrund steht. Dies ist beispielsweise bei der Akquisition von Softwareunternehmen der Fall.

Bei allen anderen Mergers und Akquisitionen erfolgt die allgemeine Due Diligence unter anderen Gesichtspunkten. Untersuchungen zeigen folgendes Bild:

- Nur in etwa 1/3 aller Due Diligence-Vorgänge wird das Personalthema geprüft – und das auch noch relativ oberflächlich.[13]
- Weniger als 10% aller Käufer führen eine wirklich *ernsthafte* HR Due Diligence bzw. Personal Due Diligence durch.[14]

Eine sorgfältige Due Diligence im Personalbereich ist aber unerlässlich, wenn das Mitarbeiterpotenzial realistisch bewertet werden soll, denn die Personal Due Dili-

---

13 Hubbard, 1999, S. 62.
14 Hubbard, 1999, S. 15.

gence gibt wichtige Hinweise auf die später zu leistende Integrationsarbeit. Außerdem weist sie frühzeitig auf mögliche zusätzliche Belastungen durch zu erwartende Fluktuationen oder durch Reibungsverluste aufgrund inkompatibler Kulturen hin.

Die *Personal Due Diligence* umfasst als wesentliche Punkte:

- *Mitarbeiterdaten:*
  Anzahl der Mitarbeiter an den verschiedenen Standorten, Qualifikationsstrukturen und Potenziale, Altersstrukturen, Lohn- und Gehaltskosten, Krankenstand und Fluktuationsraten.
- *Beschäftigungsbedingungen:*
  Vergütungssysteme und Incentiveregelungen, Pensionssysteme und andere freiwillige Sozialleistungen, Ruhestandsregelungen, lokale gesetzliche Bestimmungen wie Mitbestimmung oder den Einfluss der Gewerkschaften.
- *Personaladministration:*
  Elektronische Gehaltsabrechnungsverfahren, Personalinformationssysteme, Skill-Datenbanken oder Online-Bewerbungen.

Besondere Berücksichtigung muss die Analyse der Fähigkeiten des Target-Managements finden. Hier sind zu untersuchen: Stärken und Schwächen bezüglich Management-Stil und -Philosophie, Leadership-Fähigkeiten, Kompetenzen und Potenziale, aber auch Teamgeist und Cross-cultural-Skills. Diese sind besonders bei grenzüberschreitenden Transaktionen von Bedeutung. Ein schnelles Vorab-Screening des Target-Managements ermöglicht schon in dieser Phase eine Vorauswahl von geeigneten Führungskräften zur Besetzung von Schlüsselpositionen direkt nach dem Closing.

bb) Cultural Due Diligence

Eine sorgfältige Personal Due Diligence schließt auch eine Cultural Due Diligence ein, in der die Unternehmenskulturen näher beleuchtet werden. Je stärker die spätere Verflechtung beider Unternehmen sein soll, desto wichtiger wird die Frage des Cultural Fits: Wie groß sind die kulturellen Unterschiede? Passen beide Unternehmenskulturen zusammen? Sind sie kompatibel? Hierbei ist aber nicht nur die Unternehmenskultur zu prüfen – es muss bei länderübergreifenden Transaktionen auch darauf geachtet werden, inwieweit die Landeskulturen von Käufer und Target miteinander harmonieren.

Das Ergebnis einer Studie, in der über 200 europäische CEOs zur Rolle der Unternehmenskulturen befragt wurden, ergab: Die Möglichkeit, das Target-Unternehmen und seine Kultur zu integrieren, ist einer der wichtigsten Faktoren für den Erfolg der Transaktion.[15]

In jedem Unternehmen haben die Mitarbeiter eine ganz bestimmte Art der Kommunikation und Interaktion, die sie von Menschen in anderen Unternehmen unter-

---

15 Hubbard, 1999, S. 14.

scheidet. Dies bezieht sich sowohl auf den Umgang miteinander und über die Hierarchie-Ebenen hinweg als auch auf den Umgang mit Kunden und Lieferanten.

Indikatoren der Unternehmenskultur sind beispielsweise:

- Bedeutung von Hierarchien und Statussymbolen
- Managementstil
- Karriereverläufe
- Offenheit im Umgang miteinander
- Handlungs- und Entscheidungsspielräume
- Fehlertoleranz
- Gegenseitiges Vertrauen
- Lernverhalten
- Kundenorientierung
- Wettbewerbsaggressivität
- Gesellschaftliches Engagement.

Eine Due Diligence der Unternehmenskultur ist somit kein einfaches Unterfangen, da zahlreiche Facetten zusammenwirken. In der Praxis haben sich jedoch zwei Methoden bewährt:

- *Standardisierte Mitarbeiterbefragungen*: Es werden sowohl die eigenen Mitarbeiter als auch die Mitarbeiter des akquirierten Unternehmens befragt. Dabei thematisiert das Käuferunternehmen Werte und Verhaltensweisen, die es als sehr wichtig erachtet, beispielsweise den Umgang mit Kunden, die Aufgeschlossenheit Neuem gegenüber, das Lernverhalten oder den Führungsstil. Der große Vorteil dieser Methode liegt darin, dass sich die beiden Unternehmenskulturen in den abgefragten Dimensionen direkt vergleichen lassen. Aus den Ergebnissen können dann gezielte Maßnahmen abgeleitet werden. Diese Methode hat noch einen weiteren Vorteil, denn bei wiederholter Anwendung können auch im Laufe der Zeit eintretende Kulturveränderungen nachgewiesen werden.

- *Individuelle Interviews* mit ausgewählten Mitarbeitern und Führungskräften des akquirierten Unternehmens. Diese junge Methode wird auch als ›Storytelling‹ bezeichnet. Hier handelt es sich in der Regel um offene Gespräche, in denen die Betreffenden über ihren bisherigen Karriereverlauf und ihre individuellen Erfahrungen berichten. Anhand dieser Aussagen können Rückschlüsse auf die Unternehmenskultur gezogen werden. Dabei geben sowohl die Aussagen und der Spachduktus selbst als auch nicht angesprochene Themen Aufschluss über den Umgang miteinander und die im Unternehmen vorhandenen Wertvorstellungen und Tabus. Diese Methode ist sehr aufwändig und wird daher in der Transaktions-Phase eher selten und jedenfalls nicht repräsentativ angewandt. Für die interviewten Mitarbeiter und Führungskräfte hat sie jedoch einen hohen Stellenwert, denn sie merken, dass sich das Käuferunternehmen wirklich für die Menschen im Unternehmen interessiert. Dies kann insbesondere in der Phase nach der Ankündigung einer Transaktion einen enormen Motivationsschub bewirken.

cc) Das Merger-Syndrom

Die Reaktionen der Mitarbeiter auf das Announcement eines Zusammenschlusses werden vielfach als ›Merger Syndrom‹ bezeichnet.[16] Dieses gibt die Stimmung in der Belegschaft wieder und hat erheblichen Einfluss auf das Gelingen der Integration.

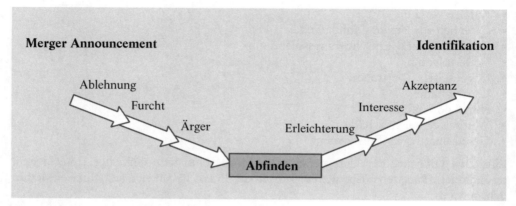

Abb. 5: Emotionale Reaktionen der Mitarbeiter nach einem Merger

Während des Ablaufs der Transaktion durchlaufen Mitarbeiter und Führungskräfte des Targets verschiedene emotionale Phasen. Die Kenntnis dieser Phasen ist wichtig, weil man sich auf die Auswirkungen einstellen und geeignete Gegenmaßnahmen ergreifen kann.

Bei den meisten Mitarbeitern führt die Ankündigung zunächst zu einem Schock und heftigen emotionalen Reaktionen. Der Zusammenschluss wird als Identitätsverlust empfunden. Die Mitarbeiter verlieren ein bisher als sicher und verlässlich eingeschätztes Umfeld von Regeln, Aufgabenstellungen, Hierarchien, Strukturen und Kollegen. Das gesamte soziale Gefüge, in dem sie sich bewegen, ist auf einmal in Frage gestellt, was in der Regel zu großer Verunsicherung und Verängstigung führt.

Die Mitarbeiter fragen sich:

- Ist mein Arbeitsplatz noch sicher? Erhalte ich neue Aufgaben? Muss ich umziehen? Was ist mit der Altersversorgung? Werden die freiwilligen Leistungen eingeschränkt? Wer wird mein neuer Chef? Was wird aus meiner Karriere?
- Aber auch: Was passiert mit meinen Kollegen? Werden uns »die anderen« total vereinnahmen und uns ihre Unternehmenskultur überstülpen?

---

16 Marks/Mirvis, 1992, S. 17 ff.

In diesem Stadium interessiert es den Mitarbeiter überhaupt nicht, wenn bzw. ob das Management über die großartigen Aussichten der Transaktion spricht, über neues Wachstum oder neue Märkte. Die Mitarbeiter nehmen solche Äußerungen kaum wahr, denn sie sind weitgehend mit sich selbst beschäftigt. Schätzungen gehen dahin, dass Mitarbeiter im ersten Jahr eines Mergers bis zu zwei Stunden ihrer täglichen Arbeitszeit für die Verarbeitung von Gerüchten aufwenden.[17]

Wie stark und in welcher Form der einzelne auf die Ankündigung eines Mergers reagiert und wie lange sich die verschiedenen Phasen des Merger-Syndroms hinziehen, hängt von individuellen Charaktereigenschaften, persönlicher Lebenslage und bisherigen Erfahrungen ab. Eine wichtige Rolle spielen das Selbstvertrauen, Jobalternativen, die erreichte Karrierestufe und die individuellen Bedürfnisse.

Die Verunsicherung ist psychologisch zu erklären: Mitarbeiter schließen mit ihrem Arbeitgeber ja nicht nur den rechtlich verbindlichen Arbeitsvertrag, sondern darüber hinaus bildet sich in stillem Einvernehmen eine Art ›Sozialkontrakt‹, der immaterieller Natur ist. Er enthält bestimmte Erwartungen des Mitarbeiters an den Arbeitgeber und bildet die Grundlage des Vertrauens in den Arbeitgeber. Vielen Mitarbeitern ist dieser Kontrakt gar nicht bewusst – bis er irgendwann gebrochen wird. In diesem Fall muss der Vertrag gewissermaßen neu verhandelt werden. Dieses »Verhandeln« läuft im Unterbewusstsein ab und bedeutet im Individualfall nichts anderes, als dass sich der Einzelne mit den Änderungen früher oder später abfindet und sie akzeptiert[18] oder dass er das Unternehmen verlässt.

Wer schon immer den Gedanken hatte, das Unternehmen zu wechseln, wird sich jetzt vermehrt nach einer Alternativbeschäftigung umsehen. Dies kann zu einer erhöhten Fluktuation führen. Das hat insbesondere dann fatale Konsequenzen, wenn wichtige Leistungsträger und erfahrene Führungskräfte das Unternehmen verlassen. Der bekannte Spruch: »Exit of the best and merger of the rest« kann dann leicht das Scheitern des Mergers einläuten. Auch macht sich rasch eine Untergangsstimmung breit, was bei den verbleibenden Mitarbeitern zu Resignation und innerer Kündigung führt. Insbesondere in dem übernommenen Unternehmen erzeugt ein Merger Stress und oft ein Führungsvakuum, das sich dann verstärkt, wenn die Mitarbeiter und Führungskräfte des stärkeren Unternehmens allzu dominant auftreten. Die Konsequenz sind meist Worse-Case-Szenarien und Gerüchte, die alle Informationslücken mit Halb- oder Unwahrheiten auffüllen und so die Mitarbeiter lähmen.

Diese Destabilisierungsphase lässt sich nicht verhindern. Man kann jedoch versuchen, sie möglichst kurz zu halten, um die Negativfolgen und daraus resultierende Kosten auf ein Minimum zu beschränken. Für das Personalmanagement ist es eine große Herausforderung, diese Turbulenzen in den Griff zu bekommen, um dann mit der eigentlichen Integrationsarbeit zu beginnen.

---

17 Sewing, 1996, S.158.
18 Hubbard, 1999, S. 27

dd) Zusammenarbeit mit dem Betriebsrat

Beim gesamten Personalauswahlprozess sind die gesetzlichen Bestimmungen, wie z.B. das Betriebsverfassungsgesetz und das Kündigungsschutzgesetz, unbedingt zu berücksichtigen (siehe dazu bereits Teil C IX dieses Handbuches). Dies gilt auch für nationale oder regionale Besonderheiten. Hier ist der dringende Rat angebracht, bereits bei der Personal Due Diligence die Wirtschaftsjuristen einzuschalten und sich im Gesamtprozess kontinuierlich beraten zu lassen.

In Deutschland beispielsweise tritt der Erwerber eines Unternehmens beim Share Deal und in der Regel (nach § 613a BGB) auch beim Asset Deal uneingeschränkt in die Rechte und Pflichten aus dem Arbeitsverhältnis ein, sodass sich an den individuellen arbeitsvertraglichen Rechten und Pflichten nichts ändert. Wird das akquirierte Unternehmen als rechtlich eigenständige Tochtergesellschaft geführt, so bleiben die Beschäftigungsbedingungen uneingeschränkt bestehen. Soll das Target hingegen in das übernehmende Unternehmen eingegliedert werden, so verdrängen die Tarifverträge und Betriebsvereinbarungen des aufnehmenden Unternehmens diejenigen des akquirierten Unternehmens. In der Regel haben Großunternehmen allerdings bessere Arbeitskonditionen und Sozialleistungen als kleine und mittlere Unternehmen, sodass die Mitarbeiter durch die Integration eher Vor- als Nachteile erwarten dürfen. Häufig entscheiden sich jedoch Großunternehmen dafür, die übernommenen Unternehmen als eigenständige Unternehmen weiterzuführen, um so Kostenvorteile, die sich aus niedrigeren Gehaltsstrukturen und geringeren Sozialleistungen ergeben, ausnutzen zu können.

Doch unabhängig davon, ob das Target-Unternehmen integriert oder als rechtlich eigenständiges Unternehmen weitergeführt wird, sollten die landesspezifischen Arbeitnehmervertretungen in jedem Fall so frühzeitig wie möglich in die Überlegungen eingebunden werden. Wenn es gelingt, ein partnerschaftliches Verhältnis zu den Arbeitnehmervertretern herzustellen, so hat dies vielfältige Vorteile, denn die Betriebsräte haben als Multiplikatoren in der Regel großen Einfluss auf die Belegschaft und können die Stress- und Angstphasen der Mitarbeiter im Rahmen des Merger-Syndroms abmildern. Auch hat sich gezeigt, dass von Seiten der Mitarbeiter weniger Einsprüche gegen den Betriebsübergang erhoben werden, wenn der Betriebsrat den Veränderungen positiv gegenübersteht und in die Integrationsplanung eingebunden wird. Dies wir regelmäßig dadurch erreicht, dass Überleitungs-Betriebsvereinbarungen abgeschlossen werden, in denen die künftig geltenden Beschäftigungsbedingungen festgelegt werden.

ee) Planung der Integration

Eine fundierte Integrationsplanung trägt dazu bei, frühzeitig Unsicherheiten in der Belegschaft abzubauen und den Integrationsprozess zu beschleunigen. Dies ist eine sehr sensible Phase für alle Beteiligten, da es regelmäßig darum geht, weitreichende Entscheidungen auf einer noch relativ unsicheren Grundlage zu treffen. Möglicherweise liegt darin auch die Ursache dafür, dass weniger als 20 Prozent aller Firmenkäufer eine angemessene Planung durchführen.[19] Zwar nennen europäische Executives unter ›lessons learned‹ als Gründe gescheiterter Transaktionen am häufigsten ›keine adäquate Planung‹, jedoch werden für nachfolgende Akquisitionen, wahrscheinlich aus Zeitgründen, daraus in den seltensten Fällen Konsequenzen gezogen.

Das wohl kritischste Ereignis in der Transaktionsphase ist die Ankündigung der Transaktion, die in der Regel beim ›Target‹ heftige Mitarbeiterreaktionen hervorruft. Im Idealfall wird der gesamte Deal bis zu seiner offiziellen Ankündigung nicht bekannt, wie man eindrucksvoll bei DaimlerChrysler beobachten konnte. Allerdings ist dies nicht immer der Fall, die Wirkung jedoch fast immer die gleiche: Die Ankündigung – oder allein schon Gerüchte darüber – trifft viele Mitarbeiter zutiefst.

Die Mitarbeiter des übernehmenden Unternehmens und des Target, aber auch Kunden, Lieferanten und natürlich die Shareholder erwarten gleich nach der Ankündigung einer Transaktion klare Auskunft über Ziele, neue Strukturen, Restrukturierungsmaßnahmen und die einzelnen Integrationsschritte.

Die Integrationsplanung gibt Antworten auf folgende Fragen:
- Welche Schritte sollen wie und bis wann umgesetzt sein?
- Wie intensiv und schnell soll integriert werden?
- Wie sehen Übergangsregelungen bezüglich Organisation, Struktur und Zusammensetzung der Führungsmannschaft des Targets aus?
- Wie läuft die Kommunikation für die Ankündigung, die Vorabinformation der Führungskräfte und die eigentliche Kommunikation an die Mitarbeiter ab?
- Wer verantwortet die Integration und wer hilft dabei?

Die Personalorganisation muss nicht nur in die Due Diligence-Phase, sondern auch in die Integrationsplanung intensiv eingebunden werden, weil hier wichtige Entscheidungen bezüglich des Zeitplanes, der künftigen Führungsstruktur, der Integration der Unternehmenskulturen, der Personalsysteme und -prozesse, sowie bezüglich der Inhalte der Kommunikation und Interaktion zwischen Führungskräften und Mitarbeitern getroffen werden.

ff) Kommunikation und Interaktion

Für die gesamte Kommunikation ist eine fundierte Planung nötig, die schon mit Beginn der Verhandlungen in kleinem, vertraulichen Kreis vorbereitet werden sollte. Die Kommunikationsinhalte sollten sein:
- Grund und Zielsetzung der Transaktion,
- die langfristige Vision,
- die Integrationsstrategie,
- der Zeitplan.

Informationen über die Geschichte und Erfolge beider Unternehmen bereiten den Boden für ein gegenseitiges Verständnis und ein Wir-Gefühl. Die Aufbereitung der

---

19 Hubbard, 1999, S.48.

wichtigsten Fragen im Zusammenhang mit dem Merger sowie die elektronische Bereitstellung der Antworten im Intranet hat sich bewährt. Auf diese Weise kann der Fragenkatalog tagesaktuell ergänzt beziehungsweise modifiziert werden.

Die hauptsächliche Kommunikationsarbeit ist jedoch im persönlichen Gespräch der Führungskräfte mit den Mitarbeitern zu leisten. Wichtig ist, dass die Führungskräfte die Empfindungen der Betroffenen verstehen und sich auf verschiedene emotionale Phasen, welche die Mitarbeiter üblicherweise bei derartigen Veränderungen durchlaufen, einstellen.

Leider ist die Realität aber so, dass 86% der Unternehmen die neue Partnerschaft nicht ausreichend kommunizieren.[20] Die Gründe dafür können in mangelnder Vorbereitung liegen, aber auch darin, dass die Führungskräfte des Target-Unternehmens als Betroffene selbst unter Unsicherheiten und Ängsten leiden und im schlimmsten Fall noch eine negative Verstärkerfunktion wahrnehmen.

Die Kommunikation muss schnell, intensiv und mit klaren Aussagen erfolgen, um die lähmende Unsicherheit soweit wie möglich zu reduzieren und möglichst rasch die Zustimmung aller Beteiligten zur gemeinsamen Zielsetzung herbeizuführen. Hierbei sollte folgendes beachtet werden:

- *Zielgruppengerechte Kommunikation*: Manager und Mitarbeiter haben vielfach unterschiedliche Wahrnehmungen, was für sie bei einer Transaktion wichtig ist. Dies ist bei der Informationsaufbereitung zu berücksichtigen.
- *Schnelle Kommunikation*: Die Mitarbeiter sollten als erste von einer Transaktion erfahren – nicht erst durch die Presse, das Fernsehen oder von aufgeregten Kunden. Dazu müssen die Führungskräfte und die Betriebsräte vorab informiert werden, damit diese dann wiederum den Mitarbeitern kompetent Rede und Antwort stehen können.
- *Direkte Kommunikation*: Sofort nach Bekanntwerden sollte ein direkter Dialog zwischen Führungskräften und Mitarbeitern geführt werden. Das können sein: Vier-Augen-Gespräche, Abteilungsmeetings oder Informations- und Diskussionsveranstaltungen mit allen Mitarbeitern.
- *Klarheit und Wahrheit*: Die betroffenen Mitarbeiter und Führungskräfte im Unternehmen wollen Klarheit, um aus der bedrückenden Unsicherheitssituation herauszukommen. Hierbei ist es wichtig, ganz offen alle relevanten Punkte anzusprechen und so wenig wie möglich zu verschweigen, auch wenn die Nachrichten für viele negativ sein mögen, etwa bezüglich drohender Werksschließungen oder Kündigungen. Menschen können mit klaren Botschaften besser umgehen, selbst wenn diese negativ sind, als mit Unsicherheit. Außerdem gilt: Wer die Wahrheit sagt, gewinnt an Glaubwürdigkeit – und die muss schnell aufgebaut werden. Auch wenn die Aussage lautet: »Wir werden Leute entlassen müssen, wir wissen aber heute noch nicht, wie viele. Das wird spätestens in 4 Wochen bekannt gemacht« – ist diese Botschaft immer noch besser, als ein Schönwetterreden und das Wecken falscher Hoffnungen.

---

20 Kearny, 1999, S. 26.

- *Glaubwürdigkeit*: Führungskräfte sollten nicht sagen, dass es nach der Transaktion im Sinne eines »business as usual« weitergehen wird. Dies stimmt nämlich einfach nicht, zumal zwangsläufig viele Änderungen zu erwarten sind. Wer von »business as usual« spricht, zeigt nur, dass er die Situation völlig verkennt und sich von der Stimmungslage seiner Mitarbeiter abgekoppelt hat. Die Glaubwürdigkeit der Führungskräften wird von den Mitarbeitern im Wesentlichen danach beurteilt, inwieweit sie sich in deren Sorgen und Nöte hineinversetzen können, wie offen sie ihnen gegenübertreten und wie aktiv sie sich um ihre Belange kümmern. Perception is reality: Es kommt sehr stark darauf an, *wie* Antworten an die Mitarbeiter gegeben werden: 30% Gewicht hat »was« man sagt – 70% Gewicht hat »wie« man es sagt.
- Zur Verstärkung der Glaubwürdigkeit sollte von dem übernehmenden Unternehmen die klare *Botschaft* kommen: *»Ihr seid uns willkommen!«* Dabei ist es unerlässlich, dass Schlüsselpersonen wie der CEO oder Vorstand die Standorte des Targets besuchen und mit den Mitarbeitern sprechen und ihnen persönlich Rede und Antwort stehen.

Die persönliche Kommunikation muss durch eine intensive Nutzung weiterer Merger-spezifischer Kommunikationsmedien ergänzt werden, wie z.B. persönliche Willkommen-Schreiben an die neuen Mitarbeiter, Webseiten mit Questions & Answers, Merger-Newsletter, Hotlines, Workshops und Pressemitteilungen. In ihrer Wirkung nicht zu unterschätzen sind informelle Netzwerke: Wann immer es gelingt, solche »informellen Netzwerke« aufzuspüren, sollten sie genutzt werden. Sie sind das eigentliche »Schmiermittel« für schnelle betriebliche Prozesse und haben starken Einfluss auf die Meinungsbildung und Stimmungslage.

gg) Retention

Erfahrungsgemäß führen Transaktionen zu einem Anstieg der Fluktuationsrate, insbesondere bei herausragenden Mitarbeitern und Managern. Das belegen verschiedene Studien:

- Bis zu 50% der Führungskräfte eines Target verlassen die Firma in den ersten drei bis fünf Jahren.[21]
- Die Ausscheidensquote von Führungskräften war bei amerikanischen Unternehmen in den ersten zwei bis drei Jahren nach der Akquisition signifikant höher als vor der Akquisition bzw. bei vergleichbaren Unternehmen.[22]

»When no coordinated retention actions are taken, 47% of all senior managers leave within the first year of the acquisition. But the exodus doesn't stop there. Within the first three years, 72% end up heading for the door«.[23]

---

21 Hermsen, 1994, S. 133.
22 Sewing, 1996, S. 107 ff.
23 Pritchett, 1997, S. 101.

Insbesondere eine starke Fluktuation von wichtigen Leistungsträgern kann schwer wiegende Folgen haben und den Erfolg einer Transaktion insgesamt in Frage stellen. Fach- und Führungs-Know-how gehen verloren – vielleicht gerade diejenigen Kompetenzen, die der Käufer erwerben wollte, um seine strategischen Ziele zu erreichen. Ein für das Unternehmen kritischer Aderlass hat begonnen, denn Menschen, die das Unternehmen verlassen, nehmen oft auch Kunden- und Lieferantenbeziehungen mit. Neue Kundenbeziehungen aufzubauen, ist jedoch bekanntlich ein schwieriges, langfristiges und teures Unterfangen.

Das Weggehen von Führungskräften mit Vorbildfunktion lässt die Mitarbeiter daran zweifeln, ob die Transaktion wirklich »eine gute Sache« ist. Hierdurch werden Motivation und Verhalten negativ beeinflusst. Ferner ziehen Führungskräfte, die das Unternehmen verlassen, häufig gute Mitarbeiter nach (Domino-Effekt). Hierbei spielen natürlich die Headhunter eine große Rolle. Für sie sind die an Mergers & Acquisitions beteiligten Unternehmen und insbesondere die Target-Unternehmen in der instabilen Phase der ideale Jagdgrund für Spitzenkräfte.

Um die Fluktuation zu stoppen, sollte schon bei der Due Diligence eine Identifizierung und Beurteilung der wichtigen Führungskräfte und Schlüssel-Mitarbeiter erfolgen, die über schwer ersetzbare Kompetenzen verfügen. So früh wie möglich sind mit den betreffenden Führungskräften Gespräche zu führen, um ihnen die generelle Unsicherheit zu nehmen, aber auch, um Aussagen zur neuen Position und zu Veränderungen, zu den Erwartungen, Karrieremöglichkeiten und zum Einkommen zu machen. Die Maßnahmen können unterstützt werden durch zusätzliche materielle Anreize wie Retention-Boni oder Stock Options, vor allem aber auch durch das Einbinden der Führungskräfte in herausfordernde Integrationsprojekte.

b) Operatives Personalmanagement im Integrationsprozess

aa) Leadership – Die Rolle der Führungskräfte

Um den Erfolg einer Transaktion zu sichern, müssen Führungskräfte mit dem notwendigen Know-how und entsprechender Sensibilität zur Verfügung stehen, sowohl in dem übernehmenden als auch in dem übernommenen Unternehmen. Schließlich gilt es nicht nur, die Mitarbeiter zu motivieren und aus der emotionalen Talsohle herauszuführen; vielmehr sind neue Organisationsstrukturen zu schaffen, Stellen optimal zu besetzen, Kundenbeziehungen aufrecht zu erhalten und neue Märkte zu erschließen. Die Führungskräfte sind somit zentrale Schlüsselpersonen nach innen und nach außen. Dies stellt enorme Anforderungen an ihre Leadership-Fähigkeiten.

Viele Transaktionen leiden darunter, dass das Top-Management nach dem Closing beginnt, sein Interesse an dem Zusammenschluss zu verlieren, weil es denkt: »Jetzt ist alles gelaufen«. Eine solche Denkweise birgt Gefahren. Wer sich jetzt zurücklehnt, der handelt grob fahrlässig!

Es ist nämlich weniger die Transaktion an sich, die den erwarteten Nutzen bringt. Vielmehr sind es »die Maßnahmen und Aktivitäten der Manager *nach* dem Vertragsabschluss, die über den Erfolg oder Misserfolg entscheiden«. Der Grund dafür liegt auf der Hand, denn die Wertschöpfung findet erst nach der Übernahme statt, »wenn Fähigkeiten übertragen werden und die Beschäftigten beider Firmen zusammenarbeiten, um den erwarteten Nutzen zu realisieren oder zusätzliche Vorteile zu entdecken«.[24] Noch bedeutender als dieses ist jedoch die Entwicklung einer Vision, die von allen getragen wird. Die visionäre Komponente ist *das* Charakteristikum von Leadership nach einer Transaktion. Das Wichtigste an der Vision ist weniger ihre Originalität, sondern wie sehr sie die Interessen der relevanten Entscheidungsträger, d.h. der Kunden, Mitarbeiter und Aktionäre, trifft und wie einfach sie in eine realistische Wettbewerbsstrategie umgesetzt werden kann. Eine besondere Herausforderung ist es dabei, eine ›creative tension‹ zu erzeugen, die als integrierender Faktor fungiert. »Creative tension comes from seeing clearly where we want to be, our ›vision‹, and telling the truth about where we are, our ›current reality‹. The gap between the two generates a natural tension«.[25] Diese Spannung wiederum erzeugt einen enormen Motivationsschub.

Nur, wenn es gelingt, alle Führungskräfte und Mitarbeiter in eine Richtung zu lenken, wird sich der wirtschaftliche Erfolg einstellen. Dies ist eine Leadership-Aufgabe ersten Ranges und stellt große Ansprüche an die Überzeugungskraft und Motivationsfähigkeit des Top-Managements. Echte Leadership baut auf gutem Management auf und geht in entscheidenden Situationen weit darüber hinaus.

Management	Leadership
Zielsetzung und Kontrolle	Inspirierende, richtungsweisende Vision
Führen durch Vorgaben	Führung durch Motivation
Umgang mit Komplexität	Umgang mit Wandel
Arbeit im System	Arbeit am System
Passive Zielorientierung	Aktive Zielgestaltung
Orientierung am Notwendigen	Orientierung am kreativen Prozess
Organizing People	Aligning People

Tab. 1: Management/Leadership

---

24 Haspelagh/Jemison, 1992, S. 24 ff.
25 Senge, 1998, S. 297.

Die Mitarbeiter haben ein sehr gutes Gespür dafür, ob ihr Chef hinter den organisatorischen Neuerungen steht oder nicht. Es ist deshalb unerlässlich, das Management des zu integrierenden Unternehmens frühzeitig über die Ziele, Gründe und Vorteile des Zusammenschlusses zu informieren. Unter Umständen bieten sich auch konkrete gemeinsame Workshops mit Führungskräften beider Unternehmen an.

Gleichzeitig muss das operative Geschäft stabilisiert werden, z. B. durch kurzfristig zu erreichende Zielvorgaben, durch strikte Performance-Kontrolle und Wiederherstellung des Kundenfokus. Nicht nur die Mitarbeiter sind verunsichert, auch viele Kunden fragen sich: Wie wird es bei meinem Lieferanten weitergehen? Wird er sein Produkt- und Dienstleistungsspektrum beibehalten? Werde ich weiterhin so gut bedient werden? Werde ich meine Ansprechpartner behalten?

Verunsicherte Mitarbeiter werden die Kunden nicht optimal bedienen, sondern eher noch Gerüchte extern verbreiten, die sich geschäftsschädigend auswirken. Es gilt die Regel: Lieber von den Mitarbeitern in dieser Situation mehr fordern und sie stärker einspannen, als zu wenig. Das Ziel ist, schnelle Win-Situationen herbeizuführen, und zwar selbst dann, wenn es nur kleinere Erfolge sind. Gerade kurzfristig erreichbare Ziele und Ergebnisse stärken das lädierte Selbstvertrauen der übernommenen Mitarbeiter.

bb) Integrationsmanagement

Die operative Integrationsphase ist mit Sicherheit die kritischste Phase im gesamten M&A-Prozess: Jetzt müssen die unterschiedlichen Organisationen, Unternehmenskulturen, Managementstile, Systeme, Prozesse und Strukturen zusammengeführt werden, damit die erwarteten Synergien auch wirklich eintreten. Studien haben gezeigt, dass Unternehmen, die der Post-Merger-Integration eine hohe Bedeutung beimessen, kulturelle Unterschiede leichter bewältigen und den gesamten Integrationsprozess effizienter bewältigen.[26]

Hierzu einige Erfahrungen und Anregungen:

- Empfehlenswert ist der Einsatz einer Projektorganisation mit Integrationsteams, die für die Integration von betriebswirtschaftlichen Funktionen wie Vertrieb, Produktion, IT-Systeme, Human Resources oder von Kernprozessen verantwortlich sind.
- Die Teams sollten aus Mitarbeitern *beider* Unternehmen bestehen. Dies vermindert den WIR/IHR-Gegensatz und signalisiert Rücksichtnahme auf das akquirierte Unternehmen. Außerdem ist viel Know-how des übernommenen Unternehmens nutzbar.
- In die Integrationsarbeit sollten nicht nur Führungskräfte des übernommenen Unternehmens einbezogen werden, weil diese ihren Verantwortungsbereich sehr genau kennen und zum Teil auch wichtige Meinungsbildner sind. Auch »normale« Mitarbeiter sind soweit wie möglich einzubinden. Je mehr gemeinsame positive Erfah-

---

26 Kearny, 1999, S. 11.

rungen zwischen Mitarbeitern beider Unternehmen in Projekten gemacht werden, um so schneller und stärker wird das gegenseitige Vertrauen wachsen und werden Barrieren abgebaut.
- Für den gesamten Integrationsprozess sollte es ein verantwortliches Integrations-Headquarter geben, am besten besetzt mit jeweils einem Verantwortlichen des übernehmenden und des übernommenen Unternehmens. Das Integrations-Headquarter steuert den Gesamtprozess, ist Mitglied im Steering Committee und verfügt über eine hohe Autorität – auch gegenüber der Geschäftsleitung. Es ist gleichzeitig erster Anlaufpunkt und Klagemauer, aber – ausgestattet mit erheblichen Entscheidungskompetenzen – auch die treibende Kraft.
- Auf den gesamten Integrationsprozess sollten die Prinzipien der »Organizational Justice«[27] angewandt werden. Hierdurch wird verhindert, dass die Betroffenen das Gefühl haben, andere würden besser behandelt, als sie selbst oder als die eigene Gruppe. Das Gefühl der Fairness ist entscheidend für den Erfolg einer Transaktion. Denn oft ist es nicht der Umfang der Veränderungen, welche die Mitarbeiter frustrieren, sondern die Art und Weise, wie sie eingeführt werden. Haben die Mitarbeiter das Gefühl, unfair behandelt zu werden, zweifeln sie an der Glaubwürdigkeit des Managements, aber auch an den Entscheidungen und der gesamten Vorgehensweise.
- Eine konsistente und offene Kommunikation während der gesamten Integrationsphase ist von allergrößter Bedeutung. Fehlende Informationen werden durch Vermutungen und Gerüchte ersetzt – mit schwerwiegenden Folgen. Selbst wenn es nichts Neues zu kommunizieren gibt, sollte man sagen, wann welche Neuigkeiten oder Entscheidungen zu erwarten sind. Gleichzeitig können die bisherigen Statements wiederholt werden. Das hat durchaus seinen Sinn, weil die Mitarbeiter von Mal zu Mal neue Informationsfacetten entdecken, die ihnen helfen, einen Gesamteindruck zu gewinnen und Entscheidungen nachzuvollziehen. Auch die Ziele der Mergers & Acquisitions, der Terminplan und die Integrationsfortschritte – und hier besonders die Early Wins – sollten immer wieder kommuniziert werden.
- Eine einheitliche Personalführung in den sich zusammenschließenden Unternehmen trägt dazu bei, bisherige Unterschiede in den Unternehmenskulturen zu nivellieren und eine gemeinsame Vertrauensbasis herzustellen. Deshalb muss frühzeitig entschieden werden, ob und inwieweit die in beiden Unternehmen vorhandenen personalbezogenen Systeme angeglichen werden sollen. Hierzu zählen insbesondere Einkommens-, Anreiz-, Führungs-, Personalentwicklungssysteme und Personaladministrationssysteme.

Unterschiedliche Systeme führen leicht zu Mißstimmungen und rufen unter Umständen Neid hervor, vor allem, wenn es sich um finanzielle Aspekte handelt. Rasch stellt sich nämlich bei den Mitarbeitern das Gefühl einer Zweiklassengesellschaft ein; dies gilt vor allem dann, wenn eine *direkte* Vergleichbarkeit möglich ist, wenn also Mit-

---

27 Hubbard, 1999, S. 136 f.

arbeiter beider Unternehmen eng zusammenarbeiten und so Einblick in – möglicherweise eklatante – Unterschiede bei ihren Einkommen oder anderen Firmenleistungen erhalten.

cc) Optimale Stellenbesetzungen nach einer Transaktion

Die der Transaktion zugrunde liegende Strategie bestimmt den langfristigen Personalbedarf und damit den Personalplanungsprozess hinsichtlich der qualitativen und quantitativen Zusammensetzung der Mitarbeiterschaft.

Bereits in der Due Diligence-Phase bzw. kurz danach sollten Überlegungen über die Besetzung von Schlüsselpositionen und über eine vorläufige Organisationsstruktur sowie Prozessänderungen angestellt worden sein. Diese Überlegungen bilden dann die Grundlage für den Personalplanungsprozess.

Die Auswahl und Benennung des neuen Management-Teams sollte spätestens 100 Tage nach der Ankündigung des Mergers erfolgt sein. Dies geschieht aber einer Studie zufolge nur in 39% aller Fälle.[28]

Mit den Schlüsselpersonen werden in der Regel bereits in der Transaktionsphase Gespräche über den weiteren Verbleib in der Firma geführt. In der Integrationsphase geht es darum, den Auswahlprozess für das Gros der Mitarbeiter zu gestalten.

Dies geschieht am besten in einem systematischen Personalplanungsprozess:

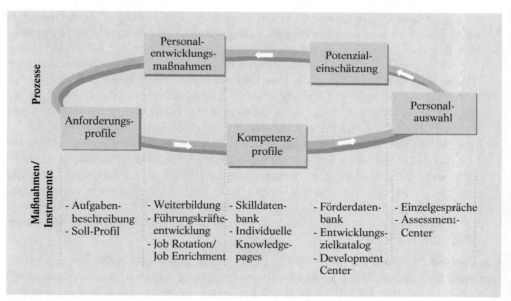

Abb. 6: Vorgehen bei Stellenbesetzungen nach einem Merger

---

28 Kearny, 1999, S. 16.

Im Personalplanungsprozess sind zunächst die zukünftigen Aufgaben zu beschreiben und entsprechende *Soll-Profile* zu erstellen. Ein Soll-Profil definiert Ziele, Aufgaben und Kompetenzen der jeweiligen Funktion. Diese Anforderungsprofile werden dann mit vorhandenen Kompetenzprofilen verglichen. Insbesondere Großunternehmen haben zu diesem Zweck so genannte *Skill-Datenbanken* entwickelt. Sie sind besonders bei großen ›Mergers of Equals‹ oder länderübergreifenden Zusammenschlüssen von großer Bedeutung. ›Gefüttert‹ und gepflegt werden diese Datenbanken bei personenbezogenen Daten vom Mitarbeiter selbst und bei leistungsbezogenen Daten von der Personalorganisation. Diese führt in der Regel einmal jährlich nach den Leistungsbesprechungen einen Update durch. In diesen Skill-Datenbanken wird somit neben den Kompetenzen und Qualifikationen auch die Leistung dokumentiert.

Eine zweite Möglichkeit, Kompetenzprofile systematisch zu erfassen, sind die so genannten ›*Individuellen Knowledge-Pages*‹. Hier werden die Informationen vom einzelnen Mitarbeiter selbst eingespeist, d.h. der Mitarbeiter gibt seine bisherige Berufserfahrung, seine Kompetenzen und seine Interessen zur persönlichen Weiterentwicklung selbst in ein standardisiertes elektronisches Formular ein. Der Mitarbeiter kann dadurch seine persönlichen Wünsche und Vorstellungen zur beruflichen Weiterentwicklung oder Veränderung weiten Kreisen zugänglich machen. Die Knowledge-Pages dienen somit in erster Linie gewissermaßen als Kontaktbörsen und erhöhen die individuellen Chancen auf eine berufliche Veränderung.

Beide Methoden haben den Vorteil, dass sich die Kompetenzprofile auch hoher Belegschaftszahlen auf diese Weise erfassen lassen. Außerdem ist durch die internationale Standardisierung beider Verfahren eine länderübergreifende Transparenz sichergestellt.

Die konkrete Personalauswahl erfolgt in der Regel durch die Führungskräfte vor Ort.

Interessant sind hierbei zwei Varianten:

- *Jeder* Mitarbeiter kann sich neu bewerben. Problematisch ist dabei die Frage, wer die Mitarbeiter wirklich neutral beurteilen kann. Weder die alten Vorgesetzten sind wirklich neutral, noch ist das Management des übernehmenden Unternehmens in der Lage, aufgrund von vorliegenden Beurteilungen die richtige Wahl zu treffen.
- Es werden mit den (ehemaligen) Führungskräften der Mitarbeiter strukturierte Interviews geführt. Diese werden ergänzt durch ein Background-Interview zwischen dem Mitarbeiter und einem externen professionellen Personalberater.[29]

Von besonderer Bedeutung bei der Personalauswahl für die einzelnen Stellen ist auch die *Einschätzung* des individuellen *Potenzials*. In Zeiten, in denen alle drei bis fünf Jahre völlig neue Technologien und Dienstleistungen den Arbeitsalltag bestimmen, sind ein entsprechendes Potenzial und Flexibilität der Beschäftigten unerlässlich. Dieses Potenzial muss mit steigender Stellung in der Hierarchie um so genauer analy-

---

29 Pritchett, 1997, S. 91 ff.

siert werden; denn Fehlbesetzungen ziehen, wenn auch zeitlich versetzt, enorme Folgekosten nach sich. Die Potenzialeinschätzung erfolgt in der Regel im Rahmen der jährlichen *Leistungsdurchsprachen* sowie von *Development-Centern* und findet ihren Niederschlag in *Förderdatenbanken* und *Entwicklungszielkatalogen*. Hier finden sich Aussagen zur langfristig erreichbaren Zielfunktion für den einzelnen Mitarbeiter. Hieraus werden dann individuelle *Personalentwicklungsmaßnahmen* abgeleitet. Die Personalentwicklung ist ein Geschäftsprozess, welcher die Kompetenzen der Mitarbeiter in messbare Geschäftsergebnisse und Erfolge transformiert. Maßnahmen bestehen beispielsweise in einer gezielten *Job Rotation*, individuellen *Weiterbildungsmaßnahmen* oder einer systematischen *Führungskräfteentwicklung*.

Meistens werden jedoch in der Integrationsphase die Aspekte der Personalentwicklung weit hintan gestellt, wenn nicht sogar gänzlich negiert. Vielmehr ist man bemüht, jedem Mitarbeiter möglichst rasch seinen neuen Platz im System zuzuweisen oder sich von Mitarbeitern zu trennen, deren Aufgaben entfallen. Bei fast jeder Transaktion gibt es Funktionen, die aufgrund des Zusammenschlusses mehrfach besetzt sind. Der aus diesem Grunde notwendige *Trennungsprozess* ist nicht nur für die Betroffenen, sondern auch für Führungskräfte und Personalfachleute eine schwierige Aufgabe. Nach welchen Kriterien werden die betroffenen Mitarbeiter ausgewählt? Wer informiert die Betroffenen? In welcher Form werden die Mitarbeiter informiert, dass sie sich einen neuen Arbeitsplatz suchen müssen? Welche monetären und nicht-monetären Unterstützungen erhalten sie? Es empfiehlt sich dringend, den Prozess des Trennens mit der größtmöglichen Fairness durchzuführen. Eine faire Trennung bietet auch die Chance, gute Leute und insbesondere Experten, die man in der jetzigen Situation beim besten Willen nicht mehr einsetzen kann, zu einem späteren Zeitpunkt wieder einzustellen.

dd) Entsendepolitik

Auch die Entsendepolitik ist ein Teil des Personalplanungsprozesses in der Integrationsphase. Durch Entsendung von Mitarbeitern aus dem übernehmenden Unternehmen soll die An- und Einbindung, meistens aber auch die Kontrolle der übernommenen Firma verbessert werden. Dieser Ansatz ist sicherlich richtig, weil insbesondere in der ersten Zeit nach der Ankündigung der Merger beziehungsweise die Akquisition stabilisiert und auf den Kurs des übernehmenden Unternehmens gebracht werden muss.

Häufig tritt jedoch das Problem auf, dass das erworbene Unternehmen regelrecht mit Führungskräften, Coaches, Referenten und anderen »Ratgebern« aus dem übernehmenden Unternehmen überschwemmt wird.[30] Hier kann es schnell zu kulturellen Abwehrreaktionen kommen, von denen die Bezeichnung »Käufermafia« für die Entsandten nur die Spitze des Eisbergs darstellt.

---

30 Hermsen, 1994, S. 145.

Schlimm sind hier »die provinziellen Wichtigtuer« unterhalb der oberen Führungsebenen, die Anlass zu der Feststellung geben: »Die fliegen hier wie Geier ... ein und aus und gebärden sich ... als wären sie die geistige Gesundheitspolizei«.[31]

Ein Beispiel aus den USA verdeutlicht, dass das übernehmende Unternehmen in jedem Fall sehr sensibel vorgehen und sich auch auf die ›andere‹ Unternehmenskultur einstellen muss, wenn die Akquisition erfolgreich sein soll: Bevor das Kommunikationsunternehmen ROLM zu Siemens kam, hatte IBM das Unternehmen erworben. Es handelte sich zu jenem Zeitpunkt noch um die »alte«, straff und sehr zentral organisierte und DV-orientierte IBM. Diese schickte ihre Manager in blauen Anzügen und gestärkten Hemden in eine typische Start-up-Firma im Silicon-Valley, deren Mitarbeiter in Turnschuhen arbeiteten und eher in Netzwerken als in Hierarchien dachten und somit eine völlig andere Firmenkultur als IBM hatten.

Es dauerte nicht lange, bis sich eine Zweiklassen-Gesellschaft gebildet hatte: Das Management kam von IBM und verkündete, was das Headquarter wünschte, und die Mitarbeiter – soweit sie noch da waren – versuchten mehr schlecht als recht, diese Anordnungen zu erfüllen. Konsequenz: Nach einigen Jahren hatten viele der hoch qualifizierten ROLM-Mitarbeiter das Unternehmen verlassen.

Um ein solches ›intellektuelles Ausbluten‹ zu verhindern, empfiehlt es sich dringend, vor dem Zusammenschluss eine Cultural Due Diligence durchzuführen und die kulturelle Integrationsstrategie festzulegen, um so bewusst die Kulturintegration zu managen und unerwünschte Nebenwirkungen zu vermeiden.

5. Unternehmenskultur und Integrationsprozess

a) Maßnahmen zur kulturellen Integration

Wie intensiv die Kulturen zusammengeführt werden müssen und welche Maßnahmen konkret zu ergreifen sind, hängt von den aktuell bestehenden Kulturen beider Unternehmen und dem angestrebten Integrationsgrad ab. Sicherlich kann man Unternehmenskulturen und damit den Prozess der kulturellen Integration nicht in der Weise managen, wie z.B. Fertigungsprozesse, Finanzen oder Vertriebswege. Dazu hat die Unternehmenskultur zu viele Facetten und Antriebsstrukturen, die teilweise nur sehr schwierig steuerbar sind, zumal ihre Wurzeln in der Vergangenheit und teilweise sogar außerhalb des Unternehmens liegen. Möglich dagegen ist ein »*kulturbewusstes*« *Management* mit einer auf den individuellen Sachverhalt abgestimmten Kultur-Integrationsstrategie (Monokulturstrategie, Multikulturstrategie oder Mischkulturstrategie) Dieses kulturbewusste Management setzt seinen Fokus auf die Personalführung und geht besonders sensitiv mit kulturellen Unterschieden um. In der Regel sind weniger die Kulturunterschiede selbst ein Problem, als vielmehr die Tatsache, dass

---

31 Leichsenring, 1999, S. 98.

diese Unterschiede nicht gebührend berücksichtigt und entsprechend behandelt werden.

Voraussetzung für ein kulturbewusstes Management ist eine Kulturanalyse, mit deren Hilfe man genau feststellen kann, wo kulturelle Differenzen zwischen beiden Firmen liegen. Diese Analysen gehen tiefer als der erste, vorläufige ›Kulturcheck‹ im Rahmen der Due Diligence.

Regelmäßig empfinden die Mitarbeiter nach jedem Zusammenschluss den Einfluss der jeweils anderen Unternehmenskultur zunächst als störend, da sich dann andere als die gewohnten Denkmuster und Verhaltensweisen zeigen. Im Laufe der Zeit stellt sich jedoch unabhängig von der gewählten Kultur-Integrationsstrategie zwangsläufig ein gewisser Anpassungsprozess ein, weil die Mitarbeiter aufgrund der täglichen Zusammenarbeit gezwungen sind, sich mit der Kultur des anderen Unternehmens auseinander zu setzen. Im Verlaufe der Integration zeigt sich meist auch die Tendenz, dass Mitarbeiter verstärkt die eigene Unternehmenskultur hinterfragen, insbesondere in denjenigen Punkten, in denen sie die ›fremde‹ Kultur als sympatischer empfinden. Somit entsteht immer eine ›neue‹ Unternehmenskultur. Diese ist geprägt durch die Wechselwirkungen zwischen beiden Kulturen sowie den Grad der angestrebten Harmonie. Eine erfolgreiche Kulturintegration ist immer dann zu erwarten, wenn das Verhältnis zwischen dem übernehmenden Unternehmen und dem übernommenen Unternehmen gut ist, beziehungsweise wenn im Falle eines schlechten Verhältnisses das übernommene Unternehmen sich dem übernehmenden Unternehmen unterordnet.

Die kulturelle Integration kann dann als erfolgreich abgeschlossen bezeichnet werden, wenn die verbleibenden Unterschiede zwischen Mutter und Tochter, wie groß oder gering sie auch immer sein mögen, ohne größere Konflikte bestehen bleiben können.[32]

Der Erfolg und die Geschwindigkeit der kulturellen Integration hängen stark ab

- vom Dominanzverhalten des stärkeren Unternehmens,
- von der Einstellung der Mitarbeiter und Führungskräfte zu der Transaktion,
- vom angestrebten Grad an Harmonie,
- vom kulturellen Freiheitsgrad, der den Unternehmen zugestanden wird.

Dabei spielen aber auch organisatorische Rahmenbedingungen eine bedeutende Rolle. Kritisch wird die Situation dann, wenn das übernehmende Unternehmen eine ausgeprägte Dominanz gegenüber dem übernommenen Unternehmen geltend macht. Dies ist insbesondere dann zu erwarten, wenn im übernehmenden Unternehmen starke Netzwerke bestehen, die die Veränderungsphase dazu benutzen, ihren Mitgliedern günstige Positionen zu verschaffen.

Solche ›sozialen Netzwerke‹ existieren in jedem Unternehmen. Sie entstehen aus dem Grundbedürfnis eines jeden Menschen nach Nähe, Geborgenheit, Freundschaft und Sicherheit und bilden die informelle Struktur eines jeden Unternehmens. Sie sind

---

32 Sewing, 1996, S. 166.

von hoher Bedeutung für den Akquisitionserfolg. Sie äußern sich in wechselseitigen sozialen Verpflichtungen, verbunden mit einem hohen Sanktionspotenzial. Jedes Unternehmen besteht aus unzähligen solcher sozialen Netzwerke, mit teils engen, teilweise aber auch schwachen Bindungen.

Zur erfolgreichen Integration gilt es deshalb zunächst, die Meinungsführer in den wichtigsten Netzwerken aufzuspüren, denn sie üben eine starke Orientierungsfunktion aus. Diese ist insbesondere in den Unsicherheitsphasen, in denen Stellen neu besetzt und andere Veränderungen vorgenommen werden, nicht zu unterschätzen. Eine geringe Berücksichtigung der Meinungsführer führt leicht zur ›Cultural Resistance‹ und zur Verringerung bzw. zur Nicht-Erreichung des angestrebten Transaktionserfolges.

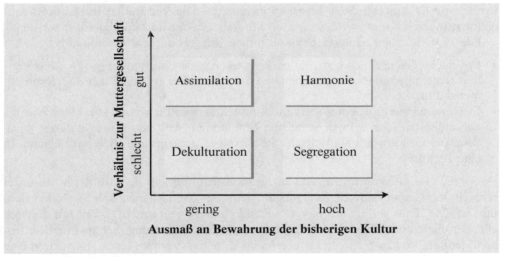

Abb. 7: Bilanz der Kulturintegration

Das Verhältnis zwischen der übernehmenden Gesellschaft und dem akquirierten Unternehmen sowie die individuelle Einstellung der Mitarbeiter und Führungskräfte zur Integration sind die kritischen Faktoren für das Gelingen einer Transaktion. Überwiegend sind vier Ergebnisse einer Kulturintegration beobachtbar:

Im günstigsten Fall stellt sich ein *harmonisches Verhältnis* zwischen der Unternehmenskultur des Käufers und des Targets ein. Dies ist dann zu erwarten, wenn in beiden Belegschaften eine hohe Akzeptanz des Mergers oder der Akquisition vorliegt. Es entsteht eine neue Kultur mit den besten Elementen aus beiden. Diese Form der Kulturintegration ist besonders bei ›Mergers of Equals‹ und bei geozentrischen Unternehmensmodellen von Vorteil.

Auch bei der *Assimilation* haben beide Unternehmen ein gutes Verhältnis zueinander, wobei allerdings im zugekauften Unternehmen das Bestreben gering ist, eigene Kulturelemente zu erhalten. Vielmehr integriert sich das akquirierte Unternehmen ohne größere Probleme in die übernehmende Gesellschaft und passt sich an deren Wertvorstellungen und kulturellen Besonderheiten an. Das Verhältnis zwischen beiden Mitarbeiterstämmen ist gut. Dies ist besonders günstig bei ethnozentrischen und polyzentrischen Unternehmensmodellen.

Schwierig gestaltet sich die kulturelle Integration bei einem angespannten Verhältnis zwischen beiden Unternehmen und Belegschaften, beispielsweise wenn es sich um eine feindliche Übernahme handelt oder wenn der Merger beziehungsweise die Akquisition schlecht kommuniziert wurde. Dann kann es zu einer *Segregation* oder einer *Dekulturation* kommen. Bei der Segregation versucht das übernommene Unternehmen krampfhaft, seine Kultur beizubehalten, während sich die Belegschaften bei der Dekulturation ohne großes Interesse an einer Zusammenarbeit in die neue Situation ergeben. In solchen Fällen besteht akute Gefahr einer Verringerung bzw. der Nicht-Erreichung des angestrebten Transaktionserfolges. Die kulturellen Integrationsmaßnahmen müssen daher mit der größten Sorgfalt geplant und durchgeführt werden.

Die Vorteile einer erfolgreichen kulturellen Integration sind mannigfaltig:

- In verschiedenen Studien wurde nachgewiesen, dass der Steuerungs-, Anweisungs- und Regelungsbedarf im Unternehmen um so geringer ist, je stärker die Unternehmenskultur ist.[33]
- In Unternehmen mit einer starken Unternehmenskultur wissen die Menschen bis zur untersten Ebene in den meisten Situationen, was von ihnen erwartet wird, denn die Grundwerte sind gleich. Sie verfolgen gemeinsame Ziele und agieren in eine Richtung.

Die große Herausforderung an das Integrationsteam besteht deshalb darin, Begeisterung für die Gemeinsamkeit zu erzeugen, denn nur dann können sich Synergien richtig entfalten. Dies gelingt am besten anhand einer gemeinsamen Vision, mit der sich alle identifizieren können. Es ist deshalb von größter Bedeutung, bereits in einem frühen Stadium, und zwar möglichst bereits im Planungs-Stadium einer Transaktion eine gemeinsame Zielrichtung zu entwickeln und eine gemeinsame Wertebasis herbeizuführen. Diese bildet die Grundlage für eine gemeinsame Identität, festigt den Zusammenhalt und richtet die Organisation auf gemeinsame Ziele aus.

Dem Personalführungssystem und den Führungsinstrumenten kommt beim ›kulturbewussten Management‹ eine Schlüsselrolle zu. Personalentwicklungs- und Führungsinstrumente sowie Einkommenssysteme sind so zu gestalten, dass gewünschte Verhaltensweisen belohnt und unerwünschte sanktioniert werden. Hinzu kommen Maßnahmen mit Symbolcharakter wie gemeinsame Veranstaltungen (es kann auch ein Picknick sein) oder ein neues Corporate Design.

Häufig sind es ›Kleinigkeiten‹, die sich dann beim näheren Hinsehen als Handicap der kulturellen Integration entpuppen können, wenn sie nicht zur Zufriedenheit aller gelöst werden. Das Beispiel des Zusammenschlusses zweier amerikanischer Firmen, bei denen unterschiedliche »Picknick«-Kulturen existierten, soll dies verdeutlichen.

---

33 Hofstede, 1997, S. 248.

Die einen machten ihr Picknick *mit* ihren Partnern, die anderen *ohne* diese. Um diese Unterschiedlichkeit zu lösen, einigte man sich darauf, in Jahren mit »geraden« Jahreszahlen die Partner mitzunehmen, in »ungeraden« mussten diese zu Hause bleiben.

Im Einzelnen haben sich folgende *Schritte zur kulturellen Integration* bewährt:

1. Vertrauensaufbau und mentale Vernetzung:

Der Vertrauensaufbau und die mentale Vernetzung geschieht am besten durch Einbindung möglichst vieler Mitarbeiter und Führungskräfte in Veränderungsprozesse sowie durch Integrationsteams, die sich aus Mitarbeitern beider Unternehmen zusammensetzen. Dadurch wird das gegenseitige Kennenlernen erleichtert, entstehen Gemeinsamkeiten und werden Vorurteile abgebaut. Gleichzeitig nehmen Kreativität, Lernbereitschaft und Toleranz gegenüber ›anderen‹ Ideen zu. Die Bereitwilligkeit, Informationen schneller und freiwillig auszutauschen, steigt. Dies bildet die Grundlage für eine ›mentale Vernetzung‹. Diese ist dann erreicht, wenn alle Partner innerhalb des Netzes in die gleiche Richtung denken und handeln. Erfolgsfaktoren dafür sind gemeinsame Ziele, ähnliche Wertvorstellungen, Verhaltensweisen und Entscheidungsmuster, die mit den langfristigen Unternehmenszielen kongruent sind.

2. Gemeinsame Werte/Leitbild formulieren:

Belegschaften, die gleiche Wertvorstellungen haben, beurteilen auch Sachverhalte ähnlich und verstehen sich besser. Dies minimiert die Reibungsverluste und den Koordinationsaufwand – insbesondere beim Zusammenspiel weltweit verteilter Partner. Leitbilder bilden die Grundlage der Vertrauensorganisation, denn ähnliche Wertvorstellungen bieten ein Grundmaß an Stabilität und Kontinuität und sind eine wesentliche Voraussetzung für die Bindung an ein Unternehmen. Sie vermitteln eine Art ›Heimatgefühl‹ in Zeiten von permanenten Änderungen, denen insbesondere Mitglieder in virtuellen Teams ausgesetzt sind.

Der konkrete Inhalt dieses Leitbildes ist dabei weniger wichtig als die Intensität, mit der ein Unternehmen daran glaubt und sämtliche Verhaltensweisen darauf ausrichtet. In Studien wurde überzeugend nachgewiesen, dass Unternehmen mit einem konsequent gelebten Leitbild wesentlich erfolgreicher sind als andere.[34] Dies äußert sich vor allem in erstklassigen finanziellen Renditen über lange Zeiträume hinweg. Außerdem besitzen sie eine erstaunliche Regenerationsfähigkeit, die es ihnen erlaubt, auch schwere Krisen zu überstehen.

Das Leitbild eines Unternehmens fließt in sämtliche Ziele, Strategien, Verfahren und Prozesse ein. Es wirkt sich auf Arbeitsgestaltung und Führungsinstrumente aus. Diese unternehmensspezifischen Rahmenbedingungen wiederum prägen das Verhalten und die Motivation der Mitarbeiter. Auf diese Weise entsteht ein »totales Umfeld«,[35] das die Mitarbeiter mit einer Fülle von Signalen überhäuft, die – und das ist entscheidend – konsistent sind und sich gegenseitig verstärken.

---

34 Collins/Porras, 1995.
35 Collins/Porras, 1995, S. 282.

Bei der Akquisition eines kleineren Unternehmens durch ein Großunternehmen zeigt die Erfahrung, dass in der Regel das Leitbild des größeren Unternehmens auch die Akquisition durchdringt.

3. Gewünschte Werte mit dem Unternehmensalltag vergleichen:

Um die gewünschten Werte mit dem Unternehmensalltag zu vergleichen können die Ergebnisse der Cultural Due Diligence herangezogen werden, sofern eine solche durchgeführt wurde. Ist dies – wie meistens – nicht der Fall, so tritt unter Umständen ein sehr schmerzhafter und konsequenzenreicher Prozess in Gang; denn das Käuferunternehmen verfolgt mit der Akquisition immer ein bestimmtes Ziel und erwartet, dass auch die Mitarbeiter und Führungskräfte des akquirierten Unternehmens dieses Ziel verinnerlichen und akzeptieren. Zeigen sich nun in der täglichen Zusammenarbeit Denkweisen und Verhaltensmuster, die den Werten des Käuferunternehmens entgegenlaufen, so sind geeignete Maßnahmen zu ergreifen; Integrationsworkshops mit Führungskräften und Mitarbeitern beider Unternehmen, die zukünftig verstärkt zusammenarbeiten sollen, haben sich hier sehr bewährt. Gemeinsam können dann in der Gruppe bestimmte Verhaltensweisen und individuelle Vorstellungen diskutiert werden. Meist enden derartige Workshops mit konkreten Maßnahmeplänen, was man bis zu welchem Termin gemeinsam erreichen möchte und wer welchen Part dazu beiträgt. Ein derartiges Commitment ist der erste Schritt zur effizienten Zusammenarbeit.

4. Gemeinsames Führungsverständnis schaffen:

Die Führungsinstrumente stellen ein sehr wirkungsvolles Instrument zur kulturellen Integration beider Unternehmen dar, denn um länderübergreifende Synergie- und Optimierungspotenziale zu nutzen, ist es unerlässlich, eine weltweit verbindliche Personalstrategie und ein globales Führungskonzept zu etablieren. Dabei sind je nach Unternehmensmodell Unterschiede in der Steuerungsintensität zu beobachten. So wird man bei ethnozentrischen Unternehmen das Führungssystem eher bis ins kleinste Detail regeln und auf das akquirierte Unternehmen übertragen, während man sich bei polyzentrischen und geozentrischen Unternehmen darauf beschränkt, weltweit wenige gültige Standards zu etablieren, die dann je nach Gegebenheit in den verschiedenen Ländern beziehungsweise akquirierten Unternehmen individuell umgesetzt werden. Die Devise dabei lautet: So global wie erforderlich, aber so lokal wie möglich (»Combine global strength with lokal skills and culture«). Dadurch wird trotz aller lokalen Freiheiten die internationale Zusammenarbeit im Unternehmen auf eine gemeinsame Basis gestellt, werden Leistungen weltweit vergleichbar und wird der länderübergreifende Personalaustausch erst ermöglicht.

b) The Way of Integration am Beispiel von Siemens: Identität durch ein Unternehmens-Leitbild

In einem Großkonzern wie Siemens, der mit rund 440.000 Mitarbeitern in 190 Ländern dieser Erde tätig ist, sind Akquisitionen und die Integration kleinerer Unternehmen, aber auch Joint-Ventures mit Unternehmen im In- und Ausland an der Tagesordnung. Um diese Kooperationen zügig in den Konzernverbund zu integrieren und eine gemeinsame Kultur herbeizuführen, setzt das Unternehmen stark auf das Unternehmens-Leitbild.

Abb. 8: Das Siemens-Leitbild

Das Siemens-Leitbild wurde 1997 neu formuliert. Mit den Kategorien ›Kundennutzen‹, ›Innovationen‹, ›Erfolgsstreben‹, ›exzellente Führung‹, ›Lernfähigkeit‹, ›Zusammenarbeit‹ und ›gesellschaftliche Verantwortung‹ setzt das Unternehmen deutliche Zeichen für Mitarbeiter und Führungskräfte, aber auch für Geschäftspartner, Kunden, Lieferanten und zukünftige Mitarbeiter, welche Werte das Unternehmen verfolgt und was dem Unternehmen wichtig ist.

Abgeleitet wurde das Leitbild aus den bei den weltweiten Mitarbeitern vorhandenen Einstellungen und Werten. Zu diesem Zweck wurde eine intensive Werteanalyse zur Evaluierung der Wertevorstellungen der Mitarbeiter durchgeführt.[36] Ein ähnliches

---

36 Siehe die Fragebogenmethode von Hall-Tonna, Hall, 1995.

Vorgehen lässt sich auch für die Kulturanalyse bei einem Merger oder einer Akquisition nutzen. Das Ergebnis der Kulturanalyse gibt vielfältige Aufschlüsse darüber, auf welchen Feldern intensiv gearbeitet werden muss, um die Unterschiede auszugleichen.

Eine einfache Methode zur Messung der Unternehmenskultur ist der elektronische ›Werte-Quickcheck‹. Bei diesem Quickcheck werden am Bildschirm ca. 60 Fragen gestellt, die der Mitarbeiter beantwortet. Die Fragen unterteilen sich in die Kategorien ›Ziele auf lange Sicht‹ sowie ›Fähigkeiten und Fertigkeiten‹. Aus mehreren Alternativen wählt der Antwortende dann diejenige aus, welche seine Person und Einstellung aus seiner Sicht am besten beschreibt. Redundanzen in unterschiedlichen Anwortkombinationen erlauben eine sorgfältige Evaluierung. Der Quickcheck gibt somit Aufschluss darüber, inwieweit die Werte der einzelnen Mitarbeiter mit dem Unternehmensleitbild übereinstimmen. Mittels dieser Methode wird transparent, an welchen Stellen konkrete Maßnahmen einzuleiten sind, um auf die gewünschte Unternehmenskultur hinzuarbeiten.

Auszüge aus Quickcheck:
Fähigkeiten und Fertigkeiten

Ich bin ein Mensch, der meint:
A. durch gute Organisation Abläufe im Griff zu haben.
B. fähig zu sein, gut für meine Sicherheit und mein Überleben sorgen zu können.
C. meine Grenzen zu akzeptieren.
D. neue Wahrheiten zu entdecken, zu erforschen und zu untersuchen.
E. derzeit nicht zutreffend

Ich bin ein Mensch, der meint:
A. das Zusammenwirken von Menschen zu verbessern, indem ich Gruppen bilde, die sich unterstützen bzw. zusammenarbeiten.
B. mich für Benachteiligte einzusetzen, indem ich die Zusammenarbeit verschiedener Organe fördere.
C. von meinen Freunden gemocht zu werden.
D. mich aktiv für Menschenrechte einzusetzen.
E. derzeit nicht zutreffend

Ich bin ein Mensch, der meint:
A. meine Aus- und berufliche Bildung abgeschlossen zu haben.
B. fähig zu sein, für meine Sicherheit und mein Überleben sorgen zu können.
C. ständig neu zu erforschen, was mir etwas bedeutet und was ich im Leben erreichen kann.
D. Technik zu verwenden, um das Leben zu vereinfachen.
E. derzeit nicht zutreffend

Ich bin ein Mensch, der meint:
A. erfolgreich zu sein und meine Ziele zu erreichen.
B. gegenüber der Konkurrenz immer einen Schritt voraus zu sein.
C. meine kreativen Ideen anzuwenden.
D. meine Zeit so einzuteilen, dass Zeit zur Entspannung bleibt.
E. derzeit nicht zutreffend

Ich bin ein Mensch, der meint:
A. meine Grenzen zu akzeptieren.
B. Muster, Ordnung und technisches Design zu schätzen.
C. für Wachstum und Weiterentwicklung eines Unternehmens zu arbeiten.
D. Respektspersonen zu kennen, die ich ehre und achte.
E. derzeit nicht zutreffend

Ich bin ein Mensch, der meint:
A. ein Mensch zu sein, der anderen zuhört und sich ihnen anvertraut, so dass sie dies auch tun.
B. verantwortlich und verlässlich zu sein.
C. auf allen Ebenen Teams und Gruppen mit hohem Zusammenhalt zu schätzen und aktiv zu fördern.
D. mich gegenüber anderen, mit denen ich zusammen lebe und arbeite, als gleichwertig zu betrachten.
E. derzeit nicht zutreffend

Abb. 9: Auszüge aus dem Quickcheck zu Einstellungen und Werthaltungen

Generell gilt für die Kulturintegration die Empfehlung: Möglichst umfangreiche Kontakte zwischen beiden »Welten« herstellen, die das gegenseitige Kennenlernen der Belegschaften des übernehmenden Unternehmens und des akquirierten Unternehmens ermöglichen und unterstützen. Dies hat jedoch natürliche Grenzen: Es können nicht ganze Entwicklungsabteilungen zu Besuch an einen Standort fahren, um die neuen Kollegen kennen zu lernen. In solchen Fällen wird man eher auf projektbezogene Zusammenarbeiten setzen. Und solche gibt es in der Integrationsphase in großer Zahl. Durch diese Zusammenarbeiten entsteht sehr schnell gemeinsame Erfahrung und – damit verbunden und besonders wichtig – auch Vertrauen zueinander.

Siemens hat zur Anpassung der Kultur von neuerworbenen Unternehmen an das eigene Unternehmens-Leitbild eine Art Standardvorgehen entwickelt:

- Es wird ein gemeinsames Integrationsteam »Unternehmenskultur« gebildet – und zwar mit Teammitgliedern aus beiden Partnerfirmen. Danach erfolgt die bereits erwähnte Analyse der Werte der Kultur des Targets.
- In einem Workshop mit den Topmanagern des Targets werden die Analyseergebnisse vorgestellt. Hierzu zählen die Grundwerte, die besonderen Kompetenzen und die Änderungsbereitschaft. Außerdem werden die Unterschiede zum Siemens-Leitbild, welches sozusagen die Soll-Kultur bei Siemens darstellt, aufgezeigt.
- Danach folgt eine intensive Diskussion in einem manchmal recht emotional ablaufenden Prozess, in dessen Verlauf versucht wird, Verständnis zu wecken und ein Commitment zu erzeugen. Da dies häufig nicht im ersten Anlauf gelingt, wird dieser Workshop nach einiger Zeit wiederholt.
- Daran schließt sich die Kommunikation mit den Mitarbeitern an. Hierzu gehören Meetings, aber auch Teamworkshops, in denen anhand von Praxisbeispielen aus der täglichen Arbeit diskutiert wird, wie die Werte des Leitbildes angewendet werden können. Ergänzt werden die Maßnahmen durch gemeinsame Projekte und Trainingsmaßnahmen zum Unternehmens-Leitbild.

Der wirkungsvollste Hebel für die Umsetzung des Leitbildes sowie die zügige Integration sind jedoch die Führungsinstrumente. Siemens hat zu diesem Zweck weltweit gültige Standards geschaffen, die das gesamte Führungssystem konsequent am Leitbild ausrichten:

- *Zielvereinbarungen* zeigen, welche konkreten Beiträge der einzelnen Mitarbeiter zum Geschäftserfolg erwartet werden. Sie geben dem einzelnen Orientierung und die notwendigen Handlungs- und Entscheidungsspielräume. Gleichzeitig ermöglicht die spätere Durchsprache der Zielerfüllung eine konkrete Leistungsbeurteilung.
- *Standardisierte Mitarbeiterbefragungen* dienen der regelmäßigen Bestandsaufnahme bezüglich der Unternehmenskultur. Ziel ist eine Steigerung des Geschäftswertbeitrages jeder Abteilung durch das Aufdecken von Handlungsbedarf und Verbesserungspotenzial.
- Im jährlichen *Führungsgespräch* vermitteln die Mitarbeiter ihrer Führungskraft, was sie positiv erleben und wo sie Verbesserungsbedarf bezüglich der individuellen Führung sehen. Die Führungskraft vergleicht dieses Feedback mit ihrer Selbst-

einschätzung und leitet daraus gemeinsam mit den Mitarbeitern Verhaltensziele für sich ab, die innerhalb eines Jahres umgesetzt werden sollen.
- Der *Siemens Führungsrahmen* gibt jeder Führungskraft die Möglichkeit, sich selbst ein klares Bild von der eigenen Leistung zu verschaffen. Er macht die Anforderungen des Unternehmens unter Berücksichtigung des Unternehmens-Leitbildes deutlich und vergleicht sie mit der tatsächlich erbrachten Führungsleistung. Daraus werden dann Maßnahmen zur Verbesserung der Führungsqualität abgeleitet.
- In der jährlichen *Leistungsdurchsprache* spricht jeder Mitarbeiter mit seiner Führungskraft über die erbrachte Leistung und das persönliche Potenzial. Gemeinsam werden dann konkrete Maßnahmen zur weiteren persönlichen Entwicklung beschlossen.
- *Variable Entgeltsysteme* koppeln das Einkommen an den Geschäftserfolg und honorieren sowohl Einzel- als auch Gruppenerfolge. Sie binden Management Incentives, Jahresbonus und Stock Options an das Erreichen der Geschäftsziele.
- Das *Management Learning* verankert die Ziele des Leitbildes im Bewusstsein der Führungskräfte. Dabei werden kompetente Mitarbeiter mit Führungspotenzial in internationalen Kursteams gezielt auf Führungsaufgaben und Schlüsselpositionen vorbereitet. Dabei wechseln sich Phasen des Selbststudiums mittels neuester Medien, Wissensvermittlung in Workshops sowie interdisziplinäre konkrete Business-Projekte ab. Durch diese Vorgehensweise werden gezielt Kompetenzen für den Geschäftserfolg aufgebaut und die bereichsübergreifende Kooperation gefördert.

Die Anforderungen an ein effizientes weltweites Personalmanagement können nur durch eine Personalorganisation erfüllt werden, die sich als globales Netzwerk von HR-Professionals versteht und in der Entscheidungen gemeinsam getroffen werden. Siemens hat zu diesem Zweck das ›Personnel World Council‹ gegründet, in dem HR-Vertreter der Zentrale, der Länder und Regionen sowie der verschiedenen Unternehmensbereiche gleichberechtigt vertreten sind. Dieses Council trifft alle HR-Entscheidungen von weltweiter Relevanz und sorgt auch für die Implementierung der beschlossenen Maßnahmen. Dadurch ist gewährleistet, dass insbesonders bei internationalen Mergers & Acquisitions die personelle und kulturelle Integration weltweit nach einheitlichen Kriterien erfolgt und zügig vonstatten geht.

6. Schlussbemerkungen

Nachfolgend seien die wichtigsten Erfolgsfaktoren für die personelle und kulturelle Integration bei Mergers & Acquisitions dargestellt:

- Einbeziehung der Mitarbeiter.
- Einbindung der Personalfachleute als strategische Partner schon in den Phasen Konzeption, Due Diligence und Integrationsplanung.
- Fundierte und genau terminierte Kommunikation.
- Kontinuierliche, offene und schnelle Kommunikation einschließlich Feedback.
- Vorbereiten des Managements für den Umgang mit Reaktionen der Mitarbeiter.
- Präventives Risikomanagement bezüglich sinkender Produktivität und steigender Fluktuation.
- Integration-Office als Treiber und Verantwortlicher für die Integration.
- Konsequente Anwendung von Organizational Justice.
- Gezielte Maßnahmen zur kulturellen Integration.
- Entwicklung klarer Vorstellungen über Kompatibilität und Grad der Angleichung der Unternehmenskulturen.

Wenn die These richtig ist, dass der Erfolg von Unternehmen vor allem durch die Menschen bestimmt wird, dann kommt diesem Faktor bei Mergern und Akquisitionen eine ganz entscheidende Rolle zu. Es ist Aufgabe des Personalmanagements, Unternehmen und Mitarbeiter durch alle Phasen der Integration aktiv zu begleiten.

Literatur

Gertsen/Soderberg/Torp, Cultural Dimensions of International Mergers and Acquisitions, 1998.
Gut-Villa, Human Resource Management bei Mergers & Acquisitions, 1997, S. 123.
Collins/Porras, Visionary Companies – Visionen im Management, 1995.
Grant, The resource-based theory of competitive advantage: implications for strategy formulation‹, in: California Management Review, 1991, pp. 114–135.
Hall, Values Shift, 1995.
Haspelagh/Jemison, Akquisitionsmanagement, in: DB 1992.
Hermsen, Mergers & Acquisitions – Integrationsmanagement von Akquisitionsobjekten, 1994, S. 79, 81, 133.
Hofstede, Lokales Denken, Globales Handeln, 1997.
Hubbard, Acquisition – Strategy and Implementation, 1999, S. 14–16, S. 27, 48, 62, 136 ff.
Kearny, Integration nach Unternehmenskauf – Ihr Weg zur Post-Merger-Excellence, 1999.
Keller, Management in fremden Kulturen, 1982.
Kraillinger, M&A – Managing the Transition, 1997.
Leichsenring, Corporate Vulture – über den Umgang mit fremden Unternehmenskulturen; in: Wirtschaftswoche Nr. 25, 1999, S. 98.
Marks/Mirvis, Track the impact of mergers and acquisitions, in: Personnel Journal 4/1992, S. 70–92.

Perlmutter, The Tortous Evolution of the Multinational Corporation, in: Columbia Journal of World Business, Vol. 4, 1969, S. 9–18.

Pritchett, After the Merger, 1997, S. 91 ff.

Reichwald/Möslein/Sachenbacher/Englberger/Oldenburg, Telekooperation – Verteilte Arbeits- und Organisationsformen, 1998.

Rosenstiel, in: Gut-Villa, Human Resource Management bei Mergers & Acquisitions, 1997, S. 123.

Senge, The Leaders's New Work: Building Learning Organizations, in: Segal-Horn, S. (Hrsg.): The Strategy Reader, 1998, S. 296–311.

Scholz, Personalmanagement. Informationsorientierte und verhaltenstheoretische Grundlagen, 1993.

Sewing, Akquisitionserfolg durch Integration der Mitarbeiter, 1996.

XI. Interne und externe Kommunikation

1. Einführung

Im Rahmen von M&As werden Anforderungen an die Kommunikation gestellt, die mit insgesamt *sieben Grundfunktionen* dargestellt werden können. Nicht alle Grundfunktionen sind zwangsläufig auch in allen Fällen gefordert. Die Vergegenwärtigung und Priorisierung der im Folgenden beschriebenen Grundfunktionen bildet die erste Aufgabe der Kommunikationsplanung im Vorfeld eines M&A.

a) Kommunikation als stakeholder value

Die industrielle Logik von M&As ist in hohem Maße vom Shareholder-value-Gedanken geprägt. Durch Mergers oder Akquisitionen sollen Geschäftsfelder in ihrer Wettbewerbsfähigkeit mit dem Ziel verbessert werden, mittelfristig Werte zu heben, die eine konkurrenzfähige Kapitalverzinsung gewährleisten. Höhere Werte durch Fusionen entstehen beispielsweise durch eine Verbreiterung der Kundenbasis, durch einen erweiterten Zugang zu neuen Märkten, durch Vertriebsoptimierung, durch Bündelung von Ressourcen, durch Skaleneffekte und Synergieeffekte oder durch komplementäre Verknüpfung von Best-practise-Bereichen der Merger-Kandidaten zu neuen Prozessketten.

Die Stoßrichtung der Argumentation, die die Kommunikation bei M&As vorfindet, richtet sich so zwangsläufig auf einen höheren Benefit und eine höhere Akzeptanz bei Aktionären, Gesellschaftern und der financial community. Welchen Nutzen die Kunden und die Mitarbeiter der zu verschmelzenden Unternehmen von einer geplanten Fusion oder einer geplanten Integration eines Unternehmens in das andere haben könnten, ist im Vorfeld von M&As in der Regel allenfalls als vage Idee vorhanden. *Mehrwert für Kunden und Mitarbeiter ist naturgemäß nicht das Motiv für M&As.*

Die Unternehmenskommunikation (corporate communications) hat demgegenüber grundsätzlich die Aufgabe, die Leistung und den Nutzwert eines Unternehmens gegenüber allen seinen Stakeholdern zu dokumentieren und anschaulich zu machen (siehe Abb. 1).

Die ganzheitliche Betrachtung aller Bezugsgruppen eines Unternehmens wirft sofort einen Konflikt zwischen zielgruppenspezifischen Informationen und Botschaften für die vier Bezugsgruppen einerseits und eine konsistente, durchgängig plausible Story andererseits auf. So gehört es in der Regel zum Pflichtprogramm, für die financial community darzustellen, welche Synergieeffekte und damit Gewinnsteigerungen aus

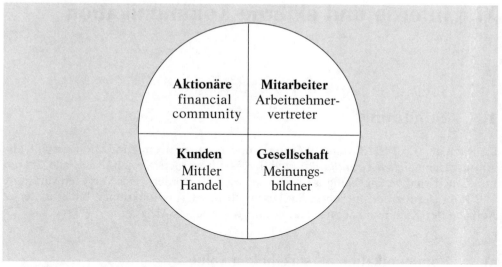

Abb. 1: stakeholder

der Zusammenlegung von Querschnittsfunktionen oder der Reduktion von Standorten resultieren. Was auf der einen Seite Vertrauen in die Sinnhaftigkeit eines Investments oder gar Kursphantasie produziert, löst auf der Seite der Mitarbeiter Demotivation oder Frustration aus. Auch in den Ohren der Kunden würden die M&A-Konzepte, wie sie den Aufsichtsräten dann vorliegen, kaum nach einer verbesserten Wertschätzung klingen, sondern eher nach Marginalisierung oder Standardisierung ihrer persönlichen Kundenbeziehung. In Konsequenz der M&A-Logik müssten sie wohlwollend zur Kenntnis nehmen, dass die cost-income-ratio pro Kunde sich künftig verbessert und das Unternehmen beabsichtigt, Euro XY p. a. mit jedem Kunden zu verdienen. Bei dienstleistenden Unternehmen sind M&As häufig mit der Neudefinition und Standardisierung von Dienstleistungsprozessen verbunden, bei denen die Anzahl der zu betreuenden Kunden pro Berater erhöht oder die Vielfalt der Serviceleistungen reduziert wird. Auch bei produzierenden Unternehmen entstehen durch M&As, etwa durch Plattform-Strategien, Global-sourcing-Maßnahmen oder integrierte Logistik, Verluste an Nähe, an Kontinuität der Ansprechpartner oder an Tailor-made-Ansprüche bei den Kunden.

Die oben genannten Beispiele sollen verdeutlichen, dass die zwingend erste Aufgabe der Kommunikation im Falle von M&As nicht etwa in einer Übersetzungs- oder Transportleistung von Sachverhalten und Botschaften besteht, sondern in der Entwicklung einer *kommunikativen Logik* aus den gegebenen Eckpunkten der M&A-Motivation. Das Ziel dieser kommunikativen Logik ist es, im Rahmen einer Plausibilitätsprüfung festzustellen, welcher (gesteigerte oder geschrumpfte) Nutzwert für alle vier Bezugsgruppen durch den geplanten M&A gegeben ist und ob sich dieses Nutzwert-Portfolio vermitteln lässt. Akzeptanz und Sympathie für die Unternehmensstrategie und die Unternehmensperformance nach dem M&A sind intendierte Wirkungen der Kommunikation, die sich aus der Substanz der Nutzwerte herstellen lassen.

b) Kommunikation als Plausibilitätsprüfung

Die oben geschilderte Nutzwert-Analyse für alle vier Bezugsgruppen der beteiligten Unternehmen wird idealerweise in Form einer Swot-Analyse (strength/weaknesses/opportunities/threats) durchgeführt, bei der für alle vier Bezugsgruppen unmittelbare Vor- und Nachteile sowie mittelbare Chancen und Gefahren aus dem geplanten M&A ermittelt werden. Die Kommunikationsberater haben sich hier jeweils in die Interessensposition der untersuchten Bezugsgruppe zu versetzen und deren Wahrnehmung und Kritikpotenzial in Worst-case- und Best-case-Szenarien zu schildern.

Dieser kommunikativen Analyse kommt so häufig die Funktion eines Belastungstestes oder einer Plausibilitätsprüfung für den geplanten M&A zu. Die Implikationen für die Mitarbeiter, die Kunden und die Gesellschaft, Volkswirtschaft bzw. die Meinungsbildner sind in der Regel im Rahmen der M&A-Planungs- und Entscheidungsphasen nicht konsequent durchdekliniert worden. Zu geringe Nutzwerte beispielsweise für Kunden würden im Rahmen einer reaktiven M&A-Implementierung zu einem späteren Zeitpunkt als Problem an das Marketing delegiert werden, das hierauf vermutlich mit gesteigerten Marketing-Investitionen oder dem Hilferuf nach Produkt- oder Service-Innovationen antworten würde. Führt man die Plausibilitätsprüfung vor dem announcement durch, kann entweder das Nutzwert-Portfolio innerhalb der vier Bezugsgruppen besser ausbalanciert oder können die gegensteuernden Maßnahmen als inhärenter Bestandteil der M&A-Strategie dargestellt werden.

Wer die Reichweite und Implikationen der M&A-Strategie für die Bezugsgruppen in der Phase des announcements nicht überschaut oder unklar lässt, läuft Gefahr, zu einem späteren Zeitpunkt und gegebenenfalls auf Hinweis aus diesen Bezugsgruppen nachbessern zu müssen oder gar eine Teilstrategie des M&A zu verändern. Dies müsste als kommunikativer Misserfolg gewertet werden, weil es kaum geräuschlos durchgeführt werden kann. Hingegen ist es ein erster und klarer kommunikativer Erfolg, zum Zeitpunkt des announcements die Benefits des M&A für Aktionäre, Kunden und Mitarbeiter darstellen zu können, zumal die hohe Publizität und Außenwirkung, die das announcement mit sich bringt, in der Signalwirkung nach innen und auch gegenüber den Kunden zu Zwecken der richtigen kommunikativen Weichenstellung genutzt werden sollte. Ein wesentlicher erfolgskritischer Faktor bei M&As ist die optimale Nutzung des *Momentums*, also der Schumpeter'schen »kreativen Selbstzerstörung«, die enorme Kräfte in der Organisation und gegenüber dem Markt freisetzen kann. Es ist Aufgabe der Kommunikation, dieses Momentum vom announcement bis zum endgültigen Abschluss der Post-merger-Integration aufrechtzuerhalten. Jeder Abriss im Nutzwertversprechen geht auf Kosten des Momentums. Eine kommunikative Plausibilitätsprüfung sollte deshalb unbedingt in der Pre-merger-Phase durchgeführt werden.

c) Kommunikation als Treiber

Mit dem Blick auf den stakeholder value und die Plausibilitätsprüfung der Nutzwerte für alle Bezugsgruppen ist eine wichtige Grundfunktion der corporate communications beschrieben, nämlich für Kohärenz zu sorgen – und zwar unabhängig von der späteren Segmentierung und Ausgestaltung von Inhalten und Botschaften je nach Zielgruppen. Das strategische Programm eines Unternehmens und damit auch seine Zukunftsvision sind zunächst einmal unteilbar. Als unteilbares Ganzes muss diese Strategie auch allen Bezugsgruppen vermittelbar sein. Neben diese Kohärenz-Funktion tritt insbesondere auch bei M&As die Funktion der Unternehmenskommunikation als »Treiber«. Treiber heißt, den Durchsatz der Projekte, beispielsweise der Integration-Teams, innerhalb der definierten Zeiträume zu gewährleisten und eine Organisation auf ein prozessuales Denken umzustellen. Die treibenden Kräfte der Kommunikation sind natürlich im Zusammenhang mit den ziehenden Kräften zu sehen, die im Rahmen des stakeholder value und der Plausibilitätsprüfung ermittelt worden sind. Die Mitarbeiter werden »gezogen« und »angezogen« durch die Plausibilität der gesamten Story, durch die ermittelten Nutzwerte für die Bezugsgruppe der Mitarbeiter (Migrationsmöglichkeiten im Konzern, internationaler Horizont, Karriereperspektiven, Kontext Wettbewerbsfähigkeit und Arbeitsplatzsicherheit), durch die positive Kraft der Unternehmensvision und das Momentum im change management. Wo Schnelligkeit erwünscht ist, und dies ist bei M&A eigentlich immer der Fall, verlässt man sich aber tunlichst nicht allein auf die ziehenden Kräfte, sondern setzt zusätzlich treibende Kräfte ein. Im Einzelnen müssen folgende »treibende« Kommunikationsschritte nach innen erfolgen:

Information:	Prozesstaktung Post-Merger-Integration
Information:	die Milestones im Prozess, Kriterien für die Messung der Planerfüllung
Argumentation:	warum diese Milestones, warum diese Kriterien
Argumentation:	Bedeutung des Zeitfaktors für den M&A-Erfolg
Motivation:	Incentivierung der Planerfüllung
Involvement	Prozess Tracking, zeitnahe Nachvollziehbarkeit der abgearbeiteten und noch abzuarbeitenden Prozessschritte für alle betroffenen Mitarbeiter
Involvement	spielerische Begleitung, Infotainment

Abb. 2: Kommunikative Treiber in sieben Schritten

Empirische Vergleiche aus M&A-Projekten der European Communications Consultants zeigen, dass kommunikative Treiber nicht allein zu einer Beschleunigung der Prozesse beitragen, sondern vor allem Orientierung stiften über die Stoßrichtung der Veränderung und die jeweilige Ist- und Soll-Position. Vor allem für das mittlere Management und die Mitarbeiter insgesamt sind diese explikativen Leistungen von hohem Wert, sie steigern die Identifikation mit den formulierten Zielen und entlasten das Top-Management von für sie redundanten Erklärungen und dem ständigen Beantworten von Verständnis- und Sinnfragen. Allerdings sollte es sich bei den Prozess-Trackings, wie bei allen Maßnahmen der internen Kommunikation, nicht um eine reine »Bringschuld« der Unternehmensleitung im Sinne einer Top-down-Information handeln, sondern ebenso um eine »Holschuld« der engagierten Mitarbeiter. Es kommt weniger darauf an, alle wesentlichen Informationen und Einbindungsmaßnahmen regelmäßig an alle zu distribuieren, sondern vielmehr auf Zugangs- und Partizipationsmöglichkeiten. Über Intranets und Extranets, Call Center und offene Veranstaltungen kann man nicht nur Zugangs- und Partizipationsmöglichkeiten offerieren, sondern auch messen, wer sie wie häufig nutzt.

Unabhängig von der Integrationsaufgabe und den darin definierten Teilprojekten ist die Funktion der Kommunikation als Treiber für eine Vielzahl anderer strategischer Unternehmensprojekte unerlässlich. Beispielsweise die Einführung von »balanced score cards« oder anderen Benchmark- und Kontrollsystemen ist ohne die klärende und stimulierende Wirkung der kommunikativen Treiber schlichtweg unmöglich.

d) Kommunikation als Zentripetalkraft

Die Funktion von Kommunikation als Zentripetalkraft ist sicherlich bereits seit den frühen 80er-Jahren gelernt und wird von den meisten Unternehmen im Rahmen von Corporate-identity- oder Corporate-culture-Programmen eingesetzt. Ohne Frage sind aber die Zentrifugalkräfte in den letzten Jahren auch stärker geworden. Dezentralisierungs- und Globalisierungsprozesse, schnelles Wachstum, rasche Veränderungen im Portfolio der Unternehmen, das Wegfallen »alter« Geschäftsbereiche und das Entstehen von »neuen« Geschäftsbereichen, die Segmentierung von ehemaligen Produktionsgruppen, Werken, Geschäftsbereichen zu neuen profit center, die Vernichtung von Traditionen und traditionellen seit Jahrzehnten gelernten Unternehmensnamen sowie die Etablierung von neuen, zumeist synthetischen, häufig computergenerierten Namen – dies alles sind Faktoren, die den gemeinsamen Nenner eines Unternehmens auseinander reißen und die soziokulturellen Bindungskräfte diffundieren lassen. Je stärker die Zentrifugalkräfte wirken, desto mehr muss man mit kommunikativen Zentripetalkräften gegensteuern. Dazu reicht es bei weitem nicht aus, alle Mitarbeiter mit einem Logo zu versorgen oder »Leitbilder« zu entwerfen, die über die Hauspost verteilt werden und anschließend in den Schubladen landen. Gerade bei M&As, erst recht bei bi-nationalen M&As, sind kulturelle Identitäten ja nicht bloß gefährdet, sondern teilweise bewusst zur Revision freigegeben. Der Aktionismus, der im Umfeld von M&As streckenweise sehr leichtfertig neue Identitätskonten eröffnet und alte schließt, lässt eine Reflexion auf erwünschte »Heimatbegriffe« der Mitarbeiter viel zu häufig vermissen.

Grundsätzlich ist zu überprüfen, wie viele und welche Identitätskonten im Konzern überhaupt möglich und durchsetzbar sind.

Die Identitätsangebote mehrstufiger Unternehmen sind häufig nicht koordiniert. Mitarbeiter erhalten Briefe, Mitarbeitermagazine, Einladungen zu Veranstaltungen oder Anschluss an Intranets, corporate missions und Leitbilder sowohl des Konzerns (bzw. der Dachmarke) wie auch der Spartengesellschaften oder ihres Mikrokosmos GmbH bzw. Profitcenter. Die Anstrengung der Synthese, diese unterschiedlichen Identitätsangebote zu versöhnen, bleibt in der Regel die Aufgabe des Mitarbeiters selbst. Solches »identity shopping« führt fast immer zu höchst unterschiedlichen Zugehörigkeitskonzepten. Vor allem langjährige Mitarbeiter knüpfen ihr Zugehörigkeitsgefühl gerne an Standorte, jüngst dazugestoßene Mitarbeiter orientieren sich am Denken nach Divisionen.

Bei M&As treten eine Fülle von Ängsten und gelernte Ablehnungsmuster hinzu. Es ist nicht leicht, einen ehemaligen Wettbewerber plötzlich als Verbündeten zu sehen. Der Entwurf von Corporate-Identity-Konzepten am grünen Tisch führt daher kaum zu erwünschten Ergebnissen. Wer kulturellen Zusammenhalt und Identifikation mit dem Unternehmen für einen wichtigen Faktor im Wettbewerb hält, ist gut beraten, bereits die Entwicklung partizipativ und als Prozess anzulegen. Eine gute Denkfigur für identitätsstiftende Konzepte ist die »Flotte«, die als Verband unter Führung eines Flaggschiffes gemeinsame Operationen durchführt, dennoch für jedes einzelne Schiff eine klar abgrenzbare Aufgabenorientierung formulieren kann.

e) Kommunikation als Themengenerator

»Wenn das Unternehmen wüsste, was das Unternehmen weiß« ist ein beliebtes Bonmot, um die Potenziale verborgener und ungehobener Kompetenzen zu illustrieren. Gerade im Falle von M&As kommt dem Wissensmanagement als Positionierungsgrundlage eine entscheidende Bedeutung zu. Selbst wenn M&As die Kernkompetenzen des Unternehmens nicht grundlegend verändern, so werden sie doch zumeist tiefer vertikalisiert oder in ihrer Reichweite ausgedehnt. Nach der Diversifikationsperiode der siebziger und achtziger Jahre dominieren heute Re-Fokussierungs- oder Fokussierungskonzepte, die eine Massierung von Volumen und entsprechenden Kernkompetenzen in präferierten Geschäftsfeldern anstreben. Innerhalb der industriellen Logik des M&A sind die definierten Kerngeschäftsfelder immer auch *Themenfelder*.

Zwei Beispiele seien hier genannt: Das Themenfeld life sciences ist Auslöser einer ganzen Reihe von M&As im Bereich der Chemieunternehmen gewesen. Der Begriff bildet den Versuch, die Aktivitäten im klassischen health care und Pharmasektor mit den Aktivitäten im Agrar- und Veterinär-Sektor zu einem ganzheitlichen Fokus und Geschäftsverständnis zu versöhnen. Aus einer Fülle von Gründen, die in der Forschung beginnen und im Vertrieb enden, erschien es den Chemieunternehmen sinnvoll, sich künftig nicht mehr als Zwei-Säulen-Modell mit zwei Sparten zu präsentieren, sondern zumindest einen einheitlichen Grundgedanken über das ehemals getrennte Geschäftsfeldverständnis zu stellen. Life sciences ist jedoch zunächst kein Markt, sondern vielmehr eine abstrakte Idee, die sich auf dem Wege über eine self-full-filling prophecy ihren Markt erst schaffen muss. Positionierungssubstanz entsteht in dem

Maße, in dem die Idee »life sciences« thematisch mit Leben gefüllt wird. Ein anderes Beispiel sind die Überlegungen oder bereits beschlossenen Pläne der Energieunternehmen, sich künftig als utilities oder Grundversorger zu fokussieren. Gerade die Energieunternehmen haben über Jahrzehnte eine Diversifikationsstrategie verfolgt und ordnen nun einen Teil ihrer Geschäfte dem neuen Grundgedanken unter, integrierter Versorger mit Strom, Gas, Wasser zu werden. Streckenweise werden die ehedem völlig getrennten Geschäfte mit Strom oder Gas einem neuen, nur vermeintlich anschaulichen und in Wahrheit abstrakten Oberbegriff, der Wärme, untergeordnet. Die industrielle Logik schreibt in beiden Fällen vor, dass Fokussierung einer Streuung vorzuziehen sei und an der Börse mit höheren Multiples honoriert werde. Um den unternehmerischen Rückbau mit rechenbaren Vorteilen für den shareholder value zu gestalten, müssen die organisatorischen Strukturen und Geschäftssysteme auf den Gedanken der Fokussierung bezogen werden.

In beiden Fällen ist aus der industriellen Logik eine nicht wirklich neue, aber neu gesehene Kernkompetenz entstanden. Es gibt keine Nachfrage nach »life sciences« oder »utilities«, die Kunden wollen (zumindest vorerst) entweder Kopfschmerztabletten oder Pflanzenschutzmittel kaufen, selten beides zusammen. Auch die Idee, Strom, Gas, Wasser und vielleicht noch die Abfallentsorgung im Paket bei einem Dienstleister zu kaufen, wird nur in dem Maße auf fruchtbaren Boden fallen, wie man thematisch zusammenwachsen lässt, was zusammengehören soll.

Die Kommunikation und innerhalb der Kommunikation insbesondere der Journalismus müssen hier ansetzen und aus Ideen Geschichten schreiben. Dazu ist zunächst eine Fülle von handwerklichen Schritten erforderlich: konzerninterne Recherchen, welches »Denken«, welche Studien, welche Daten zum neu erkorenen Themengebiet vorliegen; externe Recherchen, welche Veröffentlichungen zum Themengebiet oder zu affinen Themengebieten vorliegen, welche Universitäten, Institute, »Vordenker« oder Wettbewerber sich geäußert haben; retrospektive Medienanalysen, eigene demoskopische Studien. In einem zweiten Schritt sollten unterschiedliche Abteilungen aus den beiden gemergten Unternehmen zusammengeführt werden, um möglichst viel »Fleisch« an den »Knochen« zu bringen. In einem dritten Schritt kann die gewonnene Positionierungssubstanz dann extrapoliert und zu einer *Themenkarriere* entwickelt werden.

Der systematische Umgang der Kommunikation mit dem *Thema* fördert hierbei die Auseinandersetzung mit dem *Geschäftsfeld*. Neue Tendenzen, bisher nicht beachtete Aspekte, interessante Anwendungsbeispiele oder Kulminationspunkte des öffentlichen Interesses an diesem Thema werden zu Tage gefördert und vergrößern durch diesen input auch den output. Kommunikation hat so die Funktion, Themen zu generieren, bei denen Meinungsführerschaft oder zumindest eine gewichtige Rolle im share of voice möglich sind. Gleichzeitig entfaltet sie aus der neu definierten Kompetenz des Unternehmens eine erlebbare Interpretationsmacht, die aus einsamen Begriffen auf einem Strategiechart interessante Geschichten machen kann und den Grundstein legt für eine Auseinandersetzung mit der neuen Geschäftsorientierung.

f) Kommunikation als Mehrwert

Jedes Unternehmen muss, so hatten wir unter 1a) festgestellt, Nutzwerte gegenüber seinen stakeholdern vermitteln und argumentieren. Kommunikation ist das Medium, in dem dies geschieht. Kommunikation ist aber gleichzeitig auch ein Lieferant von Informationen, die als vierter Produktionsfaktor gelten und in der Wertschätzung der *Informations- und Wissensgesellschaft* beständig steigen. Die Verfügbarmachung, Bereitstellung und Aufbereitung von Informationen über Themen, Branchen, Märkte, Zielgruppen, Verbraucher, Trends ist folglich eine Leistung, die nicht allein das Unternehmen als Wissenden und Absender dieser Informationen profiliert, sondern es ist auch eine Leistung in sich, sofern die Qualität der Informationen oder der Komfort des Zugangs und der Selektionsmöglichkeit für die empfangende Zielgruppe einen Wert darstellen.

Alle im engeren Sinne nicht unternehmensspezifischen Informationen, die ein Unternehmen verbreitet oder zugänglich macht, stellen insofern einen kommunikativen Mehrwert dar, der die Produkte und Services des Unternehmens um einen Informationsservice ergänzt. Diese Einsicht ist selbstredend nicht neu und wurde in der Vergangenheit gerade von solchen Unternehmen, die von differenzierungsschwachen Produkten leben, zum Anlass genommen, Mehrwerterlebnisse für ihre Kunden (oder Geschäftspartner/oder die Gesellschaft insgesamt) zu ermöglichen. Ein prominentes Beispiel ist das BAT Freizeitforschungsinstitut, das seit vielen Jahren Studien über das Freizeitverhalten der Deutschen durchführt und publiziert. Der Mehrwert entsteht hier für die Gesellschaft insgesamt. Ratgeber oder Orientierungshilfen bilden einen Mehrwert für Kunden und potenzielle Kunden, Marktinformationen oder Branchendienste stiften Mehrwert entweder für die Mittler und Handelspartner oder für die Journalisten und Meinungsbildner.

Bei M&As sind vorhandene Mehrwert-Funktionen zu überprüfen und mit der Soll-Positionierung der NewCo sowie ihrer Zielgruppenorientierung abzugleichen. In der Regel entstehen durch M&As in mindestens einem Geschäfsfeld TOP 3 Marktpositionen im globalen Vergleich. Hier bietet es sich an, die hohe Marktkenntnis und Interpretationsfähigkeit, die Marktpräsenz und den Marktgestaltungsanspruch des Unternehmens durch Informations-Mehrwerte zu hinterlegen, die sich vornehmlich an die business community und die Meinungsbildner richten.

g) Kommunikation als Differenzierung

Jeder M&A ist ein harter Schlag für die Theorie der Differenzierung, weil er vorführt, dass am Ende des Tages andere Dinge wichtiger sind als die (kommunikative) Unterscheidbarkeit von zwei Unternehmen oder Marken. Mit einem Schlag werden durch den M&A Differenzierungen nivelliert oder gar niedergerissen, die vorher vielleicht in Jahrzehnten mühevoll aufgebaut worden waren. Das, was früher »das Andere« war, gegenüber dem man sich abzusetzen und zu unterscheiden hatte, ist nun »das Gleiche«. Differenzierungsbeschwörungen wirken vor diesem Hintergrund leicht unglaubwürdig, sie erinnern an Lippenbekenntnisse, die schnell nichts mehr wert sind, wenn es um Geld geht. Mergen heißt zunächst »unterschiedslos machen« und ist insofern das Gegenteil von Differenzierung.

Erschwerend kommt hinzu, dass die alten Namen aus politischen Gründen nur selten noch fortgeführt werden, dass neue Namen auftreten, die so wenig bedeuten wie nackte Projektionsflächen und deshalb von der Mühe der Differenzierung noch weit entfernt sind. M&A-Kandidaten stehen zunächst vor der Aufgabe klarzustellen, dass ihre Unternehmen oder Teilbereiche ihrer Unternehmen überhaupt eine Form haben, die Ausdruck des neuen Inhalts ist. Dabei gilt es sogleich, eine mathematische Unmöglichkeit zu vermitteln, nämlich dass einerseits A + B = C, andererseits aber auch C > A + B im Sinne von »mehr wert« ist.

Der Stellenwert von Differenzierungsstrategien wächst mit der Reife von Unternehmen und der Differenzierungsschwäche ihrer Produkte und Services. M&A-Kandidaten sind aber nach dem Merger ein sehr junges Unternehmen, außerdem hat dieses Unternehmen durch den Merger neues Differenzierungspotenzial erobert, zum Beispiel Kostenvorteile, die an die Kunden weitergegeben werden können, einen verbesserten global reach, der sich begünstigend auf den Service auswirkt, oder stärkere Forschungsressourcen, die für Produktinnovationen sorgen werden. Dementsprechend gering ist zunächst der Stellenwert von Differenzierung gegenüber Wettbewerbern in der Kommunikation.

Generell gilt, dass Kommunikation in der Rolle des Differenzierers augenscheinlich die Funktion eines Lückenbüßers übernehmen muss, weil durch Bilder Unterschiede vorgetäuscht werden, die in der Produktrealität nicht begründet sind. Dies ist im Bereich der fast moving consumer goods normal und unvermeidlich, verweist aber immer auch darauf, dass es kein überlegenes Geschäftskonzept gibt. Im Bereich der Business-to-business-Kommunikation oder gegenüber Meinungsbildnern spielt Differenzierung qua Kommunikation ohnehin eine geringere Rolle. Wer die Funktionen »Kommunikation als stakeholder value« und »Kommunikation als Themengenerator« konsequent ausübt, erreicht über die Profilierung auch automatisch Differenzierung, allerdings als Folgeerscheinung einer autonomen Themenpolitik. Differenzierungsstrategien, die beim Wettbewerb ansetzen, haben immer nur extrapolierenden Wert und schaffen keine Quantensprünge.

2. Kommunikationsmanagement

a) Führung

Die Frage der Führung von Kommunikation ist mit Blick auf die herrschenden Praktiken in den Unternehmen nicht standardisiert zu beantworten. Überraschenderweise unterscheiden sich die Organigramme der Kommunikationsabteilungen auch solcher Unternehmen sehr stark, die hinsichtlich ihrer Größe, ihrer Internationalität oder ihrer Branchenzugehörigkeit vergleichbar sind. Während in eigentlich allen anderen Unternehmensbereichen aufgrund von reengineering, best practice und benchmarking spätestens seit den 80er-Jahren organisatorische Optimierungsprozesse in Gang gesetzt wurden, die im globalen Vergleich zu einer höheren *Ähnlichkeit* der Strukturen geführt haben, sind die Kommunikationsabteilungen ungehindert organisch und je individuell gewachsen. Die Unternehmen ordnen ihre Verantwortlichkeiten und Führungsaufgaben in der Kommunikation teilweise nach Kommunikationsdisziplinen (Werbung, public relations, sponsoring, sales promotion, direct marketing, online relations, event marketing), teilweise nach Zielgruppen (financial community, Endverbraucher, Handel, Meinungsbildner, Journalisten) oder auch nach schwer abgrenzbaren Ordnungsbegriffen wie investor relations, corporate communications, public relations, public affairs, Umwelt & Gesellschaft, Kultur & Gesellschaft, marketing, marketing services oder brand management. Die traditionelle Abstinenz gegenüber Veränderungsprozessen in den Kommunikationsabteilungen führt häufig zu »Sonderkulturen« und mangelnder Transparenz. Die Schwierigkeiten beginnen beim Vergleich von zwei Kommunikationsabteilungen im Falle eines geplanten Mergers: Organigramme liegen nicht immer vor; gleiche Funktionsbezeichnungen meinen nicht immer dasselbe; Jobprofile existieren nur selten. Organisatorische Grundsatzentscheidungen wie beispielsweise die Trennung von marketing communications und corporate communications sind häufig zum letzten Mal vor 20 Jahren getroffen worden, auf neue Entwicklungen wurde durch »Anbau« reagiert. Jüngere Aufgabenbereiche der Kommunikation wie Multimedia, Evaluation oder online/interactive finden sich höchst unterschiedlich »angedockt« wieder.

Die Fülle der organisatorischen Unklarheiten und Abgrenzungsschwierigkeiten setzt sich fort in der Führungsfrage. Disziplinarische Führung und fachliche Führung liegen häufig in verschiedenen Händen, viele Mitarbeiter berichten an mehrere Führungskräfte. Traditionell sind auch verschiedene Vorstände involviert. Die interne Kommunikation beispielsweise ist manchmal beim Vorstandsvorsitzenden angebunden, häufig aber auch beim Personalvorstand. Schon an der Frage, was eigentlich der Kommunikation zuzurechnen ist, scheiden sich die Geister. Gehört zum Beispiel eine Stiftung, die vor Jahren ins Leben gerufen wurde, dazu? Ist die Förderung des ortsansässigen Tennisclubs Teil des Repräsentationsetats des CEOs oder Kommunikation? Dementsprechend chaotisch verlaufen auch die Budgetierungsprozesse. Nur wenige Kommunikationschefs können die Frage beantworten, wie viel Geld sie jährlich für Kommunikation ausgeben. Erst recht nicht beantworten können sie die Frage, wie viel Geld sie am 1. Januar eines jeden Jahres aufgrund von gebundenen Budgets bereits ausgegeben haben.

Die hier angesprochenen Definitionsprobleme wachsen sich bei M&As immer dann zu unüberschaubaren und nicht mehr beherrschbaren Konglomeraten aus, wenn beide Unternehmen über große Kommunikationsabteilungen verfügen, d. h. zusammen mehr als cirka 80 Personen auf die Waage bringen. Gleichzeitig entwickelt sich mit der M&A-Information nach innen ein offenbar naturgegebener *beauty contest* zwischen den Kommunikationsabteilungen beider Häuser, die nicht selten ein sofortiges Wettrüsten mit Sonderbudgets, Agenturen und Maßnahmen beginnen. Aus Gründen des politischen Proporzes werden die Positionen der NewCo dann gerne doppelt besetzt oder aber – noch schlimmer – Phantasiefunktionen kreiert, die sich auf Dauer als Lähmschicht in den Unternehmen festsetzen.

Aus all diesen Gründen resultiert eine klare Empfehlung für die Organisation und Führung der Kommunikation bei M&A: das Prinzip »Grüne Wiese«. Wie in der Abbildung 3 beschrieben, etabliert man idealerweise eine task force, die den Veränderungsprozess treibt und durchführt und aus der dann nach dem Abschluss der Integrationsperiode eine neue Kommunikationsabteilung hervorgeht. Dieses Vorgehen bietet nur Vorteile. Die neue Kommunikationsabteilung kann in ihren Strukturen und Funktionen aufgabenorientiert definiert werden und nutzt die Gunst der Stunde, um sich aller Altlasten zu entledigen. Die task force operiert prozessorientiert statt strukturorientiert und braucht keine Rücksicht auf komplizierte Berichtswege zu nehmen. Sie bringt ihre Projekte schnell auf die Straße. Schließlich gibt man der NewCo mit einem Streich Stimme und Gesicht in der Kommunikation und beendet die Rivalitäten der beiden Abteilungen, noch bevor sie begonnen haben.

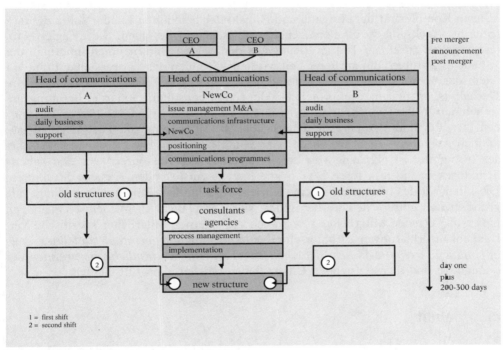

Abb. 3: Kommunikationsmanagement bei M&A

b) task force

Eine task force (für die Kommunikation) ist das einzig sinnvolle Instrument zur Planung und Umsetzung von Kommunikationsaufgaben bei M&As. Die task force bildet die Schnittstelle zur Unternehmensleitung, zu den involvierten Investmentbankern, Unternehmensberatern, Wirtschaftsprüfern und Anwälten sowie zu den vorhandenen Ressourcen in den beiden Häusern. Die Führung der task force ist an eine Person zu übergeben, die gleichzeitig der designierte Kommunikationschef der NewCo sein sollte. Aus den Kommunikationsabteilungen beider M&A-Unternehmen können einzelne Mitarbeiter herausgezogen werden, die sofort und zu 100% für die task force tätig sind. Die Übernahme in die task force muss als Auszeichnung verstanden werden. Erfahrene consultants aus Beratungsunternehmen für Kommunikation oder aus Agenturen ergänzen die task force. Es kommen nur solche consultants in Frage, die Erfahrungen mit M&As vorweisen können. Außerdem ist auch bei den externen Mitarbeitern der task force sicherzustellen, dass sie während der Prozessdauer von anderen Aufgaben freigestellt sind und der task force zu 100% zur Verfügung stehen. Je nach Komplexität der Aufgabe und Anzahl der beteiligten Länder sollte die task force aus sechs bis zwölf Personen im Startszenario bestehen. Sie delegiert Projektaufgaben zu einem Teil an Teams aus den beiden Unternehmen innerhalb der »alten« Strukturen. Ein größerer Teil wird aus Gründen der Vertraulichkeit und vor allem der Schnelligkeit in der Anfangsphase an externe Teams zu delegieren sein. Deshalb ist es ratsam, zwei principals oder senior consultants externer Beratungsunternehmen in die task force zu integrieren, die aus der task force heraus Ressourcen ihres regulären Apparates steuern können. Mit Beginn der Post-Merger-Phase können Aufgaben sukzessive wieder »ingesourct« werden. Die Geschwindigkeit dieses Insourcing ist abhängig von der Verlagerung der Ressourcen aus den »alten« Strukturen in die task force bzw. in die hieraus entstehenden »neuen« Strukturen. Die Intensität des Insourcing ist eine betriebswirtschaftliche und politische Frage, die grundsätzlich entschieden werden muss (siehe dazu unter 2. g). Selbstverständlich haben alle eigenen Mitarbeiter sowie auch die externen Mitarbeiter spezifische Vertraulichkeitserklärungen zu unterschreiben. Die *standard operation guidelines, code of conducts, technologischen Sicherheitsstandards und Vertraulichkeitsgarantien* der beratenden und dienstleistenden Unternehmen müssen überprüft werden.

c) audit

Der Planung künftiger Strukturen und Aktivitäten sollte eine gründliche Analyse der Ist-Situation in beiden Unternehmen vorausgehen. Zu diesem Zweck führt man in den zu verschmelzenden Unternehmen ein communications audit durch. Es erhebt mit Methoden des desk top research und durch Interviews mit Mitarbeitern der Kommunikationsabteilungen sowie des Controllings folgende Fragen:

Ressourcen:	Organigramm der Kommunikationsabteilung/Funktionen
Ressourcen:	Berater, Agenturen, Dienstleister (Verträge & Agreements)
Ressourcen:	Daten, Verteilerstruktur, Kontakte, Kooperationspartner
Methoden:	Planungszyklen, Zielorientierung, Marktforschung, Evaluation
Werte:	Mission Statements, Leitbilder, CI/CD-Handbücher, Guidelines
Pflichten:	definierte Servicefunktionen
Pflichten:	eingegangene comittments, erteilte Aufträge, Buchungen
Resonanz:	Daten gestützte/ungestützte Markenbekanntheit, Markenattribute, quantitative/qualitative Medienresonanz, Kundenzufriedenheit, Akzeptanzdaten Zielgruppen, Awards, Ranking-Positionen Image-Barometer
Budget:	Struktur, gebundene/ungebundene Budgets
Routinen:	durchlaufende Maßnahmen
Output:	Publikationen, Websites, Kampagnen, Magazine etc.

Abb. 4: Communications

Beide ineinander gelegte audits ergeben dann ein vollständiges Bild zu den Stärken und Schwächen, zu Restrukturierungsansätzen und Schnittstellen, zu vorhandenen Zielgruppenbindungen sowie zu Planungsgrundlagen und bereits mittelfristig terminierten Aufgaben. Die audits helfen zudem, die eigenen Zielvorstellungen und Aktivitäten für die Kollegen der jeweils anderen Kommunikationsabteilungen transparent zu machen. Güterabwägungen, welche Leistungen und Services künftig auf welcher technischen Plattform oder mit welchen Systemen erbracht werden, fallen leichter, weil die beiden audits die Grundlagen und performance der beiden Abteilungen vergleichbar machen.

d) Management-Informations-Systeme

Management-Informations-Systeme für die Mitarbeiter der Kommunikationsabteilungen und die Führungskräfte insgesamt sind gerade bei dezentralen, multi-national operierenden Unternehmen von entscheidender Bedeutung, um sowohl den Informationsstand der Zentrale über die Aktivitäten in der Fläche wie auch die Information aller dezentralen Mitarbeiter in der Kommunikation sicherzustellen. Die technische

Basis für diese Systeme ist mittlerweile über Intranets oder Extranets in idealer Form gegeben. Allerdings ist die Qualität in hohem Maße abhängig von der Art der zentral wie dezentral eingepflegten Daten sowie von der Homogenität der Reporting-Ebenen.

monitoring

- Erfolgen Medienbeobachtung, trackings, webwatch in allen Ländern nach den gleichen Prinzipien und werden sie in einheitlichen Reporting-Formaten dokumentiert?
- Wer stellt die reportings in welcher Frequenz in Datenbanken ein oder distribuiert sie?
- Gibt es dezentrale Zugriffsmöglichkeiten?
- Können issues zeitnah und international erhoben werden, gibt es tagesaktuelle quick reports oder Pressespiegel?
- Sind die Stichwörter für die Kodierung der Medienbeobachtung standardisiert, können aktuelle Stichwörter schnell in die Monitoring-Routine integriert werden?
- Ist die Frequenz der reportings akzeptabel?
- Gibt es retrospektive Suchfunktionen und Dokumentationsmöglichkeiten, zum Beispiel elektronische Pressearchive?
- Passen die gestellten Fragen zu den definierten Zielen und benchmarks?
- Wie ist das *Nutzungsverhalten* bei den Kommunikationsleuten im Unternehmen?
- Werden die Monitoring-Daten zu Planungszwecken eingesetzt?
- Sind die learnings zufrieden stellend?

controlling

- Gibt es Projektdatenbanken oder Budgetsteuerungstools?
- Wie zeitnah sind abgeflossene und offene Budgets dokumentierbar?
- Erfolgen die Statusreports der einzelnen Abteilungen nach einheitlichen Prinzipien?
- Erfolgt der Transfer von Informationen ausschließlich zu Zwecken der Bottom-up-Information oder profitieren beispielsweise einzelne Länder auch bilateral von den Daten anderer Länder?
- Helfen die reportings, den taktischen Mitteleinsatz zu optimieren und Budgetverschiebungen nach dem Bedarf aktueller Anforderungen zu organisieren?
- Wie sind die Entscheidungsprozesse zwischen Fachabteilungen und Einkauf geregelt?
- Ist die Anzahl der Budgetentscheider richtig definiert?
- Funktioniert die Budgetplanung als strategisches Steuerungsinstrument oder als nachlaufende Anpassung an bereits getroffene Programmentscheidungen?

Planung

- Werden die geplanten Projekte, Termine, Kampagnen ex ante dokumentiert?
- Ist es möglich, sich einen Überblick über sämtliche Kommunikationsaktivitäten des Konzerns innerhalb einer Kalenderwoche zu verschaffen?

- Sind die Inhalte von Kommunikationsmitteln, zum Beispiel Texte, vor Veröffentlichung für alle Mitarbeiter der Kommunikationsabteilung zugänglich?
- Werden Inhalte länderübergreifend genutzt oder aufgabenteilig produziert?
- Wer pflegt und ediert die Planungsdaten, wer hat Revisionsmöglichkeiten?
- Wie zeitnah erfolgt die Aktualisierung?
- Wieviel Zeit bindet die Pflege der Planungsdaten, stehen Aufwand und Nutzen in einer vernünftigen Relation?

Dokumentation

- Gibt es Datenbanken oder gesammelte Informationen zu bevorzugten Dienstleistern, Autoren, Ghostwritern, Künstlern, Referenten, locations?
- Sind die produzierten Kommunikationsmittel und Kampagnen dokumentiert und retrospektiv abrufbar?
- Können einzelne Abteilungen oder einzelne Länder vom Know-how oder bereits geleisteter Arbeit aus früheren Tagen profitieren?
- Sind Best-practise-Prozesse beschrieben und dokumentiert, sodass vergleichbare Projekte von vornherein optimal strukturiert werden können?
- Gibt es abrufbare Checklisten?
- Sind die Evaluationsdaten oder Erfolgskontrollen aus retrospektiven Aktivitäten abrufbar, können Erfahrungen aus Erfolgen und Misserfolgen für die künftige Maßnahmenplanung genutzt werden?
- Sind die Daten sinnvoll organisiert und verstichwortet, sind gewünschte Informationen schnell und leicht erhältlich?

agenda setting

- Können aktuelle Informationen der Unternehmensentwicklung schnell distribuiert werden?
- Gibt es Zugriffsmöglichkeiten auf Basis-Materialien, zum Beispiel Vorstandsreden, Positionierungsgrundlagen, Leitbilder, Themenrecherchen, Schlüsselbotschaften?
- Wird die inhaltliche Orientierung der Kommunikationsverantwortlichen zentral gesteuert?
- Wie schnell folgt die Kommunikation der Unternehmensstrategie?
- Erreichen wichtige Informationen die Mitarbeiter der Kommunikationsabteilungen vor den anderen Mitarbeitern, werden sie ausreichend qualifiziert, um interne wie externe Fragen zu beantworten?
- Werden Questions & Answer-Papiere zu Schlüsselthemen distribuiert?
- Kann die Kommunikation von aktuellen key issues schnell und zeitgleich international organisiert werden?

Bei M&A ist der Durchsatz von Informationen und die Frequenz von jeweils neuen und veränderten Informationen traditionell hoch. Um eine konsistente und widerspruchsfreie Informationspolitik konzernweit zu garantieren, sind die Mitarbeiter der

Kommunikationsabteilungen vorzüglich einzubinden und als Multiplikatoren zu nutzen. Sie gehören neben den Personalabteilungen im Falle von Veränderungen zu den bevorzugten Ansprechpartnern der Mitarbeiter und müssen auch externe Fragen beantworten können. Dementsprechend müssen die Verteilerkreise für alle M&A-relevanten Informationen, abgestuft nach Vertraulichkeit und Relevanz, sowohl für die Kommunikationsverantwortlichen als auch für die Führungskräfte in den Unternehmen und im Anschluss für die Mitarbeiter insgesamt definiert werden.

e) Investitionsplanung

Wenn das Management von Kommunikation so angegangen wird, wie in 2a) beschrieben, werden die Investitionen für Kommunikation der NewCo gegenüber den ursprünglichen Budgets der Merger-Kandidaten mittelfristig sinken. In den ersten beiden Jahren sind vor allem für die interne Kommunikation vergleichsweise hohe, jedoch außerordentliche Investitionen zu tätigen, die teilweise absorbiert werden können, wenn die alten Infrastrukturen in den Kommunikationsabteilungen entschlossen rückgebaut werden. Für die interne Kommunikation sind nach einer Faustregel rund 500 Euro pro Mitarbeiter der NewCo im ersten Jahr der post-merger-integration und rund 300 Euro im zweiten Jahr zu investieren. Die externe Kommunikation ist nur individuell und in Abhängigkeit von Unternehmensgröße, Internationalisierungsgrad und Branchenzugehörigkeit zu bestimmen, liegt aber in der Regel mindestens auf gleichem Niveau wie die Aufwendungen für die interne Kommunikation. Die Kommunikationsbudgets lassen sich als Sonderaufwendungen für Kommunikation im Rahmen der M&A-Restrukturierungskosten deklarieren und fallen, selbst wenn sie großzügig veranschlagt sind, zwischen den vielen, exponentiell höheren Restrukturierungskosten in anderen Bereichen kaum auf. Richtig ist auch, dass Kommunikation aus Sicht eigentlich aller Post-merger-integration-Studien als entscheidender Faktor für das Gelingen von mergers angesehen wird, weshalb es nicht ratsam ist, an einer erfolgskritischen Stelle zu sparen. Dennoch können die notwendigen Investitionen abgefedert werden, indem man beispielsweise den kostentreibenden beauty contest zwischen den Kommunikationsabteilungen nach dem announcement und vor der rechtlichen Verbindlichkeit des M&A verhindert oder aber bereits budgetierte Projekte, die vor dem Hintergrund des M&A ohnehin nicht mehr sinnvoll sind, möglichst rasch umwidmet und zur Finanzierung von M&A-Projekten nutzt.

f) Top-down/Bottom-up-Dynamik

Wer Kommunikation dialogisch und nicht als Einbahnstraße versteht, hat gerade in großen, dezentralen und internationalen Unternehmen die Schwierigkeit, sich ein umfassendes und korrektes Bild vom Denken und Fühlen der Mitarbeiter zu machen, weil nur selten Wege zur Verfügung stehen, auf denen dieses Denken und Fühlen von unten nach oben gelangen kann. Natürlich versucht man allenthalben, diese Lücke mit »Leserbriefen« an das Mitarbeitermagazin, einem chatroom im Intranet, einer für alle zugänglichen e-mail domain des CEO oder ähnlichen Maßnahmen zu schließen. Dennoch: Das emotionale Überzeugungs- und Glaubwürdigkeitspotenzial von medialer Kommunikation ist gering, erst recht, wenn sehr schnell zusammenwachsen soll, was nur notdürftig vermittels Punktschweißung aneinander gekoppelt ist. Ebenfalls mit Vorsicht zu genießen sind die klassischen reporting lines über etablierte Hierarchiestufen, die häufig nur das sehen und hören, was sie auch sehen und hören wollen.

Überdies hat Kommunikation im Rahmen von M&A schlicht mehr Aufgaben als im normalen Geschäftsprozess. Es muss innerhalb kürzester Zeit sehr viel *gelernt* werden über Motive für den M&A, neue Strategien, neue Prozesse, neue Kollegen, neue Spielregeln und Produkte, neue Namen und Formulare, neue Verantwortungen für und neue Erwartungshaltungen an jeden persönlich. Schon die abstrakte Definition dieser Veränderungsschritte in den Stäben und bei den Beratern ist schwierig genug. Unerwartet komplex wird es dann in der Regel bei der Implementierung, die nicht funktionieren kann, wenn sie nur *deduktiv* angelegt ist. Sie muss auch *induktiv*, also vom Besonderen zum Allgemeinen gedacht werden, und dazu braucht man nahezu alle Mitarbeiter. Alles, was gelernt werden soll, muss auch vermittelt und verstanden werden, es muss von unten nach oben korrigierbar oder modifizierbar sein, wenn sich die Handlungsanweisungen der Stäbe an der Basis nicht umsetzen lassen oder anders besser und schneller umgesetzt werden können. Für alle diese Abstimmungsprozesse ist Kommunikation der Transmissionsriemen. Darüber hinaus hat sie dann noch die klassischen Aufgaben der kulturellen Integration sowie der Perspektivbildung und Motivation zu lösen.

Folglich reichen Systeme, die für eine geringere Last kalkuliert sind, für dieses Arbeitspensum nicht aus. Ergänzende Maßnahmen müssen ergriffen werden, um die Top-down- und Bottom-up-Dynamik überhaupt zu ermöglichen. Erprobt und bewährt bei M&A als ein Interims-Instrument für die Dauer von 9 bis 18 Monaten sind quer zur Hierarchie stehende *Scouts* oder *Botschafter,* die aus den Reihen der Mitarbeiter gewonnen und mit besonderen Aufgaben betraut werden.

Scouts werden für einen befristeten Zeitraum zu 25% ihrer Arbeitszeit von ihren regulären Aufgaben befreit. In dieser Zeit sollen sie Meinungen, Verständnisschwierigkeiten, Kommentare und Anregungen ihrer Kollegen sammeln und in einem wöchentlichen reporting an die Kommunikationsleitung weitergeben. Das Verfahren wird vollständig offen gestaltet. Ziel der Übung ist nicht etwa das »Ausspionieren« der Mitarbeiter, sondern der bessere Transport von Meinungen im Rahmen eines Meinungsbildungsprozesses. Mitarbeiter sehen so das ernsthafte Interesse der Unternehmensleitung an ihrem Denken. Diese wiederum kann Probleme viel besser lokalisieren und schneller reagieren. Gleichzeitig haben die Scouts eine Transmissionsfunktion für alle Top-down-Botschaften. Diese können nicht mehr bloß medial, sondern auch personell im Rahmen von Workshops oder Präsentationen vermittelt werden und erreichen in dieser Interaktivität eine höhere Effizienz. Die Scouts werden regelmäßig mit Chartpräsentationen, Q&As, Materialien versorgt, sie treffen sich zu Trainings und Gedankenaustausch und diskutieren auch direkt mit der Unternehmensleitung. Neben den regulären reporting lines wird so ein unabhängiges und sehr schnelles Kommunikationsinstrument etabliert. Die Anzahl von Mitarbeitern, die ein Scout erreichen kann, liegt etwa bei 100. Wer in dieser Relation arbeitet, erhält einen hervorragenden Multiplikationseffekt.

g) Insourcing/Outsourcing-Ratio

Die Insourcing/Outsourcing-Kultur ist bei den Unternehmen höchst unterschiedlich ausgeprägt, extreme Varianten bei ähnlichen Unternehmen sind gang und gäbe. Zudem ist das Thema ideologisch besetzt. Agenturvertreter argumentieren traditionell eher in Richtung outsourcing und setzen sich dem Verdacht des Pro-domo-Denkens aus. Unabhängig von diesen Diskussionsfeldern gilt aber die herrschende Lehrmeinung, dass von 100% Kommunikationskosten inklusive aller Inhouse-Kosten (Gehälter, overheads) mindestens 70% frei verfügbar und ungebunden sein sollten. Diese Faustformel wäre in Zeiten intensiver unternehmerischer Transformation eher zugunsten der Flexibilität zu verändern. Es ist dementsprechend zu empfehlen, dass die Unternehmen für sich einmal ausrechnen, wieviel Prozent ihres Kommunikationsbudgets durch Mitarbeiter in Kommunikationsabteilungen gebunden sind. Sobald diese Zahl ermittelt wurde, fühlen sich die Unternehmen nicht selten in ihrer Investitionsfreiheit bedroht und erkundigen sich nach Outsourcing-Möglichkeiten.

Kommunikation ist zwar nicht Teil der Kernkompetenz eines Unternehmens (sofern es nicht in der Kommunikationsbranche tätig ist), aber gleichwohl eine zentrale Kompetenz zur Absicherung und Förderung des Unternehmenserfolges. Deshalb sollten alle Unternehmen darauf achten, die Kommunikationsleitung und ihre engsten Mitarbeiter so hochkarätig wie irgend möglich zu besetzen – sowohl in inhaltlicher und intellektueller Hinsicht wie im Hinblick auf die Management-Kompetenz. Jenseits dieses kleinen und sehr feinen Teams reicht es völlig aus, wenn man 10% der Köpfe und Hände an Bord hat, die man braucht. Erfahrungsgemäß braucht man im nächsten Jahr nämlich andere Köpfe und auch andere Hände, um anstehende Aufgaben zu erledigen.

Bei M&A empfiehlt sich in jedem Fall, eine hohe Outsourcing-Quote einzuplanen. Die immensen Anforderungen an Flexibilität, Mobilität und einen hohen zeitlichen Einsatz sind auch häufig von den eigenen Mitarbeitern gar nicht einzufordern.

3. Namensbildung und Imagekonten

In den meisten Unternehmen gibt es mehrere Imagekonten, auf die die Unternehmensaktivitäten und Kommunikationsaktivitäten einzahlen. Das sind beispielsweise der Name des Unternehmens, die Namen von Marken oder Töchtern, die Namen der wichtigsten handelnden Personen oder auch Gattungsbegriffe, die mit dem Unternehmen verknüpft sind. Bei M&A verdoppelt sich die Anzahl dieser Imagekonten. Weil es sich in der Kommunikation immer auch um einen Wahrnehmungswettbewerb handelt, ist aus grundsätzlichen Erwägungen immer eine Konzentrationspolitik zu bevorzugen und die Zahl der Konten zu minimieren. Je weniger Imagekonten es gibt, desto besser können sich die Investitionen in der absoluten Höhe des Kontostandes auch zeigen. Viele Imagekonten sind immer dann nützlich, wenn es um Risikostreuung oder Krisenkommunikation geht. Beispielsweise indem gerne versucht wird, die Krise eines Tochterunternehmens von der Dachmarke fernzuhalten. Das gelingt allerdings selten, weil die Zuordnungsprinzipien der Medien anders funktionieren, als das in teilweise akademischen Marketing-Präsentationen angenommen wird. So ist es zum Beispiel für eine große und eingeführte, ja paradigmatische Marke wie die Deutsche Bank sehr schwierig, Tochterfirmen oder Beteiligungen zu etablieren, die nicht mit ihren Aktivitäten dennoch auf das Imagekonto der Deutschen Bank einzahlen (oder auch abbuchen). DB Investor oder die Deutsche Bank 24 sind hierfür Beispiele. Die Halbwertzeiten längst gelöschter Imagekonten im Kopf der Menschen sind überdies sehr lang, neue Konten haben eine lange Anlaufzeit. Viele Konglomerate haben mehrere Jahre lang versucht, der Welt beizubringen, dass sie aus soundso vielen Sparten mit ihren jeweiligen Namen bestehen. Das ist nur mäßig gelungen und durch zwischenzeitliche Portfolioverschiebungen auch wieder beeinträchtigt worden. Im Bereich der corporate issues merken sich die Journalisten am liebsten diejenigen Namen, wo auch die Entscheidungen getroffen werden, und lassen sich von jeweils neuen Subsumierungen von Geschäften unter neuen Namen wenig beeindrucken.

Bei M&A ist deshalb zu empfehlen, frühzeitig klare Entscheidungen zu treffen. Die NewCo braucht einen Namen, und zwar bereits beim announcement. Unangenehme Entscheidungen, die vielleicht noch auf alte (Namens-)Konten gebucht werden sollen, müssen dementsprechend vor dem announcement erfolgen. Für den neuen Namen gilt, dass es häufig besser einer der alten wäre. Wenn neue Namen dem einzigen Motiv entspringen, dass zwei M&A-Kandidaten sich aus Gründen der Eitelkeit nicht auf einen der beiden Namen einigen können und ausschließlich aus Proporzgründen einen neuen, für beide erträglichen Namen wählen, dann ist der Name meistens so schwach wie das Motiv. Die Menschen spüren sehr genau, wenn sie einen Pappkameraden vorgesetzt bekommen, und empfinden überflüssige Neufirmierungen zu Recht als unglaubwürdigen Etikettenschwindel. Wenn dann der neue Name auch noch aus den synthetischen Labors stammt und aller semantischen Bezüge beraubt wurde, wird es schwer, aus einem bedeutungslosen Vokalgeklingel die Flagge für eine neue Company zu machen. Erschwerend kommt hinzu, dass die Wortschöpfungen erschreckend verwechselbar sind (»Aventis« vs. »Avanza«) und mit den begrabenen alten Namen viele hundert Millionen Mark an brand equity in den Köpfen der Verbraucher vernichtet sind.

Grundsätzlich ist gegen neue Namen nichts einzuwenden, im Gegenteil. Es ist ein großer und freiheitlicher Akt der Selbstbestimmung, sich selbst einen Namen zu geben. Schon in der Pubertät haben zumindest die Jungens ein großes Faible für selbstgewählte Geheimnamen oder den Brauch der Indianer, sich ihren Namen bei der Mannwerdung selbst zu träumen. Allerdings steckt in solchen Namen immer auch eine Programmatik, die zur Entfaltung kommen soll. In dieser Weise stiften neue

Namen ein hohes Maß an Momentum und Identifikation mit dem Programm der Zukunft.

Natürlich ist es nicht leicht, unbesetzte Namen zu finden, die gleichzeitig die eigene Programmatik zum Ausdruck bringen. Moderne Wegelagerer haben sich darauf spezialisiert, Namen schützen zu lassen, die sie gar nicht brauchen. Besonders beliebt ist das bei Domain-Adressen für das Internet. Im Zweifelsfall ist es aber immer lohnend, die Rechte an einem optimalen Namen zu erwerben, auch wenn dies mit hohen einmaligen Investitionen verbunden ist. Die Investition amortisiert sich spielend. Man sieht am Beispiel von »Yello«, einem Spin-off des Energieversorgers EnBW, wie man innerhalb von drei Monaten zur bekanntesten Marke in einem Segment werden kann, in dem andere seit Jahrzehnten tätig sind. Die geniale Entscheidung, dem unsichtbaren Strom eine Farbe zu geben, korrespondiert mit der Anschaulichkeit und Transparenz dieses Dienstleisters in einem abstrakten Low-interest- und Low-involvement-Markt. Jeder andere Wettbewerber wird auf Jahre hinaus ein Mehrfaches in Kommunikation investieren müssen, um den Startnachteil seiner minderwertigen Namensgebung wettzumachen.

4. Positioning

a) Kernkompetenzen und Profilierungsthemen

Kernkompetenzen sind die wichtigsten Positionierungsgrundlagen. So gerne allerdings der Begriff im strategischen Vokabular Verwendung findet, so schwierig ist er in der Praxis mit Leben zu füllen. Sobald eine Kernkompetenz nach außen als solche dargestellt wird, sollte sie nämlich tunlichst zwei Bedingungen erfüllen: erstens die der Selbstähnlichkeit und zweitens die der Wettbewerbsdifferenzierung. Eine behauptete Kernkompetenz, die nicht belastbar ist und von der Unternehmensrealität nicht gedeckt wird, entwickelt sich leicht zur Achillesferse und sorgt auf Jahre hinaus für Spott, Hohn und mangelnde Glaubwürdigkeit. Eine Kernkompetenz, die ich dutzendweise auch an anderer Stelle haben kann, ist austauschbar und wenig attraktiv. In dieser Klemme zwischen Selbstähnlichkeit und Wettbewerbsdifferenzierung wird die eigene Leistungsfähigkeit gerne bis zum Letzten ausgereizt, um in der vergleichenden Wahrnehmung gegenüber dem Wettbewerber Vorteile zu generieren. Aber der Wettbewerber macht genau dasselbe, man kommt schnell in die Spirale und entfernt sich kommunikativ gerade von dem, was das Eigentliche ist: der wirklichen Kernkompetenz.

Für die Kommunikation gilt, dass man thematisch in den Griff bekommen muss, was in Produktion oder Service als Kernkompetenz gilt. Wer beispielsweise »Logistik« als seine Kernkompetenz versteht, sollte auch alles über Logistik wissen und mehr noch: in der Lage sein, dieses Wissen anderen zu vermitteln. Es reicht nicht, etwas zu tun, man sollte auch publizieren und sein Wissen und Denken mitteilen. Viele Unternehmen haben die Schwierigkeiten, dass sie hoch spezialisierte Experten an Bord haben, in deren Köpfen sich viele interessante Informationen und Thesen über die Kernkompetenz des Unternehmens und seine Anwendungsgebiete tummeln, dieses aber leider nicht zu Papier bringen wollen oder können. Im Regelfall recherchieren dann Institute, Ghostwriter und Agenturen nach spannenden Themen rund um das Kompetenzfeld, schreiben Texte und formulieren Prognosen. Die wahren Experten bleiben stumm, und die Kernkompetenzen werden von anderen kultiviert.

Die thematische Lufthoheit erobert nur der, der es versteht, beide Ressourcen miteinander zu verbinden. So wertvoll die Zeit der »brains« im Unternehmen für die Geschäfte auch sind, es ist im Sinne des Marketings dieser Geschäfte zwingend erforderlich, dass diese »brains« in die Briefing-Prozesse bei der Positionierung involviert sind. Es gehört zur Sicherung der Kernkompetenzen, dass sie dokumentierbar und vermittelbar sind. Diese intersubjektive Kontrolle stellt auch sicher, dass keine allzu große Lücke zwischen vermittelten Images und Realitäten klafft, die sich auf kurz oder lang immer als Akzeptanzfalle erweist.

Gerade bei M&As kommt es also darauf an, die »brains«, die Repräsentanten der definierten Kernkompetenzen aus beiden Unternehmen, mit den Kommunikationsleuten zusammenzubringen, damit deren Wissen in den Positionierungsprozess einfließt.

b) Innovationskraft und Zukunftsinterpretation

Innovationsfähigkeit gilt als hohes Gut und mittlerweile als selbstverständliche Schlüsselqualifikation eines jeden erfolgreichen Unternehmens. Es ist wohl neben »Verantwortung« der häufigste Begriff, der in Positionierungspapieren oder Leitbildern auftaucht. Schon in den Geschäftsberichten der meisten Unternehmen ist aber zu sehen, dass von Innovationen gerne ex post gesprochen wird, außerdem auch in Beschwörungsformeln oder claims, höchst selten aber in Form von Zukunftsprognosen. Wer seine Zukunftsfähigkeit unter Beweis stellen möchte, kommt nicht umhin, die Zukunft zu interpretieren, nicht im Stil der Trendforscher, sondern durchaus mit wissenschaftlicher Sorgfalt und in Kooperation mit führenden Köpfen zu den Anwendungsgebieten der eigenen Leistungen. Wer über die Zukunft nachdenkt und etwas Substanzielles über die Zukunft sagen kann, der erschließt diese Zukunft für seine Bezugsgruppen und ist insofern schon *spürbar und nachvollziehbar* innovativ. Zukunftsinterpretation ist auch immer der erste Schritt zu neuen Standards, die ein Unternehmen setzen kann. Dementsprechend sind für den Positionierungsprozess der NewCo Quellen außerhalb des Unternehmens zu nutzen, die Aussagen über die Entwicklung von Technologie, Kundenerwartungen, sozialen und kulturelle Rahmenbedingungen und anderen Faktoren machen können, die die Positionierung des Unternehmens betreffen. Die entsprechenden Lehrstühle, Institute, Autoren müssen recherchiert und beobachtet werden. Auftragsforschung, Auftragspublikation oder gemeinsame Projekte fördern die Vernetzung und die Reputation, ganz zu schweigen von wertvollen Impulsen für das eigentliche Geschäft. Auch hier gilt also, dass man im Besitz der Themenhoheit sein sollte, auch wenn es nur der Zwerg ist, der sich auf die Schultern eines virtuellen globalen Wissensriesen stellt. Nichts wirkt unglaubwürdiger als beispielsweise eine Bank, die sich als »Bank der Zukunft« oder »Bank für Übermorgen« apostrophiert, ihren Zielgruppen aber keine Vorstellung vermittelt, wie aus ihrer Sicht Banking in 10 Jahren aussehen wird oder aussehen sollte.

Bei M&A ist die Prognostik mittelfristiger Marktentwicklungen sicherlich ein immanenter Bestandteil der industriellen Logik. Verknüpft man diese industrielle Prognostik mit einer seriösen soziokulturellen Extrapolation, gewinnt man nicht nur Positionierungssubstanz, sondern nebenbei noch Argumente für die zwingende Notwendigkeit des M&A. Generell ist es ja wünschenswert, den M&A nicht als erzwungene Reaktion auf Versäumnisse der Vergangenheit oder Wettbewerbsnachteile in der Gegenwart zurückführen zu müssen, sondern vielmehr als Vorbereitung auf die Zukunft und deren Rahmenbedingungen.

c) Marktbegriff, Marktposition, Marktinterpretation

Die dritte thematische Recherche und inhaltliche Sicherung für die Positionierung betrifft den Markt, den Wettbewerb und damit die wirtschaftlichen Rahmenbedingungen. M&As werden durchgeführt, um Marktpositionen zu verbessern. Wer das möchte, muss einen Begriff von diesem Markt haben, muss den Markt beschreiben und interpretieren können. Ist dies geleistet, so können auch die eigene Position und die eigene künftige Rolle in diesem Markt verdeutlicht werden. Eine marktprägende und marktgestaltende Rolle wird erst dann glaubwürdig, wenn der Markt mit seinen Mechanismen, Rahmenbedingungen und Perspektiven auch von demjenigen interpretiert werden kann, der eine marktprägende Rolle für sich reklamiert. Viele Unternehmen machen den Fehler, ihre Reflexion über den Markt geheim zu halten, weil sie Angst haben, der Wettbewerb könnte von den Überlegungen profitieren. Wer jedoch darauf verzichtet, öffentlich zu interpretieren, wird leicht als Mitläufer gesehen, der in einem Markt nur mitschwimmt, ohne Standards und Akzente zu setzen. Überdies ist Marktinterpretation immer auch im Kontext der »Kommunikation als Mehrwert« zu sehen (vgl. 1f), das heißt sie stiftet für die business community und die Meinungsbildner und Journalisten einen erkennbaren (Informations-)Mehrwert und profiliert den Absender als Informations- und Interpretationsquelle. Die Etablierung eines Kompetenzimages innerhalb eines bestimmten Marktes wird so möglich.

Gerade bei M&A sind prospektive Marktbegriffe häufig eine Grundlage oder gar Motivation für Fusionen und Akquisitionen. Weil ja deutlich werden muss, dass die NewCo sich im Hinblick auf künftige Marktkonstellationen positioniert, ist es unverzichtbar, die Veränderungsdynamik des Marktes auch nach außen darzustellen. Auch die relationale Standort- und Rollenbestimmung im Verhältnis zu den wichtigsten Wettbewerbern gehört in diesen Kontext.

d) Leitbild und Vision

Wenn die grundlegenden inhaltlichen Vorarbeiten im Hinblick auf »Kernkompetenzen«, »Innovation und Zukunft« sowie »Markt und Marktbegriff« getan sind, müssen sie in ein Leitbild einfließen. Leitbilder werden häufig als statische Zustandsbeschreibung oder Definition unverrückbarer kultureller Grundwerte im Unternehmen gesehen, wobei Visionsprozesse dann parallel organisiert werden und in eine Unternehmensvision einfließen. In einem modernen Verständnis haben Leitbilder jedoch dynamische Orientierungsfunktionen und müssen dementsprechend fortgeschrieben werden. Im Rahmen von M&A gehört aber die Neudefinition von Werten und Spielregeln im Hinblick auf die NewCo selbstredend dazu.

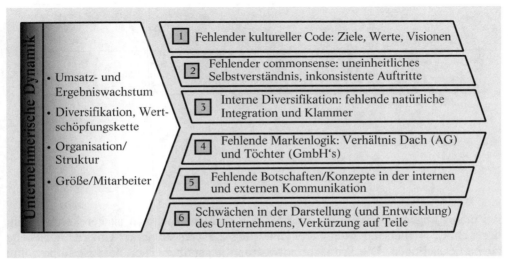

Abb. 5: Neudefinition von Werten und Spielregeln

Die Entwicklung des Leitbildes ist ein dynamischer und partizipativer Prozess – und das roll-out des Leitbildes im Unternehmen sowie auch gegenüber externen Bezugsgruppen ist es auch. Sofern Leitbilder kein stilles Grab für schöngeistige Prosa bleiben sollen, müssen sie auch unmittelbar in Aktion und Maßnahmen übersetzt werden. Sie bilden damit das Gerüst für die Programmplanung der Kommunikation. Das folgende Schaubild verdeutlicht den exemplarischen Leitbild-Prozess, bei dem neben den oben bereits erwähnten Rechercheschritten weitere Studien zu Selbst- und Fremdbild berücksichtigt werden.

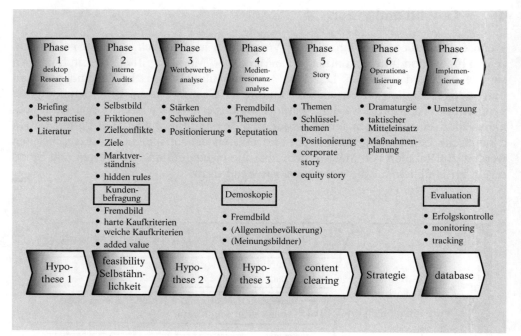

Abb. 6: Leitbild Prozess

Bei mehrstufigen Unternehmen oder Multi-Brand-Unternehmen ist bereits innerhalb des Leitbildes auch die Aufgabenorientierung der verschiedenen Unternehmensteile zu berücksichtigen. Die Primärverantwortung gegenüber einer Bezugsgruppe sollte klar definiert nur bei einer legal entity bzw. nur bei einer Marke liegen. Die Rollentrennung zwischen Holding und operativen Gesellschaften folgt dabei auch in der Kommunikation der regulären Geschäftsverantwortung. Mit Blick auf die Kommunikation als »stakeholder value« (siehe 1a) ist hier die Fusionsstrategie in die unterschiedlichen Währungen »Rentabilität und Wachstum«, »Karriere und Perspektiven«, »Nähe, Service und Qualität« sowie »Arbeitsplätze und Gemeinwohl« zu übersetzen.

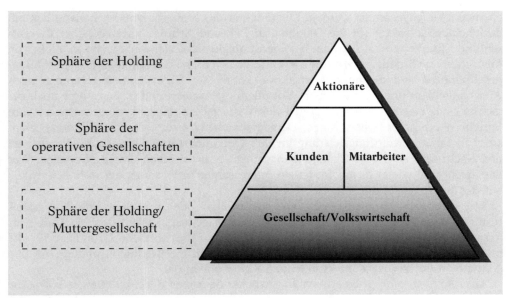

Abb. 7: role sort

e) Corporate Story

Die corporate story umfasst alle publikationsfähigen Bestandteile des Leitbildes, also diejenigen Aussagen über das Unternehmen, die nicht nur für die Führungskräfte und ihre Managementaufgaben programmatisch sind, sondern an alle Mitarbeiter und alle externen Bezugsgruppen vermittelt werden können und sollen. In der corporate story gewinnt das Leitbild die Form von Botschaften. Dementsprechend tritt hier zum ersten Mal die Reflexion auf die Vermittlung und Vermittelbarkeit, nicht in inhaltlicher, jedoch in logischer, kausaler und semantischer Hinsicht auf den Plan. Bevor die corporate story geschrieben wird, steht inhaltlich alles fest, was zu sagen ist. Aber es ist noch nicht definiert, wie und in welcher Reihenfolge es gesagt wird, welche Begriffe gewählt werden und welche Argumente je nach anzusprechender Bezugsgruppe wie zu gewichten sind.

Die corporate story gliedert sich in der Regel zunächst in die *equity story*, die in den Grundzügen von den Investbankern geschrieben wird, und die rechenbaren Argumente gegenüber der financial community darzustellen sowie Zukunftsphantasie zu wecken hat. Sie wird hauptsächlich für die Analysten gemacht und orientiert sich folglich auch an den Kriterien und Terminologien, die für Analysten wichtig und verbindlich sind.

Die *management story* personalisiert die Unternehmensstrategie und macht die Quellen und Treiber des Veränderungswillens anschaulich. Sie muss klarstellen, welche Menschen (Vorstände) für welche Programmatik und Aufgaben stehen, mit welchem Stil sie angegangen werden. Die Qualität des Managements ist bekanntlich ein entscheidender Faktor für die Glaubwürdigkeit und Attraktivität gegenüber Investoren und Mitarbeitern. Außerdem ist eine Strategie nicht viel wert, wenn sie nicht von Menschen repräsentiert wird, die sie umsetzen werden. Die Anonymität von Aktiengesellschaften und die hohe Abstraktion komplexer Unternehmen verlangen nach Anschaulichkeit und human touch. Vor allem die Medien und insbesondere auch die meinungsbildende Presse im Bereich der Wirtschaftspublizistik personalisieren ihre Berichterstattung in hohem Maße. Dementsprechend orientiert sich die management story in ihrer Vermittlungsleistung an den Gebrauchsformen des Journalismus und den Nachrichtenfaktoren. Change management braucht management of change. Wer das macht und wie er es macht, ist ein interessanter news value, der in hohem Maße auf das Imagekonto einzahlt.

Die *customer story* adressiert alle unmittelbar oder mittelbar aus dem M&A resultierenden Nutzwerte für die Kunden und ist gemeinsam mit den Marketingverantwortlichen zu schreiben. Sie bietet dann sowohl die stoffliche Grundlage für die produktbezogene Presse- und Medienarbeit wie auch die Briefing-Grundlage für alle Aktivitäten der vertriebsunterstützenden Kommunikation.

Die *employee story* thematisiert alle Aspekte der inneren Veränderungen sowie die sich aus einer verbesserten Wettbewerbsfähigkeit ergebenden Chancen für die Mitarbeiter. Sie ist Grundlage der Programmplanung für die interne Kommunikation, wobei diese nicht allein die Botschaften der employee story, sondern auch alle anderen stories zu transportieren hat. Die Mitarbeiter sollten die Argumente und ihre Darstellung zumindest gegenüber den Kunden und dem externen meinungsbildenden Publikum kennen und verstehen, bevor sie von außen darauf angesprochen werden.

5. Dramaturgie

a) Immanente Milestones

Zeit ist ein erfolgskritischer Faktor bei M&As, weil die Synergiepotenziale schnell gehoben werden müssen, um einen Ausgleich für den goodwill, die über dem Marktpreis liegende Akquisitionsprämie, zu schaffen. Deshalb gibt es bei jedem M&A einen Zeitplan, der aus der industriellen Logik heraus die Milestones für den Veränderungsprozess definiert und vorgibt, welche Schritte in welchem Zeitraum abgearbeitet werden müssen. Vor dem d-day oder dem Tag 0 der NewCo liegen regulatorische oder rechtliche Milestones, Termine für Aufsichtsratssitzungen, Verschmelzungsberichte, Hauptversammlungen, Kartellamtsbeschlüsse oder Genehmigungen der EU. Nach dem Start der NewCo sind in der Regel Milestones definiert, die die Schließung oder Etablierung, Migration oder Integration von Abteilungen betreffen, nachgelagerte Desinvests oder IPOs von Unternehmensteilen, Zäsuren in der Restrukturierung von Prozessen oder neue Vertriebssystematiken und Launches von Produkten, Services und Programmen.

Kommunikation hat die Aufgabe, das Momentum im Veränderungsprozess aufrechtzuerhalten und die schnelle Abarbeitung der definierten Prozessschritte zu gewährleisten (siehe 1c, »Kommunikation als Treiber«). Deshalb ist es eine probate Methode, für die Kommunikation keine eigenständige Kampagnendramaturgie zu wählen, sondern sich von vornherein an den immanenten Milestones zu orientieren und eine Dramaturgie des »Etappenrennens« zugrunde zu legen. Das hat den Vorteil der Prozesstransparenz und vermittelt außerdem Erfolgserlebnisse nach innen in dem Maße, wie einzelne Etappen erfolgreich absolviert wurden. Es kommt hier vor allem in der internen Kommunikation darauf an, die einzelnen Post-merger-integration-Schritte, die ja nur auf der Ebene der industriellen Logik ein ganzheitliches Sinnangebot stiften und in der Einzelbetrachtung leicht zusammenhanglos wirken können, in eine ganzheitliche und anschauliche Metaphorik zu überführen, die die Interdependenz der Maßnahmen auch für den gesunden Menschenverstand plausibel macht.

b) Emmanente Milestones

Bei M&As, die keine stringente innere Taktung erforderlich machen oder lange Pausen zwischen ihren Milestones und Zäsurpunkten haben, ist es empfehlenswert, das Momentum durch selbstgewählten Zeitdruck zu begünstigen und Zieltermine zu setzen, die aus dem Kalender des Marktes oder Meinungsmarktes entnommen werden. Die bekannte 100-Tage-Schonfrist für den CEO ist ein solcher willkürlicher emmanenter Milestone, der einen bewussten Zeitdruck auf die inneren Prozesse ausübt und die Wegstrecke der Veränderung in eine erste Etappe gliedert. Carly Fiorina, der CEO von Hewlett Packard, hatte bei ihrer Nominierung angekündigt, diese Frist auf 90 Tage zu verkürzen und nach diesem Zeitraum die künftige HP-Strategie vorstellen zu wollen. Die Kompression ist ein starkes Signal nach innen und außen, hat treibende Funktion und illustriert den sense of urgency des Unternehmens. Saisonale Termine, Messetermine, prominente Events oder zahlenarithmetisch definierte Etappen sind weitere Möglichkeiten für eine emmanente Taktung.

6. Externe und interne Kommunikation

a) Wechselwirkungen

Externe und interne Kommunikation sind gerade bei M&A kaum zu trennen. Die inhaltlichen Schnittmengen sind ausgesprochen hoch, weil nahezu alle Informationen, die nach außen zu den Kunden oder in die Gesellschaft vermittelt werden, vorher auch nach innen vermittelt werden müssen, sofern man nicht Gefahr laufen möchte, dass die eigenen Mitarbeiter unvorbereitet oder ahnungslos reagieren, wenn sie von außen angesprochen werden. Dies gilt natürlich besonders für alle Mitarbeiter mit Kundenkontakten, im Sinne der Gleichbehandlung und kulturellen Geste aber gleichermaßen für alle. Auch im Hinblick auf die Prozesse sind die Zeitpläne für die externe und interne Kommunikation kaum verschieden. Sie orientieren sich an den definierten Milestones und geben der internen Kommunikation allenfalls einen kleinen zeitlichen Vorlauf. Aufgrund der Durchlässigkeit großer Organisationen ist aber ein zu großer zeitlicher Vorlauf nicht ratsam. Interne Argumentarien oder Vorabdrucke von Broschüren landen leicht bei der Presse und verwässern den angestrebten, eigentlichen Launch-Termin. Insofern laufen interne und externe Kommunikation nicht nur inhaltlich, sondern auch zeitlich synchron.

Zudem ist immer wieder zu betonen, dass die externe Kommunikation die Wahrnehmung der Mitarbeiter in höherem Maße prägt als die ausschließlich intern adressierten Informationen. Ein Artikel in der FAZ oder im Handelsblatt, der die neue Unternehmensstrategie vorstellt, hat für die Mitarbeiter höhere Objektivität und Verbindlichkeit als ein gleichlautender Text, der beispielsweise als Brief des Vorstandsvorsitzenden distribuiert wird. Die Evaluation von Verständnis und Akzeptanz von M&A-Strategien bei Mitarbeitern hat eindeutig belegt, dass sowohl in der Erinnerung wie auch in der Überzeugungskraft externe Propheten mehr gelten als die aus dem eigenen Hause. Man darf nicht unterschätzen, dass auch in einer gesunden Unternehmenskultur im Falle von Fusionen ein hohes Misstrauenspotenzial ausbrechen kann, das argwöhnisch bezweifelt, auch über die hidden agenda informiert zu werden. Weil die Mitarbeiter Journalisten offenbar für besser informiert und in der Beurteilung von Strategien auch für kompetenter halten als sich selbst, trauen sie den Analysen und veröffentlichten Erfolgswahrscheinlichkeiten mehr über den Weg als aller Ankündigungsprosa der eigenen Unternehmensleitung. Interne mediale Informationen leiden auch häufig unter dem Überfütterungseffekt, der bei M&A nicht selten die Informationspolitik konterkariert. Aus ehrenvollen Motiven heraus werden die Mitarbeiter über alle Details informiert, man möchte sich nicht dem Vorwurf aussetzen, etwas verschwiegen zu haben. Weil so aber eine zu große Fülle von Informationen immer auch auf zu viele Menschen hereinbricht, für die diese Informationen keine Relevanz besitzen, bekommt die gesamte interne M&A-Kommunikation dann leicht ein Relevanzproblem. Wirklich relevante Botschaften werden im Wust der irrelevanten Informationen nicht mehr identifiziert oder übersehen. Dies gilt besonders, wenn diese Informationen auf Routinewegen, beispielsweise über die Postfächer, zu den Mitarbeitern gelangen. Ein Brief, der die private Adresse des Mitarbeiters bedient, wird mehr als doppelt so oft gelesen und produziert mehr als dreimal so viel Resonanz und Rückfragen wie derselbe Brief in den Postfächern. Der Unterschied zwischen einer (vermeintlich) individuellen Ansprache durch den Serienbrief an die private Adresse und der (vermeintlichen) Massenansprache über die Postfächer spiegelt sich deutlich messbar in der Rezeption.

Öffentliche Aufmerksamkeit und öffentliche Urteile haben eine große selbstbestätigende Wirkung und zudem den Vorteil der intersubjektiven Überprüfbarkeit. Die interne Ankündigung, dass keine Arbeitsplätze verloren gehen, ist aus Sicht der meisten Mitarbeiter immer revidierbar. Sie rechnen damit, dass man ihnen dann etwas von veränderten Rahmenbedingungen erzählt. Wird dieses Versprechen öffentlich gegeben, so kann der Vorstand es ohne Gesichtsverlust nicht zurücknehmen – so einfach funktioniert die Logik.

Deshalb sollte dem corporate advertising, der Presse- und Medienarbeit und dem Publishing ein hoher Stellenwert auch für die Überzeugungsprozesse nach innen beigemessen werden. M&As sind gerade für kleinere Unternehmen ja auch häufig eine Spitze der Publizität im Vergleich zu ihrer bisherigen Medien- und Media-Präsenz. Es fördert den Stolz und die Identifikation, wenn die Mitarbeiter bemerken, dass sich die Welt bzw. die business community mit »ihrem« Unternehmen beschäftigt. Es konnte bei kleineren und mittelständischen Unternehmen mehrfach beobachtet werden, dass beispielsweise eine Anzeige, die in einem ausländischen Wirtschafts-Medium (z. B. Financial Times, Fortune, Wall Street Journal) zur NewCo erschienen war und auch intern zur Kenntnis distribuiert wurde, mehr Fusionsakzeptanz und Zukunftsoptimismus verbreiten konnte als die fünffache Investition in interne Informationsmittel. Auch die erschienenen Berichte in den Medien sollten in der Post-Merger-Integration grundsätzlich in einen erweiterten Verteilerkreis nach innen gegeben werden. Eine getrennte Budgetierung der internen und externen Kommunikation ist vielleicht formal erforderlich, unter Wirkungsgesichtspunkten jedoch immer obsolet.

b) Instrumente

Die Frage des Einsatzes der Kommunikationsinstrumente ist technischer und handwerklicher Natur. Standardempfehlungen können hier nicht gegeben werden. Generell gilt, dass die Anzahl der Instrumente bzw. Kommunikationskanäle, die Inhalte vom Absender zum Empfänger transportieren oder interaktiv vermitteln, strukturell begrenzt ist. Die Wahl der Instrumente und der Mix der Kanäle sind unter Effizienzgesichtspunkten zu treffen (siehe Abb. 8).

Je nach Clustering stehen zwischen 15 und 24 Kommunikationskanäle zur Verfügung, im nachfolgend dargestellten Modell sind es 21. In den vier Mediengattungen Print, TV, Radio und Online kann jeweils werblich oder redaktionell gearbeitet werden. Intranets und Extranets sind Subkategorien des redaktionellen Online-Kanals. Eigene Publikationen, seien es Periodika, Broschüren, CD-ROMs oder Filme, können auf eigenen Distributionswegen verteilt oder über etablierte Distributionswege gestreut werden. Ein Kundenmagazin beispielsweise kann parallel über den Postversand an vorhandene Kundenadressen verschickt und gleichzeitig einem Wirtschaftstitel als Supplement beigelegt werden. Im Bereich der Dialogkommunikation kann strukturell zwischen Brief, E-Mail, Telefon und dem persönlichen Gespräch (face-to-face) unterschieden werden. Das Gespräch kann innerhalb eines Workshops hohe Intensität haben oder im Rahmen einer Promotion und Straßenansprache nur minimale Reste persönlicher Verbindlichkeit herstellen. Die integrierte Nutzung von Websites und

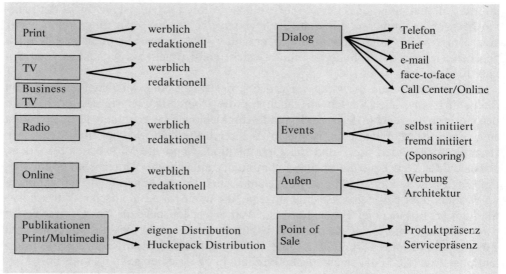

Abb. 8: Kommunikationskanäle

Call Centern beispielsweise in der Kundenberatung oder im technischen Service ist ein eigener Weg. Veranstaltungen sind entweder selbst initiiert und unter vollständiger Kontrolle des Gastgebers oder es werden bereits existierende Veranstaltungen (Tennisturnier, Kunstausstellung, Olympia etc.) über den Weg des Sponsorings für eigene Zwecke instrumentalisiert. Im Außenbereich sind neben Plakaten, Aktionen auch die kommunikativen Funktionen der Architektur zu berücksichtigen. Am Point of Sale schließlich repräsentieren entweder der Servicemitarbeiter selbst die Markenwerte oder aber das Produkt in seiner Gestaltung und Präsentation.

Für M&A gilt, dass in der externen (auch nach innen wirkenden) Kommunikation die Presse- und Medienarbeit sowie Anzeigenkampagnen, Publishing und professionelle Onlinepräsenz die wichtigsten Träger der Kommunikation sind. In der internen Kommunikation sind es Events, persönliche Gespräche und Präsentationen im Rahmen von Workshops sowie Intranets und Magazine.

7. Beherrschbarkeit von Prozessen

IBM hat sich gefreut. Der Star in der Post-Merger-Integration von DaimlerChrysler hieß Klara und ist ein think pad. Auf ihm kann Jürgen E. Schrempp, wie das ManagerMagazin und viele andere Titel fasziniert meldeten, jederzeit verfolgen, ob die Prozesse in den Integration-Teams vorangehen und im Zeitplan sind. Einen schnellen

Überblick verschafft sich der Meister mit Hilfe der beliebten McKinsey-Ampel-Indikation, so simpel wie im Kindergarten und ungeheuer praktisch angesichts der erdrückenden Komplexität von Mergers. Grün heißt »alles in Ordnung«, gelb heißt »besser mal aufpassen und eventuell intervenieren«, rot heißt »hier brennt was an«. Dieses smarte Tool zog sich wie ein roter Faden durch die Berichterstattung, signalisierte es doch allen Skeptikern der Punktschweißung großer Unternehmen, dass DaimlerChrysler seine Prozesse nicht nur im Griff hat, sondern kinderleicht zu steuern versteht. Auch die Deutsche Post AG, einer der größten McKinsey-Klienten überhaupt, bedient sich dieser Systematik, wie der SPIEGEL mit leuchtenden Kinderaugen notiert: »Dank eines ausgetüftelten Computersystems kann sich Zumwinkel jederzeit einen genauen Überblick über den Planungsstand verschaffen. Wurde ein vorher definiertes Ziel wie beispielsweise die Neulackierung der Lastkraftwagen eines spanischen Betriebs nicht pünktlich umgesetzt, leuchtet auf Zumwinkels Computermonitor eine kleine rote Ampel auf«.[1]

Es ist kein Wunder, dass dieses niedliche kleine System so viele Freunde findet, denn es bietet wohl die maximale Reduktion von Komplexität mit gleichzeitig integrierter Handlungsanweisung: »lass laufen«, »frag nach«, »hau drauf«. Keine Frage, die Beherrschbarkeit von Prozessen wird zum großen Thema der change mania. Unter der Hand geben viele Unternehmensberater längst zu, dass die Prozesse kaum noch zu beherrschen sind. Gestartet werden die Prozesse zwar nach wie vor mit strategischen Apotheosen, einem toughen Zeitplan und ausgeklügelten Engpass-Management-Methoden, aber spätestens drei Wochen später triumphiert das Step-by-step-Management, gerne auch induktives Management genannt, weil es nicht ganz so stark an Improvisation erinnert. Niemand ist schuld an diesen Zuständen, sie sind systemimmanent.

Das Kommunikationsmanagement steht vor ähnlichen Problemen wie die Unternehmen und Unternehmensberater auch. Die Prozesse werden komplizierter und gleichzeitig in immer kürzerer Zeit abgearbeitet.

Was ist zu tun, um mit diesen Anforderungen Schritt zu halten? Erstens: Man braucht task forces in der Kommunikation, denn es ist nicht möglich, mit einem nicht prozess-, sondern strukturorientierten Kommunikations-Team ein Projektteam aus Stäben und Beratern zu begleiten. Die übliche Abarbeitung von Konzepten in der Arbeitsteilung zwischen der Abteilung Unternehmenskommunikation und den betreuenden Teams in den Agenturen funktioniert nicht. Man muss in solchen Fällen sofort trennen können zwischen solchen Inhouse-Mitarbeitern und Agentur-Mitarbeitern, die sich um das Tagesgeschäft kümmern, und solchen, die gemeinsam und ausschließlich das definierte Change-Projekt treiben. Zweitens: Man muss im Falle von Strategiewechseln oder Change-Projekten kurzfristige Investitionsentscheidungen in der Kommunikation treffen können. Da ist es von großem Vorteil, wenn man möglichst wenige langfristige Investitionsentscheidungen getroffen hat und möglichst viele Bud-

---

1 SPIEGEL 29/99, S. 86.

gets ungebunden sind. Drittens: Man muss die Zahl der Entscheider klein halten, weil man sonst in Abstimmungsprozessen ertrinkt. Viertens: Man braucht ein effizientes Management-Informations-System für die Kommunikation, damit man die eigenen Leute und alle Dienstleister und Berater möglichst zeitnah auf Ballhöhe halten kann. Fünftens: Man braucht Stand-by-Ressourcen, die ad hoc zu 100% auf das Projekt einschwenken können und frei von anderen Aufgaben sind. Sechstens: Man braucht Mitarbeiter in der Kommunikationsabteilung, die unabhängig von ihren regulären Aufgaben flexibel und offen sind, in den nächsten Wochen und Monaten etwas völlig anderes zu tun und im Übrigen auch Bereitschaft zeigen, in der erfolgskritischen Phase (die manchmal bis zu 9 Monaten dauert) täglich 12 Stunden zu arbeiten, wie die Stäbe auch. Siebtens: Man braucht Dienstleister, Berater, Agenturen, die taskforce-fähig sind und im Bedarfsfall für Wochen und Monate zum Kunden ziehen.

8. Evaluation

M&As bieten die Chance, die künftigen Evaluationsstandards auf eine neue Grundlage zu stellen. Häufig ist es ja so, dass die Unternehmen ihr Fragebogendesign in demoskopischen Studien oder ihre Stichwörter der Medienbeobachtung nicht verändern, weil sie die Vergleichbarkeit der Daten über die Jahre sicherstellen wollen. Die NewCo bietet deshalb die willkommene Gelegenheit, alte Imagekonten zu löschen und neue zu eröffnen. Dementsprechend kann die gesamte Evaluationssystematik dann auch nach neuesten Erkenntnissen und modernsten Methoden aufgestellt werden.

Im Bereich der Evaluation werblicher Aktivitäten hat sich in den letzten Jahren das Erkenntnisinteresse zunehmend verschoben. Quantitative Erfolgsparameter wurden um qualitative ergänzt oder ersetzt. Die Qualität der erreichten Zielgruppe und ihre Affinität zu den Themen des Unternehmens spielen eine größere Rolle als die Masse. Exemplarisch kann man das am Beispiel des Fernsehsenders n-tv beobachten, der im Bereich der 1000er-Kontaktpreise schwerlich konkurrieren kann, dafür aber ein homogenes und soziokulturell beschreibbares Publikum bietet.

In der Evaluation der Medienberichterstattung gibt es seit geraumer Zeit differenzierte Methoden, die über das bloße Sammeln und ggf. Verstichworten von Clippings weit hinausgehen. Qualitative Medienresonanzanalysen bieten eine präzise Analyse der veröffentlichten Meinung, sei es regionalisiert, national oder international.

Auch in der Demoskopie und Marktforschung gibt es zahlreiche Fortschritte, gerade im Hinblick auf die Erhebung europäischer oder internationaler Stichproben. So gibt es zum Beispiel mittlerweile international besetzte Call-Center mit native speakers, die zentral von einem Ort aus europäische Verbraucher- oder Meinungsbildnerbefragungen telefonisch durchführen, wodurch die Aggregierung von je unterschiedlichen nationalen Panels entfallen kann und für Zeitvorteile und eine verbesserte methodische Transparenz sorgt. Gerade in der integrierten Analyse von öffentlicher Meinung mit den Mitteln der empirischen Sozialforschung und der Analyse von veröffentlichter Meinung mit den Mitteln der Inhaltsanalyse sind heute bessere Grundlagen vorhanden, die allerdings erst spärlich genutzt werden. In vielen Unternehmen sind die Verantwortlichkeiten für Marktforschung und Medienforschung unterschiedlich angebunden, demoskopische Studien und Medienresonanzanalysen werden unabhängig voneinander beauftragt, das Erkenntnisinteresse ist nicht koordiniert. Während in der Marktforschung in der Regel gestützt oder ungestützt nach der Markenbekanntheit oder der Erinnerung und Assoziation von Markenattributen gefragt wird, erhebt die Medienforschung Themen, Botschaften und Meinungen, die über das Unternehmen publiziert wurden. Die Wege der Meinungs- und Imagebildung sind jedoch komplex und können im Sinne einer Planungshilfe für künftige Maßnahmen der Kommunikation nur dann von Wert sein, wenn sie ganzheitlich und langfristig angelegt sind. So braucht man zum Beispiel ein vergleichbares Studiendesign in Demoskopie und Medienresonanz, um herauszufinden, ob überhaupt und mit welcher Zeitverzögerung und mit welchen Abstrichen die veröffentlichte Meinung den Weg in die Köpfe der Zielgruppe findet.

Besonders wichtig bei M&A ist ein zeitnahes Tracking der internen Ansichten und Stimmungen. Dies kann über Fokus-Gruppen, mit Hilfe der bereits beschriebenen Scouts, intranet-basiert, schriftlich, telefonisch oder in One-to-One-Interviews geschehen.

Nach einer Faustformel sollten rund 5% des jährlichen Kommunikationsbudgets in die Evaluation und Marktforschung investiert werden.

9. Ausblick

Die Kommunikation im Umfeld von M&As und besonders in der Post-Merger-Integration ist Kommunikation im Ausnahmezustand. Das bedeutet nicht allein, dass innerhalb des Ausnahmezustands andere Spielregeln gelten, sondern auch, dass im Zuge des Ausnahmezustandes und seiner naturgemäßen revolutionären Implikationen eine Reihe von Spielregeln für immer verändert wird. Es wird nie wieder so sein wie vorher, der Ausnahmezustand ist logischerweise immer auch die Legitimation für eine Verfassungsänderung. Dieser Sachverhalt bietet Unternehmen die Chance, ihre Kommunikation inhaltlich, konzeptionell, methodisch und strukturell neu zu definieren, sie innerhalb von neun bis zwölf Monaten revolutionär zu verändern, anstatt zähflüssige Optimierungsprozesse in Gang setzen zu müssen, die ja immer auch gegen bestehende Usancen, Seilschaften und Strukturen ausgeführt werden. Das Verständnis von Kommunikation im M&A-Prozess ist also ein doppeltes. Einerseits müssen aktuelle und außergewöhnliche Anforderungen zeitnah abgearbeitet werden. Dieses Ziel legt den Ansatz einer kurzfristigen Interventionsmentalität nahe, spricht für Pragmatismus anstelle von Visionen und Lösungen mit einer kurzen Halbwertzeit. Andererseits zielt die Kommunikation aber nicht nur auf einen befristeten Ausnahmezustand, sondern auf eine grundlegende Veränderung der eigenen Konstitution, weshalb sie dann doch langfristig und visionär angelegt sein sollte. Kurzfristige Bedürfnisse mit langfristig sinnvollen Strukturen und Verfahren zu versöhnen, ist deshalb die große Kunst des Kommunikationsmanagements bei M&As. Es ist unbedingt zu empfehlen, das kurze Zeitfenster der Post-Merger-Integration zu nutzen, um die eigene Kommunikationspolitik wie auf der grünen Wiese neu zu gestalten und auf die Anforderungen der kommenden zehn Jahre auszurichten. Was in der Revolution versäumt wurde, muss nämlich hinterher den Gang durch die Institutionen antreten. Das kann bekanntlich dauern.

Literatur

Appel et al., Strategisches Informationsmanagement: Die Erfolgsfaktoren interne und externe Kommunikation, 1998.
Bate, Cultural change: Strategien zur Änderung der Unternehmenskultur, 1997.
Buchner, Visionen und Wandel. Neuorientierung und Transformation von Unternehmen, 1996.
Cartwright/Cooper, Managing Mergers Acquisitions and Strategic Alliances: Integrating People and Cultures, 1996.
Deekeling/Fiebig, Interne Kommunikation: Erfolgsfaktor im Corporate Change, 1999.
Doppler/Lauterburg, Change Management, 1999.
Feldman/Spratt, Five Frogs on a Log: A Ceo's Field Guide to Accelerating the Transition in Mergers, Acquisitions and Gut Wrenching Change, 1999.
Große-Oetringhaus/Wigand, Strategische Identität. Orientierung im Wandel. Ganzheitliche Transformation zu Spitzenleistungen, 1996.
Habeck/Kröger/Träm, Wi(e)der das Fusionsfieber. Die sieben Schlüsselfaktoren erfolgreicher Fusionen, 1999.
Henkel von Donnersmark/Schatz, Fusionen, Gestalten und Kommunizieren, 1999.
Langer, Früherfassung der Unternehmenskultur als Risikofaktor bei mergers & acquisitions: eine methodisch-kritische Pre-Merger-Analyse; Zugl.: Frankfurt (Oder), Univ., Diss., 1999 (Schriftenreihe innovative betriebswirtschaftliche Forschung und Praxis, Bd. 108).
Mohr/Woehe, Widerstand erfolgreich managen: Professionelle Kommunikation in Veränderungsprojekten, 1998.
Quirke, Communicating Corporate Change: A Practical Guide to Communication and Corporate Strategy, 1996.

XII. Trends, Tools, Thesen und empirische Tests zum Integrationsmanagement bei Unternehmenszusammenschlüssen*

1. Ausgangssituation: Neues Integrationsparadigma

a) Die fünf Wellen im M&A-Markt

Fusionen sind keine Erfindung unserer Tage. Seit dem ersten gehäuften Auftreten von Unternehmenszusammenschlüssen am Ende des 19. Jahrhunderts lassen sich zyklische Wellen erkennen. Alle Wellen sind sehr unterschiedlich strategisch motiviert

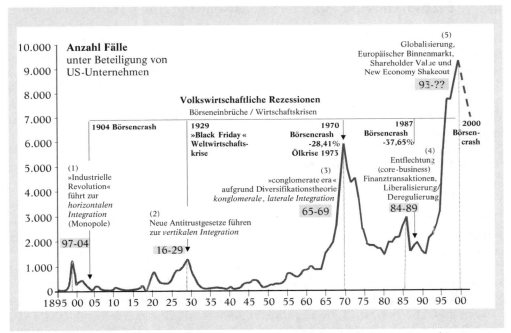

Abb. 1: Fusionswelle, ihre spezifische Integrationslogik und wirtschaftliche Krisen[1]

---

* Dieser Kurzbeitrag ist ein Auszug von umfangreichen Untersuchungen (vgl. dazu Jansen 2004, dort sind die insgesamt 33 Hypothesen ausführlich empirisch getestet und diskutiert worden). Dieser Beitrag wurde gegenüber der vorherigen Auflage leicht überarbeitet und aktualisiert.

1 Vgl. Jansen/Müller-Stewens 2000.

gewesen und dadurch mit spezifischen Integrationsanforderungen versehen (vgl. Abb. 1). Ungeachtet der konkreten Integrationsaktivitäten ist auffällig – wenn auch nicht monokausal nachzuweisen –, dass jeder Fusionswelle eine volkswirtschaftliche Rezession folgte. Die in der Abbildung angeführten wirtschaftlichen Krisen bzw. Aktienmarkteinbrüche lassen dennoch einen Zusammenhang dieser gigantischen Investitionssummen bei Unternehmenskäufen und der wirtschaftlichen Situation vermuten. Allein in Amerika im Jahr 2000 hat sich der Wert aller Transaktionen im Vergleich zur Gesamtmarktkapitalisierung mit 12% noch mal über den Durchschnitt der letzten 15 Jahre mit 10% erhöht. Die zu bestätigende These könnte daher lauten, dass die Fusionswellen deswegen von Rezessionen gefolgt werden, weil die beim Closing an die Aktionäre des Zielunternehmens bereits ausgeschütteten Prämien – als diskontierte zukünftige Erträge – im Rahmen der Integration nicht wieder erwirtschaftet werden können.

b) Sechs Trends der fünften Fusionswelle mit Integrationswirkungen[2]

Im Jahr 2000 wurden insgesamt *weltweit* 36 700 Firmenzusammenschlüsse gezählt, die sich auf einen Wert von 3,49 Billionen Dollar summierten – im Vergleich zum Jahr 1999 ein deutlicher Anstieg der Transaktionszahlen und ein nahezu konstantes Ankündigungsvolumen (das Volumen der abgeschlossenen Transaktionen im Jahr 1999 betrug lediglich 2,74 Billionen Dollar). Die Fusionswelle scheint mit diesen Rekordwerten aus dem Jahr 2000 jedoch beendet. So musste in 2001 ein drastischer Rückgang – gleichermaßen in den USA wie auch in Europa und Deutschland – um bis zu 50 Prozent konstatiert werden. Diese fünfte Welle wies spezifische Trends auf, die für den M&A-Markt insgesamt prägend waren.[3]

(1) *Cross border transactions*

Der Anteil der grenzüberschreitenden Transaktionen an der Gesamtanzahl der weltweiten Transaktionen ist im Jahr 2000 von 35 auf 40 Prozent gestiegen. Nach einer langen Stagnationsphase in den 1990er Jahren auf einem Level von etwas über 25 Prozent konnte seit 1997 eine deutliche Steigerung beobachtet werden. Nahezu parallel verläuft die Entwicklung des Volumens der grenzüberschreitenden Transaktionen im Vergleich zum Gesamtvolumen: Auch hier konnte eine leichte Steigerung von ca. 33 Prozent im Jahr 1999 auf 37 Prozent im Jahr 2000 verzeichnet werden (vgl. UNCTAD, für 2000 geschätzt). Insgesamt wird ein grenzüberschreitendes Volumen von ca. 1,165 Billionen Dollar angenommen. Die Tendenz ist weiter leicht steigend, wobei Europa

---

2 Die folgenden Ausführungen in diesem Beitrag beziehen sich auf die Rekonstruktion der fünften Welle von 1993 bis 2000. Eine Zukunftsstudie zur nächsten M&A-Welle wurde am »Institute for Mergers & Acquisitions« vorgelegt (vgl. Jansen/Kuklinski/Lowinski/Thomas 2004).

3 Vgl. zu allen Zahlen und den folgenden Trends im Einzelnen Jansen 2001a, S. 38ff.

eine gesonderte Wachstumsrolle zukommt. Europäische Käufer waren mit einem Dealvolumen von 421 Mrd. Dollar die größten Akquisiteure.

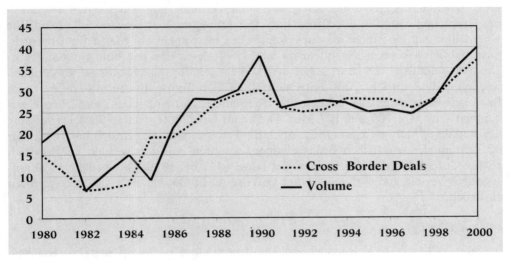

Abb. 2: Anzahl und Volumen von Cross-Border-Deals als prozentualer Anteil an den gesamten M&A-Aktivitäten[4]

(2) *Branchenwechsel: New Economy Shakeout*

Die nicht mehr länger als solche zu bezeichnende New Economy löste in den vergangenen Jahren die Fusionswelle der klassischen Produktionsunternehmen ab. Insbesondere die Bereiche Telecommunication, Media and Technology (TMT) wurden erneut zum wichtigsten Treiber der weiteren M&A-Welle. Die Unternehmenszusammenschlüsse machten damit mehr als 20 Prozent des Gesamtmarktes aus. Die weltweiten Einbrüche an den Technologiebörsen haben schnell den Begriff des Shakeouts entstehen lassen. Die Konsolidierung des Sektors ist bereits im Jahr 2000 deutlich zu erkennen gewesen. Der Bracheninformationsdienst Webmergers hat eine Steigerung der M&A-Aktivitäten bei den Internetwerten von 85 Prozent vermeldet. Es wurden insgesamt 87 Mrd. Dollar an Kaufpreisen von Dot.Com's gezahlt – im Vergleich zu 48 Mrd. Dollar in 1999. Die Anzahl der Deals hat sich mit 910 im Vergleich zum Vorjahr verdoppelt. Interessanterweise hat auch hier das vierte Quartal zugeschlagen: So wurde im ersten Quartal 2000, also der Pre-Crash Zeit, 60 Prozent des Ganzjahresvolumens realisiert, während das vierte Quartal noch gerade sechs Prozent ausmachte. Anders hingegen bei der Transaktionsanzahl: Hier war das zweite Quartal 2000 mit 244 Deals das stärkste und das vierte Quartal lag mit 211 nur knapp dahinter.

---

4 UNCTAD 2000, Schätzung für das Jahr 2000.

(3)   *Feindliche Übernahmen*

Im Jahr 1999 war die Aufregung um die so genannten »feindlichen« Übernahmen groß. Übernahmegesetze mit der gesetzlichen Verhinderung von solchen Transaktionsgesprächen waren in der Diskussion. Die Aufregung war umsonst, die feindliche Übernahme hat sich nicht als ein erfolgreiches Instrument am Markt für Unternehmen etablieren können. Nachdem im Jahr 1999 gleich drei der fünf größten Transaktionen feindlich, d.h. nur gegen den Willen des Top-Managements, vorgetragen wurden, gab es im Jahr 2000 unter den 30 größten Transaktionen mit Unilever und Bestfoods nur eine einzige erfolgreiche Übernahme. Der Anteil der feindlichen Übernahmen sank von 705 auf 127 Mrd. Dollar im Jahr 2000 – unter Berücksichtigung des Vodafone/Mannesmann-Deals. Auch die Erfolgsquote lag deutlich niedriger: Nur 32 Prozent der feindlichen Ankündigungen konnten realisiert werden im Vergleich zu den durchschnittlich 41 Prozent der Jahre 1995 bis 1999. Die im Jahr 1999 aufgebauten Verteidigungsstrategien und Defense-Audit-Maßnahmen scheinen gegriffen zu haben.

(4)   *Demerger*

Im Jahr 2000 scheint sich jedoch ein Trend nachhaltig zu bestätigen: Die Desinvestition und der Demerger, also die Abspaltungen im Zuge einer Restrukturierung bis hin zur Auflösung einer Fusion. Insbesondere die Telekommunikationsindustrie hat hier zu vielen Spin-offs geführt. Aber auch andere Beispiele wie der prominente Fall BMW-Rover mit seinen erheblichen Kurssteigerungen im Nachgang des Demergers, der Übergang von Atecs von Mannesmann zu Siemens sowie auch die erneute Restruktuierung bei Aventis scheinen die derzeitige Notwendigkeit einer Desinvestitionspolitik zu unterstreichen. Verglichen zu den USA und England ist Deutschland noch deutlich im Hintertreffen. Aktuelle Zahlen, die im Rahmen einer A.T. Kearney Studie vorliegen, zeigen, dass die Anzahl der Desinvestitionen in den USA im Vergleich zu Deutschland bereits 10,8 fach höher war – auch England war 4,3-fach aktiver in der Desinvestition.[5]

(5)   *Prämienzahlung*

Die durchschnittliche Höhe der Akquisitionsprämie im Sinne eines Goodwills ist im Jahr 2000 noch einmal gestiegen. Die Übernahmeprämie von börsennotierten Unternehmen erreichte ein Niveau von durchschnittlich 50 Prozent. 1999 wurden durchschnittliche Prämien von 43 Prozent gezahlt und im Durchschnitt der 1990er Jahre ca. 40 Prozent.

---

5   Vgl. Müller-Stewens/Schäfer/Szeless 2001, S. 13.

(6)   Transaktionsfinanzierung

Bei der Finanzierungsart der Unternehmenszusammenschlüsse zeichnet sich ebenfalls eine Entwicklung ab: Nach dem nur 45 Prozent aller Transaktionen mit einem Barangebot versehen wurde, verliert in den letzten Monaten börsenbedingt die Aktie an Kaufkraft. Bereits ab dem ersten Quartal 2001 wurden wieder mehrheitlich Barangebote abgegeben.

c)   Für Praxis und Forschung: Neues Integrationsparadigma

Aus den unterschiedlichen Fusionswellen, den spezifischen Zahlen sowie den aktuellen Trends wird bereits deutlich, dass sich in den vergangenen Jahren eine erhebliche Veränderung der Integrationsanforderungen, der Integrationstiefe und letztlich auch der Integrationskompetenz ergeben hat (vgl. Abbildung 3). Überrascht es zunächst, dass nur wenige Forschungsarbeiten zu den unterschiedlichen Post-Merger-Aktivitäten vorliegen, so liegt einer der Gründe darin, dass das Thema »Integration« in den ersten Wellen kaum eine Bedeutung erhielt, da die Integrationskompetenz nicht Ausschlag gebend für den Erfolg der Transaktion war. Gemäß der gezeigten Trends der aktuellen Welle, können nun aber deutliche Einflüsse auf die Integrationsanforderungen beobachtet werden:

(1) *Cross border transactions* fordern eine neue regionale und nationalkulturelle Integrationskompetenz in nahezu allen Bereichen wie Corporate Governance, Marketing, Vertrieb oder auch Produktion und Corporate Finance.
(2) Zusammenschlüsse von *New Economy Unternehmen* und Dienstleistern sind in der Integrationsleistung aufgrund der eher wissens- und personalgetriebenen Kapitalien sehr unterschiedlich von den eher finanziellen und materiellen Kapitalien bestimmten Zusammenschlüssen klassischer Produktionsunternehmen.
(3) *Feindliche Übernahmeversuche* haben – unabhängig von ihrem üblicherweise freundlichen Ausgang – aufgrund der starken negativen Aufladung der beiden Organisationen enorme Anstrengungen in der operativen Synergieerzielung zur Folge.
(4) Die hohe Wettbewerbsdynamisierung führt zu immer schnelleren strategischen Neuorientierungen, so dass Unternehmensteile in Zukunft wesentlich fungibler werden, als es noch vor einigen Jahren der Fall war. *Strategische Desinvestitionen* – auch von jüngst erst erworbenen Bereichen – werden in den kommenden Jahren unternehmerische Normalität werden – mit allen damit verbundenen Risiken. Dennoch hat diese losere Kopplung unmittelbare Konsequenzen auf die Integrationstiefe.
(5) Die hohe Prämienzahlung an die Zielaktionäre legt das neufusionierte Unternehmen auf Jahre hinsichtlich der Rationalisierungsergebnisse fest. Die Goodwill Amortisation schafft eine spezifische Determinierung der weiteren strategischen Entscheidungen, so dass ein sorgfältiges Post-Merger-Management mit einem *Synergy Tracking* aufgesetzt werden muss, um Kaufpreis und Integrationskosten einzuspielen.

(6) Durch die Renaissance der *Barangebote* wird nun nicht mehr die positive Entwicklung der Börsen entsprechende Post-Merger-Fehler länger verschleiern können.

ZEITRAUM	STRATEGISCHE ZIELRICHTUNG	INTEGRATIONS-KOMPETENZ
1880 – 1904	1. Welle **Strategie:** Monopolrenten durch horizontale Übernahmen **Integrationsanforderung:** Bündelung der Marktmacht	■ □ □ □ □
1916 – 1929	2. Welle **Strategie:** Vertikale Integration zur Kontrolle der gesamten Wertschöpfungskette **Integrationsanforderung:** Optimierung des Schnittstellenmanagements	■ ■ □ □ □
1965 – 1969	3. Welle **Strategie:** anti-zyklisches Portfolio zur Konjunkturabfederung **Integrationsanforderung:** Aufgrund unverwandter Akquisitionen keine	□ □ □ □ □
ab 1981	4. Welle **Strategie:** »Back to core-Business« durch Desinvestitionen **Integrationsanforderung:** Durch Konsolidierung mit gelegentlichen horizontalen Akquisitionen nur bedingt	■ □ □ □ □
1985 - 1989	**Strategie:** Spekulationsgewinne durch Finanztransaktionen (LBO) **Integrationsanforderung:** Durch vorrangig finanzielle Motivation gering	■ □ □ □ □
1993 - heute	5. Welle **Strategie:** Steigerung des Shareholder-Value und Globalisierung **Integrationsanforderung:** Durch horizontale Akquisitionen um Kernkompetenz und regionale Integration hoch	■ ■ ■ ■ ■
Y2K+	**Strategie:** Talents & Technology und Konsolidierung der New Economy **Integrationsanforderung:** Durch spezifische Gründerkulturen und innovations- und personalgetriebenen Ansatz hoch	■ ■ ■ ■ □

Abb. 3: Strategische Konzepte und Integrationsanforderungen der fünf Fusionswellen

Zusammenfassend kann eine vollkommen neue unternehmerische Kernkompetenz im Akquisitionsmanagement konstatiert werden, die sich – vor dem Hintergrund der im kommenden Abschnitt gezeigten Erfolgsaussichten – sowohl in der Pre- als auch in der Post-Merger-Phase deutlich professionalisieren muss. Noch kann diese Kompetenz nicht auf wissenschaftliche Ergebnisse bauen und vertrauen, da bisher allenfalls einzelfallbezogen gearbeitet wurde oder im managementphilosophischen Bereich sich höchst widersprechende Empfehlungen finden lassen.

d) Licence to kill: Erfolgsquoten von Fusionen

Sind Fusionen eine Lizenz zum Töten? So spektakulär die letzten Fusionswellen auch hinsichtlich ihrer fortwährend steigenden Volumina und auch der immer kürzeren

Abstände zwischen den Wellen auch waren, umso spektakulärer sind hingegen die Misserfolgsraten dieser Unternehmenszusammenschlüsse. Wie genau der Erfolg von Fusionen bewertet wird, kann wissenschaftlich nicht hinreichend bestimmt werden, da alle bisher verwendeten Messmethoden systematische Schwächen aufweisen und in der Regel auf quantitative Werte abstellen.[6] Ohne auf diese Probleme im Detail einzugehen, soll die folgende Übersicht lediglich die allgemeine Tendenz aufzeigen:

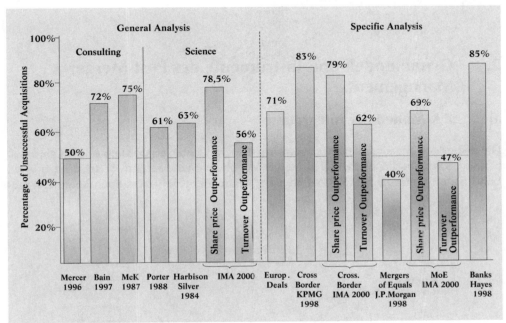

Abb. 4: Überblick über die M&A-Misserfolgsanalysen von Beratungen und Wissenschaft

Übersetzt bedeuten diese Misserfolgsquoten jedoch sehr unterschiedliche Ergebnisse auf der Aktionärsseite des Zielunternehmens (Verkäufer) und der Aktionärsseite des Käufers: So können die Aktionäre des Zielunternehmens mit einer Kurssteigerung von durchschnittlich knapp 20 Prozent rechnen. Im Jahr 2000 wurde – wie eingangs erwähnt – eine durchschnittliche Übernahmeprämie von gut 50 Prozent gezahlt. Der Durchschnitt der branchenübergreifenden Prämien betrug in den 1990er Jahren 40 Prozent.[7] Auf der Seite der Aktionäre der Käuferunternehmung hingegen sieht die-

---

6 Vgl. zu den Prozedere, Problemen und Potenzialen der Erfolgsmessung bei Fusionen Jansen/Petersen 2000. Zu einer Übersicht über verschiedene Ansätze und Studien siehe auch Jansen 2001a, S. 244.
7 Vgl. hierzu Müller-Stewens 2000, S. 54. Zahlen zum Jahr 2000 von Goldman Sachs.

ses Ergebnis anders aus: So ergibt sich ein statistisch signifikanter Wertverlust von 10,26 Prozent über den Zeitraum von fünf Jahren nach der Fusion von sämtlichen Transaktionen, bei denen die beteiligten Unternehmen an der NSYE/AMEX Transaktionen zwischen 1955 und 1987 notiert waren.[8] Anderen Untersuchungen zufolge beträgt der Vermögensverlust für die Käufer bereits in den ersten sechs Monaten ca. sieben Prozent.[9] Zu den Gründen für diese negative Entwicklung werden im Abschnitt 3 entsprechende Thesen diskutiert.

2. Grundmodell und Instrumente des Post-Merger-Managements

a) 7 K-Modell der Integration

Die bisherigen Auseinandersetzungen zum Thema Post-Merger-Management sind bisher nur sehr oberflächlich und arbeiten in hohem Maße selektiv.[10] In nahezu allen Lehrbüchern zum Thema M&A findet der Post-Merger-Prozess noch keine entspre-

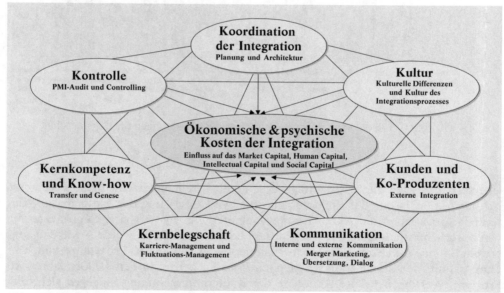

Abb. 5: Das 7 K-Modell des Post-Merger-Managements[11]

---

8 Agrawal/Jaffe/Mandelker 1992.
9 Vgl. hierzu Müller-Stewens 2000, S. 54.
10 Z.B. Lajoux 1998, Pritchett 1997 oder Galpin/Herndon 2000.
11 Vgl. Jansen 1999 und 2000c.

chende Berücksichtigung.¹² Als Basis für die weiteren Überlegungen in diesem Abschnitt soll an dieser Stelle das »7 K-Modell« dienen, das alle wesentlichen Aspekte des Post-Merger-Managements in eine Gesamtstrategie einbindet und die daraus resultierenden Integrationskosten besser bestimmbar macht:

Die sieben K's können in diesem Beitrag nur in aller Kürze angerissen werden, um einen Eindruck der Komplexität des gesamten Prozesses zu erhalten.¹³ Zuvor soll allerdings die mit diesem Modell intendierte Bestimmung von Integrationskosten ausgeführt werden, die bisher in den mittlerweile sehr komplexen Unternehmensbewertungsverfahren kaum Berücksichtigung erfahren hat. Im Zentrum stehen die vier wesentlichen Kapitalien einer Organisation: Market Capital, Human Capital, Intellectual Capital und Social Capital.

b) Kosten der Integration: Kostensynergien kosten Synergien!

Wesentlich für dieses Modell ist die Betrachtung aller Perspektiven unter Berücksichtigung der Integrationskostenbestimmung, die bisher entgegen der Synergien noch

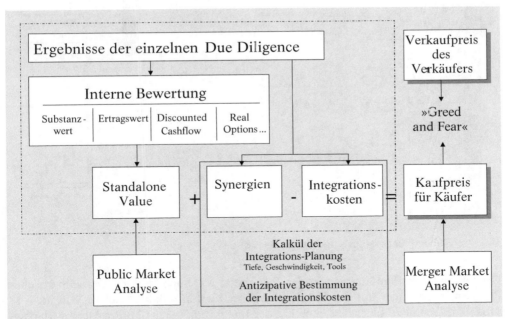

Abb. 6: Kalkül der Synergien und Integrationskosten¹⁴

---

12 Z.B. Weston/Chung/Hoag 1990 oder Gaughan 1999.
13 Vgl. zu einigen der Aspekte aber auch die Beiträge von Koch (Koordination), Pribilla (Kernbelegschaft und Kultur) und Zimmermann (Kommunikation) in diesem Band.
14 Porter 1987.

nicht systematisch in die Unternehmensbewertung einbezogen werden. Während die Bestimmung des Unternehmenswertes mittlerweile eine Flut von Beratungsprodukten hervorgebracht hat,[15] ist noch kein wissenschaftlich weitreichender Ansatz zur Bestimmung der Integrationskosten vorgelegt worden. Die folgende Abbildung gibt die grundsätzliche Bewertungslogik wieder.

Damit wird deutlich, dass die Kosten der Synergieerzielung mit eingeplant werden müssen. In vielen Fusionen sind diese in der Vergangenheit höher gewesen als die zu erzielenden Synergien. Deswegen kann die zum Teil widerlegte These der überhöhten Kaufpreise als Scheiterungsgrund von Michael Porter über dieses Argument bestätigt werden.[16] Dieses Kalkül sieht im Detail wie folgt aus:

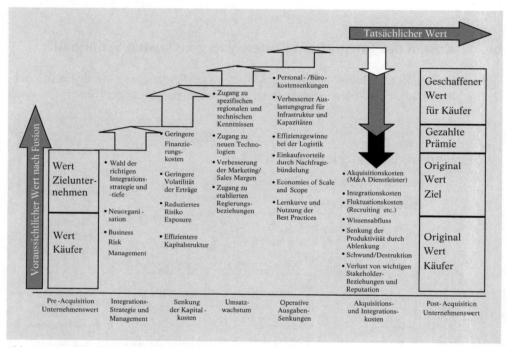

Abb. 7: Quellen für Synergien und Integrationskosten[17]

Die zukünftigen Bemühungen in der Forschung wie auch in der unternehmerischen Praxis müssen daher auf die Schätzung dieser Kostentreiber abzielen. Wie im 7 K-Modell gezeigt, sind hier alle sieben K`s der Integration bereits im Pre Merger-Management hinsichtlich ihrer Kostenwirkungen zu berücksichtigen. Während mittlerweile

---

15 Vgl. Jansen 2001a, S. 190–223.
16 Porter 1987.
17 Jansen 2001a, S. 193.

alle Manager der ersten fünf Hierarchieebenen sich kontinuierlich über den Börsenwert informieren, sind die drei originären Kapitalien der Organisation unbeobachtet: Fusionen haben einen unmittelbaren Einfluss auf das *Human Capital* (die Kernbelegschaft und die Attraktivität im »war for talents«), auf das *Intellectual Capital* (Wissen, Innovationen und andere immaterielle Aktiva) und auf das *Social Capital* (Reputation in Märkten, Markenkapital, Beziehungen). In den Thesen wird deutlich werden, welchen unmittelbaren Einfluss Fusionen auf die Vernichtung dieser Kapitalien haben.

c) Koordination: Integrationsplanung und -architektur

Eine Fusion stellt zu einem Zeitpunkt nahezu alle Routinen, alle Strukturen und Kommunikations- und Entscheidungsregeln im operativen Geschäft in Frage. Diese Komplexität der organisationalen Neugründung wird nur durch eine komplexe Struktur der Integrationsarchitektur möglich, die als temporäre Parallelorganisation fungiert.[18]

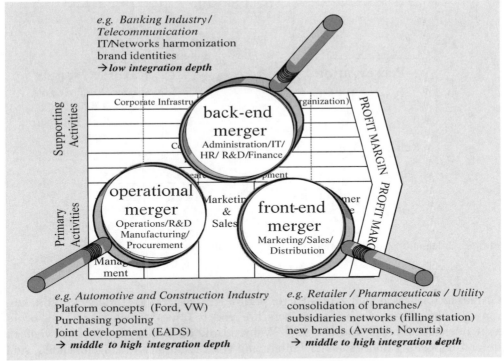

Abb. 8: Drei Fusionstypen und spezifischen Integrationstiefen[19]

18 Vgl. auch den Beitrag von Koch in diesem Buch.
19 Jansen 2001b, Exhibit 13.

Die Koordination und die Architektur der Integrationsaktivitäten wird im Wesentlichen durch den Typus der Transaktion und seiner strategischen Zielsetzung geprägt, aus dem sich Entscheidungen hinsichtlich der Integrationsnotwendigkeiten, der -verbote und damit auch der Integrationstiefe ableiten lassen. Die folgende idealtypische Unterscheidung von drei Fusionstypen gibt einen ersten Hinweis auf die Koordinationsfrage (s. Abb. 8)

Nach dieser Bestimmung des Fusionstypus lassen sich unterschiedliche Integrationsansätze hinsichtlich ihrer Anforderungen an den organisatorischen Wandel unterscheiden:

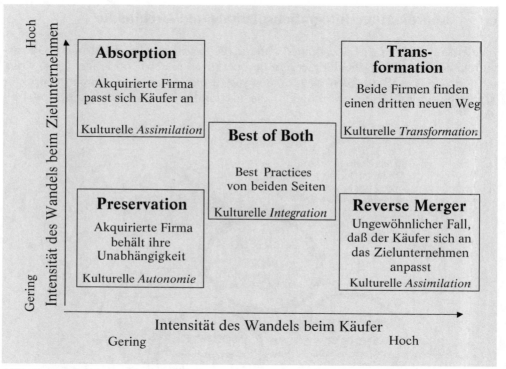

Abb. 9: Integrationstypologien und ihre »Integrationskultur«[20]

Grundsätzlich lassen sich zentralisierte und dezentralisierte Post-Merger-Architekturen erkennen, sowie die bei grenzüberschreitenden Transaktionen vielfach zu beobachtenden symbiotischen Ansätze.[21] Während die zentralisierten Formen vielfach unter Überlastung und fehlender Einbindung von dezentraler Intelligenz leiden, sind

---

20 Vgl. hierzu z.B. Marks/Mirvis 1998, S. 73.
21 Vgl. Morosini 1999.

bei dezentralen Integrationsarchitekturen häufig Verschleppungstendenzen bei der Synergieerzielung zu beobachten. Symbiotische Architekturen werden eingesetzt, bei komplexen Integrationsprozessen, wie beispielsweise große »Merger of Equals« und insbesondere grenzüberschreitende Transaktionen (vgl. PricewaterhouseCoopers Abb. 10). Dabei wird eine zentrale Perspektive mit ungefähren Integrationsaufgabenfeldern definiert und das Berichtswesen eingesetzt, während in der Organisation dezentral selbstdefinierte Issues-Teams zusammengesetzt werden und ergebnisoffen direkt am Markt arbeiten (wie beispielsweise die vielfach eingesetzte Post-Merger-Matrixorganisation von DaimlerChrysler).

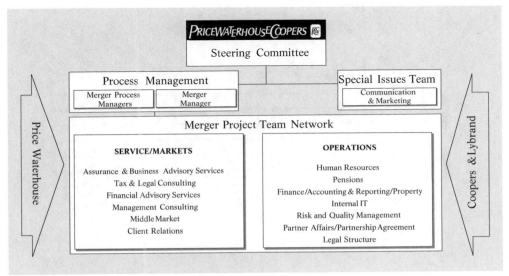

Abb. 10: Integrationsarchitektur von PricewaterhouseCoopers [22]

Dennoch zeigt die bisherige Praxis, dass jede Fusion eine hochspezifische, an die Branchenlogik, die Fusionsstrategie und auch die bisherige Erfahrungen mit anderen Change-Management-Projekten ausgerichtete Architektur benötigt.

d) Kultur: Due Diligence und Fusionskultur

Eines der Dauerthemen bei Zusammenschlüssen scheint das Thema der Kultur zu sein. Dabei wird insbesondere bei grenzüberschreitenden Fusionen die Kultur als wesentlicher Faktor für das Gelingen bzw. Scheitern angeführt. Auch in der wissen-

---

22 Vgl. UBS 2000.

schaftlichen wie auch managementorientierten Literatur ist dieses Thema beherrschend. Auffällig ist die ausgesprochene Varianz von verschiedenen Erklärungsversuchen des Phänomens Kultur. Allen gemein ist jedoch, dass Kultur im Wesentlichen als Problem erkannt wird.

Nachdem nun auch in Beratungen das Thema seit den 1980er Jahren nicht mehr wegzudenken ist, werden nun angesichts der Fusionswelle eigene Produkte angeboten, die im Wesentlichen auf die Pre-Merger-Phase ausgerichtet sind. Die so genannte »Cultural Due Diligence« ist ein solcher Versuch, entsprechende Kulturprofile zu erstellen, die Aussagen für das Post-Merger-Management zulassen sollen.

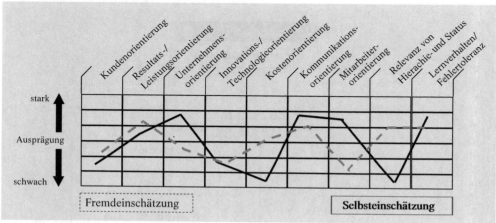

Abb. 11: Cultural Due Diligence[23]

Die grundsätzliche Problematik dieser Instrumente liegt in den Annahmen, die ihnen zugrunde liegen. So ist keineswegs klar, ob ein *cultural fit* hier entsprechend positive oder negative Konsequenzen für das Unternehmen und seine Leistungskraft aufweist. Die bisherige Meinung spricht in der Regel von einem *cultural clash* als Scheiterungsursache.

Nahavandi und Malekzadeh haben in einer differenzierten Darstellung die unterschiedlichen Konstellationen zusammengefasst, die bei zwei Unternehmenskulturen auftreten können. Dabei spielen zum einen das Interesse der Beibehaltung der eigenen Kultur und zum anderen die Attraktivität der neuen Kultur eine Einfluss gebende Rolle.

---

23 Vgl. für solche Darstellungen z.B. Jung 1992, S. 202.

Adoption of the culture of the other Organization. There is no attempt to retain the own old culture (e.g. crises before the merger).

Both Cultures are for both sides attractive. Parts of both cultures are joining the new culture: »Merger of the Best«

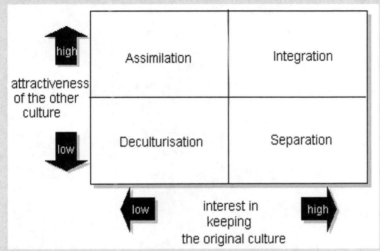

In these two cases there is no interest in the other culture at all (Hostile Bid, Merger Syndrome, tough competition before the merger).

In the case of **Deculturisation** it is possible that a new third culture of the target organization emerges.

In the case of **Separation** both organizations resist on the validity of their own culture (exaggerated differentiation).

Abb. 12: Vier Typen der Akkulturation [24]

Für die nationalkulturellen Unterschiede bei grenzüberschreitenden Transaktionen sind ebenfalls eine Vielzahl von Analysen durchgeführt worden – mit sehr unterschiedlichen Ergebnissen.[25] Ähnlich wie bei den unternehmenskulturellen Annahmen ist es auch hier nicht geklärt, inwieweit unterschiedliche Nationalkulturen entsprechende positive oder negative Einflüsse auf die Post-Merger-Erfolge haben. Die folgende Darstellung von Morosini zielt auf die nationalkulturellen Unterscheidungen ab, die nach seiner Einschätzung klar konfliktgeladen sind: Umgang mit Entscheidungen unter Unsicherheit einerseits und Macht bzw. Hierarchie als wesentliches Steue-

---

24 Modifiziert nach Nahavandi/Malekzadeh 1988.
25 Für viele Untersuchungen mit Fokus M&A: Olie 1994; Morosini 1998, 1999; Gertsen et al. 1998.

rungsmedium andererseits. Im Rahmen der Thesen und der eigenen Untersuchungen wird auf diese Aspekte der nationalen und organisationalen Kulturen genauer eingegangen.

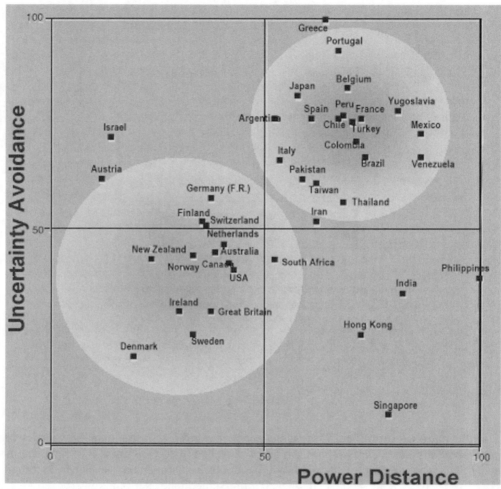

Abb. 13: Nationale Kulturprofile nach Umgang mit Unsicherheit und Einsatz von Hierarchie[26]

e) Kunden und Ko-Produzenten: Integriert die Externen!

Ein Mythos bei Fusionen ist: Der Kunde merkt das nicht und der Zulieferer hat es hinzunehmen. »Under new management!« Ein Mythos: Die Umsatzdellen nach Zusammenschlüssen sind symptomatisch und die Kundenwanderungen basieren auf unter-

---

26 Morosini 2000.

schiedlichen Motiven. Zulieferer hingegen sehen die Kostensynergien insbesondere auf der Seite des Einkaufs. Somit gäbe es den Hinweis auf ein volkswirtschaftliches Null-Summen-Spiel, da es lediglich um eine Redistribution von Gewinnen der Zuliefererfirmen auf die fusionierenden Unternehmen gibt. Es sind daher antizipative direkte oder indirekte Preiserhöhungen von Zulieferern zu beobachten. Die Integration der Externen ist eine zwingende Aufgabe vor dem Day One, um entsprechende Probleme zu verhindern. Dazu sind Integrationsnotwendigkeiten nach hinten und nach vorn in der Wertschöpfungskette für das gesamte Supply-Chain-Management sowie eine Kundenintegration zwingend.

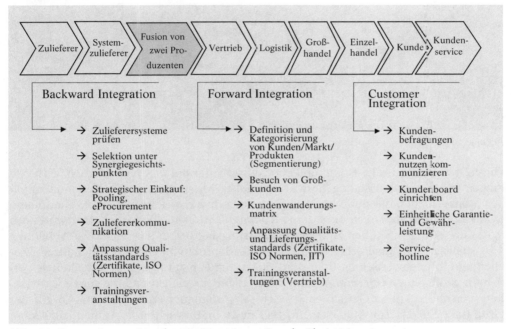

Abb. 14: Externe Integration als ein »Post-Merger-Supply-Chain-Management«

f) Kommunikation: Kommunikation zu Stakeholdern für Shareholder Value

Der Aspekt der Unternehmenskommunikation ist mittlerweile als wichtigste Aufgabe rund um die Fusionsankündigung und Post-Merger-Phase erkannt. Die Herausforderung der Kommunikation liegt in der gleichzeitigen Ansprache von sehr unterschiedlichen Zielgruppen.

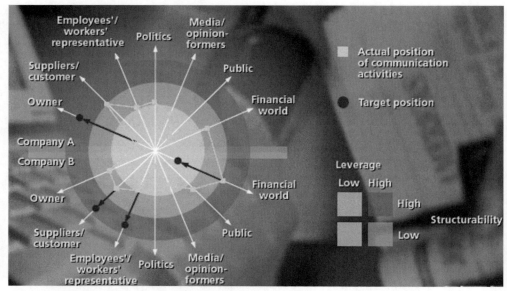

Abb. 15: Kommunikationsradar [27]

Durch die systematische Kommunikationslücke aufgrund der vertraulichen Verhandlungen bis zur Ankündigung besteht ein hohes Misstrauen in die Kommunikation des Managements, das auch im Nachgang nur schwer zu korrigieren ist. Die interne Kommunikation aber auch die externe Kommunikation an alle Stakeholder wird nach Auskunft aktueller Studien zum zentralen Erfolgsfaktor bei Fusionen. Die Abbildung 15 visualisiert die entsprechenden Kommunikationsaktivitäten hinsichtlich ihrer aktuellen und ihrer gewünschten Intensität. Ersten Studien zufolge kann festgehalten werden, dass die reinen *Informations*aktivitäten nicht ausreichen und die starke Entwicklung von destruktiven Gerüchten so nicht eingedämmt werden können. So gilt der Grundsatz für das Top-Management: Bad news first! Nur durch Authentizität kann das Vertrauen wieder zurückgewonnen werden, so dass auch die »good news« wieder geglaubt werden. Interessant auch hier die alte Einsicht der Corporate-Communications-Abteilungen: Externe Kommunikation ist interne Kommunikation – vice versa. Die externe Kommunikation hingegen wird u.a. auch durch eine Stabilisierung des jeweiligen Markenkapitals, das Merger-Marketing und durch die intensive Stakeholder-Kommunikation stark gefordert.

g) Kernbelegschaft: Identifikation und Incentivierung

John Chambers, CEO Cisco Systems, antwortete auf die Frage »How do you measure success in your acquisitions?« für seine Branche klar und präzise: »Retention of peo-

---

27 Vgl. UBS 2000.

ple and [...] short-term wins for acquired employees«. In der Tat: Auch in der Old Economy steigt die Fluktuation von Mitarbeitern nach Fusionen auf das 12fache des Normalniveaus.[28] Das Human-Resource-Management ist während der Umsetzung der Post-Merger-Phase mit vielen Herausforderungen konfrontiert – und das häufig ohne in der Pre-Merger-Phase miteinbezogen zu werden.

Selektion
→ Identifikation der Kernbelegschaft (Leistungsträger für das Wachstum)
→ Identifikation der Multiplikatoren für das PMI Management

Vergütung/Incentives
→ Harmonisierung des Vergütungssystems
→ Incentivierung der Kernbelegschaft zur Verhinderung der Fluktuation
→ Variabler Anteil an PMI Erfolg koppeln

Personalentwicklung
→ Schnelle Anpassung der Qualifizierungsmaßnahmen auf die neuen Aufgaben
→ Karriereplanungen müssen angepasst werden

Arbeitsstrukturen/-formen
→ Erprobung neuer Formen der Arbeit
→ Beobachtung der Routinen/Workflow
→ Einsatz von cross organizational und functional Teams

Evaluation
→ Anpassung der Evaluationsverfahren
→ Mitarbeitergespräche und 360 Grad-Bewertungen erzeugen Stimmungsbild
→ Link: Feedback und Weiterbildung

Kommunikation
→ Informationsveranstaltungen
→ Face-to-Face-Gespräche hinsichtlich der »me factors«
→ Abstimmung corporate communication

Abb. 16: Human-Resource-Management bei Fusionen

All diese Aspekte sind im Rahmen einer Human-Resource-Due-Diligence aufzunehmen, da gerade hier wesentliche Kostentreiber für die Integrationskosten zu finden sind.

h) Kernkompetenz-Management: Transfer und Genese von Wissen

Die gestiegenen Prämien auf die Börsenkurse, die Käufer für das Zielunternehmen bezahlen, sind auch vor dem Hintergrund des impliziten, eingebetteten Wissens im

---

28 Vgl. hierzu ausführlich Jansen/Pohlmann 2000.

Zielunternehmen zu betrachten. Wer als Käufer viel Geld für etwas so wenig Greifbares wie »Wissen« bezahlt, muss im Integrationsprozess ein großes Interesse daran haben, dieses Erfolgspotenzial umgehend in einen geschäftlichen Erfolg umzuwandeln. Ein Misserfolg an dieser Stelle, d.h. hier der Abfluss von Wissen, gefährdet die Rentabilität der Investition. Die erfolgreiche Nutzung der Wissenspotenziale im Integrationsprozess – und im anschließenden operativen Geschäft – wird durch einen strukturierten Prozess der Handhabung von Wissen, das so genannte »Knowledge Management« ermöglicht. Wissensmanagement wurde in den 1990er Jahren zu einem der wichtigsten Modekonzepte der Managementlehre. Dennoch ist auffällig, dass diesem Thema bei Mergers & Acquisitions sowohl in der Praxis als auch in der wissenschaftlichen Betrachtung nahezu keine Bedeutung beikommt. Dabei sind die Gründe für den Wissensverlust nach Fusionen vielfältig:

- Fluktuation der Wissensträger
- Viele Routinen werden zur Diskussion gestellt (Unsicherheit)
- Angst vor der Explikation (Rationalisierung der eigenen Arbeitsplätze)
- Harmonisierung der Informations- und Kommunikationstechnologien (Wissensmanagementsysteme und Intranet-Anwendungen)
- Sprachprobleme
- Research & Development Departments leiden besonders unter Merger-Syndrome

Es lassen sich zwei Motivationen beim Wissensmanagement unterscheiden: Wissenstransfer und Wissensgenese. Während die meisten ökonomischen Theorien – wie die Resource Dependance Theory – auf den Wissenstransfer zwischen den beiden Organisationen abzielen, wird bei der Wissensgenese die Betrachtung auf die Voraussetzungen für eine erhöhte Innovationskraft von Unternehmen umgestellt. Als bewährte Instrumente haben sich hier cross-funktionale Teams sowie cross-organisationale Teams aus beiden Organisationen für Produktneuentwicklung erwiesen. Weiterhin sind die in den 1990er Jahren entstandenen Corporate Universities hilfreich für die Vernetzung der Wissensträger (und weniger für die Vermittlung von Wissen). Bei diesem jungen Forschungsthema wird in den nachfolgenden Thesen genauer zu untersuchen sein, wie sich das Wissen und sein Management auf den langfristigen Erfolg von Zusammenschlüssen auswirkt. Insbesondere die Hinweise der innovationsgetriebenen New Economy können hier Aufschlüsse geben.

i) Kontrolle: Integration Balanced Scorecard

Es bestehen vielfache Anforderungen an ein Prozess-Controlling über die aktuellen Entwicklung des Zusammenschlusses. Der Bedarf an substanzieller Kommunikation für alle Stakeholder ist enorm und läuft einher mit dem hohen Kommunikationsauftrag der fusionierenden Unternehmen.

Die Post-Merger-Phase ist die komplexeste Reorganisationsmaßnahme mit Konsequenzen für nahezu alle Stakeholder insbesondere Kunden, Zulieferer, aber auch Aktionäre und Analysten. Aber auch für die eigene Lernkurve in einem Zusammenschluss ist eine derartige Informationsbasis relevant für die eigenen Entscheidungen. Daher wird ein kompakter Überblick auch zur Einleitung von Korrektur-Maßnahmen notwendig (Verantwortlichkeiten definieren und Commitment erzeugen).

Unter dem Begriff des »Post-Merger-Audits« haben sich eine Vielzahl von Versuchen der Nachrechnung von derartigen Zusammenschlüssen versammelt. Es handelt sich nahezu ausschließlich um Wirtschaftlichkeitsnachrechnungen (good will Amortisationsrechnungen). Die Anforderungen an ein aussagekräftiges Post-Merger-Audit hingegen müssen mehrere Aspekte zusätzlich aufnehmen:

- Das Post-Merger-Audit muss verschiedene Zieldimensionen integrieren können, d.h. eine finanzielle Evaluation der Transaktion sowie die Erreichungsgrade aller weiteren damit verbundenen Ziele qualitativer Art aufnehmen.
- Post-Merger-Audit muss auch die Maßnahmen und Interventionen des Post-Merger-Managements *selbst* mit berücksichtigen.

Ziel der Bemühungen muss es sein, dass Mehrfachakquisiteure bei einer reflektierten Betrachtung ihres Fusionsmanagements zu einer verbesserten Lernkurve kommen, da sie ihre eigenen Fähigkeiten auch im Hinblick auf die Umsetzung hin untersuchen.

Ein erster Versuch diese unterschiedlichen Zieldimensionen in einem Post-Merger-Audit zu operationalisieren, ist das bereits in vielen anderen Kontexten diskutierte Konzept der Balanced Scorecard.

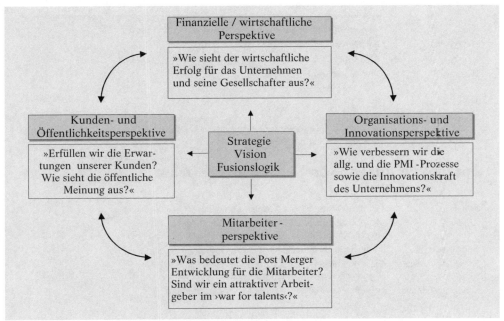

Abb. 17: Die Post-Merger-Integration Balanced Scorecard[29]

---

29 Vgl. zur allgemeinen Logik der Balanced Scorecard zusammenfassend Kaplan/Norton 1996.

3. Thesen und Tests von nationalen and internationalen Fusionen in der Old und New Economy

Das Hauptproblem für die Praxis beim Post-Merger-Management sind die Management-Handbücher. Aufgrund einer fehlenden Datenbasis werden hier seit Jahren Mythen über das richtige Integrationsmanagement weitergetragen, die keineswegs als valide angenommen werden können. Dabei bestehen vor dem Hintergrund der skizzierten Einzelaspekte und der nahezu unveränderten Misserfolgsquoten in den letz-

Allgemeine Analyse des Fusionsmanagements

Sample:	800 Transaktionen mit dem größten Volumen mit deutscher Beteiligung
Quelle:	»M&A Review-Database« St. Gallen
Zeitraum:	Deals angekündigt und Closing zwischen 1994 und 1998
Teilnehmer:	103 Transaktionen (13% Rücklauf)
Forschungsdesign:	Umfangreicher Fragebogen und ausgewählte Interviews

Differenziert Analyse:	Dealtyp	Nationalität	Branche	Größe
	Merger of Equals vs. reine Akquisitionen	Nationale Transaktionen vs. Cross Border	Dienstleistung und Handel vs. Produktion	»Giants« vs. »Mittelstand« (<1 Mrd. DM Umsätze)

Typ:	58% reine Akquisitionen und 42% Mergers of Equals
Nationalität:	63% Nationale Transaktionen und 37% Cross Border Transactions
Branche:	30% Dienstleistung und Handel 70% Produktion
Größe:	62,5% Giants
Konsolidierung:	86% der Transaktionen befanden sich entweder in der späten Phase der Konsolidierung oder wurden bereits abgeschlossen → Hohe Validität des Samples

Spezifische Analyse von New Economy-Deals

Sample:	Mehrfachakquisiteure im Silicon Valley (»Early New Economy«)
Kriterium:	Mehrfachakquisiteure (mindestens 10 Transaktionen pro Jahr mit einem M&A-Ansatz des externen Wachstums
Teilnehmer:	5 Käufer (Adobe, Cisco, Exite@Home, Quantum, Veritas)
Forschungsdesign:	Semi-strukturierte qualitative Interviews mit Top-Managern (Vorstandspositionen oder Vice Presidents »Post Merger«)
Erhebungszeitraum:	Dezember 1999 an der Stanford University, Palo Alto

Abb. 18: Sample und Forschungsdesign der empirischen Analysen[30]

---

30 Vgl. zu den Auswertungen der Studie Jansen 2000b, c und Jansen/Körner 2000.

ten Jahren sowohl in der Praxis wie auch in der seit jeher sehr mühsamen wissenschaftlichen Forschung eine Vielzahl von gänzlich offenen Fragen, die im Folgenden anhand von ausgewählten Hypothesen mit dem 7 K-Modell aufgeführt und diskutiert werden.

Anhand von zwei eigenen Analysen sowie auf Basis weiterer Spezialanalysen werden hier erste Anhaltspunkte für diese ausgewählten Hypothesen gegeben. Die eigenen Untersuchungen sind wie folgt charakterisiert:

Auch wenn hier eine relativ breite Übersicht über die aktuellen Post-Merger-Fragestellungen gegeben wird, sind einige der Hypothesen angesichts des verfügbaren Studienmaterials noch nicht konkret zu analysieren bzw. zu bewerten.

Einige der folgenden Thesen sind mit Erfolgsfaktorenanalysen verbunden. Dabei ist es aufgrund der sehr unterschiedlichen Messungsmöglichkeiten[31] wesentlich, die Definition des Erfolgs zu explizieren: Der Erfolg wurde bei den eigenen empirischen Analysen an der Outperformance beim Umsatz und beim Börsenwert im Vergleich zur Branche gemessen. Damit sind lediglich quantifizierbare Größen berücksichtigt und letztlich eine unterkomplexe Erfolgsgröße bereitgestellt, die aber zumindest eine gewisse Vergleichbarkeit ermöglicht.

a) Allgemeine Ergebnisse zum Erfolg, zu Zielen, Erfolgsfaktoren und Fehlern

Die Abbildung 19 zeigt die unterschiedlichen Erfolgsentwicklungen des deutschen Samples. Als Erfolgskenngröße wurden zunächst die Börsenwert- bzw. die Umsatz-Outperformance herangezogen, d.h. die Entwicklungen relativ zum jeweiligen Branchendurchschnitt. Dabei wurde erstmalig nach Transaktionstypus, Nationalität des Partners, Branche und Größe des Käufers unterschieden, so dass differenzierte Aussagen abgeleitet werden konnten.

Bei den Zielen stand die »Erhöhung der Marktpräsenz« bei 70 Prozent der Teilnehmer im Vordergrund. »Kostensynergien auf der Leistungserstellungs- und der Vermarktungsseite« folgten mit 39 bzw. 31 Prozent auf den weiteren Plätzen. Die »Realisierung von Wachstumssynergien« lag mit 16 Prozent im mittleren Bereich, während die »Erhöhung der Innovationskraft« mit vier Prozent das Ende der Zielskala markierte.

Die wichtigsten Aufgaben bei Post-Merger-Management, die von dem erfolgreichen Sample signifikant häufiger vorgenommen worden sind, waren die »schnelle Entscheidung über die Führungsstruktur«, die »Erarbeitung einer Kommunikationsstruktur« sowie der »Einsetzung von Integrations- bzw. Projektteams«.

Die Hauptfehler im Post-Merger-Management lagen in der Selbsteinschätzung bei der »unzureichenden Einbeziehung der Mitarbeiter« mit 31 Prozent, »mangelnden Kommunikationsstrategien« mit 27 Prozent und bei dem »Fokus auf Kostensynergien statt auf Innovation« mit 19 Prozent.

---

31 Vgl. Jansen/Petersen 2000.

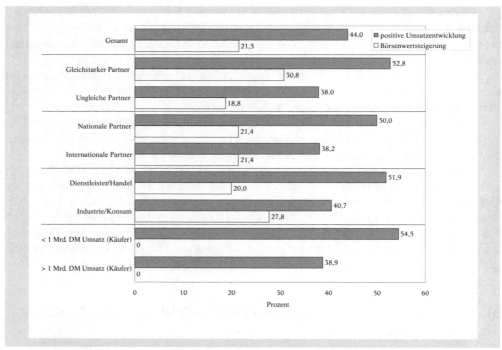

Abb. 19: Erfolgsquoten von Zusammenschlüssen mit deutscher Beteiligung (Outperformance-Maß)

b) Thesen zur Koordination bei Mergern

These 1: Integrationsarchitekturen und Integrationstypologien aus der Theorie sind zu statisch und für die Praxis auf Geschäftsbereichsebene zu differenzieren. Integrationsteams sind für die Transformation in der Post-Merger-Phase erfolgsentscheidend.

Die Integrationsarchitekturen können – wie eingangs erläutert – in zentrale (hierarchische) und dezentrale (nicht-hierarchische) und symbiotische Architekturen unterschieden werden. Die empirische Analyse zeigt, dass die symbiotischen Arrangements aufgrund der Verschleppung von Aktivitäten bei dezentralen Architekturen einerseits und aufgrund einer Überlastung des Top-Managements bei zentralen Architekturen andererseits erfolgreicher verlaufen. Ähnlich zeigt es sich bei den Integrationstypologien: In der Praxis lassen sich starke Abweichungen von den Idealtypen beobachten. So sind einerseits zeitlich versetzte nacheinander folgende Integrationstypen zu erkennen. Insbesondere in der New Economy wurden zunächst sehr lose Anbindungen geschaffen (Stand Alone) und über die Zeit entweder tiefer integriert (Symbiose oder Absorption) oder auch desinvestiert. Hier wird eine *Patching-Strategie* verfolgt, bei der unterschiedliche Zukünfte mit den akquirierten Unternehmen möglich bleiben müssen.[32] Andererseits sind entsprechend einer Integrationsplanung auch Differenzierungen auf der Geschäftsbereichebene vorzunehmen, so dass es innerhalb eines Zusammenschlusses zu sehr unterschiedlichen Integrationstypen und -tiefen kommt. Ein Spezialproblem ist die angeführte Lösung des »Best of Both«: Hier wird versucht, Best Practices aus beiden Organisationen zusammenzulegen, was in der Praxis immer der Novation – also der Neuerfindung – unterlegen ist, da keineswegs für beide Organisationen klar ist, welche der beiden »Practices« wirklich die beste ist.

Die erfolgreichen Unternehmen des allgemeinen Samples haben besonderen Wert auf die Integrationsplanung gelegt, die wesentlich differenzierter und zeitiger erfolgte als bei dem nicht erfolgreichen Sample. Ein wesentlicher Aspekt bei der Planung war die Roll-out-Struktur, d.h. die Durchdringung der Maßnahmen durch beide Organisationen. Dabei wurde in beiden Samples deutlich, dass der Einsatz von Integrationsteams – cross funktional zusammengesetzt aus beiden Organisationen – bereits in einer sehr frühen Phase ein kritischer Erfolgsfaktor ist. Hier waren die New-Economy-Unternehmen vorbildlich. Unternehmen wie der Harddisk-Hersteller Quantum haben solche Teams bereits in der Pre-Closing-Phase eingesetzt und sie systematisch den gesamten Prozess über begleiten lassen.

These 2: Die Integrationsgeschwindigkeit ist kein Kriterium für einen erfolgreichen Zusammenschluss. Cross-Border-Transaktionen brauchen länger. In der New Economy hingegen wird schneller integriert.

Speed! Speed! Speed! Einer der anhaltendsten Mythen beim Fusionsmanagement ist der der Geschwindigkeit. Hier steht der so genannte »Rapid Integration Approach« von General Electric Pate, der bis heute bei vielen zum Standard der Integrationsgestaltung zählt.[33] Danach dient die Schnelligkeit vor allem der Produktion von klaren Führungs- und Kommunikationsstrukturen, dem Ausnutzen der Veränderungserwartung, dem Abbau von Unsicherheit sowie der Erzielung von schnellen Erfolgen. Demgegenüber steht der Ansatz »Go slow!«. Hier werden insbesondere Aspekte der besseren Vorbereitung, die Berücksichtigung des Merger-Syndrome mit all seinen psychologischen Konsequenzen sowie eine höhere Partizipation aller Stakeholder hervorgehoben.[34]

In den empirischen Analysen lässt sich aber keine signifikante Korrelation von der Zeitspanne zwischen dem Vertragsabschluss und dem Start der Integrationsaktivitäten und der entsprechenden Umsatz- bzw. Börsenwertentwicklung im Nachgang zur Fusion feststellen. Von den 45 Prozent der analysierten Zusammenschlüsse, die direkt im ersten Monat mit der Umsetzung begannen, konnte nur jede fünfte Fusion eine

---

32 Vgl. Gomez 2000.
33 Vgl. Ashkenas 1998.
34 Vgl. z.B. Yunker 1983 in Buono/Bowditch 1989, S. 15.

Wertsteigerung erzielen. Etwas besser sah dies aus bei Zusammenschlüssen, die erst nach drei Monaten mit der Integration begonnen haben – diese konnten immerhin in 40 Prozent eine Wertsteigerung verbuchen. Die für eine sorgfältige Planung und Analyse der zukünftigen Integrationsaktivitäten sinnvoll genutzte Zeit scheint gegenüber einer schnellen und dadurch möglicherweise übereilten Umsetzung erfolgswirksam sein. Wenn auch die Umsetzungsgeschwindigkeit nicht prinzipiell mit dem Erfolg einer Fusion zusammenhängt, so wird jedoch die Geschwindigkeit bezogen auf notwendige Entscheidungen – z.B. die Entscheidung über die neue Managementstruktur und die Anpassung der Gehaltsstrukturen – als Erfolgsfaktor für das Integrationsmanagement erkennbar.

Zwei empirische Ergebnisse zu den grenzüberschreitenden Transaktionen und den New Economy Deals: Zum einen ergaben sich in dem allgemeinen Sample keine signifikanten Unterschiede bei der Integrationsgeschwindigkeit von nationalen oder internationalen Transaktionen.[35] Überraschend hingegen die Ergebnisse bei den New Economy Deals, die die intuitive These widerlegten: Die Integrationsgeschwindigkeit war geringer als in der Old Economy. Ein wesentlicher Grund liegt allerdings auch in dem nun bedingt stattfindenden Change-Management bei den New-Economy-Transaktionen, die im Wesentlichen Wachstumsmerger mit Innovationsfokus sind, im Gegensatz zu den Rationalisierungsmergern mit Kostenfokus.

c) Thesen zur Kultur bei Zusammenschlüssen

These 3: Die Unterschiede in den Unternehmenskulturen spielen eine wesentliche Rolle für den Misserfolg von Fusionen

In dem allgemeinen Sample ließ sich erstaunlicherweise kein signifikanter Zusammenhang von Unternehmenskultur und dem Erfolg von Zusammenschlüssen ermitteln. Bei Zusammenschlüssen, die diesem intuitiven Aspekt der Kultur einen hohen Stellenwert bei den Aufgaben beigemessen haben, war keine entsprechend bessere Umsatz- oder Börsenwertentwicklung zu verzeichnen gewesen. Im Gegenteil: Unternehmen, die bereits mehrere Akquisitionen in der gleichen Größenordnung durchgeführt haben und somit über eine entsprechende Fusionserfahrung verfügen sollten, haben dem Thema Kultur sogar eine geringere Bedeutung zugemessen. Diese Ergebnisse sind im weiteren Verlauf noch weiter zu ergründen, dennoch erscheint es hier interessant, eine Dethematisierung der Kultur bei Fusionen zu erproben, um Kultur nicht von vornherein als Problem zu diskutieren. Bei den New-Economy-Transaktionen wurde die Vokabel der Kultur gegen die einer »gemeinsamer Vision über das zukünftige Geschäftsmodell« ausgetauscht und damit weitaus stärker operationalisiert.

---

35 Vgl. auch Gerds 2000, S. 185.

These 4: Kulturelle Aspekte spielen insbesondere bei Cross-Border-Transaktionen eine Ausschlag gebende Rolle.

In dem allgemeinen Sample wurde deutlich, dass den kulturspezifischen Instrumenten (z.B. eine Cultural Due Diligence) bei grenzüberschreitenden Transaktionen keineswegs mehr Bedeutung beigemessen wurden als bei den rein nationalen. Auch bei der Angabe, ob in diesem Bereich Fehler begangen wurden, gab es keinen signifikanter Unterschied hinsichtlich der Nationalität des Partners. Eine Unterstützung zu diesem empirischen Befund ist eine weitere Analyse, die sogar einen leicht positiven Zusammenhang von nationalkulturellen Unterschieden und Post-Merger-Erfolg feststellen konnte.[36] Die wissensbasierten Unternehmen haben signifikant weniger grenzüberschreitende Transaktionen durchgeführt. Dies ist zum einen auf das technologische Clustering im Silicon Valleys zurückzuführen, aber zum anderen auch auf die oben genannte »gemeinsame Vision über das zukünftige Geschäftsmodell«, die sie nach eigenen Angaben vor allem im Silicon Valley und im Bostoner Raum antreffen würden. So hatte beispielsweise Cisco bis 1999 nur sehr wenige grenzüberschreitende Transaktionen durchgeführt.

d) Thesen zu Kunden und Ko-Produzenten bei Zusammenschlüssen

These 5: Die Kunden und die Zulieferer antizipieren die Konsequenzen der Fusion und handeln entsprechend schädlich für das fusionierte Unternehmen.

Der Mythos, dass die Fusion ohne weitgehende Konsequenzen für die Kunden und Ko-Produzenten verbleibt, ist ein Mythos. Faktisch ergibt sich eine systematische Absatzdelle. 56 Prozent der Unternehmen im allgemeinen Sample haben nach der Fusion im Verhältnis eine geringere Umsatzsteigerung erzielen können als die Gesamtindustrie. Dies war interessanterweise bei den grenzüberschreitenden mit 63 Prozent noch einmal höher, obwohl hier eine Globalisierungsstrategie mit entsprechender Nutzung der beiden Vertriebskanäle anzunehmen wäre. Im Branchendurchschnitt verlieren fusionierende Unternehmen zwischen 5 und 10 Prozent direkt nach einer Fusion.[37]

Auch die Zulieferer antizipieren die negativen Konsequenzen aus der Fusion durch die konsolidierte Einkaufsmacht. Shleifer und Summers haben in einer Analyse von impliziten Verträgen mit Zulieferern und Kunden das Null-Summen-Spiel aufgezeigt, nach dem sich bei Fusionen durch einen Bruch dieser impliziten Verträge eine Redistribution von Gewinnen von Kunden- und Zuliefererorganisationen auf das fusionierte Unternehmen beobachten lässt.[38]

---

36 Morosini 1999; Morosini et al. 1998.
37 Down 1995, S. 10.
38 Vgl. Shleifer/Summers 1988.

Deswegen wird hier eine entsprechende Integration der Externen wichtig. Bei der New Economy hingegen waren die Zuliefererstrukturen nicht vergleichbar mit denen der Old Economy, dennoch wurde der Nutzen für den Kunden in das Zentrum der Fusionslogik gestellt. Auch bei unabhängigen Marktforschungen haben die Kunden der fusionierten Unternehmen diesen Kundennutzen wahrgenommen. Ebenfalls auffällig war die als gestiegen wahrgenommene Servicequalität im Nachgang von Fusionen – ein für die Old Economy eher untypisches Phänomen. Bei 51,9 Prozent der Zusammenschlüsse von Dienstleistern, Handel und New Economy stiegen die Umsätze relativ zur Branche, gegenüber nur 40,7 Prozent im Industrie- und Konsumgütersektor.

These 6: Das Wachstum mit klaren Vertriebs- und Marketingzielen steht im Vordergrund der Fusionsstrategie.

68 Prozent der untersuchten Unternehmen haben die Vertriebs- und Marketingziele als das Hauptziel bzw. als maßgebliche Motivation zum Merger angegeben. Vor allem bei Cross-border-Transaktionen sind Zusammenschlüsse ein Instrument für die Erhöhung von Marktanteilen im Ausland. Die notwendigen Analysen für die Umsetzung der jeweiligen Marketing- und Vertriebsziele im Vorfeld des Zusammenschlusses wurden jedoch von der Mehrzahl der Studienteilnehmer deutlich vernachlässigt. Nur sieben Prozent haben hier detailliertere Analysen durchgeführt. Dabei hat sich gerade bei diesen Aufgaben in der Analyse ein klarer kritischer Erfolgsfaktor herausgebildet: Zusammenschlüsse, die diesem Thema mehr Bedeutung beigemessen haben, konnten signifikant höhere Umsätze erzielen.

e) Thesen zur Kommunikation bei Zusammenschlüssen

These 7: Nach der Ankündigung entsteht ein unvermeidliches Kommunikationsparadox. Kommunikationsmängel sind die zentralsten Fehler bei Fusionen.

In der Folge von Fusionsankündigungen entsteht ein von den Psychologen so bezeichnetes Merger-Syndrome.[39] Die Dominanz der »me-factors« führt dabei zu einer Gerüchteküche. Da zu einem Zeitpunkt nahezu alles in Frage zu stehen scheint, ist ein enormes Stressniveau in der Organisation. Dazu kommt das Misstrauen aufgrund der zuvor geheimen Verhandlungen der Vorstände. Das Kommunikationsparadox zeigt sich wie folgt: Aufgrund der Informationslücke im Rahmen der Verhandlungen wird die schnelle Information und Kommunikation zur wichtigsten Aufgabe und gerade deswegen werden die Informationen nicht an- und aufgenommen bzw. sie werden

---

39 Marks/Mirvis 1985.

nicht geglaubt. In den empirischen Untersuchungen zeigt sich daher deutlich, dass einerseits in der Selbsteinschätzung die Kommunikation mit 27 Prozent zweithäufigst angeführter Fehler ist und anderseits bei den benötigten Instrumenten mit 72 Prozent »Konzepte für die Kommunikationsstrategie« an erster Stelle liegen. Bei den internationalen Fusionen wurde hier deutlich mehr darauf geachtet – obwohl die Sprache hier nicht die zentrale Rolle spielt. Für die Glaubwürdigkeit gibt es auch nach den Erfahrungen der New-Economy-Transaktionen nur ein Mittel: bad news zuerst und ungeschönt.

These 8: Externe Kommunikation ist interne Kommunikation – vice versa. Externe Begleitung durch eine Kommunikationsagentur ist authentischer und börsenkursrelevanter als rein interne Öffentlichkeitsarbeit.

Aufgrund der Gerüchte haben alle untersuchten Unternehmen die Erfahrung gemacht, dass intern nur das geglaubt wurde, was extern über den Deal berichtet wurde, währenddessen die interne Kommunikation immer gleichzeitig auch externe Kommunikation wird. Bei einer Analyse wurde die Wirksamkeit von interner und externer Öffentlichkeitsarbeit untersucht.[40] Das Ergebnis: Externe Begleitung der Öffentlichkeitsarbeit ist erfolgreicher als eine rein interne Kommunikationsstrategie.

f) Thesen zur Kernbelegschaft und zum Karrieremanagement bei Zusammenschlüssen

These 9: Nach Fusionen steigt die Fluktuationsrate deutlich an. Dies ist ein wesentlicher Grund für den Misserfolg von Fusionen. Daher sollte ein Fokus auf das Retention-Management gelegt werden.

Nach unterschiedlichen Analysen steigt die Fluktuationsrate auf das 12fache des Normalniveaus an. Es verlassen durchschnittlich ungefähr 70 Prozent der oberen Managementebenen innerhalb von fünf Jahren das Unternehmen – nicht selten zur Konkurrenz.[41] Wissenschaftlich ungeklärt bleibt aber der Zusammenhang von Fluktuation mit dem Erfolg von Fusionen. In einer Analyse der Fluktuationsraten konnte kein signifikanter Zusammenhang gefunden werden.[42] Intuitiv einleuchtend ist dabei, dass insbesondere bei reinen Übernahmen häufig die schlechte Managementperformance des Zielunternehmens Motiv für die Übernahme gewesen ist. Change-Management im Sinne eines »Change the Management« kann daher durchaus geplant sein und auch der Fusionslogik entsprechen. Wichtig wird demzufolge die Definition der Kernbelegschaft und ihre entsprechende Incentivierung. Bei einer entsprechenden Integra-

---

40 Müller-Stewens/Salecker 1991.
41 Vgl. zu den Zahlen auch Jansen/Pohlmann 2000.
42 Vgl. Gerpott 1993.

tionstiefe wirkt nichts demotivierender als nicht harmonisierte Gehalts- und Incentivestrukturen.[43] Im Rahmen einer Human-Resource-Due-Diligence sollten diese Definition sowie die entsprechenden Kosten mitberücksichtigt werden. Insbesondere die Dienstleistungsunternehmen und noch deutlicher die New-Economy-Unternehmen haben das Retention Management an die erste Stelle ihrer Post-Merger-Aktivitäten gesetzt. John Chambers, der CEO von Cisco Systems, antwortete auf die Frage »How do you measure success in your acquisitions?« klar: »Retention of people and [...] short-term wins for acquired employees.«

These 10: Die beiden Personalabteilungen und auch Inhouse-Consulting-Abteilungen sollten weitgehend separat arbeiten, so dass sich das Merger-Syndrome nicht weiter multipliziert.

Diese These ist bisher noch nicht empirisch analysiert worden. Dabei wird angenommen, dass die Personabteilungen wie auch der in dem Roll-out involvierte Inhouse-Consulting-Bereich zunächst nicht integriert werden sollten. Denn gerade in dieser Phase stellen sich erhöhte Anforderungen an diese Bereiche für die individuelle Betreuung der Belegschaft und für die Multiplikation im Rahmen des Change Management Prozesses. Durch die zunächst parallel laufenden Strukturen wird ohne Merger-Stress und mit entsprechender Fokussierung auf das Kerngeschäft eine Individualisierung der Personalarbeit sowie eine reibungslosere Post-Merger-Beratung möglich.

g) Thesen zum Kernkompetenz-Management bei Zusammenschlüssen

These 11: Nach Fusionen haben die Unternehmen aufgrund der Selbstbeschäftigung mit den Fusionsfolgen Innovationsprobleme.

Bei der Angabe der strategischen Motive für die Fusion sind die Kostensynergien auf der Leistungserstellungs- und der Vertriebsseite mit 39 bzw. 31 Prozent führend. Die Erhöhung der Innovationskraft landete mit vier Prozent auf dem letzten Platz – die Realisierung von Wachstumssynergien mit 16 Prozent eher im hinteren Mittelfeld. Die meisten horizontalen Fusionen sind Kostenmerger. Dies macht sich auch bemerkbar bei der Innovationskraft im Nachgang von Fusionen. So blieben im deutschen Sample zwar die Ausgaben für Forschung und Entwicklung konstant, die Anzahl und auch die Qualität der Patente sanken nach dem Zusammenschluss signifikant. Die Selbstbeschäftigung durch die Integration der Forschungsbereiche führt in vielen Innovationsbranchen wie der Pharmaindustrie zu dem Problem, dass die Produktpipeline versiegt und sich daher nachhaltige Umsatzeinbrüche ergeben können. Bei den New-Economy-Deals lässt sich ein vollständig konträres Bild zeichnen: Während bei den Unternehmensbewertungen keine Kostensynergien angesetzt wurden, floss das Wissenskapital systematisch ein. Die Forschungsausgaben wurden deutlich erhöht.

---

43 Vgl. Datta 1991.

These 12: Fusionen finden aufgrund des impliziten Wissens und der Beziehungen statt. Doch Fusionen führen zur Vernichtung von Intellectual und Social Capital.

Viele Fusionen bezahlen für das implizite Wissen sowie Beziehungen und Reputation einen Goodwill. Erstaunlicherweise lassen sich nur sehr vereinzelte Aktivitäten zum Wissensmanagement bei Fusionen erkennen. Auch in der Forschung ist dieser Aspekt noch weitgehend unberücksichtig geblieben. Dennoch lässt sich bereits in ersten Ansätzen zeigen, dass das sehr flüchtige Intellectual und Social Capital durch Fusionen schnell zerstört wird. Vor allem sind hohe Verluste in der organisationalen Wissensbasis zu verzeichnen. Gründe sind Ängste vor Rationalisierung, Unsicherheit über die Zukunft der bestehenden Projekte, Mitarbeiterfluktation und auch die technologische Harmonisierung der unterschiedlichen Wissensmanagementsysteme. Durch die hohe Management-Fluktuation ist weiterhin ein Verlust an wichtigen informellen Beziehungen zu verzeichnen sowie eine Reputationsverschlechterung auf Kreditmärkten (Bonitätsrating) und Arbeitsmärkten.

h) Thesen zur Kontrolle bei Zusammenschlüssen

These 13: Post-Merger-Audits sind wichtige Instrumente des Prozesscontrollings und sollten sowohl unter finanziellen Aspekten wie auch unter sozialen Aspekten die Wirtschaftlichkeit der Investition und das Post-Merger-Management selbst evaluieren.

Post-Merger-Audits – eine Selbstverständlichkeit der Investitionsrechnung hinsichtlich der Amortisationsanalyse – werden empirisch nahezu kaum durchgeführt. Nur sieben Prozent sehen hier eine wichtige Aufgabe für den Fusionserfolg. Als ein Hinweis auf bisher erste unzulänglich vorliegende Instrumente kann das Ergebnis interpretiert werden, dass 16 Prozent weitere Instrumente fordern. Die eingangs skizzierten Balanced Scorecard-Systeme helfen, eine Reflektion über die finanziellen und nicht-finanziellen Ergebnissen zu erreichen sowie eine Prozesssteuerung über die eingesetzten Interventionen im Post-Merger-Management zu evaluieren und zu korrigieren.

These 14: Es gibt eine Lernkurve bei Mehrfachakquisiteuren, d.h. sie haben eine bessere Performance als Unternehmen, die nur selten Transaktionen durchführen.

Diese nahe liegende These ließ sich nicht bestätigen. Eine erste Analyse legte eine U-Kurve von Transaktionsanzahl des Unternehmens und Erfolg nahe.[44] Danach sind

---

44 Vgl. Haleblian/Finkelstein 1999.

erstmalige Käufer erfolgreicher als die Unternehmen, die bereits einige Transaktionen durchgeführt haben und eine gewisse Hybris ausgebildet haben. Erst dann steigt der Erfolg der nachfolgenden Deals wieder langsam an. Interessanterweise konnte in den eigenen Analysen kein Zusammenhang von zuvor getätigter Transaktionsanzahl und Post-Merger-Performance festgestellt werden. Vor dem Hintergrund der Strategie bei Mehrfachakquisiteure im Silicon Valley lässt sich zeigen, dass sich hier Lernkurveneffekte durch Routinisierung der Prozesse bei dem wiederholten Erwerb von ausschließlich Kleinstunternehmen im Silicon Valley erzielen lassen – wie auch Erfahrungen bei General Electric und Tyco belegen. Großakquisitionen hingegen verändern die Organisation so grundlegend und nachhaltig, dass sich die Erfahrungen nur sehr schwer auf die nächste Transaktion übertragen lassen.

Zusammenfassung

Der Markt für Unternehmen hat sich in den vergangenen 100 Jahren fundamental verändert. In der fünften Fusionswelle haben sich die Integrationsanforderungen aufgrund der neuen industriellen Logik und der Globalisierung deutlich erhöht. Auf Basis des 7 K-Modells werden ausgewählte abgeleitete Hypothesen mittels zweier eigenen empirischen Untersuchungen von 103 Großtransaktionen mit deutscher Beteiligung einerseits sowie von fünf Mehrfachakquisiteuren der High Tech-Industrie im Silicon Valley andererseits getestet. Die Ergebnisse widerlegen die üblichen Empfehlungen der Managementliteratur und scheinen mit einigen anhaltenden Mythen zu brechen. Drei Beispiele: Die Integrationsgeschwindigkeit korreliert nicht mit dem Post-Merger-Erfolg. Insbesondere die wissensbasierten New-Economy-Deals haben weniger schnell und weniger tief integriert als die Transaktionen mit physischen Aktiva. Ein anderes zunächst kontraintuitives Ergebnis: Kulturelle Ähnlichkeit ist kein Erfolgsfaktor. Grenzüberschreitende Transaktionen und Mehrfachakquisiteure fokussieren kulturspezifische Aufgaben und Instrumente sogar weniger. Weiterhin: Es konnte keine steigende Lernkurve von Mehrfachakquisiteuren bei Großtransaktionen beobachtet werden. Diese ersten Ergebnisse können nur als ein kleiner Beitrag zu einer zu differenzierenden Theoriebildung verstanden werden, die vor dem Hintergrund der unverändert hohen Misserfolgsquoten notwendig erscheint.

Literatur

Agrawal, Anup/Jaffe, Jeffrey F./Mandelker, Gershon N. (1992): *The Post-Merger Performance of Acquiring Firms: A Re-examination of an Anomaly,* The Journal of Finance, Vol. XLVII, 4, September 1992, S. 1605–1621.
Ashkenas, Ronald N./DeMonaco, Lawrence J./Francis, Suzanne C. (1998): *Making the Deal Real: How GE Capital Integrates Acquisitions,* Harvard Business Review, January – February 1998, S. 165–178.
Bleeke, Joel/Ernst, David (1994): *Rivalen als Partner. Strategische Allianzen und Akquisitionen im globalen Markt,* Frankfurt.
Bleeke, Joel/Ernst, David (1995): *Is Your Strategic Alliance Really a Sale?,* Harvard Business Review, 1995, S. 97–105.
Bleeke, Joel/Ernst, David: (1991): *The Way to Win in Cross-Border Alliances,* Harvard Business Review, November – December 1991, S.127–135.
Boston Consulting Group (BCG) (2000): *Crossing Borders – European Mergers and Acquisitions,* BCG-REPORT, September 2000.
Bühner, Rolf (1992): *Aktionärsbeurteilung grenzüberschreitender Zusammenschlüsse,* Zeitschrift für betriebswirtschaftliche Forschung, 5/1992, S. 445–459.
Buono, Anthony F./Bowditch, James L. (1989): *The Human Side of Mergers and Acquisitions – Managing Collisions Between People, Cultures, and Organizations,* San Francisco.
Datta, Deepak K. (1991): *Organizational Fit and Acquisition Performance: Effects of Post-Acquisition Integration,* Strategic Management Journal, Vol. 12, S. 281–297.
Down, James W. (1995): *The M&A Game is Often Won or Lost after the Deal,* Management Review Executive Forum, S. 10.
Galpin, Timothy J./Herndon, Mark (2000): *The Complete Guide to Mergers and Acquisitions – Process Tools to Support M&A Integration at Every Level,* San Francisco.
Gaughan, Patrick (1999): *Mergers, Acquisitions and Corporate Restructurings,* 2nd Edition, New York.
Gerds, Johannes (2000): *Post Merger Integration – Eine empirische Untersuchung zum Integrationsmanagement,* Wiesbaden.
Gerpott, Thorsten J. (1993): *Ausscheiden von Top-Managern nach Akquisitionen: Segen oder Fluch?,* Zeitschrift für Betriebswirtschafslehre, 63, 12, S. 1271–1294.
Gertsen, Martine Cardel/Søderberg, Anne-Marie/Torp, Jens Erik (Hrsg.) (1998): *Cultural Dimensions of International Mergers and Acquisitions,* Berlin/New York.
Gomez, Peter (2000): *Management des Unternehmensportfolios – Wertsteigerung durch Akquisition,* in: Picot, Arnold/Nordmeyer, Andreas/Pribilla, Peter (Hrsg.): Management von Akquisitionen, Stuttgart.
Haleblian, Jerayr/Finkelstein, Sydney (1999): *The Influence of Organziational Acquisition Experience on Acquisition Performance: A Behavioral Learning Perspective,* Administrative Science Quarterly, 44, S. 29–56.
Jansen, Stephan A. (2001a): *Mergers & Acquisitions: Unternehmensakquisition und -kooperation – Eine strategische, organisatorische und kapitalmarkttheoretische Einführung,* 4. Auflage, Wiesbaden.
Jansen, Stephan A. (2001b): *DaimlerChrysler Post-Merger Management,* Case Study, Harvard Business School.
Jansen, Stephan A./Picot, Gerhard/Schiereck, Dirk (2001): *Internationales Fusionsmanagement – Erfolgsfaktoren grenzüberschreitender Unternehmenskäufe,* Stuttgart.
Jansen, Stephan A. (2000a): *Post Merger Management in Deutschland Teil I,* M&A REVIEW, 9, S. 334–339.

Jansen, Stephan A. (2000b): *Post Merger Management in Deutschland Teil II*, M&A REVIEW, 10, S. 388–392.

Jansen, Stephan A. (2000c): *10 Thesen gegen Post Merger Integration Management*, Organisationsentwicklung, 1/2000, S. 16–32.

Jansen, Stephan A./Müller-Stewens, Günter (2000): *Endet die fünfte Welle auf dem Markt für Unternehmensübernahmen in einer neuen Rezession? Geschichte, Trends und Erfolgsfaktoren von Zusammenschlüssen*, Frankfurter Allgemeine Zeitung, 230, 4.10.2000, S. 49.

Jansen, Stephan A./Körner, Klaus (2000): *Fusionsmanagement in Deutschland – Eine empirische Analyse von 103 Zusammenschlüssen mit deutscher Beteiligung zwischen 1994 und 1998 unter spezifischer Auswertung der Erfolgswirkungen des Typus der Fusion, der (Inter-)Nationalität, der Branche und der Unternehmensgröße*, Witten/Herdecke University, 2. Auflage, November 2000.

Jansen, Stephan A./Pohlmann, Niko (2000): *Herausforderungen und Zumutungen: Das Human Resource Management bei Firmenzusammenschlüssen*, Personalführung, 2/2000, S. 30–39.

Jansen, Stephan A./Petersen, Jens (2000): *Mythos »Merger-Misserfolg«? Prozedere, Probleme und Potentiale der Erfolgsmessung von Unternehmenszusammenschlüssen*, M&A REVIEW, 12/2000, S. 470–475.

Jansen, Stephan A. (1999): *Mergers & Acquisitions optimal managen: Die Härte der weichen Faktoren: Post Merger Management*, Handelsblatt, 06.08.1999, K3.

Jung, Helga (1993): *Erfolgsfaktoren von Unternehmensakquisitionen*, Stuttgart.

Kaplan, Robert S./Norton, David P. (1996): *Using the Balanced Scorecard as a Strategic Management System*, Harvard Business Review, January – February 1996, S. 75–85.

Lajoux, Alexandra Reed (1998): *The Art of M&A Integration: A Guide to Merging Resources, Processes, and Responsibilities*, New York et al.

Lubatkin, Michael/Calori, Roland/Philippe, Very/Veiga, John F. (1998): *Managing Mergers Across Borders: A two-nation exploration of a nationally bound administrative heritage*, Organization Science, Nov/Dec 1998, 9, 6, S. 670–684.

Marks, Mitchell Lee/Mirvis, Philip H. (1998): *Joining Forces: Making One Plus One Equal Three in Mergers, Acquisitions, and Alliances*, San Francisco.

Marks, Mitchell Lee/Mirvis, P. (1985): *Merger Syndrome: Stress and Uncertainity*, Mergers & Acquisitions, 20, 2, S. 50–55.

Morosini, Piero (2000): *Managing Cultural Differences*, Presentation »2nd Executive M&A Congress«, Institute for Mergers & Acquisitions (IMA), Witten/Herdecke University, 4.11.2000.

Morosini, Piero (1999): *Managing Cultural Differences – Effective Strategy and Execution Across Cultures in Global Corporate Alliances*, Oxford.

Morosini, Piero/Shane, Scott/Singh, Harbir (1998): *National Culture Distance and Cross-Border Acquisition Performance*, Journal of International Business Studies, 29, 1, S. 137–158.

Müller-Stewens, Günter/Schäfer, Michael/Szeless, Georg (2001): *Wertschaffung durch strategische Desinvestitionen*, M&A REVIEW, 1/2001, S. 13–18.

Müller-Stewens, Günter (2000): *Akquisitionen und der Markt für Unternehmenskontrolle: Entwicklungen und Erfolgsfaktoren*, in: Picot, Arnold/Nordmeyer, Andreas/Pribilla, Peter (Hrsg.): Management von Akquisitionen, Stuttgart, S. 41–62.

Müller-Stewens, Günter/Salecker, Jürgen (1991): *Kommunikation – Schlüsselkompetenz im Akquisitionsprozeß*, Absatzwirtschaft, 10, S. 104–113.

Nahavandi, Afsaneh/Malekzadeh, Ali R. (1988): *Acculturation in Mergers and Acquisitions*, Academy of Management Review, 13, 1, S. 79–90.

Olie, Rene (1994): *Shades of Culture and Institutions in International Mergers*, Organization Studies, 15, 3, 381ff.

Porter, Michael (1987): *From Competitive Advantage to Corporate Strategy*, Harvard Business Review, May – June, S. 43–59.

Pritchett, Price with Robinson, Donald/Clarkson, Russell (1997): *After the Merger: The Authoritative Guide for Integration Success*, Revised Edition, New York/London.

Schmidt, Reinhart (1999): *Cross Border Mergers and Corporate Governance – An Empirical Analysis from 1988 to 1999*, Betriebswirtschaftliche Diskussionsbeiträge Martin-Luther-Universität Halle-Wittenberg, 36/99, Halle.

Shleifer, Andrei/Summers, Lawrence H. (1988): *Breach of Trust in Hostile Takeovers*, in: Auerbach, Alan J. (Hrsg.): Mergers & Acquisitions, Chicago, S. 7–20.

UBS (2000): *Mergerland*, CD-ROM, in cooperation with Günter Müller-Stewens.

Weston, Fred J./Chung, Kwang S./Hoag, Susan E. (1990): *Mergers, Restructuring, and Corporate Control*, New York.

Sachverzeichnis

Abfindung
- angemessene 146
Ablaufplan für Transaktionen im Wege des beschränkten Bietungs- bzw. Auktionsverfahrens 30
Abrechnungsbilanz 145
Absichtserklärung (Proposal) 27
Accounting Standards 299
Accretion 331
Action-Plan 30
Akquisitionsobjekt
- Analyse 287
Akquisitionsrisiko 290
Aktien
- Aktionärsstruktur 204
- Ausgabe neuer 203
- Ausgabe von Inhaberaktien 204
- Ausgabe von Namensaktien 204
- Kontrolle über das Unternehmen 204
- Namensaktien, vinkulierte 204
- Rückkauf eigener Aktien 204
Aktien-Optionsplan 441, 442
Aktiengesellschaft 221, 242
- Einbringung des Unternehmens 179
- Eingriff in die Mitglieds- und Vermögensrechte der Aktionäre 228
Aktienkursreaktionen 321, 330
Aktienmodelle
- synthetische 442
- virtuelle 442
Aktie als Währung 529
Analyse 21, 137
Änderungskündigung 154, 432
Änderungssperre 155
Anfangsbesteuerung (up-front-taxation) 446
Angebot
- unverbindliches 27
Angebotsprozess 27
Angestellte
- leitende 437
Angleichung
- der vertraglichen Konditionen 154
- kollektivrechtlicher Rechte und Pflichten 154
Anhörung des Betriebsrats 440

Anlagevermögen 299
Anpassungs-Mechanismus 28
Anrufungsauskunft 447
Anspruchsniveau
- Ableitung 411
Anteilserwerb 139
Arbeitgeber
- Wechsel 142
Arbeitnehmer 141
Arbeitsamt 438
Arbeitsbedingungen 148
Arbeitslosengeld 437
Arbeitsmethoden, neue
- Einführung 433
Arbeitsverhältnisse 142
Asset-Deal-Modell 240
- Abschreibungsvolumen 241
- Anschaffungskosten 241
- Buchwertaufstockung 240
- Buchwerte 241
- Einzelrechtsübertragung 240
- Einzelwirtschaftsgüter 241
- Step-up 241
- Teilwerte 241
- Übernahme-GmbH 240
- Zwischenholding 240
Asset Deal 27, 69, 122, 141, 144, 149, 160
- Erbbaurechte 183
- Grundstücke 183
Assumptions 27
Auffangklauseln 145
Aufhebungsverträge 440
Aufpreise 202
Aufsichtsrat 203
Auktionsverfahren 25
Ausgangssituation
- steuerliche 72
Ausgleich
- angemessener 146
Ausgleich-Mechanismus 28
Ausgleichszahlung 143
Ausnahmen vom Zusammenschlusstatbestand
- Anteilsaufstockungen 385
- konzerninterne Umstrukturierungen 385

- Transaktionen 385
- unternehmensinterne Umstrukturierungen 385
- Weiterveräußerung 386
Ausschüttungshypothese 347
Ausstiegsmöglichkeit 28
Ausübungsmöglichkeit 446
Auswahlrichtlinien
- für die Sozialauswahl 440
Automobilbereich 142

Basic und External Due Diligence 295
Basispreis 443
Beendigungen des Arbeitsverhältnisses 438
Begriff des Betriebes oder Betriebsteils 150
Berichtigungspflicht des Veräußerers 136
Beschränkungen
- öffentlich-rechtliche 182
Besitzstandswahrung 156
Best-of-Both 409
Bestandsgarantie 170
Besteuerung 446
- Asset Deal 84
Besteuerungsstaat 447
Besteuerungszeitpunkt 447
Bestimmtheit 137
Bestimmtheits-Grundsatz 141
Besteuerung
- Share Deal 84
Beteiligung an einer Gesellschaft 139
Beteiligungserwerb 139
Betreiber
- persönliche Konzession 182
Betrieb
- räumliche Verlagerung 158
- Spaltung 158
- Veräußerung 158
- Vermögensübertragung 158
- Verschmelzung 158
Betriebsänderung 158, 428
Betriebsstilllegung 157
Betriebsanlagen
- Änderung der 433
Betriebsausgabenabzugsverbot 108
Betriebsbegriff 150
Betriebsmittel, immaterielle
- Abnahmeverträge mit Dritten 150
- Geschäftspapiere 150
- Good-Will 150
- Know-how 150

- Kundenlisten 150
- Lieferverträge mit Dritten 150
- Schutzrechte 150
Betriebsorganisation
- Änderung der 433
Betriebsrat
- Übergangsmandat 159
- Unterrichtung und Information 433
Betriebsspaltung 158
Betriebsstätten-Finanzamt 447
Betriebsteil
- Übertragung 158
- Veräußerung 158
Betriebsübergang 141, 148, 150, 432
Betriebsübertragung 150
Betriebsvereinbarung 154, 437, 445
Betriebsverfassungsgesetz 429
Betriebsverlegung 432
Betriebszugehörigkeit
- Dauer 154
Betriebszweck
- Änderung des 433
Beurkundung
- notarielle 184
Beweislast 171, 289
Bewertung
- vorläufige 30
Bewertungsstandards 36, 145
Bezugsrecht der Aktionäre
- Ausschluss 203
Bezugsrechtsausschluss 444
BGB-Gesellschaft 182
Bidding Instructions 31
Bietungs-Wettbewerb 27
Bietungsverfahren 25, 27
Bilanzgarantie 170, 300
Bilanzierungsstandards 36, 145
Bindefrist 443
Binding Offer 28
Bolt-on 409
Bonitäts-Prüfung 31
Bonusleistungen (Break-up-Fees) 29
Börsengang
- ad hoc Publizitäts-Pflicht 267
- Akquisitionen 256
- Aktienausgabe 260
- Aktienkaufverträge 251
- Altaktionäre 256
- Analystenpräsentation 256
- Analystenveranstaltungen 267

Sachverzeichnis

- Angebotspreis (Emmissionspreis) 260
- Anlagevermögen, privates 244
- Antrag auf Billigung des Prospekts 257
- Antrag auf Börsenzulassung 248, 257
- Aufgeld (»Agio«) 252
- aufschiebende Bedingungen 267
- Auktionsverfahren 262
- Ausgabebetrag der neuen Aktie 253
- Ausgliederung von Unternehmensteilen 244
- Ausschluss des Bezugsrechts der Aktionäre 269
- Bankenkonsortium 250
- bedingtes Kapital 256
- Bekanntheitsgrad des Unternehmens 244
- Bezugspreis (Emissionspreis) 253, 260
- Bezugsrechtsausschluss 250, 260, 269
- Bezugsrecht der Altaktionäre 260
- Bilanzpressekonferenz 267
- Black-out-Period 258
- Blood Letter 265, 266
- Bookbuilding 252, 260
- Börsenpräsentation 249
- Börsenreife 245
- Bring-down-Call 265, 266
- Comfort Letter 250, 258, 268
- Deutsche Kassenverein AG 251
- Deutsche Schutzvereinigung für Wertpapierbesitz 262
- Eigenkapital 258
- Eigenkapitalbasis 243
- Einführung in den Handel 251
- Einreichung des Börsenzulassungsprospekts 265
- Eintragung der Kapitalerhöhung 264
  - in das Handelsregister 251
- Einzahlung 264
- Emissionsbank 250
- Emissionserlös 268
- Emissionspreis 251, 266
- Emissionsvolumina 244
- Emittenten 247
- erstes Closing 251, 267
- Festsetzung
  - des Bezugspreises 260
  - des Emissionspreises 252, 260
- Force-Majeure-Klauseln 251
- Freistellung 254
- Fremdbegebung 250
- frisches Kapital 256
- Garantie 250, 254
- Gebot der Volleinzahlung des Aufgelds 252
- genehmigtes Kapital 256
- genehmigte Kapitalerhöhung 269
- Generally Accepted Accounting Principles (US-GAAP) 267
- Generation der Erben 244
- Gesamt-Ablaufplan 271
- Gesellschafterversammlung (Hauptversammlung) 247, 255
- Gewährleistung 250, 254
- Global Coordinator 250
- Greenshoe 268
  - -Option 268
  - -Periode 268
- Haupttranche 270
- Hauptversammlung 267
- Hauptversammlungsbeschluss 248, 253
- Hinweisbekanntmachung 259, 266
- Image-Kampagne 249
- Informationstechnik 244
- International Accounting Standards (IAS) 267
- IPO 242
- Jahresabschluss 267
- Kali + Salz-Rechtsprechung 269
- Kapitalerhöhung 248, 250, 253, 255, 256, 264
- Kauforder 252, 260
- Kommunikationstechnik 244
- Kompetenz der Hauptversammlung 253
- Konsortialführer 250
- Konzentration auf die Kernbereiche 244
- Kurspflege 268
- Kurspflegemaßnahmen 255
- Kursverwässerung 252, 270
- Legal Opinion 258, 268
- Marketing-Vorphase 260
- Mehrzuteilungsoption 263
- Mindestkurswert 258
- Mitarbeiteroptionen 256
- Nachtrag 267
- Nennbetrag 251
- Neuer Markt 256
- Notierungsaufnahme 266, 267, 268
- Officers'-Certificat 250, 268
- Orderbuch 252, 260
- Platzierung neuer Aktien 254
- Präsentationen 260

- Preisbildung 260
- Prospekthaftung 247, 254
- Prospekthaftung der Emissionsbanken 254
- Publikumsgesellschaft, offene 248
- Publizität 267
- Publizitätspflichten 248
- Quartalsberichte 267
- rechtliche Bestätigungen (Legal Opinions) 250
- Registerrichter 264
- Risikokapital 244
- Roadshow 260
- Rückabwicklung 251, 253
- Rückkauf der Aktien 253
- Scheitern der Platzierung der Aktien 254
- Selbstbegebung 250
- Shareholder Value 244
- Start-up-Unternehmen 244
- Stützungskäufe 268
- Tochter-GmbH 282
- Überleitungsrechnung 267
- Übernahmevertrag 248, 249, 250, 251, 253, 263
- Übernahme (Zeichnung) 250
- Umwandlung
  - in eine Aktiengesellschaft 248
  - in eine börsenfähige Rechtsform 248
  - in eine Kommanditgesellschaft 248
- Unternehmensbewertung 260
- Unternehmenskalender 267
- Unternehmensnachfolge 244
- Unternehmenswachstum 243
- unternehmenswertorientierte Vergütungsmodelle 244
- unvollständiger Verkaufsprospekt 260
- Venture Capital Gesellschaften 244
- Veräußerung von Tochtergesellschaften 244
- Verkaufsprospekt 247, 266
- VerkaufsprospektG 247
- Veröffentlichung des Zulassungsantrags 263
- Verselbstständigung von Unternehmensteilen 244
- Verwässerung des Kurses 270
- Wachstumsstory 256
- Wertpapierhandelsgesetz 248
- Wertpapierleihverträge 268
- Wertsteigerung 244
- Zeichnungsgewinne 262
- Zeichnungsschein 253
- Zeichnung zum Nennbetrag 252
- Ziele 245
- Zulassungsbedingungen 247, 257
- Zulassung zum Neuen Markt 258
- Zustimmung des Aufsichtsrates 260
- Zuteilung der Aktien 260
- zweistufiges Verfahren 252
- zweites Closing 251, 268

Börsengang-Maßnahmen
- Bookbuilding-Verfahren 245
- Börsenreife 244
- Deutsche Börse AG 245
- Emissionspreis 245
- Equity-Story 244
- Kapitalerhöhung 245
- Notierungsaufnahme an der Börse (Börsenkurs) 245
- Preisspanne 245
- Unternehmensbericht 245
- Verkaufsangebot 245
- Verkaufsprospekt 245
- Zeichnung der Aktien 245
- Zeitplan 245
- Zulassungsausschuss der Deutschen Börse AG 245

Börsenkurs der Aktien 146
Branchenexpertise 22
Break-up-Fees 27
Buchrückstellungen 154
Bundesgerichtshof
- Holzmüller-Entscheidung 180, 228
Business Combination Agreement 36, 210

Capital Asset Pricing Model 337
Case-Law 140
Cash-Flow 215, 237, 238, 332
Cash-Flow-Prognose 239
Chancen 137
Change of Control-Klauseln 142
Checkliste zur IT-Technologie 315
City Code on Takeovers and Mergers 187
Closing 29, 185
Common-Law 140, 283
Confidentiality Declarations/Statements of Non-Disclosure 31
Contractual Joint Venture 217, 230
- strategische Allianz 221
Corporate Control
- Bewertungseffizienz 54

Sachverzeichnis 565

- Informationseffizienz 54
- Kosteneffizienz 54
- Liquidität 54
- Transparenz/Fairness 54

Corporate Finance 13
cross border transactions 526
- Kultur 551
- Volumen 526

Culpa in Contrahendo
- Berichtigungspflicht des Veräußerers 136
- Positives Tun 128
- Unterlassen 129
- Wahrheitspflicht des Veräußerers 136

Cultural Due Diligence 538

Darlehensmodell
- Holdinggesellschaft 239
- Kaufpreisfinanzierung 239
- Übernahmegesellschaft 239
- Zielunternehmen 239

Data Room Index 28
Dauerschuldverhältnisse 144
Dawn Right 188
Demerger 528
Deregulierung 9
Designphase 409
Desinvestitionen 528
Detailplanungsperiode 332
Deutsche Fusionskontrolle, Verfahren
- Abhängigkeitsverhältnisse 397
- Auslandszusammenschlüsse 404
- Befreiungen vom Vollzugsverbot 399
- Beschlagnahmen 398
- Beteiligungsverhältnisse 397
- Bundeswirtschaftsminister 402
- Bußgeld 397
- Drittbeschwerde 401
- Durchsuchungen 398
- einstweilige Anordnung 401
- Entflechtungs- bzw. Veräußerungszusagen 400
- Entflechtung vollzogener Zusammenschlüsse 403
- Ermittlungsbefugnisse 398
- Formblatt 397
- Freigabeentscheidung 401
- Fusionskontrollverfahren 404
- Geldbuße 399
- Hauptprüfverfahren 398

- Inlandsauswirkungen 404
- Konzernbeziehungen 397
- Mindestinhalt der Anmeldung 397
- Monopolkommission 403
- Ordnungswidrigkeit 399
- präventive Fusionskontrolle 396
- Untersagungsfrist 398
- Unwirksamkeitsfolge 399
- Verhältnis zum Kartellverbot
  • Bezugszwang 404
  • Einkaufsgemeinschaften 404
  • Gemeinschaftsunternehmen 404
  • Gruppeneffekt 404
  • horizontale Verhaltenskoordinierung 404
  • Kartellvereinbarungen 404
  • konzentrative Gemeinschaftsunternehmen 404
  • überschießende Wettbewerbsbeschränkungen 405
  • Verkaufsgemeinschaften 404
- Vollzug des Zusammenschlusses 400
- Vollzugsverbot 398
- Vorbereitungsmaßnahmen 399
- Vorverfahren 398
- Zusammenschlussbeteiligte 397

Dienstleistungsbetrieb 150
Dilution 331
Direktionsrecht 432
Discounted-Cash-flow-Methode 332
Diskontinuität 416
Diversifizierung 9
Documentation-Plan 30
Down-Stream-Merger-Modell 82
Dramaturgie 516
- d-day 516
- emmanente Milestones 517
- immanente Milestones 516
- regulatorische oder rechtliche Milestones 516
- Tag 0 516

Due Diligence 28, 137, 233, 287
- Ablauf 291
- Ablauforganisation 294
  • Informationsanalyse 294
  • Informationssammlung 294
  • Informationsverarbeitung 294
- Beginn 246
- Begriff 290
- Planung 291

- Prüfung
  - Funktionen 137
- Team 291, 292
  - Abteilungs-Ansatz 292
  - Akquisitionshäufigkeit 292
  - Akquisitionspolitik 292
  - Experten-Ansatz 292
  - Team-Ansatz 292
- Unternehmensbewertung 315
- Vertrauen 233

Earn-out 29
Effizienz 144
Eigenkapitalgarantie 170
Eigenkapitalkosten 336
Einheit
- verkaufsfähige 143
- wirtschaftliche 150, 158

Einigungsstelle 435, 437
Einkommensteuer 236
Einmaleffekte 300
Einzelwertberichtigung 300
Emissionspreis 328
Emissionsprospekthaftung 289
Endbesteuerung (back-end-taxation) 446
Endemische Synergien 325
Entflechtung vollzogener Zusammenschlüsse 379
- Grundsatz der Verhältnismäßigkeit 379

Entity-Methode 332
Entlassungen 438
Entlastungsbeweis 290
Entnahmerechte 147
Entwicklungsländer 6
Entwicklungsmöglichkeiten 21
Environmental Due Diligence 312
- Altlastenproblematik 312
- best- und worst-case Szenarien 313
- Legal Compliance 313
- Risikopotenziale 313
- Umweltbeauftragter 313
- Umweltberichte 313
- Umweltrisiken 312
- Umweltschutz 312

Equity Joint Venture 217, 230
Erbschaftssteuer 236
Erfolgsfaktoren 19
Erfolgsgarantie 170
Erfolgsmessungen 547
Erfolgsquoten bei M&A 530

Erfolgsstudien 13
Erfüllungsansprüche 137
Ergebnisarten 300
Ergebnis pro Aktie 331
Erhaltung des Stammkapitals 241
Erhebliche Behinderung wirksamen Wettbewerbs 362
- Herfindahl-Hirschman-Index 367, 368
- marktbeherrschende Stellung 362, 366
  - Begründung oder Verstärkung einer Marktbeherrschenden Stellung 367
  - Behinderung wirksamen Wettbewerbs 369
  - Effizienzgewinne 369
  - horizontale Zusammenschlüsse 368
  - Innovationswettbewerb 368
  - konglomerate Zusammenschlüsse 368
  - Marktanteil 366
  - Portfolioeffekte 368
  - Qualitätswettbewerb 368
  - Sortimentseffekte 368
  - vertikale Zusammenschlüsse 368
  - Wettbewerbsstrukturen 368
- nicht-koordinierte Effekte 371
- Oligopolmarktbeherrschung 370
  - Abschreckungsmittel 370
  - Markttransparenz 370
  - Oligopol 370
  - Parallelverhalten 370
- Untersagung von Zusammenschlussvorhaben 369

Ermessenausübung 437
Ertragsteuern 89, 92
Ertragswert-Methode 146
Erwerber 79
Erwerb eigener Aktien 444
Erwerb eines wettbewerblich erheblichen Einflusses
- Entsendungsrechte 385
- Minderheitsbeteiligungen 385
- Mitwirkungsrechte 385
- Übernahme der Leitung 385
- Umgehungstatbestände 385

EU
- Europäische Aktiengesellschaft 210
- Europäische Privatgesellschaft 210

EU-Kommission
- Negativ-Attest 178

Sachverzeichnis

EU-Übernahmerichtlinie
- Angebotsunterlagen 188
- Annahme des Angebotes 188
- Aufsichtsorgane 189
- Frist 188
- Informationspflicht 188
- Marktverzerrung 189

Europäische Wirtschaftliche Interessengemeinschaft 34, 222
- grenzüberschreitende berufliche Allianzen 222

Europa AG 34
Evaluation 522
- Demoskopie 522
- Marktforschung 522
- Medienresonanzanalysen 522
- quantitative Erfolgsparameter 522

Exklusivität (Exclusivity) 29
Exkulpation 289
External Due Diligence
- Checkliste 297

Fachexpertise 22
Falschdarstellung (untrue statement) 289
Fehlerbegriff 165
feindliche Übernahmen 528
Erfolgsquoten 528
Fertigungsverfahren, neue
- Einführung 433
Financial Due Diligence 298
- Bilanz 298
- Checklisten 298
- Gewinn- und Verlustrechnung 298
- Lagebericht 298
- Management Letter 299
- Organisation des Rechnungswesens 298
Finanzflussrechnung 333
Finanzierungsmodelle
- Darlehensmodell 239
- Pfändungsmodell 239
- Sicherheitsmodell 239
Finanzvorschau (Financial Forecast) 30
Fluktuationsraten 553
Forderungsbestand 300
Form
- notarielle 137
Formvorschrift 183
Formwechsel 215
- Abschreibungspotenzial 215
- Buchwertaufstockung 215

Fragenkataloge 172
Frankfurter Börse 242
Freifrist 439
Fremdkapital
- Kosten 336, 339
friendly takeover 186
Frühwarnsystem 290
Fundamental-Multiples 350
Fünftelungsprinzip 437
Fusionseuphorie 159
Fusionskarussell 191
Fusionskontroll-Klausel 183
Fusionskontrolle
- alleinige Kontrolle 357
- Auswirkungsprinzip 361
- Berechnung der Umsatzschwellen 360
- bestimmender Einfluss 356
- Beteiligte 360
- Beteiligungsgesellschaften 359
- de-minimis-Schwelle 359
- Drei-Länder-Regel 360
- Erwerb der Kontrolle über ein anderes Unternehmen 355
- Europäische Fusionskontrollverordnung 355
- faktische Hauptversammlungsmehrheit 357
- Fusion 355
- Fusionskontrollreferate 355
- gemeinsame Kontrolle 357
- Gemeinschaftsunternehmen 357, 358
- Gesamtumsatz 359
- Insolvenzklausel 359
- Insolvenzverwalter 359
- Kartellverbot 358
- Kontrollerwerb 356
- kontrollierender Einfluss 357
- konzentrative Gemeinschaftsunternehmen 358
- konzerninterne Unternehmenstransaktionen 359
- kooperative Gemeinschaftsunternehmen 358
- Minderheitsbeteiligung 357
- nationale Fusionskontrolle 360
- Stimmen-Pooling 357
- Stimmrechtsbindungen 357
- Umsatzberechnung 361
- unternehmensinterne Unternehmenstransaktionen 359

- Verschmelzung 356
- Verweisung an die Kommission 361
- Vetorecht 357
- Vollfunktionsgemeinschaftsunternehmen 357, 358
- Weiterveräußerung 358
- Wettbewerbssituation 355
- Zusammenschlusstatbestand 356
- Zwang zur Abstimmung 357
- Zwei-Drittel-Regel 360

Fusionskontrolle, deutsche 381
- 7. GWB Novelle 381
- Bundeskartellamt 381
- europäische Fusionskontrolle 381
- Gesetz gegen Wettbewerbsbeschränkungen (GWB) 381
- Kontrolle von Zusammenschlüssen 381
- Pressefusion 387, 396
- Umsatzschwellen 381
- Vollzug 381

Fusionswellen 525
- Trends 526

Garantie-Erklärungen
- harte 171
- weiche 171

Garantien 141

Garantieversprechen 167
- des Verkäufers
  - Beweislast für die Kenntnis des Verkäufers 171
  - nach seinem besten Wissen 171
  - nach seiner Kenntnis 171

Garantievertrag 167

Gebot
- verbindliches 28

Geheimhaltungserklärung 27

Gemeinschaftsbetrieb 158
- Spaltung 158

Gemeinschaftsunternehmen 146

Genehmigung
- sachbezogene 182

Gesamtgut 182

Gesamtschuldner 156

Geschäftsführer
- Schadensersatzpflicht 172

Geschäftsgrundlage
- Wegfall 176

Geschäftsplan (Business Plan) 30

Gesellschaft
- Abfindungsanspruch 235
- Beteiligungsgesellschaft 238
- Fondsgesellschaft 238
- Genehmigung 179
- Venture Capital-Gesellschaft 238
- Vorausvermächtnis 236

Gesellschafterwechsel
- Zeitpunkt 186

Gesellschaftsform
- supranationale 210

Gesellschaftsvertrag
- Abfindungsansprüche 236
- Ausgleichsansprüche 236

Gestaltungsfreiheit 36

Gewährleistungsbestimmungen 140

Gewährleistungsrecht 122, 160

Gewerbesteuer 81, 108

Gewinn 104, 147
- aus Veräußerungen (capital gains) 447

Gewinnanspruch 147

Gewinnverwendungsbeschluss 147

Gleichbehandlungsgrundsatz 437, 445

Gleitklauseln 147

Globalisierung 3, 216

GmbH 242
- Auszahlungen 241
- Besicherung 242
- Darlehensgewährung 241
- Erhaltung des Stammkapitals 241
- Fremdvergleich 242
- Kapitalerhaltungsvorschriften 241
- Prinzip der Vermögensbindung 242
- Rückgewährung von Einlagen 242
- Sicherheitsgewährung 241
- Tilgungsvereinbarung 242
- Unterbilanz 241
- verdeckte Gewinnausschüttung 242
- Verpflichtung zur Abtretung von Geschäftsanteilen 184
- Zinsvereinbarung 242

GmbH & Co. KG 221, 241
- Ergänzungsbilanz 241
- Erwerb von Kommanditanteilen 184
- Teilwerte 241
- Umstrukturierungsmaßnahmen 241

Goodwill 142

Gremienvorbehalt 179

Grenzüberschreitende Transaktionen 526

Grundbuchordnung 214

Grunderwerbsteuer 87, 90, 93

Sachverzeichnis

Grundlagen der Gesellschaft 181
Grundsatz der Bestimmtheit 144
Gründungstheorie 209
Grundverständnis
– interdisziplin‰res 16
Guarantees 123
Günstigkeitsprinzip 156
Günstigkeitsvergleich 155
Gütergemeinschaft 182

Haftung
– Umfang 123
Haftungsfolge 123
Haftungsrecht 122, 160
Haftungsverteilung 148
Haftung der Geschäftsführer
– persönliche 172
Halbfabrikate 299
Handels-Zeiträume 446
Handelsbetrieb 150
Handelsgeschäft 145
Hauptbelegschaft 151
Hauptversammlung 444
Hinzuziehung eines Experten 436
Hostile Takeovers 528
Human-Kapital 305
Human Resource Accounting 305
Human-Resource-Due-Diligence 554
Human-Resource-Checkliste 306
Human Resource Management 543
Human Resources 304, 307
Human-Resources-Vermögen 308

Implementierungskosten 436
Implementierungsmaßnahmen
– Timing 436
Industriepark 143
Informations-Asymmetrie 288
Informations-Memorandum 27
Informations-Vermerk (Information Memorandum) 31
Informationsbeschaffung 137
Infrastruktur 143
Inhaberaktie 145
Inhaberwechsel 142, 149
Innovationsfähigkeit 144
Innovationsmanagement bei Fusionen 554
Insidergeschäfte 446
Institute for Mergers & Acquisitions –
    IMA 15

Integration 287
– Kunden 541
– Zulieferer 541
Integrationsarchitektur 535
Integrationsgeschwindigkeit 549
Integrationskosten 436, 534
Integrationsmanager 421
Integrationsmaßnahmen
– Timing 436
Integrationsoffice 421, 422
Integrationsplanung 535
Integrationsprozess 409
Integrationsrisiko 412
Integrationstypologien 536
Integration Balanced Scorecard 544, 555
Interessenausgleich 429, 434
– Versuch eines 434
Interessenten
– potenzielle 27
International Accounting Standards IAS
    36, 145
Inventarverzeichnis 141, 145
Investmentbanking 13
Investoren
– 5-Jahres-Planung 238
– Anlagebereitschaft 238
– Cash-Flow-Rechnung 238
– Fremdfinanzierung 238
– Return on Investment 238
– Tilgungsplan 238
Irreführende Tatsache (misleading fact) 289

Joint-Venture 138, 146
– Absichtserklärung 227
– Außenverhältnis 220
– Begriff 217
– Entscheidungskompetenzen (Corporate Governance) 219
– Freistellungen 232
– Gewährleistungen 232
– Grundsatzvereinbarung (Memorandum of Understanding) 227
– Gründungsformalitäten 218
– Haftungsbegrenzung 218
– Innenverhältnis 220
– Insolvenzverfahren 220
– kartellrechtliche Genehmigungen 228
– Kündigungsgründe 220
– Leitung 219
– Schiedsgericht 219

Joint-Venture-Gesellschaft 217
Joint-Venture-Vertrag 229

Kalkulationsirrtum
– beiderseitiger 176
Kapital
– genehmigtes 203
Kapitalanteils- oder Stimmrechtserwerb
– Beteiligungsschwellen 384
– Gemeinschaftsunternehmen 384
– Gruppeneffekt 384
– horizontaler Zusammenschluss 384
– Stimmrechte 384
– vertikaler Zusammenschluss 384
Kapitalerhöhung 203
– bedingte 443
Kapitalgesellschaft
– steuerliche Verarbeitung von Anteilen 95
Kapitalkosten
– Risikoprämien am deutschen Aktienmarkt 338
Kapitalkostensatz
– durchschnittlicher 336
Kapitallebensversicherungsverträge 154
Kapitalmarkt
– Erwartungen 325
Kapitalverwässerung 444
Kartellbehörden 353
Katalog der vertraglichen Garantien 172
Kauf
– einer Gesamtheit von Sachen und Rechten 144
– einer Gesellschaft 139
– einzelner Wirtschaftsgüter 144
– durch Singularsukzession 139
Kaufpreis 28
– -anpassung 143
– -anzahlung 29
– Bestimmung 145
– Minderung 122, 147, 160
Kerngeschäft 14, 143
Kernvertrag 36
KGaA-Modell 83
Kick-off-Meeting 246
Kleinbetriebe 430, 431
Kollektivvereinbarung 148, 154
Kommanditgesellschaft
– grenzüberschreitende Transaktionen 221
– Veräußerung des Unternehmens 181
Kommunikation 423

– als Differenzierung 498
– als Mehrwert 498
– als Plausibilitätsprüfung 493
  • announcement 493
  • Nutzwert-Analyse 493
  • Premerger-Phase 493
  • Swot-Analyse 493
– als Stakeholder Value 491
  • corporate communications 491
  • cost-income-ratio 492
  • ganzheitliche Betrachtung 491
  • kommunikative Logik 492
  • Nutzwert-Portfolio 492
  • Shareholder-Value-Gedanken 491
  • Unternehmenskommunikation 491
– als Themengenerator 496
  • Diversifikationsstrategie 497
  • Fokussierung 497
  • Kerngeschäftsfelder 496
  • Themenfelder 496
– als Treiber 494
  • Benchmark- und Kontrollsysteme 495
  • Kohärenz 494
– als Zentripetalkraft 495
  • Corporate-Culture-Programme 495
  • Corporate-Identity-Programme 495
Kommunikation, externe und interne 517
– corporate advertising 519
– Kommunikationsinstrumente 519
– Kommunikationskanäle 519, 520
– Post-Merger-Integration 519
Kommunikationsmanagement 499, 501, 521
– agenda setting 505
– communications audit 502
– controlling 504
– Dokumentation 505
– Führung von Kommunikation 499
– Insourcing/Outsourcing-Kultur 508
– Investitionsplanung 506
– Kommunikationsabteilungen 499
– Kommunikationsbudgets 506
– Kommunikationsdisziplinen 500
– Management-Informations-Systeme 503
– monitoring 504
– Outsourcing-Quote 508
– Planung 504
– task force 502
– Top-down/Bottom-up-Dynamik 506, 507
– Vertraulichkeitserklärungen 502
– Zielgruppen 500

Sachverzeichnis 571

Kommunikationsmängel 552
Kommunikationsparadox 552
Kommunikationsstrategie 424
Konglomerate 7
Königsdisziplin 13
Kontrolle 203
Kontrollerwerb 383
- Asset Deal 383
- Betriebspachtverträge 384
- Betriebsüberlassungsverträge 384
- Einflussmöglichkeiten 383
- Hauptversammlungsmehrheit 384
- Konzernverträge 384
- Share Deal 383
Konzentrationen 9
Konzerngesellschaften
- Abtrennung (Divestiture) 237
- Verselbstständigung (Spin-off bzw. Split-off) 237
Konzernunternehmen 143
Kunden-Auftragsbestand 311
Kundenbeziehungen 142
Kündigung
- betriebsbedingte 153, 157, 439
- wegen des Überganges des Betriebes 148
Kündigungsgrund 439
Kündigungsschutz 439
- besonderer 157
Kündigungsschutztatbestand 148
Kursmanipulation 446

Legal Due Diligence 310
- externe Rechtsstrukturen 310
- gesellschaftsrechtliche Aspekte 310
- unternehmensinterne Rechtsstrukturen 310
- vermögensrechtliche Belange 310
- vertragsrechtliche Belange 310
Leistungskultur 417, 419
Leistungsqualität 144
Letter of Intent (LoI) 27, 122
Liefer- und Leistungsverträge (sog. Term-Sheets) 143
Lieferbeziehungen 142
Liquidation 105
Liquidationsgesellschaft 235

M&A-Berater 21
M&A-Impulse 9

M&A-Kultur 15
M&A-Law Firms 17
M&A-Phasen 14
M&A-Teams 15
M&A-Transaktionen 41
M&A-Welle
- dritte 7
- erste, zweite 7
- fünfte 8
- vierte 8
M&A – Human Resources
- Führungsstil 450
- human aspect 449
- Human Capital 450
- kulturelle und organisatorische Inkompatibilität 449
- Structural Capital 450
- Unternehmenskultur 451
- Wertschöpfung 450
- Wettbewerbsvorteil 450
M&A – Sonderformen 139
- die feindliche Übernahme (Hostile Take-over) 139
- Going Public / Börsengänge (IPO) 139
- Internationale (crossborder) Mergers & Acquisitions 139
- Joint Ventures und Kooperationen 139
- Management-Buy-out und Management-Buy-in 139
- Unternehmenssicherungen und -nachfolgen 139
- Unternehmenszusammenschlüsse 139
M&A – Unternehmenskultur
- cultural diversity 453
- Erfolgsfaktoren 453
- flache Hierarchien 451
- Führungsstil 453
- ganzheitlich 452
- hierarchische Strukturen 451
- Integrationsphase 454
- Koordinierungsfunktion 453
- Orientierung 453
- Personalmanagement 454
- Transaktionsphase 454
- Unternehmensressource 453
- Voranalyse/Konzeptphase 454
- Wertevorstellungen 453
Management
- Eigeninteressen 238
- Eigenkapital-Mittel 237

- Garantieerklärungen 238
- Insider-Know-how 238
- Interessenkonflikt 238
- Leveraged Buy-in (LBI) 237
- Leveraged Buy-out (LBO) 237
- Selbstständigkeit 237
- Value-Management 238
- Weiterveräußerung 238
- Wertsteigerungs-Management 238

Management-Buy-in (MBI) 138
Management-Buy-out (MBO) 138
Management-Informations-System 522
Management-Instrument 9
Management-Präsentation (Management Presentation) 31, 309
Marketing Due Diligence 301
- externe Unternehmensanalyse 303
- interne Unternehmensanalyse 301
- Synergiepotenzial 301
- Unternehmensplanung 301
- Wettbewerbsposition 301
- Zukunftsträchtigkeit 301

Market for Corporate Control 42
Marktabgrenzung
- relevanter Markt 363
- Wettbewerbsverhältnisse 363

Marktkapitalisierung 8
- Market over Book 43
- Return on Book Equity 43

Marktrisikoprämie 338
MBO
- Abschreibungspotenzial 240
- Asset-Deal-Modell 240
- Buchwert der Wirtschaftsgüter 240
- einstufiger 240
- Erwerbergesellschaft 240
- Holdinggesellschaft 240
- stille Reserven 240
- Übernahmegesellschaft 239, 240
- Umwandlungsmodell 240
- Zielgesellschaft 239
- zweistufiger 240

MBO/MBI
- Dienstleistungsunternehmen 239
- Liquiditätszufluss 239
- Produktionsgesellschaften 239
- Providerunternehmen 239
- Rückführung der Finanzierung 239

Memorandum of Understanding (MoU) 122
Merger-Syndrom 307, 552

Misserfolgsquoten 287, 531
Misstrauen 287
Mitarbeiterbeteiligung
- gesellschaftsrechtliche 442
- schuldrechtliche 442

Mitarbeiterfluktuation 543
Mitarbeitervergütungen
- unternehmenswertorientierte 440

Mitbestimmung 429
Mitbestimmungsrecht 445
- des Betriebsrates 158, 430

Mittel
- finanzielle 153

Mitwirkung 429
Mitwirkungsrechte Dritter 179
Multiples 348

Nachfolgeproblematik 9
Nachweis des Überganges 145
naked warrants 443
Namensaktien
- Übertragung 179

Namensbildung 508
- brand equity 509
- Domain-Adressen 510
- Imagekonten 508

Nationale Fusionskontrolle 380
- gemeinschaftsweite Bedeutung 380
- Gründung von Gemeinschaftsunternehmen 380
- Verweisung an die Mitgliedstaaten 380
- Vollfunktionsgemeinschaftsunternehmen 380
- Wettbewerbsverhalten 380
- Zusammenschluss 380

Nebenabreden
- Alleinbelieferungspflicht 373
- Alleinbezugspflicht 373
- ancillary restraints 371
- Anmeldung zur gesonderten Prüfung 372
- Doppelkontrolle 371
- Gebietsbeschränkungen 372
- Kundenstamm 372
- Liefer- und Bezugspflichten 372
- Lizenzverträge 372
- Patente 372
- Wettbewerbsverbot 371, 372

Neuer Markt 242, 441
- Ausgabepreis einer Aktie 261

- erster Kurs 261
- Kursgewinne 244
- Unternehmensbericht 265
New Economy Shake-out 527
New Economy Transaktionen 527, 550

Objektgesellschaft 237
Optionen 203
- isolierte 443
Optionspläne 441
Organbeteiligungen 110
Organisation
- effektive 417
- Leistungsfähigkeit 415
Organisations- und Leitungsmacht
- Gesellschaftsvertrag 152
- Kauf 152
- Miete 152
- Nießbrauch 152
- Öffentlich-rechtlicher Vertrag 152
- Pacht 152
- Rückabwicklung 152
- Rückübertragung 152
- Schenkung 152
- Vermächtnis 152
- Zeitpunkt des Übergangs 152
- Zustimmung der Gläubiger oder Banken 152
Organisationsstruktur 418
Organizational und IT Due Diligence 314
- Ablaufanalyse 314
- Arbeitsabläufe 314
- Informationstechnologie 314
- Organisation 314
Organschaftsmodell 82
Outsourcing 151

parol evidence rule 283
Pauschalwertberichtigungen 300
Pensionsansprüche 153
Pensionskassen 154
Pensionsrückstellungen 340
Personal
- Übernahme 151
Personalabbau 431
Personalmanagement 462
- allgemeine Due Diligence 463
- Arbeitnehmervertretungen 468
- Bestandsaufnahme 463
- Betriebsräte 468

- Betriebsübergang 468
- Betriebsvereinbarungen 468
- Destabilisierungsphase 467
- Domino-Effekt 472
- Fach-Know-how 472
- Fluktuationsrate 471
- Förderdatenbanken 478
- Führungs-Know-how 472
- Hard-Facts 463
- HR Due Diligence 463
- Indikatoren der Unternehmenskultur 465
- Integrations-Headquarter 475
- Integrationsplanung 469
- Integrationsprozess 474
- Integrationsteam 474
- Job Rotation 478
- Kommunikation 470
- Kompetenzprofile 477
- Kunden- und Lieferantenbeziehungen 472
- Leadership-Fähigkeiten 472
- Leistungsdurchsprachen 478
- Mergers of Equals 477
- operative Integrationsphase 474
- Personalentwicklungsmaßnahmen 478
- Personalführung 461
- Personalplanungsprozess 476
- Post-Merger-Integration 474
- Retention-Boni 472
- Skill-Datenbanken 477
- Soft-Facts 463
- Soll-Profile 477
- Sozialkontrakt 467
- Stock Options 472
Personalstrategie/Merger 454
- Cultural Diversity 460
- ethnozentrisches Unternehmensmodell 456
- geozentrische Unternehmensmodell 457
- Integrationsgeschwindigkeit 456
- Kompetenzmanagement 455
- Kulturmanagement 455, 456
- Kulturtransfer 459
- Landeskulturen 456, 453
- Mergers of Equals 460
- Mischkulturstrategie 460
- Monokulturstrategie 459
- Multikulturstrategie 460
- Personal-Due-Diligence 454

- polyzentrisches Unternehmensmodell 457
- Zeithorizont 461

Personengesellschaft 185
- Veräußerung des Unternehmens 181

Personengesellschaftsanteile
- Übertragung 147

Phantom-Stocks 442
Plandaten 298
Planungsprämissen 300
Poison Pill (Gift Pille) 203
Positioning 510
- Corporate Story 515
- customer story 516
- employee story 516
- equity story 515
- financial community 515
- Innovationskraft 511
- Kernkompetenz 510
- Leitbild 513
- Leitbild-Prozess 514
- management story 515
- Marktbegriff 512
- Marktinterpretation 512
- Marktposition 512
- Neudefinition von Werten und Spielregeln 513
- Positionierungsprozess 511
- role sort 515
- Zukunftsfähigkeit 511

Post-Merger-Audits 545
Post-Merger-Integration 409, 520, 523
Prämienzahlung 528
Preferred Bidder 28
Pre Acquisition Audit 137
Primärinsider 446
Priorisierung 22
Procedures 28
Produktionsbetrieb 150
Projektgesellschaft 217
Projektteam 15, 422

Rahmenvertrag 183
Räumlich relevanter Markt
- Marktanteilsunterschiede 365
- nationale Märkte 365
- Preisunterschiede 365
- regionale bzw. lokale Märkte 365

Rechte
- tarifvertragliche 155

Rechtfertigung
- soziale 439

Rechtsgeschäft
- dreiseitiges 144
- Übertragung 151

Rechtskauf 140, 145
Rechtsmittel
- Auskunftsentscheidungen 379
- Freigabeentscheidung der Kommission 379
- Geldbußefestsetzungen 379
- Nachprüfungsanordnungen 379
- Nichtigkeitsklage 379
- Untersagungsentscheidungen 379
- Zwangsgeldfestsetzungen 379

Rechtsträger eines Unternehmens 139
Rechtswahlklausel 283
Regelungsmethodik
- abstrahierend-generalisierende 140

Registration Statement 289
Regulierungsbedarf 42
- Börsensachverständigenkommission 61
- KonTraG 60
- Londoner City Code 62
- Wertpapierhandelsgesetz(WphG) 61

Renditeerfolg 13
Restrukturierung 22, 158
- interne 158

Restrukturierungsmaßnahmen 141
Rezession und Fusionen 526
RHB-Stoffe 299
Risiken 137, 141
Rückstellungen 300
Rückzahlungsklauseln 445

Sachlich relevanter Markt
- Austauschbarkeit 363
- Nachfragemacht 364
- Preisreaktivität 363
- Substituierbarkeit 363

Sachmängelhaftung 122, 160
Sale and Purchase Agreement (S&PA) 31, 123, 139
Schenkungssteuer 236
Securities Act (SA) 289
Securities Exchange Act (SEA) 289
Securities Exchange Commission 289
Securities Laws 289
Shareholder-Value 3, 238

Share-Deal 27, 69, 92, 122, 140, 142, 149, 160
Singularsukzession 183
Sitztheorie 209
Sondereinflüsse 300
Sonderkündigungschutz 440
Sozialplan 429, 434, 437
Sozialplanabfindung 437
Sozialversicherung 437, 447
Spaltung
- Abspaltung 211, 212, 213
- Aufspaltung 211, 212, 213
- Ausgliederung 211, 212, 213
- Gesamtrechtsnachfolge 211
- Gewährung von Anteilen oder Mitgliedschaften 213
- Inhaber des übertragenden Unternehmens 212
- Rechtsträger, übernehmender 212
- Rechtsträger, übertragender 212
Sonderrechtsnachfolge 211
Spaltungsstichtag 213
- Umtauschverhältnis 213
- Vermögensübertragung 212
Sperrfrist 438
Spezifische Synergien 325
Spruchstellenverfahren
- aktienrechtliches 146
- umwandlungsrechtliches 146
Stakeholder Value 3
Stand-alone-Prinzip 146
Standards
- internationale 16
Standort 158
Start-up-Unternehmen 441
Statements of Non-Disclosure 31, 136
Stay-Bonus 172
Stellung
- beherrschende 161
Steuerfreiheit 101
Steuersatz 437
Stichtagsbilanz 143
Stichtagsregelung 171
Stilllegung 157, 431
Stilllegungsabsicht 158
Stock-Appreciation-Rights 442
Stock Options 441
Strike Price 443
Strukturierung
- steuerliche ff. 69

Struktur der Transaktion 27
Studien 21
Swap 143
Synergie-Vorteile 146
Synergien 325
- endemische 325
- spezifische 325
- universelle 325
Synergiepotenzial 287, 305

Target 30
Tarifbindung 155
Tarifeinheit 155
Tarifvertrag 154, 155
task forces 521
Tausch 143
Tauschpreis 28
Tax Due Diligence 70, 113, 311
- Problemfelder 115
Team-Charter 423
Team-Kick-off 423
Telekommunikation 142
Tender Offer 188
Toptalent 417, 420
Trading-Windows 446
Transaktion
- defensive 9
- grenzüberschreitende 283
- herkömmliche 25
- kooperative 186
- Übertragung einzelner Wirtschaftsgüter (Asset-Deal) 141
- Übertragung von Gesellschaftsbeteiligungen (Share-Deal) 141
Transaktions-Usancen 33
Transaktions-Ziel 30
Transaktionsgegenstand 137
Transaktionsmanagement 14
Transaktionsprämie 409, 412
Transaktionssprache 16
Transaktionsstrukturen 210
Transaktionsvertrag 122, 123
- Anlagenverzeichnis 141
- Inhaltsverzeichnis 141
Transaktionswährung 8
Transformation 409
Transformationslösung 154

Übergabe 160
Übergangsstichtag 185

Übergangsstichtag (Closing) 170
Übernahme 409
- feindliche
  • Abwehrmaßnahmen 203
  • Hauptversammlungsbeschluss 204
  • Schutzwall gegen feindliche Übernahmen 203
  • Techniken 188
  • Verteidigungsmaßnahme 205
  • Zielobjekt 202
- freundliche 186
Übernahmekodex, freiwilliger 187
- Börsensachverständigenkommission 191
- für öffentliche Übernahmeangebote 188
Übertragung
- der einzelnen Vermögensgegenstände 27
- der Gesellschaftsanteile 27
- des gesamten gegenwärtigen Vermögens 184
- eines Betriebsteiles 429
Übertragungsstichtag 143, 147
Übung
- betriebliche 154, 445
Umlaufvermögen 299
Umsatzschwellen 386
- Anschluss-Fälle 386
- Auslandszusammenschlüsse 386
- Auswirkungsprinzip 386
- Bagatellmarkt-Fälle 386
- Bagatellmarktklausel 387
- Bausparkassen 388
- Berechnung der Umsatzschwellen 388
- de-minimis-Schwelle 386
- Durchschnittskurs 387
- Finanzinstitute 388
- Handelsumsätze 387
- Kontrollerwerb 388
- Kreditinstitute 388
- Pressefusion 387
- Rundfunkprogramme 387
- Verlage 387
- Versicherungsunternehmen 388
Umsatzsteuer 88, 91, 93
Umsetzungsphase 409
Umwandlung 156
- Barabfindungsangebot 216
- Spaltungsbeschluss 216
- Umtauschverhältnis 216
- Umwandlungsbeschluss 216
- Verschmelzungsbeschluss 216

Umwandlungsbericht
- Ausgliederungsbericht 216
- Spaltungsbericht 216
- Verschmelzungsbericht 216
Umwandlungsgesetz 149
- Einzelrechtsnachfolge 213
- Gesamtrechtsnachfolge 214
- Inhalt des Verschmelzungsvertrages 210
- Rechtsträger 209
  • formwechselnde 215
- Spaltung 213
- Spaltungsvertrag 213
- Spruchverfahren 216
- Teilübertragung 214
- Übernahmevertrag 213
- Vollübertragung 214
- Zustimmung der Hauptversammlung 179
Umwandlungsmodell 241
- Abschreibungspotenzial 241
- Formwechsel 241
Umwandlungsplan 158
Umwandlungsrecht 148
Umwandlungsvertrag 158
- Spaltungsvertrag 215
- Verschmelzungsvertrag 215
Unfreezing 416
unfriendly takeover 187
Unsicherheit 287
Unsicherheitsgarantie 170
Unterlassung (omission) 289, 435
Unterlassungsvereinbarungen 136
Unternehmen 20
- Begriff 208
- Beteiligungswert 238
- Eigenkapitalausstattung 242
- Eigenkapitalrendite 238
- Einräumung der Inhaberschaft 160
- fehlende zugesicherte Eigenschaften 164
- Fehler 164
- Fremdkapital 238
- Gesamtkapitalrentabilität 238
- Geschicke 160
- Hebelwirkung 238
- Herrschaft über 160
- Managementprobleme 237
- Nachfolgeregelung 235
- Produktprogramm 301
- Restrukturierung 215
- Rückübertragung 164

Sachverzeichnis 577

- Sitz im Inland 209
- Überlebensfähigkeit 205
- Übertragung 144
- Umstrukturierung 208
- Umwandlung 142, 149
- Unternehmenswert 238
- Zerschlagung 235
- Zusammenschluss 208

Unternehmensbeteiligung
- Ermittlung des Werts an einer börsennotierten Aktie 146

Unternehmensbewertung und -wertfindung 41, 146
- Börsenkurs 46
- Capital Asset Pricing Model 50
- Discounted-Cashflow-Verfahren 46
- Ertragswertverfahren 46
- fundamentale Verfahren 46
- kapitalmarktorientierte 321
- Liquidationswert 46
- marktorientierte Verfahren 46
- substanzwertorientiertes Verfahren 46
- Umsatzprognose 335
- Vergleich mit börsennotierten Unternehmen 46
- Vergleich mit vergangenen M&A-Transaktionen 46
- Weighted Cost of Capital 50
- Wiederbeschaffungswert 46

Unternehmenskauf 20
- international-privatrechtliche Aspekte 283

Unternehmenskaufpreis 287
Unternehmenskaufvertrag 123
- anglo-amerikanisches Vertragsrecht 282
- Form des Vertrages 183
- Inhaltskontrolle 147
- Rückabwicklung 122, 160
- unrichtige Angaben über Erträge 165
- unrichtige Angaben über Höhe der Verbindlichkeiten 165
- unrichtige Angaben über Umsätze 165

Unternehmenskommunikation 541, 553
Unternehmenskontrolle 42
Unternehmenskultur 550
- Akquisitionserfolg 481
- Assimilation 481
- Dekulturation 482
- Ergebnisse einer Kulturintegration 481
- Führungsinstrumente 487

- Führungsrahmen 488
- Führungssystem 487
- geozentrische Unternehmensmodelle 481
- harmonisches Verhältnis 481
- Kultur-Integrationsstrategie 480
- Kulturintegration 487
- Leistungsdurchsprache 488
- Management Learning 488
- mentale Vernetzung 483
- Mergers of Equals 481
- Personalführungssystem 482
- Schritte zur kulturellen Integration 483
- Segregation 482
- Siemens 485, 487
- soziale Netzwerke 480
- Standardvorgehen 487
- Unternehmen
  - ethnozentrische 482, 484
  - geozentrische 484
  - polyzentrische 482, 484
- variable Entgeltsysteme 488
- Werte-Quickcheck 486

Unternehmensnachfolge 237
- vorweggenommene Erbfolge 237

Unternehmensprüfung 137
Unternehmenswachstum
- unorganisches 9

Unternehmensziele 22
Unternehmenszusammenführungen 146
Unternehmenszusammenschlüsse
- Anwachsungsprinzip 208
- Aufnahme neuer Gesellschafter 208
- Einbringung von Unternehmen 208
- erhebliche Behinderung wirksamen Wettbewerbs 362
- Formen der Umwandlung 208
- Formwechsel 208
- Fusionskontrollreferate 362
- Gesellschafterwechsel 208
- Gesetz zur Bereinigung des Umwandlungsrechtes (UmwBerG) 208
- Gründung von Personen- und Kapitalgesellschaften 208
- Interessenausgleich der Gesellschafter 208
- Kapitalerhöhungen 208
- Kernvertrag des Unternehmenszusammenschlusses 210
- ordnungspolitisches Umfeld 208
- Rechtsnachfolge 208

- Spaltung 208
- Umwandlungsgesetz 208
- Umwandlung von Unternehmen 208
- Unternehmensrestrukturierung 208
- Veränderung der Personengesellschaftsstruktur 208
- Veränderung des Kapitals bei Kapitalgesellschaften 208
- Vermögensübertragung 208
- Verschmelzung 208
- Wechsel der Rechtsform 208
- Zusammenschlusstatbestand 362

Unterstützungskassen 154
US-Bundesstaat Delaware 36
US Generally Accepted Accounting Principles 36, 145

Valuation 30
Venture-Capital 10
Veräußerer 72
Veräußerungsgewinn 104
Verbindlichkeiten
- Nichtbestehen 171

Verbund-Vorteile 146
Verbundberücksichtigungs-Prinzip 146
Vereinbarung
- sachenrechtliche 144

Vereinheitlichung der kollektiven Arbeitsbedingung 156
Verfahren
- Anmeldung 373
- Formblatt CO 373
- Gemeinschaftsunternehmen 373, 374
- gemeinschaftsweite Bedeutung 373
- informelles Vorverfahren 373
- konglomerate Zusammenschlüsse 373
- Kontrollerwerb 374
- Kontrollverhältnisse 373
- kooperative Wirkungen 373
- Kunden 373
- Kurzform-Anmeldung 374
- Marktanteilsinformationen 373
- Marktdaten 373
- Planungsphase 373
- Umsatzinformationen 373
- Verflechtungen 373
- Verstöße gegen die Anmeldepflicht 374
- Wettbewerberinformationen 373
- Zulieferer 373
- Zusammenschlüsse 373

Verfahrensablauf
- Beratender Ausschuss 377
- Ermittlungsbefugnisse 376
- Fragenkataloge 376
- Generaldirektion Wettbewerb 377
- Hauptverfahren 376
- legal privilege 377
- nationale Wettbewerbsbehörde 376
- Rücknahme der Anmeldung 378
- Verweisung des Verfahrens 376

Verfallklauseln 445
Verfügung
- einstweilige 435

Verfügungsbeschränkungen
- familienrechtliche 182
- vormundschaftsrechtliche 182

Vergangenheitsbetrachtungen 300
Vergütungskomponenten 441
Verhandlungsleiter 29
Verjährungsfrist 172
Verkaufsobjekt
- Strukturierung 143

Verlagerung 158
Verlust 147
Vermögensbildung 445
Vermögenserwerb 383
- Asset Deal 383
- Geschäftsbereiche 383

Vermögensübertragung 179
Verschmelzungsvertrag
- Inhalt 210
- Umtauschverhältnis der Anteile 211
- Versammlung der Anteilsinhaber 211
- Verschmelzungsstichtag 211
- Zustimmung 211

Versorgungszusagen 153
Verteilungsgrundsätze 445
Vertragsänderung 154
Vertragsanpassung 176
Vertragsbeziehungen
- mit Dritten 142
- mit Kunden 141
- mit Lieferanten 141

Vertragsgegenstand 144
Vertragspartner
- Aufklärungen oder Hinweise 159
- falsche Angaben 159
- Zustimmung des 144

Vertragspartnerwechsel 149
Vertragsstrafe 29

Vertragstechnik 141
Vertragsverhältnis (privity of contract) 289
Vertragsverhandlungen 29
- Aufnahme 121
- Scheitern 122
Vertrauensstellung 172
Vertrauensverhältnis
- vertragsähnliches 121
Vertraulichkeitserklärung 27
Vertriebs- und Marketingziele 552
Verweisung 380
- Verweisung an die Kommission auf Antrag einer nationalen Wettbewerbsbehörde 361
- Verweisung an die Kommission auf Antrag eines Unternehmens 361
- Verweisung an einen Mitgliedstaat auf Antrag einer nationalen Wettbewerbsbehörde 380
- Verweisung an einen Mitgliedstaat auf Antrag eines Unternehmens 380
Verweisungsklauseln
- arbeitsvertragliche 156
Verzichtsvereinbarungen 141
Vesting Period 443
Vollzugsverbot
- Befreiung vom Vollzugsverbot 374
- Freigabe 374
  • des Zusammenschlusses 375
- Gefährdung des Wettbewerbs 374
- öffentliches
  • Tauschangebot 374
  • Übernahmeangebot 374
Vorarbeiten 21
Vormundschaftsgericht
- Genehmigung 182
Vorstand 203
Vorvertragliche Pflichtverletzung
- Positives Tun 128
- Unterlassen 129
- Wahrheitspflicht des Veräußerers 136

WACC-Methode 332
Wachstum 22
Wahlverfahren 430
Wahrheitspflicht des Veräußerers 136
Wandlungsbefugnis des Käufers 164, 165
Warrantees 123
Welt-AG 36
Weltmarkt für Unternehmen 3

Wert, versicherungsmathematischer 154
Werterhalt 142
Wertgenerierung 412
Wertschaffungspotenzial 411, 412
Wertschöpfungskette 22
Wertsicherungsklauseln 147
Wertsteigerungsanalyse 321
Wertsteigerungspotenzial 290
Wertvorstellungen 145
Wertzuwachs 13
Wettbewerb 3
Wettbewerbsintensität 304
Wettbewerbssituation 22
Wettbewerbsvereinbarungen 142
- Vereinbarung eines Wettbewerbsverbotes 178
White Knight (Weißer Ritter) 203
Widerspruchsrecht 153
Wirklichkeit 288
Wirtschaft
- bankengetriebene 9
- kapitalmarktgetriebene 9
Wirtschaftlichkeitsanalyse 321
Wissensmanagement 544
Wissensverlust bei Fusionen 544

Zielgesellschaft 203
Zielkapitalstruktur 341
Zuflussprinzip 447
Zugewinngemeinschaft 182
Zukunftsentwicklungen 145
Zusagen, Auflagen und Bedingungen
- Auflagen 378
- Bedingungen 378
- Entflechtungszusagen 378
- Freigabeentscheidung 378
- strukturelle Zusagen 378
- untersagungsabwendende Zusagen 378
- Veräußerungszusagen 378
- verhaltensbezogene Zusagen 378
- Zusammenschlussvorhaben 378
Zusammenschlüsse, materielle Bewertung
- Angebotsumstellungsflexibilität 390
- Aufholfusion 394
- Ausnahme für Pressefusionen 396
- Austauschbarkeit
  • der Dienstleistungen 389
  • der Produkte 389
- Austauschbeziehungen 390

- Bedarfsmarktkonzept 390
- Einzelhandel 391
- horizontale Zusammenschlüsse 395
- konglomerate Zusammenschlüsse 395
- Marktbeherrschung 389, 392, 393
- Ministererlaubnis 396
- Oligopolmarktbeherrschung 393
- Sanierungsfusionen 396
- Vermutungstatbestände 393
- vertikale Zusammenschlüsse 395

Zukunftsprognose 394

Zusammenschlusskontrolle 183, 353, 382
- crown jewels 353
- europäische Fusionskontrolle 353
- Europäische Kommission 353
- fusionskontrollrechtliche Genehmigung 353
- marktbeherrschende Stellung 353
- Märkte 353
- Osteuropa 354
- Prüfungskompetenz 353
- transatlantische Transaktionen 354
- Untersagungsrate 354

Zusammenschlusstatbestände
- Erwerb eines wettbewerblich erheblichen Einflusses 382
- Kapitalanteils- oder Stimmrechtserwerb 382
- Kontrollerwerb 382
- Körperschaften 382
- natürliche Personen 382
- Unternehmensbegriff 382
- Vermögenserwerb 382
- Wettbewerbsbedingungen 382

Zusicherungen, stillschweigende 141, 165

Zustimmungsvorbehalte 28

7 K-Modell der Integration 533

Herausgeber und Autoren

Dr. Eric Bartels

ist Partner bei McKinsey & Company, Inc. und Co-Leiter der europäischen Post-Merger-Management-Practice. Neben mehreren Post-Merger-Management-Projekten auf Konzern- und Geschäftsbereichsebene untersuchte er im Rahmen einer globalen Studie die Erfolgsfaktoren für Integrationen im Chemiebereich; außerdem untersuchte er die Perspektive der Kapitalmärkte auf die chemische Industrie.

Neben seinen Arbeiten im Post-Merger-Management ist er Mitglied der globalen Chemie-Grundstoffe-und-Energie-Practice von McKinsey und arbeitet dort an Themen im Bereich Strategie, Organisation und Marketing.

McKinsey & Company, Inc.
Magnusstraße 11
50672 Köln
Telefon: +49 (221) 208-7278
Telefax: +49 (221) 208-7279
E-Mail: eric_bartels@mckinsey.com

Dr. Helmut Bergmann

ist Managing Partner des Berliner Büros der internationalen Anwaltssozietät Freshfields Bruckhaus Deringer. Er berät Unternehmen insbesondere bei der Planung und Durchführung von Fusionen und Unternehmenskäufen. Als Mitglied der Praxisgruppe Competition & Trade von Freshfields Bruckhaus Deringer hat er eine Vielzahl von Zusammenschlüssen, Unternehmenskäufen und Gemeinschaftsunternehmen bei der Europäischen Kommission und dem Bundeskartellamt angemeldet. Er betreut darüber hinaus auch multinationale Fusionskontrollverfahren bei Kartellbehörden in der ganzen Welt, insbesondere in West- und Osteuropa, USA, Südamerika, Asien und Südafrika. Außerdem berät er Mandanten in Kartellbußgeldverfahren (einschließlich der Vertretung vor den zuständigen Gerichten) und in allen anderen Fragen des deutschen und europäischen Kartellrechts. Er hat zu zahlreichen Themen in diesen Gebieten publiziert und Vorträge gehalten.

Freshfields Bruckhaus Deringer
Potsdamer Platz 1
10785 Berlin
Telefon: +49 (30) 20283-812
Telefax: +49 (30) 20283-766
E-Mail: helmut.bergmann@freshfields.com

Dr. Alexander Dibelius

ist Managing Director und verantwortlich für Goldman Sachs im deutschsprachigen Raum. Herr Dibelius ist seit 1993 für Goldman Sachs tätig und wurde 1997 zum Managing Director befördert. Von 1987 bis 1992 war Herr Dibelius bei McKinsey & Co. tätig, zuletzt als Partner mit Verantwortung für Klienten und Projekte in der Schweiz, Österreich und Deutschland. Davor arbeitete er als Chirurg in der Universitätsklinik Freiburg.

>Goldman, Sachs & Co. oHG
>MesseTurm
>Friedrich-Ebert-Anlage 49
>60308 Frankfurt am Main
>Telefon: +49 (69) 7532 2210
>Telefax: +49 (69) 7532 2800

Dr. Stephan Eilers, LL.M. (Tax)

ist seit 1994 Partner der Sozietät Freshfields Bruckhaus Deringer. Die Schwerpunkte seiner Tätigkeit umfassen nationales und internationales Steuerrecht, insbesondere mit Blick auf Kapitalmärkte (Börsengänge, Derivate, Bonds und Optionen) sowie grenzüberschreitende M&A-Transaktionen, wie etwa internationale Unternehmenszusammenschlüsse. Stephan Eilers ist Autor zahlreicher Veröffentlichungen zu Problemstellungen des Steuerrechts auf internationaler wie nationaler Ebene und Lehrbeauftragter an der Universität zu Düsseldorf. Er ist Mitglied des deutschen Fachinstituts der Steuerberater, des Steuerausschusses im DAV und wird in internationalen und nationalen juristischen Verzeichnissen als »Leading Expert« (z. B. European Legal Expert 2004, The International Who's Who of Corporate Tax Lawyers, Juve Handbuch 2004-2005) aufgeführt.

>Freshfields Bruckhaus Deringer
>Heumarkt 14
>50667 Köln
>Telefon: +49 (221) 20507-212
>Telefax: +49 (221) 20507-345
>E-Mail: stephan.eilers@freshfields.com

Prof. Dr. Stephan A. Jansen

ist seit September 2003 Präsident und Geschäftsführer der staatlich anerkannten ZEPPELIN UNIVERSITY gGmbH – Hochschule zwischen Wirtschaft, Kultur und Politik – sowie Inhaber des Lehrstuhls für Strategische Organisation & Finanzierung (SOFI) und Lehrbeauftragter an der Universität Witten/Herdecke. Von 1998 bis 2003 leitete er das von ihm gegründete Institute for Mergers & Acquisitions (IMA) in Witten/Herdecke. Er war Forschungsmitglied an der Stanford University (1999) und der Harvard Business School (2000 – 2001). Seine Forschungs- und Beratungsschwerpunkte sind Mergers & Acquisitions, Virtualisierung von Unternehmen und öffentlichen Institutionen sowie Organisations- und Netzwerktheorie. Zu seinen zahlreichen Veröffentlichungen gehören u.a. »Electronic Government«, »Mergers & Acquisitions«, »Oszillodox!« (Wirtschaftsbuch des Jahres 2001). Von 2000 bis 2003 war er Geschäftsführender Gründungsgesellschafter der cosinex GmbH, Witten, einem Software- und Beratungshaus für Electronic Government mit 35 Mitarbeitern; seit dem September 2003 ist er Beirat.

Zeppelin University gGmbH
Hochschule zwischen
Wirtschaft, Kultur und Politik
Am Seemooser Horn 20
88045 Friedrichshafen
Telefon: +49 07541-6009-1111 (Fr. Cesnik)
Telefax: +49 07541-6009-1199
E-Mail: scesnik@zeppelin-university.de

Dr. Tomas Koch

ist Partner bei McKinsey & Company, Inc. und leitet den Industriesektor in Korea. Gleichzeitig ist er Mitglied der globalen Post-Merger-Management-Practice von McKinsey. Neben mehreren Post-Merger-Management-Projekten auf Konzern- und Geschäftsbereichsebene untersuchte er im Rahmen einer globalen Studie die Erfolgsfaktoren für Integrationen im Chemiebereich.

McKinsey & Company, Inc.
27Fl Seoul Finance Center, 84 Taepyungro 1-ga,
Jung-gu, Seoul Korea
Telefon: +82 2 398 2721
Telefax: +82 2 2128 3721
E-Mail: tomas_koch@mckinsey.com

Prof. Heinrich Pack

war Geschäftsführer Administration und Finanzen (CFO) bei der Demag Cranes & Components GmbH, verantwortlich für die Geschäftsbereiche Komponenten, Krane und Handhabungstechnik. Weiterhin ist Herr Prof. Pack Honorarprofessor an der Universität Witten/Herdecke für den Bereich Controlling und seit 1998 für den Bereich »Institute for Mergers & Acquisitions – IMA«.

Prof. Heinrich Pack
Malmkestr. 29
58099 Hagen
Tel. 02331 688553
Fax 02331 632733
E-Mail: Heinrich.Pack@t-online.de

Prof. Dr. Gerhard Picot

ist geschäftsführender Partner der Kanzlei »PICOT Rechtsanwälte« mit Büros in Köln und München. Er ist spezialisiert auf die Bereiche Unternehmensrecht, Gesellschaftsrecht, Mergers & Acquisitions, Restrukturierungen (Outsourcing) und Arbeitsrecht.

Nach dem Studium der Rechts- und Wirtschaftswissenschaften an den Universitäten Freiburg und Bonn, einem Grundlagenstudium der Volks- und Betriebswirtschaftslehre und der Absolvierung des Lehrganges »Steuern und Betrieb« des Institutes für Steuerrecht der Rechtsanwaltschaft e.V. promovierte er mit der Dissertation »Gewinnumverteilung und Verfassungsrecht«. Nach seiner Referendarausbildung und dem zweiten juristischen Staatsexamen war er wissenschaftlicher Assistent am Institut für Arbeits- und Wirtschaftsrecht der Universität zu Köln. Anschließend wurde er Rechtsanwalt und Partner (Managing Partner IT / Finance 1989 – 1996) der internationalen Anwaltssozietät Freshfields Bruckhaus Deringer (1979 – 2004). Nebenberuflich war er Lehrbeauftragter an der Fachhochschule für Versicherungswirtschaft in Köln (1977 – 1987). Seit 1999 ist er zugleich Inhaber der wirtschaftsrechtlichen Professur am Institute for Mergers & Acquisitions der Universität Witten-Herdecke und seit 2002 auch Lehrbeauftragter an der Universität zu Köln. Er ist Herausgeber und Autor einer Vielzahl von Publikationen.

PICOT Rechtsanwälte
Kaiser-Wilhelm-Ring 13
50672 Köln
Telefon: +49 (0) 221 3558899-0
Telefax: +49 (0) 221 3558899-9
Mobil: +49 (0) 172 2522440
E-Mail: gerhard.picot@picot.de
Internet: www.picot.de

Prof. Dr. Frank Richter

ist Inhaber des Lehrstuhls für Strategische Unternehmensführung und Finanzierung an der Universität Ulm. Darüber hinaus ist er als Unternehmensberater tätig, Mitglied im Aufsichtsrat einer Immobiliengesellschaft sowie im Vorstand der Schmalenbach Stiftung. Im Verlauf seiner beruflichen Entwicklung widmete er sich der Wirtschaftswissenschaft und zugleich anwendungsbezogenen Themenstellungen. Er war neun Jahre für McKinsey & Company tätig, zuletzt als Partner in der Corporate Finance & Strategy Practice. In 2000 wechselte er zu der Investmentbank Goldman Sachs und arbeitete dort an Projekten im Bereich M&A und Konzernstrategie. Ebenfalls in 2000 übernahm er den Lehrstuhl für Unternehmensstrategie und M&A am Institute for Mergers & Acquisitions an der Privatuniversität Witten/Herdecke. In 2004 nahm er den Ruf an die Universität Ulm an, um dort eine neue Abteilung aufzubauen. Er ist Autor zahlreicher Fachbeiträge in wissenschaftlichen Zeitschriften sowie Autor und Herausgeber von Werken u.a. zur Unternehmensbewertung.

> Prof. Dr. Frank Richter
> Universität Ulm – Abt. Strategische Unternehmensführung und Finanzierung
> Helmholtzstr. 22
> 89081 Ulm
> Telefon: +49 (0) 731 503 1030
> Telefax: +49 (0) 731 503 1032
> E-Mail: frank.richter@mathematik-uni-ulm.de

Dr. Rainer Zimmermann

Geboren 1956. Nach dem Studium von Germanistik, Publizistik und Soziologie zunächst freier Lektor und Journalist, ab 1988 Consultant bei ABC/Eurocom. Ab 1991 Mitglied der Geschäftsleitung bei ABC/Eurocom. Geschäftsführer bei Kohtes Klewes seit 1992, geschäftsführender Partner seit 1993, CEO seit 1996. Mit der Umfirmierung der Kohtes Klewes Kommunikation GmbH (Holding) in die European Communications Consultants GmbH (ECC) geschäftsführender Partner und CEO der ECC seit September 1999. Geschäftsführender Partner und CEO der BBDO Group Germany von Januar 2000 bis März 2004. Seit 1. April 2004 CEO Pleon Europe und Mitglied im Board of Directors BBDO Europe. Dozent für Unternehmenskommunikation an der Universität Mainz. Publiziert regelmäßig zu Kommunikationsthemen, u.a. Herausgeber des »Handbuchs der Unternehmenskommunikation« (1998 ff.).

> Dr. Rainer Zimmermann
> Pleon Europe
> Bahnstraße 2
> 40212 Düsseldorf
> Telefon: +49 (211) 9541-2333
> Telefax: +49 (211) 9541-2380
> E-Mail: rainer.zimmermann@pleon.com